形式語研究の現在

藤田保幸
山崎　誠　編

和泉書院

はじめに

2006年に『複合辞研究の現在』を世に送ってから、12年を経て、ここに本書『形式語研究の現在』を刊行することとなった。

主として自立語を核としていくつかの助詞・助動詞の類が複合して辞的形式に転成したものは「複合辞」と呼ばれるが(注)、この「複合辞」は近・現代日本語においてとりわけ発達したものであって、日本語の表現性を支える重要な要素といえる。編者たちは、まずこの「複合辞」をテーマとして1996年頃から研究を進め、その成果を『現代語複合辞用例集』(2001)として公にし、更に、同じ問題に関心を持つ研究者とともに2002年から2004年にかけて科研費を得て共同研究を行った。その成果は、上記の『複合辞研究の現在』に集約されている。

ところで、近・現代日本語においては、「複合辞」すなわち複合して辞に転成した形式のみならず、単独で辞的に働く形式に転成したものも数多く見られ、それらの研究も「複合辞」の研究と同様に深められる必要がある。そうした問題意識から、「複合辞」と単独で辞的形式に転成したものとを併せて「形式語」と呼ぶこととし、歴史的研究や地域言語研究・対照研究など更に幅広い領域の研究者の参加を求めて、上記の共同研究を深化・発展させることとした。

そして、2006年以降、編者らの研究グループは、再び科研費による助成を得ることを視野に入れつつ、研究会を重ねる形で研究を発展させるよう努めていった。やがて、かなりの研究成果が蓄積されたので、その一端は2013年に『形式語研究論集』として公にしたが、その直後「形式語」をテーマとする共同研究に対する科研費の助成申請が認められ、改めて2014年から2016年にわたって「日本語の多様な表現性を支える複合辞などの『形式語』に関する総合研究」という課題で共同研究を行った。本書は、その成果を中心にまとめられたものである。

すなわち、上記科研・共同研究の成果は、まず研究成果報告書の形で冊子としてまとめられた。その段階では、研究協力者・研究分担者及び研究協力者の一部の方の論文を収録したが、この報告書は、やがて本書のような形で論文集として公刊するための準備として作成したものという位置づけであり、そこに収録された論文もいわば未定稿というべきものである。この報告書をもとに、そこに論文を執筆された方々には更に必要なら加筆等を行って完成稿としていただくとともに、それ以外の研究協力者の方や本研究の趣旨に賛同下さった方にも論文を執筆いただき、改めてこれまでの研究成果を集約するものとして、本書を刊行するものである。

本書には、28 編の研究論文と 1 編の文献目録が収められている。配列は、およそ古典語の「形式語」にかかわる論文から現代語の「形式語」関係の研究論文、地域言語(方言)の「形式語」関係の論文、そして、日本語学史・日本語教育・対照研究及びクレオール語研究の立場から「形式語」を論じた論文といった順をとっている。配列順に整理の便宜以上の特段の意味はないが、古典語関係の論文をまず最初に掲げたのは、先の『形式語研究論集』に収めることが出来なかった古典語の「形式語」にかかわる研究成果をまず示したいという思いがなくはない。また、資料として収めた「方言の形式語関係文献目録」は、『複合辞研究の現在』の「複合辞関係文献目録」を補って、そこに収められなかった方言の「複合辞」を含む「形式語」の研究文献を網羅する労作である。作成者の小西いずみ氏のご尽力を、謝して明記しておきたい。

もとより、執筆者によって研究の立場も違い、「形式語」研究に関する考え方も異なるところはあるが、「形式語」に関するそのような多様な研究の現状を本書は映し出すものとなっているといえる。その意味で、本書は「形式語」研究の、まさに「現在」の水準と動向を示す内容になっているものと言うことが許されるであろう。大方のご批正を乞う次第である。

考えてみると、編者らが「複合辞」の共同研究を始めてから、20 年以上の歳月が過ぎ、編者らも齢 60 を迎える年齢になった。多くの研究者の方々とともに進めてきた「複合辞」そして「形式語」の研究の成果を、本書のような形で世に問えることには、深い感慨を感じるが、もちろん「形式語」に関して研究すべきことはまだまだ残されている。今後ともに一層の研究の深化に努めたい。

末筆ながら和泉書院の廣橋研三社長・廣橋和美専務には、今回も大変にお世話になった。御礼申し上げる。

平成 30 年 4 月 24 日
編　者

注　もっとも、複数の助詞が複合したものも「複合辞」と扱われることがある。

目　次

資　料

研 究 論 文

古代語における形式用言を用いた複合辞とその用例

小田　勝

1　はじめに

一般に、複合辞的形式（複数の語がまとまって固有の辞的意味を担う形式）の発達は、近現代の日本語を特徴づけるものであると考えられている（国立国語研究所 2001:2)。そうには違いないが、例えば、

（1）内裏（うち）（＝冷泉帝）にもさこそおとなびさせ給へど、いときなき御齢（よはひ）におはしますを、少しものの心知る人はさぶらはれてもよくやと思ひ給ふるを（源氏物語・澪標）

（2）忘れじとかたみに言ひし言の葉を誰がそらごとになしてよからん（赤染衛門集）

のような例をみるとき、すでに古代語に、現代語の「てもよい」「てよい」と全く同じ語の連続形式が存在していることを知るのである（小田勝 2015:219-220)。古代語においてどのような複合辞的形式が存するかを知ることは、日本語の複合辞的形式の発達過程を考えるためには、避けて通れないことであろう。

ところで、複合辞の把握について常につきまとうのは、その認定基準であって、特に内省の利かない古代語の場合は、客観的な認定は非常に困難である。しかし、次のような例は、古代語にも複合辞的形式が存していることを示しているように思われる（小田勝 2015:518)。

（3）a　銀（しろかね）のかなまり（＝金鋺）を持ちて、水を汲み歩（あり）く。（竹取物語）

　　b　何をもちてとかく申すべき。（竹取物語）

（４） 刀をもちて荒巻縄をふつふつと押し切りて、刀して藁を押し披（ひら）きたるに（今昔物語集 28-30）

すなわち、(3a)の「を持ちて」には「持つ」という動詞の実質的意味が生きているが、(3b)の「をもちて」では動詞「持つ」の意が薄れ、理由を表す一つの形式となっている。（４）の「をもちて」は、具体的な「刀を持つ」動作と考えられないこともないが、手段を表す格助詞「して」と併置・併用されていることから、手段を表す一つの辞的な形式になっているようにも見える。

(3b)（４）のような表現形式は、漢文訓読体の文章に多く見られると思われるが、複合辞の史的研究としては、まずは、日本語本来の複合辞的形式の最も古い姿を確認することから始めるべきであろう。本稿に掲示した複合辞的形式は、『源氏物語』を目視（通読）によって悉皆調査して採集したものをベースに、その他の和文体資料を中心とする古典文を通読して拾い上げたもので構成されている[1)]。和文を中心にするよう心がけたが、一部漢文訓読体の文章の用例も参考として掲げたところがある。なお、本稿で扱う複合辞は、次の２点を満たすものに限定している。

Ⅰ 形式用言を用いた複合辞（松木正恵（1990）の第３種複合辞）であること。

Ⅱ 助詞的な複合辞であること[2)]。

古典語の複合辞の一覧としては、筆者自身による小田勝（2015:第15章）（以下、「前稿」という）が今のところほとんど唯一のものかと思われる。本稿は、その前稿に改訂を加え、新たに26形式を増補したものである[3)]。上代文献について慎重な悉皆調査が及んでいない点（ただし記紀歌謡と万葉集について通読調査は行った）、漢文訓読体資料について全く調査が及んでいない点に欠落がある。

掲示した複合辞的形式には、「A01」以下の等し番号を付けた。以下の意義・用法の記述にあたっては、特に『明鏡国語辞典』（初版2002年、第２版2010年）および国立国語研究所（2001）から教えられるところが多かった。

2　「と＋動詞／形容詞」型複合辞

A01　といはず

〔意味〕　区別なくすべて。

〔用例〕　「からうじて惟光朝臣参れり。夜半、暁といはず御心に従へる者の、今宵しも候はで」（源氏物語・夕顔）

A02　といはば

〔意味〕　…という以上。…というからには。

〔用例〕　「花といはば、かくこそ匂はまほしけれな」（源氏物語・若菜上）

A03　といはむからに

〔意味〕　…の立場であっても。…だからといって。

〔用例〕　「などかは、女といはむからに、世にあることの公私につけて、むげに知らずいたらずしもあらむ」（源氏物語・帚木）

A04　といひ

〔意味〕　①事柄を例示として取り立てて示す。

②複数の例示のうちの一つであることを示す。

③（「…といひ…といひ」の形で）…も…も。

〔用例〕　①「人の心の、とあるさまかかるおもむきを見るに、ゆゑよしといひ、さまざまに口惜しからぬ際の心ばせあるべかめり」（源氏物語・若菜上）

②「苦しさといひ、また『明日の出御、ことに疾かるべし』とて奉行人申せば、名高き月をも見ず」（都路の別れ）

③「神事といひ結縁といひ、のがれがたきによりて」（慈鎮和尚自歌合）、「御身柄といひ御歳といひ惜しかるべき人なりしに」（とはずがたり）

A05　といひながら

〔意味〕　…とはいえ。

〔用例〕　「左の大臣の、一の人といひながら美麗ことのほかにて参れる、便

なきことなり」（大鏡）

A06　といふ

〔意味〕 ①下の語の具体的内実を同格的に示す。

②同じ名詞を前後に置いて、「全ての」の意を表す。

③ある事物を…という言葉で呼ぶ。

〔用例〕 ①「愛宕といふ所に、いといかめしうその作法したるに」（源氏物語・桐壺）、「下のきざみといふ際になれば、ことに耳たたずかし」（源氏物語・帚木）、「春の鶯囀るといふ舞いとおもしろく見ゆるに」（源氏物語・花宴）

②「氷みな水といふ水は閉ぢつれば冬はいづくも音無しの里」（和泉式部集）、「若菜生ふる野辺といふ野辺を君がため万代しめて摘まむとぞ思ふ」（新古今集 711）

③「潮満ちて御船起きぬとて参れり。…潮の干てゐたる船の、潮満ちて浮かぶをば『起くる』といふにこそ」（鹿苑院殿厳島詣記）

A07　といふとも

〔意味〕 「といふも」に同じ。

〔用例〕 「大きなる器に水を入れて、細き穴をあけたらんに、滴ること少なしといふとも、怠る間なく洩り行かば、やがて尽きぬべし」（徒然草 137）

A08　といふは

〔意味〕 名辞の定義・説明を表す。

〔用例〕 「十指の爪を切るべし。十指といふは、左右の両手の指の爪なり」（正法眼蔵・洗浄）

〔参考〕 後世、促音便形「といつぱ」も用いられた。「鳥といつぱ、高く飛ぶをもつてその徳とす」（仮名草子・古活字本伊曾保物語）

A09　といふも

〔意味〕 前件から推論される事柄に反することが成り立つ意を表す。…といっても。

〔用例〕「はかなき花紅葉といふも、をりふしの色あひつきなくはかばかしからぬは、露のはえなく消えぬるわざなり」（源氏物語・帚木）

A10　といへど／といへども

〔意味〕①逆接確定条件を表す。…であるものの。

②…という並々ならぬ事物であっても、そこから当然に期待される事柄に反することが成り立つ意を表す。

〔用例〕①「ただ這ひ渡るほどは片時の間といへど、なほあやしきまで見ゆる風の心なり」（源氏物語・明石）

②「いみじき絵師といへども、筆限りありければいとにほひ少なし」（源氏物語・桐壺）

A11　といへば

〔意味〕①…について言うと。…を話題にすると。

②…には。…だけには。

〔用例〕①「恋といへば世の常の［恋］とや思ふらむ今朝の心は類(たぐひ)だになし」（和泉式部日記）、「今日（＝七月七日）といへば暮るるもおそく彦星の行き会ひの橋を待ちわたりつつ」（新後撰集 260）

②「我といへば涼しき水の流れさへ岩間にむせぶ音聞かすなり」（長秋詠藻）

A12　として

〔意味〕①物事を捉える観点を示す。

②（同じ名詞を「…は…として」の形で用いて）それについて認めた上で、別の方面の判断について述べる意を表す。…はそれとして。

〔用例〕①「［内大臣ハ］才たぐひなく、うるさながら、人としてかく難(なん)なきことは難(かた)かりける」（源氏物語・野分）

②「罪重かるべきことを思ふ心は心として、また、あながちに…」（源氏物語・柏木）

A13　となし

〔意味〕 ①…というほどでもない。…というわけではない。

②…と明らかにしない。

〔用例〕 ①「ただいささかまどろむともなき夢に」（源氏物語・若菜下）、「思ふ人ありとなけれど故郷(ふるさと)はしかすがにこそ恋しかりけれ」（後拾遺集 517）、「来ぬ人を待つとはなくて待つ宵の更けゆく空の月も恨めし」（新古今集 1283）

②「その人となくて、あはれと思ひし人のはかなきさまになりにたるを、阿弥陀仏に譲り聞こゆるよし、あはれげに書き出で給へれば」（源氏物語・夕顔）

A14　となしに

〔意味〕 …ないで。

〔用例〕 「五月雨(さみだれ)をいとふとなしにほととぎす人に待たれて月を待ちける」（秋篠月清集）

A15　となれば

〔意味〕 …という状況の場合には。

〔用例〕 「あはれなどあひも思はぬ故郷(ふるさと)に旅寝となれば恋しかるらん」（風雅集 954）

A16　とにはあらねど

〔意味〕 …というわけではないけれど。

〔用例〕 「宮は、隔てんとにはあらねど、言ひ出でんほど心苦しくいとほしく思されて」（源氏物語・宿木）

A17　とはいひながら

〔意味〕 前件の状況下で、前件の事実に反することが成り立つ意を表す。…とはいえ。…とはいうものの。

〔用例〕 「もの思ひなげなる御あたりとはいひながら」（源氏物語・若菜上）

A18　とはなしに

〔意味〕 ①…ないままで。

②…ではないのに。

〔用例〕①「闇の夜に鳴くなる鶴（たづ）の外（よそ）にのみ聞きつつかあらむ逢ふとはなしに［相跡羽奈之尓］」（万葉集 592）、「近江の海波恐（かしこ）みと風守り年はや経なむ漕ぐとはなしに［榜者無二］」（万葉集 1390）

②「とどむべきものとはなしにはかなくも散る花ごとにたぐふ心か」（古今集 132）

A19　ともいはず

〔意味〕…であるにもかかわらず。

〔用例〕「干しもあへぬ衣の闇にくらされて月ともいはずまどひぬるかな」（新古今集 808）

A20　ともなしに

〔意味〕…でもないのに。…でもなかったのに。

〔用例〕「なつかしき色ともなしに何にこの末摘花を袖に触れけむ」（源氏物語・末摘花）

3　「に＋動詞」型複合辞

B01　にあげず

〔意味〕…の間をおかないで。

〔用例〕「二三日にあげず、御覧ぜぬ日なし」（大和物語 152）

B02　にあたりて

〔意味〕①ある事態に直面して。…に際して。

②その方向・時期にあって（相当して）。

〔用例〕①「いとかく御心まどふことにあたりては、えしづめ給はぬわざなりけり」（源氏物語・若菜下）

②「ことに建てられたる御堂の西の対の南にあたりて、少し離れたるに渡らせ給ひて」（源氏物語・賢木）、「大江匡衡といふ博士ありけり。長保の末にあたりて当国の守にて下りたりけるに」（東関紀行）

B03　にあはせて

〔意味〕 …と同時に。

〔用例〕「燕、尾をささげていたくめぐるにあはせて、手をささげて探り給ふに」（竹取物語）

B04　にいたりては

〔意味〕 極端な事例を題目としてあげる。

〔用例〕「四大種のなかに、水火風は常に害をなせど、大地にいたりては、異なる変をなさず」（方丈記）

B05　にいたるまで

〔意味〕 …の範囲まですべて。

〔用例〕「末々の船にいたるまで、平らかに上（のぼ）り給ひにき」（大鏡）、「初春の梅より霜枯れの菊にいたるまで、様々な花の色々を見るに」（法門百首・左注）

B06　におきて／において

〔意味〕 ①物事の行われる場所を示す。

②物事の行われる時を示す。

③思考の対象を示す。…に関して。

〔用例〕 ①「美豆（みつ）といふ所において奉りける［歌］」（今鏡）

②「その母君、去年（こぞ）の冬亡くなり侍りにしかば、今においては、またゆづるかたなく」（浜松中納言物語）

③「ただこの歌の姿、詞におきて、吉野川良しとはいかなるをいひ」（古来風躰抄）

B07　におきては／においては

〔意味〕 ①動作や思考の対象を限定して示す。…に関しては。…に限っては。

②（仮定の「…む」に下接して）仮定的な事態を示す。…が起きたとして、その場合には。

〔用例〕 ①「このことにおきては我が力及ばぬなり」（宇治拾遺物語 3-14）、「まったく義仲においては、御辺に意趣思ひ奉らず」（平家物語 7

清水冠者）

②「還幸なからんにおいては、三種の神器いかでか玉体をはなち奉るべきや」（平家物語10請文）

B08　にかぎりて

〔意味〕特に…だけ。

〔用例〕「この歌にかぎりて、かく言ひたてられたるも知りがたし」（徒然草14）

B09　にしたがひて

〔意味〕①…に応じて。…に対応して。

②…につれて。

③…をそのままで。

④…によって。

〔用例〕①「なほ持て来や。［遠慮モ］所にしたがひてこそ」（源氏物語・夕顔）、「賤しうあてなる品(しな)にしたがひて容貌(かたち)も心もあるべきものなりけり」（源氏物語・東屋）

②「皇子は、およすけ給ふ月日にしたがひて、［源氏ト］いと見奉り分きがたげなるを」（源氏物語・紅葉賀）

③「ここには設けの物もさぶらはざりければ、…とりあへたるにしたがひて参らせたり」（源氏物語・松風）

④「この鳥飼といふ題をよくつかうまつりたらむにしたがひて、［玉淵ノ］まことの子とは思ほさむ」（大和物語146）

B10　にそへて

〔意味〕①…につれて。

②さらに事柄が付加される意を表す。…に加えて。

〔用例〕①「年月にそへて、御息所の御事を思し忘るるをりなし」（源氏物語・桐壺）、「ただ日ごろにそへて恋しさの堪へがたきと」（源氏物語・葵）

②「［浮舟ハ］見知らぬ目を見つるにそへても、［中君ガ］いかに思

すらんと思ふにわびしければ」（源氏物語・東屋）

B11　にたいして

〔意味〕 関心の向けられる対象を示す。

〔用例〕 「人にたいして面目（めんぼく）を失ひ」（金刀比羅本保元物語）

B12　についても

〔意味〕 （「中についても」の形で）同種の事物の中でも特に。

〔用例〕 「世の中といふもの、さのみこそ。今も昔も定まりたること侍らね。中についても、女の宿世はいと浮かびたるなむあはれに侍る」（源氏物語・帚木）

B13　につきて

〔意味〕 物事を捉える観点を示す。…の観点から。

〔用例〕 「左とがなきにつきて勝つべきにや」（広田社歌合・判詞）

B14　につけつつ

〔意味〕 ①をきっかけとして。…に伴って。

②…にかこつけて。…にことよせて。

〔用例〕 ①「木枯の吹くにつけつつ待ちし間におぼつかなさのころも経にけり」（源氏物語・賢木）

②「天気（ていけ）のことにつけつつ祈る」（土佐日記）

B15　につけて

〔意味〕 ①…をきっかけとして。…に伴って。

②…に応じて。

③物事を捉える観点を示す。…の観点から。

④…に関して。

⑤原因・理由を表す。

⑥…のたびに。

⑦ある事柄を仮定し、それが実現しても意図通りの結果にならないことを表す。…たところで。

⑧…に託して。…にことよせて。…にかこつけて。

〔用例〕①「風の音、虫の音につけて、もののみ悲しう思さるるに」(源氏物語・桐壺)、「何ごとにつけてかは御心のとまらむ」(源氏物語・末摘花)、「[朱雀帝ガ] ものをまことにあはれと思し入りてのたまはするにつけて、[朧月夜ハ] ほろほろとこぼれ出づれば」(源氏物語・須磨)

②「この(=源氏ノ)御光を見奉るあたりは、ほどほどにつけて、わがかなしと思ふむすめを仕うまつらせばやと願ひ」(源氏物語・夕顔)、「時々につけて興をさかすべき(=興趣ヲワカセルニ違イナイ)渚の苫屋」(源氏物語・明石)

③「とざまかうざまにつけて、はぐくまむに咎あるまじきを」(源氏物語・夕顔)、「おほかたの世(=一般ノ関係)につけて見るには咎なきも(=欠点ノナイ女性デモ)」(源氏物語・帚木)

④「かかることの筋につけて、いみじうもの思ふべき宿世なりけり」(源氏物語・蜻蛉)

⑤「[大君ヲ] 見果てぬにつけて、心にくくもある世にこそは(=イツマデモ心ニ残ル仲ナノダ)と思へど」(源氏物語・東屋)

⑥「とにかくにつけてものまめやかに後ろ見」(源氏物語・帚木)

⑦「はじめのことは知らねど、今はけにくくもてなすにつけて(=二人ヲ引キ離シタトコロデ)、立ちそめにし名の取り返さるるものにもあらず」(源氏物語・行幸)

⑧「心に思ふことを、見るもの聞くものにつけて、言ひ出だせるなり」(古今集・仮名序)

〔文献〕辻本桜介(2013)「複合辞ニツケテの接続助詞用法について」『日本語学論集』9

B16　につけては

〔意味〕①…をきっかけとして。…に伴って。

②…の中では。

③他は違うが…では。

〔用例〕 ①「おほふかたの憂きにつけては厭へどもいつかこの世を背きはつべき」（源氏物語・賢木）

②「紛らはし書いたる濃墨、薄墨、草がちにうちまぜ乱れたるも、人のほどにつけてはをかしと御覧ず」（源氏物語・少女）

③「大夫監とて、肥後国に族広くて、かしこにつけてはおぼえあり、勢ひいかめしき武士ありけり」（源氏物語・玉鬘）

B17　につけても

〔意味〕 ①…をきっかけとして。…に伴って。

②他のことでもそうだが、…に関しても。

③…のたびに。

④（不定語に付いて）どれをとったとしても同じだとして、一つの結論を導く意を表す。

〔用例〕 ①「かかる御使の蓬生の露分け入り給ふにつけても、いと恥づかしうなん」（源氏物語・桐壺）、「小君の渡り歩くにつけても胸のみふたがれど」（源氏物語・空蟬）、「秋風の音につけても待たれつる衣かさぬる中ならねども」（和泉式部集）

②「内蔵寮、納殿の物を尽くしていみじうせさせ給ふ。それにつけても、世の誹りのみ多かれど」（源氏物語・桐壺）、「いま一階の位をだにと贈らせ給ふなりけり。これにつけても憎み給ふ人々多かり」（源氏物語・桐壺）、「はかなき花紅葉につけても心ざしを見え奉る」（源氏物語・桐壺）

③「朝夕の宮仕へにつけても、人の心をのみ動かし」（源氏物語・桐壺）

④「『いづ方につけても、人わろくはしたなかりける身物語かな』とて、うち笑ひおはさうず」（源氏物語・帚木）

B18　につれて

〔意味〕 …にしたがって。…とともに。

〔用例〕「げに心だにも詞を置き換へたるにつれて新しくもめでたくもなり

侍らば、尤も神妙なるべく候ふを」（毎月抄）

B19　にとりて

〔意味〕 ①物事を捉える観点を示す。…点について（みると）。

②…の時・場面・事態において。

〔用例〕 ①「心ともに深きにとりて、右はうちまかせてよろしき歌体なり」（御裳濯河歌合・判詞）、「ともに艶なるにとりて、右は今少しをかしきさまには見ゆるを」（御裳濯河歌合・判詞）

②「人、木石(ぼくせき)にあらねば、時にとりて、ものに感ずることなきにあらず」（徒然草 41）

B20　にとりては

〔意味〕 ①述語が示す捉え方をする主体を示す。

②（他の時・場面・事態では違うが）…の時・場面・事態においては。

〔用例〕 ①「人は何の咎と見ぬことも、わが御身にとりては恨めしくなむ」（源氏物語・竹河）

②「わざと開けたる道をばおきて、いかなる人の中にか、押し分けてなど通らせおはしますばかりを、その日にとりては、いみじきことに思ひあへりしなめり」（たまきはる）

B21　になして

〔意味〕（実際…ではないが）…ということにして。

〔用例〕「一声のあかぬ名残をほととぎす聞かぬになしてなほや待たまし」（続拾遺集 163）

B22　に似て

〔意味〕 一見そう思われるが、実はそうではない。…のようでいて。

〔用例〕「やまと歌の道、浅きに似て深く、易(やす)きに似て難し」（近代秀歌）

B23　にふれて

〔意味〕 ①（「…のことにふれて」の形で）…に関して。

②（「ことにふれて」の形で）何かにつけて。

〔用例〕 ①「何ごとをも人にいま一際（ひときは）まさらむと、公私（おほやけわたくし）のことにふれて、なのめならず思ひのぼりしかど」（源氏物語・柏木）

②「一条にものし給ふ宮、ことにふれてとぶらひ聞こえ給へ」（源氏物語・柏木）

B24　にまかせて

〔意味〕 物事に意志的にかかわらず、進むがままにする。

〔用例〕 「ただ［常陸介ノ］するままにまかせて見ゐたり」（源氏物語・東屋）

B25　によせて

〔意味〕 …関連づけて。

〔用例〕 「横川に通ふ道のたよりによせて、中将、ここにおはしたり」（源氏物語・手習）

B26　によらず

〔意味〕 …とは関係ない。…には従わない。

〔用例〕 「船人の泊まりは風の心にて急ぐによらぬ波の上かな」（続古今集 931）

B27　により

〔意味〕 ①原因・理由を示す。…ので。

②…のせいで。

③…のために。

〔用例〕 ①「院におぼつかながりのたまはするにより、今日なむ参り侍る」（源氏物語・葵）

②「君によりはかなき死にや我はせん」（伊勢集）

③「君により風もよきつつ散りがてに待つめる花の折な過ぐしそ」（公任集）

B28　によりて

〔意味〕 原因・理由を示す。…ので。

〔用例〕 「橋を八つ渡せるによりてなむ、八橋といひける」（伊勢物語 9）

〔文献〕 辛島美絵（2015）「仮名文書の資料性―理由を表す「によりて」節の表現から―」『九州産業大学国際文化学部紀要』61

4　「は＋動詞」「も＋動詞」型複合辞

C01　はしらず

〔意味〕…は問題にせず。…はさておき。…はともかく。

〔用例〕「天竺、震旦はしらず、我が朝（てう）には希代（きたい）のためしなり」（平家物語10藤戸）

C02　もいはず

〔意味〕（「…も…もいはず」の形で）…も…も区別なく。

〔用例〕「親しきも疎（うと）きもいはず世中に心のゆかぬ人のなきかな」（久安百首）

5　「より＋動詞」型複合辞

D01　よりはじめ

〔意味〕①…を代表例として、その他も。

②…を代表例として、その他もみな。

〔用例〕①「[北山デ] 君（＝源氏ハ）、聖よりはじめ、読経しつる法師の布施ども、[ソノ他ノ] まうけの物ども、さまざまに [京ニ] 取りに遣はしたりければ」（源氏物語・若紫）

②「帝よりはじめ、感じののしられ給へど」（大鏡）

D02　よりはじめて

〔意味〕①…を代表例として、その他も。

②…を代表例として、その他もみな。

③…はもちろん。

〔用例〕①「その方につきづきしきは、みな選らせ給へれば、親王（みこ）たち大臣よりはじめて、とりどりの才ども習ひ給ふ、いとまなし」（源氏物語・若紫）

②「好き好きしきことと、なにがしよりはじめてうけひき侍らずなむ」（源氏物語・帚木）

③「鶯は…声よりはじめてさまかたちも、さばかりあてにうつくしきほどよりは（＝割リニハ）」（枕草子 38）

D03　よりはじめて…にいたるまで

〔意味〕　…から…まで。物事の範囲を示す。

〔用例〕「楼台の荘厳よりはじめて、林池（りんち）のありど（＝木立ト泉ノアル所ノ様子）にいたるまで、ことに心とまりて見ゆ」（東関紀行）

6　「を＋動詞」型複合辞

E01　をおきて

〔意味〕　①…を除いて。…のほかには。

②…をさしおいて。…をかえりみないで。

〔用例〕　①「姫宮（＝女三宮）の御ことをおきては、この御こと（＝朧月夜）をなむ、かへりみがちに帝も思したりける」（源氏物語・若菜上）

②「限りなき人をおきて、これに御心を尽くし」（源氏物語・蜻蛉）

E02　をおひて

〔意味〕　…が進むにつれて、次第に。

〔用例〕「月をおうて頼み少なく見えさせおはしませば」（古活字本保元物語）

E03　をかけて

〔意味〕　…に連続して。（…から）…にかけて。

〔用例〕「嵐山ふもとをかけて晴るる夜の川瀬はるかに澄める月影」（沙弥蓮愉集）

E04　をそへて

〔意味〕　いよいよ…になって。

〔用例〕「さらにながらふまじき身なめりと、心細さをそへて嘆き給ふ」（源氏物語・浮舟）

E05　をはじめ

〔意味〕　多くの中で最初にあげるべき代表例であることを示す。

〔用例〕「内裏（うち）に諫めのたまはするをはじめ、つつむこと多かる身にて」（源氏物語・夕顔）

E06　をはじめて

〔意味〕①多くの中で最初にあげるべき代表例であることを示す。

②…を最も可能性の高いものとして、その他の事象も起こる可能性がある意を表す。…はもとより。…はもちろん。

〔用例〕①「九重の内をはじめて、言ひ知らぬ民のすみかまで」（枕草子36）

②「忍ぶとも世にあること隠れなくて、内裏（うち）に聞こしめさむをはじめて、人の思ひ言はんこと、よからぬ童べの口ずさびになるべきなめり」（源氏物語・夕顔）

E07　をはなちては

〔意味〕…を除いては。…を別にしては。

〔用例〕「明石の君をはなちては、いづれもみな捨てがたき御弟子どもなれば」（源氏物語・若菜下）

E08　をもちて

〔意味〕①手段を示す。

②理由を示す。

③時間を示す。

〔用例〕①「刀をもちて荒巻縄をふつふつと押し切りて」（今昔物語集28-30）

②「何をもちてとかく申すべき」（竹取物語）

③「今日は自（おのづか）ら暇（いとま）無きことあり。速やかに返り給ひて、後に吉日をもちていませ。習はむとあらむことどもは教へ奉らむ」（今昔物語集24-16）

〔参考〕(1)「もちて」が転じた格助詞に「もて」がある。「我妹子（わぎもこ）が形見の衣なかりせば何物もてか［奈尓毛能母弖加］命継がまし」（万葉集3733）、「杉板もてふける板間の」（拾遺集746）

(2) 後世、「をもちて＞をもつて」が単に目的語「…を」の強意表現として用いられることがある。「たとひ百万騎の兵（つはもの）をもつて差し向け候ふとも、さうなく防ぎがたかるべし」（金刀比羅本保元物語）

注

1）ただし本稿に掲示する形式について、これが複合辞であると積極的に主張するものではない。個々の形式については、それぞれに詳細な検討を加える必要があろう。

2）用例（1）（2）にあげたような、古代語における助動詞的複合辞については、まったく調査が及んでいない。今後注意して用例を拾い上げていきたい。

3）また、前稿の項目に10の語義を追加した。

用例出典

和泉式部集・古今集・正法眼蔵・竹取物語（岩波文庫）、和泉式部日記・新古今集（角川文庫）、伊勢集・長秋詠藻（和歌文学大系）、今鏡（講談社学術文庫）、大鏡・古活字本保元物語・金刀比羅本保元物語（日本古典文学大系）、今昔物語集・枕草子・万葉集（新日本古典文学大系）、たまきはる（日本古典全書）、都路の別れ・鹿苑院殿厳島詣記（中世日記紀行文学全評釈集成）。枕草子の所在（算用数字）は、新日本古典文学大系の段数である。これ以外の散文作品は新編日本古典文学全集、和歌作品は新編国歌大観による。用例の表記は私に改めた。

参考文献

小田　勝（2015）『実例詳解古典文法総覧』和泉書院
国立国語研究所（2001）『現代語複合辞用例集』
松木正恵（1990）「複合辞の認定基準・尺度設定の試み」『早稲田大学日本語研究教育センター紀要』2

中古語の複合辞ニソヘテについて

辻 本 桜 介

1　はじめに

本稿では、中古語におけるニソヘテという形について考える。

（1）　君はいといたう悩みたまふにそへて、泣きたまふこと限りなし。（落窪・二・124）

（2）　昔は上手にものしたまひけるを、年にそへてあやしく老いゆくものにこそありけれ。（源氏・行幸・3-312）

（1）は「君は酷く患うのに加えて、限り無くお泣きになる」という意味で解され、（2）は「昔は上手にお書きになったが、年月が経つにつれて筆跡は不思議にも年老いていくものであった」という意味で解される。中古語では、こうしたニソヘテという形の用例がしばしば見られ、「〜に加えて」「〜につれて」という訳が当てはまることが多い。複合辞の一つと目される形式である。

従来、現代語の複合辞に関しては少なからず研究成果が出ているが、古代語の複合辞に関する論考は少なく、管見の限り、ニソヘテを詳しく分析したものも殆ど無い[1)]。本稿は、古代語の複合辞に関する研究の一環として、ニソヘテの意味・機能について分析するものである。

2　問題の所在と研究方針

ニソヘテについて考える前に、本動詞「添ふ」[2)]の用いられ方について確認したい。

（3）　[姫君は]簾に屏風をそへてぞおはする。（源氏・総角・5-232）

（4） 匂ひをば風に添ふとも梅の花色さへあやなあだに散らすな（拾遺・32）

（5） …、酒飲みして、暁に帰るにも、綾搔練の袿一襲φ、袷の袴φ添へて、被けて帰す。（宇津・沖つ白波・460）

（6） このをりに［母君を姫君に］添へたてまつりたまへ。（源氏・藤裏葉・3-449）

これらのように、本動詞「添ふ」はある事物をある事物に付け加える、付き添わせる、という意味で用いられる。それら二つの事物を表す語は、（3）や（4）のように格助詞を伴うこともあるが（語順は一定でない）、（5）のように格助詞を伴わないものや、（6）のように前後文脈から推測するしかないものもある。本動詞「添ふ」は、基本的に次の文型・意味で用いられると言えるだろう。

（7） Aヲ　Bニ　添フ　（AをBに　つけ加える／つけ足す／付き添わせる）

これは、現代語の「添える」との通時的な繋がりも十分に感じさせるものである。ただ、（6）のように人間に人間を付き添わせる意で用いられる用例は、現代語の「添える」とは若干異なる表現性を持つことを示しているだろう。5節で本動詞「添ふ」の用例を分析し、詳しくその意味について考えたい。

さて、次のような例は表面的には「にそへて」の形となっているが、（7）の文型・意味で捉えることができ、本動詞が用いられたものと判断される。

（8） 神無月時雨ばかりを身に添へて知らぬ山路に入るぞ悲しき（後撰・455）

（9） 四尺の屛風をこの障子にそへて立てたるが上より見ゆる穴なれば残るところなし［＝襖の穴は屛風より上にあるので、全て丸見えである］。（源氏・宿木・5-490）

一方、本稿冒頭で見た例は、このような本動詞「添ふ」の意味構造とは全く異なっている。

（10） 君はいといたう悩みたまふにそへて、泣きたまふこと限りなし。（落窪・二・124、（1）再掲）

この例では、(7)の文型の「Aヲ」に当たる要素（二重下線部）が、「にそへて」の後続節に現れている。すなわち、前件の「非常にご病気が重くていらっしゃる（こと）」に、「限りなくお泣きになる（こと）」が加わる、という意味的な構造がある。本稿ではこのように解される用法を、添加用法と呼ぶ。

また次の例では、(7)の文型の「Aヲ」や「Bニ」に当たる要素を想定できない。

(11)　古代なる御文書きなれど、いたしや、この御手よ。昔は上手にものしたまひけるを、年にそへてあやしく老いゆくものにこそありけれ。(源氏・行幸・3-312、(2)再掲)

「年（が経つこと）」に「あやしく老いゆく（こと）」が加わるという解釈ではなく、「年（が経つこと）」という時間経過に連動して「あやしく老いゆく（こと）」が徐々に進行するという解釈が妥当だろう。本稿ではこのように解される用法を、経時変化用法と呼ぶ。

以下では、本動詞「添ふ」の意味を記述した後、複合辞と見られる添加用法と経時変化用法のニソヘテを、本動詞「添ふ」の意味と比較しながら[3)]分析するが、それに先立って、複合辞と見なすことの形態論的・統語論的な根拠を示したい。

表1　調査結果の全体

	本動詞「添ふ（下二段）」	複合辞ニソヘテ		
		添加用法	経時変化用法	その他（存疑例）
竹取物語	5		1	
伊勢物語				
土佐日記				
平中物語	1			
落窪物語	8	1	1	1
蜻蛉日記	8	2		
大和物語				
宇津保物語	44		5	1
多武峯少将物語	1			
枕草子	3	3		
源氏物語	78	24	40	
紫式部日記	6			
増基法師集	1			
夜の寝覚	37	4	9	
浜松中納言物語	25		2	1
更級日記	1			
狭衣物語	21	4	10	1
堤中納言物語	4		1	
栄花物語	46	7	15	1
古今和歌集	3			
御撰和歌集	9	1		
拾遺和歌集	3		1	
後拾遺和歌集	4	1	1	
合計	308	47	86	5

3　調査結果の全体

表1では、中古語の和文資料23種から得た本動詞「添ふ」及び、添加用法または経辞変化用法と解釈されるニソヘテの例数を示した。概ね、資料の規模

に応じた例数が得られる。添加用法の用例は47例と、必ずしも多くはないが、ある程度の分析に堪える分量と見たい。以下、調査により得た用例について分析を行っていく。なお、上代語は、「添ふ」の用例が少ないため、分析対象からはずした[4)]。

4　複合辞と考える根拠

添加用法または経時変化用法と解されるニソヘテの用例は、次の（イ）～（ニ）の特徴を持つことから、「に」「添ふ」「て」の３つの単語の語性がそれぞれ発揮されているとは考えにくく、「にそへて」という形で固定化し、複合辞として機能しているものと考えられる。

（イ）敬語化しないこと。（「に添へ給ひて」「に添へ奉りて」のような形が無い）

本動詞「添ふ」は、人間の動作を表すため、次のように敬語形で用いられることがある。

(12)　空蟬の尼君に、青鈍の織物、いと心ばせあるを見つけたまひて、御料にある梔子の御衣、聴色なる添へたまひて、同じ日着たまふべき御消息聞こえめぐらしたまふ。げに似ついたる見むの御心なりけり。（源氏・玉鬘・3-136）

(13)　さらばいかがはせむ、若君をだにこそは、御形見に見たてまつらめ、あやしき道に添へたてまつりて、遥かなるほどにおはせむことの悲しきこと、なほ、父君にほのめかさむ、と思ひけれど、…（源氏・玉鬘・3-88）

これに対し、添加用法または経時変化用法と解される用例の中に、こうした敬語形のものは無かった。このことから、複合辞と思われるニソヘテは、人物の動きを表す等の意味特徴を失っているか、形態的に固定していて敬語補助動詞を伴うことができない、と考えられる。

（ロ）係助詞・副助詞が割り込まないこと。（「にも添へて」「にだに添へて」のような形が無い）

本動詞の「添ふ」は、次のようにニ格の項に係助詞・副助詞が接続しうる。

（14）　いかでか、さは、なげのことばにも、情そへぬやうのあらん。（寝覚・三・233）

これに対し、添加用法・経時変化用法と解される用例の中に、「にも添へて」「にだに添へて」のような、係助詞や副助詞が割り込む形のものは見出せなかった。このことから、複合辞と思われるニソヘテは、係助詞・副助詞の介在が起こらないような、固定した形式になっていると考えられる。

（ハ）接続助詞テを伴わない「に添へ」という中止形の例が無いこと。

本動詞「添ふ」は、次のように連用形の「添へ」で中止することがある。

（15）　女も、いとあやしく心得ぬ心地のみして、御使に人を添へ、暁の道をうかがはせ、御あり処見せむと尋ぬれど、…。（源氏・夕顔・1-152）

これに対し、添加用法・経時変化用法と解される用例の中に、「に添へ」という中止形のものは無かった。複合辞と思われるニソヘテは、テを必ず伴う形で固定していると言える。

以上の（イ）（ロ）（ハ）から、複合辞と思われるニソヘテは形態的に固定し一語化していることが分かる。

（ニ）活用語を受ける例があること。

本動詞「添ふ」の用例を観察する限り、ニ格の項が共起する「（A ヲ） B ニ添フ」という形を取る場合、B はみな名詞であり、活用語の例は見られない。これに対し、添加用法または経時変化用法の意味構造を持つニソヘテは、次のように、活用語を受ける用例がある。

（16）　贈物、上達部の禄など、世になきさまに、内にも外にも事しげく営みたまふに添へて、方々に選りととのへて、鉄臼の音耳かしがましきころなり。（源氏・梅枝・3-404）

すなわち、添加用法または経時変化用法のニソヘテであることが、活用語を受けることの条件になっていると考えられる。こうした統語的な観点からも、ニソヘテがひとまとまりとなって機能を果たす面を持つことが分かる。

以上のように、形態論的・統語的観点から見て、添加用法および経時変化用法のニソヘテは、構成要素である「に」「添ふ」「て」の個々の文法的性格を勘案するだけでは説明の付かない事情を持つ形式であり、一語の複合辞になっているものと考えられる。

一方、田野村（2008:491-492）の示すように、ある表現を複合辞と認めるには、その表現の構成要素がそれぞれ持つ意味を合わせるだけでは導き出せない意味を確認することも重要である[5)]。以下では、意味的観点から、複合辞ニソヘテの機能を分析したい。

5　本動詞「添ふ」の意味

意味的な観点から複合辞であることを認めるためには、構成要素が本来的に持つ実質的な意味が、複合辞と目される形式においてどのように変容しているかを考える必要がある。

表2では、調査資料（中古語資料23種）から得られた本動詞「添ふ」の全例の状況を示した。「Aヲ　Bニ　添ふ」という文型で項が現れると想定し、「Aヲ」と「Bニ」に当たる要素の組み合わせごとに、2例以上得られたもののみを掲出した。なお、文中において項が省略され顕在しないものも、前後文脈からそれらの項を推測し、計上してある。最下段の「その他」は、「Aヲ」に当たる要素と「Bニ」に当たる要素の組み合わせとして、1例だけ認められたもの、または組み合わせの一方が文脈から推定できなかったものである。

表2　「Aヲ　Bニ　添フ」の項の組み合わせ

Aヲ	Bニ	例数
物品	物品	90
人間	自分自身	18
人間	人間	18
心情	自分自身	11
心情	心情	9
光	自分自身	8
物品	自分自身	8
手紙・文字	物品	7
物品	人間	7
雰囲気	自分自身	7
手紙・文字	手紙・文字	6
音	音	5
物品	場所	5
「あはれ」	自分自身	3
言葉	言葉	3
色	色	3
人間	複数の人間	3
「あはれ」	言葉	2
「あはれ」	心情	2
影	相手	2
言葉	人間	2
光	月	2
心情	言葉	2
心情	人間	2
複数の人間	自分自身	2
複数の人間	人間	2
その他		79
合計		308

さて、「Aヲ　Bニ　添ふ」におけるAとBはともに名詞（句）であり、特

に、次のように「物品ヲ　物品ニ　添フ」の意と解される用例が多い。本動詞「添ふ」の意味の中心は、物品を物品に付け加えるという物理的動作と言えるだろう。これは、現代語の「添える」に近い使われ方である。

(17) a　この人々の道の糧、食物に、殿の内の絹、綿、銭など、あるかぎり取りいでて、そへて、つかはす。(竹取・44)

b　仏のおはする中の戸を開けて、御灯明の灯けざやかにかかげさせて、簾に屏風をそへてぞおはする。(源氏・総角・5-232)

注意すべきは、「人間ヲ　自分自身ニ　添フ」「人間ヲ　人間ニ　添フ」「心情ヲ　自分自身ニ　添フ」「心情ヲ　心情ニ　添フ」という意味の例も多い点である。

《人間ヲ　自分自身ニ　添フ》

(18) a　…、たよりを尋ねて聞けば、この人も知らぬ幼き人は、十二三のほどになりにけり、ただそれひとりを身に添へてなむ、かの志賀の東の麓に、湖をまへに見、志賀の山をしりへに見たるところの、いふかたなう心細げなるに、明かし暮らしてあなると聞きて、…(蜻蛉・下・281)

b　さらばいかがはせむ、若君をだにこそは、御形見に見たてまつらめ、あやしき道に［自分自身に］添へたてまつりて、遥かなるほどにおはせむことの悲しきこと、なほ、父君にほのめかさむ、と思ひけれど、…(源氏・玉鬘・88)

《人間ヲ　人間ニ　添フ》

(19) a　…、わが御みづからとても、ただいとあてやかに、子めかしき一筋よりほかの御心は、ふかくしもものし給はぬに、いと後めたく思ひきこえ給ひて、わが御かはりに、［督の君に］大弐の北の方をそへきこゑんとおぼして、御消息有りければ、参りかはり給へり。(寝覚・四・251)

b　かくて、御参りは北の方添ひたまふべきを、常にながながしうはえ添ひさぶらひたまはじ、かかるついでに、［姫君に］かの御後見をや

添へまし、と思す。(源氏・藤裏葉・3-449)

《心情ヲ　自分自身ニ　添フ》

(20) a　水草ゐし野中の水をむすびあげて雫ににごる今のわびしさ　女君は、いとどもの恥かしさをさへ［自分自身に］そへて、けふは、督の君の御行方もしらず、ありつるままに、やがてうづもれふし給て、御返もきこえ給はず。(寝覚・四・258)

b　うたてある思ひやりごとなれど、かけてさやうの世づいたる筋に思しよるな。うき身をつみはべるにも、女は思ひの外にてもの思ひを［自分自身に］添ふるものになむはべりければ、いかでさる方をもて離れて見たてまつらむと思うたまふる。(源氏・澪標・2-311)

《心情ヲ　心情ニ　添フ》

(21) a　おほかたの秋の空だにわびしきに［そのわびしさに］もの思ひ添ふる君にもあるかな（後撰・424）

b　…、しぼれあふべくもあらず濡れそぼちたる御衣ども、引きやりつくろひ奉れど、おほかたもところせく、くるしき御身に、いとど恐ろしくわびしかりつる名残に、かたはらいたささへそへて、いみじくくるしげなる御気色を、いといとをしと見奉り、おどろき給ひて、大臣の君に御消息きこえ給ひたれば、…（寝覚・一・105）

(18)～(21)のような表現は、「物品ヲ　物品ニ　添フ」の用例に次いで頻繁に見られるものである。こうした、人間や心情を対象とする表現が目立つ点は、中古語の「添ふ」が、現代語の「添える」と若干異なる表現性を持つことを示している。

(22)　私は、玉子焼きにキャビアを添えた。

現代語の「添える」は、(22)のように“小さな物体を他の物体に付け加える”という意味で用いられるのが普通ではないだろうか。「人間ヲ　自分自身ニ　添フ」「人間ヲ　人間ニ　添フ」「心情ヲ　自分自身ニ　添フ」「心情ヲ　心情ニ　添フ」といった、中古語で普通に用いられる言い方は、現代語の「添える」にあてはめて考えると、次のように少し不自然な表現ができる。

(23) ?私は、助手を私自身に添えて、研究室に向った。

(24) ?私は、ヘルパーの人をその老人に添えた。

(25) ?私は、彼の自慢話を聞いて、憤りを私自身に添えた。

(26) ?私は、心の中で、悲しみに怒りを添えた。

表2をさらに見ていけば、中古語の本動詞「添ふ」は、人間や心情に限らず、多種多様な意味を持つ名詞を対象格項に取ることが分かる。すなわち、中古語の「添ふ」は、物品を物品に付け加えるというような、物理的な行為を表すところに意味の中心があるが、事物の大小や抽象性・具体性に関わらず、幅広く、何かを何かに付け加える、という意味を表すものと言える6)。これは、現代語の「添える」に比べ、意味領域が広かったことを示している。そして、こうした意味領域の広がりが、複合辞ニソヘテの添加用法を派生する背景になっていると考えられる。次節では、以上に見た本動詞「添ふ」の意味と比較しながら、添加用法のニソヘテについて考えたい。

6　添加用法

表3は、添加用法のニソヘテの前接要素（加えられる側の要素）と、後続節（加わる要素）とを、その意味に基づいて分類したものである。

表3　添加用品における前接要素と後続節の意味

前接要素	後続節	例数
心情の状態・動き	その他の事態	2
	心情の状態・動き	23
その他の事態	その他の事態	16
	心情の状態・動き	6

前接要素は、心情の状態を始めとする何らかの事態を示すものばかりで、物品を表すような例は見出しがたい7)。後続節も同様である。すなわち添加用法は、事態に事態が添加されるという関係を示すものであり、特に、心的な事態を添加するという意味に重点がある。このことは、本動詞「添ふ」が、基本的

に物品を物品に付け加えるという、物理的な動作を中心的な意味として持っていることと対照的である。意味が抽象化していると見ることもできよう。

《心情の状態・動きに、心情の状態・動きが加わる関係》

(27)　思ふてふわがことのはをあだ人の［＝浮気なお方に対する］しげきなげきに添へて恨むな（蜻蛉・上・103）

(28)　…［夜居の僧が］にくしと思ひたりし声様にて言ひたりしこそ、をかしかりしに添へておどろかれにしか。（枕・一二八・242）

(29)　つひのことと思ひしかど、世の常なきにつけても、いかになりはつべきにかと嘆きたまふを、かうにはかなればうれしきにそへても、またこの浦をいまはと思ひ離れむことを思し嘆くに、入道、さるべきことと思ひながら、…（源氏・明石・2-262）

(30)　かくこの御心とりたまふほどに、花散里をあれはてたまひぬるこそいとほしけれ。公事もしげく、ところせき御身に思し憚るにそへても、めづらしく御目おどろくことのなきほど思ひしづめたまふなめり。（源氏・澪標・2-297）

(31)　…、いとつつましく、かたはらいたながら、苦しきにそへても、面影はなれ給はず恋しきに、いかにも胸うちつぶるるまで思さるれば、…（寝覚・五・337）

(32)　例の堀河左大臣殿、女御殿具し給て出でおはし、さらぬものさまざま名乗り、いと苦しき御心地に添へても、一品宮の御裳著のとまりぬるを口惜しくおぼしめして、七日いと苦しくせさせ給ひて、…（栄花・三十二・下-383）

(33)　思ひやれかねて別れし悔しさにそへて悲しき心尽くしを（後拾・562）

《心情の状態・動き以外の事態に、心情の状態・動き以外の事態が加わる関係》

(34)　容貌のいともきよらなるに添へて、心さへこそ人にはことに生ひ出でたまへれ。（源氏・少女・3-18）

(35)　又、八万部の法華経を申し上げさせ給ふ。これら皆、滅罪生善のためとおぼしめす。これに添へて、懺法のいとなみ怠らず。（栄花・十五・

上-456）

《心情の状態・動き以外の事態に、心情の状態・動きが加わる関係》

(36)　春宮は、かかる御なやみにそへて、世を背かせたまふべき御心づかひになむ、と聞かせたまひて渡らせたまへり。（源氏・若菜上・4-19）

(37)　こなたかなたとかしづききこえたまふ宮仕に添へて、むつかしき私心の添ひたるも苦しかりけり。（源氏・東屋・6-88）

井上（1969:27）は、前接要素が「精神活動を誘発する条件」となり、後続節でその「精神活動」が示されると説いている。確かに、そうした解釈が可能な例は目立つのかもしれないが、用例を全て見尽くせば、(34)(35)のように、精神活動以外の動きが関与する例も見受けられる。そして、いずれも、本動詞「添ふ」が本来的に持つ、“付け加える”という意味合いを読み取ることができ、井上の言うような「条件」という意味は特に無いように思われる。

なお、後続節は、人の心情・容姿・行動を表すものに限られ、人以外の事物の動きを表す例が見られない。すなわち添加用法のニソヘテは、人間が引き起こす事態が、前接要素の示す事態に加わる、という場合に限って用いられる。これは、本動詞「添ふ」の、人間の動きを表すという意味特徴が残ったものではないだろうか。次節で触れるが、後続節が人間の関わる事態に限られる点は、経時変化用法とも共通する。

以上から、添加用法のニソヘテは、人間の関わる事態（後続節）が、別の事態（前接要素）に加わる、という関係を表すものと言える。二つの事態は、人の心情の動き・状態を示すものが多く、本動詞「添ふ」の意味の中心が物理的な動作であったことに比して、非物理的な意味の方に重点がある。こうした、本動詞との意味的な相違は、ニソヘテを複合辞と認めることの根拠にもなる。

添加用法のニソヘテが成立した背景としては、5節で見た本動詞「添ふ」の意味が重要だろう。すなわち中古語の本動詞「添ふ」は、物品を物品に付け加える動きという中心的な意味から、ある心情に他の心情を加える動きという意味にまで拡張しており、そうした意味的な広がりが、心情の添加という意味に重点のある添加用法のニソヘテを成立させる条件になったと見ることができる。

7　経時変化用法

次に、経時変化用法のニソヘテについて考える。経時変化用法は、時間に関わる表現を前接要素に取り、その時間の経過と連動して起こる変化を後続節で述べる、というものである。井上（1969:27）は、「「に添へて……まさる」の型が認められる」と指摘しているが、用例の状況を実際に調べると、全86例の経時変化用法のうち26例は次のように「まさる」という形が出ている。

（38）　かくて、侍従の君も、参り給へりし日、なくなり給ひにしかど、御消息に懸かりてありつる、御思ひは月日に添へてまさり、身は弱くなりつつ、え堪ふまじくおぼゆれば、あて宮に、かく聞こえ給ふ。（宇津・あて宮・367）

表4　経時変化用法のニソヘテに前接する語句

		例数
体言	月日	28
	年月	21
	日	19
	年	4
	齢	3
	日数	2
	月	1
	月ごろ	1
	日ごろ	1
	年ごろ	1
	年齢	1
	明け暮れ	1
節	…月日の変はる	1
	年の重なる	1
	…少しおとなびむ	1
合計		86

表5　経時変化用法における、後続節事態の意味分類

		例数
人の関わる変化	人の心情の変化	60
	人の様子の変化	14
	人の容姿の変化	4
	功徳を作り重ねること	1
	人の噂の内容の変化	1
	寵愛がまさること	1
	人と人の中が疎々しくなること	1
	人の出入りがなくなること	1
	邸宅の中が寂しくなること	1
	罪が積もること	1
人以外のものの変化	花の盛りが過ぎていくこと	1
合計		86

経時変化用法の主節は、ニソヘテに前接する語の示す時間の経過に伴って進行する事態であるため、「まさる」などの経時的に事態が進行する意の動詞が出やすいのだろう。

そして経時変化用法に関しては、次に示すようないくつかの文法的特徴を見て取ることができる。

表4は、経時変化用法のニソヘテに前接する語句を一覧にしたものであるが、「月日」「年月」「日」などの、一日以上の時間を表すものばかりである。経時変化用法は、“一日以上の期間の経過に連動して、後続節の事態が進行する”という場合のみに用いられることが分かる[8)]。

次のような、節に接続する例が少ないことは、前件が一定期間の経過という意味に固定していて、時間の経過を意味する「変はる」「重なる」等の動詞を使う必要が無いためではないだろうか。

(39)　女房は理の御年の程とも覚えず、いみじう月日の変はるに添へても寄る方なく、なかなか里ならばあるべし。(栄花・三十九・下-515)

(40)　…、世には心もとけず、うとく恥づかしきものに思して、年の重なるに添へて、御心の隔てもまさるを、いと苦しく思はずに、…(源氏・若紫・1-226)

次に表5では、経時変化用法の後続節が表す事態を分類した。後続節では、次のように人間の関わる変化、特に心情の変化が述べられることが多いと言える。

(41)　貝をえ取らずなりにけるよりも、人の聞き笑はむことを日にそへて思ひたまひければ、ただに病み死ぬるよりも、人聞きはづかしくおぼえたまふなりけり。(竹取・55)

(42)　はかなく過ぐる月日にそへて、いとどさびしく、心細きことのみまさるに、さぶらふ人々もやうやう散れゆきなどして、下つ方の京極わたりなれば、人げ遠く、山寺の入相の声々にそへても音泣きがちにてぞ過ぐしたまふ。(源氏・澪標・2-318)

(43)　あはれに、月日にそへて恋しくのみ思いできこえさせ給ふ事限なし。(栄花・二十一・140)

次の例は、時間の経過に連動して花が衰えていく意で解されるものだが、この「花」は、詠み手自身を例えたものであり、人間の関わる変化の例外とまでは言えないかもしれない。

(44) 誰かさは語り散らすぞ日に添へて盛過ぎゆく花の匂を（栄花・三十四・下-418）

経時変化用法のニソヘテは、以上のように、一日以上の期間の経過（前接要素）に連動して、人（特に心情）が関わる変化が進行する（後続節）、という関係を示す。経過する期間の長さは一日が以上に限定され、変化の主体が人間の関わること（特に心情）に限定されるという点からは、使われ方がかなり固定的であるとも言える。

8　残された課題

以上に見たように、添加用法と経時変化用法は、人間の動き（特に心情の動き）を示す点では共通するものの、添加用法は「A ヲ B ニ添フ」という本動詞「添ふ」の使われ方との関連が見て取れるのに対し、経時変化用法はそうした関連が見えにくい。語源的観点からは、経時変化用法のニソヘテに含まれる「添ふ」が、添加用法のそれと異なる可能性を考慮すべきだが、文献上にはそれらしい用例を見出しがたい。ただし、「A ヲ B ニ添フ」の「B ニ」を想定しにくい「添ふ」の用例（表 2 では「その他」とした用例）の中に、次のような、A を増加させる意で解されるものがあった。

(45) 阿闍梨、今は律師なりけり。召して、この法事のこと掟てさせたまふ。念仏僧の数添へなどせさせたまふ。（源氏・蜻蛉・6-237）

添加用法のニソヘテは、「A ヲ B ニ添フ」の「A ヲ」に当たる要素が後続節に出たものと見ることができるが、これと同様に、経時変化用法のニソヘテも、(45)のような「添ふ」のヲ格成分が後続節に出るようになったものとは考えられないだろうか。本稿では、(45)のような「添ふ」に、「月日に」「年月に」などの成分が共起する言い方が固定的になっていったことで、経時変化用法のニソヘテが生まれたのではないか、という見通しを立てておきたい。

最後に、5つの存疑例を新編日本古典文学全集（以下、「新全集」と表記する）における該当箇所の訳文とともに挙げる。

《「～するうちに」「～の一方」の意と思しい例》

（46）　かかる物思ひに添へて、三条いとめでたく造り立てて、「六月に渡りなむ。ここにて、かくいみじき目を見るは、ここのあしきかと試みむ」とて、御女ども引き具して、いそぎたまふ。衛門聞きて、男君の臥したまへるほどに申す。（落窪・三・213）

（新全集訳：中納言邸では、こういう心配事に加えて、三条邸をたいそう立派に建築して、「六月に引っ越そう。今まで住んでいる邸でこうしたひどい目にあうのは、ここの方位が悪いのかどうか試してみよう」と、娘たちを動員して引っ越しの準備をなさる。）

新全集では「に加えて」と解されているが、意味が通らない。なお、日本古典全書では「かうした憂ひの重なるうちに」と訳され、日本古典文学大系では「こうしたうれいの一方」と訳されている。

《「～の機会に」の意と思しい例》[9]

（47）　…、上達部・殿上人など、ただ明暮、大宮二條のわたりを行き返りつつ、そのわたり物騒がしきまでなりにたり。かかる御いそぎなどに添えて、殿の人々、宮などは、大将の御独り住みを思し嘆かぬ折なし。（狭衣・二・203）

（新全集訳：…上達部・殿上人なども、ただ朝晩大宮一条の辺りを往復して、その辺りが騒然とするほどになってしまった。こうしたご行事に加えて、御殿の人々や母宮など、大将の独身を嘆かれない時はない。）

この例は、新全集の訳では「に加えて」となっているが、意味が通らない。

《「～に応じて／～にふさわしいように」の意と思しい例》[10]

（48）　…、夜一夜遊び明かして、上達部・親王たちには、女の装ひ一領、馬頭、左、右の中将まで、それより下は、白張袴、品に添へて賜はりぬ。（宇津・祭の使・212）

（新全集訳：主人の大殿は、…、夜通し管絃の遊びをし明かして、上達部や親王たちには女の装束を一揃い、馬頭、兵衛、左右の中将までにも賜る。それより下級の者には白張袴などを、身分により添えて賜った。)

《「～に沿って」「～の横に」の意と思しい例》[11)]

(49) 中門より西の廊の西ざまに行きたるを春宮の殿上にせさせ給へり。東の築地にそへて、新しく廊だちて造りて、督の殿の侍にせさせ給へり。(栄花・二十五・下-194)

(新全集訳:中門から西の廊の西側にかけてを東宮の殿上人の控え所になさった。東の土塀に沿って、新たに廊めいた建物を造って、尚侍殿(嬉子)の侍の控え所になさった。)

以上の4例は、それぞれ別の意味合いを持つようであり、一括りにすることはできない。ただし(46)と(47)は、前件事態と後件事態とが同時的に起きていると解されることから、一種の時間節としての用法を派生していた可能性が考えられる。

残りの1例は次のもので、空白箇所が多く文意を推測しがたい。

(50) □□□とくもあらず、かすかに心ぼそげに□□□とてしめじめとあるに、后は月□□□なしうなり給ふままに、風の□□□に添へても涙をながし□□□けかたちをも見え給はず、仏の□□□つとこもりて、…(浜松・一・189)

9 まとめ

本稿では中古語の複合辞ニソヘテに関して、次のことを述べた。

(1) 本動詞「添ふ」は、物品を物品に付け加える意を中心としながらも、心情に心情を付け加えることなど、広く、添加する行為を表す動詞として用いられる。

(2) 添加用法のニソヘテは、人間の関わる事態(後続節)を、別の事態(前接要素)に付け加える、という意味構造で用いられる。2つの事態は、人の心情の動き・状態を示すものが多く、基本的に物理的な動作を表す本動詞「添ふ」と比べ、非物理的な意味に重点がある。本動詞「添ふ」が、ある心情を他の心情に付け加える意にも拡張していたことが、添加用法のニソヘテを成立させる背景になったと想定される。

⑶　経時変化用法のニソヘテは、一日以上の期間の経過（前接要素）に連動して、人（特に心情）が関わる変化が進行する（後続節）、という関係を示す。

古代語に存する複合辞の種類や機能等については、小田（2015:518-524）、安部ほか（2017）などの成果も出てきているとはいえ、なお不明な部分が大きい。その中にあって本稿で明らかにできた事実は、決して大きな成果とは言えないものの、ある程度の意義を持つものと考えたい。他の複合辞の個別的な分析や、古代語における複合辞の全体的な概観等は、今後の課題である。

注

1）井上（1969）で多少言及されているので、適宜触れたい。

2）本稿では、複合辞ニソヘテの一部となった「ソヘ」に対し、自立語として機能している「添ふ（下二段）」を「本動詞」と呼ぶ。

3）複合辞ニソヘテが形成される通時的な過程を知るには、上代の本動詞「添ふ」の用例を、中古語の複合辞ニソヘテの用例と比較する必要がある。これに対し、本稿は中古語という共時態を想定し、本動詞「添ふ」の用例と複合辞ニソヘテの用例を比較するものであるから、本動詞「添ふ」からの変化を歴史的に辿ることはできていない。しかし、共時的観点から複合辞としての性格を確かめるには、同時期の本動詞の用例との相違点を浮き上がらせることが必要だろう。歴史的な複合辞研究では、複合辞の形成過程を明らかにすることが重視されているのかもしれないが、本研究は、現代語における共時的な複合辞研究の方法を、中古語の研究に応用するものである。

4）上代語の「添ふ」は、複合動詞を除くと、万葉集に2例、延喜式祝詞に1例しか得られなかった。

5）複合辞（または複合助詞）と思しい表現を、確かに複合辞だと認めるための条件をめぐっては、砂川（1987）・松木（1990）・福島（2002）・三宅（2005）・田野村（2008）・藤田（2017）などが参考になる。大雑把に言って、形態論的に、固着した一語と認めるべきか否かという観点と、意味論的に、個々の構成要素から導かれる意味から変容しているか否かという観点がある。本稿では、どちらも重視し、4節では主に形態論的観点から、5～7節では意味論的な観点から考察することにした。

6）経時変化用法のニソヘテと関わりの深い次の例もあったが、『源氏物語大成　第四冊　校異篇』（p. 1331）によれば、この「添ふる」には、「そふ」（横山本、陽明家本、保坂本、国冬本）および「そふらん」（麦生本、阿里莫本）という異文がある。

（i）「年月にそふる侮らはしさは、御心ならひなべかめり」とばかり、かくうるはしだちたまへるに憚りて、若やかにをかしきさましてのたまへば、…（源氏・夕霧・4-428）

やや特殊な表現として、添え歌を読む意の次のような例も2例見られた。

（ii）そもそも、歌のさま、六つなり。唐の詩にもかくぞあるべき。その六種の一つには、そへ歌。大鷦鷯の帝をそへ奉れる歌［＝帝に対してそれとなく伝える内容を含む歌］。（古今・仮名序・19）

用例数が少ないため、用例の指摘にとどめておきたい。

7）前接する語が物品を表すと解しうる例としては、次の1例が見られた。

（i）今年より若菜にそへて老いの世に嬉しきことを積まむとぞおもふ（後撰・1372）

ただし、この和歌の解釈は、「若菜を摘（つ）むことに加えて、嬉しいことも積（つ）もう」という意味合いであり、「若菜」は「若菜を摘む」という動作を示すと解釈される。前接する要素は、事態を示すものと考えて差し支えないだろう。

8）木船（1969）は源氏物語の用例を調査し、「年月に添へて」は「年月」の意味どおり数年ないし十数年の経過を意味し、「月日に添へて」も「月日」の意味どおり一年以内の期間を示すとしている。

9）『校本狭衣物語巻二』（p. 448）によれば「御いそきなとも」（鎌倉図書館蔵本）という異文がある。

10）『宇津保物語　一　日本古典文学大系』（pp. 406-407）は特に注意すべき異文を示していない。

11）『栄花物語の研究　校異篇　下巻』（p. 195）は特に注意すべき異文を示していない。

用例出典（用例の引用に際し、句読点・括弧の付け方、漢字の字体、送り仮名の付け方を一部変更し、踊り字はその指し示す文字に置き換えた。また、筆者による解釈や補足を［　］に示した。）

○上代——仏足石歌・古事記歌謡：日本古典文学大系／日本書紀歌謡：大野晋（1953）『上代仮名遣の研究』岩波書店／延喜式祝詞：沖森卓也（1995）『東京国立博物館蔵本延喜式祝詞総索引』汲古書院／続日本紀宣命：北川和秀（1983）『続日本紀宣命校本・総索引』吉川弘文館／万葉集：木下正俊（2001）『万葉集』塙書房（CD-ROM版）

○中古——古今和歌集・竹取物語・伊勢物語・土佐日記・平中物語・大和物語・落窪

物語・枕草子・源氏物語・更級日記:新編日本古典文学全集／蜻蛉日記・夜の寝覚・浜松中納言物語・狭衣物語・栄花物語:日本古典文学大系／宇津保物語:室城秀之（1995）『うつほ物語　全　改訂版』おうふう／多武峯少将物語:小久保崇明（1972）『多武峯少将物語　本文及び総索引』笠間書院／増基法師集:増淵勝一（1971）『いほぬし本文及索引』白帝社

※用例の検索に際し次のデータベースを利用した。

・国文学研究資料館『大系本文データベース』https://base3.nijl.ac.jp/

・国立国語研究所『日本語歴史コーパス』バージョン 2015.3 https://chunagon.ninjal.ac.jp/

参考文献

安部清哉・菊池そのみ・江口匠・大浜弘樹（2017）「平安前期の複合辞・連語機能語（複合連語機能辞）の現代古典対照―『竹取物語』での形態と用例―」『學習院大學國語國文學會誌』60 pp. 1-18

井上親雄（1969）「自動詞における下二段活用と四段活用の性格―「に添へて」と「に添ひて」―」『比治山女子短期大学紀要』3 pp. 17-30

小田　勝（2015）『実例詳解　古典文法総覧』和泉書院

木船重昭（1969）「「月日に添へて」と「年頃といふばかり」―源氏物語解釈ノート―」『解釈』15-1・2

砂川有里子（1987）「複合助詞について」『日本語教育』62 pp. 42-55

田野村忠温（2008）「複合辞の本性について―その構成と単位性―」児玉一宏・小山哲春編『言葉と認知のメカニズム　山梨正明教授還暦記念論文集　ひつじ研究叢書言語編 70』pp. 489-497（ひつじ書房）

福島泰正（2002）「複合助詞の認定をめぐる問題点―日本語教育の立場から―」『岡山大学言語学論叢』9 pp. 35-57

藤田保幸（2017）「複合辞であることを支える共時的条件―動詞句由来の複合辞を中心に―」『龍谷大学グローバル教育推進センター研究年報』26 pp. 81-93

松木正恵（1990）「複合辞の認定基準・尺度設定の試み」『早稲田大学日本語研究教育センター紀要』2 pp. 27-52

三宅知宏（2005）「現代日本語における文法化―内容語と機能語の連続性をめぐって―」『日本語の研究』1-3 pp. 61-75

［付記］　本稿は、第 13 回形式語研究会（平成 29 年 1 月 21 日、愛媛大学）にて発表した内容を修正したものです。発表に際しご助言を下さいました先生方に、記して感謝致します。また本稿は、平成 28・29 年度 JSPS 科研費（課題番号 16H07401）による助成を受けています。

近世における副詞「なんと」の働きかけ用法
——感動詞化の観点から——

深津周太

1　はじめに

中世から見られはじめる副詞「なんと」[1]は、近世以降、【疑問】(→1a) や【不定】(→1b) といった本来的意味を離れて、(2)のような表現として用いられることがある。

(1) a 「さらば、みづからをもつれ、一蓮の縁になしたまへや。すてられて、老の身の、何となるべき」　(曽我物語、七／中世前期)

b なにと申候共、非常の赦に過たる事あるべしともおぼえ候はず　(平家物語、三／中世前期)

(2) a 「なんと、ミなの衆。あれを聞(きゝや)れ。鳥類でさへ元朝を祝して、おれそれの儀式をする。…」　(噺本・会席噺袋、3ウ／1812)

b 「ナント岩よ。爰(こゝ)十日ほどハ楽しもぞよ。まづ風呂へゆかふじやが、コリヤかならずくせ出すなよ」　(軽口筆彦噺、9オ／1795)

本稿では(2)の「なんと」を【呼びかけ】の感動詞とみなし[2]、当表現の成立を、副詞の「なんと」の“感動詞化”という観点から説明づけることを試みる。ここでいう感動詞化とは、ある語彙項目が本来有する統語的機能および具体的意味を喪失し、【呼びかけ・応答・詠嘆】などを担う感動詞となる変化を指す[3]。日本語史上、このような変化は品詞や語義を問わず度々生じてきたが、殊に「なんと」を含めた疑問詞の感動詞化が頻繁に起こってきたことが指摘されている。

疑問詞を疑問の標識とする不定方式の疑問表現は、疑問詞またはそれを核とする成分だけの一語文的表現において、感動詞の文の成分的ありよう—感動語・呼掛語・応答語—に近づき、またそれに転化していくことが少なくない。転化の結果は、語のレベルで感動詞と呼ばれる品詞の中に、疑問詞に由来するものが、いろいろ目につくということにあるのであるが、それ以前の、疑問表現であると同時に感動語・呼掛語・応答語でもあるという両立的なありようもかえって多いはずである。　　　（山口 1990:132）

本稿の構成は以下の通りである。まず2では、変化の過渡期における「なんと」の用法整理を通して感動詞化の契機的用法と考えられるものに焦点を当てる。続く3で当該用法の歴史的展開を概観した後、4では改めてそれを感動詞化の観点から捉え直し、その上で変化プロセスおよび要因について考察する。5はまとめである。

2　本稿の立場

2.1　変化の契機となった用法

「なんと」は中世以降に副詞として定着し[4)]、その後期頃には、従来同領域を担っていた「いかに」と入れ替わりながら勢力を強めていく[5)]。その用いられ方は多様であるが、まずは、接続助詞トモ・テモなどと共起し逆接の条件節を構成する【不定】類と、疑問表現の構成要素となる【疑問】類とに大別することができよう。

【不定】類は用例数が少なく、「なんと」が勢力を増す中世末期以降も出現数は限られている。これは【疑問】類としては衰退しつつあった「いかに」が、その用法を【不定】類へと収束させたことで、二形式の相補的な関係が形成されたためである[6)]。

（3）a　自由自在ニ人ハ何ト思ハウトモマヽト思タナリソ

（蒙求抄／1638）※松本 2005 より

b　「なにとたいせつなる人の家がやくるとも、二階からすくにおハしりあるな、おつるにすふだ」　　　（醒酔笑、二 41 ／ 1623）

それに対し、【疑問】類には豊富な用法・用例数が確認できる。そのうち最も典型的なのは(4a)のような「どのように／どう」に当たる連用用法である。また、(4b)のように文末に用いられるものもある。

（4）a　若君姫君も筆を染めて「さてお返事はなんと（nanto）書かうぞ」と仰せらるれば　（天草版平家物語、四 290／1592）

b　その人の言ふは、「もし飲み尽くせられずは、何と（nanto)」と。（エソポのハブラス、17／1590）

中世の【疑問】類は上記のようなものを中心とするのであるが、これらの用法群に加え、中世末期から近世にかけて、【疑問】類の範囲に収まるものとして次のようなものが見られはじめる。

（5）a　〈大名〉「何と。西山東山はいつもの事。様子のちがふた所へゆきたいが。どこもとがよからふな」〈くわしや〉「誠に御意の通。西山東山はいつもの事で御ざる。さればどこもとが。よう御ざりませうぞ。…」（狂言記・萩大名、一 26 オ／1660）

b　「なんと女子供はしまふたか、嶋はこよいはどうした」といへば、「嶋さまはこよひはながらの市様とて、なじみのおきやくが久しぶりであふみや迄みへまして、それで嶋様もあふみやへおくりました」といひければ　（心中二枚絵草紙、下／1706）

c　「なんと、蛇のすしの味ハどのやうなものぞ」「風味どうもいへぬよい物じやが、すこしきのどくハ水くさい」（軽口御前男、11 オ／1703）

（6）a　「我れハ狸の王なり」といふ。「なにと、狸の王ちや。」（醒酔笑、二 166／1623）

b　「今日の御祝義千秋万歳、ことに天気能く」といハふなかはに、彼大名、「なにと御祝義てんきもよしと」（醒酔笑、二 25／1623）

c　亭主腹をたて、「そこな糞虫ハ何といふぞ」といふ。坊主聞て、「何と、三衣をきる沙門を、くそ虫といふことがあるか」（初音草噺大鑑、18 オ／1698）

まず(5)は、後続する具体的な問いかけ内容についてどう思うかを問うものであり、一種の念押し、あるいは答えの催促と言えるものであろう[7)]。意味的には「何と思う」に等しく、その思考動詞を非表示としたものが当表現にあたると考えられる。聞き手に対する働きかけを行っていることから、これを“働きかけ用法”と呼ぶ。

次に(6)は、相手の発言内容を一語文的に問い返すものである。こちらは実質的に「何と言う(言った)」を意味するものであり、その発話動詞が非表示となっている[8)]。前提となる相手の発話を受けて、それに問い返すことから、これを“問い返し用法”とする。

(5)(6)によって行われているのは聞き手に対する問いであるから、両用法は【疑問】類の範囲に収まるものと見てよい。ただし統語的には、後続の疑問文との構文的関係をもたない一語文用法である点が(4)に見た二用法と大きく異なっている。

本稿では、このうち、積極的な聞き手への働きかけという点において呼びかけ感動詞との連続性をもつ(5)のような働きかけ用法こそが感動詞化の基盤となったものと考える[9)]。以下ではこの仮説に基づき、働きかけ用法の具体的な変化のありようを見ていくこととする[10)]。

2.2　調査資料

働きかけ用法の用例が得られる近世以降の資料を調査対象とする。論の性質上、用例は基本的に台詞部分から採ることとなるが、挙例にあたって「　」を私に付す場合がある。

＜近世前期上方＞

近松浄瑠璃(1703〜1722年)、前期噺本(1680〜1751年)

＜近世後期上方＞

後期噺本(1752〜1848年)、滑稽本(幕末期)

＜近世後期江戸＞

滑稽本(1802〜1849年)

3　働きかけ用法の歴史的展開

3.1　近世初期

ここでは、感動詞化の契機となったと考えられる働きかけ用法について、その通時的様相を概観する。

当用法が初出する近世初期に見られるのは、多くが終助詞「ぞ・か」を用いた疑問文と共起するものであり、これらは典型的に聞き手に問いかける表現だと言える。働きかけ用法のうち、このようなタイプを〈問いかけ〉タイプと呼ぶ。

（7）a　〈大名〉「なにとそちは人を馬になす事をしつたといふが誠か」〈太郎冠者〉「中々そんじてござる」　〈大名〉「さらば追付人を馬になひて見せひ」　（虎明本・人馬、上 222 ／ 1642）

b　〈大名〉「やい。して。なにと。あしたのゑりつきは。だうした物で。あらふぞ」　〈藤六〉「まづ下には。白小袖をめしませう」　（狂言記・烏帽子折、一 2 オ／ 1660）

c　「なにとをの〳〵ハふる酒をこしゆめすか、又にごり酒をしんじゆまいらせうか」　（醒酔笑、二 198 ／ 1623）

また、疑問文の形をとらないが、間投助詞「の・な」を用いて相手に肯定応答を求めるものを〈同意要求〉タイプとする。これらは実質的に聞き手に対して問いかけていると言え、タイプとしては〈問いかけ〉に準ずるものと見てよい。

（8）a　〈下京の者〉「してなにと。ろしすがら。さびしう御ざるが。なんぞ。なぐさみ事して。参りたう御ざるの」　〈上京の者〉「さればなにが。やう御ざろの」　（狂言記・腟薑、五 38 ウ／ 1660）

b　〈主〉「あれはぶあくではなひか」　〈太郎冠者〉「されは私の申さぬ事か、ぶあくが幽霊でござる、むさとそばへよらせらるゝ事は御無用で御ざる」　〈主〉「何とことばをかけてみうかな」　〈太郎冠者〉「ようござらふ」　（虎明本・武悪、上 314 ／ 1642）

当期の働きかけ用法は、全例が上に挙げた〈問いかけ〉もしくは〈同意要求〉

に収まるものである。よって、この段階では「なんと」は聞き手に答えを求める典型的な【疑問】類の範囲で用いられていると言うことができよう。

3.2　近世前期

初期の用例のすべてを占めていた〈問いかけ〉〈同意要求〉の２タイプは、当期にも引き続き多く見られる。

（９）a　「…一字ちがふて名もよふ似た、三五兵衛さまと思ふて、そなたをおまんにかりたいが、なんと一夜はかす気か、おまんにうけやつた五十相伝、此の小まんにさづけてたも、手を合せておがみますサアなむあみだ〳〵、是なふなむあみだじや」と身をもみしせうしいたはしはづかしし　（薩摩歌、上／1704）

b　ある所に子どもよりあひて、兄がいふハ、「なにと、晦日がさきか、朔日がさきか」といへば、弟、「おれハちいさいさかいでしらぬ」といふ　（軽口御前男、8オ／1703）

（10）a　「なんと伝兵衛、町人は爰が心やすい、侍なれば其まゝせつぷくするであろの、我らあづかつて置てとんとしつ念、小刀もそらふた」と、わたせば取てしつかと指、「是さへあれば千人力、もふやすみやれ」と立帰る　（心中天の網島、下／1720）

b　町のよりあいに一人申さるゝハ、「なんとゆふべのぢしんハきついことの」町のしゆ申さるゝハ、「ゆふべぢしんハゆらなんだ。こなたのゆめでかなあろ。」　（軽口はなしとり、5ウ／1728）

なお、「～ものか」のような反語の意味にもとれる例は〈問いかけ〉タイプ（→11）、終助詞「な／の」を使わないが聞き手に肯定応答を期待していることが文脈上読み取れるものは〈同意要求〉タイプ（→12）として扱う。

（11）「なんと与次兵衛。そちハふかくな者じや。大分人に損をかけ、かやうに京辺におるものか。代官よりたづねらるゝ。そう〳〵わきへたちのきやれ。」　（初音草噺大鑑、16オ／1698）

（12）a　「何と作左、ひさしや」とあれバ、彼おとこ胆つぶし、「いや、わた

くし作左衛門にハあらず」といふ　（軽口御前男、16オ／1703）

b　傍輩ども寄会、「なんと、其方ハぜんざい餅をたんと喰たであらふ」といへば、此男、「いや〳〵けもないこと、たべぬ」といふ

（軽口出宝台、4オ／1744）

このように【疑問】類としての典型的な用法が継続的に見られる一方で、当期には次のようなものも出現する。

(13)　「何とそれに付て一首あそバされぬか」と所望ありければ、とりあへずよめり。　（諸国落首咄、13ウ／1698）

(14) a　「なんと、せけんには三月のはな見などゝて弁とふこしらゑ、いさミいづるに、こちも少しなぐさみに、貴様と何ぞおもしろいはなしか、またハそれもむつかしくバ、貴様のぶしやうとおれがふしやうと、ぶしやうくらべをせまいか」といへば、一人のもの、「いや、むつかしい」と云た。　（軽口初売買、4オ／1739）

b　「なんと、ちよこ〳〵隙じや。ぶらりともして居られず、此間に伏見のしもくへ行てあそばふか」　（軽口新歳袋、4オ／1741）

(15)　かゝる所へ九平次はわる口中間二三人、ざとうまじくらどつときたり、「ヤアよねさまたちさびしさうにござる、なにときやくになつてやらふかい…」　（曽根崎心中、二／1703）

これらはいずれも疑問表現の形をとっており〈問いかけ〉タイプの線上にあることは確かだが、単純に字義通りの問いに対する答えのみを求めているのではなく、語用論的な意味を含んでいる。その語用論的意味に応じて、(13)の「なんと」を〈勧め〉タイプ、(14)を〈誘い〉タイプ、(15)を〈申し出〉タイプとする。

注目すべきことに、当期にはこのうち〈誘い〉タイプに、1例のみではあるが非疑問表現との共起例が見られた。

(16)　「なんと、いづれもこうよるからハ、めづらしきしゆかうをもよほし、みたてあそびをいたさん」といゑば、みな〳〵「尤」といふところへ

（軽口へそ巡礼、5オ／1746）

さらに視野を広げると、18C 以降の資料には以下のように「なんと」が命令・依頼表現と共起する例も散見されるようになる。

(17) a　或山里に、みやまとく介といふ古狸有ける。都にかくれなき稲荷山の長助と云きつね行あひ、「扨々久しう打たへ、お目にかゝらぬ。」「いかにも其通。さだめて芸があがつたであらふ。何と狸、少ばけて見しやれ」　（露休置土産、5オ／1707）

b　「なんときさ二郎兵衛、もぐさがまだ出来ずはむかひの出見せへいて、女房共にもひねつてもらへ、ふけぬさきにしまひたいどふじや〳〵気がせく」「あい〳〵やひとも皆出来ました、御かつ手にあそばしませ」　（今宮心中、中／1711）

c　「何ンと〳〵お供廻りがそろつたら、お先手から乗出しめされ」　（丹波与作待夜のこむろぶし、上／1707）

(18)　「…何と、ごくらくへまいる事があらば、おしへて給ハれ」といふ。おにきいて「けちミやくハないか」と有ければ、「まんれいさまのけちミやく成」とて、酒屋かよひ出す。　（軽口あられ酒、6ウ／1705）

このような「なんと」を〈命令〉タイプ（→ 17）、〈依頼〉タイプ（→ 18）とする[11)]。これらや(16)に挙げた疑問表現の形をとらない〈誘い〉タイプのようなものは、発話全体として【疑問】の意味を表していない点で〈問いかけ〉〈同意要求〉や疑問表現を用いる(13)～(15)のような〈誘い〉〈勧め〉〈申し出〉といったタイプ群とは決定的に異なっている。しかし一方で、聞き手に働きかけるという機能の面においては、両者は連続的でもあると言えよう。

3.3　近世後期

当期に至ると、上方・江戸ともに全タイプの用例が見られる。まずは疑問表現と共起するタイプを挙げよう。

(19) a　「なんと佐次さん、もふちつといたくねへ趣向は有ルめへか」　（花暦八笑人、春の部一／1820-49）〈問いかけ〉

b　「なんとこのけしきハじつにたましいをうばゝれるといふやつじや

ナ」「そのうちにもせつちうのがみハ北地がかくべつでこうみわたしたところハりはくとふばも口をとじてこほうげんゑいとくもふでをすてるとばかりでござりますテ」

（穴さがし心の内そと、二ノ二／江戸末期）〈同意要求〉

c　京「かいな、どとんぼりのしゆは、みな芸子じや。ナントこゝで、何なとひとつ、やりなさらんかいな」　長さきの人「コリヤよかたい、船中のねぶり目ざましに、あんたしゆひとつヅヽ、芸能やらしやつたらよかたい。…」（東海道中膝栗毛、六編上／1802-1814）〈勧め〉

d　弥次「そんなら、さいわい、こゝに湯屋がある。ナントちよつくりあつたまつていかねへか」　北八「ホンニこいつはきめう〳〵。弥次さん、おさきへ。ありがてへ」

（東海道中膝栗毛、六編上／1802-1814）〈誘い〉

e　「コリヤしま主（す）が不調法。ナントこういたしましよかいな。どふやらおざしきがしゆんできたさかい、是からわつさりと額風呂へなりこみの、例のフカ〳〵フツヽカ、ホカ〳〵けつこう〳〵なぞは、どでござりますぞいな」（東海道中膝栗毛、七編上／1802-1814）〈申し出〉

次に、非疑問表現を用いた〈勧め〉〈誘い〉〈申し出〉の例を挙げる。前期資料には〈誘い〉の1例のみが見られたが、当期には〈勧め〉〈申し出〉の例も見られるようになる。

(20)　隣の親仁が来て、「何と、こゝなむすこももはや十五六そふなが、落ぞめさして、角でもいれさせ、仲間入の振舞したらよかろふ」といへば

（軽口片頬笑、3オ／1770）〈勧め〉

(21) a　大「ナント大坂へゆくなら、仲間うち皆つれて行ふ」　昆「それもよからふ」（落噺千里藪、1ウ／1846）〈誘い〉

b　弥次「めしもくへぬ。ナントきた八かうだ。府中迄いけば、ちつたアさんだんするあてもあるから、先（まづ）壱文なしで出かけよふ」

（東海道中膝栗毛、後編／1802-1814）〈誘い〉

(22)　こんぴら「コレハおもしろい。モシ無躾ながらなんと、わたくしがお

振廻申ませう。もふそれだけあがつて御らふじませぬか」　弥次「くひやせうとも」　（東海道中膝栗毛／1802-1814、五編上）〈申し出〉

〈命令〉〈依頼〉タイプも当期には多く現れるようになっている。

(23) a　「なんとミさつしやれ。こゝにも大きな商い店がござるが、事おゝいとミへて、跡の目の小の暖簾が、まだかけかへずにある」

（雅興春の行衛、2ウ／1796）〈命令〉

b　北八「今夜一所に泊りてへの。なんと赤坂迄行なせへ。一所にしやせう」　びくに「それはありがたふおざります。…」

（東海道中膝栗毛／1802-1814）〈命令〉

(24) a　盆の廿九日のひる、こんのかんばんきたる奴が大家のうちへきて、「ナント、おらハすこし入用の事ができた。銭十〆かして下され」といふ　（軽口筆彦噺、5ウ／1795）〈依頼〉

b　なんとぶしつけだが蔵前の親方、毒味をして呉（くん）なゝ

（花暦八笑人、五編下／1820-49）〈依頼〉

以上をふまえ、近世期における働きかけ用法の用例数をタイプ別に確認しておこう。〈誘い〉〈勧め〉〈申し出〉タイプのうち非疑問表現と共起するものの用例数は［ ］内に示す。

表1

	問いかけ	同意要求	勧め	誘い	申し出	命令	依頼
初期	21	2					
前期	110	20	1	1［1］	2	3	1
後期上方	62	18	3［1］	11［2］	1	6	10
後期江戸	20	19	［2］	17［2］	1［1］	7	6

※上方語資料中に現れる東国語・江戸語、および江戸語資料中に見られる上方語の例は除いた。

全体を通して見ると、もともとは〈問いかけ〉〈同意要求〉といった【疑問】の範囲に限定されていた働きかけ用法であったが、近世前期以降、【疑問】の意味をもたないものが増加していったことがわかる。

以上、「なんと」の働きかけ用法について歴史的事実を確認した。以下、これを感動詞化の観点から改めて捉え直してみる。

4　感動詞化の観点から

先述の通り、感動詞化とは意味的な変化（原義＞詠嘆・呼びかけ・応答）であると同時に、元の語彙項目が本来有する統語的特徴を喪失し、感動詞的特徴（文構成においてほかの要素との関係をもたない）を獲得する統語的な変化でもある。

この観点から見たとき、3で述べた「なんと」の変容はどのように捉えられるだろうか。まず、働きかけ用法そのものが一語文であるから、それは出現した時点で統語面においてはすでに感動詞「的」であったと言えよう。ただし、近世初期に見られるのはいずれも〈問いかけ〉〈同意要求〉といったタイプであり、意味的には【疑問】類の範囲を超えるものではない。よって、それらはあくまで副詞「なんと」の一語文用法にとどまるものである。

しかし、18C以降に見られはじめた“非疑問表現と共起する「なんと」”からは【疑問】類の意味を読み取ることができない。これらのタイプの出現により、「なんと」が統語・意味の両面において本稿の考える感動詞化を果たしたことが確認されたこととなろう。換言すれば「なんと」の感動詞化は18C前後に起こったと推定できる。

繰り返すように、働きかけ用法は統語的にはすでに文中から切り離されていたのであるから、ここで問題となるのは意味面における変化プロセスということになる。そもそも疑問詞であり、働きかけ用法においても本来は疑問表現としか共起しえなかった「なんと」から、いかにして【疑問】類としての意味が失われたのだろうか。

変化の基盤として想定されるのは、疑問表現の形をとりながら典型的な〈問いかけ〉を表さないタイプ群、具体的には、「なんと」が疑問表現との共起の範囲内で用法を拡張させる近世前期以降に現れる〈勧め〉〈誘い〉〈申し出〉の類である。本稿中に示した用例を再掲する。

(25) a 「何とそれに付て一首あそバされぬか」と所望ありければ、とりあへずよめり。 (諸国落首咄、13ウ／1698)〈勧め〉

b 京「かいな、どとんぼりのしゆは、みな芸子じや。ナントこゝで、何なとひとつ、やりなさらんかいな」 長さきの人「コリヤよかたい、船中のねぶり目ざましに、あんたしゆひとつヅヽ、芸能やらしやつたらよかたい。…」 (東海道中膝栗毛、六編上／1802-1814)〈勧め〉

(26) a 「なんと、せけんには三月のはな見などゝて弁とふこしらゑ、いさミいづるに、こちも少しなぐさみに、貴様と何ぞおもしろいはなしか、またハそれもむつかしくバ、貴様のぶしやうとおれがふしやうと、ぶしやうくらべをせまいか」といへば、一人のもの、「いや、むつかしい」と云た。 (軽口初売買、4オ／1739)〈誘い〉

b 「なんと、ちよこ〳〵隙じや。ぶらりともして居られず、此間に伏見のしもくへ行てあそばふか」 (軽口新歳袋、4オ／1741)〈誘い〉

c 弥次「そんなら、さいわい、こゝに湯屋がある。ナントちよつくりあつたまつていかねへか」 北八「ホンニこいつはきめう〳〵。弥次さん、おさきへ。ありがてへ」

(東海道中膝栗毛、六編上／1802-1814)〈誘い〉

(27) a かゝる所へ九平次はわる口中間二三人、ざとうまじくらどつときたり、「ヤアよねさまたちさびしさうにござる、なにときやくになつてやらふかい…」 (曽根崎心中、二／1703)〈申し出〉

b 「コリヤしま主(す)が不調法。ナントこういたしましよかいな。どふやらおざしきがしゆんできたさかい、是からわつさりと額風呂へなりこみの、例のフカ〳〵フツヽカ、ホカ〳〵けつこう〳〵なぞは、どでござりますぞいな」(東海道中膝栗毛、七編上／1802-1814)〈申し出〉

これらのタイプに見る「〜ぬか」「〜うか」といった表現は、聞き手の判断・応答を求めるという面においては【疑問】の領域に属するものと言える。しかしその一方で、これらの表現は聞き手に対する何らかの【行為指示・行為拘束】[12] の意味を孕むこととなる。この語用論的意味が前面に押し出され、「なんと」の働きかけ用法が【疑問】ではなく【行為指示・行為拘束】に関わる表現とみなされたことが感動詞化の直接の要因であると考える。

つまり、働きかけ用法のもつ「なんと—働きかけ」という発話全体に対する意味的な読み替え（疑問＞行為指示・行為拘束）が起こり、発話そのものから【疑問】の意味が後退した結果、「なんと」は【行為指示・行為拘束】を行う発話の冒頭にくる呼びかけ感動詞として解釈され直したということである。

5　おわりに

山口（1990）は、「なんと」をはじめとする疑問表現の感動詞化について以下のように一般化している。

> このような広義の疑問表現のありようとの関係で、その一語文的表現としての感動語・呼掛語・応答語を見るなら、前者から後者への転化は、結論から言って、広義の疑問表現にないものが新たに付け加わるというよりは、本来そこにそなわっていた表現性や働きが局限化し、その一部だけが残存する変化と概言してよいだろう。そこまで至らない、両者の両立するありようも、したがって、同じ方向へのいわば重心の変化といってよい。
>
> （山口 1990:151）

本稿で述べた「なんと」の変化も、まさにこのようなものであったと言えよう。以下に改めて整理する。

(28) a　副詞「なんと」は近世以降、一語文として発話頭に現れ、それに続けて聞き手に働きかける発話を後続させる“働きかけ用法”を定着させる。

b　近世初期の働きかけ用法は〈問いかけ〉〈同意要求〉という典型的な【疑問】の表現と共起するタイプに限定されるが、近世前期以降、〈勧め〉〈誘い〉〈申し出〉という形態的には疑問表現でありながら語用論的に【行為指示・行為拘束】を表すタイプを生む。

c　【疑問】と【行為指示・行為拘束】の意味を未分化に含むこれらのタイプにおいて後者の意味が前面化し、「なんと—働きかけ」という

> 発話全体から【疑問】の意味が失われた結果、「なんと」は単なる呼びかけ感動詞として再解釈された。

18C 以降に非疑問表現の〈勧め〉〈誘い〉〈申し出〉、さらには〈命令〉〈依頼〉といったタイプが現れるのは、とりもなおさず「なんと―働きかけ」の意味が【疑問】から【行為指示・行為拘束】へと重心を移していったことの現れである。

注

1）語形変化前の「なにと」、また「何と」と表記され語形が確定できないものも含む。

2）『日本国語大辞典』によれば、感動詞としての「なんと」は「相手の同意を期待しつつ呼びかけることば」とされているが、実際には（2）に見るように、聞き手に対する働きかけ全般と共起するものである。よってここでは、その機能を広く“呼びかけ”と捉えておく。

3）通時的現象としてのそれを指すものとする。筆者はこれまでに、名詞「これ／それ」、動詞「申す」の感動詞化について論じたことがある（深津 2010、2013、2014）。

4）中古和文資料・説話集類には「何とも」「何となく」「何とか」などの形が見られるが、松本（2005）によれば、これらは「なにと」という副詞一語ではなく「何＋ト」と分析できるものであり「云ふ」「思ふ」など特定の動詞の内容を指す場合にしか用いられない。

5）松本（2005）。

6）同上。

7）以下のように、まず具体的な問いかけを行った後に「なんと」を重ねる場合もある。

・シャントの言はるるは、「買うてから後に、逃げうと思ふか？何と（nanto）」と。（エソポのハブラス／ 1592）

8）実際に、発話動詞を明示する例も見られる。

・〈はしかみ〉「や。そちがなに事を。いふたとまゝよ。此わらずたうなどには。いかう。けいづのある物ぢや」　〈す〉「なにといふぞ。其わらづたうに。けいつがあるといふか」（狂言記・酢薑、一 31 オ）

9）後に「なんと！」という“驚き”を表す感動詞が成立するが、こちらは問い返し用法を出自とするものと考えられる。その成立プロセスも一種の感動詞化と見ることができるが、本稿で扱う変化とは相互に関与しないと思われるため、ここでは詳述を避け、別稿に譲ることとする。

10）山口（1990）にも、当該変化の契機的用法については同様の考え方が示されているが、変化の具体的内容については説明が十全とは言えず、検討の余地があると思われる。

> 対他的な呼掛語には、まず「いかに」「どうだ」「なんと」のように、返事を催促する意のめだつ一語文的表現があった。その働きは催促の意において「さあ」などに類する呼掛語への傾きをもつが、その他の点では、まだ解答要求志向を担う問いの表現の範囲にほぼ収まる。　(山口 1990:152)

11) クレル形およびそれに準ずる形式をとるものを〈依頼〉とし、それ以外を〈命令〉とする。

12) 森（2016）が「策動表現」の分類に用いた用語に従う。なお、森は発話後の行為を行うのが聞き手・話し手のいずれであるかを重視するため、話し手と聞き手がともに行動を行う“勧誘”を「策動表現」に含めていないが、本発表ではこれを【行為指示・行為拘束】の領域に含めておく。

用例出典

近世初期【狂言】◆虎明本：『大蔵虎明本狂言集の研究』◆狂言記：『狂言記の研究』（勉誠出版）◆醒酔笑：『噺本大系』（東京堂出版）**近世前期上方**【浄瑠璃】◆近松世話浄瑠璃 24 曲：『近松世話物全集』上・中・下（冨山房）【前期噺本】◆全 28 作（作品名略）：『噺本大系』（東京堂出版）**近世後期上方**【後期噺本】◆全 37 作（作品名略）：『噺本大系』（東京堂出版）【滑稽本】◆穴さがし心の内そと：『近代語研究』第 4 集（武蔵野書院）**近世後期江戸**【滑稽本】◆花暦八笑人：『花暦八笑人』（岩波文庫）◇浮世風呂◇東海道中膝栗毛　**その他**◇平家物語◇曽我物語◆応永二十七年本論語抄『抄物大系』（勉誠社）◆エソポのハブラス『エソポのハブラス 本文と総索引』◆天草版平家物語：『天草版平家物語語彙用例総索引』（勉誠出版）

※◇で示したものはすべて『日本古典文学大系』（岩波書店）を参照した。

※「虎明本」「醒酔笑」の用例の所在は、翻刻資料の巻・頁を示した。

参考文献

深津周太（2010）「近世初期における指示詞「これ」の感動詞化」『日本語の研究』6-2

深津周太（2013）「動詞「申す」から感動詞「モウシ」へ」『国語国文』82-4

深津周太（2014）「動作を促す感動詞「ソレ／ソレソレ」の成立について」『日本語文法史研究』2

松本朋子（2005）「中世室町期を中心とした「いかに」と「何と」の様相」『和漢語文研究』3

森　勇太（2016）『発話行為から見た日本語授受表現の歴史的研究』、ひつじ書房

山口堯二（1990）『日本語疑問表現通史』、明治書院

逆接確定辞を含む［接続詞］の歴史

矢 島 正 浩

1　はじめに

1.1　問いの所在

逆接確定条件に関与する接続辞は、前件と後件をつなぐ典型的な接続助詞ばかりでなく、接続詞的な用法を構成するものもある。

（1）　昨日は雨が降った。{それでも／だが／けれども} 大会は実行された。

指示詞を用いたり、断定辞を介したり、あるいはそれらを冠さずに接続辞のみだったりと、その構成方法はさまざまである。本稿は、接続辞がそれ自身であるいは他の語と一体となって、接続詞化という品詞の所属替えを段階的に示しつつ、文法形式として配置されることに着目する。このような指示詞や断定辞は、一般的にはもともとあったものが次第に音韻的短縮を起こすことで表示されなくなるというプロセスが想定されそうにも思う。しかし、後述するように、断定辞の有無は「あり」→「なし」へという前後関係で生じるのではなく、それぞれ別の過程を経て生じる。どの時代にどのような段階を経て今日のような表現方法に向かうのか。本稿は、このあたりのことを、広く逆接確定辞全体の歴史の中に接続詞的用法を位置づけながら記述してみたい。

ところで接続詞的用法は、機能の点で、前件と後件とをつなぐ主要部で用いる用法や文末部で用いられる用法とは区別される。

（2）a　きのうは雨が降ったが、大会は実行された。

　　b　A：きのう、大会、開かれましたね。

　　　 B：あんなに雨、降ったんですけどね。

c　B：あ：そうなんだ。[ポールは] なんか受かったって聞いたんだけど。

A：え、ポール：？

(c は横森 2011 の挙例(2)を一部改変して引用)

(2a)は主要部でガが前件と後件とをつなぐものであり、接続辞としての本来的な方法である。それに対して(2bc)は、接続辞を発話末で用いている。接続詞的用法を、それらも含めた全用法の接続辞史の中に位置づけ、考えてみようと思う。その際、便宜的に(1)のように発話の始め部分で、独立した形で後続する節の前に置かれる接続詞的用法を［接続詞］と捉え、本稿ではこのカテゴリーの諸例を中心に検討する。(2a)のように主要部で前件の述語に下接して用いられる接続辞を［接続助詞］、(2bc)のように後続する節が表現されない終助詞的用法をまとめて［終助詞］と呼ぶことにする。［終助詞］には(2b)のごとく後件が想定される［接続助詞］的なものから(2c)のように単独で主節を構成するものまでさまざまあるが、とりあえず［終助詞］として一括してみる。

なお、［接続詞］は指示語の有無や一語化の度合いによって品詞の認定に段階差があり、また同じ一語化を経た［接続詞］であってもその機能はさらに分類して把握されることも多い（渡部 1995 など)。当然、それらを詳細に区別したアプローチもあり得るが、本稿では一まずそれらを大括りにして、各形式の発生・発達に視点を限定する方針である。

1.2　資料

まず、中央語における逆接の確定条件史の大きな流れの中に［接続詞］を位置づけるべく、①古代 vs. 近世 vs. 近代、②上方・大阪語 vs. 江戸・東京語の2点に注目点を据えて調査資料を選定する。以下に示すとおり、小規模な調査であるため、本稿では傾向を大まかに捉える段階に議論をとどめることになる。

○資料及び使用テキスト

（※引用に際しては仮名を漢字に改めたり句読点を施したりなど、一部に手

を加えたところがある）

Ⅰ．中古：「源氏物語」新編日本古典文学全集（小学館）冒頭から約400例（桐壺～須磨の巻）

Ⅱ．中世前期：「平家物語」新日本古典文学大系（岩波書店）

Ⅲ．近世中期上方：＊歌舞伎台帳「心中鬼門角」宝永7年初演。※『歌舞伎台帳集成』1（勉誠社）＊近松世話浄瑠璃24作品。元禄16～享保7年初演。※『近松全集』（岩波書店）

Ⅳ-1．近世後期上方：＊洒落本…月花余情・陽台遺編・妣閣秘言・新月花余情・聖遊廓・郭中奇譚（異本）・短華蘂葉・睟のすじ書・十界和尚話・南遊記・粋の曙・色深狭睡夢・北川蜆殻（宝暦7～文政10）※『洒落本大成』（中央公論社）　＊滑稽本「穴さがし心の内そと」幕末～明治頃『近代語研究』4（武蔵野書院）

Ⅳ-2．近世後期江戸：＊洒落本…遊子方言・辰巳之園・通言総籬・傾城買四十八手・傾城買二筋道　※以上『黄表紙洒落本集』日本古典文学大系（岩波書店）／郭中奇譚・契情買言告鳥・言告鳥二篇廓之桜・青楼色唐紙　※以上『洒落本大成』（中央公論社）（明和6～文政11）＊滑稽本「浮世風呂」1809～1813（文化6～10）年　※『浮世風呂　戯場粋言幕の外　大千世界楽屋探』新日本古典文学大系（岩波書店）

Ⅴ-1．近代大阪[1)]：＊落語資料：金澤（2015）記載の大阪落語51話。＊談話資料：日本放送協会編（1981）「大阪府大阪市」『全国方言資料第四巻近畿編』（昭和28年録音）／国立国語研究所編（2002）「大阪府大阪市」『日本のふるさとことば集成』13（国書刊行会）（昭和52年録音）＊小説（サンプリング調査[2)]）：上司小剣『鱧の皮』1914（大正3）年、『天満宮』1914（大正3）年　※『現代日本文学大系』21（筑摩書房）／織田作之助『夫婦善哉』1940（昭和15）年　※岩波文庫

Ⅴ-2．近代東京：＊落語資料：金澤（2015）記載の東京落語76話。＊談話資料：日本放送協会編（1967）「東京都」『全国方言資料第二巻関東・甲信越編』（日本放送出版協会）（昭和27録音）／国立国語研究所編（2002）「東京

都」『日本のふるさとことば集成』6（国書刊行会）（昭和55録音）＊小説（サンプリング調査）：夏目漱石『行人』1914（大正3）年　※『現代日本文学大系』18筑摩書房／永井荷風『腕くらべ』1917（大正6）年　※『現代日本文学大系』23筑摩書房

なお、会話文とそれ以外（地の文・歌・書状等）とでは文体が異なる分、接続辞の使用傾向にも差があって扱いが煩瑣になる。そこで、以上の資料で採取された例のうちので、会話文中のもののみ（それぞれの資料中で、他地域出身者として描かれる話者の用例は除外）を、以下の検討の対象とする。

2　調査資料における使用状況

2.1　概況

調査対象とした資料中の接続辞の使用状況を、用法別に示してみる（表1）。

表1　資料別用法別使用傾向

地域・時代		［接続詞］	［接続助詞］	［終助詞］	（他）	計	［接続詞］	［接続助詞］	［終助詞］	（他）	計
中古		10	262	27	29	328	3%	80%	8%	9%	100%
中世		29	423	37	30	519	6%	82%	7%	6%	100%
上方大阪	近世中期	104	1024	27	31	1186	9%	86%	2%	3%	100%
	近世後期	78	358	32	2	470	17%	76%	7%	0%	100%
	近代	37	218	52	1	308	12%	71%	17%	0%	100%
江戸東京	近世後期	102	744	63	2	911	11%	82%	7%	0%	100%
	近代	74	345	85	1	505	15%	68%	17%	0%	100%

※「（他）」は活用語の命令形・已然形等の活用語尾が従属節末を構成する用法例である。
※使用の拡大がうかがえる欄に網掛けを施した。

表1から、［接続詞］が近世後期から使用傾向を強めること、［終助詞］はそれより遅れて近代になってから占有率を高めていること、それらは大阪語・東京語を問わず同様の傾向であることがわかる。使用頻度から見る限り、歴史的には［接続助詞］を基本として、最初に［接続詞］、ついで［終助詞］が、それぞれ段階的に機能を拡張している可能性があることになる。

2.2　用法別に見た形式の推移

続いて、接続辞の形式の推移についてである。ここの検討においては構成要素の接尾辞で分類する方法を取り、「だが」「そうだが」であればすべてガに、「さりながら」「しかし」（「しかしながら」を本来形とみなす）」であればすべてナガラに取りまとめる。接続辞の各形式の細かな用法差は取り措き、「ど」「ども」はドモ、「に」「のに」はニ、「けど」「けれど」などはケレドモと代表形でまとめて取り扱っていく[3)]（表2）。

表2　用法別形式別使用状況

用法	地域・時代		ドモ	ナガラ	ヲ	ニ	ガ	ケレドモ	テモ	デモ	トコロ系	モノ系	(他)	計
［接続詞］	中古		10											10
	中世		15	6	7	1								29
	上方大阪	近世中期	20	57			8	2		17				104
		近世後期		35		1	9	1		29	3			78
		近代		8			1	17		11				37
	江戸東京	近世後期	1	45			8	3	1	42			2	102
		近代		19		1	5	31		9	8		1	74
［接続助詞］	中古		109	27	87	23						11	5	262
	中世		226	12	12	100	54		3			11	5	423
	上方大阪	近世中期	455	120	3	76	262	10	52	5		30	11	1024
		近世後期	24	12	1	38	168	77	20	1	9	2	6	358
		近代	1	4		15	67	111	11	5	1	1	2	218
	江戸東京	近世後期	18	32	2	47	503	72	30	5	15	11	9	744
		近代	2	6		15	240	66	13	1			2	345
［終助詞］	中古				6	1						17	3	27
	中世					1						36		37
	上方大阪	近世中期					7					20		27
		近世後期		1		9	12	7				3		32
		近代				3	4	45						52
	江戸東京	近世後期				16	27	6				12	2	63
		近代				5	67	13						85

※「(他)」には20例以下の項目をまとめた。なお「何にもせよ、～」など逆接の接尾辞によらない方法はカウントから除いている。

表2から［接続詞］について読み取れることは以下のとおりである。

※不等号「>」は、頻度の高低を表す。以下同様。

中古：ドモ

中世：ドモ>ナガラ>ヲ>ニの併用

近世中期：ナガラ・ドモ>デモ>ガ>ケレドモの併用

近世後期：ドモが衰退vs.ナガラ・デモ>ガ>ケレドモの併用

近代：東西でナガラ減少、ケレドモ増加。西でガ減少、東でデモ減少・トコロ系増加。

主要部を構成する［接続助詞］は、中世まではドモが主要形であり、準体句にヲ・ニを下接する方法を併用していた。ガも中世には一定の使用があったことがうかがえる。近世中期にはそのうちのヲが衰退し、ニも減少する一方で、ガ・テモが伸長しケレドモも発生[4)]する。次いで近世後期にはナガラ・ドモが衰退し、ケレドモ・ガが増加する。以降、上方・大阪語では特にケレドモが、また江戸・東京語ではガがそれぞれ発達するという対照性を示す[5)]。母体となる［接続助詞］の推移と［接続詞］のそれとが、大きくは連動していることがわかる。

ちなみに［終助詞］は、中古・中世より近世中期に至るまでモノ系を多用していた点に特徴が現れる。［終助詞］のモノヲは詠嘆の「モノ」＋間投助詞「ヲ」の終止的用法から転じたものであって、［接続助詞］から転じたのではない（西田 1971 参照）。その点を考慮すれば、［接続助詞］から［終助詞］に転用する方法が一般的なものとして定着する[6)]のは近世後期以降であると、時期を限定して捉えることができそうである。

以上より、3用法に共通して、近世中期までは古代の方法を一定程度、維持する様子が見えること、ただしその近世中期には変化への胎動もうかがえること、そして大きく様子を変えているのは近世後期であることなどがわかる。

2.3 ［接続詞］の形式変化の概要

次に、［接続詞］の形式面に注目し、同用法を構成する指示詞、接続辞、さらに断定辞の有無に注目して推移を観察する。ここでも細かな相違は捨象し、指示詞「それ」「そ」「ほ」はいずれもソレ、断定辞「じゃ」「や」「だ」もすべてダで示す。また、「だが」のように断定辞で始まる形式も、ここの検討に限り、本来受けるはずの指示詞が省略されたものとして扱う。

表 3　［接続詞］の形式別使用状況

地域・時代		サ・シカ類						デモ類		ガ類				ケレドモ類			
		サリナガラ	サレドモ	シカルニ	シカルヲ	シカレドモ	シカシ	ソレデモ	デモ	シタガ	ソレダガ	ソウダガ	ガ	ソレダケレドモ	ケレドモ	(他)	計
中古			10														10
中世		6	13	1	7	2											29
上方大阪	近世中期	57	15			1		13	4	8					2	4	104
	近世後期	3		1			32	26	2	9					1	4	78
	近代						8	6	5				1	9	8		37
江戸東京	近世後期	4	1				41	39	3	5	2	1		2	1	3	102
	近代			1			19	2	7		5			17	14	9	74

※例えば、ソレダケレドモは、「だけど」「そやけど」など［指示語＋断定＋ケレドモ］の構成要素から成ることが想定されるすべての代表形とする。「ケレドモ」を分立した理由は本文３節参照。

表３からは、次が読み取れる。

中古＝源氏物語〜サレドモ　　　　　　　　：和文系

中世＝平家物語〜サリナガラ・サレドモ・シカルニ／ヲ・シカレドモ

：和漢混交文系[7)]

近世中期上方：サリナガラ・サレドモ＋ソレデモ・シタガ＞デモ・ケレドモ

近世後期上方：サリナガラ・サレドモが衰退、シカシが発達。他は同上。

近世後期江戸：ほぼ同上。それにソレダガ・ソウダガが加わる。

近代大阪：シタガの衰退、ケレドモの増加、シカシ・ソレデモなどと併用

近代東京：シタガの衰退、ソレデモの頻度が急減、ケレドモの多用

以上から注意されることは次の２点である。

（３）a　中古・中世の［接続詞］は、サ・シカという副詞系の指示詞を用い、動詞を修飾する構造を有する表現である。近世以降、その方法はシカシ（ナガラ）・（ソウ）シタガに受け継がれつつも、それ以外に新たに生まれた形式の多くがソレ＋断定辞＋接続辞と、名詞系の指示詞を用いた捉え方による言い方がされている。逆接確定辞を含む［接続詞］の表現方法の基本的な部分で、大きな変化があったと言える。

b　後期江戸語で先行して指示詞＋断定辞終止形＋ガ・ケレドモ系の新しい接続詞を用いている。一方の上方では、指示詞＋断定辞終止形を冠する形を用いるより前の近世中期の段階で、指示詞も断定辞も取らないケレドモの用法がある[8)]。ソレデモのソレのない形デモや、ソウシタガのソウのない形シタガの使用も多く、近世後期でもその用法が継続的に確認される。反面、指示詞＋断定辞終止形を取る形は近代に入るまで見出せない。

以下、これらに沿って詳しくみていく。

3　［接続詞］の作り方に見る東西差

前節(3b)に指摘した、近世以降の［接続詞］の構成法が東西で異なることについて考えてみる。改めて近世以降の［接続詞］の使用状況を、テキスト中に現れる形式別に示しておこう。なおサ・シカ系はシカシを除いて近世後期以降衰退し、そのシカシもここで問題とする東西差を大きくは示さないので、ここでは除けて考える。

表4　サ・シカ系以外の［接続詞］

		デモ系					ガ系						
地域	時代	それでも	そいでも	ほでも	んでも	でも	したが	それだが	さうだが	じゃが	だが	が	ところが
上方・大阪	近世中期	13				4	8						
	近世後期	26				2	9						3
	近代	3	1	1	1	5						1	
江戸・東京	近世後期	39				2	5	1	1	1			
	近代	2				7					5		8

		ケレドモ系											ダッテ系		（他）			
地域	時代	それだけれど	ですけれど	だけど	んだけど	そやけど	そやけども	けれども	けれど	けぇども	けんど	けど	それだっても	だって	なれども	ても	そのくせ	これでも
上方・大阪	近世中期							2							4			
	近世後期								1									1
	近代					8	1				2	6						
江戸・東京	近世後期	2						1					2			1	1	
	近代		1	13	3			12		1	1			1				

※見やすさを考え、近代に網掛けを付している。

3.1　上方語の［接続詞］

表4に見るとおり、近世上方資料に観察された［接続詞］は、「それでも・でも・したが・ところが・けれど（も）・なれども」である。近世の間の上方語と江戸語の相違は著しく、上方語には、断定辞の終止形を介する［接続詞］の方法がない。また、2節の(3a)では、近世以前の古来の［接続詞］が副詞系の指示詞を取る傾向があることを指摘した。サ・シカ系がその中心であったが、それらを除くと、それに該当する可能性があるのはシタガの一形式のみである。

（4）　つい三十五日の逮夜に成ましたの。殺したやつもまだ知れず、気の毒千万。したが追付しれましよ。　　（近世中期・近松・女殺・下⑫200）

『時代別国語大辞典　室町時代編』（三省堂）の「したが」の項には、「動詞「す」の連用形に、助動詞「た」、助詞「が」の付いたもの。前述の事態を肯定した上で、それから期待されるところとは相反する事態を次に述べるのに用いる。」とあり、「毛詩抄」など抄物の例が挙げられる。指示詞「そう」などを冠する方法が先行したかは不明であるが、断定辞を含まない点で、構造的にはサリナガラ・サレドモなど副詞系の［接続詞］と同じである。サ・シカ系が衰退する近世後期では依然として用いられているが、近代では、ガ・ケレドモによる他の形式の勢力に押され、衰退する。

一方、指示詞を介さず、［接続助詞］からそのまま［接続詞］に転じたかに見える形式ケレドモ・ナレドモについてである。

（5）a　其方に心が残つて悋気じやあ。措けよ。尤も初めは惚れてゐた。けれ共今新七めが食べ汚して。裏まで返して食ひさがひたものを此方所望にごあらぬ。　　（近世中期・近松・淀鯉・上⑤534）

b　（子どもが自害を図った場面で）是　親父殿　悲しいはおれも同事推量して被下。けれども泣いてはすまぬ　泣かしやんな。
（近世中期・台帳・心中鬼門角・下38）

ケレドモが断定辞を介さずに文頭に据えられる例に共通するのが、そもそも文中の接続辞としての解釈がそのまま成り立つことである。(5a)はかつての使用人・新七の妻お半に、話者は以前とは異なって今は全く横恋慕する気がないことを主張する。(5b)はつらい状況だが泣いている場合ではないと相手を諭す。ケレドモの先行文は、(5a)であれば「話者がかつてお半に恋心を抱いていたこと」、(5b)であれば「子どもの自害を目にして話者も親として悲しいこと」であり、それらはその場面では当然のこととして聞き手にも共有されている認識である。ここで聞き手に伝えたいのはケレドモ以下の文であり、先行文は、その主張内容に一致しない要素を、いわば付足情報として述べるに過ぎない。従って、ケレドモの先行文あるいは後続文単体では、自立的に伝える意図が感じ取られにくくなっている。

次は断定辞ナリの已然形がドモとともに［接続詞］を構成する例である。

（6）a　己がお染殿と不義しておる様子はよふ知つている。なれども若い奴じや　有まい事でもないと今までは了簡したれども　どふも了簡のならぬ事が有。（近世中期・台帳・心中鬼門角・上 24）

b　去ながら石清水八幡宮も照覧あれ。身は切らぬ。なれども彦介めが与次兵衛やらぬ覚へたかと仕掛けた喧嘩。

（近世中期・近松・山崎・中⑤ 182）

(6a)の「了簡」は「お前は不義をしている様子だけれど若い人ゆえそんなこともあるだろう」という理解によって生じる認識である。(6b)で「ご照覧あれ」と誓うのは「私は斬らなかったが、彦介が喧嘩を仕掛けてきたのだ」という申し開きが真であることである。ナレドモは、このように主張したい一続きの内容のつなぎ部分で用いられている。一文相当の表現を二分割し、［接続助詞］をそのまま［接続詞］にスライドさせる方法とも言えよう。

そのような特徴を持つケレドモやナレドモは、（7）ように発話の冒頭で用いられる、［接続詞］であればごく一般的であるはずの用法を持っていない。

（7）「…あつちが女房持がすぐに　こつちも男持。是が作法じやわいの」

「それでも　親御様達が合点さしやんすまいもの」

（近世中期・台帳・心中鬼門角・上 12）

この種の表現に、ケレドモもナレドモも例が見えないことに、両形式の特徴が象徴的に現れる。

以上のごとく、シタガ・ケレドモ・ナレドモは、指示詞も断定辞も介さずに、いずれも非自立的に表現を区分する箇所で用いられている。このように、接続辞をそのまま［接続詞］としてスライドするかのように用いる“並列性”は、中世の抄物資料中の用法にも見出される。湯沢（1929）は、同資料から文相当の表現に続く「アルガ・アルニ・アルヲ・アレドモ・シタニ・シタレドモ・シタヲ・スルガ・スルニ・スルヲ」など動詞に接続辞を続ける形式、「ナレバ・ナレドモ」と断定辞に接続辞を続ける形式などを「接続詞」として列挙する。合せて「各一語として見る事にも、接続詞として扱う事に対しても、異論が生ずるであろうが」という断り書きを記す。これらの多くは、形式としてはそのまま従属節末でも用い得るものである。指示詞で先行文を取り出して断定辞で措定し直す方法ではなく、そういった非自立的な形式を接続詞的に用いる方法が、広く中世よりあったということである。近世中期のシタガ・ケレドモ・ナレドモ類もその流れに位置づくものであろう[9)]。

その一方で、ソレデモは上方語の［接続詞］として唯一指示詞「それ」を取る形式である。

（8）a　山わたしやいや。客食へと言ふに。山それでもいやじやもの。
（近世後期・洒落本・睟のすじ書・⑯131）

b　これおさんちつとの間起きていや。これ〰〰いの。てもよふねる子じやこれいの。　（近世後期・洒落本・陽台遺編・③21）

ソレデモは、糸井（2001）によると「「（それ）にてあるも」に相当する表現。前文の内容をふまえながら、あるいは、一応は認めながら以下にその内容とは異なる、あるいはそれを否定する意見や事態・事柄を述べることを示す」とされる。つまり、先行文を受け入れてみようとしながら、なお食い違う現状に言及する際に用いている。その先行部との照応性に現れる特徴は、(8b)のように「それ」が表現されていない例でもうかがえる。先にシタガも指示詞の有無に関わらず「前述の事態を肯定した上で」という特徴があるとする「辞典」の記述を引用したが、その用法と相通じると言えよう。このように上方語の［接続詞］には、先行文を肯定的に受け入れようとする照応性が見出せる一面もあることを押さえておきたい。

3.2　江戸語の［接続詞］

一方の江戸語についてである。江戸語の［接続詞］の用法を考える上では、まず江戸語の成り立ちから、上方語の影響を受けて用いられている場合があることに注意する必要がある（矢島2013の第9章参照）。その要素を排除し、上方語と重複がない語形にしぼると、表4から「それだけれど・それだが・そうだが・じゃが・それだっても」が抜き出される。すべてが断定辞の終止形を介する形式（「それだっても」も「それだとても」の変化形とみなす）であり、さらにジャガを除き、指示詞「それ」を冠する点も共通している。

（9）a　（惚れた相手が自分だと言われた「ムスコ」がまともに受け取らないのを聞いて）［女郎］ほんでござんすよ。それだけれど、わたしらがやうなものだから、もうこれぎりでお出なんすめへね。

（近世後期・洒落本・傾城買四十八手・393）

b　人も段〱ゑぐりとやらになつたのさ。夫だがあの、勘平は役に立ねへ男だよ。　（近世後期・滑稽本・浮世風呂・二下125）

※「ゑぐり」…趣向を凝らして人を驚かすこと

c　［通り者］こりや死人を焼く匂だ。じやが、土手でかげば、死人の匂も、ゑゐものじやないか。　（近世後期・洒落本・遊子方言・280）

d　おとな「（略）あんまりひどくいふとあのお子さんはお泣なさるよ」おてば「夫だつても世話がやけてならねへから、じれつてへはな。…

（近世後期・滑稽本・浮世風呂・四上223）

指定辞＋断定辞終止形を取ることにより、指示詞で先行する文脈・事態を体言的に取りまとめて、断定辞で既定的に措定する意味あいが生まれる。(9a)であれば、自分の思いをまともに受け取ってくれない相手に対して、「ほんでござんすよ」と間違いないことを請け合う。そのことを既定的事実として押さえながら、そこから期待される事態と反する要素を持つ後続文「もう以降、来てくれないだろう」を続ける。このように、一旦、事柄を話者自身がそう認定済みである姿勢を明示するところに、断定辞を用いた［接続詞］の特徴が現れる。話者の責任において先行事情を済んだこととして取り措く、いわば“捉え直し性”をもって発話を始める。その態度に呼応するように、後続文では、単に事柄を観察的に切り出すのではなく、自身の見解として承前の内容とは順当には続かないと考えることを述べている。上方語に特徴的だったケレドモ・ナレドモには、先行文と後続文とをあたかも［接続助詞］のようにつなぐ面が見られた。そこにうかがえる“並列性”と、対する江戸語の“捉え直し性”とは相当に異質なものであったと言ってよい。

なお、(9c)のように指示詞がなく断定辞から［接続詞］が構成される形式は調査範囲ではこれのみであった。ただし、近代では急速に指示詞を省略した形式に交替する。本稿よりも広範囲を調査する宮内（2014）によれば、滑稽本、人情本以降に「指示詞を含む形式が衰退の方向に傾」き、近代では指示詞を冠する例はほぼ見えなくなるとされる。その指摘どおり、表4でも、近代東京語では指示詞が基本的には現れなくなっている。［接続詞］が話者自身の認定済みである姿勢を表すものとして談話標識化が進めば、自動的に先行文脈を踏まえた承前性を指示語で形式上示し続けることの重要性も失われていく。その結果が、近代東京語において急速に、指示詞を冠さない形式に傾いていった実情となって現れているものと理解される。

ところで、ケレドモについては、東京語では近代に入ってようやく、断定辞を用いない、接続辞をそのまま［接続詞］として用いる方法の例が増える。

(10)「…（傘に）トタン貼りもありゃあ、ごくよくなると銅(あかがね)で」「それじゃ庇(ひさし)だ、まるで屋根の庇だよ。ばかばかしいなァ。銅てェのはあるかい」「<u>けれども</u>、そういう傘はね、どうしても、のぼせ症の人にはとてもさせねえんだ」　　　（近代・東京落語・柳家小さん「嘘つき」）

先行文は、相手による話者自身の発言への異論である。話者がその相手のことばとは関わりなく、さらにその前に展開していた自身のことばにそのまま続ける発話の冒頭で、ケレドモを用いている。このように指定辞を介さない方法には、相手のことばを捉え直すことがなく、むしろ自身の発話内での“並列性”がうかがえる。近代東京語では、こうして断定辞を介するか否かで使い分けを生じながら、以降、両形式が併存していくようである[10)]。

同じことが、近代大阪語の方では、逆に指示詞＋断定辞を介する方法が生じることによって広がっていく。

(11) A「…「儲かりまっか、儲かりまへんがなー」ちゃなこと言うのは。アラやっぱり船場ことばでっしゃろう。」 D「そやけどそらあ大阪、全体にそれを使いますやろ？「わかりまっかー」ちゃな」 A「そやけどーもともとー、そう（＝船場ことば）違いまっかなあ。…」

（近代・大阪談話・ふるさと 171D/172A）

指示詞の照応性により先行文との関係を明示しながら、断定辞で一旦まとめる。近代以降は大阪語でもこの方法による例が見える。ただし東京語で多用される「だけど」のような、指示詞を脱落させ、断定辞を語頭に立てる方法例は調査範囲内の大阪語資料には現れない。つまり、指示詞＋断定辞を冠する［接続詞］には、話者自身の認定済みの姿勢を明示する機能を、東京語ほど顕在化させず、先行文を受け入れる照応性を維持し続けるということである[11)]。発話態度を示す談話標識としての［接続詞］は、近代東京語と大阪語とではその機能が異なっていることが注意される。

4　おわりに

以上の検討より、大きく次の３点の知見を得ることができた。

(a) 中古以来、［接続詞］は［接続助詞］とほぼ共通の形式によって表現されてきた。接続辞に用いる形式は用法を問わず近世中期に変化の胎動がうかがえ、近世後期に大きな変革期を迎える。［接続詞］は同時期に使用頻度を急増させるが、［終助詞］ではやや遅れて近代から増加する。

(b) 「けれども」のように断定辞を介さない［接続詞］は近世上方語で、また「だけど」などのように断定辞を冠する方法は江戸語でそれぞれ先行して発生する。上方語の「けれども」は節の並列からそのまま自立させる“並列性”に、江戸語の「それだけれども」類は事態をいったん取りまとめて新たに発話を起こす“捉え直し性”に特徴がある。また上方語で発達が認められる「それでは」には、先行文の事態を肯定的に受け入れようとする照応性を維持しつつ後続文を続ける性質が見出せる。

(c) 近代東京語では断定辞を介さない「けれども」類、逆に近代大阪語では「指示語＋断定辞＋接続辞」による「そやけど」などがそれぞれ発生し、(b)の方法と合わせて指定辞を含むものと含まないものと2通りの方法が、それぞれ両言語で出揃い、併用されるに至った。ただし、断定辞を含む方法については、先行文の事態との照応性を明示しない（指示詞ナシの）東京語と、明示する（指示詞を添える）大阪語と対照的であり、談話標識としての機能も異なるものと見るべきである。

一部で順接条件との連関性に触れるところがあったが、どの点についても、基本的には条件表現全体として統合的な説明が可能であると考えている。地域差の問題も、条件表現の発達史にとどまらず、特に対人配慮を要する表現には広く関わりのある観点である。今回は、各接続辞の機能、表現性の相違等も取り扱えていない。そもそも本稿は限定的な調査範囲に基づく、見通しを得るための議論であった。今後の展開に俟つところ大であることを明記し、稿を閉じる。

注

1）落語は明治末〜大正期録音、小説は大正期刊行作品であり（一部昭和期成立のものを含む）、談話は録音が昭和中期である。各資料が示す相違には、資料の性質のみならず、成立期の相違も反映するはずであるが、本稿の目的に即し、3資料間の相違についての検討は取り措き、共通点を確認しながら、これらが示す傾向を広く見渡す方針とする。

2）小説のサンプリング調査は、順接条件・原因理由・逆接条件等のすべての接続形式を含んで、1作家につき400例ずつを目安としながら、各作品の冒頭から東京・大阪のそれぞれ2作家分（両地域で計800例）を対象とする方針とした。このうち本稿で取り上げる会話文中の逆接確定条件の例は両地域で137例である。

3）以下、資料中に用いられた形式は「けど」と鍵括弧付きで示し、それらをカテゴリーで捉えているときはケレドモと片仮名表記とする。

4）この範囲の調査結果に基づいて「発生」と捉えるが、ケレドモ自体は中世後期に発生、近世初期に発達しているものである（坂口1990、村田1996などに詳しい）。

5）宮内（2007・2015・2016）において、本稿で言う［接続助詞］に関しては近世前期にガが用法域を広げ使用を増すこと、近世後期にドモの衰退とケレド類の伸長が見られること、ただし上方語に比べて江戸語での発達が遅れること、明治期にかけて江戸語・東京語でもケレド類が勢力を強めることなどが、すでに明らかにされている。本稿はその内容の追認と言える。

6）古代ではモノヲの他にもヲなどを用いた［終助詞］の用法がある（表2参照）。これらは表現の未完結性を利した「詠嘆」の意味合いが濃厚である。

・限りあらむ道にも後れ先立たじと契らせたまひけるを。（＝死出の道にさえ私たちは一緒にとお約束なされたのに。）　（源氏・桐壺①22）

後世の［終助詞］は談話展開を推進する談話機能を帯びる（横森2011・永田2017など）。古代の［終助詞］と近世以降発達するそれとはそれぞれ異なった要請の下で発達したものと理解することができる。

7）京極・松井（1973）に訓読語系統・和語系統の接続詞の整理があるほか、「平家物語」の接続詞の使用状況や中世末から近世前期にサ系統がソレ系統に交替する様子などについての記述がある。本稿の調査範囲では見出せなかった近世中期のシカシが、西鶴などには少数見えることなども記されている。

8）この点に関わる東西差については、すでに宮内（2014）において、江戸語では「時代順に形態省略の方向に推移」すること（筆者注：「指示詞＋断定辞＋接続辞」→「断定辞＋接続辞」→「接続辞」の意）、「上方語には江戸語よりも早い時期に「ケレド」類単独の接続詞的形式が確認される。単独形式の発達の経緯が、江戸語と上方語で異なるものと考えられる」ことなどを指摘され、両言語の相違に注目している。

9）指示詞・断定辞を取らないトコロガも近世上方語に用いられるが（表3）、やはり同様の仕組みで成立したものと考えられる。

・二階ゆへかなんにもござりませなんだ。所が運（うん）のつき。むさんかふに。づうと這（は）いり又しめて一足あるくと行きあたり。…

（近世後期・洒落本・北川蜆殻・㉗345）

10）赤羽根（2001）で、現代標準語のケレドモの［接続詞］について、断定辞アリに比べてナシの方が、先行文においてモダリティ形式のような自立性の高い表現を取り難く、確定事態の表現等を取りやすいこと等を明らかにされている。本稿で断定辞ナシの形式が“並列性”の中で、また断定辞アリが“捉え直し性”の中でそれぞれ育ったことを見てきたが、その歴史的経緯と近代以降の両形式の併存のありようはまさに順当に連続していると言える。

11）矢島（近刊）において、順接仮定の接続詞的用法ソレナラ・ソレデハ類を取り上げて、指示詞を脱落させないソレナラを多用する近代大阪語と、脱落させるデハ（ジャア）を好む近代東京語の相違を取り上げている。両言語が、他にどういった形式や表現を選好する傾向があるかを踏まえ、上方・大阪語には［共有指向性／説明・打診型］、江戸・東京語には［一方向性／主張・提示型］といった地域に密着した表現指向性が見えるとした。本稿で見る逆接確定の［接続詞］の用法に見出す上方語の“並列性”や「それでは」に顕著な「照応性」、江戸語の“捉え直し性”の相違もそれぞれ同根の事象として説明できると考えている。詳しくは稿を改める。

参考文献

赤羽根義章（2001）「接続助詞の形態と対応する接続語―「けれども、そうするけれども、だけれども」「が、そうするが、だが」「それが」―」『宇都宮大学教育学部紀要』51 第一部

糸井通浩（2001）「でも　接続詞」『日本語文法大辞典』明治書院

金澤裕之（2015）《資料・情報》「明治末・大正・昭和前期のSPレコード資料一覧―東京落語・大阪落語・演説講演分―」『日本語の研究』11-2

京極興一・松井栄一（1973）「接続詞の変遷」『品詞別日本文法講座』明治書院

坂口　至（1990）「近世上方語における接続助詞ケレドモの発達」『語文研究』70

永田良太（2017）『接続助詞ケドの発話解釈過程と談話展開機能』溪水社

西田直敏（1971）「ものを」松村明編『日本文法大辞典』明治書院

宮内佐夜香（2007）「江戸語・明治東京語における接続助詞ケレド類の特徴と変化―ガと対比して―」『日本語の研究』3-4

宮内佐夜香（2014）「「ガ」・「ケレド」類を構成要素とする接続詞の発達について―近世後期江戸語・明治期東京語における推移―」小林賢次・小林千草編『日本語史の新視点と現代日本語』勉誠出版

宮内佐夜香（2015）「近世後期における逆接の接続助詞について―上方語・江戸語の対照―」『中京大学文学会論叢』1

宮内佐夜香（2016）「逆接確定条件表現形式の推移についての一考察―中世後期から近世にかけて―」『日本語文法史研究 3』ひつじ書房

村田菜穂子（1996）「「ケレドモ」の成立―「閉じた表現」への推移と不変化助動詞「マイ」成立との有機的連関を見据えて―」『国語語彙史の研究』16，和泉書院

矢島正浩（2013）『上方・大阪語における条件表現の史的展開』笠間書院

矢島正浩（近刊）「近代落語資料における順接条件系の接続詞的用法について」金澤裕之・矢島正浩共編『SP盤落語レコードが拓く近代日本語研究』笠間書院

湯沢幸吉郎（1929）『室町時代言語の研究』風間書房（1970年再刊本による）

横森大輔（2011）「相互行為の資源としての複文構文の意味―カラ節とケド節の言い

さし現象の考察から―」国立国語研究所「複文構文の意味の研究」ワークショップ 2011.12.17

渡部　学（1995）「ケレドモ類とシカシ類―逆接の接続助詞と接続詞―」宮島達夫・仁田義雄編『日本語類義表現の文法（下）』くろしお出版

［付記］　本研究は、JSPS 科研費 26370534 の助成を受けたものである。

「頃」の用法と歴史的変化
――現代語・中古語を中心に――

岡 﨑 友 子

1　はじめに

現代語の「頃」は、ある時点を含めた時を漠然と示す語であり、複合名詞を構成するか、常に修飾語を伴って現れる。前田（2012）は「頃」について、「時」とは違い「頃」だけでは現れにくく、現代語ではもはや実質的な意味をもたないことから形式名詞・接続助詞化していると指摘する。

（1）a　東京へ出てきた｛時／頃｝、この鞄を買った。

　　b　時が経てば、時が来れば、時の権力者、3時頃、1月頃、月曜日頃、明治時代頃、18世紀の半ば頃（前田 2012:1頁）

それに対し、古代語の「頃」は単独で現われる例があり、「時節・季節」等といった実質的な意味をもつ名詞として働いている。

（2）　ころは、正月、三月、四月、五月、七、八、九月、十一、二月、すべてをりにつけつつ、一年ながらをかし。（『枕草子』、26頁）（季節は正月（中略）すべてその時々に応じて、一年中皆面白い）

本論では、現代語・中古語の「頃」を中心にその用法を明らかにし、歴史的変化についても見通しを述べることを目標とする。

2　先行研究

現代語・古代語の「頃」の先行研究をまとめておく。

2.1　現代語について

現代語「頃」の先行研究は僅かであり、その中で全体的な分析をおこなっている前田（2012）は、現代語の「頃」「時」の前接・後接語の調査をおこない、その結果、名詞（実質名詞）としての性質・機能をどのくらいもつのか、あるいは接続助詞的な機能をどのくらい発達させているのかについて言及をおこなっている。本論に関わりのある、いくつかの指摘を以下にまとめておく。

（3）（ア）(「頃」の前接は）イ形容詞の割合が高い。（イ）(「頃」の前接は）動詞述語の場合圧倒的に過去の方が多い。（ウ）(節を受ける「頃」の後接の助詞は）ゼロが多いことから接続助詞として文中で機能している。（エ）(「の時」「の頃」の前接は「小学生」「中学1年生」「学生」等、どちらでも出現するが）「幼少・幼児・少年」のような特定の範囲を指さない名詞になると、「時」は使いにくく「頃」が用いられる。

次に、現代語の「今ごろ」（と「今」）を考察したものに田窪・笹栗（2001）がある。田窪・笹栗（2001）では「「〜ころ」:ある系列の中で「〜」によって同定される時間をもつ」、また「「今ごろ」は、「明日の今ごろ」「来年の今ごろ」のように時間スケールを持つ周期的時間領域において発話時と並行するスケール上の位置をしめすことができる」等の指摘をおこなっている。

以上は重要な指摘であり、本論ではこれらを踏まえ、4節で現代語「頃」を分析していく。

2.2　古代語について

古代語（上代・中古）「頃」の先行研究は現代語と同じく、管見の限り僅かであり（金1999、井上1970）、用法・歴史的変化は未だ明らかになっていないことが多い。1節で述べたように、中古語「頃」は単独で用いられるものが見られ、その他修飾部を受けるものに関しても現代語とは相違する。特に古代語では、現代語のような時点を表す語（「10月10日午後5時」等）に後接する例はない。古代語でこの意味を担っていたのは「ばかり」と考えられ[1)]、中世以降、この「ばかり」の持っていた意味領域を、「頃」が担うようになったと予想される。なお、「ばかり」を扱う紙幅はないため、「ばかり」との関係については今後の課題とし、本論では中古語「頃」がどのような用法をもっていたのかを中心に考察し、さらに中世以降の変化についても言及していく。

（4）　またの夜、月いとおもしろく、ころさへをかしきに、若き人は舟にのりて遊ぶ。(『紫式部日記』、146 頁)

（5）　二月一日。朝の間、雨降る。午時ばかりにやみぬれば
(『土佐日記』、42 頁)(正午頃には雨が止んだので)

3　問題の所在：現代語・中古語「頃」の前接語（品詞）

考察に入る前に、コーパスを用い現代語・中古語「頃」の前接語（品詞）を抽出し比較することにより、問題点を整理しておく。現代書き言葉均衡コーパス（以降 BCCWJ)、日本語歴史コーパス（以降 CHJ、平安時代編）で抽出した「頃」の前接語（品詞）を表 1 にまとめる[2)]。表 1 に示すように現代語「頃」は、複合名詞であるか、または必ず修飾部を伴うのに対し、中古語では 5 例[3)]、単独で用いられているものが見られる。そして、これらは「時節・季節」等の実質的な意味を表しているようにみえる。

表 1　現代・中古語の「頃」の前接語（品詞、% は小数点第一位四捨五入）[4)]

現代語（BCCWJ）品詞		例　数
1	名詞	133（36%）
2	連体詞	67（18%）
3	助詞	66（18%）
4	助動詞	45（12%）
5	形容詞	32　(9%)
6	接尾辞	13　(4%)
7	動詞	9　(2%)
計		365

中古語（CHJ）品詞		例　数
1	助詞	282（57%）
2	助動詞	71（14%）
3	動詞	60（12%）
4	形容詞	46　(9%)
5	名詞	26　(5%)
6	（単独）	5　(1%)
7	接尾辞	4　(1%)
計		494

（6） 獅子、狛犬など舞ひ、あはれさる事のあらむ、郭公うち鳴き、ころのほどさへ似るものなかりけむかし（『枕草子』、342頁）（季節の頃合いまでも比べるものはなかったであろう）

ではまず、現代語と中古語で相違する点をまとめる。

第1に、現代語では第1位が名詞（36%）であるのに対し、古代語では5位（5%）と低い。これについては、Q1（問題点1）として5.2.1で扱う。

（7） 市交通局によると、運転士は今年八月二十五日午後四時ごろ、酒に酔った状態で前上司に電話して（西日本新聞、2005/11/21）

第2に、前接が動詞のもの（修飾節を受けるもの）は現代語では2%と少ないが、中古語では12%と多く見られる（助動詞を入れると現代語14%、中古語26%）。これについては、Q2として5.2.2で前接が助動詞ものとともに扱う。

（8） 秋の野に乱れて咲ける花の色のちくさに物を思ふころかな（『古今和歌集』583）（花の色のように、様々に物思を思うこの頃だ）

次に、現代語と中古語で同じ傾向を見せるものについてまとめる。

第1に、古代語第1位助詞の内訳は指示詞「こ・そ」に後接する助詞「の」であり、これは現代語第2位が連体詞「この・その・あの」であることから同傾向であると見える[5)]。ただし、（9）（10）に示すように、現代語「このころ」と「このごろ」では意味・用法が相違すること、また中古語で「この・その」の占める割合は高く（236例で全体の約48%を占める）、特に「この頃」の割合がかなり高い。そこで、現代語・中古語の「この・その」＋「頃」についても検討を加える。これについては、Q3として5.2.3で扱う。

（9） 何だか、体力に衰えを感じる今日（このごろ／*このころ）です。

（10） 1993年に日本プロサッカーリーグ（Jリーグ）が開幕した。（*このごろ／このころ）私は大学を卒業したが就職もせず、毎日、競技場に通っていた。

第2に、中古語の前接助詞はほぼ「の」（270例、「この・その」以外34例、約9%）であり、現代語でも同傾向である[6)]が、現代語・中古語で用法に違いがないか探るため、名詞＋助詞「の」＋「頃」の名詞についても分析する。これについては、Q4として5.2.4で扱う。

4　現代語の「頃」の分析

4.1　名詞＋助詞「の」＋「頃」、名詞＋「頃」

現代語の名詞＋助詞「の」＋「頃」及び名詞＋「頃」について、名詞を「出来事」「属性」「時期・時点」にわけ分析してみる。なお、同じく時を表す「時（とき）」と比較することにより、その意味・用法を明らかにする方法をとる。

4.1.1 「大学入試」等の出来事を表す名詞に後接する「頃」

「出来事」を表す名詞＋助詞「の」＋「頃・時」、名詞＋「頃・時」について観察する。

(11) a　大学入試（??頃／*時／の頃／の時）、初めてスーツを買った。
　　b　大学入試（??頃／*時／の頃／の時）、久しぶりに田中にあった。
　　c　大学入試（??頃／*時／*の頃／の時）、緊張のあまり会場で泣き出してしまった。

まず、名詞＋「頃・時」について、「頃」は不自然さを感じ、「時」は不可である。また、名詞＋助詞「の」＋「頃・時」の場合、(11c)を除き「頃」「時」とも可である。

次に意味について、(11a)は「頃」も「時」も「大学入試の日」前後のある期間を表し、用法に差異がないように見える。しかし、(11b)を見ると分かるように、「時」はまさしく「大学入試の日」を示すが「頃」は「大学入試の日」でなく、「大学入試の日」を基点とした前後の、始点と終点が曖昧な期間を表す。さらに(11c)の場合、主節の出来事「会場で泣きだす」を、「頃・時」の修飾部の出来事内「大学入試の日（会場）」とした場合、「時」は可であるが「頃」は不可となる。これは(11b)でも、「時」は「大学入試の日（会場）に田中とあった」ことを表すのに対し、「頃」は「大学入試の日（会場）」ではなく、その前後の期間と捉えられることから本質的には(11c)と同じである。

このように、「時」は修飾部の表す出来事で、主節で表す出来事の時間・場面の設定をおこなうが、「頃」は修飾部の表す出来事を単に並置して期間を表すだけで、主節の時間・場面設定をおこなう訳ではない。そして、「頃」を含む従属節の表す期間と主節の期間は並行的であり、完全には重ならないものと考えられる。

なお、以上の「頃」は実質的な意味は薄く、形式名詞として働いていると考える。

4.1.2 「中学生・3歳」等の属性を表す名詞に後接する「頃」

まず、名詞が「中学生」の場合、「時」は(12)「中学生の時」は可であるが「中学生時」は不可である。「頃」については、「中学生頃」の方はやや不自然であるが、両者とも可であろう。

次に(13)「3歳」といった、ある年齢を表す名詞の場合、名詞＋「時」以外すべて可である。

この「属性」を表す名詞に「頃」、助詞「の」＋「頃」が後接するものは、4.1.3の「時期」を表す名詞「秋・10月初旬」等に後接する場合とふるまいが似ており、「頃」は前接名詞の表す時期を拡張させ、その始点と終点を曖昧化させる。たとえば「3歳（の）頃」は、「2歳のおわり」「4歳になりたて」でも構わない。そして先の4.1.1の出来事を表す名詞とは違い、「頃」で表す時期（3歳）に、主節で表す状態・出来事が主に存在・発生することを表す。この「属性」を表す名詞の場合も、4.1.1と同じく「頃」は形式名詞と考える。

(12)　中学生（?頃／*時／の頃／の時）、僕は不良だった。

(13)　3歳（頃／*時／の頃／の時）、初めての反抗期がはじまる。

4.1.3 「秋・10月初旬」等の時期、「10月10日12時」等の時点を表す名詞に後接する「頃」

「時期・時点」を表す名詞について[7]、(14)(15)に示すように「時」はすべて不可である。そして「頃」は名詞が「秋・10月初旬」のように幅のある期間を表す場合には名詞＋「頃」、名詞＋助詞「の」＋「頃」とも可である。しかし、「10月10日12時」等といったように期間ではなく、ある時点を表す名詞の場合には名詞＋「の」＋「頃」は不可である[8]。

(14)　幅のある期間を表す名詞:「昼・10月・10月初旬」等
　(秋／10月初旬／10月)(頃／*時／の頃／*の時) には、この論文は完成する。

(15)　ある時点を表す名詞:「10月10日12時5分」等
　10月10日12時5分 (頃／*時／*の頃／*の時) に、警報がなる。

これについて、次のように考える。修飾部の名詞が、幅のある期間を表す場合には「頃」は4.1.1と4.1.2の場合と同じく、形式名詞として働く。その際、「頃」は修飾部の名詞が表す時を基点とした前後の、始点と終点が曖昧な期間を表す。それに対し、「10月10日12時5分」等の期間に幅の無い、ある時点を表す名詞に「頃」が後接する場合、助詞「の」に前接することが出来ないことから、「頃」は名詞ではなく、接尾辞として働くと考えられる。そして、その機能は、前接名詞の表す時点を、その時点を基点として前後、幅のある期間に拡張し、その期間の始点と終点を曖昧化する。

なお、(14)(15)で「時」が不可な理由は、4.1.1で述べたように「時」は修飾部の示す出来事で主節で表す出来事の時間・場面の設定をおこなうものであり、「時期・時点」を表す名詞のみでは、その出来事の場面設定ができないためであろう (設定できるように時期に出来事をプラスすると可となる。例(14)′「10月初旬の授業の時には、この論文は完成する」)

以上のように、「時期・時点」を表す名詞に後接する場合、「頃」は「時期」の場合形式名詞、「時点」の場合接尾辞として働いていると考える。なお、この「時期・時点」を表す名詞は、時期・時点の基点となるため「10月初旬」「大学入試」「10日10時10分」等のように時期・時点として読みとれるものでなければならない。例えば、「相撲の頃」は不可で、「春場所の頃」は可である。

4.2　修飾節＋「頃」

「頃」が修飾節を受けるものについて、前田 (2012) では後接する助詞が「ゼロ＞に＞は＞には＞にも」とゼロが最も多いことから、「「時」「頃」が名詞ではなく接続助詞として文中で機能しているということを改めて裏付けるものである」(7頁) としている。

本論では修飾節を受ける「頃」は、その構文的条件から【A】「文の補充成分であるもの」(「頃」は形式名詞) と、【B】「従属節であるもの」(「頃」は接続助詞) に2分類できることを主張する[9)]。

(16) **【A】文の補充成分であるもの(「頃」は形式名詞)**

述語で示す出来事について、「いつ、起こったか」という情報に焦点があたっているもの。

例:[東京へ出てきた(頃/頃に)亮介に逢った]

例の「亮介に逢った」は個別的な出来事であり、その出来事時を修飾節+「頃」で示しており焦点がある。この場合、「頃」は連体修飾節を受ける形式名詞として働いており、文の補充成分である[10)]。また、修飾節+「頃」+助動詞「だ」も、「いつ、起こったか」という情報に焦点があり「頃」は形式名詞として働いている。

例:[亮介に逢ったのは、東京へ出てきた頃だ]

【B】従属節であるもの(「頃」は接続助詞)

主節述語で表す出来事に対して「いつ、起こったか」という情報に焦点がないもの。

例:[東京へ出てきた(頃/*頃に)](従属節)、[ずっと就活で忙しくしていた](主節)

例の「ずっと就活で忙しくしていた」は継続的な状態であり、「いつ、起こったか」に焦点はない。この場合、「頃」は接続助詞として働いており、従属節(副詞節)をなす。

なお、(17)に示すように修飾節+「頃」が表す出来事と主節の出来事は、同一の時点・場面にあることではない。これは、先にも述べたように「頃」はあくまでも修飾節の表す出来事を並置して、主節の期間を表すことを機能とするためである(「出来事の共起における制限」とよぶ)。そして、それらの出来事の期間は完全に一致せず、並行的であることを示す(中古語では主節の出来事と、「頃」の修飾節が表す出来事が、同一である場合にも用いることができる。これについては5節で考察する)。

(17) 子供たちが家に遊びに来た（時／*頃／時に／*頃に)、この壺を割ってしまった。

(18) 子供たちが家に遊びに来た（時／頃／時に／頃に)、富士山が噴火したらしい。

(19) 「伊予守朝臣の家につつしむことはべりて、女房なむまかり移れるころにて、狭き所にはべれば、なめげなることやはべらむ」と下に嘆くを聞きたまひて（『源氏物語』1、92頁）（忌む事がございまして、女どもがこちらに移ってきております（*頃／時）で、狭い所でございますので、失礼にあたることでもございましては)

4.3 現代語まとめ

現代語の「頃」についてまとめておく。

(20) **①名詞＋助詞「の」＋「頃」**

「頃」は修飾部の名詞（「出来事」「属性」「時期」）の表す時を基点とした、その名詞が表す期間前後の、始点と終点が曖昧な期間を示す。なお、「出来事」を表す名詞に「頃」が後接する場合は主節とは別の出来事により、その期間を表すものであり、主節の時間・場面設定はおこなわない（それらの期間は並行的であり、完全には重ならない)。「頃」は形式名詞として働いている。

②名詞＋「頃」

【Ⅰ】「頃」の前接名詞が「属性」「時期」を表す場合、「頃」はその名詞の表す時を基点とした前後の、始点と終点が曖昧な期間を表す。「頃」は形式名詞として働いている。

【Ⅱ】「頃」の前接名詞が「時点」の場合、「頃」はその名詞の表す時点を基点とし、始点と終点が曖昧な幅のある期間に拡張させる接尾辞として働いている。

③修飾節＋「頃」

【A】主節述語で示す出来事に対して、「いつ、起こったか」という情報に焦点があるもの。この場合、修飾節＋「頃」は文の補充成分をなす。そして「頃」は連体修飾節を受ける形式名詞として働いている。

【B】主節述語で示す出来事に対して、「いつ、起こったか」という情報に焦点がないもの。この場合、修飾節＋「頃」は従属節（副詞節）をなす。そして「頃」は接続助詞として働いている。

ここで結論を先取りするが、中古語では（20）①②【Ⅰ】と③【A】と考えてよさそうなものが見られ、②【Ⅱ】と③【B】は見いだせない。つまり、形式名詞はあるが接続助詞と接尾辞の働きはないと予想される。

5　上代語・中古語の「頃」

本論は中古を中心に考察するが、上代で見られる「頃」についても言及しておく。

5.1　上代語の「頃」

『万葉集』において「頃」は64例見られ、その中で最も多いのが「この頃」（51例）であり、その他、動詞6例・助動詞6例・形容詞1例に後接する例が見られる。また、複合語（語彙素）「年頃［年己呂］」3例・「月頃［月比］」3例・「頃々［己呂其侶］」1例が見られる。これらについては、中古の意味用法と同様であると考えられるため、分析は以下の中古とあわせおこなう。

（21）すべもなき　片恋をすと　このころに［比日］　我が死ぬべきは　夢に見えきや（『万葉集』3111）（最近、私の死にそうなのは、夢に見えましたか）

（22）春日野の　山辺の道を　恐りなく　通ひし君が　見えぬころ［許呂］かも（『万葉集』518）（あの方が、お見えにならない日々だ）

5.2　中古語の「頃」

中古語「頃」について、3節でまとめた問題点（Q1〜4）を中心に考察していく。なお、先に述べたように中古語「頃」には5例、（修飾を受けず）単独で用いられているものが見られる。

5.2.1　中古語の名詞・接尾辞＋「頃」

名詞＋「頃」で複合語（語彙素）及び「頃」の前接が名詞・接尾辞であるものを表2にまとめる。

表2　中古の「頃」を含む複合語及び「頃」前接名詞・前接接尾辞

	語彙素	竹取	土佐	伊勢	大和	蜻蛉	落窪	枕草	和泉	源氏	紫式	堤中	更級	大鏡	讃岐	計
「頃」を含む複合語	月頃	0	0	0	0	8	2	4	0	59	3	1	0	2	2	81
	中頃	0	0	0	1	0	0	0	0	7	0	0	0	1	0	9
	日頃	2	1	1	1	17	9	10	14	80	3	2	4	4	10	158
	年頃	3	2	7	13	11	29	3	0	281	4	4	3	26	7	393
名詞	一日	0	0	0	1	0	1	1	1	12	0	0	3	0	0	19
	晦	0	0	0	0	1	0	1	0	0	0	0	0	0	0	2
	月日	0	1	0	0	0	0	0	0	0	0	0	0	0	0	1
	年月	0	0	0	0	1	0	0	0	0	0	0	0	0	0	1
	上	0	0	0	0	0	0	0	0	0	0	0	0	1	0	1
	水無月	0	0	0	0	0	0	0	0	0	0	0	0	0	1	1
	計	5	4	8	16	38	41	19	15	439	10	7	10	34	20	666
接尾辞	にくき	0	0	0	0	0	0	0	1	0	0	0	0	0	0	1
	日	1	0	0	0	0	0	0	0	0	0	0	0	0	0	1
	年	0	0	0	0	0	0	0	0	0	0	0	1	0	0	1
	がたき	0	0	0	0	0	0	0	0	0	0	0	0	1	0	1

まず、CHJで名詞＋「頃」で複合語（語彙素）とされるものは、「年頃」が393例と多く、次に「日頃」が158例見られる。最も多い「年頃」については現代語の慣用的な意味（例「悩みが多い年頃」:ある傾向や志向を持ちやすい年齢である）と違い、現代語の「幾日、日々、年来」等に近い意味を表す[11)]（上

代も同様)。つまり、これらの「頃」は、実質的な意味をもった名詞として働き、他の名詞に後接し複合語となっているものであろう。

(23) 朝日照る 佐太の岡辺に 鳴く鳥の 夜泣きかへらふ この年ころを[此年己呂乎](『万葉集』192)

(24) 亭子院に、御息所たちあまた御曹司してすみたまふに、年ごろありて、河原院のいとおもしろくつくられたりけるに(『大和物語』、293 頁)(数年たって、河原院がたいそう風流に作られた時)

次に、名詞+「頃」は全部で 25 例見いだせる。前接名詞が時間を表すものについては、幅のある時期を表すものに偏っており(特に「一日(意味:月の初旬)」が 19 例)、また具体的な時間を示す名詞としては、月レベルの例が『讃岐典侍日記』に 1 例(「六月ごろにひきかへて、めづらしき心地する」453 頁)、さらに日レベルの例が『竹取物語』に 1 例(「一昨々年の二月の十日ごろに、難波より船に乗りて」31 頁)見いだせるのみである。そして、「時点・属性」を表す名詞は見いだせない[12)]。

(25) 伊予介、神無月の朔日ごろに下る(『源氏物語』1、194 頁)(10 月の初旬頃に任国に下る)

これらの結果から 3 節で述べた、Q1 の現代語では前接第 1 位が名詞(36%)であるのに対し、古代語では名詞が 5 位(5%)と低い理由について、(26)にその予想を述べておく。

(26) 次の①②が見られないため、中古では名詞+「頃」の用例が現代語に比べ少ない。

①「時点」を表すものに後接する例 ②「属性」を表すものに後接する例

以上、(25)「10 月の初旬頃」のような時期を表す名詞に「頃」が後接する例がある程度まとまって見られるが、「時点」を表す名詞に後接するものは見られないことから、中古では「頃」は形式名詞としての働きはもつが、接尾辞の機能は未だ獲得していないと考える。

5.2.2 中古語の修飾節+「頃」

「頃」の前接が動詞のものが 60 例、助動詞のものが 71 例見られる。助動詞のみ表3にまとめる。

表3　中古語の前接助動詞

	古今	大和	蜻蛉	枕草	和泉	源氏	更級	大鏡	計
けり	2	14	1	0	0	3	0	0	20
き	0	0	1	2	1	6	0	2	12
たり	0	1	0	2	0	6	0	0	9
り	0	0	0	0	0	5	0	1	6
ず	0	0	0	0	0	1	1	0	2
ぬ	0	0	0	0	0	2	0	0	2
べし	0	0	0	0	0	3	0	0	3
られる	0	0	0	0	0	2	0	0	2
れる	0	0	0	0	0	1	0	0	1
なり	0	0	3	1	0	10	0	0	14
計	2	15	5	5	1	39	1	3	71

助動詞に関しては過去を表すものが多く、現代語と同じ傾向であるとみえる。しかし、「頃」が接続助詞化した例は見られず、(27)のように「いつ、起こったか」ということに焦点があるタイプのみが見られる（形式名詞として働く。(20) ③【A】)。なお、「頃」はすべてが形式名詞ではなく、(28)(29)のように実質的な意味をもつ名詞として働いているのではないかと考えられるものもみられる。このことから、現代語の「出来事の共起における制限」がなかったことが予想され、事実、(19)のような修飾節と主節が同一の出来事内である例が見られる。そして、修飾節で表す意味内容も制限がなく現代語よりも広くとれるため、現代語に比べ動詞の種類が多く見られると予想される（動詞と助動詞あわせて現代語14%、中古語26%)。

(27)　職の御曹司におはしますころ、西の廂に不断の御読経あるに、仏などかけたてまつり、僧どものゐたるこそさらなるなれ。(『枕草子』、151頁)(職の御曹司に中宮様がいらっしゃった（頃に／時期)、西の廂に不断の御読経あり、仏の画像などをお掛け申し)

(28) 「常よりもわが面影に恥づるころなれば、疎ましと見たまひてむもさすがに苦しきは、いかなるにか」と（『源氏物語』5、289 頁）(いつもよりも面持ちに恥ずかしい（今時分／*頃）であるので、疎ましいとお思いになるでしょう。)

(29) 野焼などするころの、花はあやしうおそきころなれば、をかしかるべき道なれど、まだし。(『蜻蛉日記』、323 頁)(野焼きなどをする（??頃／季節）で、桜は不思議と咲くのが遅い（*頃／今時分）なので、情緒のあるはずの道なのに、まだまだだった)

ここで 3 節の Q2 である、前接が動詞・助動詞のもの（修飾節を受けるもの）は現代語では 14% と少ないが、中古語では 26% と多く見られる理由について、予想をまとめておく。

(30) 中古語「頃」は実質的な意味をもつ名詞としての用法もあったため、現代語でみられる「出来事の共起における制限」がなかった。そのため前接する（動詞・助動詞を末とする）修飾節の表す意味内容の範囲が広く、表れる動詞の種類も多かった。

次に、修飾節＋「頃」が文末である例も見いだせる（「年頃・月頃」等の「頃」と同様の、現代語「幾日・日々・今日この頃・近頃」に近い意味と考えられる。上代でもまとまって見られる)。これらの「頃」も実質的な意味をもつ名詞として働く例である。

(31) 初花の　散るべきものを　人言の　繁きによりて　よどむころ［比者］かも（『万葉集』630）(通うのをためらっている日々だ)

(32) 秋の野に乱れて咲ける花の色のちくさに物を思ふころかな

（『古今和歌集』583）

以上のように、修飾節+「頃」の分析においても 5.2.1 の結果と同じく、中古語「頃」は形式名詞及び現代語と違う実質的な意味をもつ名詞であったと予想される。

5.2.3　中古語の「この・その」＋「頃」

中古語の「この・その」＋「頃」を表 4 にまとめる。中古では「かの（あの）頃」は見いだせず、「この頃」179例、「その頃」57例が見られる。

表4　中古語の「この・その」＋「頃」

	竹取	土佐	伊勢	大和	平中	蜻蛉	落窪	枕草	和泉	源氏	紫式	堤中	更級	大鏡	讃岐	計
この	2	1	0	1	0	27	8	10	9	96	2	2	5	13	3	179
その	0	0	1	0	2	6	1	2	1	34	2	1	0	6	1	57
計	2	1	1	1	2	33	9	12	10	130	4	3	5	19	4	236

ところで、現代語では「このごろ」と「このころ」は相違する意味・用法をもち、「このごろ」は(33)のように「最近・近頃」という慣用的意味を表すのに対し、(34)「この（ころ）」は指示詞として働き（照応用法[13)]）、先行する文脈が示す時期を示している。(34)は照応用法であるため、同じく照応用法をもつ「その（ころ）」としても可となる。

(33)　学生時代はちょっといやだった辞書が、けっこうわるくなかった。だから、(このごろ／*そのころ) ひまになると辞書を読んだりしている。(BCCWJ『本と私』原文は「この」)

(34)　戦争の足音とともに物資の統制が本格化してくるのはこの翌年、私が入隊した後だが、(このころ／そのころ) から食糧はだんだんと欠乏してきて、牛肉などぜいたく品の入荷が減ってきた。(BCCWJ『帝国ホテル厨房物語』原文は「この」)

また、一見すると(33)現代語「このごろ」と、以下の(35)中古語「このごろ」は、「最近・近頃」という意味を表す同様の意味・用法のように見える。

(35)　京にて生まれたりし女子、国にてにはかに亡せにしかば、このごろの出で立ちいそぎを見れど、何ごともいはず。(『土佐日記』、18頁)(この日々（＝最近）の出発準備を見ても)

しかし、現代語(33)は慣用表現化したもの、(35)は直示用法として働く「この」であろう。

なお、現代語「頃」は(36)のように直示用法で用いにくい。それに対し、なぜ中古語の「頃」が直示用法で指示できたのかについては、先に述べたように、中古語「頃」は単独でも用いる事ができる実質的な意味をもつ名詞であり、それはまるで現代語(36)「時期・季節」のように、「この」で指示できる名詞であったため可能であったと予想される。そして、中古語では(35)のような「この」(直示・照応用法)＋「頃」の例がまとまって見出せる。

(36)　この（*頃（ころ）／時期／季節)、気分がとても良い。

ここで3節のQ3である、中古語「この・その」の占める割合は高く、特に「この頃」の使用頻度が高い理由についてまとめておく。

(37)　中古語「この」＋「頃」は現代語と違い、「この」が直示用法で用いられているものが見られる。これについては、「頃」が中古語では実質的な意味をもつ名詞であったため、「この」で「頃」を直示することが可能であったと予想される。

5.2.4　中古語の名詞・接尾辞＋助詞「の」＋「頃」

名詞＋助詞「の」＋「頃」(32例）の名詞をまとめたものを表5に示す(「頃」に前接する接尾辞は「さ」1例のみ。例「木枯の吹くにつけつつ待ちし間におぼつかなさのころもへにけり」『源氏物語』2、127頁。この「おぼつかなさ」も時期として読みとれない)。表5に示すように、「時期・出来事」を表す名詞は見いだせるが、「属性」を表す名詞は見られない。また、時期として読みとれない「紅葉・月」等の名詞が「頃」の前接として見られる。これについても先に述べたように「時節・季節」等の、現代語とは違う実質的な意味を「頃」がもっていたため、前接可能であったと考えられる。

(38)　まめ人の名をうれたしと思ひければ、二十余日のころ、梅の花盛りなるに、にほひ少なげにとりなされじ、(『源氏物語』5、70頁)(20日過ぎのころ)

(39)　「秋の盛り、紅葉のころを見ざらんこそ」など、若き人々は口惜しがりて、(『源氏物語』6、265頁)(秋の盛り、紅葉の（??頃／見頃）を見られないのでは)

ここで、3節のQ4である、現代語・中古語で意味用法に違いがないかという問いに答えておく。

(40)　中古では時期を読みとれない名詞（例「紅葉・月」等）が前接語に見出される。

表5　中古語の名詞＋助詞「の」＋「頃」の名詞

	大和	平中	蜻蛉	枕草	源氏	堤中	更級	大鏡	讃岐	計
祭り	0	0	1	2	2	1	0	0	0	6
月	0	0	0	3	0	0	1	0	0	4
長雨	0	0	0	2	1	0	0	0	0	3
除目	0	0	0	1	1	0	0	0	0	2
相撲	0	0	2	0	0	0	0	0	0	2
秋・春	0	1	0	0	1	0	0	0	0	2
渚	0	0	1	0	0	0	0	0	0	1
月夜	0	0	1	0	0	0	0	0	0	1
七夕	1	0	0	0	0	0	0	0	0	1
五節	0	0	0	1	0	0	0	0	0	1
一昨年	0	0	0	0	0	0	0	0	1	1
花盛り	0	0	0	0	1	0	0	0	0	1
忍び音	0	0	0	0	0	0	0	1	0	1
紅葉	0	0	0	0	1	0	0	0	0	1
忍び歩き	0	0	0	0	1	0	0	0	0	1
（御）服	0	0	0	1	0	0	0	0	0	1
例	0	0	0	0	1	0	0	0	0	1
二十余日	0	0	0	0	1	0	0	0	0	1
司召	0	0	0	0	1	0	0	0	0	1
計	1	1	5	10	11	1	1	1	1	32

注：『源氏物語』に「若くての頃」「おぼつかなさの頃」が見られたが表にはいれていない。

5.3　中古語の「頃」に後接する助詞

最後に、「頃」に後接する助詞及び読点「、」（以降ゼロとよぶ）について述べておく。ゼロが140例と最も多く、助詞は「の（65例）＞は（55例）＞に（13例）＞ぞ・も（各8例）＞と・こそ（各5例）＞を・より・や（各2例）＞なむ（1例）」となる。なお、ゼロの用例において「頃」が接続助詞として働いていると考えられるものは見られない。また、助詞「に」が後接するものの中に、「頃」の前接が修飾節のものはない（すべて、名詞句か複合名詞）。

5.4　中古まとめ

中古語の「頃」の分析結果をまとめておく。

（41）　1）名詞・接尾辞＋「頃」の名詞には「時点」「属性」を表すものは見られない（接尾辞として働く例はない）。2）修飾節＋「頃」が表す情報「いつ、起こったか」に焦点があり（形式名詞のみで、接続助詞として働く例はない）、また「出来事の共起における制限」がない。3）「この」が「頃」を直示する例が見られる。4）名詞＋助詞「の」＋「頃」の名詞に時期を読みとれないものが見られる。5）実質的な意味をもち、他の名詞と複合語を構成する例（「年頃・月頃」等）が多く見られる。

では、次節で、いつ「頃」がどのように変化したのか、その見通しを述べていく。

6　中世語・近世語の「頃」

中世以降の「頃」の変化を予想するため、CHJ「鎌倉時代編・室町時代編」及び「ひまわり」[14]（『平家物語』『近松門左衛門集』『洒落本』『人情本』『滑稽本』）と索引『天草版平家物語』から「頃」を抽出し、中古と同様の分析をおこない、その見通しを述べる。

6.1　中世語の前接語（品詞）

「頃」の前接語（品詞）をまとめると表6となる。

表6　中世語の「頃」の前接語（品詞、%は小数点第一位四捨五入）

CHJ 鎌倉時代編（品詞）		例　数
1	助詞（うち51例連体詞）	87（62%）
2	助動詞	32（23%）
3	動詞	7（5%）
4	名詞	6（4%）
5	形容詞	4（3%）
6	接尾辞	2（1%）
7	不明	2（1%）
8	（単独）	1（1%）
計		141

CHJ 室町時代編（品詞）		例　数
1	助詞	6（40%）
2	形容詞	4（27%）
3	連体詞	3（20%）
4	名詞	1（7%）
5	（単独）	1（7%）
計		15

『平家物語』（品詞）		例　数
1	連体詞	46（57%）
2	助詞	18（22%）
3	単独	12（15%）
4	名詞	3（4%）
5	形容詞	1（1%）
6	動詞	1（1%）
計		81

『天草版平家物語』（品詞）		例　数
1	連体詞	20（43%）
2	助詞	16（35%）
3	（単独）	6（13%）
4	名詞	3（7%）
5	形容詞	1（2%）
計		46

まず、単独で用いられる「頃」はCHJ鎌倉時代編1例・室町時代編1例、『平家物語』12例、『天草版平家物語』6例が見られた。『平家物語』『天草版平家物語』はすべて慣用表現化した「頃は○○（時期を示す表現）」であり、CHJ室町時代編1例も（例「比は八月廿日あまり」『虎明本狂言』文蔵、252頁）」と同様である。このことから中世には単独で用いられる「頃」は衰退したと考えられる。

(42)　やうやう日比（ひごろ）経（へ）、比（ころ）過ぎて、例のやうに心地もなりにければ（『宇治拾遺物語』、263頁）（ようやく幾日が経ち時節も過ぎて、気分もいつものようになったので）

(43)　比はきさらぎはじめの事なれば（『平家物語』2、204頁）

6.1.1　中世語の名詞・接尾辞＋「頃」

「頃」に前接する名詞・接尾辞を表7にまとめる。中古が（接尾辞除く）計666例であったのに対し、鎌倉時代編・室町時代編は413例と減少している[15)]。また、複合語「近頃」「今頃」「何時頃」が新しく見出されるようになる。その他、前接が「日」の名詞2例が見られる（例「長月十日比なれば衣もあまた着ず」（『宇治拾遺物語』、273頁）、「後堀河院、御位の時、七月二十ごろにや、花山院のたれとかや、蔵人頭にて候はれけり」（『十訓抄』、48頁））。

（44）　案内を言ひ入れ給ふに、「近比蒜を食ひ侍り」と申す。（『宇治拾遺物語』、368頁）

表7　中世語の「頃」を含む複合語及び「頃」前接名詞・前接接尾辞

	語彙素	今昔	宇治	方丈	十訓	徒然	虎明	計	平家	天草
「頃」を含む複合語	月頃	7	8	0	6	0	0	21	0	0
	中頃	2	0	1	2	0	4	9	7	3
	日頃	43	19	0	6	5	40	113	36	37
	年頃	113	49	0	23	3	0	188	20	8
	近頃	0	1	0	5	0	61	67	4	2
	今頃	0	0	0	0	0	5	5	0	0
	何時頃	0	0	0	0	0	3	3	0	0
名詞	一日	1	0	0	0	0	0	1	0	0
	晦	0	1	1	0	0	0	2	0	0
	年月	0	1	0	0	0	0	1	0	0
	年中	0	0	0	1	0	0	1	0	0
	神無月	0	0	0	1	0	0	1	0	0
	冬	0	0	0	0	0	0	0	1	0
	日	0	0	0	0	0	1	1	0	0
	計	166	79	2	44	8	114	413	68	50
接尾辞	日	0	0	1	1	0	0	2	2	3

注：名詞と接尾辞の「日」は同じ用法。

6.1.2　中世語の修飾節＋「頃」

CHJ 鎌倉時代編では動詞 7 例・助動詞 32 例、『平家物語』動詞 1 例・助動詞 0 例、CHJ 室町時代編と『天草版平家物語』は動詞・助動詞 0 例である。助動詞のみ表 8 にまとめる。動詞・助動詞ともに減少している。特に動詞が見られなくなるのは、「頃」が単独で用いられなくなったことと関連していると予想される。なお、明らかに接続助詞化したものは未だ見いだせない。

(45)　今は昔、多気の大夫といふ者の、常陸より上りて愁へする比、向ひに越前守といふ人のもとに経誦しけり。(『宇治拾遺物語』、119 頁)

(46)　世の中心細く思しめしけるころ、粟田関白、いまだ殿上人にて、蔵人弁など申しけるに（『十訓抄』、222 頁）

6.1.3　中世語の「この・その」＋「頃」

「この・その」＋「頃」を表 9 にまとめる。表に示すように「この頃」は中古（表 4）179 例であったのに対し、CHJ 鎌倉時代編・室町時代編では 30 例、『平家物語』6 例、『天草版平家物語』2 例と激減している。これは「頃」が単独で用いられなくなったこと、また「近頃」の出現（6.1.1. 表 7）も関連しているものと予想される。また、現代語と近い例「このごろわを志も深かったによって、人知れず深う頼もしゅう思いまらせたに」（『天草版平家物語』、184 頁）も見いだせる。

表 8　中世語の前接助動詞

	宇治	十訓	徒然	計
けり	5	17	2	24
き	0	1	2	3
たり	0	1	0	1
り	0	0	1	1
ず	0	0	1	1
ぬ	1	0	0	1
べし	0	1	0	1
計	6	20	6	32

表 9　中世語の「この・その」＋「頃」

	今昔	宇治	方丈	十訓	徒然	計	平家	天草
この	0	17	0	2	11	30	6	2
その	2	3	0	12	4	21	40	18
計	2	20	0	14	15	51	46	20

注：『天草版平家物語』の「この」＋「頃」2 例は、2 例とも「ごろ」

6.1.4 中世語の名詞＋助詞「の」＋「頃」

名詞＋助詞「の」＋「頃」の名詞を表10にまとめる。この期には「殿上人の頃」「51（歳）の頃」等といった「属性」を表す名詞に前接するものが見出せるようになる（例「さて清盛五十一のころ病におかされ」『天草版平家物語』、巻1第1、11頁）。また、表に示すように、「時期」を表す名詞である月名「神無月」等、和暦「建仁」等、季節名「春」等が増加している。

表10　中世語の名詞＋助詞「の」＋「頃」の名詞

	今昔	宇治	方丈	十訓	徒然	虎明	計	平家	天草
神無月　等	0	0	2	3	2	2	9	0	1
建仁・建保　等	0	0	3	5	4	0	12	5	2
春・夏・秋・冬	0	1	0	1	1	3	6	12	5
五月雨	0	0	0	0	0	0	0	1	2
（十日）余り	0	0	0	2	0	0	2	0	1
土用	0	0	0	1	0	0	1	0	0
長雨	0	0	0	1	0	0	1	0	0
半ば・中旬	0	0	0	1	0	0	1	0	1
五節	0	0	0	1	0	0	1	0	0
前司	0	0	0	1	0	0	1	0	0
祭り	0	0	0	0	1	0	1	0	1
夕闇・闇	0	0	0	1	0	1	2	0	0
灌仏	0	0	0	0	1	0	1	0	0
（殿上）人	0	0	0	1	0	0	1	0	0
五十一	0	0	0	0	0	0	0	0	1
都落ち	0	0	0	0	0	0	0	0	1
（泊瀬の）花	0	0	0	0	0	0	0	0	1
計	0	1	5	18	9	6	39	18	16

注：月名は「神無月・水無月・卯月・五月・長月・師走」、和暦は「建仁・建保・正和・弘安・長承」等の他「寛弘二年」等も見られる。

6.2　近世語の前接語（品詞）

『近松門左衛門集』『洒落本・人情本・滑稽本』の前接語（品詞）を表11にまとめる。なお、単独で用いられる例もみられるが、前期と同様の慣用表現「頃は○○」の例である（例「頃は卯月十四日夜半ばかりの照る月に」『近松門左衛門集』3、出世景清、31頁）。

表11　近世語の「頃」の前接語（品詞、％は小数点第一位四捨五入）

近松門左衛門集（品詞）		計
1	連体詞	36（61%）
2	動詞	7（12%）
3	（単独）	7（12%）
4	助詞	6（10%）
5	形容詞	2　（3%）
6	助動詞	1　（2%）
計		59

洒落・人情・滑稽本（品詞）		計
1	連体詞	28（60%）
2	助詞	9（19%）
3	形容詞	5（11%）
4	助動詞	2　（4%）
5	名詞	1　（2%）
6	（単独）	1　（2%）
7	接尾辞	1　（2%）
計		47

6.2.1　近世語の名詞・接尾辞＋「頃」

「頃」に前接する名詞・接尾辞を表12にまとめる。この期には「先頃」のほか、「巳の刻」（午前10時頃、例「折から世間は巳の刻ごろのけしきと見へて、はや隣家には浄留理をさらふ娘のこゑ」『人情本』春告鳥、405頁）のように、「時点」を表す例が僅かであるが見出せるようになる。また、「年頃」に関しては、現代語の慣用的な意味（ある傾向や志向を持ちやすい年齢）とは相違するが、古く見られた意味ではなく、年齢を表す例が見られる（例「見れば年ごろ三十ばかり、屈強の侍」『近松門左衛門集』3、けいせい反魂香、198頁）。

6.2.2　近世語の修飾節＋「頃」

『近松門左衛門集』では動詞が7例・助動詞1例、『洒落本・人情本・滑稽本』では助動詞2例（動詞0例）が見出せる。接続助詞として働くものは見られない。調査した作品が少ないためとも考えられ、今後、調査範囲を広げる必要がある。

表 12　近世語の「頃」を含む複合語及び「頃」前接名詞・接尾辞

	語彙素	近松	洒落	人情	滑稽	計
「頃」を含む複合語	中頃	1	0	0	0	1
	日頃	34	2	0	1	37
	年頃	4	1	0	1	6
	近頃	23	0	3	5	31
	今頃	5	3	0	0	8
	何時頃	1	0	0	0	1
	去頃	0	0	3	0	3
	先頃	0	0	1	0	1
	（頃日）	0	7	0	1	8
名詞	巳の刻	0	0	1	0	1
	計	68	13	8	8	97
接尾辞	さ	0	0	0	1	1

注：「去頃」は「いつ（う）か」、「頃日」は振り仮名で「このごろ」7例・「このぢう」1例

（47）　夜もしら〳〵と白むころ、家のおとな磯部与茂太夫。寄親の四十平、中間四、五人引き連れ。露地口叩いて（『近松門左衛門集』1、薩摩歌、292）

6.2.3　近世語の「この・その」＋「頃」

「この・その」＋「頃」を表 13 にまとめる。前期から見いだせた現代語と同様の「このごろ」（例「ア、おきや〳〵。もう帰る。このごろ酒があたつて、今も今、女ども。生姜酒を食べさせうと、手づから生姜おろすやら」『近松門左衛門集』2、心中筒井筒、179 頁）がまとまって見られるようになり、「この」＋「頃」が増加する。

6.2.4　近世語の名詞＋助詞「の」＋「頃」

名詞＋助詞「の」＋「頃」の名詞を表 14 にまとめる（人情本は 0 例）。中世とあまり変化はない。

表 13　近世語の「この・その」＋「頃」

	近松	洒落	人情	滑稽	計
この（ころ・ごろ）	46	14	8	9	77
その	3	0	1	2	6
計	49	14	9	11	83

表 14　近世語の名詞＋助詞「の」＋「頃」の名詞

	近松	洒落	滑稽	計
三月・文月	1	1	0	2
寛文年	1	0	0	1
春・秋	2	0	0	2
三つ・五つ	2	0	0	2
何時	0	1	0	1
二十一二	0	0	1	1
後朝	0	1	0	1
小春（日和）	0	1	0	1
しののめ	0	1	0	1
（安永の）初	0	0	1	1
一昨日	0	0	1	1
幼少	0	0	1	1
計	6	5	4	15

6.3　中世語・近世語のまとめ

中世語・近世語の「頃」の分析結果をまとめておく。中世語・近世語では接続助詞の例はなく、「時点」を表す名詞も僅かであることから、接尾辞の機能も未だ獲得していないと予想される。ただし、調査範囲が狭く用例も少ないため、見いだせていない可能性がある。

（48）　1）中世語では名詞＋「頃」の名詞で「時点」を表すものは見られず、近世語で「巳の刻」といった「時点」を表す例が僅かに見られる。2）中世語・近世語で修飾節＋「頃」において動詞・助動詞に「頃」が後接するものが減少する。また、「この頃」が激減する。これらは「頃」が単独で用いられなくなったこと、「この頃」に関しては「近頃」が中世語で見られるようになったことが影響すると予想される。4）中世語では名詞＋助詞「の」＋「頃」の名詞に「時期」を表す名詞が増加する。

7　まとめと今後の見通し

本論は、現代語・中古語「頃」の意味・用法について比較・分析をおこなった。その結果、現代語「頃」は形式名詞、接続助詞、接尾辞としての働きをもち、中古（上代）語は実質的な意味をもつ名詞であるものと、形式名詞としての働きをもつものがあったことを明らかにした。以上から、「頃」は歴史的な流れの中で接続助詞、接尾辞としての働きを次第に獲得していったことが予想される[16)]。これらを明らかにするには中世以降の「頃」の詳細な調査・分析、さらに古代語でおおよその時を示す「ばかり」の究明もあわせおこなう必要がある。今後の課題としておきたい。

注

1）小柳（1997）は時数詞が前接する「バカリ」は「或る数量を、概ねのものとして示す」（45頁）とする。

2）BCCWJはコアデータのみを検索対象とし、「キー」を指定せず、後方共起条件語彙素「頃」で検索した。また、文字列検索でワイルドカード「%頃」とし、「頃」を含んだ複合名詞を抽出している。

3）『源氏物語』の例「まだころの御徳なきやうなれど」（6、29頁）は解釈が割れており、対象外とする。

4）「近頃」等、「頃」を含んだ語で複合語（語彙素）となっているものはカウントしていない。

5）中古語「この」179例・「その」57例、現代語「この」12例・「その」34例・「あの」16例である。またBCCWJでは連体詞「この」＋「頃」以外に、語彙素「このごろ」が短単位で登録されており19例見られる。

6）助詞66例はすべて助詞「の」である。

7）「10月10日12時」等といった「時点」を表す名詞には「時」は後接しない。これは「時」には接尾辞としての働きがないためと考えられる。

8）前接名詞から見る形式名詞と接尾辞の境目は難しい。筆者の感覚では、時・分・秒単位になると助詞「の」+「頃」は不可であると考える（例「10 月 10 日（頃／??の頃）に、太郎は戻ってくる」「10 月 10 日 5 時（頃／*の頃）に、太郎は戻ってくる」）。なお、本論は日における特定の時を示すものを「時点」としている。

9）寺村（1991）では「時を表す名詞」では、時間を表す名詞に後接する助詞（「に」）が、必要な場合とそうでない場合は構文的な条件によると指摘する（271 頁）。

10）例「亮介には去年の（春／春に／春頃／春頃に）逢った」のように時を表す名詞が文の成分になる場合、助詞「に」はあっても無くても用法は変わらない。つまり、(20)③【A】は助詞があっても無くても用法は変わらない。

11）「月日頃」「年月頃」も見られるが、複合名詞「年頃」とほぼ同じ意味を表すと考えられる（例「過ぎにし年月ごろのこともおぼつかなかりければ、さてもありぬべきことなむ多かりける。」『蜻蛉日記』、89 頁）

12）先にも述べたように、「時点」に後接するのは「ばかり」である（例「十二日、雪、こち風にたぐひて、散りまがふ。午時ばかりより雨になりて」『蜻蛉日記』、276 頁）

13）指示詞の指示用法の内容は次のとおりである。「直示用法」は今現場で目に見える、直接知覚・感覚できる対象があるもの（例「（目の前の醤油を指さし）それ、取って！」）、「照応用法」は対話により音声化、または書記化された（主に先行する）言語文脈内に、当該の指示表現と指示対象を共有する先行詞があるものである（例「昨日、社長に会社を辞めるって言ったけど、それはウソなんだ」）。

14）「ひまわり」（小学館・新編日本古典文学全集）「古典本文」及び「頃」「比」「ころ」「ごろ」で検索し、目視で用例を抽出した。使用に関しては国立国語研究所共同研究プロジェクト「通時コーパスの構築と日本語史研究の新展開」による。

15）CHJ の場合、平安時代編短単位 856,682 語、鎌倉時代編 710,684 語であるので、資料の語数として平安が鎌倉の約 1.2 倍である。『天草版平家物語』は、『天草版平家物語対照本文及び総索引』（オンデマンド版、江口正弘、明治書院、2008 年）を使用した。

16）現在の調査範囲内では近代に現代語と同じ接尾辞の例を見出している。例「清浦子　午前九時四十分頃小田原に山縣公を訪ふ。」（『太陽』、日誌、1917）

用例出典

国立国語研究所『日本語歴史コーパス』https://chunagon.ningal.ac.jp（『万葉集』以外は、2016 年 3 月 31 日確認、『万葉集』は 2017 年 9 月 29 日確認)、「ひまわり」（新編日本古典文学全集）を使用した。『天草版平家物語』以外、用例はすべて『新編日本古典文学全集』（小学館）により、その巻・頁数を記した。

参考文献

井上博嗣（1970）「源氏物語の「その頃」」『女子大国文』59、pp.49-53
金　平江（1999）「「折」「頃」「時」「程」に関する一考察」『中央大学国文』第 42 号、pp. 80-89
小柳智一（1997）「中古のバカリについて―限定・程度・概数量―」『国語と国文学』7、pp. 43-57
田窪行則・笹栗淳子（2001）「「今」の対応物を同定する「今ごろ」についいいて」『言語学と日本語教育Ⅱ』南雅彦・アラム佐々木幸子編、くろしお出版、pp. 39-55
寺村秀夫（1991）「日本語のシンタクスと意味」第Ⅲ巻、くろしお出版
前田直子（2012）「時間節および時間句「時」「頃」の用法」『学習院大学文学部研究年報』58、pp. 1-12

［付記］　本稿は日本学術振興会科学研究費補助金による基盤研究（B）「日本語の多様な表現性を支える複合辞などの『形式語』に関する総合研究」（代表：藤田保幸）・基盤研究（C）「統計と現代・古代日本語文法研究」（代表：岡﨑友子）、国立国語研究所共同研究プロジェクト「通時コーパスの構築と日本語史研究の新展開」（代表：小木曽智信）による。

明治・大正期のニオケル
——連体タイプと非連体タイプの消長——

三 井 正 孝

はじめに

複合格助詞の研究は近年進展をみせている。しかし、いまだ立ち遅れているように見受けられるふたつの分野がある。ひとつは連体修飾を担う場合の問題、もうひとつは史的変遷の問題である。本稿ではこのような問題意識のもと、現代語では連体修飾を担うとされるニオケルの、明治・大正期にみられる史的変遷の様相をとりあげる。以下２節で時期区分、および調査対象の文献について述べ、３節で各期にあらわれるニオケルについて述べる。４節では、被修飾語をもつニオケルを、５節では被修飾語をもたないニオケルをそれぞれとりあげ、下位類等について概観する。

1　問題の所在

現代語のニオケルは一般に、次のような捉え方をされる。例（例文（１））と共に示す（いずれもグループKANAME（2007）、60頁）。

「Xにおいて Y」のYを名詞（N）にした場合、「Xにおける N」の形にすることができる。

（１）　サントリーホールにおけるコンサート

確かに現代語をみる限り、この記述は正しいようにみえる。しかし、歴史を少し遡ると例文（１）とは異なるニオケルがみられる。例えば次のようなものである[1)]。

（２）　故ニ政府ノ教門ニ於ケル亦其人々ノ信ズルトコロニ任スベクシテ之ヲ

シテ必ズ此ヲ信ゼシメテ必ズ彼ヲ信ゼザラシムルコト能ハズ

（『明六雑誌』第4号（明治7年）六オ1.4）

例文（1）は「コンサート」という被修飾名詞をもつ（以下、このような場合を「連体タイプ」とよぶ）が、例文（2）はこれと異なり、被修飾名詞をもたない（以下、このような場合を「非連体タイプ」とよぶ）。このようなニオケルを現代語にみることはできない。

例文（2）のような例の存在自体は辞書類にも記載があり、既に知られていることではある[2)]。しかしながら、いつ、どのようにニオケルが連体タイプに収斂したのかということに関する先行研究は、管見の限り見あたらない。

そこで、例文（2）があらわれる『明六雑誌』全43冊（明治7〜8年）をみると、ニオケルは54例確認できる。また、「太陽コーパス」を用いて明治28（1895）年刊行分の『太陽』をみると、1,015例のニオケルが得られる。このうち、連体タイプと非連体タイプの用例数をみると、次の表1のとおりとなる（なお、％の数値は小数点第2位を四捨五入。以下の表でも同様）。

表1　『明六雑誌』と『太陽』（明治28年）との比較

	明六雑誌	太陽（明治28年）
連体タイプ	4例 （全54例のうち7.4%）	803例 （全1,015例のうちの79.1%）
非連体タイプ	50例 （全54例のうちの92.6%）	212例 （全1,015例のうちの20.9%）

ここから、『明六雑誌』当時、ニオケルのほとんどが非連体タイプであったこと、その後『太陽』刊行時（明治28年）では連体タイプが約8割と、かなり現代語に近づいているものの、非連体タイプが約2割あることから、いまだ変化の途上にあること等がみてとれる。すなわち、この明治・大正期にニオケルの大きな変化が起こっているのである。これが、本稿で明治・大正期を対象としてニオケルを考察する所以である。

2　調査の資料および時期区分

まず本節では、ニオケルの変遷をみるための調査対象および、時期区分について述べる。

はじめに調査対象である。本稿の考察対象であるニオケルは、山田（1935）にあるとおり、漢文訓読をその出自とする。したがって、調査も漢文訓読体を基調とする文体をもつものを対象とする[3)]。この観点からまずとりあげるべきは雑誌である。当時の雑誌には漢文訓読体を基本とした文体で書かれている文章が多く掲載されているからである。さらに、雑誌には多くの執筆者が関わっていることから、文体の点に加え、調査が特定の筆者に偏ることを避けられるという利点も得られる。

この雑誌の代表に『太陽』がある。本稿でもこの『太陽』をとりあげるが、1節にもみた、『明六雑誌』と『太陽』との比較からもわかるとおり、本稿の目的にとっては『太陽』刊行以前の時期が重要である。しかしその場合、『太陽』のもつ「記事の分量、ジャンルの広さ、執筆陣や読者層の厚さ」（田中(2005)）を補う必要がある。このため、複数の雑誌をとりあげるとともに、内容をより多岐にわたらせるため、それぞれの時期によく読まれた小説などもこれに加える[4)]。

次に調査対象となる時期である。近代語の時期区分については、すでに松村(1957)、山本（1965）などに指摘がある。しかしこれらの指摘は、いわゆる言文一致、すなわち話し言葉的要素をその中心的な観点としたものである。これに対し、本稿が考察対象とするニオケルは基本的に書き言葉的要素である。そのため、話し言葉とは異なる様相を呈する可能性がある。したがって、先行研究の時代区分をそのまま踏襲することはしない。

そこで本稿では次のような方針のもと、調査対象とする時期を設定する。

- まず明治元年から『太陽』刊行前年の明治27年までの間に、明治10年、明治15年、明治20年、明治25年と5年ごとに核となる年を設け、その前後数年間をひとつの時期とし調査する。具体的には次のようにする。

- 明治 10 年前後：明治元年〜明治 12 年[5)]
- 明治 15 年前後：明治 13 年〜明治 17 年
- 明治 20 年前後：明治 18 年〜明治 22 年
- 明治 25 年前後：明治 23 年〜明治 27 年

● 上記以降は「太陽コーパス」を用い、明治 28 年、明治 34 年、明治 42 年、大正 6 年、大正 14 年を調査する。

次節以降、この方針のもと、ニオケルの変遷をみる。具体的にとりあげた雑誌名等は次節で述べる。なお以下表中などでは、明治を「M」、大正を「T」、該当年あるいは核となる年を数字で示した略称を用いる場合がある。例えば、明治 10 年前後は「M10」、大正 6 年は「T6」とする。

3　連体タイプと非連体タイプの消長

本節では、各期に調査対象とした資料、および、その資料に連体タイプ、非連体タイプのニオケルがそれぞれどのようにあらわれたかをみていく。

まず明治 10 年前後であるが、調査した雑誌は次のとおりである。

● 『明六雑誌』：第 1 号〜第 43 号（明治 7 年〜8 年；43 冊）
● 『民間雑誌』：第 1 編〜第 12 編（明治 7 年〜8 年；12 冊）
● 『万国叢話』：第 1 号〜第 3 号（明治 8 年；3 冊）
● 『草莽雑誌』：第 1 号〜第 6 号（明治 9 年；6 冊）
● 『莽草雑誌』：第 1 号〜第 5 号（明治 9 年；5 冊）
● 『洋々社談』：第 10 号〜第 36 号（明治 9 年〜10 年；27 冊）
● 『近事評論』：第 1 号〜第 101 号（明治 9 年〜10 年；102 冊）
● 『草莽事情』：第 1 号〜第 9 号（明治 10 年；9 冊）
● 『講学余談』：第 1 号〜第 3 号（明治 10 年；3 冊）

更にこれに加え、中村正直訳『西国立志編』（明治 3 年）、内田正雄『輿地誌略』のうち巻九まで（明治 3 年〜9 年）、服部撫松『東京新繁昌記』（明治 7 年〜9 年）、福沢諭吉『文明論之概略』（明治 8 年）、田口卯吉『日本開化小史』のうち第八章まで（明治 10 年〜12 年）、同『自由交易日本経済論』（明治 11

年)、久米邦武『特命全権大使米欧回覧実記』(明治11年)、成島柳北『柳北奇文』(明治11年)、川島忠之助訳『新説八十日間世界一周』のうち前編(明治11年)、丹羽純一郎訳『花柳春話』(明治11年～12年)を調査した。その結果、264例のニオケルを得た。

次に明治15年前後である。調査した雑誌は次のとおりである。

- 『六合雑誌』:第4号～第30号(明治14～15年;27冊)
- 『愛国新誌』:第20号～第36号(明治14年;17冊)
- 『洋々社談』:72号～93号(明治14～15年;22冊)
- 『近事評論』:295号～428号(明治14～15年;134冊)
- 『扶桑新誌』:139号～260号(明治14～15年;122冊)
- 『東洋学芸雑誌』:1号～27号(明治14年～16年;8冊)
- 『東京学士会院雑誌』:第2編第1冊～第3編第10冊(明治14～15年;20冊)

さらに矢野龍渓『経国美談』(前編:明治16年、後編:明治17年)及び、藤田茂吉『文明東漸史』(明治17年)を調査し、405例のニオケルを得た。

続いて明治20年前後である。今期調査した雑誌は次のとおりである。いずれも明治20年、21年の2年分だが、『日本人』は明治21年4月刊行のため、明治21年分のみである。

- 『東洋学芸雑誌』:64号～87号(24冊)
- 『東京学士会員雑誌』:第9編第1冊～第10編第10冊(15冊)
- 『国民之友』:第1号～第36号(「附録」含む。37冊)
- 『日本人』:第1号～第37号(38冊)

さらに、中江兆民『理学鉤玄』(明治19年)、東海散士『佳人之奇遇』のうち巻四まで(明治18年～21年)を調査し、592例のニオケルを得た。

明治25年前後は明治24年、25年に発行された雑誌を調査した。具体的には次のとおりである(なお、『亜細亜』は『日本人』が明治24年6月に誌名変更したものである)。その結果、2,364例のニオケルを得た。

- 『東洋学芸雑誌』:112号～135号(24冊)
- 『東京学士会院雑誌』:第13編第1冊～第14編第10冊(20冊)

- 『国民之友』：第105号〜176号（「附録」含む。72冊）
- 『日本人』：第65号〜第73号（9冊）
- 『亜細亜』：第1号〜71号（「附録」含む。72冊）

以降は先述のとおり、「太陽コーパス」による。明治28年には1,015例、明治34年には1,672例、明治42年には1,218例、大正6年には1,183例、大正14年には652例のニオケルを得た。

各期にあらわれた連体タイプ、非連体タイプの用例数を表にすると表2のとおりとなる。括弧に入っていない数値は用例数、括弧内の数値は各期の全体数に対する割合である[6)]。

表2　連体タイプと非連体タイプの消長

	M10	M15	M20	M25	M28	M34	M42	T6	T14
非連体	254 (96.2%)	368 (90.9%)	356 (60.1%)	606 (25.6%)	212 (20.9%)	131 (7.8%)	92 (7.6%)	62 (5.2%)	12 (1.8%)
連　体	10 (3.8%)	37 (9.1%)	236 (39.9%)	1,758 (74.4%)	803 (79.1%)	1,541 (92.2%)	1,126 (92.4%)	1,121 (94.8%)	640 (98.2%)
計	264	405	592	2,364	1,015	1,672	1,218	1,183	652

上に示した連体タイプの割合の変遷をグラフにすると図1のとおりとなる。

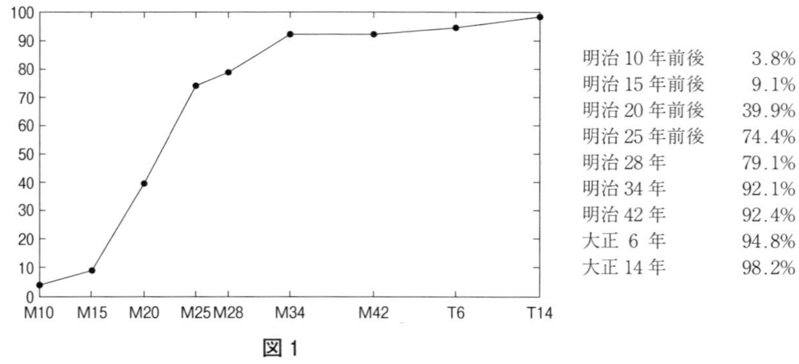

図1

このように、明治10年前後から15年前後まではゆるやかだった変化が、明治15年前後から25年前後にかけて急激に変化していることがわかる。その後明治30年代なかばまで再びゆるやかな変化となり、その後はさらにゆるやかになっている。

これはOsgood & Seboek（1954）のいう「S-curve」と対応しているといえよう[7]。この「S-curve」を Aitchison（1991）は「The slow-quick-quick-slow pattern of an S-curve」（85頁）とダンスに譬えたが、この譬えに従えば、明治15年前後までがslow、明治25年前後までが最初のquick、明治30年代半ばまでが次のquick、それ以降が再びslowということになる。

このことは、次のような従来の指摘に再考を促すものと考える。

> 普通文の方は（中略）明治20年代には確立期をむかえ、明治30年代は成長完成期と言ってよい。（岡本（1982）：61〜62頁）

明治・大正期の言語変化を捉える場合、しばしば上の岡本（1982）のような、10年ごとに分けたうえで、それぞれの時期に名前をつけるという手法が行われる。類するものとして他に森岡（編）(1991）がある。森岡（編）(1991）はやはり明治を10年ごとに分けたうえで、「実用文系統」の「文語」が、「明治初期」は「漢文訓読体」「和漢折衷体」「候文」、「十年代」は「和漢折衷体」、「二十年代」「三十年代」は「明治普通文」、「四十年代」に「言文一致体」となるという変遷を描く（19頁）[8]。

しかしながら、このような捉え方にはふたつの問題点がある。ひとつは個々の時期の内実が明確ではないということである。例えば、岡本（1982）に「確立期」「成長完成期」（この謂は山本（1965）を踏襲したものだが）とあるが、「確立」と「完成」の違いは不明確であるし、また（注3にもふれたが）、森岡（編）(1991）の指摘する各文体相互の違いを明確にすることは困難である。もうひとつは、明治期の言語変化を捉えるのに10年ごとの区切りでは粗いということである。上にみたように、ニオケルの変化を捉えるためには、明治15年頃、そして明治25年頃に注目する必要があるが、岡本（1982）、森岡（編）(1991）のように10年を単位とした捉え方では、この変化の始まりを示す時期が埋もれてしまい、変化の様相を充分に捉えることができない。もちろん、岡本（1982）、森岡（編）(1991）の記述は各期の全体的な様相を対象としたものであるのに対し、本稿はニオケルのみを対象とした分析であるという点で違いはある。しかし、ニオケル以外の形式に関してもニオケルと同様の軌跡をたどる可能性は十分にあると考えられる。少なくとも、検証を経る必要はあろう。上の図１からは、そのような検証の必要性もみてとることができる。

4　連体タイプの下位類

前節では連体タイプと非連体タイプの消長に関する全体像を概観したが、本節および次節では、連体タイプ、非連体タイプをそれぞれ個別にみてみる。

まず本節では、連体タイプの下位類についてとりあげる。連体タイプの下位類は、ニオケルの前接語から、場所をあらわす名詞を前接させるもの、時に関する名詞を前接させるもの、そしてそれ以外のものをみることができる。次の例文（３)(４）が場所をあらわす名詞の場合、例文（５)(６)(７）が時に関する名詞の場合である。

（３）　横浜に於る「クリスマス」は非常の盛況にて各商館国旗を掲げ商売をも休業したりと云ふ　（『日本人』第 20 号（明治 22 年）p. 24 上 1.23)

（４）　月球面ニ於ケル空気ノ存否若シクハ月球面ノ組織ヲ吟味シ得ルヤ否ヤ同一現象ノ地球ヨリモ太陽ニ近キ惑星上ニモ成リ立チ得ルヤ否ヤヲ発見セント欲シ　（『東洋学芸雑誌』第 135 号（明治 25 年）p. 642 上 1.7)

（５）　十六世紀に於ける葡萄牙若しくは西班牙人の如く
（『日本人』第 17 号（明治 21 年）p. 24 下 1.16)

（６）　現時に於ける本論の再燃をば決して之れを尋常（メヤル）一様の経済上理屈（イコノミカル、セオリー）論視す可らざることかと思われ候、
（『国民之友』第 17 号（明治 21 年）p. 42 下 1.19)

（７）　弾丸砲口ヲ離レントスル瞬間ニ於ケル空気ノ状態
（『東洋学芸雑誌』第 126 号（明治 25 年）p. 118 下 1.4)

以上にあげた場所、時以外のものは多様であるが、いくつか例をあげると、

例文（8）のような「抽象的場所」とでもいうべき場合、例文（9）のような「人」をあらわす場合、例文（10）のような「状態・状況」をあらわす場合、例文（11）のような「動き」の場合などがある。

（8） 家族は社会に於ける根源的単位なり

（『国民之友』第31号（明治21年）p. 36下1.14）

（9） 但だ其の我に於ける感情は、以て概推すべし。

（『亜細亜』第48号（明治25年）p. 19上1.36）

（10） 此冬期厳寒に於る困難は一層なるべし

（『国民之友』第138号（明治24年）p. 47上1.13）

（11） 例えば新聞紙発行に於ける保証金或は其他官署に納むへき保證金の如し。（『亜細亜』第24号（明治24年）p. 3上1.31）

これら前接する名詞が場所、時、その他の場合、それぞれの変遷を用例数でみたものが次の表3である。

表3　連体タイプの下位類の消長

	M10	M15	M20	M25	M28	M34	M42	T6	T14
場　所	7 (70.0%)	20 (54.1%)	114 (48.3%)	850 (48.2%)	404 (50.3%)	918 (59.6%)	542 (48.1%)	568 (50.7%)	304 (47.5%)
時	0	3 (8.1%)	28 (11.9%)	274 (15.8%)	142 (17.7%)	202 (13.1%)	208 (18.5%)	241 (21.5%)	128 (20.0%)
その他	3 (30.0%)	14 (37.8%)	94 (39.8%)	634 (36.0%)	257 (32.0%)	421 (27.3%)	376 (33.4%)	312 (27.8%)	208 (32.5%)
合計	10	37	236	1,758	803	1,541	1,126	1,121	640

この連体タイプの変遷についてさらなる詳細を述べる余裕がないためその点は別稿に譲るが、本稿では2点指摘しておく。ひとつは時に関する点である。上の表3から、時を前接させるニオケルは、明治10年前後にはみられず、その後、10%台で推移し、大正期に約20%となっていることがわかる。すなわち、時タイプは他のタイプよりも遅れて拡がりをみせている。

この、場所から時へという拡がりは、他の語でもみられるものである。例えば、籾山（1992）、籾山（1995）、砂川（2000）等に名詞や形容詞に関して指摘がある。これらにみられる、場所から時へという拡がりの方向性はニオケルも同様ということである[9)]。

次に、現代語に比べニオケルがあらわれる範囲が広いという点である。例えば次のような文がある。

(12) 蓋し田舎に於ける幕府時代の平民が全くの無学ならざりしは実に此小詩人ありしが為なり。

(『国民之友』第169号(明治25年)p. 31 下 1.5)

(13) 府下麻布に大久保彦左衛門の墓あり。回向院に於ける鼠小僧の墓と相対して香火常に絶えす。

(『国民之友』第136号(明治24年)p. 45 上 1.14)

(14) 此窯ノ施工ハ先ツ円筒ノ一端ニ於ル蓋ヲ啓キ次ニ筒ヲ直立セシメテ直ニ硫黄ヲ装入シ (『東洋学芸雑誌』68号(明治20年)p. 353 上 1.5)

上の例文はそれぞれ、場所にヒト(例文(12)「平民」)、モノ(例文(13)「鼠小僧の墓」、例文(14)「蓋」)が存在していることをあらわしている。しかし次のように、現代語ではこのような場合、ニオケルを用いない。

(15) *新潟に於ける田中氏を訪ねた。

(16) *寺に於ける先祖の墓を掃除した。

(17) *ボトルに於ける蓋を開けた。

次に、ニオケルに前接する名詞の種類という点でも現代語に比べその範囲は広い。例えば、先にあげた例文(10)の「厳冬に於ける困難」のような「状態・状況」をあらわす場合、例文(11)の「発行に於ける保証金」のような「動き」の場合などは、現代語では成立しない。

さらに、次のような例がある。

(18) 此猜疑心ヲ以テ李鴻章ヲ首メ清韓二国人ノ我日本ニ於ケル想像ナリト定断セバ (『近時評論』第409号(明治15年)六ウ 1.2)

(19) 今之ヲ証明スル為ニ英国ケント洞窟ニ於ルペンゼリー氏ノ説ヲ引カン

(『東洋学芸雑誌』第126号(明治25年)p. 161 上 1.13)

例文(18)の「日本」、例文(19)の「ケント洞窟」はいずれも場所であるが、被修飾名詞の「想像」「ペンゼリー氏の説」がそこに存在しているわけではない。「日本に対する想像」「ケント洞窟に対するペンゼリー氏の説」といった意であり、「日本」が「想像」の、「ケント洞窟」が「ペンゼリー氏の説」のそれぞれ対象となっている。このような例も現代語にはみられない。

このように、存在物の種類、ニオケルに前接する名詞の種類、修飾関係の諸点において、現代語のニオケルとの違いがみられる。しかしながらこれらの例は明治期当初からあったわけではない。前節でみた、連体タイプの増加の中で拡がりをみせているのである。その後、現代語への流れの中でさらにニオケルは更に変化してゆくのであるが、この点については別稿で述べる。

5　非連体タイプ

次に非連体タイプをとりあげる。まず非連体タイプには、ニオケル句がもつ名詞句のパターンに大きく2種があることがみてとれる。ひとつは、例文(20)のような「XのYにおける」というパターンの場合、もうひとつは例文(21)のような、「Xの」がなく、「Yにおける」のみの場合である。

(20)　是英仏諸国ノ属地ニ於ル、必ス其貿易ヲ制限シテ、自国ノ外ニ輸送スルコトヲ禁スル所以ナリ、

(『特命全権大使米欧回覧実記』第三編第四十七巻 p. 141 l. 6)

(21)　噫官吏部内に於ける実に心労なりと云はざるべからず

(『亜細亜』第47号(明治25年)p. 12 中 l.33)

今、例文(20)のような例を「二項型」、(21)のような例を「一項型」とよぶことにする。

二項型にはXとYをむすぶ助詞により、いくつかのバリエーションがある。次にあげる例文(22)のように「XがYにおける」となる場合、そして、数は非常に少ないが、例文(23)のように助詞を伴わない場合(φで示す)、例文(24)のようにトによる場合である。

(22)　大山君ガ西郷君ニ於ケル既ニ此ノ如キノ関繫アリ

(『近事評論』第426号(明治15年)八オ l.1)

(23)　儒教ニテハ師ヲ尊フコトφ父ニ於ケルカ如クナレドモ基督教ニ於テハ基督ノホカ師ト称セラルベキモノナキナリ

（『六合雑誌』13号（明治14年）p. 31下1.8）

(24)　マクス、ミユラー氏に封峙して英園の二大東洋学者と称せらるゝモニエル、ウヰリアムス氏はラーマーヤナをホメロスに比してゲンヂスの大河とセツサレーの小川に於けるが如しと謂へり、

（『太陽』明治28年8号）

一方、次の例文（25）ような場合がある。

(25)　今我邦ノ植物ニ於ケル、子細ニ之レヲ検査スルコト能ハズト雖モ

（『東京学士院会雑誌』第3編第3冊（明治15年）p. 8 1.2）

これは「XのYにおける」の、XとYとの両者間に連体修飾関係が成り立っているものである。これは形の上では二項型のようであるが、一項型とみることができる。このタイプは「[XのY]における」と示すことにする。これに類するものとして、ノがガとなった次のようなものがある。

(26)　其の他坪内氏が「細君」の女主人公に於ける幸田氏が「一口剣」のお蘭に於ける乃至長谷川氏が「浮雲」の諸人物に於ける大抵皆な其の藍本ありて存することを疑はず　（『太陽』明治28年5号）

さて、この二項型、一項型に関連してふたつの点に言及しておく。ひとつは意味についてである。これには大きくふたつの別が認められる。ひとつは主として「XのYにおける」等の二項型にみられるもので、Xに対置するYといった意を示すものである。まず、次の文をみられたい。

(27)　政府ノ人民ニ於ケル父母ノ子女ニ於ケル亦皆弱キヲ以テ之ヲ扶助スルナリ　（『明六雑誌』第31号（明治8年）三オ1.6）

(28)　然レドモ清ノ露ニ於ル余儕ハ万其勝算ナキ者ト信ズレバ

（『近事評論』第299号（明治14年）四ウ1.8）

いずれも「XのYにおける」の二項型であるが、この「ニ於ケル」は「に対する」に近い意である。すなわち、例文（27）の「政府ノ人民ニ於ケル」「父母ノ子女ニ於ケル」であれば、「政府」に対して「人民」を、「父母」に対

して「子女」をそれぞれ置き、「政府」「父母」が「之ヲ扶助スル」と述べる。同様に例文（28）であれば、「清」に対して「露」を置き「勝算ナキ者ト信ズ」と述べる。つまり、「XのYにおける」という形で、XはYに対しどのような存在かという意味で対象とみてとれる。

さらに、次のような例がある。

（29）　太陰ノ地球ニ於ケル其相距ルコト特装汽車三百日ノ里程ト等シ
（『理学鉤玄』p. 307 1.3）

（30）　夫レ狸ノ狐ニ於ル幾（ホトン）ド其ノ種類ヲ同ジウスル者而シテ一ハ酔飽歓呼シ一ハ凍機悲傷ス何ゾ其レ奇ナルヤ
（『柳北奇文』「初午ノ感」巻下十一ウ 1.19）

（31）　嗚呼条約改正ノ我邦ニ於ケル窮ノ最モ窮ニシテ疾病災厄ノ極点ニ達スル者ナリ　（『近時評論』第93号（明治10年）一オ 1.5）

例文（29）は「「太陰」が「地球」に対して」という意は薄れている。また、（30）になると「に対する」という意はなく、X（「狸」）とY（「狐」）の二者を比較している。さらに、（31）の「ニ於ケル」は「にとって」に近い意である。しかしいずれも、例文（27）（28）と同様、「Yにおける」がXに対置する者としてのYを示すという点で共通である。そこで、例文（27）～（31）のようなニオケルの意味を《対置》とすることができる。

一方、次のようなものがある。

（32）　西哲ノ学術ニ於ル各其学派ニ随テ社ヲ結ビ彼ノ学ブ所ハ我ガ知ラザル所ヲ補ヒ　（『明六雑誌』第22号（明治7年）五ウ 1.9）

（33）　賄賂の政治に於ける亦猶ほ此の如きか
（『日本人』第68号（明治24年）p. 30下 1.1）

これは、例文（32）であれば、「学術」は領域を示し、「西哲」はその領域に存在する者といえよう。例文（33）の「政治」と「賄賂」も同様である。つまり現代語であればそれぞれ、「学術における西哲」「政治における賄賂」という名詞句を作るようなタイプである。このことから、この例文（32）（33）にあらわれるニオケルの意味は《領域》とすることができる。この《領域》は例文

(32)(33) のように二項型であらわれるばかりではなく、次のように一項型であらわれる場合も多い。

(34) 而シテ此ノ増加比例ハ一有機物ニ限ラス諸有機物ニ於ケルモ亦此ノ比例ニ因ツテ加増セザルナシ

(『東洋学芸雑誌』第 4 号(明治 15 年)四十九下 1.2)

(35) 願フニ今日ノ朝鮮ニ於ルモ全ク此ニ類スルノ状態ナキニアラザル可シ

(『扶桑新誌』第 236 号(明治 15 年)三オ 1.1)

例文(34)は「Y における」、(35)は「[X の Y] における」というパターンであるが、いずれのニオケルも「の場合」といった意である。これはすなわち例文(34)であれば「諸有機物」を領域として「此ノ比例ニ因ツテ加増セザルナシ」といえるということであり、(35)であれば「今日ノ朝鮮」を領域として「此ニ類スルノ状態ナキニアラザル可シ」といえるということである。つまり、いずれのニオケルも例文(32)(33)と同様《領域》とみることができる。

以上、非連体タイプのニオケルの意味に《対置》と《領域》のふたつがあることをみた。このふたつの意味についてはさらに、その変遷および、出現する構文環境の偏りと意味との関わり等に述べるべきことがあるが、別稿に譲ることとする。

次に二項型、一項型に関するふたつめの点として、両者の変遷についてみる。先にみた前接名詞句パターンの諸タイプの各時期にあらわれる用例数を表にすると次頁の表 4 のとおりとなる。

表 4 から、まず、明治 10 年前後では二項型が約 60% と優勢であったものの、明治 15 年前後に大きく減少し、明治 28 年まで 40% 前後で推移、その後明治 34 年から大正 6 年まで 20% 前後となることがみてとれる。また、一項型でも明治 15 年前後までは「[X の Y] における」型の方が優勢であったことがわかる。

さてこの推移から、ニオケルはこの二項型、特に「X の Y における」が基本であることがみてとれる。既にみたとおり、明治 20 年前後までニオケルは連体タイプよりも非連体タイプがその中心であった。その非連体タイプのなか

表 4　二項型と一項型の変遷

		M10	M15	M20	M25	M28	M34	M42	T6	T14
二項型	XのYにおける	159 (62.6%)	125 (34.0%)	137 (38.5%)	238 (39.7%)	103 (48.6%)	24 (18.3%)	15 (16.3%)	17 (27.4%)	1 (8.3%)
	XがYにおける	7 (2.8%)	13 (3.5%)	20 (5.6%)	60 (10.0%)	5 (2.4%)	8 (6.1%)	1 (1.1%)		
	X Y における		2 (0.5%)							
	XとYにおける					1 (0.5%)				
一項型	[XのY]における	56 (22.0%)	135 (36.7%)	90 (25.3%)	116 (19.4%)	25 (11.8%)	38 (29.0%)	12 (13.0%)	7 (11.3%)	2 (16.7%)
	[XがY]における		2 (0.5%)	3 (0.8%)		4 (1.9%)				
	Yにおける	32 (12.6%)	91 (24.7%)	106 (29.8%)	185 (30.9%)	74 (34.9%)	61 (46.6%)	64 (69.6%)	38 (61.3%)	9 (75%)
計		254	368	356	599	212	131	92	62	12

でもこの「XのYにおける」が過半数を占めるということは、ニオケルはそもそもこのタイプが基本であったという推測ができる。このことを、近代以前にさかのぼってみてみることにしよう。

先にもふれたように、ニオケルは漢文訓読を出自とする。そこで、近世漢文訓読でのニオケルの様相をみてみる。今回調査できたのは、題簽に「道春点」と記載のある『四書集註』（内閣文庫本、寛文 4（1664）年刊。国立公文書館蔵）、後藤点による『新刻改正四書集註』（寛政 6（1784）年刊、天保 11（1840）年四刻。個人蔵）、一斎点による『四書集注』（文政 8（1825）年刊、元治元（1864）年再刻。個人蔵）である。調査の結果、道春点においては 44 例、後藤点においては 48 例、一斎点においては 52 例のニオケルが得られた（本文のみ）。そのうち、道春点は 39 例（88.6%）、後藤点は 41 例（85.4%）、一斎点は 44 例（84.6%）と、その多くが「X 之於 Y」という文型であった。例を一斎点の『四書集注』から示す。

（36）　梁ノ恵王曰。寡人之於ルレ国ニ也ヤ。尽スレ心ヲ焉耳矣

（『孟子集注　一』三ウ）

近世のニオケルについてはさらに調査をすべきであり、いまだ不明の点もあるが、近世をさかのぼったニオケルの状況についてはさらに不明の点が多く、築島（1963）、小林（1967）等にもニオケルの報告はない。しかし、『日本国語大辞典』（第2版）の「おける」の項には、『世俗諺文』に例がある旨、指摘がある。そこで、『世俗諺文』（東寺観智院旧蔵本）をみると、次の例が存在する（頁数は天理図書館善本叢書和書之部編集委員会（編）（1984）による）[10]。

（37）　呂氏カ春-秋ニ云ク父-母ノ之於ヲケルニ子ニ也子コノ之於ルニ父-母ニ之也　（p. 113 l. 5）

（38）　説-苑ニ云ク古-人ノ於ルコトニ天下ニ也　（p. 165 l. 6）

また、山口（1993）には次の例文（37）の指摘がある。山口（1993）の引用によって示す（行数は小林（1979）による）。

（39）　管-仲召-忽か之於オケルことは公子糺に君臣之義・未マサシク正_成ラ也・

（醍醐寺蔵論語巻第七文永五年点、172 行）

このように、（37）（39）もまた「X 之於 Y」である。（38）には「之」がなく、「之」の有無による違いは不明だが、「X 之於 Y」にある X と Y と同じ関係を持つ「X 於 Y」を「X 之於 Y」に倣い「X の Y における」と読んだと考えられるのではないか。

以上のことから、ニオケルは「X 之於 Y」の訓読に基づくという蓋然性が高いように思われる[11]。これが少なくとも近世までには「X の Y における」という形を基本として定着し、明治期以降は本稿で示したような歴史をたどるという、大まかな道筋が描けよう。しかしむろんこれは素描に過ぎず、今後調査をさらに進めてゆかなければならない。

おわりに

以上、本稿で述べたのは次の諸点である。

- ニオケルの連体タイプと非連体タイプの用例数は、明治初期にはほとんどが非連体タイプで占められていたが、明治 15 年前後から S-curve を描くように連体タイプが増加している。
- 連体タイプの下位類には「場所」をあらわすもの、「時」をあらわすもの、そしてそれ以外のものがあるが、「時」をあらわすものは他のものに比べ出現が遅い。また、ニオケルに前接する名詞の種類等、ニオケルのあらわれる範囲は現代語より多様である。

- 非連体タイプは名詞句のパターンに二項型と一項型とがあり、意味には《対置》と《領域》とがある。
- 明治10年代の非連体タイプは二項型が過半数を占める。この時期のニオケルはほとんどが非連体タイプであることを考えると、ニオケルは当初、この非連体・二項型が基本であったと考えられる。また、近世の漢文訓読の様相をみると「X之於Y」という文型にニオケルが集中してあらわれることから、ニオケルはこの文型の訓読を出自とするとみられる。

しかしながら、本稿はニオケルの変遷に関する概要を示したに過ぎず、述べ得なかったことも多い。さらなる詳細は別稿を用意して述べる。

注

1）例文を引用する際には基本的に原文の表記に従ったが、漢字は現行の字体にあらためた。また、外来語を示す傍線も省略し、合字は開いて示した。さらに、出典が雑誌の場合、執筆者名と記事の題名は省略した。

2）『日本国語大辞典』（第2版）など。

3）具体的には森岡（編）(1991) が「漢文訓読体」「和漢折衷体」「明治普通文」とよぶもの、あるいは、飛田（1992）が「漢文直訳体」「普通文」とよぶものである。しかしながら、これらを厳密に定義することは難しく、本稿ではこれらの違いについては問題としない。

4）資料の選定に関しては、西田（1966）、国立国語研究所国語辞典編集準備室（編）(1984)（飛田（2012）所収）などを参考にした。

5）この時期のみ、12年間と時期が長くなっている。これは、この時期に発刊された雑誌等が少なく、データ量を確保する必要があるためである。

6）なお、ニオケルには次のように、ニオケルノという形で連体修飾をなす例がある。

(40)　其職業上ニ於ケルノ学科ヲ教フルカ如キハ

（『東洋学芸雑誌』第10号（明治15年）p. 214 1.10）

この例はニオケルが直接連体の働きをしていないとみて、非連体タイプとする。

7）術語「S-curve」の初出にはいくつかの指摘があるが、今は立ち入らない。

8）森岡（編)(1991）は「実用文系統」の「文語」の他に「実用文系統」の「口語」、「文学系統」の「口語」「文語」を指摘し、文体変遷の「系統図」を示している。

9）なお、籾山（1992）らの指摘はトコロ等、明示的に場所を示す語を対象にしたものである。

10）なお、『世俗諺文』にはさらに次の例がある。

(41)　傅敎(フカウカ)之於ニ班-固(コ)ニ伯-仲ノ之間ニ耳　(p. 179 l. 6)

この「於」を濱田（2015）はオケルと読んでいるが、原文にはオケルと読む証となる送り仮名等がないため、ここではとりあげなかった。

11）例文（38)(39）は「オケルこと」となっており、山口（1993）は例文（39）を連体の例とする（298 頁)。確かにそのとおりであり、本稿でも表 2 では「におけること」を連体タイプとしている。しかし、このコトは形式名詞であり、形式名詞コトは例えば「(不）得」等の場合、平安中期の訓読資料では補読されることが多く（小林（1967))、それは近世前期でも同様であるが、近世後期には補読されなくなる（斎藤（2011)）ことが知られている。これと同様の傾向がニオケルの場合にあっても不思議ではない。したがって例文（38)(39）を非連体タイプの歴史の中で捉えることに問題はないだろう。また、例文（39）は「〜ノ」ではなく「〜カ」である。これは「之」の訓読として考えるべき問題であると思われる。

用例出典（原本・復刻版等と、校訂を経た本文とを併用した場合は両者を併記した。例文の出典頁は原本・復刻版等による。)

・雑誌

『民間雑誌』『万国叢話』『草莽雑誌』『草莽事情』『莽草雑誌』『講学余談』（『明治文化全集第 19 巻　雑誌篇』1992 年復刻版（日本評論社)）／『明六雑誌』（復刻版（立体社）及び岩波文庫）／『洋々社談』（復刻版（ゆまに書房)）／『近事評論』（復刻版（不二出版)）／『愛国新誌』（『明治文化全集第 6 巻　自由民権篇（下巻)』1992 年復刻版（日本評論社)）／『扶桑新誌』（復刻版（不二出版)）／『東洋学芸雑誌』（『DVD-ROM　東洋学芸雑誌』（大空社)）／『東京学士会院雑誌』（復刻版（鳳出版)）／『国民之友』（復刻版（明治文献)）／『日本人』（復刻版（日本図書センター)）／『太陽』（『太陽コーパス　雑誌「太陽」日本語データベース』（国立国語研究所資料集 15)(博文館新社)）

・雑誌以外（「DC」は「デジタルコレクション」の略称。また、『明治文学全集』は筑摩書房の、『新日本古典文学大系　明治編』は岩波書店の刊行であるが両社の記載は省略した。)

服部撫松『東京新繁昌記』・成島柳北『柳北奇文』（いずれも国会図書館 DC 及び『明治文学全集 4　成島柳北　服部撫松　栗本鋤雲集』）／福沢諭吉『文明論之概略』（復刻版（慶應義塾）及び岩波文庫）／中村正直訳『西国立志編』（早稲田大

学図書館古典籍総合データベース及び冨山房百科文庫）／田口卯吉『日本開化小史』（国会図書館 DC 及び『明治文学全集 14　田口鼎軒集』）／田口卯吉『自由交易日本経済論』（『鼎軒田口卯吉全集　第 3 巻』（吉川弘文館））／川島忠之助訳『新説八十日間世界一周』（秀選名著復刻全集（日本近代文学館）及び『新日本古典文学大系　明治編 15　翻訳小説集二』）／丹羽純一郎訳『花柳春話』（国会図書館 DC 及び『明治文学全集 7　明治翻訳文学集』）／久米邦武編『特命全権大使米欧回覧実記』（一）～（五）（復刻版（宗高書房）及び岩波文庫）／矢野龍渓『経国美談』上・下（上は第二版、下は初版。及び岩波文庫）／藤田茂吉『文明東漸史』（国会図書館 DC）／中江兆民『理学鉤玄』（国会図書館 DC 及び『明治文学全集 13　中江兆民集』）／東海散士『佳人之奇遇』（国会図書館 DC 及び『新日本古典文学大系　明治編 17　政治小説集二』）

参考文献

岡本　勲（1982）「言文一致体と明治普通文体」『講座日本語学 7　文体史 I』（明治書院）所収

グループ KANAME（2007）『複合助詞がこれでわかる』（ひつじ書房）

国立国語研究所国語辞典編集準備室（編）（1984）『国語辞典編集準備資料 4　用例採集のためのベストセラー目録』（国立国語研究所）

小林芳規（1967）『平安鎌倉時代に於ける漢籍訓読の国語史的研究』（東京大学出版会）

小林芳規（1979）「醍醐寺蔵論語巻第七文永五年點」『研究紀要』（醍醐寺文化財研究所）2

斎藤文俊（2011）『漢文訓読と近代日本語の形成』（勉誠出版）

砂川有里子（2000）「空間から時間へのメタファー―日本語の動詞と名詞の文法化―」青木三郎・竹沢幸一（編）『空間表現と文法』（くろしお出版）所収

田中牧郎（2005）「言語資料としての雑誌『太陽』の考察と『太陽コーパス』の設計」国立国語研究所（編）『国立国語研究所報告 122　雑誌『太陽』による確立期現代語の研究―『太陽コーパス』研究論文集―』（博文館新社）所収

築島　裕（1963）『平安時代の漢文訓読語につきての研究』（東京大学出版会）

天理図書館善本叢書和書之部編集委員会（編）（1984）『天理図書館善本叢書和書之部 57　平安詩文残篇』（八木書店）

西田長寿（1966）『日本歴史新書増補版　明治時代の新聞と雑誌』（至文堂）

濱田　寛（2015）『世俗諺文全注釈』（新典社）

飛田良文（1992）『東京語成立史の研究』（東京堂出版）

飛田良文（2012）『国立国語研究所「日本大語誌」構想の記録』（港の人）

松村　明（1957）『江戸語東京語の研究』（東京堂出版）

籾山洋介（1992）「多義語の分析―空間から時間へ―」カッケンブッシュ寛子・尾崎明大・鹿島央・藤原雅憲・籾山洋介（編）『日本語研究と日本語教育』（名古屋大学出版会）所収

籾山洋介（1995）「多義語のプロトタイプ的意味の認定の方法と実際―意味転用の一方向性：空間から時間へ―」『東京大学言語学論集』14

森岡健二（編）（1991）『近代語の成立　文体編』（明治書院）

山口佳紀（1993）「「於」字訓読考」『古代日本文体史論考』（有精堂）所収

山田孝雄（1935）『漢文の訓読によりて伝へられたる語法』（宝文館）

山本正秀（1965）『近代文体発生の史的研究』（岩波書店）

Aitchison, Jean（1991）. *Language Change：Progress or Decoy?* 2nd edition. Cambridge University Press.（若月剛（訳）1994『言語変化　進歩か、それとも衰退か』（リーベル出版））

Matsumoto, Yo（1998）. "Semantic Change in the Grammaticalization of Verbs into Postpositions in Japanese". In Ohori、Toshio（ed）. *Studies in Japanese Grtmmaticalization — Cognitive and Discourse Perspective —*. Kuroshio Publishers.

Osgood, Charles E. & Seboek, Thomas A.（1954）. *Psycholinguistics：A survey of Theory and Research Problems.* Waverly Press.

［付記］　本稿は複合辞研究会（2011年1月29日　於・筑波大学）で行った口頭発表を出発点としている。当初は『明六雑誌』他、数種の資料に基づいた報告だったが、その後データを増やし、いくつかの研究会で口頭発表を行った。また、本稿を何人かの方にお読みいただいた。席上ご意見をいただいたみなさま、および原稿に対しご意見をいただいたみなさまに感謝申し上げます。ただし、本稿の不備が本稿の筆者自身にあることは言うまでもない。

「(だ)からこそ」「(だ)からといって」「(だ)からか」について

馬 場 俊 臣

1　はじめに

本稿では、（１）～（６）のような原因・理由を表す接続助詞用法の「～からこそ」「～からといって」「～からか」及び接続詞用法の「だからこそ」「だからといって」「だからか」を扱う。以下、接続助詞用法及び接続詞用法を併せて、「(だ) からこそ」「(だ) からといって[1)]」「(だ) からか」と表記する。

（１）　この言葉は田淵だからこそ重みがあるのである。(PB32_00168)[2)]

（２）　ものの言い方が率直だからといって、高橋は謙虚なわけではなかった。(PB43_00530)

（３）　土地がちがうからか、ブルーベルやヒースが根付かない。(PB29_00461)

（４）　私たちはとかく目先のお金の動きに左右されて、未来の計画を忘れてしまいます。でも、未来はいまの積み重ねです。だからこそ、いまを大切に考えることが、結局、未来を明るいものにすることになるのです。(LBm3_00021)

（５）　リナは本当にビリーを心から気づかっているのだろう。だが、だからといって、状況が変わるわけではない。(PB19_00690)

（６）　その袂に芭蕉の句碑というのがある。七十八歳の人が書いた字だと説明はあるのだが、ではなんと読むのか、その句の紹介がないので、読めはしない。だからか、この句碑のことを書いた本はない。(PB52_00071)

これらの形式には、他の接続助詞や接続詞には見られないいくつかの特徴がある。

まず、(7)〜(9)のように、原因・理由を表す「〜ので」は「〜のでこそ」「〜のでといって」「〜のでか」という形にはできない。また、「〜ため（に)、〜せいで、〜おかげで」は「か」は付けられるが、「こそ」「といって」は付けられない。

(7) とてもおいしい{からこそ／*のでこそ／*ため（に）こそ／*せいでこそ／*おかげでこそ}、何杯でも食べられるのだ。[3)]

(8) とてもおいしい{からといって／*のでといって／*ため（に）といって／*せいでといって／*おかげでといって}、何杯でも食べられるわけではない。

(9) とてもおいしい{からか／*のでか／ため（に）か／せいか／おかげ（で）か}、何杯でも食べられる。

また、接続詞の後に「こそ、といって、か[4)]」が付く形も、接続助詞用法と連動して「そのためか、そのせいか、そのおかげか」などがある以外は、「だから（ですから、であるから）こそ」「だから（ですから、であるから）といって」「だから（ですから、であるから）か」に限られる[5)]。

本稿では、こうした特徴を持つ「（だ）からこそ」「（だ）からといって」「（だ）からか」を対象として、先行研究で指摘されている構文的特徴について主に量的な調査分析に基づいて確認・検証を行い、これらの形式の意味的・構文的特徴をより詳細に明らかにすることを目的とする。

以下、2節で先行研究の概観を行いながら各形式の意味的・構文的特徴を整理し意味・用法の共通点と相違点を明らかにしたうえで、3節以降で量的な調査分析を行う。まず3節で調査対象を示し、4節で従属節・前件の述語の特徴（状態性、モダリティ形式）を扱い、5節で主節・後件[6)]の特徴（文末の「のだ」類とモダリティ形式、「（だ）からといって」の構文類型）を扱い、6節でまとめを行う。

2　先行研究に基づく意味的・構文的特徴の整理

2.1 「(だ) からこそ」

主に接続助詞用法「〜からこそ」を扱った代表的な先行研究としては、前田直子（1997、2008、2009）などがある。前田直子（2009:178-179）は、「〜からこそ」は「「逆説的な原因・理由」を表す」とし「最も典型的な意味関係は、原因である前件に望ましくない事態が起こり、そこからは同じく望ましくない事態が予測されるが、実際には逆で望ましい事態が発生することを後件で述べるというもの」であり、さらに、「後件に望ましい事態が来ることが典型的であるが、そうでない場合もあり、その場合は、前件が後件の原因・理由であることを強調し、後件の原因・理由となっているのは他でもない前件であるということを述べる」としている。

このように、「〜からこそ」は「逆説的な原因・理由」「原因・理由の強調」を表す。接続詞用法の「だからこそ」も同様である。

従属節には、確言の形（ル形、タ形）、「かもしれない、にちがいない、はずだ、らしい、ようだ、しそうだ」などが現れることができる（前田直子 2009:126-127）が、丁寧体や「だろう」「のだ」は現れない（前田直子 2008:160）。また、従属節には状態性を表す述語が多用されるという指摘（鈴木容子 2010）もある。主節には、述べ立て（過去の一回性の事態）は現れにくく、特に「のだ」による判断（のだ、のだろう、のだろうか、のではないか）が典型的であり評価・希望・意志表現（べきだ、なければならない、したい、しようと思うなど）(前田直子 2008:160、前田直子 2009:181-182）も現れる[7]。

2.2 「(だ) からといって」

「(だ) からといって」の代表的な先行研究として、藤田保幸（1987、1998、2000)、金子比呂子（1998)、高橋美奈子（2015）などがある。

藤田保幸（2000）は、「〜といって」は「〜からといって」の形でも使われることを指摘しており、「「トイッテ」「トイッテモ」は、ある事柄をとり上げる前件句を形成し、その事柄からそれを根拠として出てくるであろう推論を見越して、それを否認する後件句を導く助辞的形式なのである。」(藤田保幸2000:421)と述べ、「〜といって」「〜からといって」は「推論の否認」を表すとしている。接続詞用法の「だからといって」も同様に「推論の否認」を表す[8)]。

構文的特徴としては、文末には「わけではない、とは限らない」などの否定表現が現われやすいことが指摘されている[9)]。ただし、こうした否定表現以外にも多様な構文類型が現れることが金子比呂子(1998)や高橋美奈子(2015)で指摘されている。

また、藤田保幸(2000:422-424)は、(10)aのような「〜といっても」の用例を挙げて、「〜といって」「〜からといって」も含めて「真の帰結を導く別個の理由節であるべきものが後件に入った」「疑似条件文」的表現を作ることができると述べている。(10)aは、bとcの「推論の二つの系列が一文に合流する形で否認を示す真の帰結を暗示するような表現」であるとしている。こうした「疑似条件文」的表現が可能なことも「(だ)からといって」の特徴である。

(10) a　主人だといっても、まだ子供だ。
　　b　主人だといっても、恐れることはない。
　　c　まだ子供だから、恐れることはない。

2.3 「(だ)からか」

主に接続助詞用法「〜からか」を扱った先行研究として、服部匡(1992)、安達太郎(1995)、野田尚史(2007:250-251)などがある。これらの研究で指摘されているように、「〜からか」は「因果関係の不確定表示」(安達太郎1995)、「主張回避形式」(野田尚史2007)である。接続詞用法「だからか」も同様の意味を表す。

安達太郎(1995:250-251)は「〜からか」の従属節事態は「確定的」な事態であるとしている[10)]。また、服部匡(1992:61)は、主節の典型は事実を表す文であり、「らしい、ようだ」は可能だが「だろう」は不自然となるとしている。

2.4 意味・用法の共通点と相違点

「(だ) からこそ」「(だ) からといって」「(だ) からか」は、いずれも接続助詞「～から」から派生した形式であるが、別々に扱われることが多い。しかし、これらに共通した特徴を見出すことができる。

(11) a　古いから、役に立つ。

　　b　古いからこそ、役に立つ。

　　c　古いからといって、役に立つわけではない。

　　d　古いからか、役に立つ。

(11)a は「古い」ことと「役に立つ」こととの因果関係のみが示されている。それに対して、b は a の因果関係が成立することが取り立てられており a 以外の他の因果関係が成立しないことが暗示されている。c は a の因果関係（推論）が成立せず他の因果関係が存在することを含意している[11]。d は「古い」ことが理由として不確定であり他の理由が存在する可能性を残している。このように、b～d は表現された因果関係（「古いから役に立つ」）以外の因果関係の成立・不成立（の可能性）が暗示ないし含意されているという共通する特徴がある。

次に相違点であるが、「(だ) から」「(だ) からこそ」「(だ) からといって」は推論を確定的に表しているのに対し、「(だ) からか」は不確定なものとして表しているという違いがある。

また、「(だ) からこそ」（典型的には「逆説的な原因・理由」の場合[12]）は、〈常識的に／聞き手の予想として〉[13] 成立しない因果関係が成立することを主張するものであるのに対し、「(だ) からといって」は〈常識的に／聞き手の予想として〉成立する因果関係が成立しないことを主張するものであり、言わば逆の方向にあると言える。(11) b「～からこそ」では〈常識的に／聞き手の予想として〉成立しない因果関係は(11)a でありそれが成立することを表している。(11)c「～からといって」では〈常識的に／聞き手の予想として〉成立する因果関係は(11)a でありそれが成立しないことを表している。(12)のように敷衍して言うことによってその対比を分かりやすく示すことができる。

(12) a　その考え方は古い。そして、考え方が古いから役に立つとは、普通は思わないであろう。しかし、考え方が古いからこそ、本当は役に立つのだ。

b　その考え方は古い。そして、考え方が古いから役に立つと、普通は思うかもしれない。しかし、考え方が古いからといって、役に立つわけではない。

さて、「～から」の用法は大きく「事態の原因・理由」「判断の根拠」「主節の事態の実現を助ける用法」[14] に区別される。「～からこそ」「～からか」は「判断の根拠」の用法を持たないことが前田直子（2008:160)、安達太郎（1995:253-254）及び近藤純子（1999:52-53）で指摘されている。このことについて、各形式の用法を整理する[15]。

(13)【事態の原因・理由】

a　大雪が降ったから、列車が止まっている。

b　大雪が降ったからこそ、列車が止まっているのだ。

c　大雪が降ったからといって、列車が止まるわけではない。

d　大雪が降ったからか、列車が止まっている。

(14)【判断の根拠】

a　頭痛がしなくなってきたから、薬が効いてきたようだ。[16]

b *頭痛がしなくなってきたからこそ、薬が効いてきたのだ。

c　頭痛がしなくなってきたからといって、薬が効いてきたとは限らない。

d *頭痛がしなくなってきたからか、薬が効いてきたようだ。

(15)【主節の事態の実現を助ける用法】

a　すぐタクシーを呼ぶから、これから病院へ行きなさい。

b *すぐタクシーを呼ぶからこそ、これから病院へ行きなさい。

c *すぐタクシーを呼ぶからといって、これから病院へ行かないでください。

d *すぐタクシーを呼ぶからか、これから病院へ行きなさい。

まず「〜からか」について検討する。「〜からか」が「判断の根拠」を表せない理由について、安達太郎（1995:254）は、「判断の根拠」を表す「から」節は「推論の出発点」となり「既定の事実や成立済みの判断」を表し「選択の余地の存在しない」ものであるため、従属節事態を（「いくつかの候補の間から話者によって選択される」という意味で）「不確定的」に扱う「〜からか」は用いられないとしている。また、「〜からか」の主節の典型は事実を表す文であり話し手にとって確定的なものとして捉えられた事態であるため、主節が未実現の事態である「主節の事態の実現を助ける用法」は表せないと考えられる。

「〜からこそ」は、典型的には〈常識的に／聞き手の予想として〉成立しない因果関係が成立することを主張するものであり、「成立しない」原因・理由がまずは想定されなければならない。しかし、「判断の根拠」の「から」節は上述の安達太郎（1995:254）が指摘するとおり「推論の出発点」となり「既定の事実や成立済みの判断」を表し「選択の余地の存在しない」ものである。この点が相容れないため、「判断の根拠」の用法を持たないと考えられる。また、「主節の事態の実現を助ける用法」の従属節は「主節の事態の実行を可能にし、促進させる事柄」（日本語記述文法研究会（編）2008:125）が表されており「主節の事態の実行」を助ける補足的・補助的情報が示される。それに対し、「〜からこそ」は「こそ」が付加され従属節に焦点が当てられる。この点が相容れないため、「主節の事態の実現を助ける用法」を持たないと考えられる。

「〜からといって」は、「から」自体は「事態の原因・理由」だけでなく「判断の根拠」のいずれも表すことができ、それぞれ「原因・理由—帰結の事態」「根拠—判断」の推論を否認することができる。しかし、「主節の事態の実現を助ける用法」で「〜からといって」を用いると、従属節事態が「主節の事態の実行を可能にし、促進させる事柄」であることを否定することになり、したがって、実現を望む事態の実行を表す表現を主節で取ることができなくなる。また、「〜からといって」は5.2で見るように主節はさまざまな構文を取り、帰結となる事態（後件）がそのまま主節となるわけではないため「主節の事態の実現を助ける用法」はないと考えられる[17)]。

以上の共通点と相違点をまとめると、表1のようになる[18)]。

表1　意味・用法の共通点と相違点

<table>
<tr><th rowspan="2">形式</th><th rowspan="2">他の因果関係の成立・不成立（の可能性）の暗示・含意</th><th rowspan="2">推論の確定性</th><th rowspan="2">因果関係の主張の方向</th><th colspan="3">用法</th></tr>
<tr><th>事態の原因・理由</th><th>判断の根拠</th><th>主節の事態の実現を助ける用法</th></tr>
<tr><td>(だ)から</td><td>なし</td><td rowspan="3">確定</td><td></td><td>○</td><td>○</td><td>○</td></tr>
<tr><td>(だ)からこそ</td><td rowspan="3">あり</td><td>成立しない⇒成立する</td><td>○</td><td>×</td><td>×</td></tr>
<tr><td>(だ)からといって</td><td>成立する⇒成立しない</td><td>○</td><td>○</td><td>×</td></tr>
<tr><td>(だ)からか</td><td>不確定</td><td></td><td>○</td><td>×</td><td>×</td></tr>
</table>

3　調査対象について

以下では、従属節・前件の述語の状態性及びモダリティ形式の現れ方の量的傾向、主節・後件の述語の「のだ」類及びモダリティ形式の現れ方の量的傾向(「(だ) からこそ」「(だ) からか」を対象とする)、主節の構文類型の量的傾向(「(だ) からといって」を対象とする) について、それぞれ用例調査を行う。

本稿で調査対象とした用例の概要を示す。

調査対象は、(16)の9種類の用例各100例である (「だからか」は13例)。

(16)　調査対象

・一般的な文末

・(接続助詞用法)「〜から」「〜からこそ」「〜からといって」「〜からか」

・(接続詞用法)「だから」「だからこそ」「だからといって」「だからか」

「(だ) からこそ」「(だ) からといって」「(だ) からか」に関する従属節・前件及び主節・後件の述語の特徴を見るためには、これらだけを対象としても不十分であり、接続助詞用法「〜から」及び接続詞用法「だから」（以下、併せて「(だ) から」と表記する）との比較が必要であり、さらには、「(だ) から」に関わりなくランダムに集めた文の述語（「一般的な文末」と呼ぶ）との比較も必要であると考え、「一般的な文末」「〜から」「だから」も調査対象に加える。

「現代日本語書き言葉均衡コーパス」の検索ツール「中納言」[19] を用いて用例を収集した。「中納言」検索結果画面に表示された用例の最初から（対象外の用例は除外した）100例を用いた。ただし、「〜からか」は対象外の用例を除外すると検索結果画面に表示された500例では足りなくなったため検索用例総数587例からランダムに取り出した（対象外の用例は除外した）100例を対象とした。また、「だからか」は検索用例総数が26例であり対象外の用例を除いた13例のみを対象とした。

対象外とした用例は、文末用法及び連体用法の用例[20]、文末の述語が省略されている用例、接続詞用法において前件が複数の文の内容に当たり前件の述語を特定できない用例、（主に国会会議録などで）係り受け関係が乱れている用例、形態素解析の誤解析の用例である。また、「〜からか」等の並列用法[21] も従属節を一つに特定できないため対象外とした。さらに、現れるモダリティ形式が制約される可能性があるかもしれない次のような用例も対象外とした。まず、「(だ) から（こそ／といって／か)」が直接文末に係る用例のみを対象とし、主節・後件全体がさらに従属節、引用節、連体節となる用例[22] は対象外とした。また、接続詞用法において同一文中の先行する従属節が原因・理由の内容になる用例[23] も前件述語のモダリティ形式に制約がある可能性があるかもしれないため対象外とした。

従属節・前件の述語は、接続助詞用法では「〜から（こそ／といって／か)」の直前の述語である。また、接続詞用法では、直前の文が挿入文的な場合や倒置されている場合などがあるため、原因・理由を表している文（または部分）の述語とした。例えば、(17) (18) ではそれぞれ「宣言してきました」「思い描いている」である。

(17)　ラ・ファイエット将軍の前でも宣言してきました。火薬を手に入れるか、でなければ殺されてくると。だからこそ、僕は何事も恐れず、あなたにも武器庫を開ける許可をいただきたいと、願い出ることができました。(PM42_00051)

(18) 「わたしたちについて、あなたは、そう思い描いているわけね?」「だからと言って、ぼくを責めないでほしい、アンナ」(LBp9_00152)(相手発話)(「わけだ」は含まれない)

主節・後件の述語は、「〜から(こそ/といって/か)」の主節の述語及び「だから(こそ/か/といって)」が含まれる文の文末の述語である。

4　従属節・前件の特徴

4.1　従属節・前件述語の状態性

「〜からこそ」の従属節の述語の特徴として状態性を表す述語が多いことを鈴木容子(2010)が指摘している。鈴木容子(2010)は「〜からこそ」の用例100例[24]の調査を行い、「「からこそ」の前件の80%近く(79例)が形容詞、「〜ている」、名詞、「できる」、「〜がある」、「〜過ぎる」などの状態性を表すものである」(鈴木容子2010:7)としている。

状態性の述語が多用されるのは、「〜から」の特徴ではなく「〜からこそ」独自の特徴なのか、また「だからこそ」にも当てはまるのかということを確かめるために、「〜からこそ」以外の形式や一般的な文末と比較する調査を行った。

調査対象の用例の従属節・前件の述語について状態性述語の用例数を調査した。状態性述語としたのは、(19)〜(22)のような名詞述語、形容詞述語、状態動詞述語、動詞テイル形述語である。

(19) 始発駅だから一本やりすごせば座れた。(LBr9_00250)(名詞述語)

(20) そしてそれが終わると、天気がいいからか、布団を干し始めた。(OY13_00240)(形容詞述語)

(21) 「もちろん我々にも重い責任はある。だからこそ真剣に問題の解決に取り組む必要がある」(PN2a_00004)(状態動詞述語)

(22)　テレビ局は、大きな影響力をもっている。だからこそなんのために報道するのかを、はっきり考えて放送する必要がある。(LBo3_00150)(動詞テイル形述語)

調査結果を表2に示す。

表2　従属節・前件の述語の状態性

調査対象	状態性	非状態性	合計	「状態性」比率
一般的な文末	50	50	100	50%
～から	74	26	100	74%
～からこそ	71	29	100	71%
～からといって	74	26	100	74%
～からか	65	35	100	65%
だから	70	30	100	70%
だからこそ	70	30	100	70%
だからといって	71	29	100	71%
だからか	10	3	13	77%
合計	555	258	813	68%

「一般的な文末」では状態性述語は半数で現れている。これに比べると、「～から」「だから」以下の従属節・前件では状態性述語が現れやすくなっている。

「～からこそ」71%、「だからこそ」70%であり、確かに「一般的な文末」50%に比べれば、「(だ) からこそ」は状態性述語を取りやすい。しかし、他の「(だ) から」「(だ) からといって」「(だ) からか」も状態性述語の割合が65%～77%と高く、「(だ) からこそ」だからこそ状態性述語を取りやすいとは言えない。もともと「(だ) から」の従属節・前件の述語が状態性述語を取りやすいという傾向があると考えられる[25)]。なぜそうした傾向があるのか、また原因・理由を表す「～ので」などの他の形式も同様なのかなど今後の検討課題となる。

4.2　従属節・前件述語のモダリティ形式

本項では、従属節・前件述語のモダリティ形式（断定[26] は除く）の現れ方について傾向を見る。

モダリティ形式の取り出し方であるが、接続助詞用法については「～から（こそ／か／といって）」の直前部分から取り出す。接続詞用法については、3節で示したように前件の述語と認定した部分から取り出す。その際には、接続詞用法は原因・理由を表す文が独立しており基本的には原因・理由を表す文の述語はさまざまなモダリティ形式を取り得るため、原因・理由の内容に含まれるモダリティ形式であること及び「～から（こそ／といって／か）」の内部に収まるモダリティ形式であることを基準にして取り出す。また、「見たいだろう」のように複数のモダリティ形式が含まれる場合は、最末尾の要素のみを対象とした。ただし、「見たいのではないか」のように「のだ」を含む「のではないか」全体で推量の機能を果たすような場合はその全体を対象とした。

なお、「のだ」「だろう」については予め検討しておくべきことがある。前田直子（2008:160）は、「～からこそ」の直前には「のだ」「だろう」が現れない[27] としているが、(23)(24)のように「だろう」「のだ」が現れる用例をBCCWJやWeb上で見付けることができる。また、(25)～(28)のように「～からといって」「～からか」の直前に「だろう」「のだ」が現れる用例をWeb上で見付けることができる。ただし、自然さの判断に関しては個人差があると思われる。そのため、調査にあたっては、従属節内の「のだ」「だろう」はそのまま認めるが、前件の述語に付いている「のだ」「だろう」は参考程度に扱う（表3の集計では「(ノダ)(ダロウ)」と示し、「含まない」にカウントした）。

(23)　しかし、今日まで、それが偉大な神の使命によったのだとは、思ったことがなかった。忘れていたのだよ。今君を思い出した瞬間、それに気がついた。その使命によって小説家になったのだからこそ、この際、中山みきのことを―特に、その神が中山みきに降りたか否か、書かなければならないのだろう、ジャック。(LBs9_00129)(芹沢光治良(2004)『神の微笑』新潮社)

(24)　多くの学生は卒業後、原書でシェイクスピアを読むことはないだろうからこそ、学生のうちに触れさせたいという考えは、一概に否定されるべきものではない（後略）(http://nwudir.lib.nara-wu.ac.jp/dspace/bitstream/10935/1596/1/AA11949937_v1_pp31-35.pdf)（2016.11.17 閲覧）（西出良郎（2004）「奈良女子大生の TOEIC 受験と語学自習システム」『奈良女子大学総合情報処理センター年報』(1)）

(25)　後者も殺生したのですが、前者よりは罪が軽いのです。ですが、人間にとって良いことをしたのだからといって、罪がないわけではありません。(http://www.j-theravada.net/qa/gimon35.html)（2016.11.17 閲覧）

(26)　使用頻度が低いだろうからといって、後席の安全性を軽視するのはいかがなものかと思います．(http://gazoo.com/my/sites/0001458028/kurumazuki/Lists/Posts/Post.aspx?ID=1186)（2016.11.17 閲覧）

(27)　小１の息子が持ち帰ったアサガオの植木鉢には、こぼれ落ちたのであろう種から芽が出てそだっております。秋まきになるのだからか、つるはでないまま花のつぼみをつくりはじめました。(http://jspp.org/hiroba/q_and_a/detail.html?id=1802)（2016.11.17 閲覧）

(28)　サホコとリノにしてみれば、ライバルが減るだろうからか興味津々だ。(http://ncode.syosetu.com/n8961ch/9/)（2016.11.17 閲覧）

表３は、モダリティ形式を含む用例数を示した表である。

「一般的な文末」ではモダリティ形式を含む文が 31% で最も多くさまざまな種類のモダリティ形式が現れている。接続助詞用法では、「～から」が 26% と高くなっているのに対して、「～からこそ」「～からといって」「～からか」はいずれも 1% であり殆ど現れていない。「～からこそ」「～からといって」「～からか」の従属節の述語には、認識・評価・説明のモダリティ形式（「かもしれない、しそうだ、てもいい、なくてはならない、わけだ」など）を含むことができる[28)]が、実際の用例には余り現れないようである。接続詞用法では、前件述語に「(ノダ)(ダロウ)」が数多く現れているが、「(ノダ)(ダロウ)」を含めないと 0～7% である[29)]。なお、「のだ」に関しては、「一般的な文末」で

表3　従属節・前件の述語のモダリティ形式

調査対象	含む	含まない	合計	「含む」比率	内訳（数値は用例数）	（ノダ）（ダロウ）
一般的な文末	31	69	100	31%	カ6、ノカ5、ダロウ4、テクダサイ3、ノダ3、トイウ2、ラシイ2、ワケダ2、ウ1、カモシレナイ1、タイ1、モノダ1	
〜から	26	74	100	26%	ノダ12、モノダ5、トイウ3、ワケダ2、タイ1、テモイイ1、ハズダ1、ヨウダ1	
〜からこそ	1	99	100	1%	タイ1	
〜からといって	1	99	100	1%	タイ1	
〜からか	1	99	100	1%	モノダ1	
だから	6	94	100	6%	ワケダ2、タイ1、ナケレバナラナイ1、ハズダ1、ラシイ1	（ノダ）16、（ダロウ）3
だからこそ	7	93	100	7%	ハズダ2、モノダ2、タイ1、ナケレバナラナイ1、ワケダ1	（ノダ）14、（ダロウ）7
だからといって	3	97	100	3%	カモシレナイ1、スルソウダ1、モノダ1	（ノダ）15、（ダロウ）6
だからか	0	13	13	0%		
合計	76	737	813	9%		

は「ノカ5、ノダ3」計8例であるのに対し、接続詞用法では「(ノダ)」が多くなっている。「だから」が付く形式独自の特徴なのか、他の接続詞ではどうなのかなど検討課題となろう[30)]。

5　主節・後件の特徴

5.1　「(だ) からこそ」「(だ) からか」の主節・後件の述語

本項では、「(だ) からこそ」「(だ) からか」の主節・後件の述語の傾向を数量的に分析する。

「〜からこそ」の主節の文末は、(29)(30)のように主に「のだ」による判断（前田 2009: 181-182）が典型的であり、評価・希望・意志表現（前田直子 2008:160）も現れることが指摘されている。

(29)　精神を込めるからこそ、技なのです。(LBk7_00072)

(30)　信長はもちろんその点に目をつけたからこそ、自分の宿舎としたのだろう。(PB52_00003)

「～からか」の主節は、典型的には事実を表す文であり、文末モダリティとしては「らしい、ようだ」は可能であることが指摘されている（服部匡 1992: 61）

これらの指摘について、「一般的な文末」「(だ) から」と比較して検証を行う。

「のだ」の調査に当たっては、(29)のように文末が「のだ」(「のか」も含む)の用例と(30)の「のだろう」のように末尾のモダリティ形式の前に「のだ」を含む用例を併せて「のだ」類と呼び、用例数を調査する。表4はその結果である。

表4　主節・後件の述語の「のだ」類

調査対象	「のだ」類	「のだ」類以外	合計	「のだ」類比率
一般的な文末	8	92	100	8%
～から	22	78	100	22%
～からこそ	65	35	100	65%
～からか	7	93	100	7%
だから	31	69	100	31%
だからこそ	53	47	100	53%
だからか	3	10	13	23%
合計	189	424	613	31%

「～からこそ」65%、「だからこそ」53%であり「のだ」類を含む比率が明らかに高いことが分かる。また、「～から」22%、「だから」31%も「一般的な文末」8%に比べて、「のだ」類を含む比率が高い。「のだ」類の比率の高い「(だ) からこそ」、次に高い「(だ) から」、低い「一般的な文末」「～からか」[31)] に分かれている[32)]。「(だ) から」自体で「のだ」類がある程度多用されるのに加え、「(だ) からこそ」はさらに多用されると言える。

次に、モダリティ形式[33]が含まれる用例数であるが、「のだ」(「のか」も含む）以外のモダリティ形式の出現傾向が明らかになるように、「のだ」が末尾に来る用例は除外して集計を行った。結果を表5に示す。

表5　主節・後件の述語のモダリティ形式（末尾「のだ」除外）

調査対象	含む	含まない	合計	「含む」比率	内訳（数値は用例数）	「のだ」
一般的な文末	23	69	92	25%	カ6、ダロウ4、テクダサイ3、トイウ2、ラシイ2、ワケダ2、ウ1、カモシレナイ1、タイ1、モノダ1	ノダ3 ノカ5
〜から	32	50	82	39%	ダロウ4、テクダサイ4、シヨウ3、ノデハナイカ3、ハズダ3、カモシレナイ2、シテ1、シナイカ1、シナサイ1、シロ1、タイ1、テクレ1、デハナイカ1、ナイトイケナイ1、ナクテイイ1、ノガイイ1、ホウガイイ1、ワケダ1、ワケニハイカナイ1	ノダ18
〜からこそ	37	23	60	62%	カモシレナイ10、ダロウ9、ノデハナイカ4、ノデハナイダロウカ3、シテ2、シヨウ2、ハズダ2、カ1、タイ1、ニチガイナイ1、モノダ1、ワケダ1	ノダ40
〜からか	7	87	94	7%	ヨウダ4、ミタイダ2、カ1	ノダ6
だから	16	54	70	23%	ダロウ4、デハナイカ2、カ1、シテ1、シヨウ1、テクレ1、テモカマワナイ1、ナイトナラナイ1、ナケレバナラナイ1、ベキダ1、ミタイダ1、ワケダ1	ノダ28 ノカ2
だからこそ	26	37	63	41%	ダロウ7、カモシレナイ5、ノデハナイカ5、ノデハナイダロウカ2、ワケダ2、ザルヲエナイ1、シヨウ1、タイ1、ニチガイナイ1、ハズダ1	ノダ36 ノカ1
だからか	1	10	11	9%	カモシレナイ1	ノダ2
合計	142	330	472	30%		141

「一般的な文末」25%に比べて、「〜から」39%、「だから」23%となっており、「〜からこそ」62%、「だからこそ」41%がそれぞれさらにやや比率が高くなっている。「(だ）から」自体である程度モダリティ形式が現れるのに加え、「(だ）からこそ」はさらにモダリティ形式が現れやすい[34]。「のだ」も、「一般

的な文末」よりも「(だ) から」で多く現れ「(だ) からこそ」でさらに多く現れている。また、「(だ) からか」は「ようだ、みたいだ、かもしれない、か[35]」などごく限られたモダリティ形式以外は断定であることが量的調査でも確認することができる。

5.2 「(だ) からといって」の主節の構文類型

「(だ) からいって」の主節は、(31)のように帰結の内容に「わけではない[36]、とは限らない」などの文末表現が付くものが注目されやすい。しかし、(32)～(34)のような用例もあり、主節の構文類型は多様である。

(31) ただ、極度額が千六百万円だからと言って相場が千六百万円以上とは限りません。(OC08_05869)

(32) また、IP が動的に変化する DHCP での割り当てや、プロバイダから与えられたプライベート IP だからといって安心はできません。(PB15_00274)

(33) このコラムに目をとめるのは年配の方が多いだろう。だからといって、理解力が不十分と決めつけてはいけない。(PN2k_00005)

(34) a　雪渓上での転倒やスリップは、普通の登山道よりも滑落につながりやすい。踏み跡がしっかりついているからといって、安心しきってしまうのは危険だ。(LBl7_00004)

b　第一、何を基準に正しいか間違っているかの判断をするのであろうか。自分の立場で正しいと思うことでも、別の立場から見れば間違っていることもある。だからといって、社会的によいとされていること、正しいとされていることまで、自分には合わないとして排除してしまうとしたら、それも問題である。(PB41_00129)

「だからといって」の構文類型には様々な種類があることについては、すでに金子比呂子 (1998)[37] や高橋美奈子 (2015)[38] で示されている。本稿では、それらの分類も参考にしながら独自の分類を行い、量的な面から多様性を見ていく。本稿では、基本的に文構造を基準にして、(35)のような類型分けを行う。

(35)「(だ) からといって」の主節の構文類型（原因・理由をP、帰結をQで表す）

A……P（。だ）からといって、Qわけではない／はずはない／ものではない等、Qとは限らない／言えない等

B……P（。だ）からといって、Qでない／しない／できない等（働き掛けなし）

C……P（。だ）からといって、Qするな／してはいけない／しないでください／することはない／してほしくない等（働き掛けあり）

D……P（。だ）からといって、Qことは／Qのは／Qする名詞は等＋否定的コメント、Qすると／したら／しても等＋否定的コメント

E……A～D以外

Aは、(31)のように、「わけではない、とは限らない」などの複合辞的表現が文末に現れる類型であり、推論の成立を一般的・直接的に否認しており、相手への働き掛けは現れない。

Bは、(32)のように、帰結の述語部分が直接否定形になっており、相手への働き掛けは現れない類型である。Cは、(33)のように、帰結の述語部分に何らかの働き掛けのモダリティ形式を伴っている類型である。BとCは、推論の成立を個別的・直接的に否認している。推論の否認よりも、帰結の成立自体を直接的に否定または阻止するということに主眼があるとも言える。

Dは、(34) のように、帰結を名詞節や条件節などで取り出しその成立を否定する何らかの「否定的コメント」が後続するという構造の類型であり、主節部分が言わば「複文」化していると言える。

A～D以外のタイプはその他としてまとめてEとする[39)]。(36)のように、帰結が言語化されずに意味的に推論の成立を否認するタイプがある。今回の調査対象の用例には現れなかったが、前件が原因・理由とならないことを言語化することによって推論自体を明示的に否認するタイプ（(37)a)、帰結は言語化されず推論すること自体あるいは推論が自分とは無関係であり推論の意義自体

を「どうしたというのか、関係ない」などと明示的に否定するタイプ((37)b)のようなものもある。

(36)　鈴木首相にもいよいよ強まっていく天皇の意志が伝えられた。首相就任いらい覚悟していた統帥権に口出しをせねばならないときが来たのである。だからといって、軍の戦意をその瞬間まで発揚しておくことも必要である。(PB32_00091)(「来たからといってすぐに口出しをすると戦意をなくし混乱に陥るので、軍の戦意をその瞬間まで発揚しておくことも必要だ」などのように帰結を補って後件を解釈することができる。)

(37) a　「おしずさん、ご亭主にも先ほど会った。弓七さんは、そなたがいなくなった痛手からまだ立ち直っておらんのだ」「だからといって、豆造を他人に預けて酔いつぶれている理由にはならないわ。なんて情けない」(LBq9_00176)

b　人間でないからといって、それがどうしたというのだ。(LBn9_00139)

用例調査の結果を表6に示す。

表6　「(だ) からといって」の主節の構文類型

調査対象	A	B	C	D	E	合計
～からといって	35	15	21	26	3	100
だからといって	32	22	11	33	2	100
合計	67	37	32	59	5	200

「～からといって」「だからといって」ともに、Aの類型の用例とともに、B、C、Dの類型の用例も多いことが分かる[40)]。金子比呂子(1998)や高橋美奈子(2015)で示されている「(だ) からといって」の構文類型の多様性は量的調査によっても確認することができる。

6　おわりに

本稿では、「(だ) からこそ」「(だ) からといって」「(だ) からか」という形式を対象として、まず、「(だ) から」も含めた各形式の意味的・構文的特徴を整理し、「他の因果関係の成立・不成立（の可能性）の暗示・含意」「推論の確定性」「因果関係の主張の方向」の観点から共通点と相違点をまとめ、さらに「(だ) から」の三つの用法（「事態の原因・理由」「判断の根拠」「主節の事態の実現を助ける用法」）が「(だ) からこそ」「(だ) からといって」「(だ) からか」に必ずしもすべてあるわけではないことを示しその理由をそれぞれの意味的特徴に基づいて説明した。

次に、本稿では、「(だ) からこそ」「(だ) からといって」「(だ) からか」の従属節・前件及び主節・後件の述語の特徴と「(だ) からといって」の主節の構文類型について量的調査に基づいて確認・検証を行った。その際に、それぞれの形式を単独で見るのではなく、一般的な文の述語や「(だ) から」の従属節・前件及び主節・後件の述語と比較することによって、独自の特徴であるかどうかを明らかにした。その結果、「(だ) からこそ」の従属節・前件の述語は状態性に偏ってはいるがこの特徴は「(だ) から」「(だ) からこそ」「(だ) からといって」「(だ) からか」にも共通する特徴であること、「～からこそ」「～からといって」「～からか」の従属節の述語には認識・評価・説明のモダリティ形式を含むことができるが実際の用例ではほとんど現れないこと、「(だ) からこそ」の主節・後件の述語には「のだ」類やモダリティ形式が多用されるが「(だ) から」単独でもそれらが一定程度多用されること、「(だ) からといって」の主節は「わけではない、とは限らない」のような文末表現以外にも様々な表現が使われ多様な構文類型があることなどを明らかにした。

本稿で行った調査の用例数は各形式 100 例（「だからか」のみ 13 例）ではあるが、補足的に統計検定を行うことにより、ある程度一般性の高い結果を示すことができたと思われる。ある形式の特徴を明らかにする場合は、本稿で行ったように関連する形式も含めた量的調査を行うことによって、その形式だけが持つ独自の特徴であるのかどうかを確かめることができる。

今後は、他の原因・理由を表す接続助詞とともに接続詞も対象として、従属節・前件及び主節・後件の述語の特徴について量的な調査分析に基づいて確認・検証すること、また、そうした特徴と各形式の意味・用法とがどのように関連するのかについてさらに検討することなどが必要であろう。

注

1)「～からといって」という形には、「いう」が実質的意味を持つ用法（(ア)）や「いう」の実質的意味が薄れてはいるが逆接的ではない用法（(イ)）もある。本稿で対象とするのは本文(2)のように「いう」の実質的意味が薄れ形式化し逆接的意味を表す用法である。用法の区別の際には、「としても」に置き換えられるか（対象とする）、「からと」に置き換えられるか（対象としない）を目安とした。ただし、「～からといって」の形式化の度合いを扱った山口佳也（1987）で指摘されているように、各用法は連続的であり複数の解釈が可能な用例もある。そうした用例は、稿者の解釈に基づいていずれかに判断した。

(ア)　そこでマリアとアネゴが送っていくことにしたのだが、高崎さんは、自宅の少し前で、もう家は近くだからと言って、一人で帰ってしまった。(LBk9_00119)

(イ)　そうすると、一番最初の考え方で理想に燃えて一生懸命やると、現実にぶつかって壁にあたってしまい、しかし、どうせだめだからといってあきらめると、生きがいがなくなってしまう。(PB11_00152)

2)「PB……」「LB……」等で出典を示した用例は「現代日本語書き言葉均衡コーパス」(BCCWJ）の用例であり、サンプル ID を示している。「中納言 2.1.1」(https://chunagon.ninjal.ac.jp/）を利用した。なお、出典を示していない用例は作例である。

3)「*」は不自然であることを表す。

4）接続詞の選択を表す「か」の付加（(ア)）や接続詞の用い方に対する疑いの念などを表す「か」の付加（(イ)）は対象から除く。

(ア)　全てにおいて無難な味付け無難な料理。しかしかだからか満席でした。(https://s.tabelog.com/hyogo/A2801/A280103/28026481/dtlphotolst/P43352332/)(2016.10.10 閲覧)

(イ)　今日、僕のところに黒い三連星 ... ／つまり、(どこがつまりか)／新品の黒いパソコンが来ます。(http://ameblo.jp/hm1981/entry-11937847705.html)(2016.10.10 閲覧)

5)「だからこそ」「だからといって」には「しかし、だからこそ」「だが、だからといって」のように、逆接型の接続詞が先行する用例がある（本文(5)など)。本稿は、このような接続詞の二重使用によって表現される文間関係の考察にも関係がある。なお、劉怡伶（2006）は「だからか」「だからこそ」「だからといって」の形式の存在を根拠として接続詞「だから」の「因果関係の知識」の特徴を分析している。馬場俊臣（2016）は劉の主張の問題点を指摘している。また、馬場俊臣（2017）は「だからか」「だからこそ」「だからといって」の形式が存在する理由を検討している。なお、「ですからか」は実例はあるが不自然さが残る。この不自然さについて、馬場俊臣（2016:12）は「「です」による相手意識と「か」による自問のニュアンスとが相容れないために生じるものと思われる」と指摘している。

6）原因・理由の内容に当たる部分を「前件」と呼ぶ。接続助詞用法では従属節が前件に相当する。接続詞用法の場合は多くは前文が前件に相当する。帰結の内容に当たる部分を「後件」と呼ぶ。接続助詞用法では主節が後件に相当する。接続詞用法の場合は多くは接続詞に後続する部分が後件に相当する。詳細は3節参照。

7）意志及び命令の表現が「～からこそ」の主節に現れるか否かについては、先行研究の間で意見が分かれているが、(ア)～(カ)のような用例を見つけることができる。実際の用例はごく少ないにしても、基本的には現れうると言える。「だからこそ」の主節についても同様である。ただし、命令表現については引用節内の用例が目立ち、また聞き手に行為を強いる典型的な命令というよりも適当（「～べきだ」）という解釈も可能である。このことが見解の違いが生まれる理由になっている可能性もある。

（ア） 疲れるからこそ一気にしてしまおうという考えなのかもしれませんね・・・(OC09_11144)

（イ） オリンピック競技に関わらず、個人のランニングであっても奥深い。暑い日にはしんどくてタイムが上がらないし、走る距離を積み重ねてもタイムが必ず短くなるというものでもない。だからこそチャレンジしようと思うし、何とか距離を伸ばし、タイムを短くしようとみんなが頑張ろうとする。(http://blog.goo.ne.jp/yonekids/e/f23b05e92d270d8df506e9c3585ac4c9)(2016.11.12 閲覧)

（ウ） 電光超人グリッドマンは今の時代だからこそ放送しろ（http://hope.2ch.net/test/read.cgi/liveuranus/1403074800/）(2016.11.12 閲覧)

（エ） パンチを打つなんて言う事は一般的に日常生活では考えられません。だからこそチャレンジしてください！非日常的な事って本当に最高のストレス解消になりますよ！（http://www.boxing-club.jp/shinbashi/staff/）(2016.11.12 閲覧)

（オ） 恋人には会えない時間も大切だと言いますが、それは、会ってないからこそメールしろっていう意味じゃありません。(http://okwave.jp/qa/q6885560/a19289805.html)(2016.11.12 閲覧)

（カ） 福澤諭吉がこの言葉を使った真意は、「生まれた時は一緒なんだけど、その後の知識量によって差が生まれる。勉強をしたものは上に行くことができるのだ。だからこそ勉強しなさい。」という、“平等”どころか“格差”について話していたわけなんです。(http://takeshi001.com/痩せた頬に肉をつける方法～実験10日目～/)(2016.11.12閲覧)

8)「(だ)からといって」の意味として、森田良行・松木正恵（1989:116）やグループ・ジャマシイ（編著）(1998:92) では「ただそれだけの理由で」という意味を挙げている。「ただそれだけの理由で」を文字通り解釈すると、前件の内容は後件が成立するための理由の一つにはなるが、「それだけ」では不十分であり、後件が成立するためには「他の理由」も必要であるというふうに解釈することができる。「大雪警報が発令されたからといって、臨時休校になるわけではない。公共交通機関も止まっていなければならない。」という例では、確かに「大雪警報が発令されたというだけの理由で」という意味である。しかし、例えば、「服装が気に入らない」ことがそもそも「いじめる」理由にはなりえないと話し手が考えている場合の「どんな理由があろうとも人をいじめてはいけない。ましてや、服装が気に入らないからといって、いじめることなど許されない。」では「服装が気に入らない」は「理由の一つ」にはなりえない。「(だ) からといって」の主節文末は「(必ずしも) ～わけではない」などの部分否定の形式が多いが、その場合は「ただそれだけの理由で」という意味に取れる。しかし、本稿5.2で示す通り、部分否定の形式でない用例も多い。「(だ) からといって」の意味を「ただそれだけの理由で」と見るのは狭すぎると思われる。

9）小金丸春美（1990:30）は「～からといって」に文末制限があるとし「肯定や単純な否定の形にはならず、〔動詞の言い切りの形、名詞等＋「わけではない」「とは限らない」「ことはない」等〕といった形になるのである。」としている。

10）近藤純子（1999:47）は、特に「他人の思考や感情」は「話し手・聞き手がたとえそれを事実として認定し、事実として確定的に述べようとも、他人の思考や感情に関わることについての叙述は聞き手・読み手によって客観的な事実として受け止められにくい」として、「～からか」の従属節事態が「他人の思考や感情」の場合は明らかに「確定的な事実として述べている、という解釈が許されない」としている。表現者の表現態度のレベルを問題とするのか、事態の事実のレベルを問題とするのかの違いが関わっており、さらに検討する必要があろう。

11）金子比呂子（1998:41）では、「だからといって」の後件（Q）について「(前略) Qはそうは言えないと判断されたいわば負の結論である。この負の結論は、明示され、強調されることにより、隠れた事情、また話者が導きたい真の結論を探せという指令になる。」と述べている。

12）「原因・理由の強調」の場合でも、取り立てられた原因・理由以外の原因・理由を排除する意識はある。

13）常識的に予想される因果関係、または聞き手が予想するであろうと話し手が想定する因果関係。

14）日本語記述文法研究会（編）(2008:123-126)。「主節の事態の実現を助ける用法」は原因・理由を表さない用法と呼ばれる場合もある。

15）「だから」「だからこそ」「だからといって」「だからか」についても同様に考えることができる。

16）(14)a、(15)a は日本語記述文法研究会（編）(2008:124-125）の例文である。

17）ただし、次の(ア)(イ)はやや不自然ながら言えそうであるが、「主節の事態の実現を助ける用法」としてよいか問題が残る。

（ア）?すぐタクシーを呼ぶからといって、これから病院に行く必要はない。

（イ）?あの人の半分でいいからといって、英語がそんなにうまくなりたいわけではない。

18）なお、「だから」の特に対話で用いられる特別な用法（聞き手に帰結や含意を求める「だから？」「だから、何が言いたいの？」、聞き手が内容を受け入れない際の「だから、何度もそう言ってるじゃない。」など）は、「だからこそ、だからといって、だからか」の形では用いられない。

19）「中納言 2.1.1、短単位データ 1.1、長単位データ 1.1」(https://chunagon.ninjal.ac.jp/)(2015 年 10 月、11 月閲覧)。「長単位検索」で語彙素及び品詞を指定して検索を行った。「一般的な文末」は「品詞」を「補助符号-句点」に指定し検索を行った（文末の句点でない用例は目視により除いた)。

20）「幸せなのは、健康だからこそだ。」「健康だからこその笑顔」など。

21）「早朝だからか、休日だからか、とても閑散としていた。」「今だからこそ、現在の自分だからこそ、やり遂げることができる。」など。並列用法は「～からか」に多い。

22）「健康だからこそ幸せなはずなのになぜか喜べない。」「健康だからこそ幸せだという思い」「健康だからこそ幸せを感じる一瞬」など。従属節については、接続助詞「が、けど、し」などが終助詞的に使われている場合も対象外とした。引用節については、「「健康だからこそ幸せだ」と言った。」のように実質的な発話に相当し引用符がある場合は引用節内の発話部分のみを対象とした。

23）「病気になることもあるけれど、だからこそ健康の大切さが分かるのだ。」など。この例では前件述語は「ことがある」であるが、「けれど」に続くことにより「ことがある」のモダリティ形式に制約が生れている可能性があるかもしれない。

24）100 例のうち「だからこそ」が 17 例含まれている。「だからこそ」を除くと、状態性述語は「～からこそ」83 例中 79 例（95%）となる。

25）表 2 の 2 種類ずつの形式を組み合わせた計 36 組について、フィッシャーの正確確率検定によって独立性の検定を行った（統計 R（ver.3.3.1）fisher.test 関数（両側検定))。「一般的な文末」は「だからか」を除く 7 つの形式との組み合わせで

5% 水準で有意差が見られた（p 値は省略する）。「だからか」の調査対象数が少ないからか「一般的な文末」と「だからか」との間には有意差が見られなかった（p 値 0.08）が、全体的には「一般的な文末」と「から」が関わる形式とでは統計的に有意な違いがあり、「から」が関わる形式相互では有意な違いはないと見てよいであろう。

26）名詞述語・形容詞述語・動詞述語の基本形及びタ形。

27）前田直子（2008:160）は丁寧体も現れないとしているが、「私はキリシタンの教えを良く理解いたしております。その教えを完全に守る決心でありますからこそキリシタンになるのでございます」（LBo2_00024）、「自主的な活動ですからこそ、学友会に対しても、事務的な報告事項などきっちりと報告が必要です。」（http://www.shudo-u.ac.jp/information/8a21710000007h46-att/2009winter.pdf 『広島修道大学広報誌』153 号）のように丁寧体が現れる用例がある。

28）google 検索で、「かもしれない、しそうだ、てもいい、なくてはならない、わけだ」と「〜からこそ、〜からといって、〜からか」の各組み合わせの実例を見付けることができた（2015.12.23 閲覧）。

29）表 3 の 2 種類ずつの形式を組み合わせた計 36 組について、フィッシャーの正確確率検定によって独立性の検定を行った（統計 R（ver.3.3.1）fisher.test 関数（両側検定））。「一般的な文末」は「〜から」を除く 7 つの形式との組み合わせで 5% 水準で有意差が見られた（p 値は省略する）。また、「〜から」も「一般的な文末」を除く 7 つの形式との組み合わせで 5% 水準で有意差が見られた（p 値は省略する）。「一般的な文末」「〜から」とそれ以外の形式とでは統計的に有意な違いが見られる。

30）宮澤太聡（2014）は、「のだ」と共起する接続表現、「のだ」の後続文に現れる接続表現の調査を行っている。

31）「だからか」は調査対象数が少ないため除いた。

32）表 4 の 2 種類ずつの形式を組み合わせた計 21 組について、フィッシャーの正確確率検定によって独立性の検定を行った（統計 R（ver.3.3.1）fisher.test 関数（両側検定））。5% 水準で有意差が見られなかった組み合わせ（p 値は省略する）は、「一般的な文末」と「〜からか」、「〜から」と「だから」、「〜からこそ」と「だからこそ」、「だからか」と（「だからこそ」以外の他の）5 種類との組み合わせである。全体的には、「一般的な文末」と「(だ) から」と「(だ) からこそ」との間で統計的に有意な違いが見られる。

33）複数のモダリティ形式が含まれる場合の調査方法は、4.2 と同じである。

34）表 5 の 2 種類ずつの形式を組み合わせた計 21 組について、フィッシャーの正確確率検定によって独立性の検定を行った（統計 R（ver.3.3.1）fisher.test 関数（両側検定））。5% 水準で有意差が見られなかった組み合わせ（p 値は省略する）は、

「一般的な文末」と「～から」、「一般的な文末」と「だから」、「～から」と「だからこそ」、「だからか」と（「～からこそ」「だからこそ」以外の他の）4種類との組み合わせである。全体的には、「～からこそ」と「～からか」とそれ以外の形式（「だからか」は除く）との間で統計的に有意な違いが見られる。

35）「か」の用例は次のように「のだ」が付き「あちらの～愛し合っている」の部分は事実として捉えられている。「だから、あのフランスを救った男装の麗人、ジャンヌ・ダルクは、教会から“異装の罪”で火あぶりの刑に処せられている。それが残っているからか、あちらのゲイは女装をしないで、堂々と男同士が愛し合っているのだろうか。」（LBj0_00002）

36）「考察を行う前は「だからといって」の後接文には「わけではない」で終わるものが多いだろうと推測したが、実際には(18)のみであった。」（金子比呂子 1998: 43）という指摘があるが、本稿の調査では「～からといって」100例中15例、「だからといって」100例中18例に「わけではない」が使われていた。

37）金子比呂子（1998）は、「P（前件）。だが、だからといって、Q（後件）とは思わない。」「P。しかし、だからといって、Qものではない　etc.。」「P。だからといって、Q　わけではない（とは限らない）。」（以上、本稿のA、Bに相当）、「P。しかし、だからといって、Qは～とは／Qとは　言えない。」「P。だからといって、Qことは／ことには　否定的判断。」「P。だからといって、Qては／のでは　否定的判断。」（以上、本稿のDに相当）、「P。だからといって、どうしてQ　ない／るのか。」（反語表現）の7種類を挙げている。

38）高橋美奈子（2015）は、「A文法的否定形式を使用」「B語彙的否定形式を使用」「C否定形式を使用しない」（「〈p → q〉に対する非難や驚きを示す…C1」「〈p → q〉に対する疑念を示す…C2」「qがもたらす望ましくない事態を示す…C3」「〈p → q〉の否認と同内容を示す…C4」「qと対立するような内容を示す…C5」「後件が言語化されない…C6」）の8種類を挙げている。高橋の「A」は本稿のA～Cに、高橋の「B」「C3」は本稿のDに、高橋の「C4」「C5」は本稿のEに相当する。高橋の「C2」は反語表現である。なお、高橋の「C1」「C6」は主節文末が言語化されていないタイプであり本稿では対象外とした。

39）本文2.2に示した「疑似条件文」的な「（だ）からといって」（藤田保幸 2000: 424-425）もEに分類される。なお、(ア)のように、反語表現を用いて推論の成立を否認する用例も見られるが、反語表現の意味を解釈したうえで、構文を基準にして基本的にはA～Dのいずれかに分類した。(ア)は「だからといって、彼女の魅力は剝落しない」という構文に置き換えることができるため、Bに分類した。(イ)も反語表現であるが、帰結の内容が不定であるため、E（その他）に分類した。こうした反語表現の用例は、類型別ではA「～からといって」1例、B「だからといって」2例、C「～からといって」2例、「だからといって」1例、D「～からといって」2例、「だからといって」2例、E「だからといって」1例の計11例があった。

（ア）栢和子から無残に金が剝がされた。だからといって、彼女の魅力も剝落するのだろうか。(PM11_00527)

（イ）今さらながら、ツクヨミは逃げ腰だった自分の姿勢を恥じた。しかし、だからと言って、いったいどうすればよいというのか？（PB39_00082)

40)「～からといって」と「だからといって」との間に用例数の偏りがあるかを見るために、表5に基づいてフィッシャーの正確確率検定を行った（統計R（ver.3.3.1) fisher.test関数（両側検定))。その結果、5%水準で有意差は見られなかった（p値0.23)。

参考文献

安達太郎（1995)「「カ」による従属節の不確定性の表示について」仁田義雄（編)『複文の研究（上)』、pp. 247-263、くろしお出版

金子比呂子（1998)「「論の流れ」をつくるための指導―「だからといって」をめぐって―」『東京外国語大学留学生日本語教育センター論集』(24)、pp. 33-47、東京外国語大学留学生日本語教育センター

グループ・ジャマシイ（編著)(1998)『教師と学習者のための　日本語文型辞典』くろしお出版

小金丸春美（1990)「相手の推論を否定する形式をめぐって―「～といっても」と「～からといって」―」『梅花短大国語国文』(3)、pp. 25-41、梅花短期大学国文学会

近藤純子（1999)「「のか」「からか」「ためか」「せいか」―終助詞「か」をはさむ二つの節の関係―」『ことばの科学』(12)、pp. 41-54、名古屋大学言語文化部言語文化研究会

鈴木容子（2010)「「～からこそ」の文法説明に関する一考察―「唯一の理由として強調する」とは何か？―」『文化外国語専門学校紀要』(23)、pp. 1-17、文化外国語専門学校

高橋美奈子（2015)「カラトイッテ類が介在する文における推論否定の表現について」日本語／日本語教育研究会（編)『日本語／日本語教育研究　[6] 2015』、pp. 47-62、ココ出版

日本語記述文法研究会（編)(2008)『現代日本語文法6　第11部　複文』くろしお出版

野田尚史（2007)「現代日本語の主張回避形式―「若いから　か／だろう／と、断られた」の「か」「だろう」「と」―」『日本語文法』7(1)、pp. 36-51、日本語文法学会

服部　匡（1992)「現代語における「～か」のある種の用法について」『徳島大学国語国文学』(5)、pp. 57-65、徳島大学国語国文学会

馬場俊臣（2016）「接続詞「だから」をめぐって―「しかしだから」「だからこそ」「だからか」「だからといって」―」『北海道教育大学紀要　人文科学・社会科学編』67(1)、pp. 1-14、北海道教育大学
馬場俊臣（2017）「「か」「こそ」「といって」が付く接続詞及び接続表現―「だからか」「だからこそ」「だからといって」をめぐって―」『北海道教育大学紀要　人文科学・社会科学編』68(1)、pp. 13-27、北海道教育大学
藤田保幸（1987）「「～トイウト」「～トイエバ」と「～トイッテ」「～トイッテモ」―複合辞に関する覚書―」『愛知教育大学国語国文学報』(44)、pp. 141-152、愛知教育大学国語国文学研究室
藤田保幸（1998）「複合助辞「トイッテモ」「トイッテ」「トハイエ」について」『滋賀大国文』(36)、pp. 12-25、滋賀大国文会
藤田保幸（2000）『国語引用構文の研究』和泉書院
前田直子（1997）「原因・理由を表す「ばかりに」と「からこそ」」『東京大学留学生センター紀要』(7)、pp. 25-41、東京大学留学生センター
前田直子（2008）「「こそ」でとりたてられた従属節について―「からこそ」「ばこそ」「てこそ」―」『日本語文法学会第9回大会発表予稿集』、pp. 158-165、日本語文法学会
前田直子（2009）『日本語の複文―条件文と原因・理由文の記述的研究―』くろしお出版
宮澤太聡（2014）「統括機能から見た文末叙述表現「のダ」・「んダ」の異同」『大阪観光大学紀要』(14)、pp. 15-24、大阪観光大学図書委員会
森田良行・松木正恵（1989）『日本語表現文型』アルク
山口佳也（1987）「「からといって」について」『十文字学園女子短期大学研究紀要』(19)、pp. 7-11、十文字学園女子短期大学（山口佳也（2016）『「のだ」の文とその仲間・続編　文構造に即して考える』三省堂　所収）
劉　怡伶（2006）「接続語「だから」の意味・用法―前件と後件に因果関係が認められる「だから」を中心に―」『日本語教育論集　世界の日本語教育』(16)、pp. 125-137、国際交流基金

［付記］　本研究はJSPS科研費JP26284064の助成を受けたものである。

経緯を表す「〜というので」という言い方について

藤 田 保 幸

1　はじめに

1.1

以前から気になっている表現に、次のような「〜というので」という言い方がある。

（1） 劇団〈黒竜〉の新しい作品のヒロインに、恵利が抜擢されたというので、そのお祝いをやろうということになったのだが。
（赤川次郎「三毛猫ホームズの正誤表」）

（2） 昨年、母校に行ったら、私が在学していた当時と同じような教師と生徒の関係だったので驚きました。今は東大にたくさん入学するというので、生徒は「ガリ勉」ばかりというイメージを持っていたら違った。
（毎日新聞、朝. 2003.5.5）

（3） 練兵場で式があるというので、狸は生徒を引率して参列しなくてはならない。　（夏目漱石「坊っちゃん」）

（4） お義父さんがあんな若い女を家へ引き入れているというので、あたしを嗤うのです。　（源氏鶏太「艶めいた遺産」）

（5） ですけど、それをやってから後、吉崎は不安でならず、もし、発覚したらえらいことになるというので、あの轢き逃げ偽装事件を企んだわけです。　（和久竣三「容疑者は赤かぶ検事夫人」）

（6） 関西圏とくに瀬戸内海では珍重され、それこそこれが本物のイカだというので、そちらでは「まいか」という。
（奥谷喬司・鈴木たね子「エビの栄養・イカの味・貝の生態」）

（7） 七人の能楽者たちはこの大愚をからかって楽しもうというので、「百物語」の趣向を考案する。 （野口武彦「江戸人の歴史意識」）

（8） 娘は朝帰り続きで、今日も十二時を回ってまだ帰ってこない。“いい加減にしろ”というので、ドアのチェーンを掛けた。

これらの例では、「～というので」が、以下のようなことがなされる（もしくは、そのようになる）理由・いきさつを示す関係づけに用いられている。“A というので B”というパタンで考えれば、B のようなことがなされる・B のようなことになる理由・いきさつの A が、「～というので」で導かれる節で示されるわけである。

例えば、（1）では「新しい作品のヒロインに、恵利が抜擢された」という話があったことが「お祝いをやろうということになった」理由と解されるし、（3）では「練兵場で式がある」ことが「狸」が「生徒を引率して参列しなくてはならない」理由であろう。また、（5）の場合、「もし、発覚したらえらいことになる」と思ったことが「轢き逃げ偽装事件を企んだ」いきさつというわけである。

この稿では、こうした理由・いきさつ――いわば“物事の経緯”を述べる関係づけに用いられる「～というので」を、“経緯を表す「～というので」”と呼ぶ。また、こうした“経緯を表す「～というので」”が用いられた文を「～というので」表現と呼び、このような言い方がどういった広がりと表現性を持ち、文法的にどのように位置づけられるものかについて、いささか考えてみたい。

1.2

こうした「～というので」という言い方を論じたこれまでの研究で、さしあたり拠るべきものはないようである[1)]。

考察に先立って、対象とする「～というので」形式について、基本的なことを確認しておきたい。ここで問題にする「～というので」は、（1）～（8）の例に見るとおり、「いう」が実質的な意味を乏しくして、もっぱら文法的な抽象的意味・働きを担うようになっていると見られるものである。従って、次のような、「いう」が実質的意味を持つ「〜というので」は、この稿の考察の対象ではない。

（9）　笙子が売店に行ってみたいというので、お膳の片づけが終わるまでの間、館内の売店を覗くことにした。　（丹地甫「ナマヒルガオ」）

（9）に見るとおり、この「いう」が“発言”という実質的意味を持ち、「〜というので」が動詞述語句として働いていることは、「いう」に対する主語「笙子が」があることでも明らかである。もちろん、実際の例を見ていくと、主語が形の上では明示されていなくても、文脈的に想定されるべきものととれる例もあり、動詞述語句の「〜というので」か、ここで扱う“経緯を表す「〜というので」”か、判別が微妙な場合もあるが、少なくとも“経緯を表す「〜というので」”については、「いう」に具体的な主語が考えられないものということを基本として考えておきたい。

そして、この稿で扱う“経緯を表す「〜というので」”は、「いう」が実質的意味を乏しくしていることと相応じて、ひとまとまりの形式として固定化している面がある。例えば、次のとおり、「と」と「いうので」の間に語句を挿入することはできない。

（1）—a　新しい作品のヒロインに、恵利が抜擢されたというので、そのお祝いをやろうということになった。

→b　*新しい作品のヒロインに、恵利が抜擢されたとさえいうので、そのお祝いをやろうということになった。

（3）—a　練兵場で式があるというので、狸は生徒を引率して参列しなくてはならない。

→b　*練兵場で式があるとはいうので、狸は生徒を引率して参列しなくてはならない。

（6）—a　これが本物のイカだというので、そちらでは「まいか」という。

→b　*これが本物のイカだとまでいうので、そちらでは「まいか」という。

こうした「〜というので」は——少なくとも「という」の部分は——ひとま

とまりの辞的形式になっていると思われる。なお、関連して、こうした「〜というので」は、江戸語的な言い回しでは、「〜てえんで」というような融合形でも用いられる。このことも、こうした用法の「〜というので」の、ある種の「ひとまとまり性」の反映といえるのかもしれない。

(10)　ぢやァ出掛けようてえんで焼場へ行くと、入らつしやいまし、お登んなさいよ、と斯う賑やかの声をかけて呉れやがつた。

（柳家小せん「子別れ」（大正八年））

しかし、「〜というので」をこれでひとまとまりの形式と見るか、あるいは、今少し分析的に見るべきかという点については、更に詳しく考えてみるべきこともある。以下で、そのあたりについても、順を追って検討してみたい。

ところで、こうした用法の「〜というので」と類義的な表現として、「〜ということで」という言い方が考えられる。確かに、ここで問題にしている「〜というので」が用いられた例で、「〜というので」を「〜ということで」に置き換えても、異和感なくほぼ同義の文になることは多い。

（１）—ａ　新しい作品のヒロインに、恵利が抜擢されたというので、そのお祝いをやろうということになった。

→ｃ　新しい作品のヒロインに、恵利が抜擢されたということで、そのお祝いをやろうということになった。

（３）—ａ　練兵場で式があるというので、狸は生徒を引率して参列しなくてはならない。

→ｃ　練兵場で式があるということで、狸は生徒を引率して参列しなくてはならない。

（６）—ａ　これが本物のイカだというので、そちらでは「まいか」という。

→ｃ　これが本物のイカだということで、そちらでは「まいか」という。

しかし、次のような例では、「〜というので」を「〜ということで」に置き換えると、明らかに不自然である。

（４）—ａ　お義父さんがあんな若い女を家へ引き入れているというので、あたしを嗤うのです。

→b　*お義父さんがあんな若い女を家へ引き入れているということで、あたしを嗤うのです。

「～ということで」は、「～というので」と意味・用法が近い部分があるとともに、相違ももちろんあると思われる。ただ、「～ということで」については、この稿では十分立ち入る用意がないので、以下では扱わない[2)]。

以上、この稿で問題にする「～というので」形式について、最初におさえておくべきと思えるところを確認した。

2　「伝聞タイプ」の「～というので」表現

2.1

この第2節及び次の第3節では、“経緯を表す「～というので」”表現について、一歩踏み込んで分類・整理してみたい。あらかじめ言うなら、こうした「～というので」表現は、連続的であるにせよ、典型的には三つのタイプに分類できると考えられる。

まず、この「～というので」が、前件節を形成して、以下の後件のことが行われる（／生じる）理由・いきさつとなる伝聞情報があることを示すタイプのものがある。これは、「～というので」を、伝聞を表す文末形式「～という」＋「ので」と分析して理解できそうなものといえる。用例を掲げておく。

(11)　今冬は気温が例年より2～3度も低いというので、冷え性の人は、鉄分の多い食品を毎日とってみてはいかがでしょうか。（毎日、朝. 2005.12.25）

(12)　あまり反応がなかったので不安だったが、担任の女性教諭によると、私の話を聞いて子供たちがすごくやる気になったというので、ほっとした。（毎日、朝. 2002.6.24）

(13)　会には全校生徒のほか、上野先生がピアノの話をするというので、このピアノで小学生のころ音楽をおそわったたくさんのお父さんやお母さんも参加しました。（矢崎節夫「先生のピアノが歌った」）

(14)　漱石は、外で検査するものとひとり合点して荷物を持って降りたら、車内で検査するというので、あわててもどった。

（原田勝正「駅の社会史」）

(15)　堀内は、遠藤がデパート外商部の次長というので、たとえば紺のスーツが似合う、スマートな男性を想像していたのだか、一目見て被害者の夫であることが分かった。　（津村秀介「京都着19時12分の死者」）

これらは、いずれも「〜というので」に導かれる前件節のような、伝え聞いた情報があることで、後件のようなことがなされたということを言うものと解される。例えば、(11)の場合、「今冬は気温が例年より2〜3度も低い」ということを伝え聞いて、「冷え性の人は、鉄分の多い食品を毎日とってみてはいかがでしょうか」という提案がなされたものであり、(12)の例では、「私の話を聞いて子供たちがすごくやる気になった」という情報があって「ほっとした」わけである。この(12)では、「担任の女性教諭によると」と情報元が明示されており、この「〜というので」という言い方が伝聞の意味を持つことは、これでも明らかであろう。(13)〜(15)も同じく伝聞の意味は、はっきり読みとれる。(14)で言えば、「ひとり合点して」下車していた漱石は、「車内で検査する」ことを聞いて、車内に「あわててもどった」というわけである。

この種の「〜というので」表現を、「伝聞タイプ」と呼ぶ。冒頭の(1)(2)の例も、このタイプである。既述のとおり、このタイプでは、「〜というので」の「という」は、伝聞の文末形式として働くものと見てよいと思われる。従って、こうした「〜というので」表現の「という」は、次のように伝聞の助動詞「そうだ」（その連体形「そうな」）と置き換えても、同義的な表現として成り立つのがふつうである。

(11)—a　今冬は気温が例年より2〜3度も低いというので、冷え性の人は、鉄分の多い食品を毎日とってみてはいかがでしょうか。

→b　今冬は気温が例年より2〜3度も低いそうなので、冷え性の人は、鉄分の多い食品を毎日とってみてはいかがでしょうか。

(13)—a　会には全校生徒のほか、上野先生がピアノの話をするというので、このピアノで小学生のころ音楽をおそわったたくさんのお父さんやお母さんも参加しました。

→b　会には全校生徒のほか、上野先生がピアノの話をするそうなので、このピアノで小学生のころ音楽をおそわったたくさんのお父さんやお母さんも参加しました。

(15)—a　堀内は、遠藤がデパート外商部の次長というので、たとえば紺のスーツが似合う、スマートな男性を想像していた。

→b　堀内は、遠藤がデパート外商部の次長だそうなので、たとえば紺のスーツが似合う、スマートな男性を想像していた。

2.2

しかし、「伝聞タイプ」の「〜というので」の例でも、「という」を「そうだ(そうな)」に書き換えると不自然に感じられるものも見られる。

(16)—a　国学院大の100周年記念講堂2階にある女子トイレは幽霊が出るというので、いつも空いている。　(毎日、夕. 2003.10.25)

→b　?国学院大の100周年記念講堂2階にある女子トイレは幽霊が出るそうなので、いつも空いている。

(17)—a　中国がWTOに加盟するというので、それまでレスター・ブラウン氏などによって警鐘が鳴らされていたエネルギー（とりわけ石油資源）と、食糧（とりわけ穀物生産の不足問題）が一時陰を潜めました。　(新田義孝「ドリーム・プロジェクト」)

→b　?中国がWTOに加盟するそうなので、それまでレスター・ブラウン氏などによって警鐘が鳴らされていた諸問題が一時陰を潜めました。

このような不自然さが生じる理由は、伝聞表現の「という」と「そうだ」の相違を論じた森山（1995）の、次の記述をふまえて説明できると思われる。森山は、「という」と「そうだ」について、

「という」は基本的にそういう主張があるということだけを表すのに対して、「そうだ」は、基本的に［藤田注・伝聞内容で真偽の］「わからないこ

と」に関して、一応、仮に事実として受け取っておき、その情報を利用することを表すと言える。　　　　　　　　（森山（1995）34頁）

と説明しているが、これは首肯できるものである。筆者なりの言い方で言い直せば、伝聞を表すとされる「という」は、基本的にその（「という」が付加される）文で述べられるような情報があるということを表すだけなのに対し、「そうだ」は、基本的にその（「そうだ」が付加される）文で述べられる他から得た情報をいったん真として主張することを示すものといえる。つまり、「～という」を用いた場合、話し手は、そこで持ち出す情報の真偽にはコミットしない姿勢をとることになる。

実際、このことは、次のとおり「～という」文で持ち出した情報は、自ら偽として否定することもできるが、「～そうだ」文で持ち出した情報は、そのようにしにくいということでも、明らかだろう。

(18)―a　今朝になって、スヌーピー＆チャーリー・ブラウン社の株が大暴落したという。しかし、そんなことはあり得ない。

(18)―b　?今朝になって、スヌーピー＆チャーリー・ブラウン社の株が大暴落したそうだ。しかし、そんなことはあり得ない。

このような「という」と「そうだ」の相違をふまえると、(16)(17)―bの不自然さも理解できる。(16)の場合、「女子トイレには幽霊が出る」などという言説を本気で信じる者はいないと考えるのが、常識的な考え方であろう。従って、aのように「～というので」と「という」を用いて、そのような言説・情報があるということだけを示す言い方は自然だが、bのように「そうだ」を用いて、あえてそのような言説を一応真とするような言い方をするのは不自然に聞こえる。また、(17)の場合は、真偽はともかく、そのような情報があった結果どうなったかという事実を客観的に述べる姿勢での叙述であり、bのようにあえて「そうだ」を用いて「中国がWTOに加盟する」ことを一応真だとする姿勢を示すことは、ここでの叙述の仕方にそぐわないのである。

確かに、このタイプの「～というので」の「という」は、上に見たとおり、「そうだ（そうな）」と置き換えられることが多いが、それは、多くの場合「～

というので」で持ち出される情報について話し手がそれをいったん真ととらえていると見ても支障ないと解せられるからに過ぎない。

2.3

以上のことから、ここで留意しておきたいのは、こうした「伝聞タイプ」の「～というので」が示すのは、単に“～トイウ情報ガアッテ、ソレデ”といった関係であり、これは情報の真偽にコミットしない言い方だという点である。真偽にコミットしないから、「～というので」である情報があることを述べておいて、更にそれを自ら偽として否定することもできる（もちろん、肯定することもできる)。「～というので」を用いた次例のａを「～そうなので」を用いたｂと比較されたい。

(19)―ａ　クマが出たというので、内心クマなんて出るはずがないと思った。

(19)―ｂ　*クマが出たそうなので、内心クマなんて出るはずがないと思った。

(19)―ｃ　クマが出たというので、内心やっぱりなと思った。

とり上げる情報の真偽にコミットしないということは、言い換えれば、話し手が必ずしもその情報を自らその立場に立つものとして扱わない、それに距離を置くということにもなろう。そうした“距離を置く”という表現性は、ここで問題にしている“経緯を表す「～というので」”の性格を考えるうえで、注意しておくべきことのように思える。

3　「事実・事情タイプ」及び「考え・判断タイプ」の「～というので」表現

3.1

さて、以上のとおり「伝聞タイプ」の「～というので」について見てきた。もし、「～というので」表現がこの「伝聞タイプ」のものだけであるなら、話は伝聞の文末形式「～という」と「ので」の結びつきの問題に還元されることであり、伝聞の問題として片づくことであろうから、わざわざこのような稿を起こす必要もなかっただろう。しかし、冒頭の例からも察せられるとおり、

「〜というので」には、伝聞――他にあった所与の情報をとり上げ伝えるといった意味合いとは解せない用法が見られる。

(20) 千九百六年（明治三十九年）十月、サンフランシスコに大地震が起きたとき、校舎が損壊して、過密授業となったというので、公立学校の日本人学童を東洋人学校に転校させることになった。

（清水惣七「ABCD ラインの陰謀」）

(21) 「あの年」の大晦日日比野と久美子がイタリアから帰って来たというので、イタリアレストラン『フィレンツェ』で忘年会をやった。

（宗田理「ぼくらの第二次七日間戦争」）

(22) かつての日本でも、ある種の考え方［藤田注・左翼的思想のようなものを指すと見られる］を持った人は、危険であるというので、刑務所に入れられてしまったことがありました。

（渡辺和子「『人』として大切なこと」）

(23) 漢字は真の字だというので、「真名」とよばれ、ひらがな、カタカナは仮の文字だというので、「仮名」とよばれるようになった。

（日本語倶楽部「〈字源〉の謎にこだわる本」）

これらの「〜というので」には、伝聞的な意味は読みとりにくい。

まず(20)(21)では、「〜というので」の導く前件節は「校舎が損壊して、過密授業となった」「日比野と久美子がイタリアから帰って来た」といった情報があったということを言うものではなく、むしろそのような「事実・事情」があったことを、以下の後件のようなことが行われる経緯として示す表現といえる。実際、次のように「〜というので」の「という」の部分を伝聞の「そうだ（そうな）」に置き換えると、明らかにおかしくなる（もちろん、bで「〜そうなので」が不自然になるのは、**2.2** で見たような事由とは考えられない）。

(20)―a　千九百六年（明治三十九年）十月、サンフランシスコに大地震が起きたとき、校舎が損壊して、過密授業となったというので、公立学校の日本人学童を東洋人学校に転校させることになった。

(20)―b　*千九百六年（明治三十九年）十月、サンフランシスコに大地震が起きたとき、校舎が損壊して、過密授業となったそうなので、公立学校の日本人学童を東洋人学校に転校させることになった。

(21)—a　「あの年」の大晦日日比野と久美子がイタリアから帰って来たというので、イタリアレストラン『フィレンツェ』で忘年会をやった。

(21)—b　*「あの年」の大晦日日比野と久美子がイタリアから帰って来たそうなので、イタリアレストラン『フィレンツェ』で忘年会をやった。

むしろ、こうした「〜というので」は、単に「〜ので」としても、ほぼ同義と感じられる。

(20)—c　千九百六年（明治三十九年）十月、サンフランシスコに大地震が起きたとき、校舎が損壊して、過密授業となったので、公立学校の日本人学童を東洋人学校に転校させることになった。

(21)—c　「あの年」の大晦日日比野と久美子がイタリアから帰って来たので、イタリアレストラン『フィレンツェ』で忘年会をやった。

あるいは、「〜という事情で」「〜という事情があって」とするのが近いかもしれない。

(20)—d　千九百六年（明治三十九年）十月、サンフランシスコに大地震が起きたとき、校舎が損壊して、過密授業となったという事情で、公立学校の日本人学童を東洋人学校に転校させることになった。

(21)—d　「あの年」の大晦日日比野と久美子がイタリアから帰って来たという事情があって、イタリアレストラン『フィレンツェ』で忘年会をやった。

「〜というので」には、このように伝聞の意味が乏しく後件で述べられる事柄が行われる経緯としての事実・事情を示す用法も見られる。こうした用法の「〜というので」表現を「事実・事情タイプ」と呼ぶことにする。冒頭に掲げた例では、(3)(4)がこのタイプである。

これに対して(22)(23)も、「〜というので」に伝聞の意味が読みとりにくいことは同様である。

(22)—a　かつての日本でも、ある種の考え方を持った人は、危険であるというので、刑務所に入れられてしまったことがありました。

(22)―b　*かつての日本でも、ある種の考え方を持った人は、危険であるそうなので、刑務所に入れられてしまったことがありました。

(23)―a　漢字は真の字だというので、「真名」とよばれた。

(23)―b　*漢字は真の字だそうなので、「真名」とよばれた。

しかし、こうした「～というので」の導く前件節は、以下の後件で述べられる事柄が行われる経緯としての事実・事情を示すものとは考えにくい。少なくとも、(22)(23)の「～というで」で導かれる前件節に示された「ある種の考え方を持った人は、危険である」とか「(漢字は) 真の字だ」とかいった内容は、客観的な事実・事情としてあることではない。むしろ、以下のことが行われるにあたっての「考え・判断」というべき内容といえる。実際、(22)(23)の「～というので」は、「～という考えで」「～という判断で」としても近い意味合いのように感じられる。

(22)―c　かつての日本でも、ある種の考え方を持った人は、危険であるという判断で、刑務所に入れられてしまったことがありました。

(23)―c　漢字は真の字だという考えで、「真名」とよばれた。

こうした内容を持ち出す用法の「～というので」表現を、「考え・判断タイプ」と呼んでおく。冒頭に掲げた例では、(5)～(7)が (そして(8)も)、この「考え・判断タイプ」である。

このタイプの場合、前件節で示される考え・判断が必ずしも客観的とは限らないので、「～ので」のような、事実としての単なる因果関係を述べる言い方に直すと、しばしば異和感を覚えるような文になってしまう。

(22)―d　?かつての日本でも、ある種の考え方を持った人は、危険であるので、刑務所に入れられてしまったことがありました。

(23)―d　?漢字は真の字なので、「真名」とよばれた。

以上、「～というので」表現にも、伝聞の意味が読みとれないもの、従って、「～というので」を伝聞の文末形式「～という」+「ので」と分析してとらえることができないものがあることを指摘し、そうした伝聞ならざる「～というので」表現にも、「事実・事情タイプ」と「考え・判断タイプ」があることを示した。

3.2

以上のとおり、「～というので」表現に「伝聞タイプ」「事実・事情タイプ」「考え・判断タイプ」の三つを区別するのだが、実際の用例について見てみると、そのうちのどれに位置づけるべきなのか、判断が難しい例もしばしば見いだされる。

(24) コンクリートを作るミキサー車がいる、ブルドーザーも必要だというので、それも中古を買ってバージで島に運びこんだ。

(森瑤子「マイ・ファミリー」)

(25) それというのも空港からだとタクシー代が高いというので、パパはわざわざ知り合いのドライバーをカロオカンで見つけ、日本人の亭主が迎えにくるというので空港まで豪勢に迎えに来てくれた。

(福沢諭「ザ・フィリピンパブ嘘」)

(24)の場合、「～というので」の導く「コンクリートを作るミキサー車がいる、ブルドーザーも必要だ」という内容は、どこかから伝え聞いたのか、それとも、主体（「中古を買っ」た人）の判断なのか、事実としてそうであるというのか、いずれとも判断し難いといえる。また、(25)の場合も、「空港からだとタクシー代が高い」というのは、伝聞したことなのか、主体（「パパ」）の判断なのか、それとも客観的に見てやはり「高い」という実情なのか、そのいずれと考えることもできそうである（ちなみに、後の「日本人の亭主が迎えにくるというので」は、伝聞と見ておいてよかろう）。

このように、「～というので」表現に三つのタイプを区別したとしても、実際の用例で見てみると、区別が難しい例も確かに見られる。しかし、だからといってこの三つのタイプを区別することが全く意味を持たないということにはならないだろう。

まず、「～というので」表現で「～というので」を伝聞の意味で解すべき例は、はっきり存在する。例えば、**2.1**で見た(12)のように、情報元が示された用例があることからも、このことは明らかといえる。そして、そうした「〜というので」が伝聞の文末形式「〜という」+「ので」と理解され得ることからも、「伝聞タイプ」を一つのタイプとしてたてることは十分妥当な見方だろう。

一方、「〜というので」に伝聞の意味が読みとれない例が見られることもまた明らかであり、そのうち、「事実・事情タイプ」と解すべき例は、やはり確かに見いだされる。既に見た例に加えて、更に次の(26)の例を示しておきたい。

(26) 目の前で殺人事件が起こったというので、私は興奮を抑えられなかった。

この例では、「〜というので」で「目の前で殺人事件が起こった」ことが事実としてとり上げられて、以下の「私は興奮を抑えられなかった」ことの経緯を述べる言い方になっている。この場合、「殺人事件が起こった」のは「目の前」の事実なのであって、伝聞内容とも主体（「私」）の判断とも決してとれない。明らかに「事実・事情タイプ」とすべきものであろう。

また、「考え・判断タイプ」についても、形の上で明らかにこれに分類すべきものが見られる。冒頭の(7)の例を再掲し、更にもう一例を加えて示す。

(7) 七人の能楽者たちはこの大愚をからかって楽しもうというので、「百物語」の趣向を考案する。

(27) しかし、場所によっては、特に地方自治体でそれ［藤田注・保証書を製品に添付すること］をやろうというので、厳しく条件を決めているところもあります。　　　　（第84回国会・国会議事録）

これらの例では、もちろん伝聞の意味は感じられないし、「〜というので」で導かれる内容の部分（の末尾）が意志形をとっており、形からしても、以下の後件のようなことをする主体の考え・判断を示すものと解される。

そもそも、「江口さんがそこへ行くという」という形なら伝聞表現として成り立つが、「*江口さんがそこへ行こうという」は伝聞表現として成立しない。「〜というので」が伝聞の意味と解されることが、「〜というので」が伝聞の文末形式「〜という」+「ので」と解し得ることに基づくのであれば、伝聞の

「〜という」の前に出てこない意志形が出てくる「〜シヨウというので」という形は、決して伝聞の意味にならない。また、形からして決して事実・事情を述べるものともとれない。そして、こうした形が可能であることは、「〜というので」表現に「伝聞タイプ」などとは区別される「考え・判断タイプ」を認める根拠になるともいえる。

以下のように見てくると、「〜というので」表現には、いずれともとれる中間的な事例がしばしば見られるにせよ、典型（プロトタイプ）的には、「伝聞タイプ」「事実・事情タイプ」「考え・判断タイプ」の三つを区別しておくことは妥当と思われる。

3.3

伝聞ならざる「〜というので」表現――「事実・事情タイプ」「考え・判断タイプ」については、今一つ注意すべき表現の仕方をとるものがある。

(28)　大負けに負けて五千万円といわれた。そんなの国立大学にとっては天文学的数字ですよ、というので沙汰やみになった。

（木村泉「ワープロ作文技術」）

(29)　…きょうからあなたは日本武尊と名乗りなさい。自分のタケルという名前を差し上げましょうというので、その日から日本武尊という名前を称えるようになった。　（邦光史郎「古代史を推理する」）

これらは、「〜というので」の導く前件節の部分に、発せられたと見なされるコトバ、もしくは、発せられ得たコトバ（心内語）が引かれた形になっている。つまり、「〜というので」が引用されたコトバを承けるパタンである。そして、こうしたパタンでは、引用されたコトバを引くことで、単にそうした発話（心内発話）があったということを示すのではなく、そうした引用されたコトバが、そのようなコトバが発せられ得るような考えや事態があったことを、いわば“指し示す”ものになっていると考えられる。つまり、(28)の「そんなの国立大学にとっては天文学的数字ですよ」という発話（もしくは、心内発話）は、“とても払えない”という判断があったことを指し示すものであり、

(29)の「……自分のタケルという名前を差し上げましょう」という発話は、名前を譲るという提案のあった事実を指し示すものといえる。このような、引用されたコトバを前件節にとる「～というので」表現もしばしば見られ、「考え・判断タイプ」や「事実・事情タイプ」の表現の一種として用いられることも指摘しておきたい。ちなみに、冒頭の(８)の例もこの種の表現の一例で、「考え・判断」タイプの表現である。

こうした、「～というので」が引用されたコトバを承けるパタンの言い方は、伝聞の意味になることはないが、それは、伝聞の文末形式「～という」の前に引用されたコトバが出てこないということから了解できるだろう。

4 「～というので」の表現性と文法的位置づけ

4.1

第２・３節で、「～というので」という言い方がどのように使われるのか、基本的な使われ方のタイプ分けをした。この節では、「～というので」という言い方の表現性や文法的性格に、今一歩立ち入ってみたい。

まず、「～というので」の表現性についてだが、次のようなところから考えてみたい。「～というので」表現の一タイプとして、「事実・事情タイプ」があることを述べた。最も端的な例として、前掲の(26)を再掲する。

(26)—ａ　目の前で殺人事件が起こったというので、私は興奮を抑えられなかった。

しかし、後件の事態の経緯としての事実を示すのなら、単に「～ので」の形を用いることもできる。

(26)—ｂ　目の前で殺人事件が起こったので、私は興奮を抑えられなかった。

ｂのような言い方に対して、ａの「～というので」を用いた言い方をとると、どのように違ってくるのか。

この点、結論から言ってしまうと、ｂに対してａのような言い方をとると、話し手が「～というので」で示される事実・事情に対して“距離を置く”（例えば、完全に真としないとか敬遠するとかいった）姿勢がうかがわれることになるように思われる。従って、その事実・事情に対し疑いを抱くかのような叙述が続いても、cのように不自然にならないが、単に「〜ので」だと、同様の文脈ではかなり不自然になってしまう。「〜ので」を用いては、話し手がそこで示される事実・事情を真として認めたことになり、それに自ら疑義を挟むようなことを以下で言うのは矛盾するからであろう。

(26)—c　目の前で殺人事件が起こったというので、私は興奮を抑えられなかった。しかし、本当に殺人だったかどうかは、よくわからない。

(26)—d　?目の前で殺人事件が起こったので、私は興奮を抑えられなかった。しかし、本当に殺人だったかどうかは、よくわからない。

“距離を置く” 姿勢は、次のような例でも見てとれる。次の(30)の例では、話し手は「出荷すればするほど赤字がかさむ」という事実が本当であることに何ら疑義を挟む気持ちはないだろうが、この事実は好ましくないものであり、受け入れたくない気持ちでとらえているものと見られる。受け入れたくない気持ちが “距離を置く”（つまり、わが事としてとらえたくない→第三者的な目で見る）姿勢につながって、それが、こうした「〜というので」という言い方を採らせているといえよう。

(30)　私の地元においても、白ネギの産地があるのですが、もう本当に泣いております。もうお手上げですね。出荷すればするほど赤字がかさむというので、もう放棄しておるのですね。（第151回国会・国会議事録）

こうした「〜というので」も、まま目にするものである。

ちなみに、**1.2** で見た「〜というので」の融合形「〜てえんで」は、「それから与太公の奴、出かけるてえんで仕度していると……」などと、江戸落語では頻繁に出てくるが、これも語り手の “距離を置く” 姿勢、つまり、第三者的(ナレーター的)に物事を語る口調だといえるだろう。

上記の “距離を置く” 姿勢がうかがえるという表現性は、「考え・判断タイプ」の「〜というので」表現にも、はっきり認められる。そもそも “Aというので B” パタンで、Bのようなことがなされる経緯としてAのようなことがあることを述べ、その際AをBがなされるにあたっての「考え・判断」という意味合いで示すのであれば、それはAを一つの「考え」として、話し手が必ずしも真としない、つまり、“距離を置く”ということにもつながるだろう。例えば、次の(31)の場合、aは「考え・判断タイプ」の一例といえるが、話し手は、「(鰹を) 生食しては食あたりになる」ということを、必ずしも真とする立場で考えているとは限らないことがうかがわれる。bだと、話し手が「生食しては食あたりになる」ということを真とする立場で物を言っていると考えられることと比較されたい。

(31)—a　当時土佐では、生食しては食あたりになるというので、鰹の刺身を食べるのは禁止されていた。

(31)—b　当時土佐では、生食しては食あたりになるので、鰹の刺身を食べるのは禁止されていた。

もちろん、話し手自身の考え・判断が、以下の後件のようなことをする経緯として「～というので」表現において持ち出されることもある。

(32)—a　いつまでも夜型の生活をしていては健康によくないというので、早寝早起きをすることにした。

しかし、こうした場合も、「～というので」で持ち出される自らの考えを後の文脈で否定することはできる（もちろん、dのように肯定することもできる)。

(32)—b　いつまでも夜型の生活をしていては健康によくないというので、早寝早起きをすることにした。しかし、私にとっては夜型生活の方が健康によいと思われる。

(32)—c　?いつまでも夜型の生活をしていては健康によくないので、早寝早起きをすることにした。しかし、私にとっては夜型生活の方が健康によいと思われる。

(32)—d　いつまでも夜型の生活をしていては健康によくないというので、早寝早起きをすることにした。そして、実際それが健康によかったと思われる。

このように、「～というので」で自らの考えを持ち出しても、それを後で否定することもできるということは、これが、話し手が自らの考えであっても一つの考えとして“距離を置いて”（つまり、頭から真とする姿勢ではなしに）とり上げる言い方であるからといえるだろう。

そして、「伝聞タイプ」の「〜というので」表現にも、もちろんこうした“距離を置く”というべき表現性のあることは、既に**2.3**で述べたとおりである。

以上、「〜というので」という言い方について、既述の「伝聞タイプ」の場合のみならず、「事実・事情タイプ」「考え・判断タイプ」の場合にも共通する表現性として、とり上げる内容に“距離を置く”姿勢の言い方であることを述べた。

4.2

次に、こうした「〜というので」という言い方の文法的位置づけについて考える。

最初に、「伝聞タイプ」の「〜というので」表現について見てみるが、次のようなことを考えてみたい。このタイプの場合、「〜というので」は、伝聞の文末形式「〜という」＋「ので」として分析できた。「〜というので」の「という」には伝聞の意味が認められるので、これをｄのように区切っても、「それで」のような関係づけ表現があるので、ほぼ同義の表現になる。また、更にｅのように「のだ」のない形にしても、やはりほぼ同義の表現として成り立つ。

（1）―ａ　新しい作品のヒロインに、恵利が抜擢されたというので、そのお祝いをやろうということになった。

（1）―ｄ　新しい作品のヒロインに、恵利が抜擢されたというのだ。それで、そのお祝いをやろうということになった。

（1）―ｅ　新しい作品のヒロインに、恵利が抜擢されたという。それで、そのお祝いをやろうということになった。

以上のように見ていくと、「伝聞タイプ」の文で「〜というので」が表すのは、「伝聞」＋因果的な関係づけであることが確認される。このタイプの文の

「〜というので」は、やはり上記のように文末形式「〜という」＋「ので」といったように、分析的に考えておいてよい。しかし、「事実・事情タイプ」や「考え・判断タイプ」における「〜というので」は、それとはいささか違った見方が必要なようである。

(26)—a　目の前で殺人事件が起こったというので、私は興奮を抑えられなかった。

(26)—e　目の前で殺人事件が起こったというのだ。それで、私は興奮を抑えられなかった。

(26)—f　*目の前で殺人事件が起こったという。それで、私は興奮を抑えられなかった。

(23)—a　漢字は真の字だというので、「真名」とよばれた。

(23)—e　漢字は真の字だというのだ。それで、「真名」とよばれた。

(23)—f　?漢字は真の字だという。それで、「真名」とよばれた。

(26)は「事実・事情タイプ」、(23)は「考え・判断タイプ」の例の再掲であるが、興味深いのは、こうした例における「〜というので」を「〜というのだ」としても、それらが依然として「事実・事情」や「考え・判断」を述べる表現であり続けるという点である。しかし、更に「のだ」をはずすと「伝聞」としか読めなくなり、(26)—fでは「目の前で……起こった」ことを伝聞の言い方で言うのはおかしいし、(23)—fも「漢字は真の字だ」などという情報をどこかから伝え聞いた（あるいは、そんな情報がどこかにある）とも考えにくいので、やはりおかしく、ともに不自然な表現になってしまう。

以上の観察から、「事実・事情タイプ」や「考え・判断タイプ」における「〜というので」は、「〜という」と「ので」が一体となって、こうような意味を表すものとして働く形式となっていることが見てとれる。そして、「〜というのだ」にも、同様に「事実・事情」や「考え・判断」を示す用法があることは興味深い。「のだ」をはずして「〜という」の形にしては、このような用法で使えないのだから、「〜というのだ」には、このひとまとまりで、「事実・事情」や「考え・判断」のあることを示す用法があるわけである。従って、このような「〜というのだ」は、ひとまとまりの複合形式として見る必要がありそうである。そしてまた、「事実・事情タイプ」や「考え・判断タイプ」における「〜というので」は、このような「〜というのだ」と関連づけて理解できるものであり、こうした「〜というのだ」の連用中止形と位置づけてよいかと思われる。

更に言えば、既に**3.2**でも見たとおり、「伝聞タイプ」の「〜というので」表現と「事実・事情タイプ」及び「考え・判断タイプ」の「〜というので」表現は、いずれとも区別し難い場合もしばしばあり、連続的というべき様相を呈していた。このことを考え合わせれば、「〜という」＋「ので」（また、「のだ」）に分析できる「伝聞タイプ」における「〜というので」（及び「〜というのだ」）に対し、伝聞の意味が読みとられなくなり、それに応じて「〜というので」（及び「〜というのだ」）がひとまとまりの形式となったところに、「事実・事情タイプ」や「考え・判断タイプ」におけるような「〜というので」が成立しているといった見取り図を描くことができるのではないかと思われる。

4.3

おしまいに、「〜というので」表現と話法のかかわりを見ておきたい。「〜というので」の形成する前件節は、形の上では引用句「〜と」を含む構成のように見えるが、「〜というので」に導かれる内容の部分は、引用表現的性格を持つ場合があるのか（なお、**3.3**で問題にした、「〜というので」の導く前件節の内容として、事態や考えがあることを“指し示す”ような引用されたコトバの入るパタンは、ここでは除いて考える）。

まず、確認の意味で「伝聞タイプ」の場合から見てみると、「〜というので」の導く内容部分において、例えば一人称代名詞「私」は一貫して当該の文の話し手を指すものとなり、その文の叙述に登場する誰かを指すようなことはない。つまり、内容部分がその誰かの心内のコトバ等を直接話法的に示すようになることはないのである。次例で言えば、「私」は(33)文の話し手を指すとしか読めない。

(33)　連絡があって、私が代表に選ばれたというので、岡崎さんはとても喜んでいたよ。

つまり、直接話法と間接話法の対立が生じないから、このタイプの「～というので」の導く前件節の内容部分は、所与のコトバを再現して示すと見なされる引用されたコトバの表現とはいえない。このことは、考えてみれば当然であろう。このタイプにおける「～というので」は、伝聞の文末形式「～という」＋「ので」に分析できるが、「～という」のような文末形式を伴う伝聞の文では、もちろん話法は分化しない。例えば、次の(34)では「私」は決して「岡崎さん」を指すとは読めない。つまり、直接話法的な読みは生じない。**3.3** でもふれたが、伝聞形式の「～という」の前に（いかなる用法であれ）引用されたコトバが出てくることはないのである。

(34)　岡崎さんの話では、私が代表に選ばれたという。

次に、「事実・事情タイプ」だが、このタイプでも、話法の分化は見られない。例えば、次の例で考えれば、この「私」は、(35)文の話し手を指すとしか読めない。

(35)―a　中畠さんは、私が未成年だというので、申請を却下された。

「私」＝「中畠さん」の読みは成り立たない。これは、次のような場合、やはり「私」が話し手しか指さないことと同様の事由によるものと思われる。つまり、「事実・事情タイプ」における「～というので」は、既述のように「～という事情で」のような言い方に近いものとして理解されるのだろうと思われる。

(35)―b　中畠さんは、私が未成年だという事情で、申請を却下された。

一方、「考え・判断タイプ」では、話は違ってくる。このタイプの文の場合、「～というので」に導かれる前件節の内容部分には、話法の分化が認められるようである。

(36)―a　日高さんは、私の一世一代の晴舞台だというので、準備に余念がない。

この場合、「私」＝(36)文の話し手という間接話法的な読みも、「私」＝「日高さん」という直接話法的な読みも、ともに可能と思われる。すなわち、このタイプでは、「～というので」に導かれる前件節の内容部分が、引用されたコトバの表現のようになる。このことは、「～という思い・考え」のような言い方で、「という」に導かれる部分に直接話法・間接話法の両様の表現が現われ得ること（すなわち、引用されたコトバの表現が入ると見られること）と同趣のことと思われる。つまり、「考え・判断タイプ」における「～というので」は、これも既述のように、「～という思い（／考え）で」のような言い方に近いものとして理解されるものなのであろう。

(36)―b　日高さんは、私の一世一代の晴舞台だという思い（／考え）で、準備に余念がない。

5　結　び

この稿では、「～というので」という言い方をとり上げて、その用法を整理するとともに、こうした言い方に通有する表現性とその文法的位置づけなどを考えてみた。

上述のとおり、事柄自体が連続的で未分化ともいえるところがあり、この稿では、基本的な事実の整理をして大きな見通しをつけるにとどまったが、従来あまり論じられていない表現についての基礎研究としての意義はあろうかと思う。

類義表現の「～ということで」など、論ずべきことはまだいろいろあるが、別の機会を期したい。

注

1）これまで「～というので」をいくらか取り上げた論考としては、中畠（1990）、岩崎（1996）ある。

このうち、中畠（1990）は「～という」の機能を論ずる一環として、「～というので」にも言及があり、結論として「A というので B」というパタンでいえば、

A という事態・事柄とそれに付随する評価・関係づけがあって B が導き出されるが、A に付随する評価・関係づけに関して話し手は無関与である。(51頁)

ということが表されるとする。例えば、「金さえあれば最高に楽しい生活ができるというので、人々はそれをうることに狂奔し、…」といった例でいえば、「金さえあれば最高に楽しい生活ができる」ということについて「話し手はそのような捉え方をしておらず、あくまでも『人々』の事柄の捉え方としてそうであると言っているに過ぎない」(同)というわけである。しかし、この稿の例えば(26)「目の前で殺人事件が起こったというので、私は興奮を抑えられなかった」のような例では、話し手が「殺人事件が起こった」ととらえていないなどと言うことはできまい(「殺人事件が起こった」と思ったからこそ、「興奮を抑えられなかった」のである)。もちろん、(26)—cのように、以下に疑義を抱くような言い方を続けることもできるが、だからといって、常に「話し手はそのような捉え方をして」いない言い方だとはいえないだろう(たとえば、「目の前で殺人事件が起こったというので、私は興奮を抑えられなかった。今でもその時の情景がありありと目に浮かぶ」のように、一貫して「殺人事件が起こった」ととらえているといった言い方ももちろん可能である)。「無関与」(＝話し手はそのような捉え方をしない)という説明は一部妥当するところはあっても言い過ぎであり、「〜というので」表現の事例を十分広くおさえたものともいえない。

また、岩崎(1996)は「〜というので」を「〜というのに」と併せて論じ、これらの形式で導かれる節の内容が誰の視点による認識かというような観点から議論を展開している。しかし、議論の前提となる用例の判定が到底従いがたく、採るべきところはない。

2)「〜ということで」を扱った論文としては、近藤(1998)があるが、ひととおりの用例整理に終っており、なお掘り下げて考えるべきことは多いと思われる。

参考文献

中畠孝幸(1990)「『という』の機能について」(『阪大日本語研究』2号)

森山卓郎(1995)「『伝聞』考」(『国文学会誌』(京都教育大学)第26号)

岩崎　卓(1996)「ノデの視点とノニの視点—トイウノデとトイウノニから—」(『現代日本語研究』(大阪大学)第3号)

近藤純子(1998)「複合辞としての『ということで』」(『日本語教育』99号)

比例関係を表す形式語の表現
——「につれて」「ほど」「だけ」「すればするほど」などをめぐって——

森 山 卓 郎

1　はじめに

1.1　比例関係に関する従来の研究

本稿では、比例関係（比例的程度量関係）を表す複文形式にはどのようなものがあるかという観点から、関連する形式語の表現（構文パタン）を検討してみたい。ここでいう比例関係とは、「y=ax」という正比例の関係（a は任意の正の定数）のことである。言語表現の中には、x が二倍、三倍…となるにつれて、y も二倍、三倍…となるような関係を表すものがある。例えば、

（1）　収入が多くなるにつれて、生活は楽になる。

といった表現には、「収入が多くなる」量と「生活が楽になる」という量（厳密には程度というべきであるがここでは区別しない）が比例関係にあるものとしてとらえられている。比例関係は素朴に我々の日常生活で把握されるものであり、日常言語として非常に重要な認識の枠組みである。

比例関係表示形式としてまず挙げられるのが「につれて」のような形式である。これまで、「につれて」のような形式は日本語教育でも大きなトピックであった。森田・松木（1989）、グループジャマシイ（1998）のような文型辞典でも挙げられているほか、様々な観点からの研究が進められてきている。共起動詞の進展的特性や文末モダリティの制約（命令形は言えないなど）に踏み込んで分析する塩入（1999）、「漸進性」という観点から詳しく検討する田中（2001・2010）、もとの動詞の語彙的意味との関連を指摘する菅長（2006）、新聞コーパスを用いた量的研究を進める山崎（2006）、命令形が言える場合など

を指摘し、「につれて（受動的な連動）」「に従って（規範的な連動）」としてまとめる劉（2009）など様々な先行研究がある。

これは研究方法に関する議論とも関わっていて、山崎（2013）はコーパス研究など研究法との関わりを検討し、定性的研究と定量的研究を統合した立場の研究を提唱している。砂川（2013）もBCCWJを用いて詳しく分析し、「名詞＋につれて」に「匂いにつれて」など特徴的な用法があること、「につれて」「に従って」が一方向（および多方向）に連動して進展する事態を表すこと（ただし「につれて」の多方向の用法は殆ど見られない）、などを指摘する。

ただし、こうした研究は、「に＋つれて」などの形式語としての意味用法の記述に重点を置くものであった。これには、具体的な形式ごとに、実質語的な意味を反映させて、いかに形式語化しているかを考えるという視点も関わる。

1.2　比例を表す構文パタン

しかし、逆の方向、すなわち意味から形式を広めにとって、その違いを質的に検討していくことも必要なように思われる。日本語学習者が表現していく段階では、「比例関係をどう表すのか」という観点も重要だからである。使い分けを考える場合も、例えば「その形式の多様な用法とその中心的意義」のようなものを求めることは確かに意味記述として重要だが、それだけではなく、あくまで比例関係を表す形式としての意味と用法を広く比較することも必要であろう。その場合、藤田（2006）に述べる複合辞ではないが、特に、

（２）　収入が多くなる{だけ・ぶん・ほど}、生活は楽になる。

のように、「だけ」「ぶん」「ほど」などの形式名詞による表現など、他の比例関係の形式との意味用法の違いも問題になる。形式によって、どういった用法でどのような比例関係を表すのかということの検討も必要であろう。

従って、本稿では「につれて」「に従って」「と共に」などの形式の多義性や微妙な使用上の傾向を問題にするのではなく、あくまで、二つの事態の比例関係的な進展という「とらえ方の枠」に焦点を当てて、関わる形式の特性を検討してみたいと思う。具体的には、次のような構文パタンを取り上げる。

（3）　事態連動タイプ：につれて、に従って、に伴って、と共に
　　　程度的形式名詞タイプ：するほど
　　　量的形式名詞タイプ：{した・する} だけ、{した・する} ぶん

それぞれに仮定条件が共起して「すればするだけ」「すればするほど」などの形になる場合もある。

比例関係によって事態が進展するということの基本的な条件についても触れておく。それは一定の時間の幅があることである。一時点的な動きの場合には比例関係を表す形式は、基本的に使えない。例えば、単に「私も歳をとった。鍵を忘れた」のような文を連続させることはできるが、これを比例関係として、

（4）　歳をとるにつれて、{*鍵を忘れた・鍵を忘れることが多くなった}。
　　　歳をとればとるほど、{*鍵を忘れた・鍵を忘れることが多くなった}。
　　　歳をとったぶん、{*鍵を忘れた・鍵を忘れることが多くなった}。

のように、「鍵を忘れる」を後件にすることはできない。一時点的であり、「歳をとる」という事態の進展には対応しないのである。一方、「鍵を忘れることが多くなる」ことには事態全体としての時間の幅があり、「歳をとる」ということへの連動が読み込める。

ただし、動きかどうかということに関しては形式による違いがある。「だけ」「ぶん」「わりに」などは、次のように、形容詞述語や名詞述語など動き以外の述語にも共起することができる（後述）。

（5）　年寄である {だけ・ぶん・わりに} 用心深い。

以下、こうした比例関係をめぐって、典型的に事態進展を表す事態連動タイプ、量に着目して値をとることができる「ぶん」などの量的形式名詞タイプ、そして両者の中間的な位置づけができる「ほど」の程度的形式名詞タイプという順に見ていきたい。最後に比例関係が背景化した「わりに」にも言及したい。

2　事態連動タイプ

2.1　形式化した事態連動の表現

まず、事態連動を語彙的に表す形式によって比例関係が表されるタイプにつ

いて考えてみる。「につれて」「に従って」「にともなって」は、「連れる」「従う」「伴う」のような連動性を表す動詞を利用した形式であり、

（6） 歳をとる｛につれて・に従って・にともなって・と共に｝、物忘れがひどくなる。

のように比例関係を表せる形式となっている。「と共に」は、「共」という共同性や連動性を表す名詞を利用したものであり、同様に比例関係を表す。いずれも、事態 x の連続的変化が事態 y の連続的変化に連動することを表す。

名詞化する場合も、事態の進展を表すような出来事名詞を典型として、一定の時間の幅を持つものであれば共起できる。

（7） 加齢｛につれて・に従って・にともなって・と共に｝、物忘れがひどくなる。

この表現に連続して、出来事名詞でない場合も考えられる。すなわち、

（8） 季節｛につれて・に従って・にともなって・と共に｝、景色が美しく変わる。

のように言うことができるが、実際には「季節の進行」のように読み替えられているのであって、基本的には事態の進展が表されているとみてよい。このように、前件にくるのが事態なのであって、前件を「それ」で指示し、

（9） 私も歳をとってきた。｛それにつれて・それに従って・それにともなって・それと共に｝物忘れがひどくなってきた。

のように言うこともできる[1)]。

2.2 他の用法との関連

本稿に関わる範囲で比例以外の他の用法との関連もみておきたい。まず、「につれて」は、原因やきっかけを表す用法を持たないが、「にともなって」は原因やきっかけとしての連動も表すことができる。

（10） このたびの衆議院解散｛にともなって・*につれて・*に従って・*と共に｝、選挙が実施されることになった。

のように、「伴う」という実質語の意味を反映して連動発生を表せる。ただし、

(11) *不注意にともなって事故を起こした。

と言えないように、原因関係を広く表せるわけではない。

また、「に従って」も、当然ながら、実質動詞の語彙的意味に近い用法からの連続性が次のように観察できる。

(12) 指示に従う（実質用法）→指示に従って事業を進める→道筋に従って車を進める→事態の進展に従って調整を進める（比例用法）

「～と共に」も比例的関係以外の用法を持つ。例えば、

(13) 秀吉は毛利方と和睦すると共に、直ちに中国地方から引き返した。

のように同時的事態を表せるほか、

(14) 大きな音と共に崖が崩れてきた。

のように、名詞句だけで状況を表すこともでき、状況的な事態の連動も表せる。これにはアスペクト的意味が関連していて、「と共に」でも、

(15) コンクリートの劣化と共に、崖が崩れてきた。

のように時間的な幅を持たせるような出来事名詞が前件に来るのであれば、事態進展の比例関係も表すことができる。

一方、「につれて」は上記の形式と比べると最も典型的な比例の表現であるが、名詞の場合に、

(16) このかすかな梅の匂につれて、冴え返る心の底へしみ透ってくる寂しさは（後略、砂川 2013:(25)）

など比例関係ではない用法もある。

このように事態連動タイプは、事態の連動ということに伴って、原因と帰結の連動、同時的事態の連動、状況的な事態の連動など、実質動詞の意味に連続して、比例関係以外の意味も表すということを確認しておきたい。逆に言えば、これら連動を表す形式が比例関係を表すには事態の時間的幅とそれによる事態進展の過程が必要なのである。

2.3 形式の特性――テンス形式とモーダルな特性

テンス形式としては、事態の進展に関わる特性を持っている。すなわち、前

件はル形で承接し、

(17) *歳をとった{につれて・に従って・にともなって・と共に}、物忘れがひどくなった。

などとは言えない。連動する事態の進行過程が後件と連動する以上、未完了の事態として表現されなければならないのである。これは形式名詞による比例表現である「だけ・ぶん」などと異なっている(後述)。

モーダルな特性についても見ておきたい。基本的に、比例関係は事態のあり方であって、

(18) 回復するにつれて徐々に元に戻してあげて下さい。(劉(2009:(10))

のような命令文での用法もないわけではない。しかし、一般的に、比例関係に応じた事態の進展ということは、観察的な述べ方において典型的に見られることである。ことさら比例関係で事態を命じたり勧誘したりすることは文脈状況としてはあまり考えにくい。前件が後件の事態の状況を修飾するような関係になっており、その限定が詳しすぎるからである。

(19) 歳をとる{につれて・に従って・にともなって・と共に}、塩分の取り過ぎに気をつけるようにしていこう。

のような文は言えないわけではないが、比例関係のようないわば細かな状況の設定をすることになっているため、例えば、

(20) 歳をとれば、塩分の取り過ぎに気をつけるようにしていこう。

のように言う方が一般的だと思われる。

2.4 事態連動タイプの意味

では、事態連動タイプの構文の表す比例関係とはどういったものだろうか。基本的には、y=axという比例関係で言えば、事態進展xの値の変化が小さくても言え、連動する比例関係さえあればいいので、事態が時間的に短いものなど、変化量が小さいものであってもそこに連動する進展が認められるのであれば言える。例えば一羽の折り鶴を作る場合にも、

(21) 手が荒れていたので、鶴の折り紙を折る{につれて・に従って・にと

もなって・と共に｝手の先が痛くなってきた。

のように言える（後述するが「*鶴の折り紙を折れば折る｛だけ・ぶん｝手の先が痛くなってきた。」とは言えない）。同様に、

(22)　事業規模を拡大する｛につれて・に従って・にともなって・と共に｝、役員の数を増やした。

のような比例関係において、実際には「役員数の増加」が例えば三回くらいの程度であるということも考えられる。事態が連動していることに意味の中心があり、対応する進展が大きくなくてもそこに連続性が読み込まれるならばこの表現は成立するのである。

2.5　否定、状態性との関連

この構文パタンに共通する特性として、否定が言えないということにも触れておきたい。まず、前件は基本的には否定できず、

(23) *勉強しない｛につれて・に従って・と共に・にともなって｝、成績が下がってきた。

のように、否定を入れることはできない。また、

(24) *年をとっている｛につれて・に従って・と共に・にともなって｝、物忘れがひどくなっている。

のように状態的な述語そのものが位置しない。狭い意味での事態の進展でなければならないのである。

後件も、そのままの形で否定にすることはできない。例えば、

(25) *歳をとる｛につれて・に従って・と共に・にともなって｝、欲は出ない。　cf. 欲は出なくなる

のように言う場合、比例関係を否定する意味では表現として安定しない。前件と後件のいずれかを否定すると、事態の進展はなく、連動する比例関係を作らないからである。従って、否定にする場合には、

(26)　［歳をとる｛につれて・に従って・と共に・にともなって｝、欲が出る］という｛ことはない・わけではない｝。

のような形にして、全体の関係の成立を否定する形にする必要がある。

事態が進展するという意味特性は、後件にも、

(27) *年をとる {につれて・に従って・と共に・にともなって}、物忘れがひどい。

のように動きでない述語が位置しないということとも関連している。事態連動タイプの形式は、狭い意味での比例関係としての事態進展を表すのである。ただし、表面的な形式において状態述語が位置しないということではなく、後件において動きがあるのであれば、それを含めての状態表現は成立する。

(28) [年をとる {につれて・に従って・と共に・にともなって}、物忘れがひどくなっ] ている。

のような構造と考えることができる。

2.6 仮定条件の共起

事態連動タイプに仮定条件を共起させることはでき、

(29) 歳をとればとる {につれて・に従って・と共に・にともなって}、物忘れがひどくなる。

と言える。書き言葉均衡コーパスでは、少数だが、

(30) 先週は『今週中に終わらせる！！』って意気込んでたけど、やればやるにつれてノッてくるから、『やっぱもっと手直ししてから出そうかなー？』とも思う（略）。 (yahoo！知恵袋 BCCWJ)

のような例も見られる。この場合「につれて」単独の用法と違い、

(31) *手が荒れていたので、鶴の折り紙を折れば折るにつれて手の先が痛くなってきた。

のように、進展量が少ない場合は使いにくい。これは「すれば〜するにつれて」のように仮定形であるため、連続して事態が進展することを表すことによる。

2.7　事態連動タイプのまとめ

以上、事態連動タイプは、進展する事態と事態が文字通り連動する関係にあることを取り上げるものと言える。そういう意味関係として、名詞でも言えること、形式の前は未完了のル形であること、進展の変化量が小さい場合でも言えること（「～すればするにつれて」のように仮定条件が共起する場合は変化量が小さい場合には言えない）、動きの進展でなければならず、否定が言えないこと、状態的な述語が前件に来ないこと、後件にも動きが来る必要があること、観察される事態として述べることが多いというモーダルな特性があることなどが位置づけられる。

事態の比例的進展を表すという意味において、「につれて、に従って、にともなって、と共に」は、ニュアンス的な意味の違いはあるのだが、基本的な意味用法においては大きな違いはない。田中（2001）は、「につれて・に従って」を含む例文において、この形式の部分を空欄にして母語話者に空所補充させる実験をしている。その結果、もとの文と違い、「につれて」を補充した数が多かったことを報告している。母語話者の判断として、こうしたある種の互換性があるという指摘、そして、典型的に思い浮かべられる形式が「につれて」であるという指摘は重要である。そこで、以下の議論では、特に必要がない限り、「につれて」を例として取り上げたいと思う。

3　値を指定できる形式名詞「だけ」「ぶん」

3.1　「だけ」「ぶん」と値の指定

次に取り上げるのは、「だけ」「ぶん」などの、本来全体量に対する部分量を表す形式名詞によって、比例的関係を表示するものである。

(32)　歳をとった｛だけ・ぶん｝、物忘れがひどくなってきた

のように前件と後件との比例関係を表すことができる。

(33)　今基本で30万。年収では400万以上。ボーナスが純利の15%なので、やればやった分だけ返ってきます。30歳になるころには年収500万（を目指しています）。　（Yahoo！知恵袋　BCCWJ）

のように、「ぶん＋だけ」という形も見られる。量をより限定するようなニュアンスになるが決定的な意味の違いはないので、「ぶんだけ」は「ぶん」に準ずるものとして扱う。

「だけ」「ぶん」は、事態 x による変化量を形式名詞によって表示し、それによって導かれる後続事態 y の変化量を示すこととなっている。「だけ」は、「三杯だけ」のような量の限定と関連するものとして位置づけられ、「デカンタからワインをほしい｛だけ・ぶん｝グラスに注ぐ」のように部分量を表すものとなっている[2)]。部分量としての限定が、事態としての進展の仕方を規定し、そこから比例関係があるという意味につながるものと思われる。

量を限定する形式名詞によるこの構文パタンでは、形式としては部分量なので、進展する事態の中でのある値を指定するという用法もある。例えば「80歳」といった値を入れて、

（34）　80 歳になった｛だけ・ぶん｝、物忘れがひどくなっている。

のように言える。y=ax という比例関係において、x_nという値を指定し、対応する y_nという値をとるという、具体的な値に応じた関係である。

3.2　形式的特性――テンス形式とモーダルな特性

こうした進展するあり方の中である値に至ったということを表すため、テンス形式としてはタ形が現れることができる。基本的には、名詞修飾構造であるため、主文末が過去テンスの場合は「だけ」「ぶん」の前件に動きが来ればタ形で表され、

（35）　歳を｛??とる・とった｝｛だけ・ぶん｝、物忘れがひどくなってきた。

のようになる。状態の場合、

（36）　歳を｛とっている・とっていた｝｛だけ・ぶん｝、彼は物忘れがひどかった。

のように、前件はタ形もル形も言える。一方、主文末が非過去の動きの場合、

（37）　歳を｛とる・とった｝｛だけ・ぶん｝、これから物忘れがひどくなっていく。

のように形式の前の形がル形、すなわち未実現の形式でもよい。いわば絶対テンスとしての構造である[3)]。厳密な意味での事態の進展を表す「につれて」などの事態連動タイプではタ形が現れないことと対照的に、比例関係の中での値をとれる「だけ・ぶん」は、その値への到達という意味も含めてタ形が現れ得るのである。

前件が状態述語の場合、主文末が過去の場合には、

(38)　忙し｛い・かった｝｛だけ・ぶん｝、収入が多かった。

のように前件にル形もタ形も来られるが、これは一般的な名詞節のテンス構造と同様である。

「だけ」「ぶん」といった形式名詞タイプのモーダルな特質についても触れておきたい。命令文や意志文などのモダリティは比較的共起しやすいように思われる。

(39)　人に親切にしてもらった｛ぶん・だけ｝、人に親切にしなさい。

のように一応は言えるのではないだろうか。形式名詞によって量が限定される点で、その量を限定するという関係は観察的なとらえ方以外にも成立するように思われる。

もっともこの場合も、量に注目するとは言え、こうした比例関係を含めての限定つきで命令や意志の文になる点では違いがない。そこで、仮定形式にして、接続形式として独立させて、

(40)　人に親切にしてもらったら、｛そのぶん・それだけ｝人に親切にしなさい。

のように言い分けて表現する方が安定感がよりよいように思われる。

3.3　否定・状態性との関連

「だけ・ぶん」は、このように比例関係において、値を指定できる。ここから、「だけ・ぶん」の前件に否定を共起させて、現実の量が想定される値に至っていないという関係で、

(41)　勉強しない｛ぶん・だけ｝、成績が下がっていく。

のように言える。本来、否定は事態の進展を表すことにならないのだが、比例関係がある中での量をとらえることができるので、「勉強しない」ということ自体が変量となり、それに対応する比例量として、後件の事態の進展（この例では「成績が下がる」）があるという関係を作るのである。

後件に否定も現れ得るのであって、

(42)　歳をとった｛ぶん・だけ｝、欲が出ない。

のように言える。もちろん前件と後件が共に否定を含む関係として、

(43)　遊ばない｛ぶん・だけ｝、お金を使わない。

のように前件と後件の両方に否定をとることも可能であろう。任意の x_n という一つの値に応じて、それに比例する関係として y_n が対応するのだが、否定になる点で、$y_{n-m}=ax_{n-m}$ という関係を構成するものとも言える（n は本来の想定された分、m は（否定で表される）なされないことによってできる違いの分である）。

ある値での関係を表すという意味から、

(44)　高齢な｛だけ・ぶん｝、物忘れがひどい。

(45)　忙しい｛だけ・ぶん｝、収入は多い。

のように動きでない述語が前件にも後件にも来ることができる。この背後には「年をとった｛だけ・ぶん｝物忘れがひどくなる」という事態進展の比例関係的な把握があるが、取り上げられているのは状態である。

3.4　形式名詞「だけ」「ぶん」による事態進展

では、事態が進展する用法としては、前節で触れた事態連動タイプとはどう違うのだろうか。考えられるのは、比例的な量を表すにあたっての量への注目の仕方である。例えば、

(46)　夜が更ける｛につれて・に従って・と共に・に伴って｝、冷えてきた。

のように言えるが、

(47)　夜が更けた｛?だけ・?ぶん｝、冷えてきた。

とは少し言いにくくなるように思われる。これは、「ぶん」「だけ」という形式

名詞が量概念としての対応を表すことによる。いわば任意の値を想定して、比例関係の中のある点を取り上げるようなニュアンスになるのである。これに対し、「更ける」という概念は量的に厳密なものではない。そこで、

(48)　日没からの時間が経過した｛だけ・ぶん｝気温が下がってきた。

のように量的に厳密に言う文脈では多少自然になりそうに思われる。

また、例えば、一羽の折り鶴をする場合など、事態の進展が少量である場合、「だけ・ぶん」を使っての比例関係は、

(49)　手が荒れていたので、鶴の折り紙を｛*折っただけ・*折ったぶん｝手の先が痛くなってきた。　cf. 折るにつれて

のように言いにくい。「だけ・ぶん」が進展を量として表す点で、その事態進展が小さい場合には、量に着目する「だけ・ぶん」は使いにくいのである。この点、少量でも事態の連動があれば使える「につれて」などと違っている。

こうしたことと関連して、「だけ・ぶん」が使えて「につれて」などが使えない場合も考えられる。例えば、

(50)　あなたが人に親切にした｛ぶん・だけ｝、だれかがあなたに親切にしてくれるでしょう。

のように言える[4)]。「だけ・ぶん」の「量」が任意の量として設定されることで、そこに比例関係が読み込めるからである。これに対して、前述の「～につれて」などの事態連動タイプは、進展の連動性に注目するとらえ方と言え、量に焦点を当てるような用法は持たない。

(51)　?あなたが人に親切にするにつれて、だれかがあなたに親切にしてくれるでしょう。

は、不自然である。「人に親切にする」ことと、「誰かがあなたに親切にしてくれる」こととが必ず連動して進展していくという文脈は考えにくいからである。

3.5　仮定条件の共起

条件の形が共起した構文パタンとは、「すればする｛だけ・ぶん｝」のような形である。仮定条件を共起させることで、特定の値ではなく、変数的に連続

量が表されることになり、事態 x による変化が発生すれば（仮定）、それにつれての進展によって（帰結）、事態 y の変化が発生する、という関係を構築できる。

そこで、「すればするだけ」という形をとれば、連続量が取り上げられ、一つの値を指定することはあまり一般的な表現とはならない。

(52) ??80 歳になればなった {だけ・ぶん}、物忘れがひどくなっている。

とは言いにくい。「すれば〜しただけ」は、その量が仮定される点で、変数的に連続量としての関数関係が示されるからである。

こうした特性は前件が動きでない場合にも関連し、前件が動きでない場合、

(53)　忙しければ忙しい {だけ・ぶん}、収入が多い。

(54)　忙しければ忙しい {だけ・ぶん}、収入が多くなる。

のように、後件は動きでも動きでなくても言える。が、その逆に、前件が動きの場合、後件も動きである方が表現として安定する。すなわち、

(55) ??忙しくなればなった {だけ・ぶん}、収入が多い。

とは言いにくいのであって、

(56)　忙しくなればなった {だけ・ぶん}、収入が多くなる。

のように前件が動きであれば、後件も動きである方が表現として安定する。動きとしての「〜すればする {だけ・ぶん}」という形は、進展があることを焦点化するからであろう。

3.6　値を指定できる形式名詞「だけ」「ぶん」のまとめ

以上、「だけ・ぶん」について見てきた。これらは量を焦点化する形式名詞で、任意の値を指定した用法があること、また、承前形式にタも現れうること、量との関連ということで、否定を表せること、動きでない述語でも共起できることなどを述べた。なお、事態進展の連動を焦点化して表すわけではないので、当然ながら、「季節の進行につれて」のような名詞に接続する形はなく、「*季節の進行のぶん」のようには言えない。「だけ・ぶん」は一定の量を切りとって表すので、進展する事態に比例関係がある場合、進展が少量の場合使いにく

いほか、量を取り上げる文脈で使われモーダルな観点でもやや使用制約は弱い。

なお、量を表す形式名詞も、その形式名詞の意味に応じた、比例関係以外の用法、特に論理関係を表す意味を持っている。例えば、「ぶん」は、

(57)　髪を上げて胸もとがすっきりした{ぶん・*だけ・*ほど}、シルバーのネックレスをプラスしてみたよ。(『Seventeen』2005-4-15 BCCWJ)

のように、対応する量という意味から、代替という意味にも拡張した用法を持っている。この場合も、「そのぶん」で置き換えることができる。

(58)　髪を上げて胸もとがすっきりした。{そのぶん・*それだけ・*そのぶんだけ・*それほど}、シルバーのネックレスをプラスしてみたよ。

この用法は、「だけ」「ほど」「ぶんだけ」「それほど」にはない。

この、前件に対して、後件の事態が量的な対応をもって比例的に成立するという関係は、一種の因果関係としても展開する。「歳をとったぶん、欲が出ない」のような複文関係には、一種の因果関係が認められる。これが「その～」という形で、接続詞的になれば、

(59)　歳をとった。そのぶん、欲が出ない。

のようになる。比例関係を前提として、量的な対応を持ちつつ、前件が後件への原因となるという接続関係ともなるのである。

4　程度的形式名詞「ほど」

4.1 「ほど」の多義性と程度表現としての形式的特性

「ほど」の比例用法とは、一つのプロセスとしての比例関係を形式名詞「ほど」が表すものである。

(60)　歳をとるほど、物忘れがひどくなってきた。

のような用法である。

そもそも程度概念を示す「ほど」は多義的である。比較表現の否定として、

(61)　彼が{頑張る・頑張った}ほど私は頑張っていない。

のような用法もある(安達(2005))。また、程度を具体例として提示する、

(62)　立てなく{なる・なった}ほど酔った。

のような用法もある。いずれもその程度が実現している点でタ形も使える。

一方、程度の進展のプロセスを表す比例用法の場合は、

(63) 歳を {とる・*とった} ほど、物忘れがひどくなってきた。

のようにル形でなければならない[5)]。進展のプロセスを「ほど＝程度」として表す点で、未完了としての扱いになるからであろう。「ほど」も「ぶん・だけ」と同様の形式名詞であるが、このように、程度進展を表す点で形態的な特性に違いがある。

進展プロセスに重点がある点で、比例用法で一つの値を指定する用法はない。

(64) *80歳になるほど、物忘れがひどくなっている。

などとは言えない。このような特質をもとに前件の述語部分をル形にして文脈を調整すれば、事態の比例関係を表すかどうかを形の上からわからなくすることもできる。例えば次のように言う場合、

(65) 熱意が失せるほど、失敗が多くなっていった。

「失敗が多くなった」ことを示す程度の例が「熱意が失せるほど」であったという意味と、比例関係として、「熱意が失せるにつれて失敗が多くなっていった」という意味とがある。程度を具体例として提示するという解釈と、変化の連続量を表す比例用法の解釈との両方ができることになるが、比例用法の場合、その程度の値を示すことにはなっていない点に注意したい。

そこで、比例関係だけを明確に表す表現として、仮定条件を共起させた、

(66) 熱意が失せれば失せるほど、失敗が多くなっていった。

のような形がある。「ほど」の比例関係を表す用法では、「すればするほど」という形が典型的と思われるので、意味と用法はこの形を中心に取り上げることにする[6)]。

モーダルな特性としては、「すればするほど」は進展のプロセスに焦点を当てたとらえ方であり、命令文や意志文は言えないわけではないが、あまり自然な表現でもないように思われる。この点、量を指定する「だけ・ぶん」の方が相対的には言いやすいように思われる。

(67) {?がんばればがんばるほど・がんばればがんばっただけ} ご褒美をあ

げよう。

なお、比例関係を表す用法では、「ほどに」という形もあるが、少し古い文体のように思われる。

(68)　歳をとるほどに、物忘れがひどくなってきた。

この意味と用法は「すればするほど」といった形に準ずるものと考えられる。

4.2　否定用法、状態表現の関連

比例関係を表す「ほど」は、進展のプロセスに重点がある点で、一つの値を指定する用法を持たない。しかし、進展していく事態の連動を表す「につれて」などの事態連動型の表現ほど動きの進展という意味は強くない。

まず、比例の意味でも、前件に否定を置くことができる。例えば、

(69)　彼女に会わなければ会わないほど、恋しさが募る。

のように、「〜しない｛だけ・ぶん｝〜」というのと同様、否定によって、比例関係として見込まれる量が生じないという意味になる。

一方、後件に否定を置いて文全体を否定するとあまり安定しないと思われる。

(70)　｛歳をとるほど・歳をとればとるほど｝、欲は｛*出ない・出なくなる｝。

のように、後件を動きの肯定表現として言う方が適切ではないだろうか。同様に、前件後件ともに否定を共起させた場合も、

(71)　遊ばなければ遊ばないほど、お金を｛?使わない・使わないで済む｝。

のように安定しないように思われる。例えばあとに「〜ないで済む」のように肯定としての事態とする方が安定はよい。

これに対して、状態的な述語は前件に来ることができ、

(72)　｛忙しいほど・忙しければ忙しいほど｝収入が｛多い・多くなる｝。

(73)　｛広いほど・広くなればなるほど｝、家賃が｛高い・高くなる｝。

と言える。

一方、後件にも状態的な述語が来ることができると言えそうだが、これには少し注意が必要で、

(74)　歳を｛とるほど・とればとるほど｝、物忘れが｛??ひどい・ひどくなる｝。

のように、後件に動きしか来ないこともある。これは後件の述語の成立の時間的関係が関わるように思われる。例えば、

(75) 高く登れば登るほど、{?空気は薄い・眺めはいい・空気は薄くなる}。

のように、「空気が薄い」は言えないが、「眺めがいい」は言える。これは、後件の述語がもともとそうであったかどうかという解釈によるとみられる。「登る」の場合、もともと空気が薄いわけではないが、「眺めがいい」のは麓でもそれなりに成立するのではないだろうか。程度の進展のプロセスを表す「ほど」の場合、程度が低い段階でも前件と後件は連動して成立している必要があるのである。

同様に、「勉強する→詳しくなる」という変化を前提とする場合、最初から「詳しい」という関係が想定しにくい点で、動きでないとらえ方は成立しにくい。一方で「楽しい」の場合は最初から「楽しい」ことが考えられ、

(76) 勉強すればするほど、{*詳しい・楽しい・詳しくなる}。

のように言えるのではないだろうか。

「ほど」のこうした特性は否定や非動きの述語が比較的自由に共起できる「だけ・ぶん」と、反対にそれができないで事態進展を明確に要求する、事態連動の「につれて」との中間的性格として位置づけることができる。

4.3 「ほど」の意味

こう考えると、「すればした{だけ・ぶん}」と「すればするほど」では量のとらえ方においてどのような違いがあるのかも位置づけられる。「すればした{だけ・ぶん}」の場合、

(77) 使えば使った{だけ・ぶん}料金を請求される。今回は少ないから最低料金だ。

のように言える。量を取り上げる点で、その量が指定される用法はある。一方、

(78) ??使えば使うほど料金を請求される。今回は少ないから最低料金だ。

という連続は不自然である。「ほど」の場合、連続的に進展するニュアンスが強く出るからである。

逆に、「がまん」と「痛み」のように厳密な比例関係であるわけではないような場合、

(79)　がまんすればする {ほど・*だけ・*ぶん}、ますます痛くなってきた。

のように、「ほど」の方が適切である。実際には時間の進行が進展的に取り上げられているにすぎないのであり、「がまん」の量が問題になっているわけではないからである。

「につれて」類とも比べてみたい。「につれて」などは連続的に変化が進むことを前提とした意味であり、事態としての進展の時間的な幅は大きくなくてもよいのに対して、「〜ほど」は程度を表す形式名詞として事態の発生が一定以上の連続性を持ってとらえられる。そこで、一度の「鶴を折る」という動作の場合、

(80)　鶴を折る {につれて・?ほど}、指が痛くなってきた。

のように「ほど」は言えない。「ほど」には、何度もその動きをすることでその効果が累積してくるような文脈が必要ではないだろうか。特に、

(81)　鶴を折れば折るほど、指が痛くなってきた。

のように仮定条件があれば、特に一度の事態でなく連続量が必要である。

(82)　山寺の階段を上っていくにつれて右足が痛くなってきた。

(83)　山寺の階段を上っていけばいくほど、右足が痛くなってきた。

という二文でも、後者の方が高く険しい「階段」になるのではないだろうか[7]。「〜すればするほど」は進展の度合いが大きいのである。

これには、仮定条件としての仮定的なとらえ方としての意味も関わるように思われる。例えば、水に溺れた状況で、

(84)　もがけばもがくほど、水を飲み込んでしまった。

と言える。事態の進展にともなって、どのような事態が展開するかがわからないような文脈でも使えるのである。一方、

(85) ??もがくにつれて、水を飲み込んでしまった。

は不自然である。あらかじめ「もがく→水を飲み込んでしまう」のような事態としての連動関係が了解されていて、その上で事態が連動して進展していくか

のような解釈になってしまうからである。

なお、当然ながら、「ほど」には名詞に後続する用法はなく、「*季節の進行のほど」などとは言えない。事態連動タイプほどには事態の進展を明確に表すわけではないのである。ただし、「ほど」を取り上げる記述では、「すればするほど」のように仮定条件を共起させた形で使われ、事態の進展を表すということにも注意が必要である。形式名詞「ほど」の特質としては、大きく見て、事態の進展をとらえる点で事態連動タイプに連続しつつも、その程度の進展を形式名詞として表す点で、「だけ・ぶん」にも連続する。いわば、その両者の中間的な性格が注目されるのである。

5 「それだけに」「そのわりに」
――背景化した比例関係と因果関係――

5.1 順接的比例関係としての「それだけ」

以上述べてきたのは、直接的に二つの変化の比例的関係を表すものであるが、事態の連動は、事態としての因果関係にも連続する。例えば、

(86) 収入が多くなった。{そのぶん・それだけ・ϕ}、生活は楽になった。

では、「そのぶん」「それだけ」によって、比例関係を背景とした因果的関連づけが表される。「それだけに」という接続詞は、ここからさらに形式化が進んでいて、比例関係から、連動性へ、そして、因果関係へと語用論的な拡張が表すと考えられる。原因を表すものとして、

(87) 彼は {大変・少し} 歳をとっている。それだけに、物忘れがひどい。

のように、一定の値（少なくてもよい）を指定する読みも言えるが、事態そのものに進展がない場合でも、

(88) あのシェフは、イタリアで修行した。{*そのぶん・*それだけ・それだけに・だから}、メニューはイタリア語だ。

のように、「それだけに」が使える。一方、「そのぶん」「それだけ」自体は事態のあり方に比例的な属性が認められない場合には言いにくいが、「それだけに」は比例関係を背景化した原因理由表現となっている。

5.2　比例関係的逆接としての「その割に」

これに対応する逆接関係となるのが、「その割に」である。例えば、

(89)　歳をとっている割に、物忘れはひどくない。

という文では、直接的な比例関係ではないが、背後に比例関係的なとらえ方を想定していると言える。すなわち、

(90)　歳をとれば、そのぶん、物忘れはひどい。

という関係への裏返しとなっている。表されているのは、

(91)　歳をとっているが、そこから推定される割合よりも、物忘れの度合いはひどくはない。

という関係であり、直接的ではないにせよ、比例関係が読み込まれていると言える。ただし、用法としては、

(92)　あのシェフは、イタリアで修行した{割には・にしては}、味付けが下手だ。

のように、比例的関係というような連続性が見えにくいものもある。この場合「～にしては」でも置き換えられる。しかし、藤田（2015:15）が「「A わりに B」で“A であるのに、その A の程度から予想されるあり様に反する程度の B である”という関係を示す」と指摘するように、「その割に」とは、「割合」としての属性を表すものであろう。比例関係から言えば、「その割」に相当する変化量が加算されるべきなのに、それが加算されないというところから、分割的に「その割」から実情分を引き算するという表現として位置づけられる。

このように、「その割に」は、比例関係としての特性があり、単なる逆接ではない。従って、

(93)　彼女はイタリアで修行した。それにもかかわらず、中華のシェフだ。

と言えるのに対して、

(94)　*彼女はイタリアで修行した。その割に、中華のシェフだ。

とは言いにくい。一方、例えば、

(95)　彼女はイタリアで修行した。その割に、パスタが下手だ。

とは言える。「イタリアで修行→（それだけ）パスタが上手」という比例関係

が背後に読み込めるからである。

このように、「その割に」は拡張的な用法を持ちつつも、比例関係をベースにもった表現として位置づけられる。このように、比例関係は順接関係や逆接関係にも拡張している。

6　おわりに

以上、記述のあり方には難しさもあったとされる「につれて」を中心に、「y=ax」という関係に写像されるような事態同士の比例関係を表す形式について見てきた。比例形式という意味的な枠組みで光を当てることで明らかになってきたことも多少はあるように思われる[8)]。それぞれの構文においては、ル形やタ形といった形態的特性や、量を焦点化するかどうか、進展の度合いが大きいかどうかといった様々な用法上の特性が位置づけられる。

「するにつれて・するに従って・するにともなって・すると共に」などの事態連動タイプは、比例関係での事態の進展を表し、変化の量への着目はなく、進展の度合いが小さくても言える。「y=ax」で言えば、x の変域が少なくても連動があるという意味で使える。また、特定の値をとるとらえ方はできない。

一方、形式名詞類は変化の量が取り上げられるが、特に「したぶん、しただけ」のようにタ形となるものはその y の量を示す。そのため、「$y_n = ax_n$」のように、比例関係の中での一つの値をとることもできる。これが否定や状態的述語など、量の提示としての使い方の広さとなっている。

「ほど」の場合には多様な意味もあり、「すればするほど」のような仮定条件が共起することで、明確な比例関係の表示ができる。「もがけばもがくほど」のように明確な比例的事態の進展でなくてもよいこと、非動き的な述語での用法もあることなど、比例関係での事態の進展は多少背景化する。いわば「につれて」類と「だけ・ぶん」の中間的存在となっているのである。簡単に表すと次のようになる。なお、表の「名」は出来事名詞への接続、「タ」は形式に承前する形にタ形が現れ得るか、「値」は値の指定、「小進展」は事態の進展が小さい場合、をそれぞれ表す。

形式	位置づけ	名	タ	値	非動き前後	否定前後	小進展
につれて類	事態連動	○	×	×	××	××	○
ほど	程度連動	×	×	×	○△	○×	×
だけ・ぶん	値の対応	×	○	○	○○	○○	×

「すればするほど」などの仮定条件が付加した場合、もとの形式の意味に相関しつつ、事態の連続性が取り上げられることなども見た。さらに、「それだけに」「その割に」など、比例関係に関連づけられる順接、逆接関係への拡張も見た。

ただし、ここでの検討はまだまだ不十分である。それぞれの類の中での使い分けの傾向も課題である。量的分布からの調査もできていない。挙げた形式の中で、どのような内容が典型的に来やすいかといった観点からの検討も必要であろう。また、今回は「より～」という形すなわち「歳をとればより物忘れがひどくなる」のような形での比例関係なども扱っていない。いずれも今後の課題としたい。

注

1）ただし、比例関係を表す用法としては、「それに従って・それにともなって」などは少し使いにくいように思われる。名詞の語彙的意味による形形式化の度合いの違いであろう。以下、特に断らない限り「それにつれて」「それに従って」で代表する。なお、「にともなって」は動詞に後続する場合、「～するのにともなって」というように「の」を入れた形になることが多い。ただし、そのまま「～するにともなって」という形で使われることもあるので言及する場合は「にともなって」という形で言及する。

2）排他的意味を表す副助詞としての「だけ」とは根本的なところではつながりも考えられるが、量を表す場合には排他的意味を表さない。

3）後述する「すればするほど」といった仮定条件が共起した場合は「すればするだけ、～た」のように主文が過去でもル形が現れ得る。

4）「だけ」は量をより厳密に限定するニュアンスがあるので、この文脈では「ぶん」の方がどちらかといえばよりふさわしい。「ぶん」「だけ」そのものの違いはあるが、別の機会に論じたい。

5）タ形の場合には意味が変わる。この用法の「ほど」の場合、表現としての安定性が悪い。ただし、「ほどに」という形での使用も可能である。

6）なお「*成績がよくなったのは、勉強すればするほどだった。」のように倒置した形は極めて安定が悪い。「成績がよくなったのは、勉強するにつれてだった。」はまだしも言える。仮定条件節を含む点で重い成分と言えるのかもしれない。

7）母語話者7人に聞いたところ、全員(82)よりも(83)の方が「山寺」が高く険しいと解釈されるとのことであった。

8）砂川（2013）が「妥当性が疑われる文法性の判断が少なからず散見される」（p36）と言うようにコーパスによる実例の量的調査も重要である。ただし、一方で比例関係という枠から関係する構文を質的に整理することも必要であろう。

参考文献

安達太郎（2005）「『ほど』による程度構文と否定」『広島女子大国文』21

グループ・ジャマシイ（1998）『日本語文型辞典』くろしお出版

塩入すみ（1999）「『変化の連動』を表す副詞節の分析―トトモニ・ニツレテ・ニトモナッテ・にシタガイ」『東呉日語教育学報』22

菅長理恵（2006）「用法と語性―「～にしたがって・～につれて」を中心に」『東京外国語大学留学生センター』32　pp47-61

砂川有里子（2013）「コーパスを活用した類義語分析―複合辞「ニツレテ」と「ニシタガッテ」―『形式語研究論集』藤田保幸編、和泉書院

田中　寛（2001）「漸進性を表す後置詞―“につれて”などをめぐって―」『大東文化大学紀要』39

田中　寛（2010）『複合辞からみた日本語文法の研究』ひつじ書房

藤田保幸（2006）「複合辞研究の展開と問題点」『複合辞研究の現在』藤田保幸・山崎誠編

藤田保幸（2015）「複合辞「～わりに」について」『國文學論叢』60　龍谷大学国文学会

森田良行・松木正恵（1989）『日本語表現文型―用例中心・複合時の意味と用法』アルク

山崎　誠（2006）「新聞記事データに見る「につれて」「にしたがって」」『複合辞研究の現在』藤田保幸・山崎誠編、和泉書院

山崎　誠（2013）「形式語研究の方法論」『形式語研究論集』和泉書院

劉　怡伶（2009）「「にしたがって」と「につれて」」『世界の日本語教育』19

「分」の副詞用法と名詞用法

江口　正

1　はじめに

名詞「分」は以下に示すような用法がある。

（1）a　太郎の分の饅頭はここにある。

b　次郎に渡す分はあそこにある。

c　三郎は5人分の饅頭を平らげてしまった。

（2）a　食べれば食べた分、太ってしまう。

b　昨夜しっかり寝た分、今朝は頭がすっきりしている。

（3）a　この分で｛は／いくと｝、あと三日はかかりそうだ。

b　一人でやっていく分には難しくないが、他人に教えるとなると話は別だ。

c　分をわきまえろ。

（1）は後に格助詞等の助詞類が伴う名詞用法[1)]、（2）は後に助詞を従えず「分」句全体が副詞的[2)]な働きになる用法、（3）は「では」「には」「～をわきまえる」など特定の後続パターンと結びつき、特定の意味を持つ熟語的用法である。本稿の主たる分析対象は（2）の副詞的用法である。

本稿では以下のような点に注目しながら議論を進める。

（4）a　「分」の副詞用法の文法的・意味的性質の確認

b　「分」の用法の広がりをどう捉えるか

c　「分」の名詞用法と副詞用法をどのように関係づけるか

2　副詞用法の3種

「分」は基本的には何らかの修飾語を伴って使われる、いわゆる形式名詞の一種であるが、「時・こと・もの・ところ」のような形式名詞とは特定の意味カテゴリーと結びついていない点で大きく異なる。

「分」の副詞用法については、複合辞や形式的表現の記述的研究の中で、2つの用法が指摘されてきた。1つは比例解釈と呼ばれてきたものである。

（5）a　食べれば食べたぶん（だけ）太る。（原文（3））

b　早く始めれば、その分〈だけ）仕事が早く終わる。（原文（4））

「…V-ばV-たぶんだけ」「…Vば、そのぶんだけ」の形で使われることが多い。「それだけの量、それに応じた量」を表す。aは「食べれば、食べたその量だけ太る、bは、「早く始めれば、早く始めた時間だけ早くおわる」（グループ・ジャマシイ（1998）p. 513）

（6）　条件節とともに用いて「それだけ」の意味で、「働いたら働いた分」（「働いたら働いただけ」）のように用いられる。（田中（2010）p. 232）

「〜れば」のような条件形式と共に用いられた場合がこの用法の典型であるが、後に見るようにこれがこの用法になる必須の条件ではない。

もう一つの用法は、因果解釈と呼ばれてきたものである。

（7）a　1年間の休職の分だけ、仕事がたまっていた。（原文（1））

b　外で元気な分、彼は家ではおとなしい。（原文（2））

c　彼を信頼していたぶん（だけ）裏切られたときのショックも大きかった。（原文（5））

「その程度に応じて」という意味。

cは、「彼をたいへん信頼していたので、それだけショックが大きかった」という意味。

「だけ」はなくてもよい。（グループ・ジャマシイ（1998）p. 513）

（8）a　期待が大きい分、裏切られた時の怒りも大きい。（朝日新聞09.8.31）（田中（2010）p. 232 原文（309））

b 「自国では英雄扱いされている分、オランダではスパイとされたことを自らの痛恨事と感じていたようだ」と教授は振り返る。(朝日新聞 04.8.31)(原文(310))

c しかし何より怖いのは、たとえばサウジが大混乱するような事件の発生である。供給に乏しい分、価格は暴騰しかねない。(朝日新聞 04.8.7)(原文(311))

「分」には「だけ」「反面」といった対比的な意味がある。

この用法では、「分」節が「程度・量」を表しているように見える一方で、同時に「から／ので」に置き換えもできるような「原因―結果」の関係も表している。

因果解釈は蔡（2013・2017）では主節の程度や数量を規定する「程度数量用法」と程度や数量の意味の希薄な「因果関係用法」とに区別された。上の例でいえば、(8)b は「英雄扱いされている」に程度の意味が希薄であるため因果関係用法、それ以外は程度数量用法ということになる。

本稿は蔡（2013・2017）の提案を受け、副詞節タイプの「分」に「比例用法」「程度数量用法」「因果関係用法」の3類を認める。これらは全く異なるタイプというよりは基本的な性質を共有するものと考えられる。以下では3類相互の関係についても考察の対象とする。

3 「その分」の分布

議論の手がかりとして、特徴的な分布をする「その分」について観察する。指示詞「その」があるため前の文を受ける接続詞的な位置に来る(9)のような例もあるが、様々なタイプの従属節の直後に来て、それを受ける(10)のような例も多い。(以下、例の後に番号が付いた例は現代日本語書き言葉均衡コーパス BCCWJ より取った例で、番号はサンプル ID を示す)

(9) 何度も病院に行かないで済みます。その分、安静にしていたほうが良いです。(OC10_02136)

(10) a 1割の自己負担が一定額を超えたら、その分払い戻す高額サービス

費が支給されます。(LBs3_00169)(直前に条件節)

b　私の場合煙草を吸わないのでその分、楽なんですけれども…(OC14_05493)(直前に理由節)

c　百二十円１ピースはやや小さめだけど、その分値段がお安くなっているのがうれしい。(OY14_52856)(直前に逆接ケド節)

(10)の諸例は、前の接続形式を取って「分」に置き換えても文としてはおかしくならない。これは少なくとも、「分」が様々な接続形式と矛盾しないということを示している。これらの接続形式は、広い意味で「論理関係[3)]」を示すものであり、「分」節に共通した性質である。

4 「分」節内部の特質

本節では、副詞的「分」節内部(あるいは前件)の性質について観察する。

まず、比例用法について考える。比例用法は先に示したように、「分」節の前に条件節が位置することが多いが、条件節がなくても同様の解釈が得られる。

(11) a　太郎は(食べれば)食べた分、太る。

b　食べた分太る人は食事に注意しなければならない。

(11)aのように「食べれば」がなくても「分量xを食べると、その分量に応じてyだけ太る(xとyは相関関係がある)」という解釈が得られる。(11)bのように文全体を名詞修飾節に入れて属性解釈を強くするとよりそれははっきりする。

一方、「分」節内に量や程度を表す表現を共起させたり、特定の事象を表す形にしたりすると比例用法の読みがなくなる。

(12) a　太郎はたくさん食べた分、太る(だろう)。

b　太郎は昨日食べた分、太る(だろう)。

(12)はどちらも「食べれば食べた分」で見られたような比例解釈はできなくなる。この事実を説明するために、比例解釈には次のような制約があると仮定する。

(13)　比例解釈は、前件および後件で設定された変数が関数的に相関している場合に得られる解釈である。節で設定される変数は一次元的スケール[4)]に乗せられる量や程度を表すもので、範囲は決まっていても特定の値を持っている場合は比例解釈にならない。

比例解釈に(13)のような制約があるとすると、「変数」は特定の値に決まっていてはいけないことになる。(12)a が比例解釈として不適格なのは「分」節に関わる量の値が「たくさん」と特定されてしまっているからであり、(12)b に比例解釈がないのは「分」節が特定の事象を表すため、その節に関わることができる量／程度も特定されているからであると考えることによって不適格性を説明するのである[5)]。

次に「分」節述語が形容詞や名詞の場合を考えてみよう。

(14) a　バレーボール選手は、背が高い分、有利になる。

b　バレーボール選手は、背が高ければ高い分、有利になる。

c　子供が浪人である分、両親は経済的負担が大きくなる。

d　*子供が浪人であれば浪人である分、両親は経済的負担が大きくなる。

形容詞述語の(14)a も b も「背の高さ x に応じて有利さが増加する」という解釈が可能である。a と b を比較すると、「背が高ければ」があるほうが比例解釈が強くなるように思われる。それに対し、名詞述語である(14)c・d はともに比例解釈ができず、「から／ために」に置き換えられるような因果解釈である。名詞述語は量・程度と結びつくことが普通できないからだと考えられる。

一方、程度数量用法・因果関係用法の場合は比例用法のような制限はなく、「分」節の量や程度の中身が特定されたり、特定の事象を表す内容であっても問題はない。前掲の(12)はどちらも程度数量用法で「たくさん食べたその量と見合うだけ太る（だろう）」「昨日食べた量と見合うだけ太る（だろう）」という解釈になる。

蔡（2013）によると、程度数量用法と因果関係用法の違いは前件の「分」節が表す事態のタイプによるものとされる。程度数量用法は前件に程度性を持つ事態が位置するが、因果関係用法では程度性を持たない事態が位置する。次の a は程度数量用法、b は因果関係用法である。

(15) a　太郎は時間ができた分、野球をしている。(蔡 (2013) の(７))

b　チャットだと顔を突き合わせない分、楽に謝れる。(蔡 (2013) の(22))

aには「どれだけ時間ができたか」という程度性が認められるが、bには「チャットで顔をつきあわせる」ことに程度性が認められない。前件に程度性が認められればスケール構造と関わるが、程度性がなければスケール構造とは結びつかない。bの因果関係用法では、「顔を突き合せなければ楽に謝れる」という因果関係に加えて、「顔を突き合せれば謝りにくい」という誘導推論が強く働いた解釈が得られやすい点に特徴がある。

5　「分」節と結びつく主節の性質

本節では、副詞的「分」節と結びつく主節（後件）の性質について観察する。

まず比例解釈の場合、主節述語は典型的には累積的変化を表す述語が用いられる。

(16)　(走れば) 走った分、太る／痩せる／楽になる

比例解釈では、後件が持つ量・程度の変数が前件の変数と相関するため、相関的変化を直接に表す累積的変化の述語と結びつきやすい。「太る／痩せる」は体重についての値の変化が累積的に変化すること、「楽になる」は「楽である」という程度の値が元の値より上がるという変化を表している。ここでいう累積的変化とは、変化が何度も起こると、前の変化の値を出発点としてさらに変化が上積みされるということであるが、前の変化の値とは関係なく、値同士が相関する解釈もある。

(17)　ラジオ体操に来た分、カードにスタンプを押す。

「スタンプを押す」は累積的な変化ではなく、来た回数とマッチする回数だけ、スタンプを押すということを行ったということである。このような場合も、特定の値と値とを結びつけるものではないため、比例解釈の一種と考える。いずれにしても前件の場合と同じく、問題となる主節述語に関係する量／程度の値が明示されると比例解釈にならなくなる。

(18) a　*走った分、3キロ痩せる。

b　*ラジオ体操に来た分、3回スタンプを押す。

(18)はどちらも比例解釈にはならない。「先月はよく走った分、3キロ痩せられた」「日曜日にも来た分、余計に3回スタンプを押した」のように、特定の事象同士を結びつける程度数量用法であれば後件に値が入っても問題はない。形容詞述語には制限が生じる。

(19) a　バレーボール選手は、背が高い分、{??有利だ／有利になる}。

b　バレーボール選手は、背が高ければ高い分、有利だ。

後件述語が「有利だ」のような形容詞で言い切る場合は、(19)aのように比例解釈がやや取りにくくなる。主文末の形容詞は特定の値を表しやすく、値が変数的にとりにくいのかもしれない。「なる」を付けて変化述語にしたり、「背が高ければ」という仮定的文脈を導入すると比例解釈が容易になる。主節が名詞述語の場合は、「分」節内部の場合と同じく、比例解釈にならない。

(20) a　*背が高ければ高い分、バレーボール選手だ。

b　背が高ければ高い分、いいバレーボール選手だ。

「バレーボール選手だ」のような集合を表す名詞は、それに含まれるかそうでないかのどちらかしかなく、スケール上の値を持たない。「いいバレーボール選手だ」のように程度性が加味されれば比例解釈も可能になる。

程度数量用法・因果関係用法の主文述語について分析する前に、用法の区別とは別に、副詞用法の「分」節が従っている基本的な関係について確認しておく。3節で観察したこととも関係するが、「分」節は主節と広い意味での「原因」－「結果」の関係になっている必要がある[6]。以下の例で考えてみよう。

(21) a　太郎が来た分、楽しい

b　おなかが減った分、食べた。

(22) a　??太郎が来た分、食べた。

b　??おなかが減った分、楽しい。

(21)と(22)とは、「分」節と主節の中身を入れ替えた関係になっている。(21)に比べると(22)はかなり不自然な文である。この不自然さは文法的な性質というより、一般的な常識が原因となっていると思われる。なぜなら(22)aを「太郎が来ると普段より余計にえさを食べる犬」についての話だと考えたり、bを「おなかが減るとそれだけ楽しい気持ちになってしまう変わった性格の人」の話だと想定したりするとさほど不自然ではなくなるからである。いずれも「分」節のことがらの生起が原因で主節のことがらが生じるような因果関係を想定した文脈であれば自然になるということである。この「因果関係」は各用法の区別とは関係なく、常に成り立つ関係である。

さて上記の(21)aは因果関係用法、(21)bは程度数量用法の例だが、これらの述語に注目すると「程度」や「量」の副詞と自然に共起する述語であることがわかる。

(23) a　とても／非常に楽しい

　　 b　たくさん／たっぷり食べた。

述語が程度に関係するものといっても、程度修飾を受けにくいタイプの「程度」の場合もある。極小値の場合である。

(24) a　*手先が不器用な分、このプラモデルを作るのは不可能だった[7]。

　　 b　手先が不器用な分、このプラモデルを作るのは難しかった。

「不可能」は入れ替え可能な値を持てないため、「非常に／かなり／やや不可能だ」のような程度修飾は受けられない（極値を強調する「全く」などは可能)。一方、「難しい」は「非常に／かなり／やや難しい」のように、程度の値を入れ替えることができる述語である。「分」が結びつく程度述語というのは、このように、程度（量）の値が複数ありうる場合ということになる。

ここまでは程度や量とかかわる場合を見てきたが、逆に主節述語が量や程度と結びつけられないようなタイプの述語である場合には、因果関係の条件が成り立っていてもそのままでは不自然な文となる。

(25) a　*太郎は十分に準備をして受験した分、入試に合格した。

　　 b　太郎は十分に準備をして受験したので、入試に合格した。

同じ述語に程度を表す表現を加えると自然になる。

(26)　太郎は十分に準備をして受験した分、入試に余裕をもって合格した。

単に「入試に合格した」の場合は、合格するかしないか、ふたつにひとつの可能性しかなく、その事象に程度や量が関与する余地はない。「余裕をもって」という表現が加わると、「どれくらい余裕があったか」という点で量（程度）の値が設定可能になる。これが必要なことだとすると、因果解釈の主文述語には、「前件との因果関係があること」に加えて、「量・程度がかかわること」という条件が加味されるように思われる。この点が、従来の辞書類などで「分」は「程度」や「状態」を表すとされたことと結びついている。このように、前件と後件に因果関係を持ちつつ述語に量や程度がかかわる表現を要求するのは、「だけ」や「分だけ」なども同じであり、この限りでは「分・だけ・分だけ」は共通した性質を持つといえる（辞書類にも「分だけ」の「だけ」はあってもなくてもよい表現のように記されることがある）。

(27) a　*太郎は十分に準備をして受験した｛だけ／分だけ｝、入試に合格した。

b　太郎は十分に準備をして受験した｛だけ／分だけ｝、入試に余裕をもって合格した。

しかし、話はさほど単純ではない。例えば次のような場合に不自然ではなくなる。

(28) a　兄が失敗した分、妹が入試に合格した。

b　昨年、多くの不幸なことがあった分、今年は入試に合格した。

c　太郎は十分に準備をして受験した分、志望校の入試だけは合格した。

これらの述語自体はふたつにひとつの可能性しかないことに変わりはなく、程度／量とは直接は関わることがないタイプの述語であるといえる。「分」と違って「だけ／分だけ」の場合は不適格であり、その点から考えると「だけ」が付いた節は程度／量の述語とのみ結びつくものといえる。

(29) a　*兄が失敗した｛だけ／分だけ｝、妹が入試に合格した。

b　*昨年、多くの不幸なことがあった｛だけ／分だけ｝、今年は入試に合格した。

c　*太郎は十分に準備をして受験した｛だけ／分だけ｝、志望校の入試だけは合格した。

「分」が適格になる場合の特徴を考えてみよう。(28)aの「兄が失敗した」ことと「妹が入試に合格した」ことに論理的な意味での因果関係はなく、家族内で起こった複数事象に対比的なバランスを認め、それを因果関係としてアレンジしたものである。この例は前件と後件を入れ替えることも不可能ではない。(28)bでは「今年は」、(28)cでは「志望校の入試だけは」によってそれぞれ「昨年以前」「志望校以外の入試」と対比が明示されており、後件にはほかのありうる事象と対比された命題が示されている。

これらの例からわかる主節／後件の特質は、後件の内容は関連事象全体の中の一部分であり、前件によって結びつけられる「可能な事象の中のひとつ」であるという点である。(28)aでは「家族に関連する事象」、(28)bでは「ここ数年に生じたいろいろな事象」、(28)cでは「様々な学校の受験」に関する集合の中から、ある特徴的な事象と深く結びつけられたもうひとつの事象を取り出し、そこに一種の因果関係を認めようとするものである。この観察からわかることは、後件の内容がほかの事象の可能性の存在を前提として初めて（例外的に）「分」節の生起が適格になると考えられることである。

6 「分」の副詞的用法についての観察まとめ

ここまで「分」節内部の特質、主節の特質、および前件と後件の関係についていくつかの特質を観察してきた。観察内容を以下にまとめる[8)]。

(30) 「分」の副詞用法の必須条件：

「分」節（前件）と主節（後件）とが広義の「原因—結果」の関係にならなければならない

(31) 「分」節が比例解釈になるための条件：

a 比例解釈は、前件および後件に作られたそれぞれの変数が関数的に相関している場合に得られる解釈である。

b 節で作られる変数は一次元的スケールに乗せられる量や程度を表すもので、範囲は決まっていてもよいが特定の値は持っていてはならない。

(32)「分」節が程度数量解釈になる条件：前件が程度・数量に関する事象である。

(33)「分」節が因果関係解釈になる条件：前件が程度・数量とは無関係な事象である。

　a　因果関係解釈の場合、「前件が成り立たなければ後件も成り立たない」という誘導推論を起こしやすい

(34)「分」節を従える後件の条件：後件は基本的には程度・数量と関係づけられる述語でなければならない。但し、以下の例外がある。

　a　後件が他の事象とともに相互に関連する事象集合の中の一部であり、その集合を前提として前件と後件の事象が因果関係を結んでいる場合は、程度・数量と関係のない述語でもよい

「分」の副詞用法の観察から導かれたこの諸性質は、「だけ」「分だけ」「だけに」などの類義形式と多くの部分を共有しつつも、特に(34)aの部分で違いがみられる。「だけ」の副詞的用法は、基本的には「程度／量」スケール上（および因果関係の領域）で意味解釈が行われていると思われるが、「分」はそうでない部分が見られるのである。この性質は「分」という形式名詞の基本的性質と結びつけて考えるべき部分があるように思われる。以下に名詞「分」の特質と副詞的用法の関係を記すこととする。

7　名詞的な「分」との関係

江口(2008)では、図1のようなモデルを立てて「分」の名詞用法の諸相について説明を試みた。

(35) a　*分がここにある。（修飾語必須）

　b　太郎の分がここにある。（太郎の分の何かがわからない）

　c　太郎の分の饅頭がここにある。

以上の例から、「分」は「Aの分」における「Aの」のような修飾語が必須であるだけでなく、「Aの分のB」のようなBに関する情報も必要な表現である

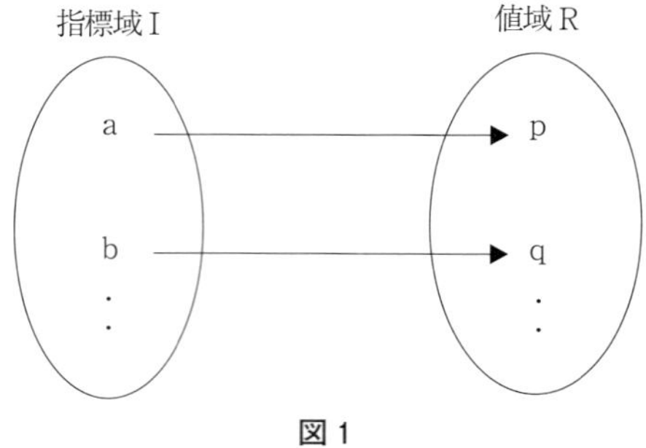

図1

ことがわかる。この場合、BはAに関係づけられる要素がそこから取り出される集合である（上の図の値域R)。「太郎の饅頭」と「太郎の分の饅頭」を比べると、「分」がある場合は、太郎以外の受け取り手も前提としていることがわかる。つまり、上の図のⅠのような「太郎」以外の要素も含む集合が前提となっており、「太郎」はそのⅠの中の1要素a、「太郎の分の饅頭」で取り出される名詞句全体の値（指示対象）は饅頭集合Rの要素である「太郎」に割り当てられた饅頭pである。この集合間の関係については以下の例で考えよう。

(36) a　この映画の主役を尋ねた。

b　*この映画の分の主役を尋ねた。

c　午後の公演の分の主役を尋ねた。

「主役」は「映画」のような項を取って値をひとつ返す関数である。(36)bが不自然であるのは、特定の映画に限って言えば上記Rの要素が複数あることを前提にしにくいからであり、逆に(36)cが自然になるのは、複数回想定される公演ごとに主役の値が変わるということが容易に想像できるからである。つまり、Rには複数の要素が存在していることが前提となっている。また、(36)bも、「あるプロダクション内で主役にしたいタレントが何人もいて、今回の映画ではタレントA、次回の映画ではタレントB、というように配役の順番を決めていた場合」であれば適格になる。映画集合とタレント集合との「割り振り」が全体として決まっている場合に適格になるということは、対応関係の全体像があらかじめ決まっているということである。

以上のような観察から、形式名詞「分」の性質として以下のようなものを考える。

(37) a 「分」は項を2つ必要とする表現である。1つは必須項であり、「分」の修飾句である。もう1つは文法的に必須ではないが意味解釈に必要な情報を担う項である。

b 「分」は以下のような性質を満たす指標域I・値域Rの2つの集合が存在することを前提とする。

i 集合に含まれる要素が両者とも複数個存在しなければならない

ii 2つの集合の要素と要素の間には指標域Iのそれぞれの要素に値域Rのそれぞれの要素が結びつく写像的な対応関係が存在しなければならない

iii iiで成り立つ写像的な対応関係の全体が解釈に関与的でなければならない。

(38) 解釈:「Aの分のB」という形では指標域Iの一要素を必須第1項Aに、値域Rの集合名を第2項Bに取り、値として値域Rの一要素を返す。

以上が「分」の名詞用法についてのモデルである。このモデルは、「分」が数量表現と複合して遊離数量詞のように使われている例にも適用できる。

(39) a 太郎は、饅頭を3人分作った。

b 太郎は毎日饅頭を人数分作っている。

この場合、人数と饅頭の間に「1人あたり饅頭2個」のような相関関係があるとすれば、「3人」に対応するのは「6個」という値であるし、そのままでは値が不定な「人数」も「人数の値×2」という関数の規定によって与えられた人数に応じて個数が決まる。このようにスケール上の値であれば集合間の対応関係を単純な関数関係にすることができるが、命題に関係づけられる「程度・量」などのスケール上の値も集合とみなすことで、「分」の名詞用法と副詞用法を関係づけることができるようになる。

図1のモデルを副詞用法の「分」節と関係づけてみよう。副詞用法では、上

のモデルのa、b、c…に当たるのが「分」節（前件）、p、q、r…に当たるのが主節（後件）であり、いずれも命題であると考えられる。「分」によって指標域Ｉの要素群が値域Ｒの要素群に対応すると考える。(37)b-iiiの性質がポイントで、命題と命題の１対１の単純な対応関係ではなく、命題の集合と命題の集合の全体的な対応関係が必須と仮定する。

比例解釈の場合は、前件・後件の変数にあたる「量／程度」のスケール上の値がＩとＲの各要素であり、ＩとＲの要素間に関数的な比例関係を設定するものである。この場合、集合Ｉ／Ｒは程度／量を変項として持つ一項述語である。比例解釈はこの関数的な関係の総体が表現されたものであるため、特定の値が与えられるとこの解釈は得られない。先の(31)の制限はこれによる。

程度数量解釈・因果関係解釈のいずれにおいても、主節／後件の述語が程度／量に関わる場合は、Ｒの要素が主節述語が持つ程度／量の値となり、一次元スケールに並ぶため自動的に集合になる。あとはＲの要素に因果関係で結ばれるＩの個々の命題を割り当てればよい。

程度数量解釈は前件が程度／量のスケールを持つため、そのスケール上の値が集合Ｉになる。前件が特定の程度／量の値を持っていたとしても、その値ひとつが問題になるのではなく、スケール上の他の値の存在が前提になるため、(37)b-iiiには抵触しない。

因果関係解釈は前件が程度／量の値を持たず、スケールを設定できないため、上記のような集合Ｉが作れない。この解釈は(34)aのような誘導推論が得られやすい傾向が出てくるのが特徴だが、集合Ｉが前件自体とその否定命題で構成されると考えることで「分」の制約が満たされていると考えることができる。つまり、前件と後件の１対１で構成される因果関係に加えてその否定命題同士の因果関係も裏に隠れていると考えることによって、ＩとＲがどちらも集合になると考えるわけである。

問題は後件／主節の述語が程度／量に関わらない(28)のような場合である。これは「関連する事象の全体集合」が前提となる解釈になる点からみて、この全体集合が上の図のＩとＲになると思われる。「相反する命題」や「バランスをとるような命題」が前件と後件に選ばれるのは、全体集合の中での前件と後件の位置づけが何らかの「関数」を作って因果関係として結びつけられるものと考えると、(25)a と(28)の適格性の違いは図1の関係の有無によって説明されることになる。

これは名詞「分」で立てたモデルをそのまま副詞用法にあてはめたものであり、やや強引なモデル化かもしれない。特に「因果関係」についてはより詳細なモデル化が必要となると思われる。しかし、「分」による副詞節に見られるいくつかの制約が「分」の名詞用法で見られた制約で説明できるということは示すことができたと思われる。

8　全体のまとめ

本稿では名詞が副詞的接続形式となっている「分」の文法的な性質を観察し、その性質が名詞本来の性質とどう関わっているかについて考察を行った。この考察の方向が正しければ、「分」は名詞として非常に抽象的な「対応関係」を表すものであるだけでなく、その性質が副詞的な性質にも生かされているということになると思われる。しかし命題と程度の関係については、さらに考察を深める必要がある。

注

1）「分」の名詞的用法に関しては江口（2008）を参照。名詞的用法の「分」の前に節が来る場合や、「分」を含む句が数量を表す場合についての分析も示されている。

2）このような特徴を持つ「形式副詞」については内田(1975)、奥津(1986)などを参照。

3）前田（2009）の「論理文」を参照。

4）本稿で扱う「スケール」については、北原(2013)・蔡(2017)などを参照。

5）蔡（2013）では、比例解釈は前件が個別的事態の場合に得られないとしている。「たくさん」を含む例は常に個別的事態になるわけではないが、比例解釈は得られない。

6）蔡（2013）にも同様の指摘がある。

7）「手先が不器用なだけに、このプラモデルを作るのは不可能だった」のように

「だけに」を使った形にすると自然になる。前田（2009）によると「だけに」は因果関係とともに程度性とも関わるという指摘があるが、極小値の程度も表せるということになる。

8）このまとめは蔡（2013）の観察と重なる部分が多い。

参考文献

内田賢徳（1975）「形式副詞―副詞句の形相―」『国語国文』42-12、pp. 44-57

江口　正（2008）「形式名詞「分」の名詞用法」寺村政男・久保智之・福盛貴弘編『言語の研究―ユーラシア諸言語からの視座―　語学教育フォーラム第 16 号』pp. 375-389

奥津敬一郎（1986）「形式副詞」奥津敬一郎ほか『いわゆる日本語助詞の研究』凡人社 pp. 29-104

北原博雄（2013）「量修飾の可能性と、被修飾句のスケール構造の違いに基づいた、現代日本語の程度副詞の分類」『国語学研究』52 pp. 29-43

グループ・ジャマシイ編（1998）『教師と学習者のための日本語文型辞典』くろしお出版

蔡　薫婕（2013）「形式副詞「分」の用法記述―副詞節を形成する場合を対象に―」『日本語／日本語教育研究』4 pp. 93-107 ココ出版

蔡　薫婕（2017）「スケール構造を用いた程度修飾・数量修飾の分析―「ほど」「分」を対象として―」『日本語の研究』13-2 pp. 18-34

田中　寛（2010）『複合辞からみた日本語文法の研究』ひつじ書房

前田直子（2009）『日本語の複文―条件文と原因・理由文の記述的研究』くろしお出版

〈対立〉と〈並立〉
――「取り立て」の体系構築をめざして――

藪 崎 淳 子

1　はじめに

本稿で取り上げるのは「取り立て」を表す助詞である。当該助詞群は、副助詞の「取り立て用法」と呼ばれたり、「取り立て助詞」などと呼ばれたりするが、本稿では品詞分類の問題に立ち入らずに議論すべく、“「取り立て」を表す助詞”と呼ぶ。「取り立て」の定義は立場によって差があるものの、本稿は範列関係を表すものを「取り立て」とする立場に立つ（藪崎 2017)。

（1）　デザートだけ食べる。

（2）　デザートも食べる。

(1)は“食べるもの”という意味で同類である“前菜、スープ、メイン料理、デザート”のうち、「食べる」には「デザート」が唯一該当するという意味を表す。(2)は“前菜、スープ、メイン料理”に加えて「デザート」も「食べる」に該当するという意味を表す。(1)と(2)では、助詞が示す「デザート」と“前菜、スープ……”との関係のあり方は異なる。しかし、「デザート」を示すのみでありながら、“前菜、スープ……”を同類のものとして想起させる範列関係を表す点で共通することから、(1)のダケ、(2)のモは、いずれも「取り立て」に分類される。

「取り立て」を表す助詞の体系を如何に描くのかは立場によって差があるものの、範列関係をなす項目同士の関係のあり方に着目した、「対立」と「並立」という二項で捉えることが分類基準の1つとされることが少なくない。(1)のダケをはじめ、シカやバカリなどを「対立」とし、(2)のモの他、マデやサエなどを「並立」として、グループ分けをする方法である。しかし、果たして「取り立て」を表す助詞は「対立」と「並立」という二項対立で分類できるのであろうか。

本稿は「取り立て」を表す助詞の記述に用いられてきた「対立」と「並立」という分類基準を再検証するものである。

2　先行研究と問題の所在

「取り立て」を表す助詞の体系を示す際に、「対立」と「並立」を分類基準の1つとして用いているものに、野田（1995）、近藤（2003）があげられる[1)]。野田（1995:12）は、「「対立的」は、「は」に代表されるように、そのときとりたてたもののほかのものはそうではないということを示すタイプのもの」であり、「「並立的」は、「も」に代表されるように、ほかのものもそうであるということを示すタイプのもの」であると述べる。近藤（2003:64-65）は「対立」は“only”など、restrictive focusing modifiersが表す意味を、「並立」は“also”など、additive focusing modifiersが表す意味を指し、両者は「相互に否定関係」にあり、日本語では「「だけ」の否定は、「も」となる」と述べる。

表1は、野田（1995:33）の体系である（野田（1995）は「とりたて」が文のどの階層で働くかも掛け合わせた体系を示しているが、働く階層については本稿の議論には関係しないことから、ここではそれを省いて示す）[2)]。

表1　野田（1995）の「とりたて」

比較系	対立的	は（対比）
	並立的	も（同類）
限定系	対立的	だけ、ばかり、しか、が（排他）、こそ（特立）
	並立的	でも（例示）、など（例示）
極限系	対立的	など（否定強調）、ぐらい（最低限）
	並立的	まで（意外）、も（意外）、でも（意外）、さえ（意外）
従属節専用	対立的	こそ（譲歩）
	並立的	さえ（最低限）

表2は、近藤（2003:65）による、「副助詞のとりたての意味」である。

表2　近藤（2003）の「とりたて」

	対立（限定）	並立（添加）
尺度	（限定・程度） だけ・ばかり	（添加・極限） も・まで・さえ
個物	（特立） こそ	（例示） など・なんか

野田（1995）、近藤（2003）は、いずれも2つの分類基準を掛け合わせている。2つのうちの1つの基準が異なるために描かれる体系は異なるものの、「対立」と「並立」という二項対立を分類基準の1つとしている点で共通する。

「対立」と「並立」という概念そのものは、両氏の間でそれほど差がないと理解されるものの、表1と表2を比べると、ナドをめぐる見解は異なっていると読める。野田（1995）はナドを「例示」（＝例3）と「否定強調」（＝例4）に分け、「例示」は「並立的」、「否定強調」は「対立的」としている。

（3）　これなど、いかがですか。（野田 1995:24 の(94)）…「例示」

（4）　水道水など飲みたくない。（野田 1995:25 の(99)）…「否定強調」

一方、近藤（2003）は「など・なんか」を「例示」とし、「並立」に分類している。

（5）a　（高価な）メロンこそ要るわけではない。＝（安価な）リンゴなどが要る。（近藤 2003:65 の(16)）

　　b　（メロンこそ必要だ。＝リンゴなんか必要でない。）（近藤 2003:65 の(16)）

a は野田（1995）が「例示」とする（3）のナドと、b は「否定強調」とされる（4）のナドと同種とみられる。近藤（2003）は(5a)と(5b)をまとめて「例示」とし、二者に差があると見るか否かについて触れていないのであるが、いずれも「並立」に分類する点では、野田（1995）と異なる。

（4）や(5b)のようなナド（・ナンカ）について、野田（1995）が「対立的」と見る背景には、これを「例示」のナドと別用法としているということがあり、また近藤（2003）が「並立」と見る背景には、これを(5a)のナドと同種と見なしているという、用法分類に対する考えの差が関係していよう[3)]。しかし、用法分類の問題をおいても、同種と目されるナドが、「対立」とも「並立」とも捉えられていることは確かである。こうした先行研究の見解の差が意味するところは何であろうか。

近藤（2003:65）は、「〈対立〉と〈並立〉は、相互に否定関係にある」と述べる。しかし、果たしてそうなのだろうか。問われるべきは、(4)と(5b)のナドを「対立」とするか、「並立」とするかという分類の是非ではなく、「対立」と「並立」が二者択一の関係にあるとする従来の観点ではないだろうか。範列関係にある項目同士の関係について、「対立」と「並立」だけではなく、「対立」とも「並立」とも捉えられる「中立」という新しい枠組みを加え、「取り立て」を表す助詞を見直していく必要があると考える[4)]。

なお、「並立」という術語は、意味の幅が広いという問題がある。「並立助詞」という場合の「並立」には、「英語もフランス語も話せる」のように項目が累加することを表す場合もあれば、「ご飯かパンか好きな方を選べる」のように項目を限定的に選択することを表す場合もある。野田（1995）の「ほかのものもそうである」ことを指す「並立的」、そして、近藤（2003）の additive focusing modifiers が表す意味を指す「並立」は、「英語もフランス語も話せる」といった意味を指すものと理解され、「ご飯かパンかすきな方が選べる」という意味は含まないととれる。こうした点が「並立」という術語では表しにくいことから、本稿は丹羽（2007）に倣い、「並立」を「包含」に、「対立」を「排他」に置き換え、これらに「中立」を加えて、当該助詞群の意味を考えていく。

3　考　　察

先に見た野田（1995）の分類を、「排他」と「包含」という観点で整理したのが、次の表1′である。

表 1′　野田（1995）の「とりたて」

排他	は（対比）、だけ、ばかり、しか、が（排他）、こそ（特立）、など（否定強調）、ぐらい（最低限）、こそ（譲歩）
包含	も（同類）、でも（例示）、など（例示）、まで（意外）、も（意外）、でも（意外）、さえ（意外）、さえ（最低限）

そして、結論を先取りする形になるが、「排他」と「包含」に「中立」を加え、表 1′ を見直した結果が表 3 である。差を分かりやすくするため、個々の用法の名称は野田（1995）のものを踏襲する[5)]。また、野田（1995）があげていない用法でも、本稿の「取り立て」に含まれ、以下の議論で扱うものは併せて示す。多くは野田（1995）の分類と同様であるが、表 1′ に網掛けしたものは、野田（1995）と本稿で、見解が異なるものである。

表 3　本稿の「取り立て」を表す助詞

排他	は（対比）、だけ、ばかり、しか、が（排他）、こそ（特立）、こそ（譲歩）、までだ（容易·当然）、だけだ（容易・当然）、まで（意外：否定・禁止の一部）

中立	など（否定強調）、ぐらい（最低限）、さえ（最低限）、まで（意外：手段の一部）

包含	排他	でも（例示）
	中立	など（同類）、など（例示）、ぐらい（例示）
	包含	でも（意外）、さえ（意外）、も（同類）、も（意外）、まで（意外）

「否定強調」のナド、「最低限」のグライ、「最低限」のサエは、「中立」である。「意外」のマデは基本的に「包含」を表すものの、文のタイプや意味によって「排他」「中立」に分類される場合もある。また、「包含」を表すものを子細に見ると、「中立」という概念を取り入れることで、より精密な分類が描ける。「同類」のナド、「例示」を表すナド、グライ、デモは一次的には「包含」を表し、野田（1995）の分類と大きく異なるものではないものの、「例示」のデモは「排他」の側面も、「同類」のナドと「例示」のナド、グライは「中立」の側面も併せ持つ。以下、これらについて順に見ていく。

3.1 ナド

2節で見たように、野田（1995）は「例示」のナドは「並立的」、「否定強調」のナドは「対立的」とするのに対し、近藤（2003）は（5）のabいずれも「並立」としている。

（3） これなど、いかがですか。（再掲）…「例示」

（4） 水道水など飲みたくない。（再掲）…「否定強調」

（5）a （高価な）メロンこそ要るわけではない。＝（安価な）リンゴなどが要る。（再掲）

b （メロンこそ必要だ。＝リンゴなんか必要でない。）（再掲）

この他、ナドには次のような用法もある。

（6） キャベツやレタスなどを作っている。（野田1995:24の（92））

野田（1995）は（6）のナドについて「名詞の接尾辞」とし、「とりたて」の体系にはあげていない。しかし、（6）は「作っている」に該当するものが「キャベツやレタス」に限られず、他にも言外にあることを想起させる、範列関係を表すことから、本稿の「取り立て」に含まれる。従って、（6）のようなナドも含めてここでは考えたい。

まず、（6）のナドについては、一次的には「包含」を表すものの、中立的な面もあると考える。

（6′）a じゃがいもも作っているが、キャベツやレタスなども作っている。

b じゃがいもは作っていないが、キャベツやレタスなどは作っている。

（6）は、指し示す「キャベツやレタス」の他に“白菜、大根……”も作っていることを表すことから「包含」に分類される。また、（6′）においても「じゃがいも」のことをおけば、“キャベツ、レタス、白菜、大根……”を作っていることを表すことから、いずれも「包含」である。しかし、「じゃがいも」を加えて考えた場合、（6′a）は“キャベツ、レタス……”に加えて「じゃがいも」も「作っている」に含まれることを表すのに対し、（6′b）は“キャベツ、レタス……”と異なり「じゃがいも」は「作っている」に含まれないことを表す。このように、（6）のナドは「じゃがいも」に言及した場合には、それを包摂することも、排除することもできる点で、中立的な側面も有する。次もこれと同種の例である。

（7）a　机の上には、ペンや本などがある。

　　b　机の上には、パソコンもあり、ペンや本なども ある。

　　c　机の上には、パソコンはないが、ペンや本などはある。

a～cのいずれも「ペンや本」の他、“ノート……”が「ある」に含まれることを表す点では「包含」である。しかし、「パソコン」との関係をみると、bのように「パソコン」を含むことも、cのように「パソコン」を含まないことも表す点で中立的である。

ここまで「同類」のナドをみたが、「例示」のナドも、一次的には「包含」を表すものの、中立的な側面も有している。

（3′）a　ダイヤなどいかがですか。

　　b　真珠もお似合いですが、ダイヤなどもいかがですか。

　　c　真珠がお嫌いなら、ダイヤなどはいかがですか。

いずれも“ダイヤ、サファイア……”が「いかがですか」と勧めるものに含まれる点では「包含」である。一方で、bのように“ダイヤ、サファイア……”に「真珠」を含むことも、cのように“ダイヤ、サファイア……”に「真珠」を含まないことも表せる点では、中立的な面も併せ持つ[6)]。

このように、「同類」「例示」と呼ばれる「AナドP」は、「A（ダイヤ）」に加えて“B、C……（サファイア……）”を含むことを表す点では「包含」であるものの、“A、B、C……（ダイヤ、サファイア……）”以外の“Z（真珠）”に対しては、それを含むことも、含まないことも表せる点で「中立」の側面ももつ。

これらと異なり、「否定強調」と呼ばれるナドは、「中立」に分類される。

（4′）a　水道水でいれたお茶など飲みたくない。

　　b　天然水でいれたお茶は飲むが、水道水でいれたお茶などは飲みたくない。

このナドは指し示す項目に対して、程度が低く、たいしたものではないという評価を表すものである。こうした評価を伴うことによって、程度が低い「水道水でいれたお茶」は「飲まない」ものの、それとは対蹠的に程度の高い「天然水でいれたお茶」といったものについては「飲む」ことも表す。野田（1995）が当該のナドを「対立的」とするのは、ナドが示す程度の低い項目と、想起される程度の高い項目が対比的に捉えられるからであろう。しかし、(4′)は「飲みたくない」に該当するのが「水道水でいれたお茶」に限られることを表すものではない点で、「排他」とは異なる。

（4′）c　水道水でいれたお茶も、浄水した水でいれたお茶なども飲みたくない。

「飲みたくない」には、ナドが示す項目だけではなく、それと同程度の項目も含まれる。このように、「否定強調」とされる「A ナド P」は、指し示す項目に対し、程度が低いという評価を伴うために、程度が高い“Z”とは対比的な関係にあるものの、一方で「A」と同程度の項目である“B、C……”も包摂する。つまり、同時に「包含」の関係も、「排他」の関係も表すことから、「中立」に分類される。

「否定強調」のナドと「同類」「例示」のナドは、“B、C……”を包摂する点では同じであるものの、“Z”との関係は異なる。「否定強調」のナドは“B、C……”との包摂関係を表すと同時に、“Z”との対比関係も常に表す。これに対し、「同類」「例示」のナドは、“Z”への言及がない場合には、“B、C……”との包摂関係のみを表し、“Z”に言及する場合には、それを包摂することも排除することもできる点で「中立」であるという、二側面を有する。

3.2　グライ

グライもナドに類似している。グライには、野田（1995）が「最低限」とする、程度が低いという評価を伴う用法の他、評価を伴わない「例示」を表す用法もある。

（8）　たし算ぐらいできる。（野田 1995:26 の（103））

（9）　中元はビールぐらいがいいんじゃない。（丹羽 1992:103 の⑫ b）

(8)は「たし算」のような程度が低く、たいしたことではないことが「できる」ことを表す、「最低限」のグライである。一方、(9)は“中元の贈り物”として「ビール」を一例として取り上げる「例示」のグライである。

まずは、「例示」を表す(9)のグライについて考えよう。(9)について、丹羽(1992:104)は「当該事項の近傍を漠然と表す」と述べる。(9)は「ビール」の他、それと同程度の“ワイン、日本酒……”も“中元の贈り物”の選択肢として含むことから「包含」に分類される。しかし、次の例を見られたい。

(9′)a　中元はビールぐらいでもいいが、(最近色々と世話にもなったし)高級酒を贈ってもいいな。

b　中元はビールぐらいはいいが、(今回は)高級酒を贈るほどではないな。

(9′)も「ビール」の他、“ワイン、日本酒……”を選択肢に含んでいるのであるが、aのようにさらに「高級酒」を選択肢に加えることができる一方、bのように「高級酒」を除外することもできる。このように、“ビール、ワイン、日本酒……”以外の「高級酒」について言及するときには、それを包摂することも、排除することもできる点では、中立的な側面も有する。

一方、「最低限」のグライである(8)は、「たし算」はできるのに対し、程度の高い“確率の計算”などはできないことを表す点では対比的である。しかし、一方で「たし算」と同程度の“数を数える、ひき算……”を、「できる」項目から排除しない点では、他の「排他」を表す助詞とは異なる。

(8′)a　たし算{ぐらい／は}できる。確率の計算はできないけれど。

b　たし算{ぐらい／*は}できる。かけ算も得意だ。

グライはaのように程度の高い項目との対比的な関係はもちろんのこと、bのように指し示す項目と同程度の項目が包摂的な関係にあることも明示的に表すことができる。この点で、「排他」を表すハがbになじまないのとは差がある。このことから、「最低限」のグライは「中立」に分類される。

グライの程度が低いという評価を伴う用法と、評価に関知しない用法は、ナドのそれと並行的に捉えられる。「A グライ P」は、指し示す項目「A」と“B、

C……”が包摂的な関係にあることを表す点では通底している。しかし、「例示」のグライは、“A、B、C……”以外の“Z”について、包摂することも排除することもできるという「中立」の側面も有するが、“Z”への言及がない場合は、“B、C…”と「包含」の関係にあることのみを表す。一方、「最低限」のグライは、“B、C……”が包摂的な関係にあるのと同時に、程度の高い“Z”と対比的な関係にあることも常に表すことから「中立」となる。

3.3 デモ

ここで見るのは、「例示」とされるデモについてである。

(10) お茶でも飲もう。(野田 1995:23 の(83))

森山 (1998:92) は当該のデモについて、次のように述べている。

> 潜在的に他の要素があり得るなかで、その現場では当該要素だけが提示されるという意味関係が構成されている。いわば、例示としては暫定的で、ほかのものでも交換可能ではあっても、我々の意識の中にはその要素だけが焦点化されている、というべき在り方である。

(10)は、“飲むもの”は「お茶」でなくともよく、“紅茶やコーヒー、ジュース”などと交換し、実際に“紅茶”を飲んでも構わない。しかし、“お茶の他に紅茶やコーヒー……もある”という意味で「お茶」を取り上げているのではなく、「お茶」という「一つの例だけをいわば偶然の思いつきとして取り上げる」(p. 93) のが当該のデモの特性であるという主張である。このことをあらわす例として次があげられている。

(11) 眠気覚ましにコーヒー{か何か／*でも}飲みなさい。紅茶でよかったらここにあるけど。(森山 1998:91 の(27)(28))

「一端ある要素を例示しつつ、その後で、別物を後続提示できるかどうか」を見ると、「か何か」に比べてデモの許容度はかなり低い。これについて、森山 (1998) に「「か何か」では、当該例以外の別の要素も併せて並列的に例示されていると言えるのに対し、「でも」では、例示されているものだけが取り上げられている」(p. 91) との説明がある。つまり、「例示」のデモは、示す項目と言外の他の項目が交換でき、選択肢は包摂的な関係にあるものの、指し示す項目は例として思いついた唯一のものとして取り上げられるということである。この点で、たとえば同じく「包含」に分類される「同類」のモとは、項目の包摂関係の質は異なっていよう。こうした性質が影響しているのか、デモには同じく「例示」を表すナドとは異なる面がある。

(12) a　ウイスキーが苦手なら、カクテル {でも／などは} 飲みませんか。
　　b　ウイスキーもいいですが、カクテル {#でも／なども} 飲みませんか。

(12)は、ab ともに“飲むもの”として“カクテル、ワイン……”が包摂的な関係にある点では共通する。ただし、a は「ウイスキー」を選択肢から外すことを表し、これにはデモ、ナドのいずれも用いることができる。一方、b ではナドは「ウイスキー」も選択肢として含む意味を表し得るのに対し、デモでは「ウイスキー」が選択肢から外される意味にとれる（#は、デモが a のような意味にならないことを示す）。この例から、ナドは「ウイスキー」が“カクテル、ワイン……”と対比的関係にあっても、包摂的関係にあっても構わないのに対し、デモは対比的関係でなければならない、ということが分かる。つまり、「A デモ P」は「A」と“B、C……”の関係は「包含」であるものの、“Z”に言及した場合、“A、B、C……”と“Z”の関係は「排他」になる。

3.4　サエ

野田（1995）は「最低限」のサエを「並立的」とする。

(13)　水さえあれば生きられる。(野田 1995:32 の(128))

(13)は、少なくとも“水がある”ことが成り立てば、「生きられる」条件を満たすことを表している。“水がある”ことはあくまで「最低限」の条件であるため、“食糧がある、雨露をしのげる……”が同時に成り立つことを排除しない。野田（1995）が当該のサエを「並立的」と捉えているのは、こうした他の条件を排除しないところにあろう。しかし、“水がある”という条件が整うだけでも、「生きられる」ことは成り立つ。

(13′) a　水さえあれば生きられる。もちろん、食糧があるに越したことはないが。

b　水さえあれば生きられる。食糧がなくてもなんとかなる。

そのため、このサエは、「水だけあれば生きられる」「水があれば生きられる」と、意味に大差なく、「排他」を表す助詞に言い換えることができ、対比的でもある。このように、条件節に生起するサエは、他の条件を含み得る一方で、他の条件が整わなくても主節の表す事態が実現することを表すことができる。つまり、指し示す項目と他の項目の関係は、包摂的でも対比的でもあることから、「中立」に分類される。

3.5　マデ

野田（1995）が「意外」と呼ぶマデは「並立的」とされている。

(14)　妻までが私を責めた。(野田 1995:27 の(108))

(14)は、“知人、友人が責めた上に、まさか責めるとは思わなかった妻も責めた”ことを表しており、これを「包含」に分類することに異存はない。しかし、同種のマデは「包含」とは言い難い意味を表す場合もある。

(15)　妻まで（は）私を責めなかった。

(16)　奥さんまでご主人を責めてはいけない。

(15)(16)は、「私＝ご主人」を責める可能性が最も低く、責める人物として意外な「妻＝奥さん」をマデが示している点では(14)と同じである。

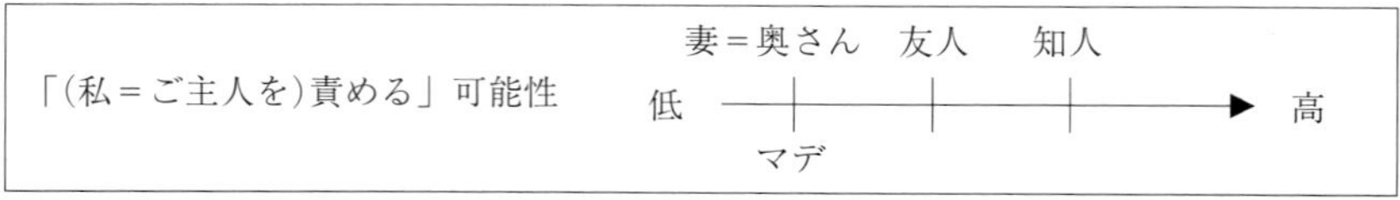

しかし、(15)は、知人や友人は責めたが、妻は責めなかったことを表している。(16)は、知人や友人が責めることは不問に付すが、奥さんは責めてはいけないと禁止している。つまり、いずれもマデの示す項目のみが、否定、禁止の対象となることを表し、言外の他の項目は肯定されたり、許容されたりしている。

この点で、言外の“知人、友人”に加えて、マデの示す「妻」も「責めた」に含まれる(14)とは異なり、(15)(16)では「妻」のみが「責めた」に含まれない。(15)は「妻だけは私を責めなかった」と、(16)は「奥さんだけはご主人を責めてはいけない」と、それぞれ「排他」を表すダケとも置き換え可能であり、指し示す項目と、それと範列関係にある項目との関係は対比的である[7)]。従来、マデは累加的な意味を表すと見られており、「排他」も表すという本稿の考えは突飛なものと捉えられるかもしれない。しかし、マデには次のような限定を表す用法もある（藪崎 2012）。

(17)　実体験を書いた｛まで／だけ｝だ。

「マデだ」という固定した形で用いられ、指し示す項目が“たいしたことではない”という評価を伴う点では(15)(16)とは異なるものの、ダケと類義関係にある点では、(15)(16)と共通する。

なお、否定、禁止を表す文に生起するマデ全てが、(15)(16)のように「排他」を表すわけではない。

(18)　学生だけでなく、引率の先生まで知らなかった。

(19)　まだ使えるものだけでなく、壊れたものまで捨ててはいけない。

(18)は「学生」も「引率の先生」も「知らなかった」に含まれることを、(19)は「使えるもの」も「壊れたもの」も「捨ててはいけない」に該当することを表している。なぜ否定、禁止を表す文に生起するマデに、「包含」を表す場合と「排他」を表す場合があるのか、その理由は今後の課題であるが、「意外」とされるマデのほとんどの例が「包含」を表す一方で、否定、禁止を表す文に生起するマデの一部が「排他」を表すことは確かである。

ここまで否定、禁止を表す文に生起するマデが「排他」を表す場合があることを見たが、次のような手段を表すマデには「中立」を表す場合がある。

(20)　海に飛び込んでまで子どもを助けた。

(20)は、“助けを呼び、浮き輪を投げたのち、自ら海に飛び込んで助けた”という意味にも、“(他のことはせず）海に飛び込むという極端な手段によって助けた”という意味にもとれる[8)]。前者の意味であれば「包含」であるが、後者の意味は「包含」とは言い難い。“助ける”手段に複数ある中で、“飛び込む”が実行されたことを表し、実行に移された手段とそうでない手段は対比的な関係にある。ただし、“海に飛び込む”という手段のみを実行した場合でも、「海に飛び込んでまでも子どもを助けた」と、モを承接することもできる。それは、実行したのが極限的な手段であるために“どんな手段を使ってでも助けた”という意にとれ、他の選択肢を排除する意を表すものではないからであろう。

手段を表す際に用いられるマデには2種ある。1つは、全ての手段を累加的に実行して「包含」に分類される場合である。もう1つは、指し示す手段のみが実行される点では他の手段と対比的でもあるものの、他の選択肢を排除せず、モを後接可能で、包摂的な面もあることから、「中立」に分類される場合である。

4 「排他」「中立」「包含」という分類基準の意義

3節では、「排他」「包含」に加えて「中立」という枠組みを設け、従来の分類を再検証した。「中立」という新たな枠組みを設ける意義は、ここまで見たように、「排他」と「包含」の二者択一では説明し得ない意味をより分かりやすく示せるというところにまずある。

また、この分類基準は、「取り立て」を表す諸形式の体系化にも有用であると見通される。丹羽（2007）は「範列関係を表す複合助詞」の体系化にあたって、既に「排他」「中立」「包含」という分類を用いており、その有用性が示されている[9)]。表4には単一の助詞もあげられているものの、丹羽（2007）は複合辞を扱ったもので、単一の助詞に関する記述はない。これに本稿の考察結果を加えれば、「到達点」とするマデは、一部に「排他型」「中立型」に分類できる場合があること、また「例示」のナドは一次的な意味は「包含型」であるが、二次的に中立的な意味を表す場合があることなどを加えることができ、「取り立て」を表す単一の助詞と複合辞の関係をより詳しく示すことにつながる。さらに、「排他」「中立」「包含」という枠組みは、「取り立て」を表す副詞についても有用であると見通される。

表4 丹羽（2007）の「範列関係を表す複合副助詞」

	排他型	包含型	中立型
範囲型	(ア) 限定 「に限って」 〈「だけ」〉	(イ) 到達点 「に至るまで」 〈「まで」〉 ○出発点 〈「から」〉	
代表型		(ウ) 順序 「を皮切りに」 (エ) 序列 「を中心に」 ○極端 〈「さえ」〉 ○例示 〈「など」〉 ○許容 〈「でも」〉	
二者型	(オ) 除外 「を除いて」 (カ) 代替 「に代わって」 (キ) 異なり 「と異なって」 (ク) 反対 「と反対に」	(ケ) 追加 「に加えて」 (コ) 同一・類似 「と同様に」 (サ) 共同・分離 「とともに」 (シ) 同時 「と同時に」 (ス) 並置 「ともに」	(セ) 以外 「のほかに」 (ソ) 比較 「に比べて」
並列型	○対比〈「は」〉	○同類〈「も」〉	

(21) ただひたすら謝った。

(22) 雨脚が強まり、さらに、風も強く吹きだした。

(23) a 男の子への贈り物でしたら、たとえば、こちらの恐竜のポスターなど、人気があります。

b 恐竜の図鑑をお求めでしたら、たとえば、こちらの恐竜のポスターもあわせていかがですか。

c 図鑑にご興味ないようでしたら、たとえば、こちらの恐竜のポスターはいかがですか。

「ただ」は「排他」、「さらに」は「包含」に分類できる。そして、「たとえば」は、「恐竜のポスター」の他、“パズル、ラジコンカー……”を包摂する点で「包含」ではあるが、“恐竜の図鑑”に言及する場合は、それをbのように包摂することも、cのように排除することもできる点で「中立」の面も有する。品詞の差を超えて広く「取り立て」を表す形式を体系化するには、「排他」「中立」「包含」という分類が有効であると考えられる。

「取り立て」を表す助詞をどのように整理し、全体を示すのかについては、2節で見た野田（1995）、近藤（2003）の他にも様々ある。日本語記述文法研究会（2009）は、「とりたて」の意味として、「累加」「対比」「限定」「極限」「評価」「ぼかし」をあげて、これらを並列している。また、野田（2015）には表5のような体系も見られる（野田（2015）はスペイン語の「とりたて表現」も併せた体系を描いているが、ここではそれは省略して示す）。

表5　野田（2015）の「とりたて表現の意味体系」

限定	だけ ばかり しか こそ（特立）	**反限定**	でも（例示） も（柔らげ） なんか（例示）
極端	まで（意外） さえ（意外） も（意外） でも（意外）	**反極端**	なんて（低評価） ぐらい（最低限） こそ（譲歩）
類似	も（類似）	**反類似**	は（対比）

しかし、こうした示し方は、複数の異なる分類基準を用いている点で、首肯しがたい。日本語記述文法研究会（2009）の、「累加」「対比」「限定」というのは、範列関係にある項目同士の関係に着目した分類であるのに対し、「極限」「評価」というのは、指し示す項目に対して話し手がどのように評価しているのかに着目した分類であり、基準が一貫していない。たとえば、

（24）　親友にさえ裏切られた。

は、“知人、友人に加えて、裏切るとは思わなかった親友にも裏切られた”と

いう意味を表し、「累加」、かつ「極限」に分類されるべき意味を表しているにもかかわらず、日本語記述文法研究会（2009）は「極限」としている。野田（2015）についても、「限定」「反限定」「類似」「反類似」は指し示す項目とその他の項目の関係に着目した分類であり、「極端」「反極端」は指し示す項目に対する評価に着目した分類である点で、基準が統一されていないという、日本語記述文法研究会（2009）に対するのと同様の疑問を抱く。それに加えて、「限定」と「反類似」、「反限定」と「類似」の差も不明確である[10)]。

範列関係にある項目同士の関係と、指し示す項目に対する評価という観点から本稿の分類（表3′）を見てみよう。意味の幅が広いマデを除いて考えると、「排他」を表すものは基本的に項目に対する評価に関知せず、「マデだ」「ダケだ」という固定した形でのみ程度が低いという評価を表すに留まる。「中立」を表すものは、程度が低いという評価を表し、「包含」は評価に関知しないものの他、程度が高いという評価を表すものがある。項目同士の関係のあり方と、項目に対する評価が無関係ではないということのあらわれであろうか[11)]。なぜ

表3′　本稿の「取り立て」を表す助詞

			指し示す項目に対する評価		
			高度評価	無評価	低度評価
項目同士の関係	排他		まで（意外／否定・禁止）	は（対比）、だけ、ばかり、しか、が（排他）、こそ（特立）、こそ（譲歩）	まで（だ）（当然）、だけ（だ）（当然）
	中立		まで（意外／手段）		など（否定強調）、ぐらい（最低限）、さえ（最低限）
	包含	排他		でも（例示）、	
		中立		など（同類）など（例示）、ぐらい（例示）	
		包含	まで（意外）、でも（意外）、さえ（意外）、も（意外）	も（同類）	

マデだけが項目に対して高度評価を表しつつ、「排他～中立～包含」へと渉る意味を表すのか、また、なぜマデを除くその他の助詞において「包含」を表すものだけが高度評価を表し、「中立」を表すものが低度評価に偏るのか、さらには、「取り立て」を表す助詞の体系をどのように描くべきか、残された課題は多い。

本稿は、「取り立て」を表す助詞を体系化する基準が、ダブルスタンダード、トリプルスタンダードであってはならず、またその基準は、助詞に限らず、他の「取り立て」を表す諸形式にも汎用可能なものであるべきだと考える。どのような体系を構築すべきか、その答えは得られていないが、「排他」「包含」という従来の基準に「中立」を加えて記述することが有効だと見通される。

注

1）「対立」「並立」という呼称は用いていないものの、沼田（2009）の「他者―否定」「他者―肯定」を軸とした「とりたて詞の体系」も、「対立」と「並立」を分類基準の1つとして用いたものと言える。

2）野田（1995）は、主題を表すハ・ナラ、条件を表すナラ、柔らげのモも「とりたて助詞」としてあげているものの、これらは範列関係を表さず、本稿の「取り立て」には含まれないことから、外して示す。また、デハは対比のハで代表させることができることから、ここでは外す。

3）野田（1995）は文のいずれの階層で働くかを検討しているため、否定と呼応する「否定強調」のナドと「例示」のナドを分けて考える必要があると読める

4）「対立」と「並立」の二項対立ではなく、「中立」を含めて「取り立て」を表す形式の意味を考えるという発想は、丹羽（2007）から得た。丹羽（2007）の議論について、詳しくは4節で述べる。

5）野田（1995）は「意外」という名称を、サエ、マデ、デモに使用している。本稿はサエを除き、マデ、デモには「意外」というラベルは適当ではないと考える。ただし、ここでは「排他」と「包含」をめぐって、野田（1995）と本稿の考えの差を分かりやすく示すことを優先し、名称は野田（1995）のものを踏襲する。当該用法のサエ、マデ、デモの意味については、別稿で論じる。

6）沼田（2009）は当該のナドを「擬似的例示」とし、「他者」は「みせかけの「肯定」」（p. 233）であるとする。そして、（3）に類似した例について、「「累加」の「前提」となるべき「他者」が存在しない」（p. 234）と述べている。「とりたて詞の体系」の中で、当該のナドは「他者―肯定」とされ（p. 245）、本稿で言う「包含」に分類されているものの、他の「他者―肯定」とする形式とは差があると見て

いると読める。

7）「排他」を表すマデはダケと類義関係にあるものの、意味には差がある。マデは、単に否定の対象が何かを他と区別して表すだけではなく、肯定される対象が累加的な関係にある点で異なる。

昨日10時頃、ここを通ったのは男女の二人連れでした。20代から30代の若い二人だったと記憶していますが、服の色｛までは／?だけは｝覚えていません。

“覚えていること”と“覚えていないこと”が対比的な関係にあっても、“覚えていること”が累加される場合はマデの方が自然である。マデが「包含」から「排他」へと渉る意味を表すことと関連があると見られる。今後の課題としたい。

8）手段を表すマデが「包含」を表さない例として、次があげられる（藪崎2016）。

一人暮らしの時代、急に泊まりにきた同性の知人から「あなたの歯ブラシ、使わせて」と頼まれた。買い置きの新品を渡したが、他人のを使ってまで磨こうとするという心理が不思議だった。（朝日新聞2014年5月3日を一部改変）

上の例は、“歯ブラシを買いに行き、新品を譲ってもらい、他人の歯ブラシを使う”と、手段が累加することを表すものではない。他の手段ではなく、“他人の歯ブラシを使う”という意外な手段を実行しようとしたことを表す点では、実行しようとした手段と、そうでない手段は対比的である。しかし、“なんとしてでも歯を磨こうとする”という意も表し、他の手段を排除することを表すものではなく、またモを後接しても意味に差はない点では包摂的でもある。

9）丹羽（2007）は「範列関係を表す複合副助詞」とし、「取り立て」という名称を用いていない。しかし、範列関係を表すものを「取り立て」とする本稿の立場からは、表4の体系は、「取り立て」を表す複合辞の体系と言い換えることが可能である。丹羽（2007）が「取り立て」という名称を用いない理由は丹羽（2001:注1）にある。名付けの問題をおけば、「取り立て」に関する本稿の考えは、丹羽（2001）と同じである。名称に対する本稿の考えは、藪崎（2017）に述べた。

10）野田（2015:96）に、「「反限定」は「他のものも該当する」という点で「極端」「類似」と同じになり、「反極端」「反類似」は「他のものは該当しない」という点で「限定」と同じになる」とある。「反限定」と「類似」、「反類似」と「限定」が同じであるならば、なぜ分けるのか―スペイン語におけるこれらの表現の使用傾向を説明するため以外に、「とりたて表現」の意味そのものを理解する上でどのようなメリットがあるのか疑問である。

11）「例示」を表す点で共通する、ナド、グライ、デモのうち、二次的意味が「中立」であるナド、グライに程度が低いという評価を伴う用法があり、二次的意味が「排他」であるデモにそれがないことは、偶然ではない可能性もある。なお、ナドとグライは全く同質というわけではない。

（7）b　机の上には、パソコンもあり、ペンや本｛なども／??などが｝ある。
　　c　机の上には、パソコンはないが、ペンや本｛などは／などが｝ある。
（3′）b　真珠もお似合いですが、ダイヤ｛なども／#など｝いかがですか。
　　c　真珠がお嫌いなら、ダイヤ｛などは／など｝いかがですか。
（9′）a　中元はビール｛ぐらいでも／ぐらいが｝いいが、（最近色々と世話にもなったし）高級酒を贈ってもいいな。
　　b　中元はビール｛ぐらいは／??ぐらいが｝いいが、（今回は）高級酒を贈るほどではないな。

（7）は「同類」のナド、（3′）は「例示」のナド、（9′）は「例示」のグライである。これらは、“A、B、C……”に“Z”を包摂することも、排除することもできる点では共通する。しかし、ナドが“Z”を包摂することを表すには、モを後接する必要がある（7b、3′b）のに対し、排除することを表す場合はハの助けを必ずしも必要としない（7c、3′c）。これとは反対に、グライが“Z”を包摂することを表す場合はデモを後接せずともよい（9′a）のに対し、排除することを表す場合はハを後接しないと許容度が下がる（9′b）。両助詞ともに二次的意味は「中立」であるが、ナドは排他的側面の方が、グライは包含的な側面の方が、それぞれ強いという点で差があると見られる。

参考文献

近藤泰弘（2003）「名詞の格と副―格助詞と副助詞の性質」『朝倉日本語講座5　文法Ⅰ』朝倉書店
日本語記述文法研究会（2009）「第9部　とりたて」『現代日本語文法5』くろしお出版
丹羽哲也（1992）「副助詞における程度と取り立て」『人文研究』44-13
丹羽哲也（2001）「「取り立て」の範囲」『国文学　解釈と教材の研究』46-2
丹羽哲也（2007）「範列関係を表す複合副助詞」『人文研究』58
沼田善子（2009）『現代日本語とりたて詞の研究』ひつじ書房
野田尚史（1995）「文の階層構造からみた主題ととりたて」『日本語の主題と取り立て』くろしお出版
野田尚史（2015）「日本語とスペイン語のとりたて表現の意味体系」『日本語文法』15-2
森山卓郎（1998）「例示の副助詞「でも」と文末制約」『日本語科学』3
藪崎淳子（2012）「「ダケだ」と「マデだ」」『日本語文法』12-1
藪崎淳子（2016）「マデの諸用法の相関関係」『國學院雑誌』117-4
藪崎淳子（2017）「「取り立て」再考」『日本語教育』166

使役動詞「V-(サ)セル」の状態詞化
——使役動詞性の希薄化のひとつの類——

早津恵美子

1　はじめに

動詞に接辞「-(サ)セル」のついた使役動詞「V-(サ)セル」は、「V」+「-(サ)セル」という分析性に支えられて使役動詞らしくふるまうことがもちろん多い(「先輩が後輩に荷物を運ばせる」「子供に栄養のあるものを食べさせる」「その知らせが花子を喜ばせた」)。しかし、その使役動詞性は一定の条件のもとに希薄になり変容することがある。そのいくつかの、おそらくは主要なタイプについては、早津(2016)の「第Ⅳ部「V-(サ)セル」の使役動詞性とその変容」において、他動詞性をもつもの(10章、11章、12章)、後置詞への近づき(13章)、判断助辞への近づき(14章)として述べた[1)]。本稿でとりあげるのは、その第Ⅳ部の最後(pp. 413-414)において、「状態動詞化したもの」といえそうな「V-(サ)セル」としてごく簡単にふれていたものである。たとえば、次のような「V-(サ)セル」である。

(1)　伊藤静雄の書く手紙は、……年長者に対しても、年少の者に対しても、いつもきちんとしている。しみじみさせるものがある。(庭の山の木)

(2)　自分は、うまい鮨を食わせる店というところに、ひとに連れられて行って食っても、うまいと思った事は、いちどもありませんでした。(人間失格)

これらにおいて、(1)の「しみじみさせる」は“味わい深い”といった意味を表しており、(2)の「食わせる」は“(食べ物を)客に提供する”といった意味を表していて、それぞれ、「伊藤静雄の書く手紙」「店」の性質を特徴づける表現になっている。こういったものを本稿では「状態詞化したもの」(後述)とみなすことにする。

国語辞書には、「V」に「-(サ)セル」のついた形(「運ばせる」「歩かせる」等)はふつう立項されない。しかし「V-(サ)セル」の形で立項されているものがいくらかある[2)]。例(1)の「しみじみさせる」を立てている辞書はなさそうだが、例(2)の「くわせる」を立項する辞書は少なくない。たとえば、『新明解国語辞典(第6版)』でも立項されていて、“食べさせる。〔おもに男性の口頭語として用いられる〕”という語釈をし、その句例として「ここはくわせる〔=うまい料理を出す〕店だ」をあげている。この辞典では「泣かせる」「笑わせる」「読ませる」も立項されている。

(3)「なかせる(泣)」

語釈:“見聞きしたり読んだりした人をひどく感動させる[3)]。”

句例:「泣かせる話だ」「その美談泣かせるじゃないか」

(4)「わらわせる(笑)」

語釈:“こっけいな言動などで、接する人を、笑わずにはいられない状態にさせる。”

句例:「一つとして外国語が出来ないのに外交官になりたいとは笑わせるよ[4)]」

(5)「よませる(読)」

語釈:“構想力(描写力)がすぐれていて、読者が一気呵成に(興味をもって)読むように仕向ける。”

句例:「なかなか読ませるね」

「V-(サ)セル」の形が辞書に立項されているということは、その形が「V」の意味と「-(サ)セル」の意味を単に合わせただけの意味を表すのではない、つまり意味の透明性が低い、とみなされているからだろう。その透明性の低さには、冒頭でふれた早津(2016)の例でいうと、注1にもあげたが、一単位の他動詞のようであったり(「知らせる」「もたせる」「犯人を泳がせる」)、後置詞的であったり(「包丁を握らせると玄人はだしだ」)、判断助辞的であったり

(「春を思わせる陽気」) といった類をみとめることができ、それらに並ぶものとして、本稿でとりあげる状態詞化したものがあると考える。これには、2種のタイプすなわち、静的な特徴づけ（冒頭の例（1）のようなもの）と動的な特徴づけ（例（2）のようなもの）があると思われる。そして、「V-(サ)セル」が状態詞化する現象には、当該の文において原動詞（V）の表す動作の主体が特定の人ではなく不特定者であることが大きく関わっている。以下、2節で先行研究を確認したうえで、3節でその2種について考察する。

2　先行研究

「V-(サ)セル」にみられるこのような現象については、これまでまとまって論じられることはなかったように思われる[5)]。ただ、高橋（1974、1979)、宮島（1972)、森重（1965）他の以下のような指摘や捉え方は本稿にとって学ぶところが多い。

2.1　連体動詞句における「V-(サ)セル」の変容—高橋太郎（1974、1979）—

高橋（1979[1994]）では、連体動詞句が名詞を修飾する［連体動詞句＋名詞］という組み合わせ（「ゆきかうひとたち」「ひとびとのつかう扇子」）について、動詞句の名詞へのかかわり方にどのようなタイプがあるかが論じられ、大きく5類、すなわち「関係づけのかかわり（「公園で遊んでいる子供」)」「属性づけのかかわり（「雨のそぼふる夜」)」「内容づけのかかわり（「子供がうまれた知らせ」)」「特殊化のかかわり（「ほめた言い方」)」「具体化のかかわり(「わらっている格好」)」に分けられている。このうちの「属性づけのかかわり」(1979[1994:357-368]）がさらに、「動作＝属性づけのかかわり（「人知れずささげる祈禱」)」「状態＝属性づけのかかわり（「S字型に曲折したみち」)」「対物＝属性づけのかかわり（「大勢の子供をかかえた母親」)」に分けられ、その「動作＝属性づけのかかわり」の例のひとつとして、次の「たべさせる」の例があげられている（1979[1994:357]）。

（6）　東京のなかで、朝からたべさせるたべもの屋はいたってかずがすくな

い。(河明)[高橋の例 19]

動作＝属性づけのかかわりとは、「テンスの意味をうしなった非過去形の動詞によって、そのものごとがもつ一般的な、または、潜在的な性質をしめすかかわり」(1979[1994:361])である。この「たべさせる」の例についても、「特定の時間とむすびつかず」「動作主体は必要でない」こと、そして「(連体修飾を受けている「たべもの屋」は)属性のもちぬしをあらわしている」ことが説明されている(1979[1994:361])。この文においては「たべる」動作の主体だけでなく対象となる食物も示されていないが、それはいずれも単なる省略ではなくそもそも動作の具体性が問題にされない表現である。そして、ここでの「たべさせる」は、“営業している”“食べ物を提供している”といった表現とほぼ同じ意味になっていて、その店がそういう性質の店であると特徴づけられている。このように、高橋(1979)では、連体句節における連体形の動詞が、「格支配という名詞に対する支配的な性格と、連体修飾という名詞に対する従属的な性格とをあわせもつ」ものであって、「支配力を頑強にまもろうと」する種々の現象をみせるものの、「結局は構文のつよい圧力に屈して名詞に従属することになる」ということが具体的に述べられている(高橋 1994:6[6])。「V-(サ)セル」の形の例(6)の「たべさせる」もそのような一つである。なお、高橋(1994)におさめられている高橋(1974)にも、「機能のちがいは、いろんなかたちで、その語形の形態論的な性格に影響をおよぼす。連体形になると、述語性がうすれる」(高橋 1974[1994:35])、「規定語[7]の、名詞のしめすものごとを特徴づけるという機能……規定語になるということは、なんらかの意味で特徴を付与するはたらきをもつことである」(高橋 1974[1994:40])といった指摘があり、本稿の考察にとって重要であった。

2.2 「状態詞」—宮島達夫(国立国語研究所)(1972)—

宮島(1972)は、「第 1 部　意味特徴の記述」、「第 2 部　個別的記述」、「第 3 部　意味とほかの性質との関係」という大きく 3 つの部から成っている。その第 3 部の「1　動詞の意味と文法的性質」の「1.3　用法の限定による品詞性の変化」(pp. 675-679) において、「典型的な動詞からのズレがひじょうに大きいもの、つまり動詞として当然そなえているべき文法的性質のうち、かなり重要なもののいくつかをかいていて、ほとんど動詞とはよびにくくなっているもの」(p. 675) が6つに分けられ、語例があげられている。そのうち、語例のもっとも多いのが「状態詞化したもの」であり (64語)[8)]、それを文法的な性質によって4類にわけて例があげられている[9)]。

(7) 宮島 (1972) における「状態詞化したもの」

a　もっぱら「V-タ＋N」「V-テイル」の形でつかうもの (55語)

うがった (見方)、かわった (人)、くだけた (態度)、くたびれた (服)、……、きりたった、ずぬけた、かどばった、……、あぶらぎった、いりくんだ、こみいった、すきとおった (声)、等

b　もっぱら「V＋N」「V-テイル」の形でつかうもの (1語)

時めく

c　もっぱら「V」「V＋N」の形でつかうもの (7語)

いける (口)、はなせる (男)、いかす (やつ)　cf.きかせる、くわせる、なかせる、わらわせる

d　もっぱら「V-テイル」の形でつかうもの (1語)

しょっている[10)]

これらのうち、c で「cf.」とされているのは原文のものであり、宮島 (1972) では「きかせる、くわせる、なかせる、わらわせる」は、「V-(サ)セル」の形ではあるが「状態詞化したもの」とみなされている[11)]。

ただ、宮島 (同:675-679) では「状態詞」や「後置詞」を明確に定義しているわけではなく、「用法の限定による品詞性の変化」がみられるものとして列挙した諸語について、「これらが本当に「状態詞」「後置詞」などと別の品詞名でよばれるべきものか、それとも動詞のなかの特殊なグループというにとどまるか、という品詞分類上の問題には、ここではふれない」としたうえで、「特に、「状態詞」という用語をつかって動詞と別の品詞であるかのようにしたのは、「状態動詞」という呼び名が、すでに「ある」「いる」などをさすものとし

てつかわれている、ということによるものである」(p. 677）としている。本稿でも「状態詞」を明瞭に定義できるわけではないが、宮島（同）にならいつつ、仮に「動詞に接辞のついた「V-(サ)セル」という形式ではあるものの、「V」の語彙的意味と「-(サ)セル」の文法的意味（使役）とを合わせた意味を表しているのではなく、事物の性質や状態を静的あるいは動的な面から表している語の類」を「状態詞」とよぶことにする。

なお、宮島（同）の次の指摘は、品詞の捉え方として重要な点だと本稿は考えている。

> 品詞が文法的性質の束である[12]からには、1つの品詞のなかにいろんなタイプがみとめられること、そして1つの品詞と他の品詞とのあいだは飛躍的ではなく連続的であり、最後に2つの品詞をわけるものとして引かれる1線はほとんど便宜的なものでしかないことは確かである。(p. 677)

宮島（同）はこれに続けて、「まがった」という語形を例にして、「さっき風でまがったマスト」→「まがった針金」→「まがった道」→「まがったことはきらいだ」のように、典型的な動詞から状態詞にいたる段階があることを述べている。

本稿で問題としている「V-(サ)セル」についても、「後輩に荷物を運ばせた」の「運ばせる」が使役動詞であるのはもちろん、「泣かせる」「笑わせる」であっても「太郎が意地悪をして花子を泣かせてしまった」「馬鹿なことを言ってみんなを笑わせた」は使役動詞といえる。それに対して、例（3）(4）で示した句例における「泣かせる」「笑わせる」は、文法的な性質として動詞らしさが希薄であり（語形変化が豊かでない、文中でどのような成分になるかという機能が限定されている等)、語彙的な意味としても事物や人の性質を表しており、状態詞的である。

ところで、宮島（1972）の「第2部　個別的記述」には、「V-(サ)セル」の形である「くわせる」について述べている個所がある。第2部においては「いくつかの動詞を1つ1つとりあげて、その意味・用法のくわしい記述」(p. 509）がなされており、13の動詞（群）がとりあげられていて、そのひとつが

「くう」(pp. 626-637) である。その中で、「くわせる」についてとくに触れていて、「「くわせる」の形で、料理がうまい、うまいものをくわせる、という意味にもちいられることがある。このばあい、性質をあらわすので、「〜を」という目的語はとらない。これは「くわせる」全体としての意味はずれている……」(下線は早津) と説明され、次の例があげられている (p. 628) [13]。

(8) 馬道の真砂っていふうちは一寸喰わせるねっていったら、(末枯)

ここで宮島 (同) は「くわせる」の構文論的な性質としてヲ格名詞と組み合わさらないことを指摘しているが、それだけでなく、「くう」動作の主体が不特定者であることも意味のずれの重要な条件である。

2.3 動作主体の不特定者化による動詞文や動詞の変容—森重敏 (1965) ほか—

一般に、ある文の中で動詞の表す動作の主体が特定の個別者でなく不特定者であるという条件のもとで、さらにそれ以外の文法的・語彙的条件もあいまって、その動詞を含む文の動詞文としての性質が変容したり、当該の文の中でのその動詞の意味が変化したりすることがある。動作主体 (あるいは動詞述語にたいする主語) が個別者でなくなることによって動詞文の性質が変容することについては、先に紹介した高橋 (1994) に収められている論文のほか[14]、様々な立場からの指摘がある。ここではそのいくつかを簡単に紹介する。

森重 (1965) は、次の文について、主語が「消去[15]」されており、「みる」動作の主体は個別者としては存在せず、「全体者」すなわち、子供、話し手・書き手、そして聞き手・読み手という「それら三者各個や総和を超えた、何者とも決められない者−全体者が主語なのである」(p. 110) とする。

(9) ふと見ると、緑の草の上には、子供の長い影も消えていた。(p. 101)

そしてこのことにより、「「見ると」は、句の述語であることから、「ふと」とともに副詞的なものに転換した。この転換を生じさしたのは、いうまでもなく主語が全体者だということである。通常は個別者の主語が立って句となるべきものが、主語の全体者への変質によって、それと相関する述語の質をも変転させたわけである」(p. 111、傍点は原文) としている[16]。

川端（1958）は、次の文について、下線部に対する主語は「普遍者」であるとし、それによってそれぞれの下線部は「句資格を失って語資格を帯びたことを意味する。手段方法としての。」（p. 53）としている。

(10)―1　世論を通じて核兵器実験禁止を訴へる。

―2　今の状態から見て将来は有望ですねえ。

―3　君を加へて三人、信州のどこかで一夏くらさないか。

川端氏はまた、川端（1967）において、「川を隔てて、二軒の家があった。」という文について、「川を隔てて」という句には副詞性があり、「その副詞性においてその句の主語を求めるならば―その他動詞述語の他動性の主語を求めるならば、それは判断一般者だと言わざるを得ない」としている（川端 1967[下]の p. 43）。川端（1958）における「普遍者」と、川端（1967）における「判断一般者」とを全く同じものと捉えてよいかどうかはっきりしないが、個別の人ではなく不特定な人という点では同じだとみてよいだろう。「～ヲ V-テ」という句形式において「V」の主体が個別者でなくなることで、「～ヲ V-テ」が副詞的になるという現象である。

奥田（1967）では、単語（主として多義語）の語彙的な意味がどのような文法的条件のもとで実現するのかをめぐって、多義動詞「みる」を中心にして論じられている。条件のひとつとして、主語が個別者でないという構文的な特徴があげられ、次の文をはじめ 4 つの文ついて、「これらの文のなかでは、述語「みる」に対応すべき主体はぼかされていて、主語は省略されている。主語のない文である。この条件のなかでは、動詞「みる」の意味は、/ある、あらわれる/ にずれてくるのである」（奥田 1967[1985:14）と述べている。

(11)　七日目には、もはやこの街道に初雪をみた。（夜明け前）

ここでは、「みる」の意味がずれることによって、「みる」を述語とする文は他動詞文ではなく、存在文としての自動詞文に近くなっている。

動作主体の不特定者性にかかわってはまた、次のような題述構造の文（「P ハ V」）において、動作主体が不特定者であることに加えて、動作が非アクチュアルなものになることにより、その文が「P」の属性を述べる文になることも広く知られている。

(12)「酒は米からつくる」「ヒヤシンスは水栽培で育てる」「あの飛行機は赤十字のマークをつけている」

このように、動作主体が個別者でなくなることによって動詞文（動詞句・動詞）の性質が変容するいろいろな現象がさまざまに指摘されている。

早津（2013a[2016]）では、次のように、使役動詞で述べても原動詞で述べても同じ事態を表現しうる現象があることをとりあげ、そのようなことが生じるのは、その動詞の表す具体的な動作の主体が不特定者であることが大きくかかわっていることを述べた。

(13) これによって、民間人が泣き寝入りをしなくていい実例を社会に示したい。星は弁護士に依頼し、この件の調査を{はじめさせた：はじめた}。（人民は弱し官吏は強し）[原文では使役動詞]

(14) 父は、ただそれだけの理由で（私たちの）結婚を認めたわけではありませんでした。父は興信所に依頼して、あなたという人間を徹底的に{調べさせました：調べました}。（錦繡）[原文では他動詞]

そして、冒頭で早津（2016）の内容としてふれた、他動詞化、後置詞化、判断助辞化においても、その動詞の表す動作の主体の不特定者性がかかわるものがある（詳しくは早津 2016 参照）。本稿で考察する「V-(サ)セル」の状態詞化という現象はこれらに連なるものとして位置づけられるものと考える。

3 「V-(サ)セル」の状態詞化

1節の最後に述べたように、状態詞化したものが表現する特徴づけには、静的な特徴づけと動的な特徴づけがある。そしてそれは、以下にみるように、原動詞の意味的な特徴・種類とかかわっている。

3.1 静的な特徴づけ

使役文の原動詞が「泣く、笑う、うなる、しみじみする、苛々する、感動する」のような、人の心理状態やそれを反映した生理的な動きや表情を表す動詞であり、当該の文において動作主体が不特定者であるとともに、さらに構文面の特徴として、《「N ハ V-(サ)セル」》という主題-解説構造あるいは《「(z ヲ) V-(サ)セル N」》という修飾-被修飾構造で使われるとき、当該の文における「V-(サ)セル」が「N」に対する静的な特徴づけをするものとなることがある。たとえば次の文において、それぞれの下線の使役動詞は〔 〕内に示したような形容詞的な意味に近い。

《「N ハ V-(サ)セル」》

(15 = 1) {伊藤静雄の書く手紙は} 年長者に対しても、年少の者に対しても、いつもきちんとしている。しみじみさせるものがある。(庭の山の木)〔"味わい深い"〕

(16) 士会のどこが偉い。戦場にでた士会が敵の大夫を殺したり捕獲するところを先こくはいちども目撃したことはない。兵術とは、笑わせる。晋兵が強いだけではないか。士会は何もしていない。(沙中の回廊)〔"ばかばかしい、こっけいだ"〕

(17) あすこの兄弟の孝行ぶりはなかなか泣かせるねえ[17)]。〔"心をうたれる、感動的だ"〕

(18) この試合はうならせますね。(2001 年夏の高校野球大会準決勝でのアナウンサー)〔"見ごたえがある"〕

《「V-(サ)セル N」》

(19) 「それは泣かせる話だなあ」〔"感動的な"〕

これらでは、「N」を"それに接する人の感情にうったえかけ、その人の「V」という心理・生理変化を生じさせる性質をもったもの"として叙述しており、1 節で、(3)「なかせる」、(4)「わらわせる」に示した『新明解国語辞典(第 6 版)』の語釈からもそのようなことが読みとれる。また、動詞によってはいわゆる自発表現(「泣ける、笑える」)に近くなってもいる。

また、次の例では、動作主体に相当するものが、一般者あるいは不特定者を表す「人」「人々」などの名詞で文中に表現されていて、「N ヲ V-(サ)セル」というまとまりが、被修飾名詞である「N(人や事物)」の性質を特徴づける表現になっている。これらの「人を」「人々を」は省略しにくく、不特定者であることの積極的な表現だともいえる。修飾-被修飾構造における使用としては、(19) のような「V-(サ)セル N」よりも、(20) ～ (24) のような「z ヲ V-(サ)セル N」のほうが多く使われる自然な表現かもしれない。

《「z (人/みんな、等) ヲ V-(サ)セル N」》

(20) 「あの人のことを聞いたよ。大変ほめていたよ。……性質は無邪気で、快活で、一緒にいるとへんに人を愉快にさせる性質をもっていて、身体の随分いい人だそうだ。(友情)〔"快活な"〕

(21) よいことばはアルコールなぞよりも、はるかに人を酔わせる力がある。(路傍の石)〔"魅惑的な"〕

(22) 私は、その男の写真を三葉、見たことがある。……へんにひとをムカムカさせる表情の写真であった。(人間失格)〔"不愉快な"〕

(23) 人を恐れさせる話し方〔"威圧的な"〕

(24) 人々を感動させる名演奏〔"感動的な"〕

ある特定の性質をもった人を一般的なものとして表す名詞が動作主体として表現されている場合も、上のような構造のもとで「z ヲ V-(サ)セル」が状態詞的になる。

(25) 玄人をうならせるのど／声／腕前。〔"すばらしい" "素人とは思えない"〕

(26) 舌の肥えた客をうならせる料理。〔"すばらしい" "おいしい"〕

以上のような例が、「V-(サ)セル」が使役動詞性を希薄にして状態詞的になり、人や事物の静的な特徴づけをおこなっているものである。これらの用法は、特定の状況における特定の人の心理変化の引きおこしを表す次のような使役文がもとにあり、その動作主体（ここでは、心理変化の主体）が不特定者になることによって生じるものである[18)]。

(27) 私が上原さんと逢って、そうして上原さんをいいお方と言ったのが、弟を何だかひどく喜ばせたようで、(斜陽)

(28) 卑しい野心の点火には、何か肉体的な強制力のようなものがあって、それが私を怖れさせたのだと思われる。(金閣寺)

3.2 動的な特徴づけ

使役文のうちに、原動詞が「食べる、飲む、聞く、抱く」のような「主体変化志向の他動詞[19]」であり、動作主体が不特定者であることに加え、構文面の条件として《「N ハ V-(サ)セル」》という主題-解説構造、あるいは《「z ヲ V-(サ)セル N」》という修飾-被修飾構造であり、「N」が「店」だという使役文がある。そのようなとき、「V-(サ)セル」が、当該の「N (店)」の性質を、その店で行う人の動作の面から特徴づける状態詞的な性格を帯びることがある。たとえば「うまい魚を食わせる店」の場合、動作主体として「店の客」が一般的なものとして想定されており、この「食わせる」は“その店ではある物を食べたり飲んだり、あるサービスを受けたりできる”“その店は客に対して恒常的にある物を提供している”といった特徴を表すものとなっている。

《「N ハ z ヲ V-(サ)セル」》

(29) 頭の薄い五十代の実直そうな男は、名刺を出して丁寧に挨拶したのち、お昼間からのれんを出した近くの居酒屋風の店へ案内した。「こんなところで、すみません。地元の魚で美味いものを食べさせるんです」(百年の予言)

(30) 現在この店の名はブルー・ノートと変ってモダンジャズを専門にきかせている。(聖少女)

(31) 福田屋酒店のものよりも、ずっと上等の品をここでは値を安く飲ませていた。(むらぎも)

(32) 福地の邸の板塀のはずれから、北へ二三軒目の小家に、ついこの頃「川魚」と云う看板を掛けたのがある。僕はそれを見て云った。「この看板を見ると、なんだか不忍の池の肴を食わせそうに見えるなあ」(雁)

(33) 「ところでいいお店があるのよ、教えてあげましょうか。あたしが顧問みたいになってるお店で、モダンジャズでもブルーベックなんかのスクェアなやつは一枚もおいてなくて、とびきりヒップなのといわゆるnew thing、それに現代音楽を聴かせるの。モンクってお店。よかったらいっしょに行ってみない？」(聖少女)

《「z ヲ V-(サ)セル N」》

(34 = 2)　自分は、うまい鮨を食わせる店というところに、ひとに連れられて行って食っても、うまいと思った事は、いちどもありませんでした。(人間失格)

(35)　旨いアイスクリームを食べさせる小さな店を発見しました。(青春の蹉跌)

(36)　{日記}(十月×日) 渋谷の百軒店のウーロン茶をのませる家で、詩の展覧会なり。(放浪記)

(37)　湊町にはかならず船乗りたちの集まる店がある。酒を飲ませる店であったり女を抱かせる店だったりするが、それは博多でも長崎でも変わることはない。(波濤剣)

ところで、店は客が物を購入する場所でもある。動詞「買う」からの使役動詞による「いい物を安く買わせる店」「駅前の魚屋はいつも新鮮な魚を買わせる」という表現もあるだろうか。「買う」は、早津（2015[2016]）のいう「やりとり志向の他動詞」のうち「取得・受信型」の類であり、「取得・受信型の動詞は主体が物や情報を得て変化するので、大きくは主体変化志向とみることができる」（早津 2015[2016:98]）動詞である。つまり、主体変化志向の他動詞という点で「買う」は「食べる、飲む、聞く、抱く」と同じ類であり、そうだとするとこのような表現があってよさそうだが実例を得ていない。「買う」は「食べる」等に比べると動作主体の変化が直接的でないことが関係しているのだろうか。

「読む」も主体変化志向の他動詞である。「読ませる」による使役文にも、動作主体が不特定者であるものがある。そして、「読む」動作の対象である文章が「N」であり、主題-解説構造や、修飾-被修飾構造（に近い構造の文）で使われることがある（「この小説はよませる」）。この場合、動作主体として「読者」が一般的なものとして想定されており、“その作品が読者一般に「読む」ことを引きおこすだけの性質を有している”“読みごたえがある”ということを表現するものとなる。1節で（5）として『新明解国語辞典（第6版)』で立項されていることを紹介したものである。

(38)　丸谷さんの『文章読本』が読ませるのは、豊富な引用から成る、いわば一種の名文選になっているからであるが、(ことばの差別)

(39)　蓮太郎の筆は、面白く読ませるといふよりも、考へさせる方だ。(庭の山の木)

なお、「読ませる」は「{文字}-ヲ {〜}-ト 読ませる」のように使われることがあり、この場合も「よむ」主体は不特定者である。そして、原動詞を用いて「{文字}-ヲ {〜}-ト 読む」といっても大きな違いはない[20]。

(40)　相生と書いて、おう、と読ませるこの町は、(素足の娘)

(41)　漢字では、……また、霊の字を用いて、「たま」と読ませる。(死の思索)

これらの「読ませる」は、本稿の考察対象とは異なるものの、使役動詞と原動詞の違いがなくなっている点で使役動詞性が希薄になっているものではある[21]。

以上、「V-(サ)セル」が、動作主体が不特定者であるという条件のもとで、事物（「店」と「本」）をそれが人のどのような動作と関係しているかという動的な面から特徴づける表現になっているものをみてきた。こういった現象がみられる用例の使役主体と動作主体との関係は、「食べさせる、飲ませる、聞かせる、抱かせる」の場合は《店－客》、「読ませる」の場合には《本－読者》である。そして、原動詞が主体変化志向の他動詞であるときに状態詞化がみられるのは、ある店や本が提供するものに接する客一般・読者一般が、それによって何かを享受できるという状況であるときに、その店や本をそういう性質の備わったものとして叙述することが可能となるからではないだろうか。

4　おわりに

本稿では、使役文における「V-(サ)セル」の使役動詞性が変容する現象のひとつとして、一定の条件のもとで、「V-(サ)セル」が状態詞的な性質をもつようになることをみてきた。

「V-(サ)セル」が状態詞化するのには、まず、動作主体が特定の個別の人ではなく不特定者であることが前提的な大きな条件となっている。そしてそれに伴って動作が時間的・空間的に非限定的なものとなることも与っている。また、文の機能構造面の条件も重要であり、修飾-被修飾構造（「(z ヲ) V-(サ)セル N」)、または、主題-解説構造（「N ハ (z ヲ) V-(サ)セル」）で用いられるときに生じやすい。さらに、原動詞の意味的な種類に特徴があって、それは状態詞による特徴づけの種類に関わっている。すなわち、原動詞が心理状態やそれに裏づけされた生理状態（あるいは動作）を表す自動詞であるときには静的な特徴づけを表すものとなり、原動詞が主体変化志向の他動詞であるときには動的な特徴づけを表すものとなる。

原動詞の意味的な種類との関係で少し加えて述べておく。1節のはじめに述べたように、使役動詞性が一定の条件のもとに希薄になり性質が変容することについては、早津（2016）において、他動詞化するもの、後置詞化するもの、判断助辞化するものをみた。このうち、原動詞の意味的な種類が大きく関係するのは「思わせる」「感じさせる」にみられた判断助辞化の場合である。早津（2013b[2016]）ではこの2語についてのみ考察したが、「思い出させる、思い起こさせる、思い浮かべさせる、想像させる、空想させる、連想させる、髣髴させる」など思考活動を表す動詞一般にも同様の現象がみられそうである[22)]。それらを改めて確認するとともに、他にも、原動詞の意味的な種類が「V-(サ)セル」の使役動詞性の希薄化に関わっていることがないか調べてみたい。

注

1）ここで「他動詞性をもつもの」とは、「両親に近況を知らせる」「孫に昔話を聞かせる」「壁に背をもたせる」をはじめ、「業者に金を握らせる」「議論を戦わせる」「犯人を泳がせる」のように、形態的には「V」＋「-(サ)セル」という分析的な形式であるものの、構文的・意味的な性質として分析性が弱く、一単位の他動詞とみなせることがあるものをいう。また、「後置詞への近づき」とは、「彼は小説を書かせると玄人はだしだ」「ちゃんと学校へ行かせれば伸びる子供」のような条件形の「V-(サ)セルト／(サ)セレバ」等が、人などがある性質を発揮する領域や機会を示す後置詞のような働きをしている現象を、そして「判断助辞への近づき」とは、「春をおもわせる陽気」の「(〜を) 思わせる」、「ぎこちなさを感じさせる動き」の「(〜を) 感じさせる」が一定の条件のもとで「〜ノヨウダ」「〜デアル」のような判断助辞（コピュラ）的な意味機能となる現象をいう。詳しくは早津（2016）参照。

2）早津（2016:306、350）によると、1956年〜2006年に刊行された国語辞書26種（書誌情報は早津2016参照）についてみると、「知らせる」は26種すべてに、「聞かせる」「もたせる」は25種に立項されている。

3）この語釈に続いて、括弧書きで〔作為が感じられるとして、皮肉・揶揄を含意して用いられることがある。〕と付け加えられている。

4）この句例は、「わらわせる」の項の［運用］として補足的にあげられているもので、「当人は得意がっているようなことを言っても、第三者的な目からは、とてもそれにふさわしい器量を備えているようには見えないと、からかいや侮蔑を含意して用いることがある。」という説明が付されている。

5）使役文について構文や意味の構造が広く論じられている佐藤（1986、1990）でもとりあげられていない。

6）高橋（1994）は、氏のそれまでの発表論文をまとめた論文集である。巻頭に「はじめに―この論文集の展開について―」(pp. 3-6) という文章があり、この論文集の特徴と再録されている各論文についての簡単な解説が書かれている。この中のp. 6に高橋（1979）について説明されており、本稿ではそれを引用した。

7）ここで「規定語」というのは、文の成分としてのいわゆる「連体修飾語」のことみてよい。

8）他の5つは、「連体詞化したもの」(「奥まった、息づまる」等12語)、「副詞化したもの」(「息せききって、かいつまんで」等7語)、「副詞・連体詞化したもの」(「うってかわって〔た〕、たまりかねて〔た〕」等4語)、「条件語化したもの」(「まかりまちがうと」1語)、「後置詞化したもの」(「(〜を) おして、(〜を) 相手どって、(〜に) 即して」等27語) である。

9）宮島（同）では、「N」「V」をつかった書き方ではないが、本稿では、名詞を「N」、動詞を「V」として、宮島の説明を記すことにする。

10）「しょっている」はいわゆる縮約形「しょってる」の形でつかうことが多いと思われる。国語辞書でも、たとえば『岩波国語辞典（第5版）』には「しょってる」

の形で立項されており、次のような語釈と例があげられている。

「しょってる」〔俗〕うぬぼれている。「あいつ、ずいぶんしょってるなあ」

11）これらがなぜ「cf.」とされているのかについての説明はない。

12）「品詞が文法的性質の束である」ということについて、宮島（同:675）において次のように説明されており、それに続いて、動詞について具体的に説明されている。

品詞というのは、文法的性質の束である。1つの単語は、文法的な観点からみたとき、何十もの性質をもっている。その性質のうちのかなりの部分を共有しているものが、おなじ品詞としてまとめれるのである。

13）宮島（同）の第2部でとりあげられている13の動詞（群）には「のむ」「よむ」も含まれていて、意味・用法が詳しく記述されているが、そこでは「のませる」「よませる」について述べられてはいない。

14）高橋（1994）には、条件形の動詞が、動作主体が個別者でなくなることによって動詞らしさを失う例もあげられている。「この池のほとりをしばらくゆくとまたふたつにわかれる」「体力からいえば、Kより私のほうがつよい」等。

15）森重（同）のいう「消去」は、主語が何であるかが前後の文脈などから明らかなために省略されているだけで（不自然さを無視すれば）補塡が可能という「表現上の省略」はなく、主語を補塡することのできない「文法上の省略（＝消去）」である（p. 122）。

16）森重（同）によると、次の文においても動作主体は個別の人ではないが、これは「全体者」ではなく「個別者の単なる総和、あるいは或る程度の集合という質のもの」（p. 122）である。したがって「描く」「折る」の動詞性がかわるわけではない。

○型紙は、ヨコ62センチ、タテ90センチのだ円を描いて、タテを二つに折ります。

17）森山（1988:125）には、「泣かせる」と「泣かす」を比べて、「それは泣かせる話だなあ。」を「泣かす話」とはいいにくいと述べられている。「泣かす」が単に「泣かせる」の短縮形だといえないのにはこういう事もかかわっている。

18）次の例は、「人々を感動させる」であるが、過去形で用いられて特定の時間に起こった出来事について述べており、これはまだ個別的な叙述である。

○そのとき、ある農村からの移民についてこういう話が伝えられて、人々を感動させました。（社会科学における人間）

19）早津（2015[2016:91-95]）では、使役文の文法的な意味を考えるにあたって、人の意志的な動作を表す動詞が「その動作が何に変化を生じさせることを志向して行われるか」という観点から「対象変化志向の他動詞（「こわす、運ぶ」等）」、「やりとり志向の他動詞（「払う、話す、うけとる、聞く」等）」、「主体変化志向の他動詞（「食べる、飲む、抱く、見る、聞く、持つ」等）」、「主体変化志向の自動詞（「行く、結婚する」等）」の4つに分けられている。

20）宮島（1972:650）は、「読む」には「（ある文字が）～と発音される」ということをあらわす用法がある」として、「伴と書いてとも子と読みます。」（帰郷）、「細川七段の名は、チヒロとよむ。」（棋道）という例をあげ、「このばあい、「よむ」は本来の他動詞的用法ではなく、むしろ文字を主体とする性質の表現になっている。つまり、だれが「よむ」のか、という、動作の主体はあいまいになり、一般化される。」と説明しており、動作主体の非個別性が関わっていることが述べられている。

21）ただし、こういった言い方がされるのは意外な読み方のときに限られるようであり、「「鈴木」と書いてスズキとよませる」という文は使われそうにない。

22）たとえば「連想させる」の次のような例である。

○彼らの姿はたしかに墓場に集まってくる幽霊を信太郎にも連想させた。（海辺の光景）

○蘂しべを連想させる細い眼（流れる）　cf. 動作主体が不特定者

なお、中村明（国立国語研究所）（1977:212-281）には、この類の動詞の「V-（サ）セル」が比喩表現に用いられる形式としてあげられており、参考になった。

参考文献

奥田靖雄（1967）「語彙的な意味のあり方」『教育国語』8、むぎ書房（奥田靖雄 1985『ことばの研究・序説』むぎ書房、pp. 3-20、等に再録）

川端善明（1958）「接続と修飾―「連用」についての序説―」『国語国文』27-5、pp. 38-64、京都大学国語国文学会

川端善明（1967）「場所方向の副詞と格（上）（下）」『国語国文』36-1、pp. 1-31、36-2、pp. 24-57、京都大学国語国文学会

佐藤里美（1986）「使役構造の文―人間の人間にたいするはたらきかけを表現するばあい―」言語学研究会（編）『ことばの科学 1』pp. 89-179、むぎ書房

佐藤里美（1990）「使役構造の文（2）―因果関係を表現するばあい―」言語学研究会（編）『ことばの科学 4』pp. 103-157、むぎ書房

高橋太郎（1974）「連体形のもつ統語論的な機能と形態論的な性格の関係」『教育国語』39、むぎ書房（高橋 1994、pp. 33-59 に再録）

高橋太郎（1979）「連体動詞句と名詞のかかわりあいについての序説」言語学研究会編『言語の研究』むぎ書房（高橋 1994、pp. 323-420 に再録）

高橋太郎（1994）『動詞の研究―動詞の動詞らしさの発展と消失―』むぎ書房

中村　明（国立国語研究所）（1977）『比喩表現の理論と分類』（国立国語研究所報告 57）、秀英出版

早津恵美子（2013a）「使役文と原動文との似通い―使役と原動の対立の弱まり―」『日本語学研究』36、pp. 23-43、韓国日本語学会（早津 2016、pp. 255-281 に、いくらか修正を施して再録）

早津恵美子（2013b）「「感じさせる」「思わせる」の使役動詞性の希薄化」『日本語学・日本語教育』1、pp. 329-343、J & C（ソウル）(早津 2016、pp. 395-415 に、ほぼそのまま再録)
早津恵美子（2015）「日本語の使役文の文法的な意味―「つかいだて」と「みちびき」―」『言語研究』148、pp. 143-174、日本言語学会（早津 2016、pp. 85-127 に、ほぼそのまま再録)
早津恵美子（2016）『現代日本語の使役文』ひつじ書房
宮島達夫（国立国語研究所）(1972)『動詞の意味・用法の記述的研究』(国立国語研究所報告 43)、秀英出版
森重　敏（1965）『日本文法―主語と述語―』武蔵野書院
森山卓郎（1988）『日本語動詞述語文の研究』明治書院

『岩波国語辞典（第 5 版)』(1994)、西尾実・岩淵悦太郎・水谷静夫（編)、岩波書店（約 63,000 語)
『新明解国語辞典（第 6 版)』(2005)、山田忠雄（主幹)・柴田武・酒井憲二・倉持保男・山田明雄（編)、三省堂書店（約 76,500 語)

性質・状態・動作を表す名詞述語文の「連体型」と「単独・連用型」

――「文末名詞文」の解消――

丹 羽 哲 也

1 はじめに

新屋（1989）は、「彼ハ出カケル様子ダ」のように、「連体部を必須とし、コピュラを伴って文末に位置し、主語名詞と同値関係でも包含関係でもない名詞」を「文末名詞」と名付け、それを持つ文を「文末名詞文」と呼んだ。一方、名詞述語文には、連体部分がなくても、「文末名詞文」と同様の意味を表す文もある。

（1） 彼女は解放された気分だ。

（2） 彼女はもう自由だ。

（1）が「文末名詞文」で、（2）が連体部分がない形の文である。本稿は、「文末名詞文」の性格を検討することによって、この構文カテゴリーを立てることには限界があり、もう少し広い枠組みで捉える方がよいことを主張する。あらかじめ述べておけば、性質・状態・動作を表す名詞述語文（「形容動作性名詞文」）に、「連体型」と「単独・連用型」と呼び得るものがあり、（1）は前者、（2）は後者に属する。

「文末名詞文」は、丹羽（2017）に述べたように、連体修飾部分が用言・助動詞の連体形の例を対象に考察されることが多かったが、

（3） ショーケースはもう春の気配です。 (96/2/3)[1)]

のような「名詞＋の」による修飾の例も、上記の新屋の定義を満たすので、この種のものも区別なく扱う。「文末名詞文」は、（1）（3）のように、

（4） 名詞$_1$は/が［連体修飾部分］名詞$_2$だ。

という構造を持つものが基本であるが、それとともに、

（5） 険悪な間柄の二人　　　（→二人は険悪な間柄だ。）

という「［連体修飾部分］名詞$_2$の 名詞$_1$」という形の例も考察に含める。

2　新屋（1989）による分類

新屋は、「文末名詞文」の種類を、主語と述語との意味関係によって、次のように分類する。例文は一つのみ引用（出典は省略）、例文の下の語彙リストは、そのタイプの「文末名詞文」になり得る名詞である。

表1

A．述部が、主語で表されたものをパラディグマティックなものの中で位置づけるもの。

（6） わたしの学校の絵の先生は、先生というより芸術家のタイプです。

「種類、類、たぐい、タイプ、方、部類、クラス、階層、系統、パターン」など。

B．述部が、主語で表されたものの属性を述べるもの。

（7） 極秘と聞くと、参吉はまるで餌にとびつく魚のように、どうしても飛びついて行かなくては済まない性質だった。

「性質、性格、気質、気性、性分、たち、体質、人柄、立場、構成、構造、仕組み、形式、様式、顔立ち、人相、体格、匂い、形、趣、体裁、運勢、身分、出身」など。

述語が主語で表されたものの関係を述べるものも属性文に準ずる。

（8） このカバは、入園以来、17年余りもぼくと苦楽を共にしてきた仲である。

「仲、関係」

C．主語で表されたものや一定の状況の様態を感覚的に把握して述べるもの。

（9） 神谷直吉は返事に窮した様子だった。

「感じ、様子、模様、状態、風(ふう)、有様、形、風情、格好、空気、気配、気色、態度、素振り、言い方、口調、口振り、表情、調子、具合、勢い」など。

D．述部が、主語（省略されることが多い）で表されたものの主観を表すもの。

D１．述部が、主語で表されたものの身体的感覚を述べるもの。

(10)　心も体も疲れはてた感じである。

D２．述部が、主語で表された主体の感情・心理を述べるもの。

(11)　僕だってこのままでは兄さんに対してすまない気持です。

「感じ、気持、思い、心持、気分、心境」など。

D３．述部が、主語で表された主体の意思を述べるもの。

(12)　そうして、僕の悪い所はちゃんと詫まる覚悟です。

「意向、気、魂胆、料簡、覚悟、考え、決心、心組、方針、予定、主義、計算、つもり」など。

D４．述部が、客観的な事象に対する、主語で表された主体の認識や意見を述べるもの。

(13)　じゃ、僕等二人は世間のおきてに叶う様な夫婦関係は結べないという意見だね。

「意見、考え、印象、考え方、認識、見方、解釈、判断」など。

E．状況をより詳しく述べたり、別の角度から解説を加えたりするもの。

(14)　いずれ改めて拝眉、万々御礼申上げ度く存じますが、とり急ぎ使いを以て右御挨拶申し上げる次第であります。

「塩梅、具合、次第、道理、話、理屈、わけ、顛末、始末」など。

F．主語で表されたものや状況の時間的または空間的位置関係を述べるもの。

(15)　郵便局はあの角を曲がった所です。

「ところ、近辺、近く、そば、隣、寸前、最中、途中、頃、直前、直後、後、時分」など。

G．話し手が他から得た情報として事象を伝達するもの。

(16)　財部総裁の退職金は大変な金額だったという話だね。

「こと、話、噂、評判、由」など。

この分類は、「文末名詞文」の多様性をよく表しているが、どのような基準を基に分類したものであるか、捉えにくい。そこで、本稿は高橋（1984）を参照する。

3　高橋（1984）の名詞述語文の分類

高橋は、名詞述語文の主語と述語の意味的な関係を、次の５種類に大別している。

種類づけ：(17)　さそりは 虫よ。　（下線の引き方は、高橋に倣う。）
性質づけ：(18)　畳は 茶褐色だ。
状態づけ：(19)　私は、夢中だった。
動作づけ：(20)　わしは 絶交だ。
同一づけ：(21)　これは さっきの切符です。

同一づけと種類づけとは、同値・包含関係に相当する。性質づけについて、高橋は、その述語の作り方に二種類あって、一つは、(18)や次の(22)のように、「性質をあらわす一つの名詞が述語になるもの」であり、

(22)　彼女は 陽性だ。

もう一つは、「性質の類概念をあらわす名詞を一定の内包でかざるもの」で、次のような例を挙げる。

(23)　彼女は 陽気な性質だ。
(24)　ことに権兵衛殿は（略）桑門同様の身の上であった。
(25)　おかみさんてえ人は、なんとなく底の浅い感じでしてね。

後者は、「文末名詞文」に相当する。また、性質づけには、狭い意味の性質を表すもののほかに、量・程度や存在の仕方を表すもの、他との関係で性格づけるものがあるとされ、そこに挙げられた例文にも、

(26)　座敷は 六畳だ。

のような単独の名詞によるものとともに、

(27)　座敷は 六畳の広さだ。（量・程度づけ）
(28)　彼の家は やっと食うに困らない程度だった。（量・程度づけ）
(29)　私の家は、すぐそこの横町だわ。（存在づけ）
(30)　彼は村岡とはある会で会ったことがあるが、目礼をしたりしなかったりする間柄だった。　（関係づけ）

のように「文末名詞文」が含まれる（高橋は連体部分が必須ということは述べていない）。

「状態づけ」についても、単独の名詞の例とともに、「類概念をあらわす名詞にカザリをつけたつくりかたの述語がかなり存在する」と述べ、次のような例を挙げている。

(31)　俺は いい気持ちだ。

(32)　だから君はいま躊躇すべき時じゃない。

「動作づけ」については、高橋は、(20)や、

(33)　我々もいよいよあす出発だ。

(34)　今夜のことは誰にも絶対に秘密よ。

のような単独の名詞の例を挙げるが、それに加えて、次のような「文末名詞文」も可能である（「名詞＋の」によるものが多い）。なお、ここで「動作」というのは、「変化」も含む広義の意味である[2]。

(35)　（囲碁で）白は 96から104と必死のがんばりだ。　(00/5/20)

(36)　今回28回目の飛行だったコロンビアは現役のシャトル4機の中で最も古く、　(03/2/3)

（→コロンビアは 今回28回目の飛行だった。）

(37)　この店は 中国人の経営だが、　(06/9/28)

(38)　社員の多くが 地元の生まれで、　(08/10/19)

(39)　乗客はほとんど大阪駅からの乗車だった。　(01/5/13)

以上のように、「文末名詞文」は、性質・状態・動作を表す名詞述語文の中に位置づけられる[3]。

4　連体型と単独・連用型

以下、性質・状態・動作を表す名詞述語文で、述語名詞に連体修飾を含む文((4)の構造の文)を「連体型」と呼ぶ。これは「文末名詞文」にあたるが、6節に述べるように、それよりも範囲が広い。これに対して、性質・状態・動作を表す名詞述語文で、述語名詞への連体修飾を含まない文を「単独・連用型」

と呼ぶ。

(40) a　名詞 $_1$ は/が　名詞 $_2$ だ。

　　b　名詞 $_1$ は/が［補語／連用修飾部分］名詞 $_2$ だ。

(18)～(20)(22)(26)はaの形、(33)(34)はbの形で、前者が「単独型」、後者が「連用型」と分けることもできるが、例えば(19)「私は夢中だった。」の場合、「夢中」の対象となるものが何かあるはずで、これは「私は彼女に夢中だ。」のような「連用型」の文の省略であるとも言える。「単独型」か「連用型」かの区別はしばしば困難で、かつ、本稿にとって重要でもない。それゆえ、(40)abを合わせて「単独・連用型」とする。なお、「名詞 $_1$ は/が」の部分は、

(41)　九州の友人から電話です。　(97/4/4)

のように主格でなく、カラ格の場合もある。

一方、「連体型」は、(4)の構造が基本だが、

(25)　おかみさんてえ人は、なんとなく底の浅い感じでしてね。

(42)　自身は「いつもと同じ。結果がついてくるだけ」と、相変わらずつれない返事だ。　(08/5/17)

のように、「名詞 $_1$ は/が」以外の部分に連用的要素が入ることも多く、

(4)′　名詞 $_1$ は/が（補語／連用修飾部分）［連体修飾部分］名詞 $_2$ だ。(( )部分は任意要素。)

というように規定する方がより正確である。また、

(43)　さあ～、いよいよ永六輔さんの登場です。　(97/7/18)

(44)　約90個のレンガをモルタルでつなぎながら積み上げると土台の完成です。　(14/10/7)

という、「名詞 $_1$ は/が」の部分が連体修飾の形を取るもの、つまり、

(45)　名詞 $_1$ の 名詞 $_2$ だ。

という構造の文もある。これも［連体修飾部分 名詞 だ］という構造であるのは、(4)と共通するので、「連体型」に含める[4)]。

5　連体型、単独・連用型を形成する名詞

名詞の中には、連体型を形成できる名詞もあり、単独・連用型を形成できる名詞もある。例えば、(3)の「気配」という名詞は前者に属し、連体型の(46)aが成り立つのに対して、単独・連用型の(46)bcは成り立たない。

(46) a　ショーケースはもう春の気配です。(＝(3))

b　*ショーケースはもう春に気配です。／c　*ショーケースは気配です。

新屋（1989）は、「文末名詞文」が連体部分が必須であると述べるに際して、次のaから連体部を取り去ると、bのように不自然になることを示している。

(47) a　川田君はすなおで朗らかな性格です。／b　*川田君は性格です。

(48) a　梓川は、この前の春の時とは少し異なった感じだった。

b　*梓川は感じだった。

(49) a　平岡はあまりこの返事の冷淡なのに驚いた様子であった。

b　*平岡は様子であった。

これは、言い換えれば、「性格、感じ、様子」は、連体型は可能だが、単独・連用型は不可能な名詞ということである。

これらに対して、例えば「夢中」という名詞は、(19)「私は夢中だった。」や(50)aのように単独・連用型は可能だが、(50)bのように連体型は成り立たない。

(50) a　観察会では親も子も虫捕りに夢中だ。　(04/9/12)

b　*観察会では親も子も虫捕りの夢中だ。

次の「不満」や「和風」という名詞も同様である。

(51) a　米国は巨額の対中貿易赤字に不満です。　(05/5/19)

b　*米国は巨額の対中貿易赤字への不満です。

(52) a　日本ならさしずめ平家物語で描かれた物の怪(け)「鵺(ぬえ)」。こちらはサルの頭にタヌキの胴、トラの手足とヘビのしっぽと、やや和風だ。　(10/9/21)

b　*こちらはサルの頭にタヌキの胴、トラの手足とヘビのしっぽという、やや和風だ。

b′ *こちらは少しの和風だ。

また、連体型と単独・連用型を両方とも形成できる名詞もある。

(53) a　日本の男子は古代からずっと長髪だった。 (01/8/20)

b　四駆車の男は二十一二十五歳で茶色系の長髪だったという。 (95/12/13)

(54) a　さあ仕事だ、という気持ち。 (06/12/20)

b　きくおは二代目木久蔵と、一足早く新しい名で初めての仕事だ。 (07/5/24)

「気配」や「性格、感じ、様子」のように連体型を形成して単独・連用型は形成しない名詞と、「夢中、不満、和風」や「仕事、長髪」のように単独・連用型を形成する名詞（連体型も形成するか否かは措いて）とは、「名詞＋だ」の表す意味が抽象的か具体的かという相違がある。(46)bc(47)b〜(49)bが成り立たないのは、「気配だ」「性格だ」「感じだ」「様子だ」がそれだけでは、主体の性質や状態として具体性を欠き、情報価値がないためである。それゆえ、それぞれのaのように、連体修飾部分によって具体的な情報を補う必要がある。それに対して、(50)a〜(54)aが成り立つのは、「夢中だ」「不満だ」「和風だ」「長髪だ」「仕事だ」だけで、主体が「そのような性質を持つ」、「そのような状態にある」、「そのような動作をする」という具体的な性質・状態・動作を示すことができ、情報価値を持つためである。

類例として、次を比較すると、

(55) a　その子はとんでもない才能だった。／b　*その子は才能だった。

(56) a　その子はとんでもない天才だった。／b　その子は天才だった。

(57) a　彼は、ひと突きでふっとばすほどの力だ。／b　*彼は力だ。

(58) a　彼はひと突きでふっとばすほどの怪力だ。／b　彼は怪力だ。

(59) a　彼女は東洋系の顔立ちだ。／b　*彼女は顔立ちだ。

(60) a　彼女はほっぺの赤い丸顔だ。／b　彼女は丸顔だ。

(55)(57)(59)の「才能、力、顔立ち」は連体型が成り立ち、単独・連用型が成り立たず、(56)(58)(60)の「天才、怪力、丸顔」は、連体型だけでなく単独・

連用型も成り立つ。上と同様で、前者が単独・連用型が成り立つのは、「天才だ」「怪力だ」「丸顔だ」が「その子」「彼」「彼女」の性質として具体的で情報価値があるからであり、これに対して、後者の「才能だ」「力だ」「顔立ちだ」は、それだけでは「その子」「彼」「彼女」の性質として情報価値がなく、それぞれ連体修飾部分による補充を必要とする。

まとめると、

(61)「名詞＋だ」が性質・状態・動作を表す述語名詞として用いられる場合に、

A　連体型のみ成り立つ名詞：「性格、感じ、様子、才能、力、顔立ち」

B　単独・連用型が成り立つ名詞

B１　連体型も成り立つ名詞：「長髪、仕事、天才、怪力、丸顔」

B２　連体型は成り立たない名詞：「夢中、和風、不満」[5)]

と分けられる。本稿は、この抽象性が高いＡの名詞と具体性が高いＢの名詞の対立を重視して、本稿末尾の表2〜表7において、ＡとＢ（およびＡ・Ｂどちらでもない C）のリストを提示し、この対立が広い範囲に渡って見られることを示す。ただし、そのような対立があることを示すのみで、表ごとの細部の考察には及んでいない。

Ｂの名詞は、述語として用いられる限りでは、形容詞述語と同質である。

(62)　体調は｛ベストだ／最高だ／良好だ／良い｝。

これらは、どれも主体の状態を表す点で等しい。一方、品詞として言えば、「ベスト」は「ベストを尽くす」のように格助詞を伴い得る名詞であり、B2に属するが、「最高」「良好」は格助詞を下接できず、「良好だ」はナ形容詞（形容動詞）(良好な関係)、「最高だ」はノ形容詞（最高の状態）(村木（2012）の言う「第三形容詞」）と分類し得る。あるいは、

(63)　この建物はかなり｛危険だ／危ない｝。

という「危険」は、「危険だ」というナ形容詞（「危険な建物」）でもあるが、名詞としても用いられ（「危険を察知する」)、B2にも属する。このように、B2の名詞で性質・状態を表すものは、ナ形容詞・ノ形容詞の語幹と連続的で

あるが、表としては、格助詞を伴い得る名詞の範囲に限定している[6)]。

6 「文末名詞文」の限界

本稿は、性質・状態・動作を表す名詞述語文を連体型と単独・連用型に分けた。「文末名詞文」と呼ばれてきた文は、この連体型の中に解消する。それは、「文末名詞文」の定義の一つである「連体部分が必須」ということに問題があるためである。

次は、連体部分を除いたbは不自然であり、その点、「文末名詞文」であると言える。

(64) a　遠征旅行の計画が決まった。僕たちは水曜日の出発だ。

　b　遠征旅行の計画が決まった。*僕たちは出発だ。

(65) a　毎日、私は畑仕事です。妻は裁縫の仕事です。

　b　毎日、私は畑仕事です。*妻は仕事です。

このbの文は、次のように、文脈が異なれば、自然になる。

(66)　彼らは延期になった。しかし、僕たちは出発だ。

(67)　奥さんはご在宅ですか。――妻は仕事です。

一方、次の例は、aの連体部分を削除することがbのように可能である。

(68) a　毎日四、五時間の練習ですが、時間が足りない。　(91/8/29)

　b　毎日練習ですが、時間が足りない。

(69) a　当時の任天堂は花札、トランプから玩具、ゲームへ展開する過渡期であったが、　(06/1/31)

　b　当時の任天堂は過渡期であったが、

しかし、(68)a(69)aにとって、「四、五時間の」「花札、トランプから玩具、ゲームへ展開する」という連体部分も重要な情報であり、それは、(64)a(65)aの「水曜日の」「裁縫の」という連体部分が重要な情報であるのと同じである。「出発、仕事、練習、過度期」は、連体型も単独・連用型も可能なB1に属する名詞である。相違するところは、(64)a(66)、(65)a(67)が連体部分がある文とない文とで用いられる文脈が異なるのに対して、(68)ab(69)abは連体部分がある文とない文とが同じ文脈で用いられることができる、ということにすぎない。前節の(56)ab(58)ab(60)ab も、後者と同じく、「とんでもない」「ひと突きでふっとばすほどの」「ほっぺの赤い」がある文とない文とが、同じ文脈で用いられる例である。

-「文末名詞文」が連体部分が必須であるとして、従来、例に挙げられてきたのは、(47)～(49)の「性格、感じ、様子」などAの名詞の例である。しかし、「文末名詞文」の範囲をAの名詞によるもののみに限るのは妥当ではない。Aの名詞「性格、感じ、様子」の(47)a～(49)a とB1の名詞「出発、仕事」の(64)a(65)a とは、連体部分を除くと不自然になる点で共通しているからである。一方、「練習、過渡期」の(68)a(69)a や「天才、怪力、丸顔」の(56)a(58)a(60)a は、連体部分を除いても自然な文であり、「文末名詞文」の定義から外れる。とはいえ、上に述べたように、B1の名詞において、連体部分が必須か否かは文脈による違いに過ぎず、「出発、仕事」と「練習、過渡期、天才、怪力、丸顔」の間に線を引くことも妥当ではない。Aの名詞・B1の名詞ともに、これらの例がどれも、連体部分と主名詞とによって主体の性質・状態・動作を表すということに違いはないのである。

以上のような事情で、「文脈名詞文」という括りの構文カテゴリーを立てるのは、B1の名詞を考慮に入れると、連体部分が必須という定義に破綻を来す。それゆえ、本稿は、「文末名詞文」に相当する文を、性質・状態・動作を表す名詞述語文の連体型の中に解消する。「性質・状態・動作を表す名詞述語文」という名称がいささか長いので、名詞述語文で、意味的には、形容詞述語・動詞述語に相当する文という意味で、「形容動作性名詞文」と仮称する。全体をまとめると、名詞を述語とする文は、一致・包摂を表す名詞文が典型的なものだが、それ以外の文の一つとして、「形容動作性名詞文」があり、その下位区分として、連体型と単独・連用型とがある、ということになる。

7　表2～表7の横の列と縦の列

新屋（1989）は、「文末名詞文」を表1のように分類し、かつ、各項目の名詞のリストを示した。また、角田（1996、2011）も同様の分類とリストを示している（詳細は省略）。8節・9節の表2〜表7は、これらを参照しつつ、「形容動作性名詞文」のA連体型を形成する名詞とB単独・連用型を形成する名詞、および、どちらにも入らないCのリストを示す。Bの中で、連体型も可能なB1の名詞には▲を付している。

表2以下の表の最左欄の表示は意味的な分類を示すもので、ここでは、（ア）性質、（イ）状態、（ウ）動作、（エ）心的活動、（オ）発話、（カ）空間・時間と分けたが、以下のように、便宜的な面が大きい。

（ア）（イ）（ウ）の区分は、本稿の基本的な区分である。ただし、（ア）には、〈モノ同士の恒常的関係〉〈モノの下位種〉〈事物の因果的関係〉という関係を、人・物や事柄の持つ広義の性質と見なして、この項目に入れている。

性質・状態・動作の三者は、常に明確に区別できるわけではなく、中間的なものも少なくない。性質と状態とは、恒常性の度合いの高低において連続的である。

(70) a　彼女の作品は、息をのむほどのかっこよさだ。

　　 b　彼女の作品は、特に最近、息をのむほどのかっこよさだ。

(70)aは「彼女の作品」の「息をのむほどのかっこよさ」という性質の例であるが、bのように限定がつくと、状態の例と理解できる。高橋（1984:28）は「性格づけは、たいてい（状況語または文脈によって）時間軸上への位置づけをうけると、状態づけの関係を手にいれる」と指摘している。あるいは、次は「ありさま」という名詞の例で、(71)は一回の出来事、(72)は習慣的出来事による状態の例であり、(73)は性質の例である（日本の国と対比して蝦夷国の性質を示す）。

(71)　続いて読み上げた「合意の骨子」は具体性に乏しく、発表を終えると同時に、秘書官が一方的に会見を打ち切るありさまだった。（02/5/2）

(72)　大企業や金融機関が倒産し、ここ6、7年間、生き残りをかけて戦ってきた多くの中小企業がつぶれた。小売店は開店しては、すぐに閉店というありさまだ。（98/1/20）

(73)　遣唐使は皇帝に蝦夷をこう説明する。「蝦夷の国には、五穀も、まともな住居もなく、彼らは肉を食らい、深山の大樹の根元に住んでいるありさまです。　(02/11/29)

このように複数項目にまたがるものについて、表2以下では、より典型的と思われる項目に所属させている（「かっこよさ」は性質、「ありさま」は状態）が、それほど明確なわけでもなく、恣意的なところがあるかもしれない。

状態と動作については、動作性の名詞の場合に動作と状態の連続性が顕著である。

(74)　よし、出発だ。（出発する）

(75)　私たちは18カ月の練習だったが、（18カ月練習していた）

(76)　彼は宇宙にでも行けそうな装備だ。（装備をしている）

(74)のようにル形に対応して一時的な動作を表す場合もあれば、(75)のように進行を表すテイル形に対応する場合や、(76)のように結果の状態のテイル形に対応する場合もある。

また、連体型においては、次のような状態と動作の中間的な意味合いのものが目立つ。

(77)　文科省は予算の裏づけになる目標数値を計画に入れる意図だったが、（意図がある）　(08/5/12)

(78)　未登録のチームも多く、さらに増える見通しだ。（見通しがある）　(06/1/5)

「意図だ」「見通しだ」は状態性述語である（括弧内のように存在文も可）ものの、「意図」「見通し」そのものは心的な活動であり、その動的な性格が修飾部分に「予算の裏づけになる目標数値を計画に入れる」「さらに増える」という心的内容として表されている。このように心的活動を表す連体型を形成する名詞はかなり数が多く、先行研究でも、この種の名詞群を「文末名詞文」の主要な分類項目に立てるのが普通である（表1で言えばC・D）。それゆえ、9節の表でも（エ）心的活動を設けている。加えて、心的活動の外的な現れとしての発話およびそれに関わる名詞も、(42)「返事」や、

(79)　山一証券の社長は、涙の謝罪だったのに、　(98/2/8)

(80)　おじさんは愛新覚羅溥儀(あいしんかくらふぎ)という名前でした。　(01/12/10)

という「謝罪」「名前」等々数が多く、(オ) 発話・言葉という項目を設けている。

さらに、

(81)　台所はこの裏だったね。　(07/2/24)

(82)　地震の発生は式の翌朝でした。　(95/1/30)

のような空間的・時間的な位置づけを表すものも、これらは大きくは性質や状態に属する（高橋は「性質づけ」の中の「存在づけ」に入れる）とは言えるものの、異質であるので、(カ) として別に分けた。

8　名詞リスト (1)

以下、『CD-毎日新聞（データ集）』の 1991～2016 年版、『現代日本語書き言葉均衡コーパス』(BCCWJ)、『国語研日本語ウェブコーパス』(NWJC) で、A と B に該当する例が見つかった名詞を挙げる。ただし、膨大な数の名詞がある中で、現時点で見つかったということに過ぎず、網羅的というにはほど遠い。用例調査の精度が高まれば、A・B・C の場所が移る、無印のものに＊や▲の印がつく、といった変更も生じ得る。また、表 4 の下の注【10】に記したように、このようなリストアップになじまない部分もある。

この節では表 2 として (ア) 性質を表す名詞の例を挙げる。表の下に注を示す。

表 2

	A 連体型を形成でき、単独・連用型を形成できない名詞 ＊は、形式化した用法を持つもの【1】	B 単独・連用型が形成できる名詞 ▲は連体型も形成できる名詞(B1)【2】【3】	C A も B も成り立ちにくい名詞の一例【4】

(ア)モノの性質（モノに備わる関係）	〈モノの性質〉【5】【6】 値、案配*、色合い、運命、エネルギー、趣、外観、確率、型、形*、価値、格好*、可能性、起源、基調、距離、形式、構成、構造、効力、差、シーン、仕掛け*、色彩、仕組み*、システム、実情*、実態*、質量、重量、宿命、書式、水準、数字、スタイル、性格、性質、性能、全長、速度、速力、耐久性、力、体裁、程度、特徴、内容、中身、破壊力、パターン、バランス、範囲、半分、頻度、風(ふう)、風景、文体、方(ほう)、方法、骨組み、やり方、様式、ランク、レベル、労力	▲赤色、安全、危険、▲限定、幸運、困難、失礼、贅沢、▲中立、手間、必要、不統一、不釣り合い、不便、不明、不利、ベスト、無謀、無理、陽性、和風	跡、現れ、妨げ、是非、側面、秩序、偽物、背景、半面、方便、恵み、要素、例、歴史
	(特に人の性質)【7】 生まれ、顔立ち、顔つき、気質、気性、教育、経歴、個性、才能、作風、持久力、実力、習慣、習性、出身、性分、所属、素質、体格、体質、体力、たち(質)、地位、習い、人相、能力、人柄、身の上、身分、役、容姿、履歴 (特に「〜さ」という語構成) 浅はかさ、厚さ、堅苦しさ、かっこよさ、寛大さ、几帳面さ、けなげさ、公平さ、困難さ、静けさ、周到さ、純粋さ、親切さ、図太さ、誠実さ、贅沢さ、狭さ、高さ、多様さ、強さ、長さ、早さ、非凡さ、広さ、不甲斐なさ、複雑さ、不便さ、朗らかさ、真面目さ、無邪気さ、優美さ、良さ	▲お人好し、▲怪力、▲孤独、周到、親切、▲長髪、罪、▲なで肩、▲一人、無礼、▲丸顔、無責任、▲無知	感受性、権利、権力、資格、将来性、世間体、組織、天性、品位、余力
	〈モノ同士の恒常的関係〉 相性、間柄、縁、関係、差、仲	血縁、同類、類似	区別、相違、つながり
	〈モノの下位種〉【8】 系統、種類、タイプ、品種		クラス、たぐい
	〈事物の因果的関係〉 いきさつ*、経緯*、結果*、顛末*、道理*、運び*、目的*		前兆、手がかり

【1】＊をつけた名詞は、主体とその性質・状態・動作を表すという典型に収まらない用法を持つもので、一つは、通常の題述関係（主述関係）から逸脱した例。

(83)　対立候補の勢いが増している。[過半数獲得は難しい] 状況だ。

(84)　一人 2000 円ずつカンパした。[50 人で 10 万円になる] 計算だ。

(83)は、「選挙の行く末は（大題目）[過半数獲得は（小題目）難しい] 状況だ」のように、潜在的な大題目が想定される。また、(84)は前件「一人 2000 円ずつカンパした」と「50 人で 10 万円になる計算だ」とが因果関係を結び、前件の帰結するところを後件で説明するものである。

もう一つは、題述関係を持つものの、述語名詞の意味が、その名詞の他の用法の意味から離れて、「名詞＋だ」独自の意味を表すもの。次の「方」「ところ」は元の場所・方向の意味から離れ、

(85)　私は [読解力はある] 方だ。

(86)　彼は [今から出発する] ところだ。

(85)は「読解力のある方だ」全体で「私」の性質を表し、(86)は「今から出発するところだ」全体で「彼」の状態を表している。

これに対して、「はずだ」「わけだ」「ことだ」「ものだ」「次第だ」「始末だ」「寸法だ」「由だ」および「のだ」のように、形式化が進んで助動詞化しているものは、この表に挙げていない。これらの形式化については丹羽(2017)を参照。

【2】 5 節に記したように、「B の名詞＋だ」とノ形容詞・ナ形容詞とは性質や状態を表す点で同質である。「～だ」の形で性質・状態を表すものの多くは、ノ形容詞・ナ形容詞であり、一部に、B の名詞が存在するということである。

【3】 この B の欄には、次のような「～は～が～だ」という形を取る名詞を載せていない。

(87)　地域金融機関は、地域社会と密着していることが特質で、(03/3/16)

(88)　かずのこは、良質な動物性たんぱく質食品ですがコレステロールの多いのが難点です。　(98/12/20)

(89)　EV の充電用コネクターは、200 ボルト用が標準で、　(11/2/23)

これは形から言えば単独・連用型だが、「～が」が選択指定の意味を持ち、(87)を例に取れば、

(90) a　地域社会と密着していることが地域金融機関の特質だ。

b　地域金融機関の特質は、地域社会と密着していることだ。

という指定文と同義的である。このタイプの構文を、他の単独・連用型と区別して、「連用指定型」と呼ぶ。これら「特質、難点、標準」という名詞は、連用指定型を形成し、連体型も単独・連用型も形成しない。一方、「必要」という名詞は、単独・連用型と連用指定型の両方を形成でき、

(91) a　「200年住宅」は温暖化防止に必要です。(08/4/5)

b　五輪の選手は国や地域の代表として参加するため国籍が必要です。(08/6/18)

また、「習慣」という名詞は、連体型と連用指定型の両方を形成できる。

(92)　我々は、朝食もそれぞれ自分の部屋でとる習慣だ。(00/12/17)

(93)　姉妹は、一つのベッドに背中合わせで寝るのが習慣だった。(01/1/3)

本稿はＡとＢの区分に主眼があり、上記のことを表に反映させるのは煩瑣に過ぎるので、ここでの指摘に留める。連用指定型についての考察は別の機会に譲る。

【4】 表ではＡやＢの名詞をＣより多く示しているが、ＣはＡにもＢにも入らない名詞の一例として挙げただけで、実際には、ここに入る名詞の方がはるかに多い。

なお、「ＡもＢにも成り立ちにくい」という曖昧な言い方をしているのは、修飾語によって左右されることがあるためである。

(94) ?この事故は、トラックの過積載という原因だ。(cf.この事故は原因がトラックの過積載だ。)

「原因」という名詞は、(94)のように連体型を形成しにくい（括弧のように連用指定型は成り立つ）が、次のように、「同じ」という修飾語を用いると比較的自然な例になる。

(95)　この事故は、あの事故とまったく同じ原因だ。

Ａを形成しにくい他の名詞でも、「同じ」あるいはそれに類する修飾語によって、可能になることが少なくない（丹羽（2018）も参照）。

【5】「モノ」とは人・生物、具体物・抽象物、事柄を合わせていう。

【6】高橋(1984)は「座敷は六畳の広さだ。」のような例を、性質づけの下位種の「量・ていどづけ」に分類しているが、本稿は、量・程度を表すものを（ア）性質の中に含めて特に区分けしていない。性質を表す名詞に質的な面と量・程度的な面の両面が見られることも多く、分けて表示しにくいためである。

【7】専ら「人」の性質を表す名詞をここに示す。人と物事の両方表すものは、これより上に置いた。なお、「人」には、次のような団体・組織も含む。

(96)　彼は「聖徳は自由な教育だった。よく遊んだ」と懐かしがる。

(99/7/15)

【8】〈モノの下位種〉を表すものとは、「タイプ」という名詞で例示すれば、(97)のような例で、「金銭信託」という商品の下位種として「二タイプ」あることを示している。

(97)　（三菱信託が今回出した金銭信託は）元本割れしにくい金利収益中心の「安定運用型」と、積極的に売買益を狙う「収益志向型」の二タイプでいずれも三年もの。　(96/3/17)

新屋（1989）は、表１のＡ「述部が、主語で表されたものをパラディグマティックなものの中で位置づけるもの」として、次の例を挙げる。

(98)　わたしの学校の絵の先生は、先生というより芸術家のタイプです。

(＝(6))

しかし、これは「わたしの学校の絵の先生」が「芸術家のタイプ」に属するという包摂関係を表す典型的な名詞文ではないかと考えられる。次も同様の例で、(99)が下位種を表す例、(100)が包摂関係である。

(99)　色は赤、青、黄、緑、白、黒の六系統で、十二色あった、と判断した。

(91/12/12)

(100)　有機リン系殺虫剤は農薬の代表的な系統だが、　(08/2/24)

9　名詞リスト (2)

以下は、（イ）状態、（ウ）動作、（エ）心的活動、（オ）発話、（カ）空間・

時間の名詞の現時点でのリストである。広い範囲にわたって、AとBの区別ができることを示すために、煩瑣にはなるが、長々とした表を提示する。

表3

	A	B	C
(イ)モノの状態	有様*、勢い*、一途*、一方*、音、香り、渦中、過程、活気、行事、局面、極み、具合*、経過*、傾向、形勢、気配*、混乱ぶり、状況*、情勢*、状態、姿、瀬戸際、先端、タイミング、段階*、調子*、途上、におい、賑わい、配置、肌ざわり、繁盛ぶり、風潮*、風情、雰囲気、方向、ムード*、模様*、様子、様相	安定、▲大騒ぎ、▲過渡期、空(から)、▲危機、▲極限、▲苦境、▲限界、▲極寒、▲在住、自由、打撃、▲チャンス、▲転換期、▲転機、▲天気、長持ち、▲人気、風流、不況、不幸、無事、節目　【9】	圧力、安否、変わり目、行儀、岐路、残存、需要、趨勢、盛衰、動向、難局、熱、残り、反動、プロセス、物音
	(特に人の状態) 足取り、運勢、落ち着き(ぶり)、顔、機会、給料、境遇、境地、空気、口調、口ぶり、姿勢、装備、そぶり、滞在、態勢、態度、賃金、手つき、表情、病状、服装、報酬、身、目つき、容体、用向き (特に「〜さ」という語構成) 暑さ、異常さ、異様さ、暗さ、寒さ、多忙さ、不潔さ、乱雑さ	▲崖っぷち、▲どん底、▲ピンチ、留守	勢力、総力、大勢、出方、動静、羽目

【9】Bの名詞は、「名詞＋だ」のみで性質・状態・動作を表す述語を形成できる（単独型が形成できる）のが普通であるが、「在住」という名詞は例外的で、連用型(101)、連体型(102)は形成できるが、単独型(103)は成り立たない。「在住」だけで具体的な場所が示されないと、情報価値がないためである。

(101)　実際の活動参加者は、京都市内と琵琶湖南に在住の30人ほどである。
(96/12/19)

(102)　原告は同省や北京、南京などの在住で、いずれも70歳以上。
(00/12/28)

(103)　*彼は在住です。

表 4

	A	B【10】	C
（ウ）モノの動作	歩み、動き、騒ぎ*、推移、流れ、変動	▲一周、▲移動、▲運行、▲開始、▲回収、▲完成、▲完了、▲キャンセル、▲強化、▲継続、▲公開、▲航海、▲交換、▲修正、▲終了、▲上昇、▲消滅、▲除去、▲処理、▲新設、▲進歩、▲スタート、▲成立、▲接近、断絶、▲着陸、▲中止、▲調節、▲通過、統一、▲到着、▲廃止、破壊、▲反応、▲飛行、▲復活、▲分割、▲変化、▲変更、▲離脱、▲離陸、▲連続	移り変わり、影響、作用、歯止め
	（特に人の動作）	▲移籍、▲引退、▲運転、▲営業、▲会議、▲外出、▲会談、▲帰り、▲帰国、▲休憩、工夫、▲経営、▲稽古、▲合格、▲行進、▲交代、▲作業、▲仕事、▲支度、▲実験、▲修練、▲授業、▲出発、▲準備、▲乗車、▲商売、自立、▲整理、絶交、▲掃除、▲逮捕、▲鍛錬、▲着任、▲転職、▲同行、▲登場、▲賠償、▲勉強、報復、▲保留、▲来訪、▲練習	謝礼、授受、契り、償い、身動き、領収

【10】（ウ）および（エ）（オ）の中にある動作性名詞は、単独・連用型に用いることにおいて生産性が高い。佐藤（2012）は、「動名詞（VN）」の中で、「する」と結合した場合に他動詞になるもの（「ピアノを練習する」等）468 語を抽出して Google 検索にかけ、初めの 20 件のうちに「を VN だ」構文（「ピアノを練習だ」等）が出現するものが、392 語（83.7%）得られたと述べている。このように生産的なものをこの小リストに示す意味はあまりない。しかし、B の名詞の中には、単独・連用型と連体型とも成り立つ B1 タイプ（▲を付したもの）も多く、これは、「文末名詞文」の「連体部分が必須」という定義が B1 の名詞の場合にうまく当てはまらないと主張する本稿にとって、B1 名詞の連体型がごくありふれたものであることがわかる点で重要である。ただし、B1 と B2 の相違が何によるという問題には考察が及ばない。また、「動作性名詞＋だ」構文については、鈴木（2012）や久保田（2013）の考察が興味深いが、ここで立ち入ることはできない。

表5

	A	B	C
（エ）人の心的活動	〈思考〉 意気込み、意見、意向、意図、意味、思い、解釈、学習、仮定、構え、考え、考え方、頑張り、気、気合い、記憶、気分、気持、気力、計画、計算*、決意、決心、結論*、見解、考察、構想、心地、心構え、心持ち、魂胆、作戦、算段*、自信、視線、主義、所存、信念、戦略、立場、段取り*、手応え、手はず*、度胸、認識、狙い、方針、没頭ぶり、見方、見込み*、見積もり、見通し*、予感*、予定、了見	悪意、▲暗記、▲覚悟、▲我慢、▲観察、▲鑑賞、▲観測、期待、▲希望、疑問、研究、▲見物、善意、▲選択、▲測定、注意、注目、▲強気、▲努力、貪欲、苦手、▲忍耐、反省、▲判断、▲判定、比較、▲分析、夢中、用心、▲余裕	アイデア、意欲、疑い、思い出、観点、願望、気配り、疑念、幻覚、考案、策、誠意、悩み、秘密、勇気、ゆとり、欲望
	〈感情・感覚〉 印象、感慨、感覚、感じ、感触、感想、緊張感、気分、実感、衝撃、心境、心情、落胆ぶり (「〜さ」という語構成) ありがたさ、おかしさ、恐ろしさ、悲しさ、気安さ、窮屈さ、苦しさ、心細さ、心許なさ、快さ、怖さ、寂しさ、つらさ、情けなさ	安心、驚き、感激、感動、苦難、激怒、失望、▲ショック、▲心配、絶望、不安、不満、平気、満足	愛、あせり、怒り、痛み、恨み、恐れ、感情、苦労、恋心、好意

表6

	A	B	C
（オ）人の発話・言葉	粗筋、言い方、受け答え、噂*、応答、記載、記述、口ぶり、口調、契約、声、答え、タイトル、名前、話、話しぶり、批評、表現、文体、文面	▲挨拶、▲依頼、▲打ち合わせ、▲解説、▲回答、▲歓談、▲拒否、禁止、苦情、▲講義、▲交渉、告白、小言、▲催促、雑談、▲賛成、▲支持、辞退、失言、▲執筆、▲質問、▲謝罪、承知、▲承認、▲知らせ、▲相談、▲対談、談判、陳謝、▲伝言、▲電話、▲熱弁、▲発言、▲発表、▲反対、反論、▲批判、▲評判、表明、不評、▲プロポーズ、弁解、▲返事、▲返答、▲報告、無言、▲メール、▲命令、▲申し込み、▲文句、▲約束、雄弁、▲呼び出し	相槌、訴え、口コミ、愚痴、言動、言論、言葉、諺、誘い、実話、冗談、談話

表 7

	A	B【11】	C
(カ)モノの空間的・時間的位置	〈空間〉 位置、ページ	▲辺り、▲上、▲後ろ、▲裏、▲遠方、▲表、▲北、▲近所、▲近辺、▲先、▲下、▲外、▲そば、▲地下、▲近く、▲隣、▲中、▲西、▲庭、▲東、▲左、▲前、▲真ん中、▲右、▲南、▲横、▲脇	ありか、裏表、そっぽ、逃げ場、行方
	〈時間〉 ころ、最中、さなか、時間、時期、時分、順序、寸前、時、日程、日付	▲後、▲以後、▲以前、▲終わり、▲最後、▲先、▲順番、▲初期、▲前日、▲直後、▲直前、▲途中、▲のち、▲前、▲翌日、▲翌朝	逢瀬、紀元、時宜、月日、掉尾

【11】(カ)のBの名詞は、次の(104)a(105)aのように、単独・連用型は「名詞$_2$+の 名詞$_1$」の形で成り立ちやすく、述定の形では成り立たない（あるいは稀)、というものが少なくない。一方、連体型は(105)(107)のように述定の形で普通に成り立つ。

(104) a　辺りの建物は全滅で、犠牲者は多い。 (07/3/27)

b　*その建物は辺りだ。

(105)　原節子と杉村春子、三宅邦子が顔を見せる茶室は境内のどの辺りだろうか。 (95/12/7)

(106) a　前の上司はイスラム教徒で祈りの時間は打ち合わせを避けた。 (13/7/31)

b　*その上司は前だ。

(107)　調査は東日本大震災の前だが、 (11/6/1)

10　おわりに

本稿は、性質・状態・動作を表す名詞述語文（形容動作性名詞文）に、連体型と単独・連用型があることを示し、「文末名詞文」を前者の中に解消するべきことを述べた。また、連体型を表すタイプの名詞Aと単独・連用型を表す名詞Bとの間に、より抽象的かより具体的かという意味的な相違があることを指摘し、あわせて、AとBの名詞群のリスト（現時点で分かる範囲）を提示した[7)]。

注

1）以下、実例は『CD-毎日新聞（データ版）』による。日付のない例は作例。

2）高橋（1984）の「動作づけ」が意志的な動作だけでなく変化を含むことは、その例に、

［1］　だいじょうぶ、十日もすればご全快でしょう。

のような例を挙げていることからわかる。

ただ、「お/ご〜だ」というタイプの例については、「動詞の尊敬語か名詞かわからない」と保留している。本稿では、動詞の尊敬語形という面を重視して、考察から外す。「お/ご〜だ」と「名詞＋だ」では、

［2］　社長はそうお答えです。／ *社長はそう答えです。

といったように、使用条件が異なり、同じ枠組みで扱えないためである（丹羽 2008 も参照）。

3）野田（2006）や井島（2010）も高橋の名詞述語文の分類を参照するが、野田は助動詞相当・助動詞寄りのタイプを広く捉え、井島は「心的はたらき」を表すタイプの範囲内での考察である。

4）丹羽（2017）では、「出来事発生タイプ」と呼んでいる。

5）注意すべきことは、B2の名詞が連体型が成り立たない、つまり連体修飾を受けないというのは、あくまで「名詞＋だ」で性質・状態・動作を表す中でのことであり、他の構文の中では、名詞である以上、連体修飾を受けることは珍しくない。次は「自由」の例

［1］a　私はアーティストとしてすべての制約から自由であり、　（03/3/3）

　　b　*私はアーティストとしてすべての制約からの自由であり、

［2］　本来、言論・出版の自由は国家権力のチェック、圧力からの自由であって、（97/10/17）

［1］aは単独・連用型の例で、それをbに置き換えると不自然になる。一方、［2］は「出版の自由」が「国家権力のチェック、圧力からの自由」に属する（包摂される）ことを表す例である。

6）品詞分類としては、「の」を取れば名詞と考える、あるいは、ナ形容詞語幹まで名詞と考えるということも可能であるが、ここでは、このような品詞分類の問題には立ち入らない。

7）新屋（1989）と角田（1996、2011）に挙げられている「文末名詞」は、重複を除き、また助動詞化しているものを除くと、150語ほどになる。表1〜表7のAの名

詞は、340 語ほどある。

参考文献

井島正博(2010)「名詞述語文をつくる名詞節―形式名詞述語文の成立根拠を考える―」『日本語学』29-11（明治書院）
久保田一充（2013）「出来事名詞文―記述的枠組みの整備に向けて―」『KLS』33（関西言語学会）
佐藤豊（2012）「「を VN だ」構文の出現頻度― Google 検索による再調査―」『ICU 日本語教育研究』8
新屋映子（1989）「"文末名詞" について」『国語学』159（国語学会）
新屋映子（2014）『日本語の名詞指向性の研究』（ひつじ書房）
鈴木智美（2012）「ニュース報道およびブログ等に見られる「～です」文の意味・機能―「～を徹底取材です」「～に期待です」「～をよろしくです」―」『東京外国語大学論集』84
高橋太郎（1984）「名詞述語文における主語と述語の意味的な関係」『日本語学』3-12（明治書院）
角田太作（1996）「体言締め文」『日本語文法の諸問題　高橋太郎先生古希記念論文集』（ひつじ書房）
角田太作（2011）「人魚構文:日本語学から一般言語学への貢献」『国立国語研究所論集』1
丹羽哲也（2008）「動詞の敬語形「お／ご～だ」のテンス・アスペクト」『文学史研究』48（大阪市立大学）
丹羽哲也（2017）「「文末名詞文」における題述関係と形式化」『文学史研究』57（大阪市立大学）
丹羽哲也（2018）「性質を表す存在文とコピュラ文との対応―「長所」「特質」「性格」などの場合―」『文学史研究』58（大阪市立大学）
野田時寛（2006）「複文研究メモ(7)―文末名詞文をめぐって―」『人文研紀要』56（中央大学）
村木新次郎（2012）『日本語の品詞体系とその周辺』（ひつじ書房）

［付記］　本稿は、「「文末名詞文」の位置づけと所属語彙」（科学研究費研究成果報告書『日本語の多様な表現性を支える複合辞などの「形式語」に関する総合研究』研究代表者 藤田保幸）を全面的に改稿したものであり、平成 29 年度科学研究費補助金（課題番号:16K02732）の研究成果である。

複合辞の「ものだ」と「ことだ」について
——形式語としての「もの」「こと」の観点から——

高橋雄一

1　はじめに

本稿は、形式語研究の１つとして、筆者の一連の研究に基づき、複合辞の「ものだ」と「ことだ」について論じる。

現代語の名詞「もの」と「こと」は、名詞の中でも特に実質的意味が希薄であり、連体修飾部を伴った形式名詞としての用法が中心である。このため、まず、「もの」「こと」が形式語として考えられる。

さらに、本稿で考察の中心にする複合辞の「ものだ」「ことだ」は、それ自体を１つの形式語として見ることもできる。例えば、「学生は勉強するものだ。」「試験に合格したいなら、一生懸命勉強することだ。」と言う場合は、何らかの「もの」「こと」を指し示すのではなく、「ものだ」「ことだ」という単位で、「(一般的には) ～する」「(個別の状況に対する助言として) ～するといい」というような文法的な意味を持っているというように解釈される。

ただし、このような「ものだ」「ことだ」の違いは、名詞「もの」「こと」を被修飾名詞とする連体修飾節の構造を反映しているという見方もできる。筆者は、そのような側面にも注目する立場から、複合辞の「ものだ」と「ことだ」とそれらが作る文について考察する。

2　名詞「もの」「こと」に対する連体修飾のタイプ

まず、「もの」「こと」の形式名詞としての用法を見よう。連体修飾のタイプについて見ると、「もの」「こと」には違いがある。

（1） これは昨日買ったものです。

（2） 私が知っていることをお話しします。

（3） 私が海外で日本語を教えていたことをお話しします。

(1)は、被修飾名詞の「もの」を連体節内に入れて、「私が昨日（その）ものを買った」という1つの文を作ることができる。(2)も同様に、「私が（その）ことを知っている」という1つの文を作ることができる。これは、被修飾名詞と連体節の述語との間に格関係があると解釈できる構造である。このような構造をここでは「関係節の構造」と呼ぶことにする。

一方、(3)は異なる構造であり、連体節「私が海外で日本語を教えていた」が表しているのは、被修飾名詞「こと」の内容である。この研究では「内容節の構造」と呼ぶことにする。このように内容を持つことができる名詞は限られており、「もの」は、下の例文のように内容をとることができない。

（3′）*私が海外で日本語を教えていたものをお話しします。

つまり、名詞としての「もの」は「関係節の構造」しか作れない名詞であり、「こと」は「内容」を持つことができる名詞であるため、両方の構造が可能である。連体修飾節の構造については、筆者はこの他に、「とき」「ところ」などの名詞は「(連体形式の）副詞節の構造」をとると捉えており、3つのタイプが、重なり合う部分もある体系を成していると考える。ここではそのような把握をもとに「関係節の構造」「内容節の構造」に注目する。

本稿で考察の対象とする文末の複合辞の「ものだ」「ことだ」は、少なくとも形式上は文の内容全体を承けるので、「内容節の構造」に近い構造をとると考えられる。しかし、複合辞の「ものだ」と「ことだ」それぞれの意味・機能について考えると、「ことだ」があくまで「内容節の構造」に基づいた把握が可能なのに対し、「ものだ」は、「関係節の構造」を反映していると想定することで、その諸用法について説明しやすくなる。

また、複合辞の「ものだ」の特徴に関連して、関係節の構造に見られる、動詞が形容詞化、連体詞化する傾向についても触れておこう。これは、言い方を変えれば、関係節の構造においては、連体修飾部の述語である動詞が本来表す事態の個別性が失われ、“一般化”“状態化”した修飾の表現になる傾向があるということであり、形式上も、節ではなく動詞句や連体詞のような語になる傾向がある。この傾向も、複合辞の「ものだ」文の特徴を考える際に重要であると考えられる。

（4）　あの人は大したものだ。

（5）　最近、変わったこと／変なことがあった。

（6）　車で曲がりくねった道を走る。

3　先行研究の概観

複合辞の「ものだ」については多くの先行研究がある。ここでは、複合辞の「ことだ」や、「もの」と「こと」の名詞述語文の特殊な用法の研究も含め、特に関連があるもののみ示す。

3.1　複合辞の「ものだ」と「ことだ」について

複合辞「ものだ」「ことだ」を、当為を表すモダリティ形式とする見方がある。野田（1995）は「ものだ」「ことだ」「のだ」を当為表現として取り上げ、その違いについて論じている。「ものだ」と「ことだ」については、説明の部分の要約も示す。

（7）a　学生は勉強するものだ。

　　b　合格したければ、勉強することだ。

　　c　こらっ、勉強するんだ。

（8）a　モノダは、xであればyという行為を実行することが望ましいという一般的な通念（と話し手が考えていること）を大前提として提示することによって、間接的に、当該の場面で聞き手がyという行為を実行することを促す。

　　b　コトダは、従来指摘されてきたように、聞き手に忠告する場合によく用いられる。さらに、聞き手が悪い状況にとどまらないため、陥らないためには、その行為を実行することが必要、重要であるという判断を示す。

このように、「ものだ」が一般的なことを述べるのに対して、「ことだ」はその状況に関した具体的な内容を個別的に述べるという対比のさせ方が多くの研究に見られる。

ただし、当為表現としては、「しなければならない」「するべきだ」といった表現の方が代表的であり、「ものだ」「ことだ」は使用の制限があると言われる。一方で、複合辞の「ものだ」「ことだ」の諸用法を見ても、当為表現に当たるのはその一部分でしかない。

例えば寺村（1984）は、ムードの助動詞の「ものだ」として次のような用法を挙げている。

（9） 寺村（1984:299）がムードの助動詞と見なしている「ものだ」

a　男ノ子ハ泣カナイモノダ

b　何年も前から、「もっと魚を食べよう」というキャンペーンがソ連全土で行われた。畜産の伸びなやみを魚でカバーしようというものだった。（朝日新聞 1977.8）

c　夏祭ニハイツモソウメントハモヲ食ベタモノダ

d　毎日掃除していてもよくごみがたまるもんだねえ（円地文子「女坂」）

このように、「ものだ」にはいくつかの用法が認められる。坪根（1994）は「ものだ」の諸用法に共通する中心的な意味として「一般的（あるいは「一般化」）」という意味があると仮定し、それを各用法について検証している。

まず、「○○というもの」という上位語・下位語の概念の表現の、「○○」の名詞を一般化する機能に注目し、そこから「一般的」という意味を導き出している。

（10）a　伝統というものは、日本のどこででも簡単に見られるものじゃない。

b　こんなに急激な変化というものを私は見たことがない。

名詞「もの」自体については、次のような説明をしている。

（11）「『もの』は個別的な特定の対象を指すのではなく、一般化された存在物である。それは時間軸とは関係なしに存在する、『不変的な一般的存在である』」

さらに、次のような「ものだ」の中心的な意味についての仮説を示している。

(12)〈仮説〉「ものだ」の意味は、ある主題についてはそれは「一般的にこういう存在だ」とする、わかりやすく言えば、前接する命題について「一般的にこうだ」ということを、話し手の意思・判断として相手に訴えかけることである。

坪根氏はこの仮説を「ものだ」の5つの用法（本性・性質、当為、過去の回想、感情・感慨、説明・解説）について検証している。これらのうち、「説明・解説」については、単純に「一般性」をあてはめられないとしている。

藤田（2013）は、「ものなら」（「〜スル／デキル／シヨウものなら」）の意味・用法についての議論において、坪根氏が「ものだ」について仮定する「一般的傾向」という基本義に関して、次の例文を挙げ、「ものだ」が現実・事実と切り離された抽象次元の事柄については使えないことを指摘している。

(13) a　素数は大半が奇数である。

b　*素数は大半が奇数であるものだ。

そして、「一般的傾向」を敷衍し、「現実・事実としてあることは〜だ」「〜である、それが現実・事実としてあることだ」という意味合いが基本義であると捉えている。さらに、この見方が「感慨」「回想」「説明」といった「ものだ」の諸用法の説明にも有効であるとしている。

複合辞の「ことだ」は、「ものだ」ほど用法のヴァリエーションはなく、活用の面でも、否定は「ことではない」ではなく「ことはない」で表わされる。姫野(2000)（吉川(編)(2003)）は、他の当為表現や命令表現との連続性を示した表を示している。

(14)　姫野(2000)の対応表

	〈価値判断表現〉	→　→	〈命令表現〉
[勧告・義務等]	することだ	しなければならない	するんだ
[忠告・禁止等]	しないことだ	してはいけない	するんじゃない
[不必要等]	することはない	しなくてもいい	

〈価値判断表現〉の部分には「ものだ」も当てはめられるであろうが、「しないものだ」「するものではない」は両方とも[忠告・禁止等]に当てはまるだろう。そのように見ると、「することはない」は「することだ」の本来の否定ではなく、あくまで最も近い表現と考えられる。

以上のように、本稿で特に関連があるものに限ってではあるが、先行研究を概観した。後で述べるように、筆者の複合辞の「ものだ」「ことだ」についての捉え方も、基本的にこれらの研究と同様である。藤田氏が「ものだ」について指摘している、現実・事実と切り離された抽象次元の事柄については使えないという制約は、「ものだ」が助動詞相当の複合辞であるため、話し手による事態の捉え方を表すからと考える。また、姫野氏の「ことだ」についての捉え方は、「ことだ」には助動詞的な活用が揃っていないことと関連していると考える。

3.2 「もの」「こと」の名詞述語文の派生的な用法について

次に、複合辞とは言えないが、完全な名詞述語文とも言えない用法について見ておこう。特に「もの」には、このような用法があることが指摘されている。ここでは「こと」も含めてそのような用法を見る。

これらは「もの」「こと」があくまで名詞としての特徴を保っているが、一方でそこから外れる特徴も併せ持つタイプであり、複合辞との中間的な用法と言える。こういった用法を、名詞としての用法と複合辞としての用法の間に位置づけて見ることも、複合辞の「ものだ」「ことだ」の特徴を明らかにすることに繋がると考える。

名詞述語文ではあるが複合辞に非常に近い用法として、寺村（1984）の〈本性・本質〉や、須田（2009）の〈定義づけ〉がある。これらは、「～もの(だ)」が主題「X（ハ）」の言い換えになっているとみなされる用法であり、そのため、「もの」は名詞であるということになるが、一方で、「ものだ」は単にものを指し示すだけでなく、その本質的な属性について述べるという意味合いを持つため、複合辞的にも捉えられる。

寺村(1984)が挙げている(15)の例では、特に最初の用例が〈本性・本質〉とされ、2つめ、3つめの用例は〈当為〉が含まれるとされている。

(15)　丁度質の高まったころの墨は、すずりで軽くするだけでなめらかにおりるものです。

墨はゆるゆると、すずりの表面をなでるような気持ちでするものです。力を入れて、ごしごしこするものではありません。(寺村 1984:(115)(榊　莫山))

(16)　ババールはラム酒にカステラを浸したものである。(須田 2009:(25)一部のみ引用する)

先に見たように、名詞「もの」には、「こと」と異なり「内容」を持たないという特徴がある。しかし、文末の「ものだ」には、特に揚妻(1991)が論じているように、「内容」を持つと見なされる用法がある。「～ものが」「～ものは」といった形ではこのような用法は不可能であることから、これは完全な名詞述語文でなく、複合辞に近い用法と考えられる。

(17)　彼の性格は、誰の意見にも耳をかさないというものであった。(揚妻 1991:3)

(18)　その山腹を、高速道路（圏央道）の2本のトンネルが貫こうとしている。訴訟は、道路工事の差し止めを求めるものだ。(朝日新聞)(以下2例は高橋（2008）による)

(19)　モータリゼーションの時代に、鉄道を作るなどというのは時代に逆行するものだ。(太郎物語)

上の用例はいずれも、文の主語「X ハ」の言い換えとして、「もの」が連体修飾部を内容としてとっているという解釈になるであろう。「ことだ」と比べてみると、「ことだ」が内容をまとめる機能を比較的はっきりと持っているのに対し、「ものだ」の場合は、あくまで「性格」「訴訟」といった名詞やそれに類する「(～という）の」を「もの」で言い換えるという性格が強いようである。ただし、その一方で、統語的には、連体修飾部は「もの」の内容としての関係になっていると読み取れる。

このような表現に類似した、より古い用法と考えられるものとして、高橋太郎（他）(2005）が「4.3.6.「～ものだ」④命題の確認と宣言の「スル モノデアル」「シタ モノデ アル」」としている用法がある。この用法は「命題を確認するとともに、あいてに（または、おおやけに）宣言する。第2テンス形は、いつも断定形で、推量形にはならない。」とされ、次のような例文が挙げられている。

(20) —住井さんは児童文学の名作といわれる『夜明け 朝明け』の「あとがき」で、「嘘とかざりのないその生活、それは、太陽の下にてらして、何の恥のない生活です。……そして私はここに、文学の真の美しさを見出すものです」と記されていますが、いま、そういう“恥のない”生き方が問われているんですね。

『太陽コーパス』を調べると、同様に、話し手が自身の特徴を述べる文型で、自身の主張を述べる例が見られる。このような用法は特に「～スル者である」という形式に目立つ。

(21) 私は學者たる佐々博士のためにもその臆斷を惜む者である。(『太陽』1917年10号 与謝野晶子「婦人界評論」)

(22) 我輩は返す〳〵も對支外交の改善を祈ると同時に我が國民が決心して外交問題を全然政爭の外に置かんことを切望する者である。(『太陽』1917年3号 浮田和民「寺内首相及後藤内相の訓示演説を読む」)

(23) …觀には既に述べた如く、二つの種類がある。一つは不合理な、不自然な、そして人爲的な差別觀であり、他は合理的であり、自然的である差別觀である。而して私は前者を否定し、後者を肯定しようとする者である。(『太陽』1925年1号 三輪田元道「生活上に於ける差別撤廢論」)

このような「者」の使い方は、特に、漢文（古代中国語)、また漢文訓読における「者」の用法の影響があると言える。漢文法、古代中国語文法に関する文献を参照すると、次のように解説されている。

(24) 「愛者」は「愛するもの」と読む。「所愛」は「愛するところ」と読む。
さて、耳で聞いたとき、「愛するもの」と言うと、なんだか愛している相手のようになってしまう。ところが、漢文では、そういうことは絶対にあり得ない。「愛するもの」の「もの」すなわち「者」は、必ず、行為者、そのことを行う主体である。(二畳庵主人 (加地伸行)(1984/2010))

(25)　もし単なる息休止によって主語を表示するのでは不足であるとかんがえられたばあいは助詞《者》が用いられた。

天下者、高祖天下 (史、魏其列傳)(天下は高祖の天下である)

《者》は提示するはたらきがあるから、それにより、そのまえの語が主語であることを示している。要するに古代語の《也》や《者》は現代語の同動詞《是》とは同じではない。(太田辰夫(1958/2013))

このように、もともとの「者」の用法は、主語、あるいは動作の主体を指し示す文法的要素であるようである。後で述べるように、筆者は、複合辞「ものだ」の意味・機能の特徴に、名詞「もの」が持つ関係節の構造が反映していると考え、特に、連体修飾部が“属性”を表す傾向との関連があるという見方をするが、これは上のような「もの」が主語、主体を指し示す性格を持っているということが関連していると見ることもできるであろう。

この他、「～するものと思われる」「～することと思われる」のように、話し手の認識を表わす文末表現に「もの」「こと」が前接する用法もある。安達(1998) は、「もの」については、「その事態がそのように判断するだけの根拠があるものとして捉えられるとき」に「もの」として把握され、「こと」については、「話し手がその事態の真偽が不確定的であると認識している」場合に「こと」として把握されるとしている。

(26)　後年、波郷は、私の俳句入門は形から入ったといっているが、郷村時代の波郷は実に熱心に実作に励むことで、俳句の形や技法をマスターしていったものと思われる。(安達 1998:(8))

(27)　「(略)。でも今の若い人がコンピュータにはまる気持ちはよく分かります。僕だって、今二十代だったら、きっと音楽よりコンピュータ・プログラミングに走ったことでしょう。音楽よりずっと面白そうだもの!」((27))

このような「もの」「こと」の違いも、筆者の見方に合致する。本研究の観点から言うと、「もの」は、属性の主体としての特徴を反映しているため、「もの」が介在する場合は、話し手にとって事態が確定していることとして表される傾向があり、「こと」が介在する場合は、「こと」が内容をまとめることから、具体的事態を全体として切り取る表現になっており、それにより、話し手にとってその事態が発話の現場から切り離されたものとして表現されるという見方ができる。

4　複合辞「ものだ」「ことだ」についての考察

4.1　諸用法の全体像と本稿で対象とする範囲

次に、複合辞の「ものだ」「ことだ」の諸用法を、先行研究を踏まえて次のようにまとめ、筆者の考えを述べる。

「ものだ」

(28)　学生は勉強するものだ。〈本質・傾向〉〈一般化〉と〈当為〉

(29)　子供の頃はよくこの公園で遊んだものだ。〈回想〉

(30)　いつか私もそこへ行ってみたいものだ。〈願望〉

(31)　困ったものだ。〈感心・あきれ〉

「ことだ」

(32)　試験に合格したいなら、勉強することだ。〈当為〉

(33)　飽きもせずよくやることだ。〈感心・あきれ〉

これらのうち、それぞれの〈感心・あきれ〉の用法は、それ以外と分けて考えることにする。〈感心・あきれ〉以外の、〈本質・傾向〉〈一般化〉と〈当為〉の「ものだ」と〈当為〉の「ことだ」、さらに〈過去〉と〈願望〉の「ものだ」は、前接する活用語の活用の形に応じて意味・機能が決まるという点で共通していると考えられる。本稿では、この後、この部分に焦点を当ててさらに見てゆく。

一方、〈感心・あきれ〉の「ものだ」「ことだ」は、前接する活用の形に応じて意味・機能が決まるのではなく、事態全体を対象として〈感心・あきれ〉の意味が生じると考えられる。〈感心・あきれ〉の「ものだ」「ことだ」は、非過去形・過去形の両方が前接し、さらに、「困ったものだ」「ご苦労なことだ」のように、ある事態を述べるのではなく、その事態に対する評価を、形容詞やそれに類する表現によって述べる用法も含まれる。また、例えば、〈回想〉の用法には、〈回想〉と合わせて話し手の感慨などの気持を表現していると解釈できる例もある。このようなことからも、〈感心・あきれ〉は重なることも可能な別のレベルの表現と考えられる。筆者は、このような〈感心・あきれ〉の表現のレベルは、「ものか」と「ことか」、評価成分を作る「ことに」「もので」とある程度共通しているのではないかという見方をしている。

また、評価成分を作る「ことに」「もので」の形態の違いにも表れているように、「もの」を含む複合辞は、「ものだ」の活用としての性格が比較的強く、「こと」を含む複合辞は、「こと」に「だ」や「がある」「になる」等が付く複合的な表現としての性格が比較的強いという捉え方ができる。同様に、終助詞的な「こと」の〈命令〉を表す用法が、〈当為〉の「ことだ」の延長として捉えられることも、「こと」自体の独立性の高さを示していると見ることができる。ただし、「もの」を含む複合辞にも「ものの」「ものを」といった形式があるので、完全に活用の体系の有無で説明することはできないであろう。

4.2 〈一般化〉や〈当為〉の「ものだ」「ことだ」について

4.2.1 〈本質・傾向〉〈一般化〉と〈当為〉の「ものだ」について

先に、名詞述語文ではあるが複合辞に近い用法として見た、寺村（1984）の〈本性・本質〉や須田（2009）の〈定義づけ〉に類する用法を、本研究では〈本質・傾向〉とし、複合辞の「ものだ」の用法に関連付けて見る。

複合辞「ものだ」の用法の典型は〈一般化〉とする。「X ハ～スルものだ」という文型の場合が代表的であるが、下の例のように「X ハ」が状況や条件の設定だけでも成り立つ。そのため、主題「X ハ」に対して「もの」が名詞として対応しているというよりは、「ものだ」が「一般的には～だ」という意味を付け加えていると考えられる。

(34)　学生は勉強するものだ。

(35)　試験の前には勉強するものだ。

(36)　試験を受けるなら勉強するものだ。

ここでも、先行研究の多くと同様に、複合辞の「ものだ」の中心的な意味として《一般性》という意味特徴があると想定してみよう。上の３つの例文いずれについても、「ものだ」文が《一般性》の意味を持っていると解釈できる。「ものだ」を付けない場合、(34)では同様の解釈になるが、(35)、(36)では、話し手の意志を表しているという解釈もできる。「ものだ」が付くことにより、そのような解釈の可能性はなくなる。

このような「ものだ」の《一般性》は、先に見た〈本質・傾向〉の用法や、さらに「もの」の名詞述語文と併せて考えると、連体修飾の構造が関係節の構造であることと関連していると言えるであろう。先に見たように、関係節の構造は、形容詞やそれに類する表現が、被修飾名詞が表す主体の“属性”を述べる文型へと繋がっている。「者」が文法的に主体を指し示す機能を持っていたことも、その要因の１つになっているとも考えられる。

さらに「ものだ」の〈当為〉の用法は、従来の研究で指摘されているように、話し手が聞き手に聞き手にある行為をすることを〈一般化〉や〈本質・傾向〉として伝えることにより「そうする義務がある」という意味が生じるという見方ができる。これは、「しなければならない」「するべきだ」等が直接的に〈当為〉を表すのと異なる。一方で、〈当為〉の「ことだ」は「ものだ」と同様に間接的に〈当為〉の意味を表すと言える。

4.2.2 〈回想〉と〈願望〉の「ものだ」について

次に「ものだ」のみに見られる〈回想〉と〈願望〉について見る。

〈回想〉は、活用語の過去形（タ形）に接続する。「ものだ」の形態の方を見ると、タ形の「～シタものだった」も、冗長ではあるが可能である。一方、否定の「～シタものではない」は不可能であろう。

(37)　子供の頃はよくこの公園で遊んだものだ。

(38)　その話を聞いた時は、ひどく驚いたものだ。

(37)のように過去の繰り返しを述べる表現が多く見られ、これは事態の生起を《一般性》に関連付けて説明することができるかもしれないが、(38)のような過去の１回の出来事を述べる表現も可能であるため、それも含めると《一般性》として説明することは難しい。

これらは「ものだ」なしでも、一応、過去の出来事について述べる表現は成り立つが、「ものだ」を付けた場合、過去の出来事についての“回想”を表すとされる。これは、過去の出来事を発話時と関連づけて表す表現と考えられる。連体修飾構造をもとに、「ものだ」が付くことにより文の述べ方が制限されるという見方をとると、述べられている事態が、過去の一連の事態のひとつとして描写されるのではなく、その事態のみを取り上げる表現になると考えられる。〈回想〉の用法が、単なる過去の表現とどのように違うかを改めて考えてみると、これは、過去のある事態を、その前後の一連の事態から切り離して、発話時との関連で見る述べ方というように捉えられる。過去の特定の事態を取り上げることにより、それを思い出して懐かしむといったニュアンスも含まれやすいと考えられる。

これを、「関係節の構造」に由来する連体形式の複合辞という観点から考えると、「ものだ」が付くことにより、本来は他の状況や文脈との関連が示唆される過去の事態のあり方が、その事態だけに制限されるというように考えられる。話し手にとっての事態のあり方をそのように表す表現と言える。

このような見方をもとに、先に見た《一般性》に類する意味特徴を考えると、話し手にとっての事態の変化が捨象されているということから、《確定性》というものを想定する。

〈願望〉は、「〜シタイ」「〜シテホシイ」等の願望を表わす形式に付く用法である。「ものだ」の形態は制限されており、過去形（例「〜シタイものだった」）や否定形（例「〜シタイものではない」）にすることはできないであろう。なお、高橋（他）(2005)は「ものだ」の諸用法を挙げる中で、ここで見ている〈願望〉に相当する用法を認めていない。これは、この種の用法を〈感心・あきれ〉の用法に含めたためではないかと推測される。

〈願望〉の「ものだ」は、特に「ものだ」が付くことで聞き手に対する直接の働きかけが表現されなくなるということが観察できる。

(39) a　いつか私もそこへ行ってみたいものです。

　　b　いつか私もそこへ行ってみたいです。

(40) a　*あなたにはぜひパーティーに来てもらいたいものです。

　　b　あなたにはぜひパーティーに来てもらいたいです。

(41) a　警察は、誠意ある対応をしてもらいたいものです。

　　b　警察は、誠意ある対応をしてもらいたいです。

(40)のように、聞き手に対して行動を促すような場合は、「ものだ」を付けて述べることができない。一方、(41)のように、三人称の主体による行為などを願望の対象とする場合は、「ものだ」が付くことで一般化をして、願望の直接の表出ではなくなるという見方ができる。これは、話し手自身の行為についての願望を述べる(39)のような場合にも同様と考えられる。

これも、「関係節の構造」に由来する連体形式の複合辞という観点から考えると、「ものだ」が付くことにより、文の叙述が制限され、単に願望があることを述べる表現になっていると言うことができる。

意味特徴としての見方については、〈願望〉も〈回想〉と同様に《一般性》より《確定性》の方が適切と考える。

以上、「ものだ」の用法のうち、〈本質・傾向〉〈一般化〉と〈当為〉、〈回想〉、〈願望〉について見てきた。意味特徴としては《一般性》か《確定性》が想定でき、また、これは「ものだ」に文の叙述を制限する機能があることから生じるという見方もできると考えられる。

4.2.3 〈当為〉の「ことだ」について

次に、「ことだ」の〈当為〉の用法を見る。これは意志的な動作のみが対象となり、ある状況や条件において望ましい行為を示す用法である。ここでは〈当為〉と名づけるが、「ものだ」と同様に〈当為〉の意味は実際の使用場面において生じるもので、話し手が聞き手に対し、ある行為をすることを提示することに、その行為が望ましいという含意が伴うと考える。

(42)　試験に合格したいなら、勉強することだ。

(43)　(聞き手が「体調が悪い」という状況に対して、話し手が）ゆっくり休むことだ。

先行研究では、「特定の相手に対する勧告・忠告・要求・主張を表す。」(森田・松木 1989)、「《必要性》を表す」(吉川編 2003)、「最重要行為提示」(高梨 2010）等とされている。筆者は、これらを参考にした上で、後で述べるように、「ことだ」の文と倒置指定文との類似に注目し、「ある行為を“指定”する」表現であるという捉え方をする。

さらに、「ことだ」についても、文の内容に何らかの意味・機能を足すのではなく、制限をするという見方をとると、上の例で言うと「勉強する」「ゆっくり休む」といった行為を指定して、他の行為を選択する可能性を排除する表現であると考えられる。

ここで、〈当為〉の「ことだ」と、〈本質・傾向〉〈一般化〉と〈当為〉の「ものだ」を文の単位で見た場合の特徴として、名詞述語文について指摘されている「措定文」「倒置指定文」との類似に注目してみよう。

この種の「ものだ」文と「ことだ」文を対比させると、三上章の論を踏まえた西山（2003）の議論における「措定文」と「倒置指定文」との対比に似ている。

(44) a　太郎は学生だ。(措定文)

b　学生は勉強するものだ。

措定文は、主語について、その属性を表す名詞を述語にあたる部分で示す文である。一方、「ものだ」文をこれに類似したものとして考えると、ある主体や状況、条件について、行為や事態を叙述が制限された“属性”的に述べる文というように捉えられる。

(45) a　学生は太郎だ。(倒置指定文)　(cf. 太郎が学生だ。(指定文))

b　試験に合格したいなら、勉強することだ。

倒置指定文は、変項を含む名詞句を主語とし、その変項を埋める値を示す名詞を述語にあたる部分で示す文である。一方、「ことだ」文をこれに類似したものとして考えると、ある状況や条件に対して、それに当てはまると考えられる行為を指定する文というように捉えられる。

このような特徴から、〈当為〉の「ことだ」については、先に述べた「ある行為を“指定”する」表現であるという見方ができる。

次に活用について見てみると、複合辞の「ことだ」は、活用の体系を持つとは言えないようである。先に姫野（2000）で見たように、「～スルことだ」の「ことだ」を否定にする場合には、「～スルことだ」に形態の上で対応する「～スルことではない」ではなく、「～スルことはない」である。

(46)（「体調が悪い」という状況の聞き手に対して）出かけることはない

(47)（「体調が悪い」という状況の聞き手に対して）*出かけることではない

おそらくこれは完全な肯否の対立ではないと思われる。なぜこのような組み合わせになるのかを説明することは難しい。姫野（2000）(吉川（編）(2003)）は、「ことはない」を、ある状況や条件について、その行為をする必要性がないことを表す表現としている。これに従って、ある行為を“指定”する「ことだ」との組み合わせとして考えてみよう。ある行為を“指定”する表現に対応する否定が、ある行為を取り上げて、それを指定しない表現ではなく、ある行為を取り上げて、それをする必要性がないことを述べる表現になっているということである。

このように考えると、そもそも肯定の「ことだ」が、ある行為を指定するだけの表現であって、ある行為をする必要性を述べる表現でないのも、実は不自然なのではないのかと考えられる。「～スルことだ」ではなく「～スルことがある」であってもよいのではないかということである。このような観点からも、複合辞の「ことだ」は、「Nダ」で断定をする名詞述語文とは少し異なり、「連体修飾部＋こと」が比較的独立的で、それに「だ」や「はない」が付いているという表現形式であるというように考えられる。

さらに、簡単にではあるが次のような対比もしておきたい。〈当為〉の「ことだ」が、文のどの部分に関わるかというと、後件の意志的な動作を表す部分のみなのではないだろうか。

(48)　試験に合格したいなら、勉強することだ。

(49)　（試験の前という状況）今のうちに勉強することだ。

これに対し、「ものだ」の諸用法は、主題も含めて文全体が関わると考えられる。

(50)　学生は勉強するものだ。

(51)　試験の前は勉強するものだ。

(52) ??（試験の前という状況）勉強するものだ。

(53)　昔は一生懸命勉強したものだ。〈回想〉

(54)　（私は）あの子には、一生懸命勉強してもらいたいものだ。〈願望〉

これは、「連体修飾部＋ものだ」があくまで主語となる名詞の言い換えであるのに対し、「連体修飾部＋ことだ」は前件の言い換えとしての後件であるという特徴によると考えられる。

5　まとめ

本稿では、形式語「もの」「こと」を含む複合辞の一部として、複合辞の「ものだ」「ことだ」の諸用法のうち、〈感心・あきれ〉以外の用法について考察した。筆者は、形式語「もの」「こと」がとる連体修飾構造を、複合辞の「ものだ」「ことだ」の諸用法の説明に使うことにより、よりよい説明ができるという立場から論じた。

複合辞の「ものだ」の諸用法については、「関係節の構造」に由来する、主体にとっての“属性”を表すという傾向を反映していて、文の叙述を制限する機能により、《一般性》《確定性》という意味特徴が生じるという見方を示した。複合辞の「ことだ」の〈当為〉の用法については、「内容節の構造」に由来する、文の内容をまとめるという性格を反映していて、ある行為を他の行為から区別して“指定”する機能があるという見方を示した。

また、複合辞の「ものだ」は比較的活用語としての性格が強く、「ことだ」は「こと」が独立的であるという対比もした。

参考文献

揚妻裕樹（1991）「実質名詞「もの」と形式的用法との意味的つながり」『東北大学文学部日本語科論集』Ⅰ 東北大学
安達太郎（1998）「認識的意味とコト・モノの介在」『世界の日本語教育 日本語教育論集』8 国際交流基金日本語国際センター
太田辰夫（1958/2013）『中国語歴史文法』朋友書店
グループ・ジャマシイ（編著）（1998）『教師と学習者のための 日本語文型辞典』くろしお出版
国立国語研究所（2001）『現代語複合辞用例集』国立国語研究所
須田義治（2009）「「ものだ」の意味記述」『ことばの科学 12』むぎ書房
高梨信乃（2010）『評価のモダリティ』くろしお出版
高橋太郎（他）（2005）『日本語の文法』ひつじ書房
高橋雄一（2008）「内容節の構造を持つ「ものだ」文について」『東海大学紀要（留学生教育センター）』第 28 号
高橋雄一（2010）「複合辞の「ものだ」についての一試論―内容節的な構造を手掛かりに―」『専修国文』87 号 専修大学
高橋雄一（2012）「複合辞の「ことだ」についての一試論」『人文論集』91 号 専修大学
高橋雄一（2014）「複合辞の「ものか」と「ことか」について」『専修国文』95 号 専修大学
高橋雄一（2015）「評価成分を作る「ことに」と「もので」についての一考察」『人文論集』97 号 専修大学
高橋雄一（2016）「〈感心・あきれ〉の「ものだ」「ことだ」について」『専修国文』99 号 専修大学
坪根由香里（1994）「「ものだ」に関する一考察」『日本語教育』84 号
坪根由香里（1996）「「ことだ」に関する一考察―そのモダリティ性をさぐる―」『ICU 日本語教育研究センター紀要』5 国際基督教大学
寺村秀夫（1984）『日本語のシンタクスと意味Ⅱ』くろしお出版
西山佑司（2003）『日本語名詞句の意味論と語用論』ひつじ書房
二畳庵主人（加地伸行）（1984/2010）『漢文法基礎』講談社
野田春美（1995）「モノダとコトダとノダ―名詞性の助動詞の当為的な用法―」宮島達夫・仁田義雄（編）『日本語類義表現の文法（上）』くろしお出版
姫野昌子（2000）「形式名詞「こと」の複合辞的用法―助詞的用法と助動詞的用法をめぐって―」『東京外国語大学 留学生日本語センター論集』26
藤田保幸（2013）「複合辞「～ものなら」について」藤田保幸（編）（2013）『形式語研究論集』和泉書院
籾山洋介（1992）「文末の「モノダ」の多義構造」『言語文化論集』14(1) 名古屋大学

森田良行・松木正恵（1989）『日本語表現文型』アルク
吉川武時（編）(2003)『形式名詞がこれでわかる』ひつじ書房

分析的な表現手段の存在意義
——可能性の形式をめぐって——

宮崎和人

1　はじめに

表現手段といった観点から、日本語の可能表現について考えてみよう。たとえば、「読む」という強変化動詞（五段動詞）には、派生形の「読める」があり、「見る」という弱変化動詞（一段動詞）や「来る」という不規則変化動詞には、派生形の「見られる」「来られる」がある。「読める」と「見られる」「来られる」は、いずれも派生形であるとはいえ、接辞のタイプが異なり、前者のタイプを後者にあてはめれば、「見れる」「来れる」という、いわゆる「ら抜き言葉」になり、後者のタイプを前者にあてはめれば、「読まれる」という、受身・尊敬の形になる。「ら抜き」が一般的になれば、手続きの統一がはかられ、意味と形式の対応関係もより単純になる。だが、仮に、「ら抜き」が一般化しても、このタイプの派生形は、「切れる」「取れる」などの自動詞形と衝突する。また、そもそも不規則変化動詞「する」には派生形がなく、「できる」が補充している。

このように、派生という総合的な手段による限り、動詞のタイプと形式の関係、形式と意味の関係は複雑である。総合的な手段のなかでは、唯一、「～うる」という複合動詞には、こうした複雑さはないが（動詞のタイプの制約がなく、もっぱら可能を表す）、文体的な制約が強く、あまり使用されていない。

このような状況にあって、「～ことができる」といった分析的な表現（文法的なくみあわせ）は、動詞のタイプの制約も意味の紛れもない形式として、その存在意義を認めうる。ただし、これも論説調という文体的な特徴があり、これだけあればよいというわけでもない。

分析的な表現手段の存在意義は、「可能」よりも「可能性」の表現のほうがはるかに大きい。可能性の表現手段には派生（接辞）はなく、複合動詞の「～うる」「～かねない」のほかは、「～こともありうる」「～可能性がある」「～恐れがある」など、すべて分析的な表現である。言語によっては一つの形式が可能と可能性の表現をかねていることもあるが、日本語では、「～うる」がそれに該当するものの、それ以外はすべて可能性のみを表す表現である。表現手段においてこのような特徴をもつ日本語の可能性表現は、その表現内容においてどのような特徴をもつのだろうか。

2　先行研究と筆者の立場

言語学では一般に、可能性はモダリティーに属すると考えられているが、日本語のモダリティーの研究において言及される可能性の表現は「～かもしれない」であって、「～こともありうる」「～可能性がある」などではない。さらに、分析的な表現は、文法形式化の度合いが低く、二次的・周辺的な存在と見なされる傾向があることもあって、日本語の可能性表現については、まだまとまった研究がないようである。ここでは、筆者の目にとまった三つの研究を紹介し、それらと対比する形で、筆者の立場を述べる。

2.1　金子（1986）

まず、可能表現における可能性の意味に言及した研究である、金子（1986）を取り上げる。金子は、可能文における可能の内容を「チカラの可能」と「蓋然性の可能」に分けている。ここでいう可能性にあたるのは「蓋然性の可能」のほうであり、いわゆる能力可能や条件可能は「チカラの可能」である。「チカラの可能」と「蓋然性の可能」の両方を表しうる形式として、エル／ウルを造語成分とする複合動詞を取り上げ、後者の用法について、「デキゴトの生起・存在の蓋然性の存在／非存在」の意味を理論的な響きをともないながらいいあらわす役割をもち、デキゴトの生起・存在に関して、どちらかはっきりしないときに使用される、と説明している。

さらに、金子は、この「蓋然性の可能」の意味は、「〜かもしれない」の述語形式が表す意味と比較、対照が行われるべきであると述べている。

1、マタ戦争ガオキル可能性ガアル。

2、マタ戦争ガオキルカモシレナイ。

3、マタ戦争ガオキルコトモアリウル。

認識的モダリティーの形式である「〜かもしれない」との比較は、可能性表現に関する主要な論点の一つであり、このあとに紹介する研究で実際に検討されることになる。

なお、蓋然性の可能を表す可能文について述べた箇所では、

従ってＢ君の成績は最底辺の「1」にしかならない。……。テストで何点をとろうと実質的にはゼロにしかならない学力評価があり得るということ自体驚くべきだが……。(朝毎・85・10・17)

のように、蓋然性の存在と同時に、そのデキゴトの生起・存在が現実にくりかえされることであることを表す場合があるということも指摘されている。金子は、この意味の側面は、aspect の問題であって、蓋然性の意味とは区別して考えられるべき問題であると述べている。

2.2　森山（2002）

次に、可能性を表す表現を幅広く観察している、森山（2002）を取り上げる。森山は、まず可能性の表現として「〜かもしれない」を取り上げたうえで、他にも次のような迂言的な形式が多数あり、考察が必要であるとする。

複合動詞型：〜（し）かねない

得る型：〜ことがあり得る、〜ことがおこり得る

可能性言及名詞型：〜可能性がある、〜おそれがある、〜公算が大きい

「考えられる」型：〜ことも（が）考えられる

「〜かもしれない」と他の迂言的表現との違いとして森山が注目しているのは、上記のような迂言的表現では、可能性そのものを対象とした否定や疑問、

程度修飾（「十分」など）といった文法操作が可能であり、別の推量形式との共起もありうるが、「～かもしれない」はそうではないということ、逆に、「それもいいかもしれないね」のような主観的な思い込みや主観的な評価、意見などについて、「～かもしれない」は使えるが、他の迂言的表現は使えないということである。そして、これらの事実から、「～かもしれない」は、「話し手のとらえ方」を表す推量形式として文法化されているとし、一方、語彙的な迂言的表現は、事実としてのコメントという色彩を強くもつとする。

2.3 益岡（2007）

益岡（2007:第2部第4章）は、日本語において可能表現と可能性表現がどのように関係するのかを考察したものである。取り上げているのは、「られる」「かもしれない」「～可能性がある」「～し得る」である。まず、「られる」が表す可能の意味を一通り見たあと、状況可能の延長上に、「社長には十分指図できた」のような、「状況的に／状況から見て、～可能性がある」という意味を表す用法があり、ここに可能性表現の萌芽が認められるとしている。

次に、可能性の表現として、「かもしれない」と「～可能性がある」を取り上げ、前者は、可能性判断を表すモダリティー表現（非断定の表現）として文法形式化の度合いが高いが、後者は、独立の文法形式としては確立していない（文末では断定を表す）とする。その根拠として、意味的に透明（構成要素の意味の総和が形式の意味）か、「かも」のような短縮表現が使われうるか、疑問・否定の形をとるか、断定緩和の用法（「次のように断言してよいかもしれない」）があるかという点での両者の違いに注目し、モダリティー表現か否かという性格の違いから、「～可能性があるかもしれない」のように両者が共起しうることを指摘する。

続いて、可能表現と可能性表現のかかわりをより明確に示す表現形式として、複合動詞の「～し得る」を取り上げ、次のような観察を提示している。「～し得る」が可能性の意味を表すのは、「得る」が「ある、なる、起こる」のような無意志動詞につく場合である。そして、可能の意味の「～し得る」が「～し得た」の形で実現をあらわすことができるのに対して、可能性を表す「～し得る」は、「そのとき事故が起こり得た」のように、過去形になっても、もっぱら可能性の意味を表す。

可能性表現の用法の「～し得る」と「かもしれない」の違いについては、「～し得る」は、複合動詞としての性格を保持しているために「得る」の前に動詞以外の語類も否定やテンスなども現れえないこと、そして、そのような制約をもたない「かもしれない」とはモダリティー性の有無という点で決定的な相違を見せ、「～可能性がある」と同様、モダリティー形式ではなく、可能性の存在という事態を表すにとどまること、そのことは、疑問・否定の形をとりうる、断定緩和の用法がない、「事故はいつでも起こり得るかもしれない」のように「かもしれない」と共起可能である、ということに反映しているとする。

益岡（2007）の主要なテーマの一つは、事態の現実性という観点からモダリティーについて考察することであり、この章の最後でも、この観点から、可能表現・可能性表現について検討している。まず、「かもしれない」は、事態の非現実性を表すモダリティー表現であるとする。また、「られる」などの可能表現は、それらが表す潜在的可能性を事態の未実現性という側面から見れば、事態の非現実性を表すということができると説明する[1)]。つまり、モダリティー表現である「かもしれない」が「基本的特性」として非現実性を表すのに対して、モダリティーではない可能表現は、「派生的特性」として間接的に非現実性を表すという違いがあるとする。そのうえで、基本的特性としての非現実性と派生的特性としての非現実性は相互に断絶しているわけではないということを付言している。「～し得る」のような可能と可能性の両方を表す表現は、可能表現と「かもしれない」の中間に位置すると考えられるからである。

2.4　筆者の立場

以上のように、先行研究では、「～こともありうる」「～可能性がある」などと「～かもしれない」をともに可能性を表す表現として取り上げ、両者の比較を行って、モダリティー表現（話し手のとらえ方、蓋然性判断）である「～かもしれない」とそうではない他の表現形式との異質性を明らかにしている。つまり、先行研究は、「可能性」には、モダリティーとしての「可能性」とそうでない「可能性」があると見ていることになる。

これに対して、筆者は、「可能性」をモダリティーの一つのカテゴリーとし、認識的モダリティーから区別する（筆者は、モダリティーには客観的なものもあってよいと考えている)。そして、「～かもしれない」とは違って、「～こともありうる」「～可能性がある」などが否定・疑問の形をとりうることは、文法形式化の度合いの違いというより、認識と可能性という、モダリティーの種類の違いによると考える。認識的モダリティーの形式には、否定・疑問の形は不要だが、可能性の表現には必要である。可能性はないこともあり、可能性を疑うこともありうるからである。過去形の必要性についても両者は異なる（後述)。

また、可能性表現は、広義可能表現であり、認識的モダリティーの形式との関係だけでなく、可能表現との関係についても考察しなければならないと考える（この点については益岡と問題意識を共有している)。しかし、従来の可能表現の研究の枠組みを使って可能性表現を考察するのは困難である。したがって、以下の考察は、可能表現を再考することから始めたい。

3　可能表現再考
――時間的な限定の有無という観点の導入――

可能表現に対する理解として、多くの研究者に共有されていることは、可能表現が表す意味には、「能力可能」「条件可能」「実現」の三つの類型があるということであろう（条件可能は「状況可能」とも呼ばれる)。

（1）　彼はフランス語をしゃべることができる。(能力可能)

（2）　学生証があれば、学生は割引料金で映画を観ることができる。(条件可能)

（3）　昨日、前から観たかった映画をようやく観ることができた。(実現)

この類型化で問題になるのは、次のような例の位置づけである。

（4）　明日は休日なので、私は映画を観ることができる。

（5）　昨日は休日だったので、私は映画を観ることができた。

まず、(4)は、条件可能と考えられるが、(2)とは大きく異なる点がある。それは、できごとが時間的な限定を受けているということである。この点では、(4)は、むしろ(3)と類似しているといえる。だが、両者には、実現しているか否かという大きな相違点があり、同類とするわけにはいかない。

次に、(5)は、一応、実現の例であると考えられる。が、「休日」という条件のもとに実現しているので、条件可能とも接点がある。さらに問題なのは、(5)は、「映画を観ることは可能であった」ということだけを意味し、実際に実現したか否かを問題にしないこともできるということである。「観ることもできた」とすれば、そのような意味あいがもっとはっきりするだろう。

(4)や、実現ではない意味を表す場合の(5)は、未来や過去の特定の時間において、そのできごとが実現することが可能である・あったという意味を表している。ここでは、この意味を「アクチュアルな可能」と呼ぶ[2)]。また、(1)、(2)のような、できごとの成り立つ時間に限定のない場合の可能文の意味を「ポテンシャルな可能」と呼び、(3)のような例の意味はそのまま「実現」と呼ぶ。ポテンシャルな可能とアクチュアルな可能・実現とは、時間的な限定の有無という点で対立し、ポテンシャルな可能・アクチュアルな可能と実現とは、潜在性・顕在性の点で対立する。つまり、アクチュアルな可能は、ポテンシャルな可能と実現の中間にある。

この新しい三分類は、テンポラリティーとも相関している。時間的限定がないポテンシャルな可能では、(1)や(2)のように、テンスから解放されるが、(6)、(7)のように、過去における可能を表す場合もある（ただし、実現の含みがある)。

（6）　彼は、学生時代には、フランス語をしゃべることができた。

（7）　その頃は、学生証があれば、割引料金で映画を観ることができた。

一方、時間的限定のあるアクチュアルな可能では、「〜ことができる」は未来における可能（(4)）または現在における可能（(8)）を、「〜ことができた」

は過去における可能（実現でない場合の（５））を表す。実現では、「～ことができた」は過去における実現（（３））、「～ことができている」は現在における実現（（９））、「～ことができる」は未来における実現（（10））を表す。

（８）　今なら時間があるので、手伝ってあげることができる。

（９）　この薬で害虫を防ぐことができている。

（10）　明日は前から観たかった映画をようやく観ることができる。

可能表現の意味の類型について、以上に述べたことを表にまとめると、以下のようになる。

類　型	時間的限定性	顕在性・潜在性	テンポラリティー
ポテンシャルな可能	なし	潜在性	なし／あり（過去）
アクチュアルな可能	あり	潜在性	あり
実現	あり	顕在性	あり

「ポテンシャルな可能」「アクチュアルな可能」という名づけは、潜在性・顕在性ではなく、時間的限定性の観点からのものである[3)]。

ここで念のために言っておくと、筆者は、能力可能・条件可能といった「可能の要因」を無視してよいと考えているわけではもちろんない。実際、能力可能には時間的限定がなく、条件可能には、ある場合とない場合があるというように、可能の要因と時間的限定性には相関がある。ただ、従来の三分類には、観点の交錯がある。実現は、要因ではなく、顕在性・潜在性という広義モダリティーの観点から取り出される意味である。実現にも、状況の変化による実現や努力の結果としての実現など、要因といったものが考えられるだろう[4)]。

可能の要因といった観点も重要であるにもかかわらず、ここではそれを中心にせず、上記のように、時間的限定性といった観点を重視するのは、能力等の可能の要因は、可能表現に特有であって、可能性表現にこの観点からの類型化をそのままあてはめることはできないのに対して、時間的限定性の観点は、可能表現だけでなく、可能性表現にも適用でき、しかも、この観点から重要な指摘をいくつか行うことができるからである。

4 「〜うる」

その使用の制約の大きさ、使用頻度の低さにもかかわらず、可能性を含む可能の意味を最も広く表しうるのは、「〜うる」である。そこで、最初に「〜うる」を取り上げたい。

では、まず、可能表現の「〜うる」を見る。次に挙げるのは、ポテンシャルな可能（(11)）、アクチュアルな可能（(12)、(13)）、実現（(14)）の例である。

(11)　この工場では月に100台の車を生産しうる。(ポテンシャルな可能)

(12)　三年あれば、業績は回復させうる。(アクチュアルな可能)

(13)　そのときなら、計画は中止しえた。(アクチュアルな可能)

(14)　私はようやく彼の真意を理解しえた。(実現)

次に、可能性表現の「〜うる」を見る。これについても、ポテンシャルな可能性（(15)）とアクチュアルな可能性（(16)、(17)）の区別が成り立つ。

(15)　常識は変わりうる。(ポテンシャルな可能性)

(16)　この紛争は戦争になりうる。(アクチュアルな可能性)

(17)　あの紛争は戦争になりえた。(アクチュアルな可能性)

5 「〜こともありうる」

動詞「ある」が「〜うる」の形をとった「ありうる」は、(18)のように可能性を表す。こうした「ありうる」の主語が節となったものが、(19)のような「〜こともありうる」である。一方、(20)のような「〜うる」に対応するのが、(21)のような「〜こともありうる」である。前者は、主語節「ボーナスがゼロになることも」＋述語「ありうる」、後者は、主語「この夏のボーナスは」＋述語「ゼロになることもありうる」のように分析できるが[5)]、ここでは、両者を区別せずに、「〜こともありうる」として扱う。

(18)　この夏はボーナスゼロもありうる。

(19)　この夏はボーナスがゼロになることもありうる。

(20)　この夏のボーナスはゼロになりうる。

(21)　この夏のボーナスはゼロになることもありうる。

「～うる」とは違って、「～こともありうる」は可能は表さず、可能性の表現に特化しているが、「～うる」と同じように、ポテンシャルな可能性を表すものとアクチュアルな可能性を表すものがある。以下に、それぞれの例を挙げる。

(22)　飛行機は天候の関係で出発が遅れることもありうる。

（ポテンシャルな可能性）

(23)　今日の審議は長時間に及ぶこともありうる。（アクチュアルな可能性）

(24)　昨日の審議は長時間に及ぶこともありえた。（アクチュアルな可能性）

このように、「～こともありうる」の表す可能性の意味が「～うる」と同じであるならば、改めて「～こともありうる」の存在意義を問う必要があるだろう。

冒頭にも述べたように、分析的な可能表現の「～ことができる」には、「可能」の意味の明確化という存在意義が認められるが、「～こともありうる」には、「可能性」の意味の明確化という存在意義が認められる。たとえば、次のような例で「～うる」を用いると、可能か可能性か曖昧であるが、「～こともありうる」なら紛れがない。

(25)　この病気は薬によって{完治しうる／完治することもありうる}。

また、「～ことができる」では、「読める」や「見られる」などの派生的な手段と違って、動詞のタイプを気にせず、基本形を用いればよいが、「～こともありうる」にも同様の長所がある。「～うる」はどのような動詞でも自由に使えるものではないという点についても、「～こともありうる」がカバーする[6)]。たとえば、次のように、可能性を表す際に意志動詞の「～うる」は使用しにくいことがある。

(26)　次の委員会には参考人を{??呼びうる／呼ぶこともありうる}。

(27)　あの社長なら、この夏のボーナスをゼロに{??しうる／することもありうる}。

さらに、「～こともありうる」では、実現しない可能性を述べることができるが[7)]、複合語である「～うる」にはそれができない。

(28)　メールは届かないこともありうる。

(29)　渋滞で間に合わないこともありえた。

6 「〜こともありうる」と「〜ことがある」

以上に見たように、可能性には、ポテンシャルなものとアクチュアルなものがあり、「〜こともありうる」は両者を表しうる。そして、この可能性のタイプの違いは、テンポラリティーと相関する。テンポラリティーがあるのは、時間的限定のある、アクチュアルな可能性の場合である。

(30)　地震は明日起こることもありうる。(未来)

(31)　地震は今起こることもありうる。(現在)

(32)　地震は昨日起こることもありえた。(過去)

アクチュアルな可能性を表す文にテンポラリティーがあり、ポテンシャルな可能性を表す文にテンポラリティーがないのは、テンポラリティーというカテゴリーが時間的な具体性を前提としているからであるが、逆に、時間的な抽象性を通じて、ポテンシャルな可能性とリンクするカテゴリーがある。それは、「反復性」である。

(33)、(34)のように、ポテンシャルな可能性を表す「〜こともありうる」は、反復性を表す「〜ことがある」に置き換えても差し支えないが、アクチュアルな可能性を表す「〜こともありうる」は、「〜ことがある」には置き換えられない。

(33)　飛行機は天候の関係で出発が遅れる{こともありうる／ことがある}。

(ポテンシャルな可能性)

(34)　今日の審議は長時間に及ぶ{こともありうる／*ことがある}。

(アクチュアルな可能性)

工藤(1995)は、反復性は、時間的限定性とアクチュアル性の有無というモーダルな側面からみて、アクチュアルな運動と脱時間化された特性との中間に位置し、時間的抽象化＝ポテンシャル化の程度もさまざまであるとしている。次の例の「〜ことがある」を「〜こともありうる」に置き換えられないのは、個別主体であり、頻度副詞と共起しているために、ポテンシャル化の程度が高くないからであると考えられる。

(35)　私はときどきあの店に行く｛ことがある／*こともありうる｝。

7　「〜こともありうる」と「〜可能性がある」「〜かもしれない」

この節では、「〜こともありうる」と「〜可能性がある」「〜かもしれない」の関係について考察する。

まず、注目しておきたいのは、できごとに時間的限定がある場合、この三者は非常に似た意味を表すということである。次の例では、「〜かもしれない」と「〜こともありうる」が並置されている。ここでは「〜可能性がある」を用いても問題ないだろう。つまり、アクチュアルな可能性は、推量に連続する。

(36)　光秀は、先兵隊長として一軍のさきを進め、といった。その目的は、この一軍のなかで光秀の意図に気づき抜け駈けて本能寺へ内応する者があるかもしれない。また行軍の途次、在郷の者が時ならぬ大軍の行軍をあやしみ、本能寺へ速報することもありうる。それらをふせぐためであった。(国盗り物語)

では、時間的限定がない場合はどうか。次の例は、将棋の世界の話である。

(37)　四段が八段に勝つ｛こともありうる／可能性がある／かもしれない｝。

この例で、「四段」「八段」には、四段・八段の棋士一般をさす解釈のほか、これから対局する特定の棋士をさす解釈もありうる。「〜こともありうる」を用いれば、いずれの解釈も可能であり、前者の解釈ではポテンシャルな可能性になり、後者の解釈ではアクチュアルな可能性になる。「〜かもしれない」では、後者の解釈しかない。そして、「〜可能性がある」も、後者の解釈しかないだろう。以上のことは、「〜こともありうる」がポテンシャルな可能性もアクチュアルな可能性も表せるのに対して、「〜可能性がある」はアクチュアルな可能性しか表せないことを示唆している。

次のようなポテンシャルな可能性の例では、「〜こともありうる」を用いるのがふつうであり、「〜可能性がある」は不自然である。

(38)　パソコンは突然故障する｛こともありうる／?可能性がある｝。

(39)　人生においては、信じていた人に裏切られる {こともありうる／??可能性がある}。

(38)より(39)が不自然なのは、後者のほうがよりポテンシャル度が高いからではないかと思われる。(38)は、主体は特定されていないが、パソコン使用時という時間的な具体性がある。次の例のように、さらに具体性を加えると、一般主体であっても、「〜可能性がある」の使用が自然になる。

(40)　使用中に電源を切ると、パソコンは故障する {こともありうる／可能性がある}。

以上のように、「〜こともありうる」は、ポテンシャルな可能性とアクチュアルな可能性の両方を表すことができるのに対して、「〜可能性がある」は、基本的には、アクチュアルな可能性の表現であると考えられるのだが、「〜可能性がある」がアクチュアルな可能性の表現であることは、そのテンス的な性質と相関している。「〜可能性がある」は、「〜こともありうる」と同じように、それ自体が過去形（「〜可能性があった」）になるが、それだけでなく、「可能性」と組み合わさる動詞にも、時間が分化している。つまり、できごとは時間的な限定を受けている。

(41)　犯人は住宅地に逃げ込んだ可能性がある。

(42)　犯人は住宅地に潜伏している可能性がある。

(43)　犯人は車で逃走する可能性がある。

そして、以下の例文のように、動詞のテンス・アスペクト形式は、可能性の確認される時間を基準とする、一種の相対的テンスとして機能する（不等号は先後関係、等号は同時関係を表す）。

(44)　犯人は車で逃走する可能性がある。

（できごと＜可能性の確認（現在））

(45)　犯人は車で逃走する可能性があった。

（できごと＜可能性の確認（過去））

(46)　犯人は住宅地に逃げ込んだ可能性がある。

（できごと＞可能性の確認（現在））

(47)　犯人は住宅地に逃げ込んだ可能性があった。

（できごと＞可能性の確認（過去））

(48)　犯人は住宅地に潜伏している可能性がある。

（できごと＝可能性の確認（現在））

(49)　犯人は住宅地に潜伏している可能性があった。

（できごと＝可能性の確認（過去））

一方、アクチュアルな可能性を表す「〜こともありうる」では、動詞は基本的にスル形式に固定されている。

(50)　犯人は車で逃走する｛こともありうる／可能性がある｝。

(51)　犯人は住宅地に逃げ込んだ｛*こともありうる／可能性がある｝。

(52)　犯人は住宅地に潜伏している｛??こともありうる／可能性がある｝。

「〜かもしれない」でも、動詞にはスル以外のテンス・アスペクト形式が現れるが、それらは基本的なＴＡ体系に従って使用され、テンスは発話時を基準とする絶対的テンスである。また、「〜かもしれない」自体にはテンスはないと考えるべきであろう。「〜かもしれなかった」という過去形の使用は、あるとしても文学的テクストに固有の文体的技巧であり（工藤（1995））、会話ではほとんど見られないからである[8)]。

(53)　犯人は車で逃走するかもしれない。

(54)　犯人は住宅地に逃げ込んだかもしれない。

(55)　犯人は住宅地に潜伏しているかもしれない。

(56)　犯人は住宅地に潜伏していたかもしれない。

テンス・アスペクトに関する「〜かもしれない」の特徴は、「〜だろう」などの認識的モダリティーの形式に一般的に認められるものである。

ここで、否定形式についても確認しておくと、「〜かもしれない」には否定形式はないが、可能性表現にはある。

(57)　犯人が車で逃走する｛ことはありえない／可能性はない｝。

三つの形式に関する以上の観察を表にまとめておく。なお、「〜こともありうる」の動詞のテンスの欄に「基本的に」とあるのは、例外があるからである

（後述）。

	動詞のテンス	形式のテンス	形式の否定	意　味
〜こともありうる	基本的になし （スルのみ）	あり	あり	ポテンシャルな可能性 アクチュアルな可能性
〜可能性がある	あり （相対的テンス）	あり	あり	アクチュアルな可能性
〜かもしれない	あり （絶対的テンス）	なし	なし	推量

形式自体にテンスがあり、否定になりうるということを、文法形式化の程度の低さと理解するだけでは十分ではない。これらの事実は、むしろ可能性表現を積極的に特徴づけている。また、動詞において、テンス・アスペクトが（十分に）分化しないということも、可能性表現の特徴である[9)]。そして、これらの特徴は、「〜こともできる」などの可能表現と共通である。

8　「〜ということもありうる」

推量の形式である「〜かもしれない」を外し、改めて、可能性表現の「〜うる」「〜こともありうる」「〜可能性がある」を動詞のテンス・否定および意味の観点から比較すると、「〜こともありうる」が「〜うる」と「〜可能性がある」の中間に位置することがわかる。

	動詞のテンス	動詞の否定	意　味
〜うる	なし	なし	ポテンシャルな可能・可能性 アクチュアルな可能・可能性
〜こともありうる	基本的になし （スルのみ）	あり	ポテンシャルな可能性 アクチュアルな可能性
〜可能性がある	あり （相対的テンス）	あり	アクチュアルな可能性

「〜うる」に対しては、動詞に否定があること、「〜可能性がある」に対しては、ポテンシャルな可能性を表すことができることが、「〜こともありうる」

の存在意義となる。しかし、アクチュアルな可能性を表すのに、動詞にスル・シナイしか使用できないのでは、未来のことしか表現できず、不便である。この制約を乗り越えようとしてか、例外的ではあるが、動詞がシタやシテイルをとった例が見られる。

(58) 犯人は単独ではなく、複数の人間が連携して二つの殺人を行ったことも、ありうる。(由布院温泉・殺意の帰郷)

(59) 彼女が俺を愛していると思っているのも錯覚だし、俺が彼女を愛していることもありえない。(金閣寺)

これらの例には不自然さがないわけではないが、引用の「という」を挿入すれば、不自然さは解消される。

(60) 犯人は単独ではなく、複数の人間が連携して二つの殺人を行ったということもありうる。

(61) 彼女が俺を愛していると思っているのも錯覚だし、俺が彼女を愛しているということもありえない。

このようにして、「〜こともありうる」も、過去や現在における実現の可能性を表すことができるようになる。

では、「という」の助けを借りて動詞にテンスを分化させることによって、可能性表現としての「〜こともありうる」は「〜可能性がある」に近づいているのだろうか。これを否定する事実としては、何よりも、(61)の「〜こともありうる」を「〜可能性がある」に置き換えることができないということがある((63))。そして、(60)の「〜こともありうる」を「〜可能性がある」に置き換えると、意味が違ってくる((62))。

(62) 犯人は単独ではなく、複数の人間が連携して二つの殺人を行った可能性がある。

(63) ??彼女が俺を愛していると思っているのも錯覚だし、俺が彼女を愛している可能性もない。

(60)と(62)の意味の違いはこうである。(62)は、複数の人間が殺人にかかわったことを示唆する事実を察知し、それにもとづいて可能性を述べている。一方、

(60)は、論理的に考えうるという意味の可能性を述べている[10)]。このように、未来の可能性においては見えなかった、「～こともありうる」と「～可能性がある」の意味の違いが、過去の可能性において浮上してくるのである。

次の例でも、論理的な可能性を述べていることは明らかである。

(64)　「なるほど、河西を待合室に待たせた理由はそれでわかった。福岡署にはそのように依頼しよう。しかし、東京から安田自身が打たなくても、誰か、依頼をうけた代人が打つ、ということもありうるぜ」(点と線)

ここで注目されるのは、過去のことにもかかわらず、動詞にスルを用いていることである。アクチュアルであるにもかかわらず、テンスを失っているのである。これは、論理に焦点をあてていることに起因する現象であろう[11)]。

次のような例では、(64)のような例とは違って、過去に実現したレアルなできごとに対して、疑問・否定の形やとりたての「など」を用いて、信じられない、あってはならないという評価的な態度を表している。

(65)　しかし、あれほど理性的だった人間がこんなにまで錯乱するなどということがあり得るのだろうか。(エディプスの恋人)

(66)　はじめ、信夫はこんな不人情な話があるだろうかと思った。強盗におそわれて、半死半生の目にあっているけが人を助けないなどということは、あり得ないことに思われた。(塩狩峠)

これらの例でも、動詞は非過去形であるが、その理由は、一般的にありえないという、ポテンシャルな不可能性が表現されているからである。

9　おわりに

可能や可能性というカテゴリーにおいては、古くからある派生や複合という総合的な表現手段を中心とする体系に、分析的な表現手段が加わって、体系の再構築が進んでいる。本稿では、そこに分析的な表現がどのように参画して、どのような役割を果たしているかの一端を述べたことになる。可能と可能性の関係や反復性、認識的モダリティーといった隣接するカテゴリーとの関係、可能性表現の体系性を探るためには、アクチュアル・ポテンシャルといった時間的限定性の観点やテンポラリティーとの相関という視点が不可欠であると考える。

注

1）益岡は、潜在的可能性が非現実性に関係する事例として、反復性を表す「〜ことがある」に「大事なときほどミスを犯すことがある」のような潜在的可能性を表す例があることも指摘している。「〜ことがある」に見られる反復性と可能性については、宮崎（2004）で論じた。

2）前に取り上げた、益岡が可能性表現の萌芽として指摘している、「社長には十分指図できた」のような例も、アクチュアルな可能にあたる。

3）この類型化は、奥田（1996）が紹介している、イェ・イ・ベリャエヴァによる可能の類型化を参考にしている（宮崎（2013）、同（2014）も参照）。

4）益岡（2007:第2部第4章）では、従来の三分類を踏襲しつつも、実現の意味には、能力可能に対応するものと状況可能に対応するものがあるとしている。

5）主語節は、「〜ということも」のように、引用形式を伴うこともある。このパターンについては、あとで取り上げる。

6）可能表現にも、「助かれた」は不自然で、「助かることができた」と言わなければならないといったことがある。

7）「〜ことができる」の場合も、「登録しないこともできる」のように言うことがあるが、使用は限られているだろう。

8）宮崎（2012）では、認識的モダリティーの形式のテンスについて、小説における実態を調査している。

9）服部（2016）では、「スル可能性」などは戦前から見られるが、「シタ可能性」「シテイル可能性」は戦前の新聞には7462例中に各1例しかないという、非常に興味深い調査結果が提示されている。

10）ただし、「〜可能性もある」とすれば、「〜こともありうる」に近づくだろう。

11）工藤（2014）で指摘されているように、評価感情の前面化によって過去のことに非過去形が用いられるという現象もある。

参考文献

奥田靖雄（1986）「現実・可能・必然（上）」『ことばの科学1』むぎ書房
奥田靖雄（1996）「現実・可能・必然（中）」『ことばの科学7』むぎ書房
金子尚一（1986）「日本語の可能表現〈現代語〉—標準語のばあい—」『国文学 解釈と鑑賞』51-1
工藤　浩（1989）「現代日本語の文の叙法性　序章」『東京外国語大学論集』39

工藤真由美（1995）『アスペクト・テンス体系とテクスト―現代日本語の時間の表現―』ひつじ書房
工藤真由美（2014）『現代日本語ムード・テンス・アスペクト体系』ひつじ書房
澤田治美（2006）『モダリティ』開拓社
渋谷勝己（1993）「日本語可能表現の諸相と発展」『大阪大学文学部紀要』33-1
須田義治（2010）『現代日本語のアスペクト論―形態論的なカテゴリーと構文論的なカテゴリーの理論』ひつじ書房
仁田義雄（1981）「可能性・蓋然性を表す擬似ムード」『国語と国文学』58-5
服部　匡（2016）「「可能性」の意味用法の変化―大正から平成まで―」『日本語学会2016年度春季大会予稿集』
益岡隆志（2007）『日本語モダリティ探究』くろしお出版
三宅知宏（1992）「認識的モダリティにおける可能性判断について」『待兼山論叢』26（日本学編）
宮崎和人（2004）「反復性と可能性―現代日本語のスルコトガアル―」『KLS』24
宮崎和人（2012）「認識的モダリティーとテンスの相関性―小説の調査から―」『日本研究』51
宮崎和人（2013）「モダリティーとしての〈可能〉―レアリティーと時間的な意味とのからみあい―」『岡山大学文学部紀要』59
宮崎和人（2014）「ポテンシャルな可能・アクチュアルな可能と認識的な可能性」『岡山大学文学部紀要』62
宮崎和人（2016）「論理的な可能性について」『岡山大学文学部紀要』65
森山卓郎（2002）「可能性とその周辺―「かねない」「あり得る」「可能性がある」等の迂言的表現と「かもしれない」―」『日本語学』21-2
渡辺慎晤（1989）「英語のモーダルな助動詞CANについて」『ことばの科学3』むぎ書房
Bybee, J., R. Perkins, and W. Pagliuca（1994）*The Evolution of Grammar: Tense, Aspect, and Modality in the Languages of the World*. University of Chicago Press.
Palmer, F. R.（2001）*Mood and Modality, 2nd ed*. Cambridge University Press.

［付記］　本稿は、平成29年度科学研究費補助金基盤研究(C)「現実性の概念にもとづく日本語モダリティー論の新展開」の研究成果の一部である。

現代日本語における「動詞＋〈其他否定〉表現」構文の実態

茂 木 俊 伸

1　はじめに

本稿では、動詞に後接する「しか」「ほか」類の表現が、現代日本語においてどのような構文を形成するのか、そのバリエーションについて調査・分析を行う。扱う現象は、次の（１）のようなものである（以下、例文の下線は筆者による）。

（１）a　そんなに学校がいやならやめるしかない。

（グループ・ジャマシイ 1998:137）

b　ここまで来ればもう頑張ってやるしかほかに方法はありませんね。

（同上）

c　これ以上赤字が続いたら営業停止にするよりほかしかたがないでしょう。（友松ほか 2007:357）

ここに現れている「しか」「ほか（に）」あるいは「より」は、前接要素を集合から除外する形で、それが唯一肯定される要素であることを表す。山口（1991）は、このような意味を持つ表現を「其他否定」の表現と呼ぶ。〈其他否定〉表現が名詞に後接する場合、次の（２）のように、前接要素（「太郎」）とそれが含まれる集合を表す名詞（「知り合い」）とが共起した構文になることがある（cf. 江口 2000、2013）。

（２）　研究会に行ってみたら、太郎 {しか／のほか} 知り合いがいなかった。

一方、〈其他否定〉表現が動詞に後接する場合、まず、(1a)のように〈其他否定〉表現と否定表現とが直接連続した「動詞＋しかない」のような形で「それ以外に方法はない」（友松ほか 2007:103）ことを表す文末表現として用いられることがある（以下、「一体型」の構文と呼ぶ）。

興味深いのは、〈其他否定〉表現はさらに、(1b-c)のように、否定表現との間に別の〈其他否定〉表現や名詞のようないくつかの要素が挟まる形のより複雑な構文（以下、「介在型」と呼ぶ）を形成しうる、という点である。その多様性については、これまでにも、例えば林（1964）、張（1984）、山崎・藤田（2001）に指摘がある。関係するパターンを、〈其他否定〉表現に下線を付した形で列挙すると、（３）のようになる[1)]。

（３）a　行くしかない（行くしか方法がない）、行くほかない（行くほか方法がない）、行くよりほかない（行くよりほか方法がない）、行くよりほかはない（行くよりほかに方法がない）、行くよりない（行くより方法がない）、行くよりしかない（行くよりしか方法がない）、行くよりか方法がない　（林 1964:275）

b　～よりない、～よりほかはない、～より仕方がない、～よりほか仕方がない　（張 1984:105）

c　～ほかない、～より（ほか）ない、～（ほか／より）仕方（が）ない、～より仕様がない　（山崎・藤田 2001:183）

しかし、現代日本語において、動詞に後接する〈其他否定〉表現が実際にどのような構文を形成しているのかは、管見の限りではこれまで明らかにされていない。そこで、本稿では、次のような問題を設定する。

①動詞に後接する〈其他否定〉表現「しか」「ほか」「より」は、どれくらい、どのような形で用いられるか。

②とりわけ、「しかない」「ほかない」のような〔一体型〕の構文は、どの程度用いられるか。

③〔介在型〕の構文で〈其他否定〉表現と否定表現の間に現れる「方法」「仕方」などの名詞には、どのような特徴があるか。

仮に、〔介在型〕に現れる名詞に一定の類型があり（③)、「しかない」「ほかない」のような〔一体型〕の表現がその意味を組み込んだ形で使われている

(②) のであれば、〔一体型〕の〈其他否定〉表現は文末複合辞化していると考えることができる。

本稿では、国立国語研究所による『現代日本語書き言葉均衡コーパス』(以下、BCCWJ) をデータとして、これらの問題について検討する[2)]。

2 データ

分析対象とする用例は、検索アプリケーション「中納言」(2.2.0) を使用し、BCCWJ 通常版 (BCCWJ-NT、検索対象語数: 124,100,964) を短単位検索することによって収集した。

手順として、まず、動詞に後接する〈其他否定〉表現「しか」「ほか」「より」を検索した。検索条件および検索結果として表示された件数は、次の(4)のとおりである。なお、〈其他否定〉表現に前接する動詞 (V) の部分には、前方共起語として「品詞・大分類「動詞」」という条件を共通して指定している。

(4) a　Vしか：　語彙素「しか」＋品詞・大分類「助詞」(5,136件)
　　b　Vほか：　語彙素「他」　＋品詞・大分類「名詞」(4,165件)
　　c　Vより：　語彙素「より」＋品詞・大分類「助詞」(9,817件)

ここには「ほか」の累加用法や「より」の比較用法、さらに形態素の誤解析などが含まれるため、さらにこれらが〈其他否定〉を表す例のみを人手で抽出し、次の例数を得た。

(5) a　Vしか (…) ない：　5,084例
　　b　Vほか (…) ない：　989例
　　c　Vより (…) ない：　475例

「ほか」には次の(6a)のような例も見られたが[3)]、(6b)のような名詞の集合を問題とする解釈が可能であるため、動詞に後接する典型例としては扱わないこととし、ここでは分析から除いた。また、(7)のような〈其他否定〉表現が表面上動詞に続いているだけのメタ的な用法も除外した。

(6) a　時折、騎乗の牧畜民がすれ違うほかに、人影はない。

(『NHK大黄河 (第2巻)』LBa2_00027)

b　時折すれ違う騎乗の牧畜民のほかに、人影はない。

（7）『え～ 昨日 何時に来るしか 書いてませんでしたよ』って こっちが『え～』って感じです　（Yahoo!ブログ OY15_04733）

3 「V しか（…）ない」

まず、動詞に後接する「しか」が形成する〈其他否定〉構文を見ていく。BCCWJから得られた動詞に後接する「しか」の例は5,084例である（うち3例は「～である」の「ある」の例)。「しか」の部分はほとんど「しか」の形で用いられており、その他の形は「っきゃ」(24例、0.5%)、「しきゃ」(1例)がわずかに見られるのみである。

3.1 「V しか」と呼応する否定表現

「V しか（…）ない」5,084例のうち5,064例（99.6%）で、「しか」は文中に現れる否定表現と呼応している。その内訳は、次の表1のとおりである（以下、構文パターンを示す際には、これらをまとめて「ない」と表記することがある)。

表1 「しか」と呼応する否定表現

否定表現	用例数	
ない	4,542	89.3%
ん	478	9.4%
まい	44	0.9%
―	20	0.4%
計	5,084	100%

このうち「ない」は、形容詞「ない」と助動詞「ない」であり、各活用形だけでなく、「ねえ」のような口語形、「なか」(カ語尾）のような方言形を含む。「ん」は次の(8a)のように、主に「ありません」「ございません」の形で現れる。「まい」は、(8b)のような「あるまい」の形で現れ、「めえ」のような口語形を含む。文中に否定表現が現れない例は、(8c)のように文末が省略されている

ものである。

（8）a　なお、残ったバターは捨てるしかありません。

（『ごちそうものがたり』PB25_00244）

b　お初おばさんに相談するしかあるまいと思った。

（『ジャガタラお春』PB19_00048）

c　「動きませんね。鍵をぶっこわして入るしか—」

（『三毛猫ホームズの騒霊騒動』OB3X_00086）

3.2　介在要素の有無

次に、〔一体型〕と〔介在型〕の分布を見ていく。

否定表現を伴う「V しか」5,064 例のうち、4,742 例（93.6%）は「しか」の直後に表 1 の否定表現が現れている。（ここでの「直後」には、「V しかありません」のように「ある」「ます」などを挟んだ形、あるいは「V しか、ない」のように読点などの記号が入った形を含んでいる。）

つまり、動詞に後接する「しか」のほとんどは、直後に否定表現を伴う〔一体型〕の「しかない」の形で現れており、基本的には「しか」と否定表現とが一体化した一かたまりの文末表現として使われていると言える。

一方、322 例（6.4%）は、「しか」と否定表現との間に何らかの要素が入った〔介在型〕の構文である。次の 3.3 節で見る名詞以外で、両者の間に特定の表現が入る特徴的な例としては、「しか」の直後に「ほかに」が現れる、（9）のような二重の〈其他否定〉構文（6 例）が挙げられる。

（9）　いずれにしても、真実を得るには、直接地球に赴いて調べるしか他に方法が無いことだけは確かだった。

（『ダイバージェンス・イヴ（2)』PB39_00463）

3.3　介在名詞のタイプ

「V しか（…）ない」の〔介在型〕で最も多いのは、「しか」と否定表現の間に名詞（句）が介在し、「V しか（…）［名詞］｛が／は／も／の｝ない」

のような形式をとる構文（278例、86.3%）である。

このとき介在する名詞は、先の（9）の「直接地球に赴いて調べる」ことが（「真実を得る」ための唯一の可能な）「方法」であるというように、「しか」が後接する動詞（句）が要素として含まれる集合を表している。このような集合を表す名詞を、江口（2000、2013）は「ホスト」と呼んでいる。

このようなホスト名詞の頻度上位語をまとめると、次の表2のようになる。

表2 〔介在型〕「Vしか」構文の介在名詞（3例以上）

方法	道	手	能	術	仕方	手段	手立て
133	39	24	18	16	9	6	4
47.8%	14.0%	8.6%	6.5%	5.8%	3.2%	2.2%	1.4%

これらの語を見るかぎり、「Vしか（…）ない」に介在するホスト名詞には、主に3つのタイプがあることが指摘できる。(10)に主なタイプと語例を、(11)にそれぞれの使用例を示す[4)]。

(10) a “方法”タイプ： 「方法」「手」「術（すべ）」「仕方」「手段」「手立て」「対策」「治療法」「やり方」「やりよう」「仕様」など

b “選択肢”タイプ：「道」「選択肢」「（選択の）余地」など

c “能力”タイプ： 「能」

(11) a このまま、メールが入っても無視しつづけるしか方法は無いのでしょうか？ （Yahoo!知恵袋 OC09_15359）

b どう決断しようと、結局、今すぐ銀行へ行き、あの金を引き出すしかわたしには道がないんだ。 （『沈黙の病棟（下）』LBl9_00026）

c あの野郎、スペランタスときたら隣り近所をからかうしか能がないのか？ （『マザー・ボムビー』LBj9_00094）

“方法”や“選択肢”が主に問題解決のためにとりうる対応を表し、“能力”がその人物にとって可能な行動を表すことから考えれば、これらの主要なホスト名詞に共通する意味的特徴は、「できること」を表すという点であると言える。“方法”“選択肢”タイプの名詞がいわゆる「状況可能」としての「できること」の外的条件を表すのに対し、“能力”タイプは「能力可能」としての「できること」の内的条件を表すと言える。

これらの3つのタイプのうち、“方法”と“選択肢”の例は、〔一体型〕の「しかない」に置き換えることができるのに対し、“能力”の例はそのような置き換えができない。

(11′) a　メールが入っても無視しつづけるしかないのでしょうか？

b　あの金を引き出すしかないんだ。

c　*スペランタスときたら隣り近所をからかうしかないのか？

したがって、〔介在型〕の「V しか…［名詞］＋ない」構文と〔一体型〕の「V しかない」構文は、「そうする以外のことができない」という意味を共通して持つものの、前者は“能力”タイプを含めた広い意味での「できること」を〈其他否定〉するのに対し、後者は「その状況でとりうる対応」としての“方法”“選択肢”の〈其他否定〉が一語化された表現であると分析できる。

4　「V ほか（…）ない」

次に、動詞に後接する「ほか」が形成する〈其他否定〉構文を見る。

4.1　「V ほか」の諸形態と呼応する否定表現

動詞に後接して〈其他否定〉を表す「ほか」は、「ほか」「ほかに」と「は」「が」と組み合わさったさまざまな形を持っている。次頁の表3は、BCCWJ で観察された形態である。

これらの「ほか」は、すべての例が否定表現と呼応しており、文末が省略された「V ほか」で〈其他否定〉に解釈できる例はなかった。表4にその内訳をまとめる。

表4の「ない」には、「ねえ」「なし」などの形が含まれている。「ん（ぬ）」は、「〜せず」のような連用形の「ず」、文語（的用法）の「ぬ」「ざる」を含む。「V ほかあるまい」のような「まい」は、その割合が「しか」の場合よりもやや高いことが分かる。

表3 「ほか」のバリエーション

形態	用例数	
ほか	552	55.8%
ほかは	389	39.3%
ほかに	40	4.0%
ほかには	7	0.7%
ほかが	1	0.1%
計	989	100%

表4 「ほか」と呼応する否定表現

否定表現	用例数	
ない	870	88.0%
ん（ぬ）	89	9.0%
まい	30	3.0%
計	989	100%

4.2 介在要素の有無と介在名詞のタイプ

全989例のうち、921例（93.1%）が「ほか」の直後に表4の否定表現を伴った〔一体型〕である（「しか」の場合と同様、「ある」「ます」などを挟んだ形を含む）。つまり、「V ほか」の全体的な傾向としては、「しか」と同様、〔一体型〕の構文が用例の大半を占めていることになる。

ただし、表3の「ほか」の形態ごとに分けて介在要素の有無を見てみると、次の表5のようになる。パーセンテージは各形態の〔一体型〕〔介在型〕それぞれの割合である。

表5 「ほか」の諸形態と〔一体型〕〔介在型〕の分布

形態	一体型		介在型		計
ほか	528	95.7%	24	4.3%	552
ほかは	382	98.2%	7	1.8%	389
ほかに	8	20.0%	32	80.0%	40
ほかには	2	28.6%	5	71.4%	7
ほかが	1	100%	0	0%	1
計	921	93.1%	68	6.9%	989

「ほか（は）」では全体的傾向と同様に〔一体型〕が9割以上を占めている一方で、「ほかに（は）」は〔介在型〕優勢になっている。つまり、動詞に後接す

る「ほか（は）ない」は一体化した文末表現として使われやすいのに対し、「ほかに（は）ない」はそうではない、ということになる。

「ほか」を用いた〈其他否定〉構文は、「x よりほかに X なし」のような「ほかに」を含む「非存在」構文を原形としていたと考えられている（宮地 2003 など。注 1 も参照）。BCCWJ の「ほかに」の用例数は全体的に少ないものの、原形に近い〔介在型〕の構文がよく見られると言える。

このような〔介在型〕の「V ほか…ない」68 例（全体の 6.9%）のうち、「V ほか（…）［名詞］{が／は／も／の} ない」式構文（49 例、72.1%）における介在名詞の頻度上位語を示したものが、次の表 6 である（表中の「立てよう」は、「対策の立てようがない」のような例を指す）。

表 6　〔介在型〕「V ほか」構文の介在名詞（2 例以上）

方法	手	道	術	こと	仕方	手段	立てよう	余地
10	9	9	4	2	2	2	2	2
20.4%	18.4%	18.4%	8.2%	4.1%	4.1%	4.1%	4.1%	4.1%

「しか」の場合と同様、“方法”タイプと“選択肢”タイプが主要なホスト名詞となっている。“能力”タイプの名詞は見られなかった。

5　「V より（…）ない」

最後に、「よりない」「よりほかない」など、「より」が動詞に後接して形成される〈其他否定〉構文を見ていく。「V より（…）ない」（475 例）の「より」は、ほとんどがこの形で現れ、次のような「よりか」（2 例、0.4%）がわずかに見られるのみである。

（12）　やっぱりそういうときは母親の石碑に訴えるよりかしようがない。で、気なぐさめるよりしようがないわね。

（『「文芸春秋」にみる昭和史（第 3 巻）』OB3X_00004）

5.1 「Vより」と呼応する否定表現

475例のうち、473例（99.6%）が文中の否定表現と呼応している。その内訳は、次の表7のとおりである。「ない」「ん（ぬ）」「まい」に関しては、ここまで見てきた「しか」「ほか」と同様の集計方法をとっている。「ものか」（1例）と文末の省略（1例）は、いずれも反語を表す例である。

表7　「より」と呼応する否定表現

否定表現	用例数	
ない	428	90.1%
ん（ぬ）	32	6.7%
まい	13	2.7%
ものか	1	0.2%
—	1	0.2%
計	475	100%

5.2 介在要素の有無

「Vより（…）ない」がここまでの「しか」「ほか」と異なる最大の点は、次の表8のように、否定表現を伴う例（「ものか」と省略の例を除く）のうち「よりない」「よりありません」のような〔一体型〕が68例（14.4%）にとどまり、405例（85.6%）では「より」と否定表現の間に何らかの要素が入っている、という点である。

表8　「より」の介在要素

構文	介在要素	用例数	
一体型	ϕ	68	14.4%
介在型	名詞	137	29.0%
	「ほか」類	195	41.2%
	「ほか」類＋名詞	73	15.4%
計		473	100%

最も多いのは、「より」の直後に「ほか（に）」が現れ、二重の〈其他否定〉構文を構成している例（268 例、56.7%）である。BCCWJ では、「よりほか」「よりほかに」「よりほかは」の 3 形式が見られた。これらの形式について介在名詞の有無と組み合わせて示すと、次の表 9 のようになる。

表 9　「よりほか」のバリエーションと介在名詞の有無

形態	介在名詞なし		介在名詞あり		計
よりほか	95	85.6%	16	14.4%	111
よりほかに	26	31.3%	57	68.7%	83
よりほかは	74	100%	0	0%	74
計	195	72.8%	73	27.2%	268

このうち「よりほか（は）」は介在名詞がない例に偏るのに対し、「よりほかに」は介在名詞がある例の方が多い。これは、先に 4.2 節で見た「ほかに（は）」の傾向と同様である。

山口（1991）が「よりほか」を「連語」とするように、仮に、「よりほか」類を複合形式と考え、「よりない」だけでなく「よりほかない」「よりほかありません」などまで含めて「より」の〔一体型〕構文と定義したとしても、「V より（ほか）(…) ない」は、〔一体型〕が 263 例（55.6%）に対し、ホスト名詞が介在する〔介在型〕が 210 例（44.4%）となる。このように、「よりほか」を含めても、「V より（ほか）(…) ない」は、「しか」「ほか」に比べて〔一体型〕の割合が低いことが指摘できる。

5.3　介在名詞のタイプ

張（1984:105）は、(3b) に示した「より（ほか）」の構文に現れる名詞として、「仕方」のほか、「仕様」「方法」「やり方」「手」などを挙げる。また、森田・松木（1989）は「より（ほかに）仕方がない」「ほか仕方がない」の「「仕方」のかわりに、「仕様」「方法」「すべ」「やり方」「手」「詮」などの類義語が用いられることもある」（同:284）とする。さらに、李（2000）は、近代に

「よりほか｛しかた／仕様／道／手段／方法／すべ｝がない」(同:409)、および「より｛しかた／道／方法｝がない」(同:412) などの表現が多く見られることを指摘している。

〔介在型〕の「Vより（ほか）…ない」のうち、「Vより（ほか）(…)［名詞］{が／は／も／の} ない」式構文 (201例) において介在する名詞の頻度上位語を示したものが、次の表10である。「しか」「ほか」と同様、「より（ほか)」のホスト名詞でも“方法”タイプと“選択肢”タイプが主要な語となっている。ただし、典型的な“方法”を表す「方法」や「手」ではなく、先の(1c)や次の(13)のような「仕方がない」「仕様がない」の例が多いことが特徴的である。

表10 〔介在型〕「Vより」構文の介在名詞（3例以上）

仕方	方法	仕様	道	こと	手	手立て	術	能
113	22	17	13	6	6	3	3	3
56.2%	10.9%	8.5%	6.5%	3.0%	3.0%	1.5%	1.5%	1.5%

(13) a　しかし、店がそこにしかなければ、お客様はその店を利用するより仕方がない。

（『誰も言わなかった！飲食店成功の秘密』PB26_00090）

b　これは大臣の言っていることなんだから、大臣に答えてもらうよりしょうがない。　（国会会議録／第101回国会 OM21_00006）

表10から、「しか」に見られた“能力”タイプの「能」が「より（ほか)」でも見られることが分かる。例を(14)に示す。

(14)　あれは意図的戦術ではなくて、ソ連人のひとりが「旧式のモスクワ指令に基づいて行動するよりほかに能がなかった」ために生じた混乱だったという。　（『パワーシフト（下)』OB3X_00210）

6　〈其他否定〉表現の文体的特徴

「Vしかない」に関して「動詞に後接させる用法が口頭表現を中心に広まっ

ているが、今でも違和感を覚える人があり、その場合は俗語的なニュアンスが生じる」（中村 2010:421）、「V ほか（はない）」に関して「ことさら古めかしい表現を使っているという印象」（同）、「書きことば的」（グループ・ジャマシイ 1998:524）という指摘があるように、動詞＋〈其他否定〉構文には文体的な差が見られる可能性がある。

BCCWJ における各サブコーパスにおける〈其他否定〉表現の用例数と PMW（100 万語（短単位）あたりの頻度）を示すと、表 11 のようになる（合計欄の PMW は BCCWJ 全体から見た値）。

表 11　レジスター別に見た動詞＋〈其他否定〉構文

		しか		ほか		より	
		用例数	PMW	用例数	PMW	用例数	PMW
出版	書籍（PB）	1,281	44.9	305	10.7	126	4.4
	雑誌（PM）	208	46.8	15	3.4	8	1.8
	新聞（PN）	66	48.2	8	5.8	7	5.1
図書館	書籍（LB）	1,525	50.2	507	16.7	238	7.8
特定目的	ベストセラー（OB）	217	58.0	66	17.6	62	16.6
	韻文（OV）	5	22.2	12	53.3	1	4.4
	教科書（OT）	3	3.2	2	2.2	3	3.2
	白書（OW）	2	0.4	5	1.0	0	0.0
	法律（OL）	0	0.0	0	0.0	0	0.0
	広報紙（OP）	6	1.6	0	0.0	0	0.0
	国会会議録（OM）	43	8.4	26	5.1	12	2.4
	知恵袋（OC）	1,158	112.9	25	2.4	9	0.9
	ブログ（OY）	570	55.9	18	1.8	9	0.9
計		5,084	48.5	989	9.4	475	4.5

まず、「しか」は書籍、雑誌、新聞でまんべんなく使われているのに対し、「ほか」「より」はやや書籍に用例が偏り、雑誌での使用が少ないと言える。また、「しか」は「知恵袋」（Yahoo!知恵袋）や「ブログ」（Yahoo!ブログ）のようなウェブ媒体での使用が多いが、「ほか」「より」は少ない。したがって、

「ほか」「より」に比べ、「しか」はくだけた文体が用いられる媒体を含めた幅広い書きことばに現れるという傾向が指摘できる[5)]。

なお、「法律」「白書」「広報紙」に文末の〈其他否定〉表現が現れにくいのは、これらの表現が表す判断的意味がこのような媒体になじまないためであると考えられる。

7　おわりに

本稿の「はじめに」で提起した問題は、次の3点であった。

①動詞に後接する〈其他否定〉表現「しか」「ほか」「より」は、どれくらい、どのような形で用いられるか。

②とりわけ、「しかない」「ほかない」のような〔一体型〕の構文は、どの程度用いられるか。

③〔介在型〕の構文で〈其他否定〉表現と否定表現の間に現れる「方法」「仕方」などの名詞には、どのような特徴があるか。

これらについて、BCCWJの調査結果を簡単にまとめると、次のようになる。

①動詞に後接する「しか」「ほか」「より（ほか）」は、否定表現が直接続く〔一体型〕と、主に名詞が介在する〔介在型〕の構文で用いられる。最も使用数が多いのが「しか」(PMW:48.5)、続いて「ほか」(同:9.4)、「より（ほか)」(同:4.5）の順である

②動詞に後接する「しか」「ほか」は、そのほとんど（9割以上）が〔一体型〕の「Vしかない」「Vほかない」の形で用いられる。「より（ほか)」はこれらに比べ〔一体型〕の割合が低い。「ほか」「よりほか」では、「ほかに」形の場合に〔介在型〕になりやすい。

③「しか」「ほか」「より（ほか)」の〔介在型〕に共通して多く現れるホスト名詞は、「方法」「仕方」のような“方法”タイプ、「道」「選択肢」のような“選択肢”タイプである。これらの名詞を伴う構文は、「それ以外にできることはない」という〔一体型〕と共通する解釈になる。少数例として、「しか」「より（ほか)」に“能力”タイプが見られる。

また、本稿で扱った動詞に後接する〈其他否定〉表現の構文は、次の(15)のようなパターンとして分析できる。「しか」「ほか（に）」「より」は単独でも〈其他否定〉構文を形成するが、これらが複数現れる場合は、「しか」「より」が前の位置、「ほか（に）」が後の位置に現れる[6)]。

(15)　V-｛しか／より｝　-ほか（に）(［ホスト名詞］が）ない。

なお、本稿で扱った「しか」「ほか」「より」に加え、「以外（に）」に関しても同様の構文を形成するが、紙幅の都合上、扱うことができなかった。

(16) a　これに関しては、われわれは勇気をもって戦う以外にないのだ。
（『人間を幸福にしない日本というシステム』LBi3_00067）

b　追跡も奇襲もここで終わりだ。もはや正面切って戦う以外に道はない。　（『ビートのディシプリン（side 2)』LBr9_00275）

c　これに応えるものとしては大学独自の自己改革により解決を計る以外に他に方法が見当らない」というにとどまっている。
（『グローカル・ユニバーシティ』PB23_00267）

〈其他否定〉表現の全体像を明らかにするためのさらなる調査に関しては、今後の課題としたい。

注

1）このような多様性の背景には、このタイプの構文の形成・発展の歴史があると考えることができる。すなわち、「しか」「ほか」「より」以外に「よりほか」のような〈其他否定〉の複合形式が存在することには、これらの表現がもともと単独で否定表現と呼応していたわけではなく、「ほかは」などの係助詞の後接によって形成された複合形式を経由して「シカ的限定」用法を獲得していったこと（宮地 2003、2007）が影響していると考えられる。また、「方法」のような名詞が介在することに関しては、「x よりほか｛の／に｝ X なし」（※ X は要素 x を含む集合）のような「非存在」を表す構文が、「x よりほかなし」のような「シカ的限定」構文に発展する前段階にあったこと（宮地 2003、2007、2010）が関わると思われる。

2）茂木（2017）でも BCCWJ における「しかない」「ほかない」を調査したが、動詞に後接する例は本稿における〔一体型〕のみが対象で、かつ否定表現は「ない」のみを扱っていた。

3）BCCWJ の例には、出典として書名（もしくはそれに相当する情報）およびサンプル ID の情報を付す。

4）「仕方（が）ない」「仕様（しよう／しょう）がない」は、全体で一語化した形容詞と分析されるのが一般的であると思われる。これらの表現に関して、岸本（2014）は「仕方（が）ない」「しょうがない」は否定極性表現（NPI）を認可しないとするが、Kato（1985:149）は、「仕方がない」が動詞に後接する「しか」と共起する例を指摘している。ここでは、「しか」と共起できるこれらの形の一語化の程度は問題とせず、単純に“方法”を表す名詞群と否定表現との組み合わせとして分析した。

5）「ほか」の「韻文」サブコーパスの値が特異に高いが、データの規模が大きくないため、解釈は難しい。ただし、用例の半数が文語体の俳句・短歌の例であることは注目される。

6）林（1964）が指摘する「よりしか」という形式（(3a)参照）は、BCCWJ には見られなかった。また、「よりほか（に）」が複合辞的であるのに対し、「しかほかに」がそのように感じられない（にもかかわらず重複して使われる）という点についても、今後検討する必要がある。

参考文献

李　妙熙（2000）「副助詞「よりほか」「ほか」「より」の成立について」『언어연구（言語研究）』16(2)、pp. 403-417、한국현대언어학회（韓国現代言語学会）

江口　正（2000）「「ほか」の 2 用法について」『紀要（言語・文学編）』32、pp. 291-310、愛知県立大学外国語学部

江口　正（2013）「集合操作表現の文法的性質」『形式語研究論集』（藤田保幸(編)）、pp. 155-175、和泉書院

Kato, Yasuhiko（1985）Negative Sentences in Japanese. *Sophia Linguistica* 19, The Graduate School of Languages and Linguistics, Sophia University.

岸本秀樹（2014）「「名詞＋ない」型形容詞と名詞編入」『複雑述語研究の現在』（岸本秀樹・由本陽子(編)）、pp. 41-65、ひつじ書房

グループ・ジャマシイ(編)（1998）『教師と学習者のための日本語文型辞典』、くろしお出版

張　麗華（1984）「～よりほかはない／～より（ほかに）仕方がない」『日本語学』3(10)、pp. 104-110、明治書院

友松悦子・宮本淳・和栗雅子（2007）『どんな時どう使う日本語表現文型辞典』、アルク

中村　明（2010）『日本語 語感の辞典』、岩波書店

林　巨樹（1964）「「行くしかない」と「行くよりほかない」」『口語文法講座 3　ゆれている文法』（時枝誠記・遠藤嘉基(監修)）、pp. 274-283、明治書院

宮地朝子（2003）「限定のとりたての歴史的変化―中世以降」『日本語のとりたて―現

代語と歴史的変化・地理的変異』（沼田善子・野田尚史（編））、pp. 179-202、くろしお出版
宮地朝子（2007）『日本語助詞シカに関わる構文構造史的研究―文法史構築の一試論』、ひつじ書房
宮地朝子（2010）「「ほか」の諸用法と名詞句の多様性」『名古屋大学文学部研究論集（文学）』56、pp. 1-18、名古屋大学文学部
茂木俊伸（2017）「否定を表す表現」『現場に役立つ日本語教育研究５　コーパスから始まる例文作り』（中俣尚己（編））、pp. 203-221、くろしお出版
森田良行・松木正恵（1989）『日本語表現文型―用例中心・複合辞の意味と用法』、アルク
山崎　誠・藤田保幸（2001）『現代語複合辞用例集』、国立国語研究所
山口堯二（1991）「副助詞「しか」の源流―その他を否定する表現法の広がり」『語源探求3』（日本語語源研究会（編））、pp. 34-48、明治書院

時代小説におけるノデアッタ・ノダッタ

揚 妻 祐 樹

1　はじめに
――〈物語的過去〉のノデアッタ・ノダッタ――

～ノデアッタ、～ノダッタは形式名詞文～ノデアル、ノダにタが接続した形式である。吉田茂晃（1988）はこの意味用法を三種に分ける。

〈想起〉そうか、あの娘はピアノが弾けるんだった。

〈悔恨〉やっぱり傘を持ってくるんだった。

〈物語的過去〉邦ちゃんと遊んでいると、きまって私が損をするのだった。

本稿で考察の対象とするのは〈物語的過去〉のノデアッタ、ノダッタである。〈物語的過去〉のノデアッタ、ノダッタは時代劇のナレーションや時代小説に特徴的に現れる形式である。

（1） と龍吉顔を下げて頼んだが、常太の団々たる腕組はそのまゝいつまで解かれずジツと黙つてゐるのであつた。（裾野篇八・山中接戦記・六）

（2） 行方が知れぬ父は無事家族の元に帰った。その一家の晴れやかな笑顔を胸に御老公一行は再び旅立って行くのであった。（水戸黄門・第37集・第6回）

明治20年代の小説は、あたかも落語家や講談師が観客に向かって語るがごとく、語り手が読者に対して、詠嘆をして見せたり、登場人物を揶揄して見せたりする、つまり語り手が顕在化する〈語り〉が行われていた。亀井秀雄（1983）はこうした語り手を「無人称の語り手」と名づける。しかし、この無人称の語り手は、明治30年代後半以降、たとえば自然主義文学であるとか、漱石の中後期の小説といった純文学系の言文一致体小説からは消えて行き、一人称、あるいは三人称の〈語り〉へと移行する。

しかしながら、講談速記から、書き講談を経て成立する大衆小説、その中でも中心となる時代小説においては「無人称の語り手」は存続して行く。娯楽中心の大衆小説においては、読者にサービスする「無人称の語り手」の存在意義があったのであろう。そして時代小説は過去の時代を舞台にした小説でもある。井島正博（2011）はテンスを考える際に、物語の内容の世界である「内容世界」と、話者が発話行為を行う世界である「表現世界」との次元の違いを論じているが、時代劇や時代小説はこの二つの世界を語り手が往還するかの如き表現である。そしてノデアッタ、ノダッタはこの二つの世界の狭間に現れる表現である、というのが本稿の要点である。

本稿では、時代小説の代表作の一つ、白井喬二『富士に立つ影』（の第一篇「裾野篇」）の中にみられる〈物語的過去〉のノデアッタ、ノダッタの文体的特徴を考察する。また比較の対象として有島武郎『クラ、の出家』を取り上げる。これを取り上げるのは、三人称小説の一例であるとともに、短編であるので扱いやすいためである。

2　ノデアッタ・ノダッタの用法

2.1　二つの世界の「またがり」について

ノダッタ・ノデアッタついてはすでに、三上章（1953）、吉田茂晃（1988）、田野村忠温（1990）、野田春美（1997）などで議論されている。

三上章（1953）は「何々スル（現在形）＋ノデアツタ（過去形）」について、「反訳文によく出てくる」表現であり、「その意味はちょうどフランス語のimperfect（未完成的な過去、アンパルフェ訳して半過去）にそっくり当るようである」としている。ただし、三上章はノデアル類（動詞ル形＋ノデアル、ノデアッタ、動詞タ形＋ノデアル、ノデアッタ）全般を「反省時」と表現しており、ノデアッタだけを特化して「反省時」とするのではない。なお「現在形＋

ノデアッタ」の用法の一つについて「習慣的、特性的（文章体に多い）」と説明されている箇所がある。用例がないので具体的には不明であるが、あるいは〈物語的過去〉を指すのかも知れない。

吉田茂晃（1988）は先に見たように、ノダッタの意味として〈想起〉〈悔恨〉〈物語的過去〉の三種にわける。このうち〈物語的過去〉はもっぱら書きことばに現れるとする。

田野村忠温（1990）はノダッタにおける表現者の視点が「話し手（書き手）自身の現在にではなく、話題にのぼっていることがらの起こっている過去の場面の中にある」とする。また田野村は〈物語的過去〉をいくつか挙げた上で、「以上のような「のだった」は、普通、書きことば、それも、小説や昔話の地の文、紀行文、回顧録などの限られた種類の書きことばにおいてしか現れない」とする。

野田春美（1997）はノダ類を「スコープの「のだ」」（名詞文にちかいノダ）と「対人的ムードの「のだ」」（助動詞化したノダ）に分ける。「物語的過去」を表わすノダッタは後者に分類される。そのうえで、それが書き言葉にのみ見られること、「通常、ムードの「のだ」は話し手の発話時の心的態度を表現するものだが、「のだった」の場合は、物語の進行している時点に作者が視点を移している」とする。以上の要点をまとめると、

〈１〉「物語的過去」を表わすノダッタ・ノデアッタの場合、話主の視点が、物語が展開される過去におかれること。（田野村、野田）

〈２〉書き言葉にもっぱら現れること。（三上（？）、吉田、田野村、野田）

ということになるであろう。以上の二点のうち〈２〉には異論がない。問題と思うのは〈１〉である。〈物語的過去〉のノダッタを「表現の視点が表現者の現在を離脱し、話題の状況の中に置かれている」（田野村）、あるいは「物語の進行している時点に作者が視点を移している」（野田）と説明した場合、たとえば次のような場合と区別がつかなくなるからである。

（３）「やゝお前はその子供を知つてるのか？」

　　聞いてはゐまいと思つたくだんの若侍、筆をとりながらも花火師のい

つたことを片耳に聞いてゐたものと見え、この時ふつと顔を振り上げたがその眼の底には今までの笑ひが消えて、ジツと熱心に見上げてゐる様子、無関心に装つてゐてもこの侍も余程その子供といふのに心が引かれたものと思はれる。(裾野篇一・愛鷹山秘史・四)

傍線部は語り手が物語の世界の現場に立ち会いながら、佐藤菊太郎の内面を推し量っている表現である。つまり、この件においては語り手にとって「内容世界」が〈現在〉なのである。しかし〈物語的過去〉のノダッタのばあい、語り手が物語の世界内に身を置いて物語を語りつつも、一方で物語の世界を過去の地平において詠嘆をするのである。いわば二つの世界にまたがりながら語っているのであって、(3)のように物語の世界内に視点が完全に移行しているわけではない。田野村や野田の説明は〈物語的過去〉のノダッタが二つの世界にまたがっていることを、うまく掬い上げたものとは思われない。

この意味で、吉田茂晃(1988)の説明は、二つの世界のまたがりについて配慮が見られる。しかし、「[出来事を準体助詞ノによって]体言の姿にすることで、出来事を思い出の世界や空想の世界に閉じこめ、現在の現実との関係を断ってしまうのがこの表現である」という説明は、ノダッタの過去と現在との関係を把握したことにはならない。また、〈物語的過去〉のノダッタが如何なる表現機構の下で、詠嘆、哀歓、詩情といったニュアンスを生じさせるのかを捉えたものとも思われない。

丹羽哲也(1992)もまた視点の二重性を論じる。丹羽は「語り手がその場面の時点(…)に立った視点を取ることを「共時視点」と名づける」という。(3)の場合、語り手は物語の進行に立ち会う視点で語られているが、これは「共時現在視点」の語りである。しかしそれとは別にこの事態を過去にさかのぼって把握する視点もあり得る。そしてこの両者が同時に表現される場合がある。

(4) (古高俊太郎。……)新作は名さえ聞いたことがない。ひょっとすると蛸薬師の小間物屋小膳は、この古高の手先なのかもしれなかった。(丹羽哲也(1992)より)

これについて、丹羽は「語り手が「新作」(…) の立場に立ち、その場面時現在の事態を推量している」(丹羽はこれを「共時現在視点の推量」と呼ぶ) とし、同時に「回想視点で過去のこととして語る」表現であるとする。そして丹羽はノダッタもまた同様の二重性を認める。たとえば現在形＋ノダッタの場合「共時現在」に遡って事態を叙述しながら、「回想視点」から語るのであり、過去形＋ノダッタの場合、二重に「回想過去」の表現となるとする。

問題なのはノダッタに見られる、過去への詠嘆という心的作用が「共時現在」のものではありえないということである。詠嘆は必ず過去を振り返る地平で行われるはずである。

(5)　若侍の眼色はいよ〳〵熱心に白かばの葉陰に輝くのであつた。(裾野篇一・愛鷹山秘史・四)

丹羽の例文(4)の理解を(5)に当てはめると、「(…) 輝く」という事態把握のみならず、ノダに含まれる一種の心的作用 (寺村秀夫 (1984) に従えば説明のムード) もまた「共時的現在」に置かれなければならない。その上でこれらがもろともに、タによって〈語り〉の〈現在〉の立場から過去に置かれる、ということになる。しかし物語を語りながらそこに一種の詠嘆を籠めるのは物語の地平ではなく、物語を過去のものとして把握する地平に於いてであろう。

〈想起〉〈悔恨〉のノダッタについても同様で、これらの表現は過去の事態を語りつつ、それに対して〈想起〉や〈悔恨〉といった心的作用が働くのは、事態を過去のものとして把握する地平においてである。

ここで用語を整理する。語り手が、物語を過去の地平に措定して語る時、語り手自身はその物語の外部に立って語っている。一方、物語の世界内で語る時、語り手は物語の内部に身を置いて語っている。前者の語りの地平を〈物語外の地平〉、後者の語りの地平を〈物語内の地平〉と呼ぶことにする。〈物語的過去〉のノダッタはこの両者にまたがる表現である[1]。

2.2 〈想起〉〈悔恨〉と、〈物語的過去〉との共通点と相違点

〈物語的過去〉のノダッタは〈物語内の地平〉と〈物語外の地平〉という二

つの時間的地平にまたがる表現である。同種の特徴は〈悔恨〉〈想起〉にも認められる。

〈悔恨〉のノダッタ（例：やっぱり傘を持ってくるんだった。）の場合、「傘を持ってくる」べき時を現前的に想起している。「ここで傘を持つべきである」と。ところがそれはなすべきこと（傘を持つこと）が果たせなかった過去でもあり、もはや手遅れになった今と過去との隔離をも表現している。〈想起〉のノダッタ（例：そうか、あの娘はピアノが弾けるんだった。）は、過去の認識を現在のものであるかのように想起する表現である。しかし同時に、それを認識した過去と、それを想起した現在との時間的隔離をも表現する。

田野村忠温（1990）はノダの表現性について「既定性」を挙げている。話し手が事態を単純に知覚したというのではなく、その事態が確かに存在し動かしがたいものとして確認した、という認識をするためには、事態について改めて確かめる、つまり再確認が必要なのではないだろうか。問題はこの再確認がどの段階で行なわれるか、ということである。現在形＋ノダであれば、発話状況の内部でそれが行われる場合もあろうし、過去形＋ノダであれば、過去において再確認が行われる場合もあろう。しかし〈想起〉〈悔恨〉〈物語的過去〉のノダッタのばあいはかならず、事態の単純な把握は過去に於いて、そして再確認は現在に於いて行われる。このような点に於いて〈物語的過去〉〈想起〉〈悔恨〉は共通すると考えられる。

一方で〈悔恨〉〈想起〉と〈物語的過去〉とを分かつ要点は、前者二つが口語でも用いることが出来るのに対して、〈物語的過去〉が主に書きことばで用いられるというということである。〈想起〉〈悔恨〉の場合は、話し手個人の経験に基づく表現であるのに対して、〈物語的過去〉は、物語全体を俯瞰的に眺めうる立場に立っている。田野村が「全知の傍観者」と称したのはこうした語り手のことを表現したものであろう。このような語り手は、たとえば落語家や講談師のような立場であり、また小説では、読者の前に顕在化して詠嘆をして見せたり、登場人物を揶揄したりする語り手（亀井秀雄（1983）のいう「無人称の語り手」）の立場である。こうした視点は、個人的な体験や主観に制限される日常会話では用いられにくいであろう。

2.3 往還のベクトル

〈物語的過去〉のノデアッタ・ノダッタは、〈物語外の地平〉〈物語内の地平〉という二つの時間的地平にまたがる表現性を有している。次にこのノデアッタ、ノダッタの運用の問題について考える。ノデアッタ、ノダッタが文章の中で用いられる位置によって、この形式が発揮する効果が異なると考えるのである。一つは、文章の始り付近にノデアッタ、ノダッタがあらわれる場合である。この場合、ノデアッタ文のあとに本格的に物語が展開して行くのであり、〈物語外の地平〉から〈物語内の地平〉にいざなう橋渡しをする効果がある（用例(6)）。一方、物語の結語の付近にノデアッタ、ノダッタがあらわれる場合である。この場合、そこで物語は閉じられるのであり、語り手は物語の世界を見送りながら〈物語外の地平〉に読者を連れ戻す効果がある（用例(7)）。

(6)　山風舎の内庭には、この十日の内にスツカリ「花しようぶ」さきそろつて、紫(し)白の瓶(へい)花点(てん)々水に写(うつ)ろふ様(さま)は緊張の座に一脈の和(なご)みを与へて、智武両道に股がる築城師決定の日には実(げ)にも相応(ふさは)しき風情を添へてゐるのであつた。（裾野篇九・築城軍師決定・八）（そしてこの後「築城軍師決定」が行われる）

(7)　（佐藤菊太郎は地元の花火師に「木鼠」のような子供に出会ったことを告げると、花火師もその子供を知っているらしい反応をする）

「やゝお前はその子供を知つてるのか？」

聞いてはゐまいと思つたくだんの若侍、筆をとりながらも花火師のいつたことを片耳に聞いてゐたものと見え、この時ふつと顔を振り上げたがその眼の底には今までの笑ひが消えて、ジツと熱心に見上げてゐる様子、無関心に装つてゐてもこの侍も余程その子供といふのに心が引かれたものと思はれる。

花火師の方もその様子に思はず張合(はりあひ)が出たか、

「あゝあの木鼠なら仕方がない。あれの悪戯は文句なし、天下御免の鬼つ子だ。なまじつかの大人が二人や三人かゝつた処が、智慧なら腕力（うでづく）ならとても及びもつかない、そりやどうも大変な子供ですぜ」

といつたが、若侍の眼色（めいろ）はいよ〳〵熱心に白かばの葉陰（はかげ）に輝くのであつた。（裾野篇一・愛鷹山秘史・四）

語り手は物語の現場に立ち会いながら、登場人物の心理を推測する（「片耳に聞いたものと見え」「熱心に見上げている様子」「心が引かれたものと思われる」「張り合いが出たか」）。また節の区切り目の助詞の脱落（「くだんの若侍」「ジッと熱心に見上げている様子」）は物語に立ち会いながら語る語り手の口調をイメージさせる。このようにして物語の現場に立ち会いながら、「栗鼠」のような身のこなしの俊敏な子供に興味を持った佐藤菊太郎を描く件が続いたのち、こうした佐藤菊太郎（およびその状況）を過去のものとして見送るようにこの回が終わるのである。この二つのうちでも、時代小説や時代劇などで特徴的に見られるのは、終結部のノデアッタであろう。

3　『富士に立つ影』のノデアッタ・ノダッタ

3.1　作品の概要

時代小説の代表作の一つ、白井喬二の『富士に立つ影』は大正 13（1924）年 7 月 20 日から昭和 2（1927）年 7 月 2 日まで『報知新聞』に連載された。その後、大正 14（1925）年から昭和 2（1927）年にかけて報知新聞社から単行本化（全八巻）され、さらにモダン日本社刊『決定版富士に立つ影』（昭和 13～14、1938～1939、全三巻）、学芸書林刊『白井喬二全集』所収の『富士に立つ影』（第 1 巻から第 4 巻まで、1969）などが出版された。本稿における計量調査、及び用例引用は『報知新聞』に連載されたものによる（ルビは適宜省略）。『富士に立つ影』は全部で十篇から成るが、本稿の計量調査はそのうち第一篇「裾野篇」のみのデータである[2)]。

3.1.1　ノデアッタ・ノダッタ

まず、表 1 として『富士に立つ影』「裾野篇」の文末表現の形式ごとの数を示す。なお、この作品は、前述のとおり新聞連載されたものであるので、その一回の連載分を「セクション」と呼び、文末表現の数はセクションの末尾の文のものと、それ以外の文のものとに分けて示すことにする（それぞれの全体に対する比率も（　）を付けて添えておく）。

表1　『富士に立つ影』「裾野篇」の文末表現

形　式	セクション末	末以外
ダ	2（2.04%）	87(12.78%)
ダッタ	1（1.02%）	7（1.03%）
デアル	2（2.04%）	13（1.91%）
デアッタ	9（9.18%）	47（6.90%）
ノダ	1（1.02%）	18（2.64%）
ノダッタ	2（2.04%）	
ノデアル	3（3.06%）	4（0.59%）
ノデアッタ	5（5.10%）	12（1.76%）
ラシイ		1（0.15%）
ラシカッタ		1（0.15%）
意志	1（1.02%）	
疑問	8（8.16%）	26（3.82%）
形容詞現在形	1（1.02%）	30（4.41%）
形容詞過去形		16（2.35%）
推量	4（4.08%）	33（4.85%）
体言止め		34（4.99%）
中止法		4（0.59%）
伝聞ソウダ		2（0.29%）
当為現在	1（1.02%）	6（0.88%）
動詞ル形	1（1.02%）	113(16.59%)
動詞タ形	57(58.16%)	226(33.19%)
文語（タリ）		1（0.15%）
総計	98　(100%)	681　(100%)

※「当為現在」としたものは～ワケニハ(モ)イカナイ、ナケレバナラナイ(ヌ)である。

※「推量」としたものは、ダロウ(デアロウ)、ウ(ヨウ)、マイ、ニチガイナイ、カモシレナイである。

さて、ノデアッタ・ノダッタのセクション末と末以外の出現度数を見ると、次の如くである。

表2　ノデアッタ・ノダッタの出現数(率)

セクション末	ノデアッタ・ノダッタ	7例（98例中）	7.14%
末以外	ノデアッタ	12例(681例中)	1.76%

またノデアッタ・ノダッタに類する表現性を有するとされる体言系＋ダッタ、デアッタまで含めると次の如くである。

表3　体言系＋ダッタ・デアッタの出現数(率)

セクション末	17例（ダッタ1、デアッタ9、ノデアッタ5、ノダッタ2）(98例中)	17.35%
末以外	66例（ダッタ7、デアッタ47、ノデアッタ12）（681例中）	9.69%

以上の如く、いずれもセクション末の方が高比率になっている。ノデアッタ・ノダッタ、あるいはそれに類する表現がセクション末に用いられるということは、〈物語内の地平〉→〈物語外の地平〉というベクトルの語りの中でこれらの表現が多く用いられることを示していると言えよう。

3.1.2 「末以外」の過去と非過去

さらに、センテンスを大きく過去表現（ダッタ、デアッタ、デハナカッタ、ノデアッタ、ノダッタ、形容詞過去形、動詞過去形）と非過去表現（それ以外）に分けて（ただし体言止め、中止法は除く）、非過去表現の状況を見ると次のようなことが明らかになる。

表4　非過去形の出現数(率)

セクション末	24例　(98例中)	24.49%
末以外	334例（643例中）	51.94%

物語を進行する動詞述語文に限って、時制を見ると次の如くである。

表 5　動詞述語文のテンス別出現数(率)

セクション末	過去（タ形）　57 例	98.28%	非過去（ル形）　1 例	1.72%
末以外	過去（タ形）226 例	66.67%	非過去（ル形）113 例	33.33%

※このパーセンテージは「動詞タ形＋動詞ル形」を母数とする。

以上の如く、セクション末では動詞ル形がほとんど用いられないのに対して、一方「末以外」では一定の割合で動詞ル形が用いられていることがわかる。

「末以外」の箇所は基本的には物語の展開を語る部分である。過去の物語を語る時に現在形で語る表現は「歴史的現在 historic present」と呼ばれている。O.イエスペルセンは歴史的現在を「劇的現在 dramatic present」と呼び、その効果について「話し手は歴史の枠外に踏出し、過去に起ったことをそれがあたかもいま眼前にあるかのように、ありありと叙述する」という。この手法は『富士に立つ影』に限らず、一般的に見られる。

（8）　こちらは菊太郎側の空牛車、朝早くから位はいヶ嶽の一角道明山のふもと道に陣どつて時間(とき)の来るのを待つてゐた。伯典の牛車は向ふ裏の山ふもとに車台をすゑる約束になつてゐるからこゝからはお互(たがひ)の様子は見えない。いよ〳〵引つ張り上げの時間(じかん)が来ると龍吉製(づく)りの花火がポンと上がつて、それを合図に双方のふもと口から道明山の頂き目懸けてガラ〳〵と引き上げる仕組だが、道の里数は約三十町どちらも一間とちがひのないほど厳重に尺計りがしてあるからこの競争は公平だ。伯典の源六牛車が勝つか、菊太郎の常太牛車が勝つか、約一刻後(のち)にはキツパリ決まるんだからさア興味に引かれた見物人はこゝにも一杯の黒山、人の苦労も察しなくワイ〳〵騒いでる真ん中にジツと腕組して突立つてるのは牛引き常太であつた。

牛引き常太は見たところ未だ二十二三の年格好だが、袖無しの裸着、岩の様な肩幅からムツクリ生れた二本の腕はそのまゝ団々と結ばれて背も抜群、色こそ黒けれその顔は未だ女気を知らぬためかキリツと締つて何処かに未だ幼顔がうせない。（裾野篇二・山中接戦記・六）

（9）（クララは家族には内密に、聖職者フランシスの許へ出家をするために出奔する決意をしている。以下は出奔をする前夜に見た夢の場面である。）

今まで誰れの前にも弱味を見せなかつたらしいその［許嫁のオッタビヤアナの］顔が、恨みを含んでぢつとクラヽを見入つてゐた。クラヽは許婚（いひなづけ）の仲であるくせに、而してこの青年の男らしい強さを尊敬してゐるくせに、その愛をおとなしく受けようとはしなかつたのだ。クラヽは夢の中にありながら生れ落ちるとから神に献（さゝ）げられてゐたやうな不思議な自分の運命を思ひやつた。晩かれ早かれ生みの親を離れて行くべき身の上も考へた。見ると三人［父、母、許嫁］は自分の方に手を延ばしてゐる。而してその足は黒土（くろつち）の中にぢり〳〵と沈みこんで行く。脅かすやうな父の顔も、歎くやうな母の顔も、怨むやうなオッタビヤアナの顔も見る〳〵変つて、眼に逼（せま）る難儀を救つてくれと、恥も忘れて叫ばんばかりにゆがめた口を開いてゐる。然し三人とも声は立てずに死のやうに静かで陰鬱だつた。クラヽは芝生の上から夫れをたゞ眺めてはゐられなかつた。口まで泥の中に埋まつて、涙を一ぱいためた眼でぢつとクラヽに物を云はうとする三人の顔の外に、果てしのないその泥の沼には多くの男女の頭が静かに沈んで行きつゝあるのだ。頭が沈みこむとぬるりと四方からその跡を埋めに流れ寄る泥の動揺は身の毛をよだてた。クラヽは何もかも忘れて三人を救ふために泥の中に片足を入れようとした。（有島武郎『クラヽの出家』[3)]）

しかし『富士に立つ影』と『クラヽの出家』とでは、歴史的現在の用いられ方が大きく異なっている。『富士に立つ影』の語り手は、登場人物の内面を推し量ったり、詠嘆調に語ったりする読者の前に顕在化する。つまり、亀井秀雄（1983）の言うところの「無人称の語り手」が認められる小説である。この無人称の語り手が〈物語外の地平〉と〈物語内の地平〉とを自在に往還する。一方『クラヽの出家』は三人称小説である。三人称の〈語り〉の場合、肉声で語る語り手はあたかも存在しないかの如く語られる。一般にはタは過去の時制を表す助動詞と考えられている。時制とは、発話時を基準点とした表現される事象と基準点との時間的前後関係を表現する文法範疇である。しかし三人称の〈語り〉の場合、語り手が聞き手に向かって語れる〈現在〉が失われるわけだから、三人称の〈語り〉においては時制の範疇もまた失われるわけである。それゆえ三人称の〈語り〉の中で用いられるタ文は、発話時という基準時を超越した、物語内に生起した事態を表す表現である。三人称小説はこのタ文の連続によって書き進められてゆく。野口武彦（1994）がタを「人称詞」と呼んだのはタの連続が三人称成立のメルクマールと見られると考えたからであろう。

語り手が物語の内部に分け入って同時進行的に語るか、物語を過去のものとして語るか、という問題は、語り手と物語との相対的な関係によるものであるが、三人称の語りのばあい、あらゆる事態が神の視点から絶対的に位置づけられるので、そのようなことは問題ではなくなる。言い換えれば、語りが〈物語内の地平〉に立つか〈物語外の地平〉に立つかという問題は、語り手が顕在化する場合（「無人称の語り手」の場合）において問われるのである。

表6　『クラ丶の出家』文末表現

形　式	用例数(%)
ダ	5 (1.47)
ダッタ	10 (2.94)
チガイナカッタ	1 (0.29)
デアル	2 (0.59)
ノダ	10 (2.94)
ノダッタ	3 (0.88)
ラシイ	1 (0.29)
疑問	1 (0.29)
形容詞過去形	10 (2.94)
推量	2 (0.59)
体言止め	6 (1.76)
中止法	5 (1.47)
当為現在	1 (0.29)
動詞タ形	277(81.47)
動詞ル形	6 (1.76)
総計	340(100)

※文中の詩の引用は集計しなかった。

実際『クラ丶の出家』の文末表現を見ると（表6参照）、タ止めが多く、特に動詞タ形が八割を超えている。一方動詞ル形は6例（1.76%）に過ぎない[4)]。タ止め基調の三人称小説の中で、用いられる「歴史的現在」は、ある場面をストップモーションのよう表現し、読者に注意を向けさせる手法である。

しかし、『富士に立つ影』の「歴史的現在」は、（無人称の）語り手が物語の進行する世界に立ち会うかのように語っているのであって、語り手がそこでは物語の展開する〈現在〉において語っているのである。『富士に立つ影』の「末以外」を見ると（表1参照)、動詞タ形226例（33.19%）に対して、動詞ル形113例（16.59%）とル形が一定数あらわれる。

「末以外」の箇所では、物語の展開が語られるのが主であるが、そればかりではなく〈語り〉の現在、言い換えれば読者と同時代の時間的地平に立って語る箇所もある。

(10)（築城の秘伝書『天坪栗花塁全』を手に入れた佐藤菊之助が、それを読むのに没頭する件）

サア菊之助身身体（からだ）を前に丸め、全身一団の火の如くいよ〳〵熱中し来つた様子は早や既に巻末に至つたものかこれがいくら築城家でもたゞの凡倉（くら）ぢや駄目だが佐藤菊太郎ぐらゐになるとこの本の素読はズーツと頭にはいつて傍から傍からすぐ身になるから鬼に金棒、これ仰雪門外秘本の立ち読みと称して後々まで佐藤菊太郎逸話中の一つに数へられた実話だ。（裾野篇三・築城家前記・四）

物語を語る場合にも、物語の世界を〈物語外の地平〉から語ったり、〈物語内の地平〉から語ったりと、自在な往還が行われる[5)]。「末以外」の箇所で動詞ル形が一定数あらわれるのは、こうした往還が自在に行われていることの数値的現れであろう。

3.1.3 セクション末のテンスとノデアッタ、ノダッタ

一方、セクション末ではノデアッタ、ノダッタも含め、過去形が多用される。そしてこのタ形は、三人称小説におけるタ形とは異なる。三人称小説におけるタ形が（三人称のメルクマールとして）「人称詞」であることは既に述べたが、「無人称の語り手」が語るタ形は語り手の語りの〈現在〉から見て過去に置かれる事態を語っているのである。この位置に現れることは、文章の組み立てから見てどのような意味をもつのであろうか。

語り手が顕在化する語り、たとえば講談のような語りを観察すると、まず初めに講談師は客に挨拶をして物語のイントロを語るが、ここでは講談師は客と同じ時代を生きるものとしての地平に立って語っている。しかしやがて講談師

は物語の世界内に身を置いて物語の展開を語る。登場人物の声色を使った会話は臨場感を盛り上げるであろう。そして物語の終結部で、語りは再び客と同時代の地平に立ち戻り、最後に客に挨拶をして話を終える。つまり展開は概ね、〈物語外の地平〉→〈物語内の地平〉→〈物語外の地平〉という流れになっていると考えられる。

同様のことは『富士に立つ影』においても言える。『富士に立つ影』第一巻「裾野篇」冒頭では、舞台となる富士山の裾野の地理が語られるが、これは〈物語外の地平〉で語っていると解することができる（以降、セクションの冒頭では必ずしもこの地平で語られることはあまりなくなるが）。やがて物語が語られ、このセクション末では「アシタカ山の実録（じつろく）はこれから面（おも）白くなつて行（ゆ）くのである。」と、再び〈物語外の地平〉にたちもどって結ばれる。『富士に立つ影』は大河小説であるが、同時に新聞連載小説であり、「無人称の語り手」は日々読者を物語の世界に導きながら、その日ごとに話の区切りをつけ、明日の再会を期していったん読者にお別れをする、ということを繰り返すことになるであろう。そのためセクションごとに〈物語外の地平〉→〈物語内の地平〉→〈物語外の地平〉という往還が繰り返されることになるのである。

このように見た場合、セクション末は〈物語内の地平〉から〈物語外の地平〉に立ち返る箇所ということになる。ここでタ形が多用されるのは、〈物語外の地平〉から見て物語世界が過去の世界であるからである。言い換えれば、セクション末の文は、語り手が物語の世界を見送りつつ、現在の地平に立ち戻った、というサインでもあるわけである。これがセクション末でタ形が多用される理由と考えられる[6)]。

ただし動詞タ形や一般的な名詞文のタ形などは、叙述概念を過去時制に置くことが文法的機能であり、物語世界から〈語り〉の現在への帰還といった機能はあくまでも、語用論的機能であるにすぎない。しかしノデアッタ、ノダッタは二つの時間的地平にまたがる表現である。物語の展開に立ち会いつつ、それを〈物語外の地平〉から詠嘆する、というのがこの形式の文法的意味と解される。これがセクション末に置かれるとき、〈物語外の地平〉への帰還という意味が形式の上で明示されるわけである。セクション末のノデアッタ、ノダッタの機能はかくのごときものと考える。

4 まとめ
――大衆小説の〈語り〉――

よく知られるように、二葉亭四迷の『浮雲』が三遊亭円朝の『怪談牡丹燈籠』の速記本を参考にし、特に『浮雲』第一篇では、落語家の如き語り手が登場人物をからかったり、詠嘆したり、読者に直接語り掛けたりする。しかしこの「無人称の語り手」は明治30年代以降の、純文学系の言文一致小説からは消えてゆく。一方、大衆文学もまた口頭の芸能の速記をルーツとする。明治十年代、三遊亭円朝などの落語や二代目松林伯円の講談の速記に始まり、日露戦争期の書下ろしの読み物（書き講談）がこれに代わり、そして明治末から大正期にかけてマス・メディア（大衆雑誌『講談倶楽部』明治44年創刊、『文芸春秋』大正12年創刊、『キング』大正13年創刊）を媒体に大衆小説は発展、普及して行く[7)]。永嶺重敏（2004）によれば、明治30年代を境に音読の習慣は失われていったという。しかし純文学とは対照的に、大衆文学においては、黙読の時代に入っても無人称の語り手が生き残って行く。大衆文学が娯楽を主眼としており、読者に対してサービスをする語り手が必要とされたからであろう。

大衆文学の成立期において主流だった時代小説は過去の時代を語るものである。無人称の語り手がこれを語る時、過去にさかのぼって物語を語ったり、読者と共にある現在に立ち戻って語ったりする、という様式になるのが自然であろう。過去の物語を過去に置いたまま語ったのでは、読者は物語の世界への隔離を感じてしまうであろう。しかし一方で、物語の世界内の語りに終始すると、今度は読者と同時代に居るはずの語り手に対して読者は隔離を感じてしまうであろう。そのために両者の世界の往還が必要だったのではないかと思われる。そうした時代小説の語りの条件を満たすものとして、ノデアッタ・ノダッタが多用されたのではないか、と筆者は考える。

注

1）〈物語外の地平〉〈物語内の地平〉は、井島正博（2011）の「表現世界」「内容世界」にそれぞれ一応対応しそうであるが、あえて別の用語を設けたのは、井島の概念が必ずしも相補的対立概念とは思われないからである。語り手が物語内に於いて語る時、その〈現在〉とは現実的な「今」ではなく、物語が同時進行している「今」である。この場合、「表現世界」は「内容世界」と重なるであろう。

なお〈物語的過去〉のノデアッタの上接部のテンスについても問題になろう。非過去＋ノデアッタの場合、ノデアッタ文の上接部は〈物語内の地平〉と解することができるが、過去形＋ノデアッタの場合は二つの解釈が可能である。一つは語り手が物語内にいて事態を逐次的に把握したものをタ形で表現し、それにノデアッタが下接した場合である。この場合は、非過去形＋ノデアッタと同じく、ノデアッタの上接部は〈物語内の地平〉である。表現と考えられる。もう一つは、ノデアッタに上接するタ形において既に〈物語外の地平〉で語っていると解される場合である。つまり、上接部とノデアッタとが共に〈物語外の地平〉に並ぶのである。この場合ノデアッタは、〈物語的過去〉というよりも説明のノダの過去形であろう。たとえば、次の例は後者の解釈も可能な例と思われる。

> しかしながら壺の割れたのが元に戻らぬやうに人間の死も元に戻らぬ。今はくり言くり返してもすべては後の祭、死体は奇麗に湯灌されてその夜はさびしき通夜、七十石の身(しん)上ではろくな葬式も出せなかつたらうがかうなると近所の人々が寄り集まつて来て案外賑しい葬式が出せた。これといふのも一つには伯典に対する反感、口にはいはねど互の胸の内に流れて我も〳〵と葬式の後に随つたのであつた。（『富士に立つ影』裾野篇一・怨恨の数々・三）

以上の件は、この後に続く「葬式が済んだ三日目」以降のこの回の主な話の前段の箇所で、この意味では〈物語外の地平〉→〈物語内の地平〉のノデアッタとも見える。しかし同時に、このノデアッタ文はなぜ賑やかな葬式が出せたのか、という説明をするノダ文の一種とも考えられる。このように見るとこれは通常のノダの過去形とも見える。

ただ、両者の違いは形式の上では見分けることは不可能である上、上記の例にも非過去形＋ノデアッタと同じ詠嘆的口調を認めることが可能と思われるので、本稿では過去形＋ノデアッタも〈物語的過去〉と解することにする。

2）『報知新聞』の、国立国会図書館の欠号のもの（大正13年8月18日）は調査していない。また「文」の認定は『報知新聞』の句点のついている箇所とする。これは当然の事のようであるが、『富士に立つ影』の句点と読点の機能的境界は必ずしも明確でない。おそらくそのために『富士に立つ影』は版ごとに句読点の移動が多い。たとえば冒頭近くの箇所が、報知新聞版では「（…）この山懐には猿がゐた、イノシシがゐた。高さのわりあひに険そで見た目より谷間が深かつた。」（裾野篇一・愛鷹山秘話・一）が、モダン日本社版では「猿がゐた」「猪がゐた」「深かつた」がいずれも読点、『白井喬二全集』版では「猿がいた」「猪がいた」が読点、「深かった」が句点になっている。句読点についてはこうした異同が目立ち、文の認定について著者自身の中で揺れがあったことが伺える。これは考慮すべき問題であるが、調査基準の明確化を考え句点がついている箇所のみを調査対象とする。

3）『クラヽの出家』は『太陽』第23巻10号（大正6（1917）年9月1日）に掲載。本稿では、『有島武郎全集第三巻』（筑摩書房1980）に拠る。

4）このうち1例は句点が打たれているものの、後続の「さう思つた」に従属する文である。

・いまに誰れか来て私を助けてくれる。堂母（ドーモ）の壁画にあるやうな天国に連れ行つてくれるからいゝとさう思つた。

これは野田尚史（1998）のいう「従属文」であり、歴史的現在として解釈することができない。

また形式上、三人称の語りであってもこの語り手がある登場人物の内面から語る場合も多い。『クラヽの出家』の引用文はクララの視点に同化した語りであり、この場合用いられる動詞ル形は、クララの意識が特に集中した事象について述べている、とも理解できる。

5）ただし、動詞タ形で語られることが、必ずしも〈物語外の地平〉からの語りであるとは限らない。起こった出来事を逐次的に追いかけるように語ったと見れば、動詞タ形の連続もまた、〈物語内の地平〉からの語りである、という見方も否定できない。

6）名詞＋ダッタ（デアッタ）が、〈物語的過去〉のノダッタと類似した表現的特徴を持つケースがある。渡辺実（1983）は、ノダ、ハズダなど形式名詞文が「主語なし述語」であることを指摘しつつ、主語のない述語がそれ以外に及ぶという。それはテレビドラマのナレーションに用いられる「〜している何子であった」といった形式であるとする。そして、ここにみられるのは「言語主体の情緒」「言語主体自身の思い入れ」といった表現性であるとする。また、田野村忠温（1990）も名詞＋ダッタがノダッタと同様に、現在から過去にさかのぼって表現する効果を指摘する。野田春美（1997）も渡辺、田野村の考えを踏襲する。

7）尾崎秀樹（1969）、参照。

参考文献

井島正博（2011）『中古語過去・完了表現の研究』（ひつじ書房）
尾崎秀樹（1969）『大衆文学五十年』（講談社）
亀井秀雄（1983）『感性の変革』（講談社）
田野村忠温（1990）『現代日本語の文法Ⅰ—「のだ」の意味と用法—』（和泉書院）

寺村秀夫（1984）『日本語のシンタクスと意味Ⅱ』（くろしお出版）
永嶺重敏（2004）『〈読書国民〉の誕生―明治30年代の活字メディアと読書文化―』（日本エディタースクール出版部）
丹羽哲也（1992）「過去形と叙述の視点」（『国語国文』61-9、1992.9）
野口武彦（1994）『三人称の成立まで』（筑摩書房）
野田春美（1997）『「の（だ）」の機能』（くろしお出版）
野田尚史（1998）「「ていねいさ」からみた文章・談話の構造」（『国語学』194）
三上　章（1953）『現代語法序説―シンタクスの試み―』（刀江書院、（1972）くろしお出版復刊）
吉田茂晃（1988）「ノダ形式の構造と表現効果」（『国文論叢』（神戸大学）15、1988.3）
渡辺　実（1983）「主語のない文」『日本語学習与研究』21（対外経済貿易学院）
O.イエスペルセン『文法の原理』半田一郎訳（岩波書店 1958）
（Otto Jespersen, “Philosophy of Grammar”, London, George Allen & Unwin, 1924）

「〜テございます」の使用傾向の推移
――「〜テある」「〜テいる」との対応関係に注目して――

服部　匡

1　はじめに

「ござる」は「御座ある」に起源し、「来る」「行く」「いる」「ある」に当たる敬語表現として用いられたものであるが、後期江戸語では「ござり（い）ます」の形で用いるのが普通になり、また本動詞としてより、丁寧な補助形式として用いられることが多くなった（湯澤 1954）。今日「ございます」は、存在の意味の本動詞として用いられる他、形容詞ウ音便形に後続することなどがあるが、本稿では動詞連用形＋テに接続するものを扱う[1)]。戦後の国会会議録から例をあげる。

（1）　カンショ及び春植えバレイショの生産動向が書いてございます。（衆 93 農林水産委 1980-10-15 政府委員　森実）

（2）　最近各省庁個別ではなかなか対処し得ない問題が非常に多くなってございます。（衆 63 決算委 1970-2-20 政府委員　湊徹郎）

（3）　トンネルというような形でできないかどうか、これを現在検討してございます（衆 71 予算委 1973-3-8 政府委員　菊池三男）

（4）　いまのように万栄一社が多量に持っておるという場合には、なかなか肩がわりをするほどのものがないというように私聞いてございます。（参 46 商工委 1964-2-20 説明員　森口八郎）

例のうち、（1）は意味的には「〜テある（あります）」に相当するが、（2）〜（4）は、むしろ「〜テいる（います）」に相当する。現代語での「〜テある」は、典型的には「人が字を書く→字が書いてある」のように目的語から主語への昇格を伴い、旧主語の意志的動作の結果の状態を表現するものである[2)]が、(2)〜(4)はその条件に当てはまらない。(2)は無意志の自動詞「なる」に後続して変化後の状態を表し、(3)は進行中の動作を表している。現代語での「〜テいる」が、動作の進行中あるいは終了後の状態を表すことはよく知られた事実である。

「〜テいる」相当のものは近年広まったとの指摘がよく見られる。例えば井上（1999）は、「〜ている（おる）」に対応する「〜てございます」は「新しい傾向」であるとの見解である。これは誤用である、あるいは、官僚などに特徴的な言葉遣いであるとの指摘も多い。

しかし結論を先に言うと、たしかに上のような言い方は一定のレジスターで戦後に盛んになっているが、用例の有無の次元で言えば、少なくとも(2)のようなものは江戸時代から現在まで連続して類例が見られ、近年生じたものではない。もっとも、これは、大局的には、「〜テある」「〜テいる」の意味分担の変化の事実[3)]と切り離して考えられない問題である。

本稿では、戦後の国会会議録に記載された発言を調査し、「〜テございます」、とりわけ「〜テいる」に対応するものについて、その使用の頻度の推移、および、どのような者がよく使用するかを分析する。あわせて、不十分ではあるが、帝国議会議事速記録により明治中期以降の用例の調査結果を示し、「〜てございます」の使用傾向の推移について考えを述べる。

2 「〜テございます」の歴史概観

湯澤（1954:208）によると後期江戸語での「〜テござい（り）ます」は「〜テある」の丁寧な形として用いられ、(5)(6)のような例があるが、同期の「〜テある」は「動作・作用が終って状態として存する意」を表したものの、現在よりも守備領域が広く、「落ちる」「残る」のような非意志的自動詞も可能であった（同:181）[4)]。「ござります」にも(6)のような対応例がある。

(5)　あなたのおくすりぶくろには、絵がかいてござりますが（東海道中膝栗毛 五編追加）

(6)　きだはしに　よい鬢鏡が落て　ござりました。(新話笑眉巻之三 近代文芸叢書第六)

明治以降も「〜テある」には(7)-(9)のような非意志的自動詞の例がある。また「〜テございます」にも(10)-(13)のような例がある[5)]。

(7)　棺桶(くわんおけ)の中(なか)に燈火(あかり)が点(つ)いてあり升から不審(いぶか)しいと思つて私(わし)が出(だ)したので（三遊亭圓朝 松の操美人の生埋『円朝全集』岩波書店）

(8)　造船所の界隈が群集の暴動と焼打ちの的になりましたが、建物と違ひ、船は動くやうに出来てありました。(中里介山 大菩薩峠 弁信の巻)

(9)　それ、この瓶は戸棚に隠せ、まだ二目盛残つてあるんだ（太宰治 禁酒の心）

(10)　墓(はか)は孝徳院長誉義秀居士(かうとくいんちようよぎしうこじ)と題(だい)して、谷中(やなか)の青雲寺(せいうんじ)に残(のこ)つてございます（名人長二『円朝全集』岩波書店）

(11)　この乳の下に大きな穴があいてございませう（中里介山 大菩薩峠 鈴慕の巻）

(12)　是(こ)れは或(あ)る書物(しよもつ)に出(で)てございます。(女の衛生 六代目桂文治『百花園』236号 1900年）

(13)　申し上げます。町はもうすつかり掃除ができてございます。(宮沢賢治 四又の百合）

「非意志的自動詞＋テございます」は、戦後の国会会議録にも早い時期から出現する。下記は1910年生まれで岩手県出身の太宰博邦（官僚）の1952年の発言である[6)]。

(14)　生活保護費が約三十五億ふえてございます。もっともこれの中には、このほかに遺族対策の関係で、約四億円余が減ってございまするので、（衆13厚生委 1952-1-29 政府委員 太宰博邦）

以上のような例の「〜テございます」の解釈に当たっては、歴史的に「〜テある」が守備領域を「〜ている」に譲って縮小した事実を考慮しなければならないが、対応関係の変遷の詳細は不明である。

3　事実の報告・価値判断

現代語での、「〜テいます」に対応する「〜てございます」の使用例の報告、アンケート調査、および、この言い方に対する価値判断を述べたものを、管見の限りで列挙する。

1950年代、『言語生活』誌のコラム「耳」欄に、ラジオのコマーシャルでの「品物が豊富に取り揃ってございます」「デパートに売ってございます」(1954 28号)、バスガイドの発言での「この地蔵は浦島地蔵と言われてございます」(1957 66号)、「この街道は、また××街道とも呼ばれてございます」(1959 99号)の発言例が取り上げられている。このコラムは「新しい言い方、クスリとさせるような言い間違いや、ちょっと目立った言語行動を取り上げる」(沢木ほか1989)ものである。3例とも顧客に向けての発話である。宮地(1957)にも言及がある。

同誌の223号(1970年)の座談会「窓口あれこれ」で藤島茂が北海道・九州の列車内で「ただいま(食堂車の—筆者—)お席がすいてございます」というアナウンスがある旨発言しているが、これは、言葉遣いの正否を問題にしているのではない。

2000年ごろから、いくつかの調査が行われている。柴田・深草(2000)によると、1999年の調査で「ただいま花嫁はお色直しをしてございます」という言い方を聞いたことがある者は30%前後で、若干の地域差がある。一方、文化庁(2000)の調査では「規則でそうなってございます」が「気になる」との回答は73.1%であるが、近畿地方では64.1%と低めである。遅くとも2000年頃にはこの種の言い方が問題視されたことを物語る。

この時期以降、新奇な言い方としての言及が多く見られる。例えば、小矢野(2006)が「〜テいる」に対応する「〜テございます」の例や場面について次のように述べている。

> 会議で事務の課長さんあたりの言葉としてよく使われています。【略】「時間が経過してございます」とか「発生件数が減少してございます」と

いう言い方を見たり聞いたりすると、違和感を持つのではないでしょうか。

岡島昭浩氏のウェブ掲示版『ことば会議室』にも、2006年3月21日に、「〜のように、対応してございます」を某社の社長が使用し、また「準備してございます」「確認してございます」「考慮してございます」を「文部科学省の役人3名」が頻発するのを聞いて強い違和感を覚えたとの趣旨の投稿がある。

野口（2013）も「〜テいる（おる）」の意味での「〜テございます」は誤用であるといい、次のような体験と例を挙げている（改行省略）。

> 役人と付き合いのある知人から十年ほど前に聞かされるまで、私はこの誤用の存在に気づいていなかった。【略】本当に役人が始めたのかどうかはともかくとして、自分が低姿勢であることを相手に見せたいと思っている人が、この表現を使う。【略】
>
> 「内容が新しくなってございます」【略】「あちらのお席が空いてございます」「お荷物はすでに届いてございます」「書類は封筒に入ってございます」「多くのご質問をちょうだいしてございます」「私どもはそのようには考えてございません」

言葉遣いの正否を論じる書物の中には、「〜になってございます」を正用とするものもある。町田（2014）は、「規則になっている」→「規則になっています」→「規則になっております」→「規則になってございます」の順に丁寧になると言う。

4　戦後の国会会議録での「〜テございます」

国会の会議は、「ございます」のような形式張った敬語表現がよく用いられる場である。以下では、1947〜2016年の70年間の国会会議録[7)]をデータとして用い、意味的に「〜テいる（おる）」に対応した用い方が増加しているのかどうかを検証する。「〜テ{あります/います/おります/ございます}」の4種類の補助形式の用例数を基礎とする[8)]が、どの補助形式に関しても、数値は終止連体形「〜ます（る）」のみのものである。また、補助形式に前接する動詞は基本の形と受身の形のみを扱い、使役などの要素を含むものは対象外とする。

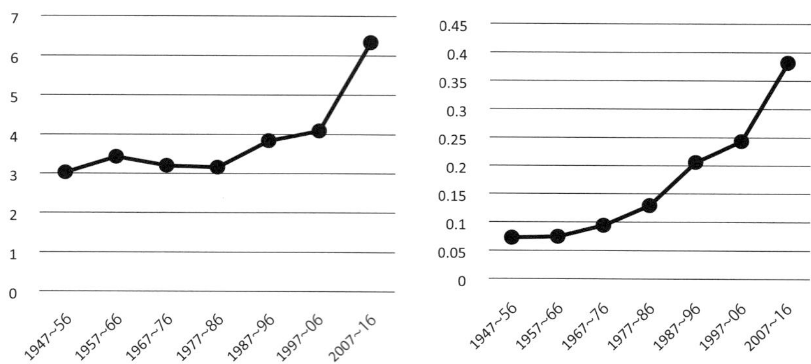

図 1　「基本形＋テございます」の頻度変化（10 万字当たり）

図 2　「受身形＋テございます」の頻度変化（10 万字当たり）

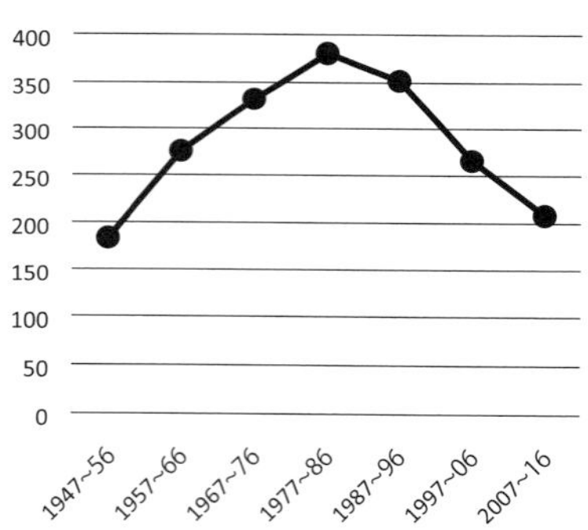

図 3　「ございます」の頻度変化（10 万字当たり）

まず「〜テございます」の使用頻度の推移を調査する。図 1 と図 2 は、国会会議録のテキストの 10 万字あたりの「〜テございます」の出現回数を、動詞基本形と受身形に分けて示したものである。比較のため、「ございます」の 10 万字あたりの出現回数を図 3 に示す（「〜テございます」の形もそうでないものも含めた数値である）。「〜テございます」の使用頻度が上昇していること（基本形では特に 2000 年ごろ以降に顕著である）、それは「ございます」という形そのものの使用傾向とは一致しないことが分かる（厳密に言うと、送り仮名の長さなど表記方針の変更の影響を受けている可能性もある)。

次に、「〜テございます」の用例のうち「〜テいる（おる)」「〜てある」に当たるものの頻度変化を調査したいのであるが、これを直接行うのは難しい。例えば「書いてございます」の個々の用例が「〜テある」と「〜テいる」のどちらに相当するかを判別することは実際上行えないからである。そこで、一部の動詞に限定しての推定を試みることにする。

動詞ごとに各補助形式を伴う用例数を求めた[9)]。動詞によっては多義性や統語的性質の多様性があり、これは大まかな指標にしかならない。70年間通算での「〜テございます」の用例数の多い順に20位まで掲げる。最も多い「書く」で34,091件、少ない「上げる」で875件である。

(15)「〜テございます」の用例数が多い動詞

書く・する・なる・考える・致す・計上する・掲げる・規定する・思う・差し上げる・出す・取る・承知する・やる・設ける・配付する・認識する・入る・示す・上げる

そのうちで、「〜テあります」との共起頻度が全期間を通じて極めて低い動詞は次の6語である。

(16)「〜テあります」との共起頻度が極めて低い動詞

なる・考える・思う・承知する・入る・認識する

これは、「あります/（あります+います+おります)」という値[10)]によって判断したものである。6語ともその値は一番比率の高い期間でも0.04％未満[11)]である。これらの動詞では、(国会会議録では)「〜テございます」の例のほとんどは「〜テいる（おる)」に対応するものと推定しても大きな誤りはなさそうである。心的活動や態度を表す動詞、変化の自動詞が含まれる。

それぞれの動詞が4つの補助形式のどれとどれだけ共起しているかを調査する。「なる」を例として各補助形式との共起比率の推移を図4に示す。

「います/おります」に対して「ございます」の使用が漸次増加しているのが分かる[12)]。

このグラフから「〜テございます」の比率の部分を取り出して折れ線グラフ

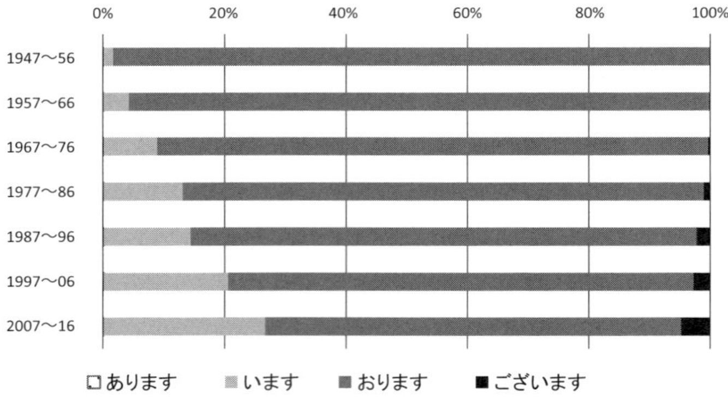

図4　「なって〜」の補助形式別構成比

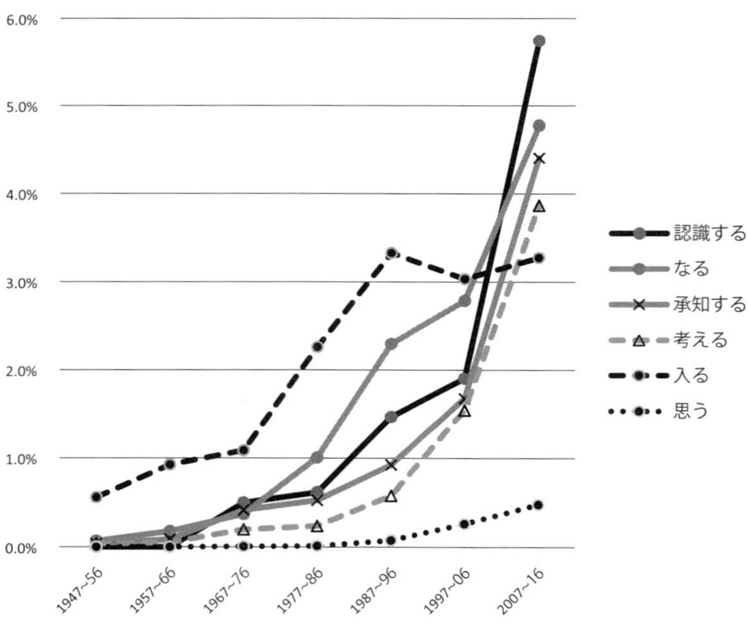

図5　各動詞の補助形式別構成比のうち「〜テございます」の比率

にし、(16)の各動詞について示したのが図5である。各動詞の期間別用例数(図の100%に相当する実数)は最大で約20万、最小で122である。どの動詞でも「〜テございます」の頻度比が増大している。もっとも、それが最終的にどの程度に達したかは動詞によって異なり、同じく心的な動詞であっても「認識する」などに比べて「思う」では低い。これは、前者の方が「ございます」や「おります」のような荘重な表現との共起傾向が強いといった理由によるのかもしれない。

最後の期の比率が最初の期の比率の何倍に当たるかを示すと、次のようになる。3動詞で比率の伸びが極めて大きいことが分かる。

(17)　承知する：110.3倍　考える：96.8倍　なる：68.2倍　入る：5.9倍

「思う」は3期まで用例がなく、4期以降の伸びは48倍である。「認識する」は2期まで用例がなく、3期以降の伸びは11.5倍である。これらは、出現は遅いが大きな伸びと言える。

しかし、用例の比率ではなく有無を問題にする場合は、既に(14)に掲げたように、(現在の感覚で言うと)「〜テいます」に相当する例は、多くの動詞で戦後の初期から存在するのである。(16)の各動詞での「〜テございます」の用例実数の推移は表1の通りである。

表1　「〜テございます」の用例数の推移

	1947〜56	1957〜66	1967〜76	1977〜86	1987〜96	1997〜06	2007〜16
なる	127	280	610	1,380	1,936	3,150	4,461
考える	62	78	370	468	773	3,078	6,922
入る	45	76	103	159	132	191	190
承知する	2	5	33	59	85	260	633
認識する	0	0	3	13	61	205	650
思う	0	0	5	16	96	815	1,395

「なる」など4つの動詞は戦後初期から用例がある。それぞれの早い例を挙げておく。

(18)　そういう会をもつことは恒例になってございます（衆1隠退蔵物資等に関する特別委1947-8-18証人　川端佳夫）

(19)　私の方は本庁ほかに支局が入ってございますが、支局関係の数字がまだ全部集まっておりませんので、（衆5政府支払促進特別委1949-5-23政府委員　加藤八郎）

(20)　県との話し合い等も最後的に話がついたかと申しますと、そこまでいっておりませんので、今のような格好になっておるのかと私承知してございますが、（衆22商工委・小委1955-7-13小委員　佐々木良作）

(21)　これらの途中の飛行場に寄航するという点についても現在考えてございます（参13運輸委1951-12-15政府委員　粟沢一男）

一方、「思う」「認識する」は1970年頃まで用例がない。この事実が「～テございます」の用法の幅の拡大を意味するのか、単なる頻度の問題なのかは不明である。早い例を挙げる。

(22)　後者の場合、夜学へ通う行為がそれに当たるかどうかは、私はやや疑問に思ってございます。（衆71内閣委1973-6-5政府委員　中村博）

(23)　事態にそぐわない点が多々ある、こういう点は、私ども率直に十分認識してございます（衆63災害対策特別委1970-10-12説明員　湊徹郎）

「書いてございます」「検討してございます」など多くの動詞の場合は、文脈を無視すれば「～テあります」「～テいます」の両様に解釈可能（動詞によってはさらに後者に進行中の意味と終了後の意味とがある）であり、「～テいます」の意味での使用が増加しているのかどうかは何とも言えない。既に述べたように、個々の例の解釈の決定が困難だからである（(３)のように一つの解釈に決まることもあるが)。

次に、受身形式を伴う場合について図6に示す。これは全ての動詞を合計したもので、用例総数は時期により約10.5万から約17.3万の間である。先行研究の指摘の通り[13)]「～テあります」の使用比率が減少する一方、「～テございます」の使用比率は戦後の初期から一定の比率あり、かつ増加しているが、その伸びはたかだか3倍程度である。

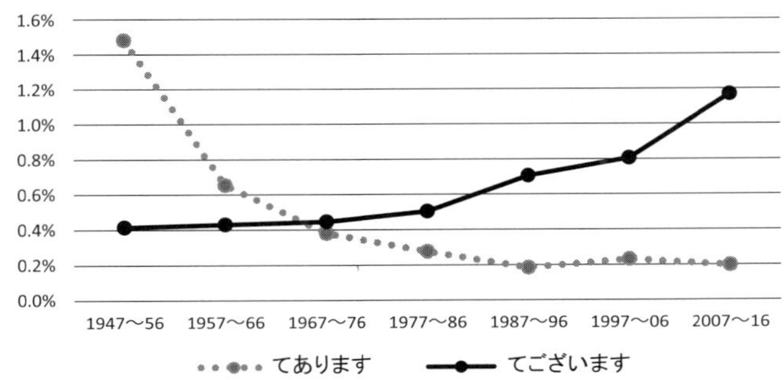

図6　受身形の補助形式別構成比のうち「〜テございます」の比率

受身の形での用例数の多い動詞の例を挙げる。

(24)　約二十一万円というものが雑収入として計上されてございます。（衆1文教委 1947-8-7 政府委員　近藤直人）

(25)　運輸省の所管に運輸審議会というのが設けられてございますが、（参23内閣委 1955-12-15 政府委員　賀屋正雄）

(26)　年商が五十七年度実績で三百五十億円と書かれてございます。（衆100商工委 1983-10-4 政府委員　山田勝久）

(27)　高いレベルの人材が必要とされておりますというふうに指摘されてございます。（衆187環境委 2014-11-7 政府参考人　田中正朗）

5　帝国議会議事速記録での用例

国会に先立つ帝国議会議事速記録の「〜テございます」の用例を観察し、戦後の早い時期の国会での例も参照しつつ、この言い方の歴史についてさらに検討する。データは、国会図書館のウェブサイトで公開されている1889年から1947年までの速記録の画像をダウンロードして独自にOCR処理したものである[14)]が、認識精度に難があり正確な用例数を得ることはできない。そのため、動詞の意味的類型ごとに用例の有無を調査するにとどめる。

（A）意志的な動作の他動詞に接続して結果を表すもの

これは、現代と同様、速記録のどの時期にもありふれたものである。早い例を挙げる。

(28) 又裁判所構成法に弁護士を何年したものであれば判事検事に登用すると云ふことが構成法に区画してございます以上は【略】(貴 1 本 1890-12-24 小畑美稲)

(29) どう云ふ方法を以て議会に諮ふて貰ひたいと云ふことは、建議案の中に書いてございませぬ(衆 3 本 1892-6-8 加賀美嘉兵衛)

(B) 無意志的な自動詞(変化など)に接続して結果を表すもの

これらは、(A) よりは少ないが、やはり速記録のどの時期にも例がある。

(30) 同一な議案でございました、唯一句落ちてございました所を差加へましただけで、(衆 10 本 1897-3-6 中島又五郎)

(31) 尚ほ大体に付て御質問が残つてございますれば此際御質問なさる様に願ひたうございます(貴 16 予算委 1902-1-3 清棲家教)

(32) お手許に帝国鉄道特別会計計算書と云ふものが多分付てございませうと思ひます(衆 28 決算委 1912-2-21 政府委員 森本邦治郎)

(33) 匹敵するやうなものが段々と増加いたして参りますやうな傾向に相成つてございます(貴 65 請願委 1934-3-7 政府委員 山崎巖)

(34) 梅毒伝播の虞ある患者と云ふのは大体一万ぢやないかと云ふ見当で、今の計画は出来てございますけれども(衆 75 国民優生法案委 1940-3-15 政府委員 高野六郎)

例えば「残る」については、「残ってある」の用例も見られる。

(35) 尚ほ其政府の案が残ってあるならば政府の案に復活せられて宜しい(貴 3 予算委 1892-6-5 金子有卿)

(36) 貸付金が今日別途貸と云ふので残つてある(衆 74 一般会計歳出外二件委 1939-3-7 宇賀四郎)

戦後の国会での「なる」「入る」については既に前節で述べたが、「残ってございます」についても、少数ながら戦後にも例がある。実数としては、終戦直後は少なくその後漸増する。

(37)　石災鉱業権等臨時措置法による使用権というものが、現在残ってございます（参9通商産業委 1950-12-4 説明員　讃岐喜八）

(38)　規制部門として残しておりまして、ここについては総括原価主義が残ってございます。（衆192経済産業委 2016-10-21 政府参考人　村瀬佳史）

「残ってあります」は戦後にはほぼ皆無であるが、ごく稀な例を下に挙げる。

(39)　それには、緊急の必要に応ずるときは、国会のうち衆議院が解散されても参議院というものが残ってありますから、（衆3本 1948-11-16 中野寅吉）

（C）その他

認識や態度の動詞のうち「思う」は明治期に例があるが、その後の帝国議会では例を見出せず、「認識する」「承知する」については例が見つからなかった。

(40)　立法者は最此処に注意しなければならぬと思ふてございます（衆4本 1893-2-20 小西甚之助）

「目下検討してございます」のように動作継続中の状態を表す「〜テございます」の明確な例は帝国議会では発見していない。ただし、「持つ」については下記のような例があった。抽象的もしくは具体的な意味での所有の状態を表すものである。

(41)　二箇所の牧場と云ふものの監督を致す責任を持つてございます（衆9予算委 1896-3-17 政府委員　藤田四郎）

(42)　百姓でも、頭の良い者があるのでございます、【略】相当の時間と健康を持つてございますれば、（衆51本 1926-2-4 田淵豊吉）

(43)　私は此処に材料を沢山持つてございますけれども、其の中唯一例だけ申上げて見たいと思ひます（衆75建議委 1940-3-21 林平馬）

要するに（A）と（B）の2類型は確かに認められるが、それ以外でどのような種類の用例が存在する（しない）のかは、十分明らかでない。しかしながら、少なくとも（B）のタイプの言い方は、江戸時代から戦後まで連続して存在したもので、近年発生したものではないと思われる。

受身形式については、帝国議会では時期を問わず多くの例があり、戦後の国会に連続する。

（44）　十九条に於て例外を<u>設けられてございます</u>から、修正の通致しますれば（衆9予算委 1896-3-21 高橋安爾）

（45）　是には各国の制度が余程詳細に<u>載せられてございました</u>（衆27本 1911-2-14 政府委員　斎藤十一郎）

（46）　次に本法案を拝見いたしますと一見誠に穏健なる抽象的な文句が<u>用ひられてございます</u>（貴73農地調整法案特別委 1938-3-11 絲原武太郎）

6 「〜テございます」を誰が使用するか

観点を変え、戦後の国会会議録に記載されている発言者の肩書きを参照して、「〜テございます」をよく用いるのはどのような立場の者かを分析する。会議録の発言者の肩書きのうち最も多く登場する10種類について、4種類の補助形式の使用回数[15]の比率を示したのが図7である。「委員」「なし等」とあるものの大部分は一般の国会議員（当該会議の議長・委員長などでない者）であり、「衆議院議員」は衆議院議員が参議院・両院の会議で発言した場合の肩書きである。

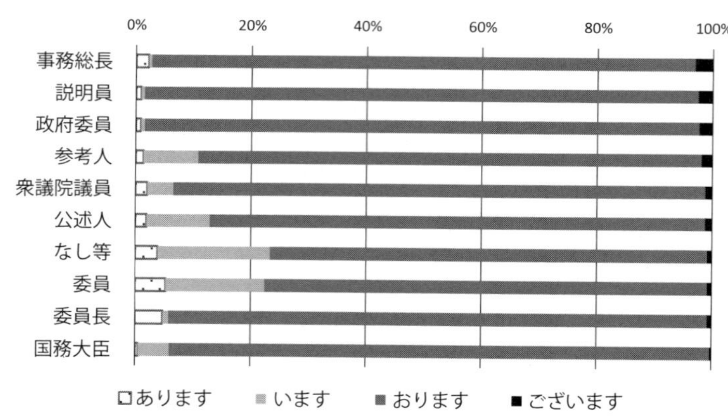

図7　発言者の肩書きごとの補助形式別構成比（全動詞）

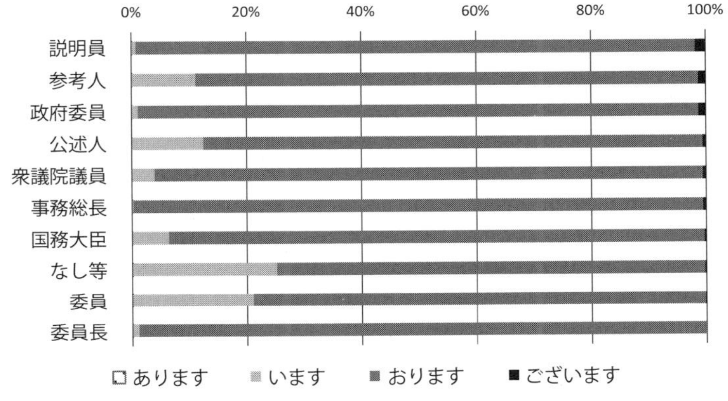

図 8　発言者の肩書きごとの補助形式別構成比（「なって〜」）

「〜テございます」の比率は、事務総長・説明員など、議員に対して説明を行う立場の者（官僚など）で比較的高い[16)]。「〜テございます」の敬度・改まり度の高さによるものであろう。また、このような言い方は職域などで習得する性格がある（井上 2017 のいう成人後採用の一種）と考えられる。「〜テおります」の使用度との相関など、なお分析できる点が残るが省略する。

動詞「なる」に限定した場合は、図 8 のようになる。「〜テございます」を多く用いる人の肩書きは、動詞全体の場合と大きくは変わらない。また、発話回数の比率に大小はあるが、「なってございます」を使用する者は、委員長を除くすべての肩書きに存在する。

7　他のコーパスでの実例

国会以外の場での使用実態を知るため、他のコーパスでの、「〜テいる」相当と思われる「〜テございます」の例に簡単に触れる。

1950 年代に収録の『昭和話し言葉コーパス』（構築中）には「〜テございます」が少なくとも 8 例出現し、そのうち少なくとも 2 例が「〜テいる」相当である。1 例を挙げる。

(47)　所長（西尾実）：最初は所員の柴田武君の、「現代の敬語」と題しまして、お話を申し上げるわけですが、柴田君は言語学のほうも専攻してございますが、(国立国語研究所新庁舎開き記念講演会での講演者紹介 1955)

2000年頃収録の『日本語話し言葉コーパス』には「〜テございます」が学会講演と模擬講演合わせて76例あり、少なくとも8例が「〜テいる」相当である。学会講演の例を挙げる。(49)は、「使用してございます」と「使用してます」を同列に用いていることから、下線部3箇所とも「〜テいる」相当とみる。

(48) 言い間違いと言って問題ないと思いますが色々なものが付いてございます (50代後半男)

(49) この評価では(えー)三つのデーターを使ってございます 最初は【略】一般の人が喋ったもので 簡易録音室を使用してございます それからデーターには【略】プロの声優さんが発声してございますし (えー) 場所は 録音スタジオを使用してます (30代前半男)

電子化されたコーパスではないが『言語生活』誌の「録音器」欄(「生きたことばをできるだけ忠実に文字化したもの」)に次の発話が記録されている。

(50) ま、同性同型(せいがた)、もともと似た者同志というのはだめだよ。同性同型、だからこのこれは日本(にほん)の法律で止めてございます。【略】ま、世の中はしかし、そういう点はうまくできてございますから、(1958 76号 夜の盛り場で図面を地に置いて見物人に講釈中の男の発話)

(51) この海外旅行につきましては、基本契約の保険がきちんと入ってございます。(海外団体旅行説明会での説明 1980 344号)

本節に挙げた例は、どれも聴衆の前で説明や紹介をする人の発言であるという共通点がある。

8 おわりに

「残ってございます」「なってございます」などの言い方は江戸時代から戦後まで連続して存在した。これは元々は「〜テある」に対応していたものを含むと思われる。

戦後、「〜ている」に対応する「〜テございます」の使用が、官僚の国会議員への説明場面を典型例とする「低姿勢」で形式張った発話のレジスターで盛んになった。しかし、それが単なる頻度上の変化なのか、新用法の派生を伴うものかは、何とも言えない。また、今のところ、限定されたレジスターでの現象にとどまり、広く波及する兆しはないように思われる。

なお、「〜ている」に対応する「〜テございます」を誤用とする意識がいつ頃から存在したのかは別の研究を要する問題である。また、方言差などの事情については不明である。

注

1）菊地（1994）は「ございます」の補助形式としての用い方を4つに分類しているが、その中で、本稿で扱うのは次のタイプのうち「肯定＋てございます」の形のものである。

(c)「…てございます」(「こちらに書いてございます」など)、および、その否定にあたる「…ないで/……ずにございます」(「まだ処置せずにございます」など)

菊地氏によると、下記(i)のような例があるため、(c)を「〜てあります」のさらに丁寧な形とみることには無理がある。(i)は「〜ましたでしょう」の意味のようであるが、「〜テいます」のような意味の「〜テございます」については菊地氏は言及されていない。本稿では「〜ましてございます」の形は扱わない。

(i)「奥様、ばあやが言(こと)は当たりましてございましょう」(徳富蘆花　不如帰　中編)

2）ただし、次のように昇格を伴わないものもあることを、坪井（1976)、益岡（1984）が指摘している。

昨夜よく眠ってあるから、今日はだいじょうぶだ。(自動詞)

七、八人っていっても、ベストメンバーを選んであるんだぜ。(目的語＋他動詞)

3）湯澤（1926、1929、1954)、坪井（1976)、山下（1996）などで論じられている。

4）地方による相違もあり、江戸では「自動詞＋テある」は時代が進むにつれ少なくなるが、上方では引き続き用いられていた（湯澤 1954:193)。現代でも、例えば京都市で「テある」の融合形の「タール」は、「上手に書いたある」「さいぜん来たあった」のように、他動詞にも自動詞にも用いられた（楳垣 1946:177)

20 世紀初頭の上方落語の録音に次のような「無意志自動詞＋テございます」の例がある。

鎌倉山の貴賓席、松の切り枝でございましてからに置き松に雪が積もってございます。(『芝居の小噺』二代目桂文枝 1844〜　真田 1991 による)

5) 他に、次のような意志的動詞の例もある。

その砂が一ところ深く掘られて、沢山の人がその中に立つてございました。(宮澤賢治 雁の童子)

6) (14)に続けて次のように発言している。下線の 3 個所は意志的な動詞であるが、「〜ている」と「〜てある」のどちらに当たる意味なのかは決めがたい。

そういうものを見込みまして、なおかつ三十五億の増というふうに考えてございます。【略】二十七年においては大体七千円くらいにするというような含みで基準改訂をやってございます。その他住宅扶助につきましては、基準を五割ほどよくするとか、それぞれ所要の改正を若干ずつ行ってございます。

7) 国会図書館の国会会議録検索システムで公開されているテキストデータを直接に取得したものである。1998 年の第 144 回国会までは画像の OCR 処理によるテキストなので、ある程度の数の誤りを含んでいる（断らない限り統計数値では認識誤りを無視するが、挙例時は画像を確認する)。分析に当たっては、仮名遣い・字体などを自動修正し、Mecab 0.994 と Unidic 2.12 によって形態素解析したものを用い、必要に応じて元のプレーンテキストを参照している。形態素解析の誤りによる数値の誤差が存在する。

8)「〜テます」の形の例は含まない。そうした例は「〜テいます」の 100 分の 1 程度の数しかないが、おそらく「整文」の結果として実際の発話中の比率より低くなっていると思われる。

9) 動詞の異表記は統合してある。「する（為る)・なる（成る)・致す・申す・申し上げる」は本動詞の例のみ扱う。「する」については、例えば「調査をする」は対象に含め、「調査する」は複合動詞とみる。「相なる」のように「相」を伴う形も含む。「(〜は) 率直に言ってございます」「(〜が) 平成に入ってあります」のようなゴミは排除しているが、完全ではない。

10) 各期の「〜てあります」の用例実数は次の通りである。

これは会議録冊子の画像を確認した上での数値である。「お→あ」の誤認識によるものの数が無視できないと判断したからである。テキスト化に当たって「お」が「あ」に誤認識される確率（＝ A）はおそらく低いが、動詞 V における「V ておる/V てある」の正しい頻度比（＝ B）が極めて大きい場合にはそれが問題になる。仮に A が 1 万分の 1 であっても B が 1 万倍であれば、「V てある」の見かけ上の用例数は、正しいものと誤認識によるものが同数含まれることになる。画像由来のコーパスを利用する際に注意すべき点である。

	1947～56	1957～66	1967～76	1977～86	1987～96	1997～06	2007～16
認識する	0	0	1	0	0	1	0
思う	11	2	0	1	0	2	0
承知する	1	1	0	0	0	1	0
入る	3	2	1	2	0	2	6
考える	44	16	15	4	2	2	0
なる	40	9	5	0	1	4	7

さらに、上の表は会議録冊子での誤植の疑いのあるものを多く含む。真の用例数は、おそらく、かなり少ない。

11）「認識する」のみ、これをやや上回る期があるが、「認識してあります」の用例実数は70年間で2例のみである。早い時期に「認識する」という動詞自体の出現が少ないため、比率としてはやや高い期がある。

12）それと別に「おります」に対して「います」が相対的に増加しているが、これは、服部（2009）で指摘した、動詞を問わない一般的な傾向である。

13）野村（1969）によると「受身＋テある」の表現は「非情の受身」の表現の発達に対応して生まれたもので、明治から大正・昭和前期の文学作品などによく見られるが、同論文の当時には使用が減少している。(i)のように「現代語と意味上それほどの違いがあるようには考えられない」例が多い一方で、(ii)のように「現代語としては、なにか落ち着かない感じがする」例もあるという。

(i)　茶店の店頭に並べられて在る絵はがきをおとなしく選んでゐるもの（太宰治 富岳百景 1939）

(ii)　戦争中のこととて、仮の葬式が営まれてあるだけで（井上靖 夏の雲 1955）

14）原文の片仮名を平仮名に改める。また漢字を現代の字体に改める。例はすべて画像を確認している。

15）それぞれの肩書きにおける使用総数（図の100%に当たる実数）は、約6,700から約105万の間にある。

16）70年間の通算の値であるが、時期を分けて調査してもその傾向はあまり変わらない。

参考文献

井上史雄（1999）『敬語はこわくない』講談社

井上史雄（2017）『新・敬語論なぜ「乱れる」のか』NHK出版

楳垣　実（1946）『京言葉』高桐書院

菊地康人（1994）『敬語』角川書店

小矢野哲夫（2006）気になりますか、この言葉？　武庫川女子大学言語文化研究所言語文化セミナー資料　http://www001.upp.so-net.ne.jp/ketoba/kininarimasuka.htm.
真田信治（1991）『二十世紀初頭大阪口語の実態―落語 SP レコードを資料として』科学研究費補助金研究成果報告書（課題番号 01450061「幕末以降の大阪口語変遷の研究」）
沢木幹栄ほか（1989）『言語生活の耳―話しことばメモ帳 1951-1988』筑摩書房
柴田実・深草耕太郎（2000）「耳ざわりがよい」は耳障りか―第 10 回ことばのゆれ全国調査から―『放送研究と調査』50 巻 2 号
坪井美樹（1976）近世のテイルとテアル『佐伯梅友博士喜寿記念 国語学論集』表現社
野口敬子（2013）『失礼な敬語 誤用例から学ぶ、正しい使い方』光文社（電子書籍版）
野村雅昭（1969）近代語における既然態の表現について『佐伯梅友博士古稀記念 國語学論集』表現社
服部　匡（2009）「～シテイル」と「～シテオル」: 戦後の国会会議録における使用傾向調査『計量国語学』27 巻 1 号 1-17
文化庁（2000）『平成 11 年度 国語に関する世論調査』大蔵省印刷局
益岡隆志（1984）テアル構文の文法『言語研究』86 号 122-38
町田　健（2014）『言いたいことが正確に伝わる！［町田式］正しい文章の書き方』PHP 研究所（電子書籍版）
宮地　裕（1957）敬語の混乱『言語生活』70 号
山下和弘（1996）中世以降のテイルとテアル『国語国文』65 巻 7 号 39-54
湯澤幸吉郎（1926）『室町時代言語の研究』明治書院
湯澤幸吉郎（1929）『徳川時代言語の研究』明治書院
湯澤幸吉郎（1954）『増訂 江戸言葉の研究』明治書院

［付記］　コーパスを利用する研究者からもしばしば誤解されていることに気づいたので、あえて蛇足を加える。本稿を含め、筆者がこれまで研究に用いた国会会議録は、BCCWJ に収録されているものではない。注 7 に記した通りである。BCCWJ 収録版はデータ量が少なすぎて有効に使えないためである。直接に取得・処理する技術のない研究者が大量のデータを必要とする場合は、国立国語研究所が公開している「ひまわり」用パッケージの利用をおすすめする。

本研究は、JSPS 科研費 JP26370516、同 JP16H03426、および、国立国語研究所共同研究プロジェクト「大規模日常会話コーパスに基づく話し言葉の多角的研究」による研究成果である。

内容は、2017 年 9 月 10 日の第 14 回形式語研究会で発表したものに基づく。田野村忠温氏には草稿段階より多くのご教示・ご意見を頂いた。お礼申し上げる。

国会会議録における質問終了場面の敬語

森　　勇太

1　はじめに

現代語の敬語では、複合形式がよく用いられている。現代語における尊敬語・謙譲語の代表的な形式は複合形式「お～になる」・「お～する」であり、歴史的に見れば、「お～なさる」「お～申し上げる」「お～いたす」なども含め、いくつかのバリエーションが存在する。また、現代語では「～させていただく」など、授受表現も含めた多様な形式を用いている。

このように敬語は、現代でも変化が進行中であり、例えば、大石（1981）で"敬語の簡素化"の傾向が指摘される。しかし、多様な状況の中で、待遇表現全体がどのように変化してきたのかについては、まだ研究の余地がある。本稿では、このような現代の敬語形式が、戦後以降どのようにして変遷してきたのかを明らかにするため、質問終了場面における国会会議録の敬語使用を調査する。質問終了場面とは、以下のように、質問者となる国会議員、あるいは委員長が質問を終了させるときに行う発話を指す。

（1）a　○広沢委員　また総理も、いまできるだけ勉強してというお話でありますが、前回もやはり、財政計画に対しては前向きに検討して、一応勉強して取り組んでまいりたいというように示されておりますので、五十四年にはこういうことのないように、ひとつ十分に整合性のあるものを出していただくように強く要望して、質問を終わりにいたします。

○中野委員長　これにて広沢君の質疑は終了いたしました。

（広沢直樹、1978/3/4）

b　○参考人（堀田力君）　ですから、経過措置としてはいろいろとまだ現実的な案を考えることが必要だなと思っております。

○林紀子君　ありがとうございました。

○委員長（遠藤要君）　林君の質疑は終了させていただきます。次に、磯村修君。（遠藤要、1993/4/2）

このような発話は、儀礼的な性格を持ち、一定の型を持っていると考えられるが、このような場での敬語の変化を考えることで、公的な発話における敬語使用の変遷について考えてみたい。

本稿の構成は以下の通りである。2節ではデータとして用いる国会会議録の資料性に触れるとともに、調査の概要を述べる。3節ではデータを観察し、現代の敬語の大局的な変化について述べる。最後の4節はまとめである。

2　調査の概要

2.1　戦後の敬語の変化

戦後の敬語の変化については、さまざまな面からの研究があるが、いくつかの研究で共通して指摘される事項としては、“敬語の簡素化”、および“対者敬語化”が挙げられる。例えば、大石（1981）は、様々な場面での敬語の不使用、「ございます」体の消滅等から、“敬語の簡素化ないし水平化がさまざまの面で徐々に進行している（同:239）”と述べる。また、“対者敬語化傾向”として、待遇する上位者が目の前にいないとき、上位者の動作に対して尊敬語を用いず、丁寧語だけで待遇するようになったことを挙げている（井上1981も参照）。

また、宮地（1971）は、現代の敬語が「受恵敬語」としての性格を持っており、受益表現（宮地氏は、受給表現と呼ぶ）がよく使用されるようになったと述べる。近年の「させていただく」の伸長もその流れの中で捉えられる。

2.2　言語資料としての国会会議録

本稿では、「国会会議録検索システム」からテキストを取得し、調査を行った。近年、国会会議録を用いた日本語研究には松田（編）(2008)、田野村(2009)、服部（2009）をはじめ多数の研究があり、同会議録は言語研究のためのツールとしてますます重要になってきている。

国会会議録を用いる利点として、実際に発話されたことばがほぼそのままの形で記録されている、という点が挙げられる。また、言語量の面でも、戦前の帝国議会も含めると1890年代から100年以上継続しているものであり、また、本会議・委員会といった形態の異なる会議がある。いくつかの形態の発話が豊富に記録されていることは、言語研究にとって大きな利点である。さらに、議会での発言は公的な場での発言であり、言語規範に則った発言が求められ、また、敬語も表れやすい。この点で、国会会議録は、標準語における敬語運用の実態に迫りうる資料である。

ただし、松田（編）(2008）に示されるように、国会会議録は談話のすべてをそのまま写したものではなく、OCR読み取りにおける誤字・脱字や、外字処理、整文の過程での錯誤などといった問題が存在する。また標準語の反映と考えるにしても、話者は中年層以上が多く、女性より男性の発話量が多い。このような点には注意が必要である。

2.3　国会における敬語の変化

2.3.1　李（2016;2017）

近年の国会会議録による敬語研究として、李（2016;2017）が注目される。李（2016;2017）は、国会における敬語の変化について、特に「〜させていただく」と「〜いたす」の交替過程について研究している。非常に広範囲な調査がなされていて、用法の変化が詳細に明らかになっている。本稿に関係するところでその結果を引用する。

（2）a　［『国会会議録』の「させていただく」の使用量について］昭和60年代から「させていただく」の延べ語数が増加しており、平成になると「させていただく」の延べ語数が急激に増加しているのが目立つ。

（李2016:27）

b　[『国会会議録』の「させていただく」の用法について、ほとんどの用例が]高めるべき聞き手なしに「させていただく」を使っているため、「聞き手を高める」ではなく、話し手は「自己謙り」に使っていると推測されるので、謙譲語Ⅰではなく、謙譲語Ⅱ化しており、いわゆる「丁重語」として使用されていると考えられる。[中略]昭和20年代から「させていただく」は、既に「拡大用法」として用いられることが多く、ある表現などにおいては、平成20年代に至るまで、一種の定型句のように使われる傾向を見せている。　　　(李 2016:31)

一方で、「させていただく」など、敬語運用の変化を考えるうえでは、場面や発話行為・発話意図を統一して、その中でどのような変遷があったのか、ということを考える必要もある。本稿で“質問終了発話”を取り上げるのは、場面を統一し、発話行為・発話意図を統一することによって、変化の実態がより明らかになるのではないかと考えたためであるが、これによって、李(2016;2017)を補完するデータを示すことができると考える。

2.3.2　森(2015;2016)―行為拘束(前置き)

筆者は、森(2015;2016)において、国会会議録における質問の前置きとして用いられた敬語使用について調査した。質問の前置きとは、質問者が質問に入る前にそのことを述べる、以下のような発話を指す。分類とともに示す(なお、分類に付した番号は森(2016)で示したものである)。

(3) a　③「質問します」型(丁寧語)
相当部分が実行できていると言いますが、今質問したのは全部実行できていないじゃないですか。では、今度は三番目のお約束の件を聞きます。最低保障年金七万円、出すんですね。
(2011/2/8、棚橋泰文)

b　④「ご質問します」型(オ語幹+丁寧語)
では、改めてお尋ねしましょう。与謝野大臣は、このような形で顧問におられる方が、銀行業務の申請の、金融庁との交渉にかかわる業務をされることを今後も認めていかれますか。

（2006/2/14、馬淵澄夫）

c　⑨「ご質問いたします」型（オ語幹＋謙譲語Ｂ［へりくだり］＋丁寧語）

与謝野大臣、お聞きいたします。この民主党の、政府資産を毎年売って、また、埋蔵金を見つけて毎年五兆円を出し続ける、これから永遠にという意味ですよ。こういうようなマニフェストは、実際問題、可能だというふうに思われますか。（2011/2/3、田村憲久）

d　⑩「質問させていただきます」型（謙譲語Ａ［受け手尊敬］＋受益表現＋丁寧語）

そこで、きょう、私の時間は、経済政策を中心に総理と関係大臣に質問をさせていただきます。総理は、たびたび今は第三の開国だということをおっしゃいますよね。（2011/2/1、甘利明）

期間中に比較的多くの用例が見られる「③質問します（丁）」「④ご質問します（オ＋丁）」「⑨ご質問いたします（オ＋Ｂ＋丁）」「⑩質問させていただきます（Ａ＋受益＋丁）」「⑪ご質問させていただきます（オ＋Ａ＋受益＋丁）」（カッコ内は森 2015;2016 における分類）の推移を図１に示す[1)]。

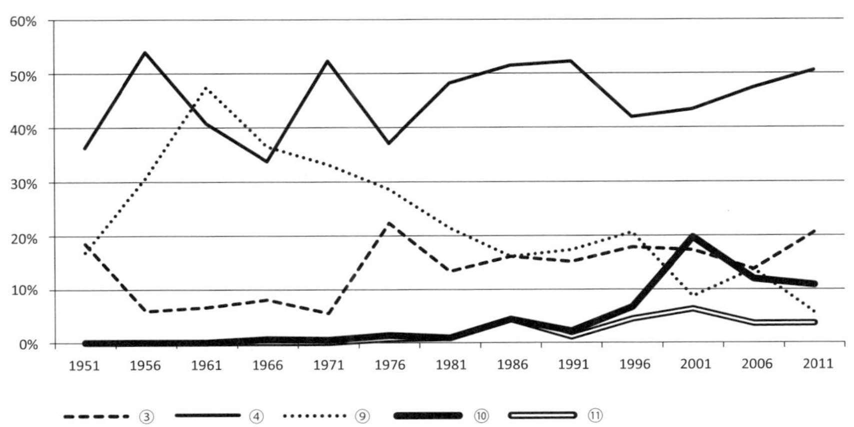

図１　使用される組み合わせの変化

すべての時代を通して「④ご質問します（オ＋丁）」は通時的によく用いられている。時代ごとに見ていくと、1950 年代には「④ご質問します（オ＋丁）」以外にも「③質問します（丁）」「⑦質問いたします（B＋丁）」「⑧ご質問申し上げます（オ＋A＋丁）」（⑦⑧は図示省略）「⑨ご質問いたします（オ＋B＋丁）」などの形式に 10～20% 程度の用例数があり、選択される形式は幅広い。その後 1960 年代は「④ご質問します（オ＋丁）」「⑨ご質問いたします（オ＋B＋丁）」が並んで多く用いられている。しかし、1970 年代以降「⑨ご質問いたします（オ＋B＋丁）」は減少傾向にある。また、「③質問します（丁）」は 1976 年以降用例が増加し、ほぼ横ばいで推移する。さらに、およそ 1990 年代より、受益表現を用いた「⑩質問させていただきます（A＋受益＋丁）」「⑪ご質問させていただきます（オ＋A＋受益＋丁）」の用例数が増加する。

全体的な傾向としては、敬語使用のバリエーションが少なくなってきたことや表現形式が単純化してきたこと、また、受益表現の使用の伸長が見て取れた。

2.4　発話行為としての“宣言”

本稿で取り上げる場面は、Searle（1976）の“宣言”型発話にあたる。宣言型発話は発話によって新たな事態を発動させようとしている点で行為指示型・行為拘束型と共通するが、発話と同時に発話内容は充足される。例えば、（4）で、話し手は発話によって卒業式を始めることを意図するが、発話の瞬間に卒業式は始まり、話し手の意図は充足する。Searle（1969）では、世界と双方向の対応（bi-direction）を持つと説明される。

（4）［宣言型：開会の辞］これから卒業証書授与式を挙行します。［卒業式前→発話→卒業式中（特定の動作主がいるわけではない）］

なお、森（2016）で取り上げた“前置き”は、“行為拘束”型発話にあたり、発話によって世界を変える（world-to-words direction）ことを意図するものである（Searle 1976）。（5）の“約束”の発話では、発話を行った後に発話内容が実現している。

（5）［行為拘束型：約束］これから毎日お手伝いをします。［手伝いをしない→発話→話し手が手伝いをする］

宣言型の発話は、行為拘束型・行為指示型と比べると、特定の聞き手に対して影響が及ぶものでなく、聞き手配慮という動機は弱いものと考えられる。宣言型発話は儀礼的なもので、発話者のスタイル選択の動機、あるいは慣習的な言語使用が強く表れているものと考えられる。

2.5　作業規則

本稿では、国立国語研究所「全文検索システム『ひまわり』」「『国会会議録』パッケージ」を利用して調査を進めた。「ひまわり」は ver.1.5.6、2017 年 2 月 1 日版、「『国会会議録』パッケージ」は「20140327_rev20170201 版」を利用した。原資料のダウンロード日は、2014 年 3 月 27・28 日版（参議院本会議第 180 回 25 号のみ、2016 年 12 月 6 日）である。

対象とする会議は、衆議院・参議院両院の予算委員会である。原稿を読み上げることの多い本会議に比べて、発話の自由度が高いと考えられるためである。調査対象範囲は上記の版の全範囲（1947 年～2012 年）とした。

抽出した用例は、質問者が質問を終わろうとする場面の敬語形式に着目する。質問を終わるときにも、さまざまな表現が用いられうるが、今回は典型的な場面に着目することを目的とし、以下の作業規則を立てた。

（6）a　「終わる（終わり）」「打ち切る（打ち切り）」「終了」「終結」を用いる発話で、「終わる（終わり）」「打ち切る（打ち切り）」「終了」「終結」を用いた節がそのまま終止しているもの（接続助詞が接続して従属節の形となっていないもの）。

b　直後に質問・説明[2)]が終了し、会議自体が終了、あるいは質問・説明が終了し質問者・発言者が交替するものである。ただし、「終わる（終わり）」「打ち切る（打ち切り）」「終了」「終結」を用いた発話の後に簡単な挨拶等があるものは、用例の中に含めている。

抽出したのは以下のような場面である。

（7）a　○中津川委員　ぜひ国民の視野に立って、島村さんの立場じゃなく国民の視野に立ってひとつ決定していただきたいということを申し上げて、いっぱい質問を残しましたが、終わります。

○茂木委員長代理　これにて中津川君の質疑は終了いたしました。

（中津川博郷／茂木敏充、2005/2/4）

b　○石原国務大臣　委員の御指摘を踏まえて、必要なものはしっかりとつくるし、むだはこれからも削減していくということが重要ではないかと考えております。

○高木（陽）委員　時間が参りました。今、お話がありましたように、本当に、むだは省いていく、そして徹底した改革をしていく、その上でしっかりと必要なものはやっていくという、そのバランスをとりながらやっていただきたいということを申し上げまして、質問を終了させていただきます。ありがとうございました。

○笹川委員長　これにて高木君の質疑は終了いたしました。

（高木陽介／笹川堯、2004/2/25）

森（2015;2016）で調査した質問の前置き表現は、「答える」「尋ねる」等の遂行動詞を述語とするものであった。「答える」「尋ねる」というような動詞は必ず動作の相手が存在するものであり、相手が意識されやすい場面であるといえる。それに対して、「終わる」（「終了する」「終結する」「打ち切る」を含む）ことを言う場面は必ずしも動作の相手が想定されるわけではない。そもそもこれらの動詞には動作の相手が存在せず、従って謙譲語Aは用いられないが、このような発話場面の異なりによって、敬語体系の変化にどのような違いが生じているのかを考えたい。

3　質問終了場面における敬語使用の変化

3.1　分類と用例数

まず、対象とする表現を確認する。大きく分けて、動詞的な表現と名詞的な表現に大別した。これは、動詞的表現と名詞的表現で「いたす」の使い方が少し異なることによる。その上で、使用されている敬語形式（「いたす」か、「させていただく」か、謙譲語の形式を使わないか）によって３つの型を立てた。

（８）動詞的表現＝「終了いたします」型、「終了させていただきます」型、「終了します」型

名詞的表現＝「終わりにいたします」型、「終わりにさせていただきます」型、「終わりにします」型

以下にそれぞれの表現の用例を示す。なお、用例の文章は、該当箇所の直前直後を除いて、適宜省略した。改行も削除したところがある。

（９）動詞的表現

a 「終了いたします」型

○国務大臣（佐藤榮作君）　わが国土、これはわれわれの力でわが国は守るんだと、この立場に立たないと、アメリカの援助だけにたよっている、こういうものではない。その点では、おっしゃるようにアメリカにかわる自衛力、さようなふうに考えております。

○委員長（堀本宜実君）　以上をもちまして、矢追秀彦君の質問は終了をいたしました。　（堀本宜実、1970/12/15）

b 「終了させていただきます」型（「終わらせていただきます」も含む）

○参考人（堀田力君）　ですから、経過措置としてはいろいろとまだ現実的な案を考えることが必要だなと思っております。

○林紀子君　ありがとうございました。

○委員長（遠藤要君）　林君の質疑は終了させていただきます。次に、磯村修君。　（遠藤要、1993/4/2）

c 「終了します」型（「終わります」等も含む）

○国務大臣（浜田靖一君）　お尋ねの件は、石破防衛庁長官の答弁を引いていらっしゃいまして、万一の場合には、敵地攻撃能力を持つとすると何が必要になるかとの質問に対して、空対地ミサイルだけでなく、敵のレーダー網を妨害するための航空機、最低限四つのものが具備されなければ敵地攻撃能力を確保することにはなり得な

い旨、そのため、装備、軍事技術などの観点からの説明をしたものと我々は承知をしております。以上です。

○福島みずほ君　終わります。

○委員長（溝手顕正君）　以上で福島みずほ君の質疑は終了しました。（拍手）　　（福島みずほ／溝手顕正、2009/5/28）

(10)　名詞的表現

a　「終わりにいたします」型（「終了することといたします」「終わることに（と）いたします」「終わりに（と）いたします」等を含む）

○羽生三七君　私はこれを要望いたしまして、時間がないので、まだいろいろガリオア、エロアについては疑問が一ぱいありますが、これは将来に譲ることとして、私の質問はこれで終わることといたします。　　（羽生三七、1960/12/19）

b　「終わりにさせていただきます」型（「終わりとさせていただきます」「終わりにさせてもらいます」を含む）

○中曽根弘文君　その割にはそういう写真とか挿絵とかで事実と違うものが随分あるようですので、検定はきちっとやっていただきたい、そういうふうにお願い申し上げます。時間なので、私の本日の質問をこれで終わりにさせていただきます。

（中曽根弘文、1998/3/23）

c　「終わりにします」型（「終わりに（と）します」等を含む）

○稲葉誠一君　そのものをはっきり、すぐというわけにいきませんから、近いうちに出して下さい。総理が衆参両院の予算委員会その他で述べた数字、その根拠、出典、全体の数字、全部出して下さい。それを私は要求しまして、私の質問を時間が来ましたから、これで終わりにします。

○委員長（太田正孝君）　稲葉君の質疑は終了しました。

（稲葉誠一、1963/12/17）

以下、表1に動詞的表現、表2に名詞的表現の用例数を示す。動詞的表現は

表１　動詞的表現の用例数

		1945~	1950~	1955~	1960~	1965~	1970~	1975~	1980~	1985~	1990~	1995~	2000~	2005~	2010~
終了いたします型	合計	2	3	11	1	1	3	18	2	0	1	1	4	8	1
	委員長	2	3	8	1	1	2	17	2	0	1	0	4	8	1
	委員長以外	0	0	3	0	0	1	1	0	0	0	1	0	0	0
終了させていただきます型	合計	0	3	2	18	22	45	66	55	73	119	227	160	228	180
	委員長	0	0	0	0	0	0	0	0	0	32	0	0	1	3
	委員長以外	0	3	2	18	22	45	66	55	73	87	227	160	227	177
終了します型	合計	177	540	427	389	379	487	785	608	623	927	1280	1011	1020	974
	委員長	12	43	52	3	3	7	8	2	1	2	2	0	0	1
	委員長以外	165	497	375	386	376	480	777	606	622	925	1278	1011	1020	973
その他		1	3	1	3	2	2	2	0	0	2	2	0	0	0
合計		180	549	441	411	404	537	871	665	696	1049	1510	1175	1256	1155

表２　名詞的表現の用例数

	1945～	1950～	1955～	1960～	1965～	1970～	1975～	1980～	1985～	1990～	1995～	2000～	2005～	2010～
終わりにいたします型	13 (100.0%)	21 (100.0%)	16 (100.0%)	2 (66.7%)	6 (85.7%)	10 (83.3%)	5 (83.3%)	3 (60.0%)	1 (33.3%)	3 (25.0%)	4 (22.2%)	3 (30.0%)	3 (16.7%)	2 (14.3%)
終わりにさせていただきます型	0 (0.0%)	0 (0.0%)	0 (0.0%)	0 (0.0%)	0 (0.0%)	0 (0.0%)	0 (0.0%)	0 (0.0%)	0 (0.0%)	3 (25.0%)	10 (55.6%)	5 (50.0%)	5 (27.8%)	10 (71.4%)
終わりにします型	0 (0.0%)	0 (0.0%)	0 (0.0%)	1 (33.3%)	1 (14.3%)	2 (16.7%)	1 (16.7%)	2 (40.0%)	2 (66.7%)	6 (50.0%)	4 (22.2%)	2 (20.0%)	10 (55.6%)	2 (14.3%)
合計	13	21	16	3	7	12	6	5	3	12	18	10	18	14

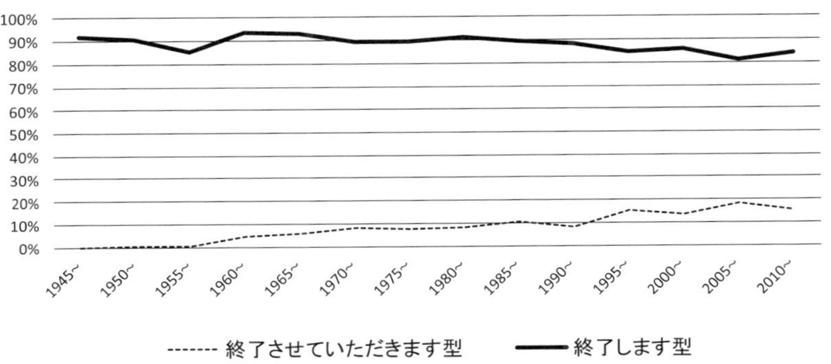

図２　委員長以外の動詞的表現の推移

用例数が多かったため、司会進行の立場にある委員長（委員長代理・理事を含む）と委員長以外に分けて示した。

3.2　動詞的表現

まず、動詞的表現について見る。「終了いたします」型はほとんどが委員長によって用いられていた。委員長の発言は、議事進行上の発言が多く、議事進行上の定型の発話として「終了いたします」型が定着しているといえる。委員長以外の人物には、「終了します」型がよく用いられていた。「終了させていただきます」型は時代を追って増加している（図2も参照）。

なお、委員長の発話でも「終了させていただきます型」は用いられているが、1990年代の32例はすべて、遠藤要氏[3)]によって用いられているものである。また、2010年以降の3例は、(11b)のように、聞き手がまだ質疑を続けようとしている中で用いられており、完全な儀礼的な表現とは言いがたい。菊地（1997）は「させていただく」が用いやすくなる条件として、相手からの「恩恵」および「許可」があることを挙げるが、そのうち相手の「許可」が要るように感じられやすく、話し手の心理的な負担が大きい場面であるため用いられていると考えられる。

(11) a　○有働正治君　三月十八日の今仲副社長の記者会見で、会社は関係がないと、そういうものが通用するものでないと明白に述べて私の質問を終わります。

○委員長（遠藤要君）　有働君の質疑は終了させていただきます。

（遠藤要、1993/4/1）

b　○仙谷委員　政策の方向性は、先ほど、日本が取り囲まれたいろいろな危機の中、確実な政策の軸を、つまり社会保障と金融対応ということを打ち立てる、そのための与野党の誠実な議論が必要だと考えておりますが、総理、いかがでございますか。

○中井委員長　仙谷君、時間が来ましたので、答弁はこれにて終了させていただきます。これにて仙谷君の質疑は終了いたしました。

（中井洽、2012/2/1）

3.3　名詞的表現

次に、名詞的表現について見る。名詞的表現は、全体の用例は多くないものの、「終わりにいたします」型が多く、ここでは特に委員長に用いられやすいという傾向も見られない。

（12）a　○中曽根委員　また通産大臣も答弁をやるという約束をされております。従つて、私はこの問題に関しては後日に質問その他を留保いたしまして、一応これで打切ることにいたします。

（中曽根康弘、1952/12/3）

b　○森暢子君　原子力の平和利用の観点からは自主、民主、公開というのが原則ですから、いたずらに安全性ばかりを強調するのはおかしいと思うんですね。危険なものは危険、問題点があることも、こういうことが問題にあるということを国民にやはり判断の材料を提供するのが国の務めであるというふうに強く要請いたしまして、終わりにいたします。　（森暢子、1992/4/8）

謙譲語形式「いたす」は動詞的表現で用いられにくく、名詞的表現で用いられやすいという構文的な差異が見られた。

3.4　「させていただく」導入の過程

李（2016;2017）では、1996年の衆院選から小選挙区制が導入されたことにより、若い議員の流入が進んだ結果、「させていただく」の増加が起こったという興味深い仮説が示されている。本節では、本稿のデータにおいて、どのように「させていただく」の使用の増加が見られるかを調査した。

なお、ここでは動詞的表現と名詞的表現を区別せず、謙譲語「いたす」が用いられているものを「いたします」型、「させていただく」が用いられているものを「させていただきます」型と呼んで区別する。「いたします」型・「させていただきます」型のそれぞれの使用状況を、使用された年代と、使用時の年齢に従って図示したのが図3である。ただし、「終了します」「終わりにします」型は、全年代・全年齢層に広く用いられていたので、ここでは図示に含めていない。なお、この図で取り上げたのは委員長以外の質問者・報告者等であり、委員長（および、委員長代理・理事）の発話は含めていない。また、『国会会議録』パッケージに生年が登録されている発話者に限って分析した。

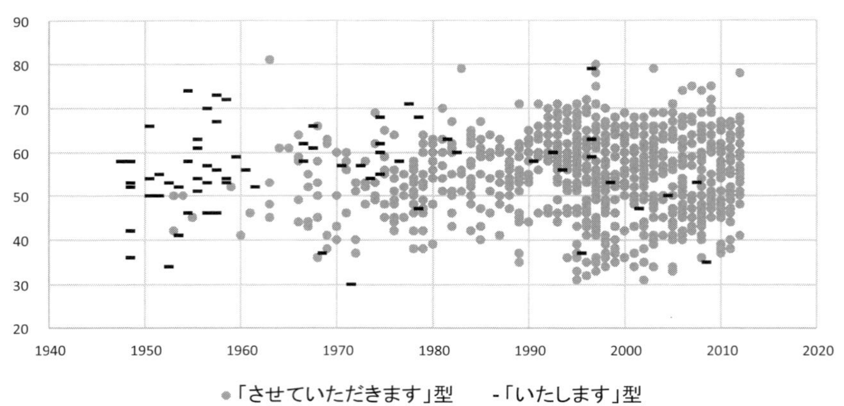

図3　「終了いたします」型使用者と、「終わらせていただきます」型使用者の関係（縦軸＝使用時の年齢、横軸＝使用年）

図3を見ると、大きく3つの期間に分けて考えることができそうである。

(13) a　1947年～1960年代前半＝すべての世代で「いたします」型優勢。

b　1960年代後半～1980年代前半＝40代以下は、ほぼ「させていただきます」型専用、50代以上は「いたします」型・「させていただきます」型併用。

c　1990年代以降＝すべての世代で「させていただきます」型優勢。

そもそも、「いたします」型が多くないという事情はあるが、このデータから「させていただく」の伸長の段階が見て取れる。1960年代前半までは「させていただく」はあまり使用されておらず、使用されるとしても50代以下の層であった。しかし、1960年代以降、「させていただきます」はすべての世代で用いられるようになるが、1980年代後半までの時代は、50代以上は「いたします」型と併用している。1990年代以降は「いたします」型の使用は、年齢層との明確な相関は見られない（むしろ若い世代が使用している）。近年で使用されている例を挙げておく。

(14) a　○志位委員　しかし、全国一律の制度をつくって、地域ごとに上乗せしたらいいんです。私は、格差と貧困の度合い、これを土台から正していくためにも、最低賃金を抜本的に引き上げ、全国一律の制度にすることが本当に強く求められているということを強く求めて、質問を終わりにいたします。　（志位和夫、2007/2/13）

b　○谷合正明君　もう終わりますが、海外には青少年担当大臣というか省庁もあるぐらいでございまして、私は、是非このことについてしっかりと政府として、この育成大綱のまとめる年でございますので、しっかりとやっていただきたいということを最後に申し上げまして、質問を終わりにいたします。　（谷合正明、2008/2/4）

李（2016;2017）が述べるように、1990年代後半以降、30代の層が「させていただきます」型を用いており、若い議員の流入による用例数の増加という側面はあるものと思われる。一方で、質問終了場面においては、すでに1980年代までに一定数「させていただきます」型が見られており、増加への下地を作っていると考えられる。

3.5　質問の前置き場面との比較

ここで、行為拘束場面である質問の前置き場面と比較し、その違いを考えていく。

まず、謙譲語B「いたす」の使用について、質問終了場面では、用例のほとんどを占める動詞型表現の「いたします」は委員長に多く使用され、質問者側はほとんど用いなかった。このことは質問の前置き場面とは異なる。質問の前置き場面では、「いたします」が1950・60年代において一定数用いられていたものの、その後漸減していた。儀礼的な場面では「いたします」の使用が残ったのに対して、より自由度の高い場面で「いたします」の使用が少なくなってきたものと位置づけられる。

また、「させていただく」について、質問の前置き場面では、1990年代に急増するという傾向が見えた。しかし、本稿の質問終了場面では、「させていただく」の使用が急増している様子は特に見られなかったが、段階的に使用者層が広がっていた。質問終了場面の発話は各質問につき1回であるが、質問の前置き場面では質問の中で複数回見られることもあり、そこで質問者が重要な質問であることを強調するために前置き表現を入れる、というストラテジーとしての使用が可能である。2つの場面における「させていただく」の増加の差は、あくまで儀礼的な性格の強い質問終了場面と、発話者の意図や表現効果によって比較的自由に言語形式を選択しうる質問の前置き場面との差が表れていると見ることもできる。

4　まとめ

本稿で述べたことは以下の通りである。

1）動詞的表現について、委員長以外の人物には、「終了します」型がよく用いられていた。「終了いたします」型はほとんどが委員長によって用いられており、議事進行上の定型の発話として「終了いたします」型が定着しているといえる［3.2節］。一方、名詞的表現については、全体の用例は多くないものの、「終わりにいたします」型が多く、委員長にも質問者にも用いられる［3.3節］。

2）質問終了場面において、「させていただく」が漸増している。質問終了場面の謙譲語使用について見ると、1960年代前半までは、すべての世代で「いたします」型優勢だったものが、1960年代後半～1980年代前半において、40代以下の世代は、ほぼ「させていただきます」型専用、50代以上の世代は「いたします」型・「させていただきます」型併用となっている。そして、1990年代以降は、すべての世代で「させていただきます」型が優勢である［3.4節］。「させていただく」増加過程が質問の前置き場面と異なったのは、儀礼的な性格の強い質問終了場面と、発話者の意図や表現効果によって比較的自由に言語形式を選択しうる質問の前置き場面との差が表れている可能性がある［3.5節］。

敬語の変化において、「させていただく」は「いたします」から移行したと言われる。確かに移り変わった部分もあるだろうが、一方で、本稿で見た質問終了場面のように、あまり敬語形式が用いられていなかったところへ、「させていただく」が新たに入ってきたように見えるところもある。敬語の変化を観察するためには、単に形式がどのように現れるか、ということのみならず、その場面や発話意図まで考慮する必要があり、さまざまな場面を考察することで多角的に現代語の敬語の変化を捉えていく必要がある。本稿では現象の理解にとどまっているが、今後さらに現象を追究していくことで、敬語体系の変化をさらに詳細に明らかにしたい。

注

1）森（2015;2016）では、1951年から2011年にかけて、5年ごとに、2月の予算委員会を抽出して用例を集めた。

2）本稿で主に取り上げたのは質問が終了する場面の発話であるが、予算委員会で分科会の報告をする場面でも質問が終了するときと同様の発話が見られる。本稿では、そのような報告の終了時の発話も（6）の条件にあてはまるものであれば含めた。

3）遠藤要氏は、1915年生、宮城県出身で、参議院議員をおよそ20年歴任した。遠藤氏がこれほどまで「させていただく」を用いている理由は判然としない。

用例出典

国会会議録　国立国会図書館「国会会議録検索システム」http://kokkai.ndl.go.jp/

検索に際しては、国立国語研究所全文検索システム『ひまわり』、および『国会会議録』パッケージを利用した。また、服部匡氏公開のデータを参照した。

参考文献

井上史雄（1981）「敬語の地理学」『国文学解釈と教材の研究』26-2、pp. 39-47、学燈社

大石初太郎（1981）「現代敬語の特質、その将来」『講座日本語学9 敬語史』明治書院

菊地康人（1997）「変わりゆく「させていただく」」『月刊言語』26-6、pp. 40-47、大修館書店

田野村忠温（2009）「サ変動詞の活用のゆれについて・続-大規模な電子資料の利用による分析の精密化-」『日本語科学』25、pp. 91-103、国立国語研究所

服部　匡（2009）「「～シテイル」と「～シテオル」-戦後の国会会議録における使用傾向調査-」『計量国語学』27-1、pp. 1-17、計量国語学会

松田謙次郎（編）(2008）『国会会議録を使った日本語研究』ひつじ書房

宮地　裕（1971）「現代の敬語」辻村敏樹（編）『講座国語史第5巻 敬語史』第6章、pp. 369-425、大修館書店

森　勇太（2015）「国会会議録に見る前置き表現の変化」『論叢国語教育学』11、pp. 91-100、広島大学国語文化教育学講座

森　勇太（2016）『発話行為から見た日本語授受表現の歴史的研究』ひつじ書房

李　譞珍（2016）「参議院の予算委員会における「させていただく」の使用実態とその用法の変化について—『国会会議録検索システム』を利用して—」『言語の研究』2、pp. 23-37、首都大学東京言語研究会

李　譞珍（2017）「衆議院の予算委員会における「させていただく」の使用実態とその用法の変化について—『国会会議録検索システム』を利用して—」『言語の研究』3、pp. 45-60、首都大学東京言語研究会

Searle、John R.（1976）“A classification of illocutionary acts” *Language in Society* 5, pp. 1-23, Cambridge University Press.

［付記］　本稿はJSPS科研費（17K13467）による研究成果の一部である。

形態論的特徴から見た複合辞
――『現代日本語書き言葉均衡コーパス』の形態論情報を利用して――

山 崎　　誠

1　はじめに

本稿は、コーパスを使って複合辞の形態論的特徴を概観し、併せて複合辞の認定のための情報としての活用を探るものである。

2　複合辞の条件

永野（1953:102-103）には複合辞を認定するための条件として以下の３つを挙げている[1)]。

その一―単なる構成要素のプラス以上の意味を持っていること。(「からには」「ではないか」などのように)

その二―類語（意味の近似した他の助詞や複合助詞）の中にあって，独特の意味やニュアンスを分担していること。(「とは」「ものだから」などのように)

その三―構成要素の結合が固着していること。(「といえども」のように)

また、永野（1953:120）には、「国立国語研究所第一研究部第二研究室で私の行なった研究の報告書「現代語の助詞・助動詞―用法と実例―」が刊行されたのは一九五一年三月のことである。複合辞という考え方は、その研究を進めるための根本的な立場の一つであり、(中略）本稿はそれを敷衍し、理論化したものである。」とあり、上に挙げた条件が（当時の）現代語の機能語の用法を網羅的に記述する中から生まれてきた、すなわち具体的なデータに基づき導かれたものと考えることができる。

松木（1990:33-34）では、上記の永野の条件について、その二は「複合辞の性質の記述としては妥当であろうが，それが複合辞のみの特性とは言い難」いとし、また、その三は複合辞の認定条件としては強すぎ、「明らかに複合辞と言える表現でも除外されてしまうおそれがある.」としている。その上で、松木（1990:34-35）では、次のような新たな認定基準を提案している。

〈第１種複合辞[2]の認定基準〉

次のⅠ・Ⅱの条件を満たしたものを第１種複合辞と認める

Ⅰ　形式的にも意味的にも辞的な機能を果たしていること.

Ⅱ　形式全体として，個々の構成要素の合計以上の独自な意味が生じていること.

〈第２種[3]・第３種複合辞[4]の認定基準〉

次のⅠ°・Ⅱ°・Ⅲ°の条件をすべて満たしたものを，第２種または第３種複合辞と認める.

Ⅰ°　形式的にも意味的にも辞的な機能を果たしていること.

Ⅱ°　中心となる「詞」は実質的意味が薄れ，形式的・関係構成的に機能していること.

Ⅲ°　Ⅱ°の語に他の辞的な要素等が結合して一形式を構成する揚合，その要素の持つ意味がⅡ°の語に単に付加されたものではなく，形式全体として独自の意味が生じていること.

松木（1990:36）は、これらの基準は複合辞を選び出すための基準であって、いわば０か１かでしか判定できないとし、その間を埋めるものとして「複合辞性の尺度」を提案している。尺度は段階的・連続的であるから、複合辞らしさ（あるいは複合辞らしくなさ）をそれによってとらえることが可能であると述べる。松木（1990:37）の提案する尺度は以下の３つである。

（ｉ）構成要素の緊密化の度合い

（ii）形式名詞・形式用言の形式化の度合い

（iii）形式用言の文法範疇喪失の度合い

松木（1990）のこれらの基準や尺度は、森田・松木（1989）のデータとなった多数の用例の用法整理の過程から生まれたとみてよいだろう。実際、松木（1990:30）には、「明治20年代以降の小説・随筆・評論等35種及び中級日本語教科書7種を用い，その結果，約4万の用例を収集」とある。

したがって、永野（1953）も松木（1990）も実際の用例の詳細な観察から認定基準を生み出したと考えて良いだろう。しかし、これらは現在のようなコーパスが自由に利用できる時代より前に行われたものである。そこで本稿では、コーパスを使った場合に得られる複合辞の特徴の一端を明らかにしたいと思う。とくに、形態論情報[5)]を使い、それが複合辞らしさの情報として有効であるかどうかを検討するものである。

3　データ

本稿で対象とする複合辞は、国立国語研究所（2001）に採り上げられた224形式（助詞的複合辞143、助動詞的複合辞81）[6)]である。また、利用するコーパスは「現代日本語書き言葉均衡コーパス」（BCCWJ-NT）（以下、BCCWJ） ver.1.1である。検索には『中納言』を利用した。

4　複合辞の品詞構成

対象とする224形式を形態素解析器「Web茶まめ」[7)]で解析した。辞書は現代語UniDicを利用し、解析前処理は行っていない。解析に当たっては、見出しに「に（も）かかわらず」のように、括弧を含んでいるものは、「にかかわらず」「にもかかわらず」のように括弧のある形とない形との2つに展開した。同様に括弧が2箇所ある見出しは、それらの括弧のあるなしによる組み合わせとなる4つの形式に展開した[8)]。この結果、対象とする形式は265（助詞的複合辞173、助動詞的複合辞92）となった。現代語の形態素解析の精度はかなり高いと言われるが、文脈を持たない短い語句の解析のため、解析結果はかなりの誤解析を含んでいたことから、それらは目視により修正した[9)]。また、短単位の仕様では、推量の助動詞「う・よう」は、活用形の一部になっている。そのため、「うものなら」などの「う」は必ず誤解析（例えば感動詞「うー」と見なされる）になる。この例では、人手で品詞を「動詞」に修正した。

表1に複合辞を構成する要素（短単位）の数の分布を示した。要素数は1から6の間に分布している。要素数1は「得る」という項目である。機能別に見ると、助詞的複合辞の要素数が3をピークに分布しているのに対して、助動詞的複合辞は4をピークに分布しており、全体として助動詞的複合辞の方が要素数が多い傾向にあることが分かる。ただし、要素数については t 検定（Welchの検定）の結果、両者の分布の間には有意差は認められなかった（p = .077）。

表1　複合辞を構成する要素数の分布

要素数	助詞的複合辞	助動詞的複合辞	計
1	0	1	1
2	55	24	79
3	77	23	100
4	38	31	69
5	2	11	13
6	1	2	3
計	173	92	265

表2、表3は、複合辞を構成する品詞の並び順の分布である。助詞的複合辞、助動詞的複合辞に分けて示す。品詞の並び順の異なりは59種類であったが、そのうち、助詞的複合辞は24種類、助動詞的複合辞は40種類が出現している。対象とした助詞的複合辞の種類は助動詞的複合辞の約1.9倍であるが、品詞の並び順の種類は助動詞的複合辞の6割であり、相対的に助詞的複合辞の方がバリエーションが少ないことが分かる。また、興味深いのは、助詞的複合辞の上位の形式は、助動詞的複合辞では出現がほとんどなく、助動詞的複合辞の上位の形式には、「助詞/動詞/助動詞」の例を除いて、助詞的複合辞での出現がなく、両者が相補的な分布をなしている点である。なお、複合辞全体で見ると、品詞の並び順の最初に来る品詞は、助詞（182）、名詞（44）、動詞(19)、助動詞（10）、形容詞（9）、接尾辞（1）という順序であった（括弧内は出現数を示す）。

表 2　助詞的複合辞の品詞の並び順（24 種類のうち上位 10 形式）

品詞の並び順	助詞的複合辞	助動詞的複合辞	計
助詞/動詞/助詞	53	0	53
助詞/動詞	23	2	25
名詞/助詞	17	0	17
助詞/動詞/助詞/助詞	15	0	15
助詞/動詞/助動詞	13	8	21
助詞/助詞	10	0	10
動詞/助詞/動詞/助詞	8	0	8
助詞/助詞/動詞/助詞	7	0	7
助詞/名詞/助詞	4	0	4
動詞/助詞/助動詞/助詞	4	0	4

表 3　助詞的複合辞の品詞の並び順（40 種類のうち上位 9 形式）

品詞の並び順	助詞的複合辞	助動詞的複合辞	計
名詞/助動詞	1	11	12
助詞/動詞/助動詞	13	8	21
助詞/助詞/動詞/助動詞	2	7	9
助詞/名詞/助詞/形容詞	0	5	5
名詞/助詞/動詞	0	5	5
助詞/形容詞	0	4	4
助詞/助動詞	0	3	3
助動詞/助詞/動詞/助動詞	0	3	3
助詞/名詞/形容詞	0	3	3

表 4 は、対象とした複合辞の要素数を森田・松木（1989）における意味で分類したものである。表からは要素数と意味との間に明確な相関は見いだせない。

表4　複合辞の意味と要素数の分布

意味	要素数						計
	1	2	3	4	5	6	
義務・当然・当為・必然・必要・勧告・主張	0	5	4	8	3	0	20
逆接・確定	0	6	3	6	2	0	17
主題化	0	1	5	6	0	0	12
仮想の対比	0	0	0	12	0	0	12
対象・関連	0	3	5	3	0	0	11
自然成立・自発・強制・肯定的意向の強調	0	0	4	3	1	2	10
同時性	0	1	5	3	0	0	9
仕手・仲介・手段・根拠・原因	0	3	6	0	0	0	9
時・場所・状況	0	3	6	0	0	0	9
否定形による当為等・当為等の否定・不必要	0	0	1	6	1	0	8
順接・因果関係	0	4	4	0	0	0	8
起点・終点・範囲	0	2	5	0	0	0	7
順接・仮定	0	2	5	0	0	0	7

5　複合辞の度合い（1）：連接の中に占める割合

次に、松木（1990: 37）で提案された「構成要素の緊密化の度合い」及び「形式用言の文法範疇喪失の度合い」を計る方法としてコーパスの形態論情報を用いた調査を行う。対象としたのは助動詞的複合辞「に違いない」である。まず、「に違いない」と同じ並び順である「に＋名詞＋無い」を『中納言』で検索し、名詞の部分にどのような語が来るかを調べた。検索対象はBCCWJ全体であり、キーや前方・後方共起の指定以外はデフォルトの状態で検索している（以下も同じ）。結果を表5に示す。出現した名詞の延べ語数は7,849語、異なり語数は251語である。表5からは「違い」が全体の約4分の3を占め、「に＋名詞＋無い」の組み合わせの中で最多であることが分かる[10)]。このことの解釈するために、条件を少し変えた他の組み合わせの場合と比較してみる。「が＋名詞＋無い」では、延べ1434、異なり177の名詞が出現し、そのうち、出現割合が10%を超えるのは、「殆ど」(346回、24.1%)、「勿体」(176回、12.3%)、「に＋形容詞＋無い」では、延べ語数649、異なり語数57の名詞が出現し、そのうち、出現割合が10%を超えるのは、「良い」(160回、24.7%)、「相応しい」(107回、16.5%)、「難(かた)い」(105、16.2%)であった。これらと比べると、「に＋名詞＋無い」における「違い」の占める割合の高さはかなり多いと言える。このような、一定の枠組みを考えた場合の語順に占める割合が複合辞らしさの度合いを示す情報として利用できるかもしれない。ただし、これは複合辞ならばこのような傾向があるということであって、逆は真ではないかもしれない。今後の検証が必要である。なお、表5に「相違」「間違い」という、「違い」の類義語が含まれており、これらは「に違いない」の類義表現としてとらえることができよう。

表5　「に＋名詞＋無い」における名詞

語	頻度	割合(%)
違い	5,678	72.34
関係	644	8.20
相違	244	3.11
申し訳	231	2.94
間違い	203	2.59
関わり	108	1.38
共	44	0.56
勿体	43	0.55
満遍	41	0.52
変わり	33	0.42

6　複合辞の度合い（2）：活用形の分布

次に複合辞の度合いを活用形のバリエーションから観察する。比較のために、表5の上位5語で調査した結果を表6に示す（表6では見やすさのため、表5の順位を一部変更した)。「に違いない」は終止形が約87.6%を占め、それ以外の活用形はあまり出現していない。「に相違ない」も割合は少し下がるがほぼ同じ傾向を示す。「に間違いない」になると、終止形の割合はさらに下がり、連用形が増えてくる。「に関係ない」は連用形が約81%と多く、対照的な分布を示す。「に申し訳ない」は、終止形が半数近くを占めるものの、連体形が約28.6%、連用形も一般と促音便を合わせて約16.8%、さらに語幹の用法もあり、活用形が広く分布している印象を受ける。「に違いない」「に相違ない」「に間違いない」の３者で見ると、終止形の占める割外が重要な指標となりそうである。しかし、特定の活用形への集中ということで見ると、「に関係ない」で約８割が連用形に集中しているということも、複合辞とは言えないとしても何らかの固定的表現として考えることができるだろう。このような発見ができることがコーパスを利用するメリットの一つである。

表６　「に＋名詞＋無い」の活用形の分布

活用形	違い	相違	間違い	関係	申し訳
意志推量形	0.09	0.41	0.49		
連用形-一般	0.88	5.33	14.78	81.21	13.42
連用形-促音便	5.34	3.69	10.84	0.31	3.46
連用形-ウ音便					0.43
連用形-補助				0.16	
終止形-一般	87.57	79.51	59.61	9.47	49.35
連体形-一般	6.13	11.07	10.84	8.85	28.57
仮定形-一般			1.97		
仮定形-融合			0.49		
語幹-サ			0.99		3.90
語幹-一般					0.87
計	100.01	100.01	100.01	100.00	100.00

7　複合辞の度合い（３）：要素の挿入

「に違いない」のバリエーションを見る方法として、「に＋（X）＋違い＋（Y）＋無い」という構造を考える、X、Yは任意の１語を示し、XかYのど

表7　「に＋Ｘ＋違い＋Ｙ＋無い」の分布（上位10語）

組み合わせ	頻度	割合(%)
に|違い|ない	3095	51.39
に|ちがい|ない	2186	36.30
に|違い|なかっ	199	3.30
に|は|違い|ない	162	2.69
に|ちがい|なかっ	102	1.69
に|は|ちがい|ない	52	0.86
に|違い|は|ない	33	0.55
に|ちがい|なく	29	0.48
に|違ひ|ない	25	0.42
に|は|違い|なかっ	24	0.40

表8　「に＋Ｘ＋関係＋Ｙ＋無い」の分布（上位10語）

組み合わせ	頻度	割合(%)
に|関係|なく	516	44.87
に|は|関係|ない	170	14.78
に|関係|ない	110	9.57
に|関係|の|ない	62	5.39
に|は|関係|の|ない	44	3.83
に|は|関係|が|ない	38	3.30
に|は|関係|なく	35	3.04
に|関係|が|ない	20	1.74
に|直接|関係|の|ない	10	0.87

ちらかが欠けてもよい。『中納言』では厳密にこの検索は実現できないが、以下の前方共起、後方共起ともにキーから2語以内とすることで、近似の検索ができる[11)]。結果を表7に示す。比較のために同じ語順で中央のキーを「関係」に変えて検索した結果を表8に示す。表7、表8ともに、『中納言』の仕様のため、語彙素による集計ができず、出現形での集計であることに注意されたい。表7と表8の比較からは、「に＋Ｘ＋違い＋Ｙ＋ない」では上位に来ている

のは、X、Y ともに欠ける形と X に「は(係助詞)」が来ている例のみであるのに対し、「に + X + 関係 + Y + 無い」の方では、X に「は」がある例が約 14.8%、Y に「が」「の」の来ている例、X と Y の両方とも埋まっている例(「には関係のない」「には関係がない」)、また、X に副詞が入っている例などがあり[12]、固定の度合いが相対的に低いと言える。

8　おわりに

本稿はでは、形態論情報を用いて複合辞の特徴を記述し、また、コーパス検索により、複合辞の度合いの指標となる可能性のある現象を指摘した。複合辞の特徴としては、助詞的複合辞と助動詞的複合辞とでは構成する品詞の並び順が異なることを指摘した。複合辞の度合いとしては、特定の連接における割合及び、終止形の占める割合、他の要素が挿入される割合が有効であることを指摘した。今回観察した例は助動詞的複合辞であったたけ、活用形が指標として使えたが、要素として活用語含んでいない複合辞にはこの方法は適用できない。その場合は異なる尺度を考えなければならない。今後の課題としたい。

注

1）永野(1953:102)では、複合助詞を認定するための条件としてこれらを挙げているが、永野(1953:103)で「複合助詞の認定に関する三か条の原則に準じて、複合助動詞をも認定することができる。」といっているため、合わせて複合辞の認定の条件とした。

2）第 1 種複合辞とは、松木(1990:31)によると、「本来「辞」である助詞・助動詞のみが二語以上複合してできた複合辞.「からには」「だけに」「ては」などがここに属す.」とされている。

3）第 2 種複合辞とは、松木(1990:31)によると、「本来「詞」である名詞のうち実質的意味が薄れている形式名詞を中心にして複合した複合辞.「ものだから」「ところで」「ことだ」などがここに属す.」とされている。

4）第 3 種複合辞とは、松木(1990:31)によると、「本来「詞」である動詞・形容詞・形容動詞といった用言のうち実質的意味が薄れている形式用言を中心にして複合した複合辞.「なければならない」「といえども」「によって」「てもいい」「たらだめだ」などがここに属す.」とされている。

5）形態論情報とは、もともとは自然言語処理における技術である形態素解析によってコーパスに付与される言語情報を指す。「形態素」解析という名称となっているが、これはややミスリーディングであって、実際には人為的に設定された調査単位への分割とその調査単位への情報付与を行うことを指す。「現代日本語書き言葉均衡コーパス」においては、原文テキストが短単位および長単位とう2つの調査単位に分割され、それらに語彙素、品詞、読み、活用形、語種などの形態論情報が付与されている。

6）参考の項目として挙がっている「って」「ならでは」「なんか」「なんて」は除外した。

7）http://chamame.ninjal.ac.jp/

8）対象となった224形式の中で、見出しに括弧が2箇所あるのは、「と（は）いって（も）」「～（よ）うが…（よ）うが」「～（よ）うと…（よ）うと」の3つである。「と（は）いって（も）」は、「といって」「とはいって」「といっても」「とはいっても」の4形式に展開したが、このうち「とはいって」は実際には使われない形と思われるが、例外扱いせず、解析に含めた。

9）見出しの中には、「～ようが…まいが」のように、記号を含むものがあるが、その場合、記号は除外して扱った。

10)「に＋（未指定）＋無い」のように、中央のキーを名詞でなく未指定にした場合でも、「違い」の占める割合は49.5%と高かった。

11）検索式は以下のとおり。
キー: 語彙素=“違い”AND 前方共起: (語彙素=“に”AND 品詞 LIKE“助詞%”) WITHIN 2 WORDS FROM キー DISPLAY WITH KEY AND 後方共起: 語彙素=“無い”WITHIN 2 WORDS FROM キー DISPLAY WITH KEY WITH OPTIONS tglKugiri=“|”AND tglBunKugiri=“#”AND limitToSelfSentence=“1”AND tglFixVariable=“2”AND tglWords=“20”AND unit=“1”AND encoding=“UTF-16LE”AND endOfLine=“CRLF”

12)「に＋Ｘ＋違い＋Ｙ＋ない」でＸに副詞・連体詞が来ている例がないわけではなく、「大きな」6、「ほとんど」2、「あまり」1、「たいした」1、「さほど」1の合計11件で、ヒットした全件6,022件に対する割合は約0.18%であった。これは「に＋Ｘ＋関係＋Ｙ＋無い」の場合にＸに副詞・連体詞が来る例の45件、全件1150件に占める割合は約3.9%と比べてかなり低いと言える。

参考文献

国立国語研究所（2001）『現代語複合辞用例集』

永野　賢（1953）「表現文法の問題―複合辞の認定について―」『金田一博士古希記念言語・民俗論叢』95-120、三省堂

松木正恵（1990）「複合辞の認定基準・尺度設定の試み」『早稲田大学日本語研究教育センター紀要』2、27-52
森田良行・松木正恵（1989）『日本語表現文型　用例中心・複合辞の意味と用法』アルク

西日本方言における「と言う」条件形の提題用法
——富山県砺波方言の「ユータラ」と広島県三次方言の「イヤー」——

小西いずみ

1　問題の所在と本稿の目的

西日本の一部の方言には、次のような、共通語の「といったら」「といえば」に置換しにくい「と言う」（引用助詞＋動詞「言う」）の条件形（タラ・バ形）の用法が観察される[1)]。（1）（2）は富山県砺波方言の中～高年層話者、（3）（4）は広島県三次方言の高年層話者、（5）（6）は広島市方言の若年層話者による発話でいずれも筆者の調査で得た例である。また、（7）（8）は兵庫県相生市の談話資料の例である[2)]。

（1）（新聞の見出しに「ODA」とあるのを見て）オーディーエーユータラ ナニ。（ODA {*といえば/*といったら/?というと/って} 何？）

（2）（テレビ番組で鯨の生態を知って）へー。クジラユータラ　カシコイ ドーブツヤナー。（へえ。鯨 {*といえば/*といったら/*というと/って} かしこい動物だなあ。）

（3）（（1）と同じ状況で）オーディーエー {イヤ/ユータラ}　ナンナェ。

（4）（太郎が遊ぶ様子を見て）タロー {イヤ/ユータラ}　ホンマニ　オトナシー　コジャノー。（太郎 {*といえば/*といったら/*というと/って} 本当におとなしい子だねえ。）

（5）（（1）と同じ状況で）オーディーエーユータラ　ナンナン？

（6）ヤマダ {ユータラ/イヤー}　ドーユー　ヤツナン？
（山田 {*といえば/*といったら/*というと/って} どういう奴なの？）

（7）ホデ　ケッコンシキニ、コンレーデ、ノセノ　コンレーデ　イッキョッタラ、ソノー　キツネ　ユータラ　アタマオ　コー　アノー　タウエ　シタ　ミズデナー、アタマオ　コーット　ナゼタラナ、バケルンヤテー。(それで結婚式に、婚礼で野瀬の婚礼で行っていたら、そのきつね［と］いうのは頭を　こう　あの　田植え［を］した水でね、頭をこうやってなぜるとね、化けるんだって。)［国立国語研究所 2002:112B］

（8） ボーネンカイ　ユータラ　ナンデー　ユータラナー　トシワスレデナアーンナコト　ユーテ　ノムラシーワ（忘年会［と］いうのは何だ［と］言ったらね　年忘れでね　あんなこと［を］言って飲むらしいよ）［国立国語研究所 2002:143A］

共通語の「といえば」「といったら」および「というと」にも次の（9）～(11)のような用法があることが知られている。後述のように、これらに〈提題〉の機能を積極的に認める立場と、それを認めず、(12)のような例と同じように〈連想のキーワード提示〉と扱う立場に分かれる3)。

（9） 昭和十六年九月六日といえば、米英に宣戦布告の三か月前です。［BCCWJ:PB12_00198］

(10) マグロやイカの刺身に合う酒といったら、もう日本酒しかないではないか。［BCCWJ:PB14_00132］

(11) A：田中さんが結婚するらしいよ。

B：田中さんっていうと、あの営業部の切れ者？［日本語記述文法研究会 2009:248］

(12) 砂漠といえば、私たちが子どものときは童謡の『月の沙漠』をよく歌いました。［BCCWJ:PB24_00012］

本稿では、共通語と対照しながら、西日本方言の「と言う」条件形の用法を記述する。まず、先行研究を参照して、共通語の「と言う」条件形（バ・タラ・ト形）に共通の特徴・制限や、形式間の相違を確認し（2節)、それを受けて記述の枠組みを示す（3節)。次に、富山県砺波方言、広島県三次方言における「と言う」バ・タラ形の用法について、臨地面接調査の結果にもとづいて記述する（4、5節)。これらの方言では、共通語における提題用法の「と言う」条件形の制限を一部破り、用法を拡張させていることが指摘できる。富山県と広島県という離れた地域に似た用法拡張が見られ、また（7）（8）のような例も確認できることから、西日本の他地域方言にも同様の用法があるのではないかと思われるが、本稿では臨地調査を行った上の方言についてのみ対象とする。

2　共通語の「といえば」「といったら」「というと」

共通語の「といえば」「といったら」「というと」に関して、先行研究では、〈提題〉形式とみなす立場と、あくまで〈連想のキーワード提示〉に該当する例の一部が「は」等に重なるに過ぎないと考える立場がある。森田・松木（1989）、日本語記述文法研究会（2009）は提題形式としてこれら3形式をとりあげている。一方、藤田（2000）は「連想のキーワード」を提示する用法の一部が「は」に重なるととらえている。ここでは、上の先行研究をふまえた上で、「と言う」条件形の当該用法と他の用法との関係について、また、3形式の異同について、詳しく記述・分析している岩男（2012、2016）の論を確認する。

岩男（2012）は、「といえば」「といったら」「というと」に共通する用法として、〈引用〉〈応答〉〈提題〉〈連想〉の4つがあるとした。それぞれの該当例を（13）～（16）に示す[4)]。

（13）　カシュウは死んだのだ。それを男にどう話そうか、と考えた。死んだと言えば（言ったら/言うと）、理由を聞かれる。少し面倒なことだ。［『ヴォイド・シェイパ』森博嗣、岩男 2012:（2）］

（14）　俺は蓬莱倶楽部関係者の電話帳の入手に成功した。なぜ電話帳が欲しかったのかというと（いえば/いったら）、電話番号から住所を探り当てようと考えているからだ。［『葉桜の季節に君を想うということ』歌野晶午、岩男 2012:（5）］

（15）　私が東京農業大学への進学を決めたのは、伯父からこの大学には実学を重んじる国風と、優秀な教授陣が揃っているということを、教えてもらったからです。当時の大学の農学部というと（いえば/いったら）、殺虫剤や殺菌剤の開発を研究するようなところでしたが、私が教えを請うた先生方は、日本の風土に合った微生物の研究をされていた方々でした。[BCCWJ:PB45_00215、岩男 2012:(7)]

(16) 急な岩場や梯子場などを通過した後に、気がゆるんで転倒、滑落するケースもかなり発生している。なんでもない道に見えても油断は禁物なのだ。油断といえば(いったら/いうと)、次のような事故例もある。[BCCWJ:LBl7_00004、岩男 2012:(8)]

〈引用〉は、本動詞「言う」が条件形で用いられているもので、前件で誰かが何かを「言う」事態を表し、後件の成立が前件の成立に依存している関係を表す。〈応答〉は、「と言う」条件形に前接する部分が「問い」で、その「答え」が述部で提示される表現である。「言う」が否定形になれない点、「言う」の動作主が生起できない点で、「言う」が典型的な動詞ではないとする。〈提題〉は、主題に該当する事物やその属性を述部で述べる文等を構成するもの、〈連想〉は、文脈の一部を文頭に取り上げ、そこから連想される事柄を述部で述べるものとされる。両者とも、〈応答〉と同様に、「言う」が否定形になれない、「言う」の動作主が生起できないという特徴を持つ。すでに述べたように、〈提題〉を〈連想〉と区別しない先行研究もあるが、「文頭要素が述部の説明対象となっている」ことを重視し、これに該当するものを〈提題〉と区別している。

岩男(2012)は、〈提題〉の「と言う」条件形は、下の(17)や上の(15)のように〈指定叙述〉〈属性叙述〉を表しうる一方、〈事象叙述〉は困難であること、しかし、(18)のような文であれば容認度があがることなどを指摘し、〈提題〉の「と言う」条件形が表す主題の基本的な働きを、「言語表現の提示」とする。

(17) 人の生涯で一番の悲しみといったら(いえば/いうと)、最愛の人との永遠の別れではないでしょうか。[BCCWJ:OY14_42768、岩男 2012:(12)]

(18) うちの子は最近、こっちの言うことを聞いてくれないんだよね…。そうそう。うちの子といえば(いったら/いうと)、さっきからあそこで走

り回っているんだけど、宿題は終わったのかな…。[岩男 2012:(15)]

また、「といったら」にのみ程度の甚だしいことに驚く感情を表す用法があり、それが「と＋来る」の条件形「ときたら」に近いことに触れ、なぜ両者の意味が接近するのかを「来る」「言う」の動詞としての意味・用法の共通点から論じている。

さらに、岩男（2016）は、「と言う」条件形を用いた提題文が、内在的か非内在的かを問わず、属性叙述文で用いられることに注目し、形式間の異同を次の表のようにまとめている[5)]。各分類の該当例を（19）～（23）として引用する。

表　岩男(2016)による、「と言う」条件形による提題文の異同

叙述の類型	内在的属性			非内在的属性	
主題名詞句	同定不可（尋ね）	同定不可（確認）	同定可	同定可	同定可（評価）
というと	○	○	○	×	×
といったら	×	○	○	△	○
といえば	×	×	○	○	×

（19）　内在的属性・同定不可（尋ね）

A：昨日、田中に会ったよ。

B：ええと、田中｛というと／*といったら／*といえば｝誰かな？［岩男 2016:（6）後略］

（20）　内在的属性・同定不可（確認）

A：田中さんが結婚するらしいよ。

B：田中さん｛っていうと／といったら／??といえば｝、あの営業部の切れ者？［＝(11)、岩男 2016:（4）］

（21）　内在的属性・同定可

Q：2歳になるメスのゴールデンハムスターって、子どもを産めるでしょうか？（略）

A：2歳｛というと／といったら／といえば｝、平均寿命に近くなって

います。現在の健康状態が分かりませんが、(略)［BCCWJ:LBo6_00030、岩男 2016:(８)］

(22)　非内在的属性・同定可

「だれがハウスユースとして泊まっていましたか」「客室支配人の田島さんです。(略)」「客室支配人｛といえば／?といったら／*というと｝、たしか私たちが異変を連絡したとき、二千五約十五号室へ駆けつけたホテル側スタッフの中にいたように記憶しておりますが」［BCCWJ:LBa9_00095、岩男 2016:(10)］

(23)　非内在的属性・同定可（評価）

冷やしたジョッキにこれまたキンキンに冷やしたビールを注いで(略)飲み干す美味さ｛*といえば／といったら／*というと｝、…たまりませんな。［BCCWJ:OC08_06191、岩男 2016:(14)］

ほかに「といえば」「というと」は助詞「は」が前接する表現を持つのに、「といったら」は持たないことの理由などを説明しているが、ここでは略す。

岩男（2012、2016）の記述・考察は、〈提題〉と〈連想〉を区別したうえで、前者の３形式間の異同や、元の〈引用〉用法との関係を整理したもので、共通語の「と言う」条件形の共時的な記述として妥当性が高く、本稿において西日本方言の「と言う」条件形の用法を記述するにあたってもふまえるべき枠組みと観点を示している。ただし、〈提題〉と他の用法との関係、あるいは、〈提題〉用法の発達過程という点から見た場合、細かな部分において補足・修正の余地がある。以下に、３点指摘しておく。

１点めは、〈提題〉の「と言う」条件形における主題の性格についてである。岩男（2012）は、〈提題〉の場合、「と」が受けるのは名詞句のみで、その点で〈応答〉や〈連想〉とも異なり、引用表現としての性質がもっとも弱いとする。しかし、動詞句を受ける下の（24)～(27）のような例も〈提題〉に含めるべきだろう。(24）は属性叙述のうち「非内在的属性」の「同定可（評価）」（岩男 2016）に、(25)～(27）は、〈指定叙述〉（岩男 2012）にあたると思われる。〈提題〉の「と言う」条件形において名詞句以外が主題となりうるのは、「言語表現の提示」をその基本的な働きとする岩男(2012)の立場と、むしろ整合すると思われる。

(24)「君、洋行するといっても金がなければできないじゃないか。しかるに金を出してくれる親切な人があるとしたらどうする」この時分に洋行すると云えば、鬼の首を取ったより嬉しい事であったから、「一体それは誰ですか」とこの方少し乗り気になって聞いて見る。[BCCWJ:LBo2_00041]

(25) ご飯を炊くというと今ではもっぱら電気炊飯器ですが、昔はみんな羽釜というご飯を炊く専用のお釜で炊いたものです。[BCCWJ:OB2X_00227]

(26) 同様のことは、日本を代表する外食企業に成長した日本マクドナルドについてもいえます。同社は千九百七十一年の創業ですが、当時の日本で、外で食事をするといえばラーメン屋かそば屋くらいで、外食の習慣に乏しい国でした。[BCCWJ:LBo3_00061]

(27)（略）今の人には四十キロなんて担げないんですね。他の資材も、今の一包みはだいたい昔の六割ぐらいになってきているようです。高橋　昔担ぐといったら、米一俵ですよね。[BCCWJ:PM42_00032]

2点めは、提題文が表しうる叙述類型についてである。(28) のような、事物の存在について述べる文はどう位置づけられるだろうか。〈属性叙述〉に近いようでもあるが、「といえば」「といったら」「というと」はいずれも用いにくく、一般的な〈属性叙述〉と区別すべきだと思われる。この類の文で用いられないことは、提題形式としての当該形式の特性の一端を示すものと言える[6)]。

(28) この辺に郵便局 {*といえば/*といったら/*というと/は/って} ある？

3点めは、〈提題〉と〈連想〉、およびそれらと〈引用〉の関係についてである。岩男 (2012、2016) は現代共通語の「と言う」条件形の共時的な記述を行うもので、通時的な考察は行っていない。しかし、〈引用〉用法の「言う」を動詞としての性格を強く残したもの、〈提題〉用法を引用表現としての性質がもっとも弱いものと位置づけており、元の〈引用〉から〈連想〉用法が派生し、さらにそこから〈提題〉が分化した、あるいは、〈引用〉から〈連想〉〈提題〉（両者はキーワードを示し、それから連想されることを述べるという点で共通する）が派生した、と想定していると推測される。とすれば、次の（29）～（31）のような例は、〈引用〉と〈連想〉〈提題〉の間に位置づけられる。

（29）　通常、メキシコの古代文明というと、我々はマヤ文明を思い浮かべるが、[BCCWJ:PB13_00060]

（30）　アレンジコーヒーといえば、スターバックスがいちばんに思い浮かぶ。[BCCWJ:PB55_00263]

（31）　石川啄木というと、借金の天才、人生の落伍者だけど感傷的な天才詩人、というイメージがありますが、[BCCWJ:PB22_00286]

これらは、「Yを思い浮かべる」など心的表象作用・表象状態を表わす述語を持つ。特に変化動詞が述語の（29）（30）は、《条件：Xを言語刺激として与える→帰結：Yが心内に表象される》という心的表象過程を表わしており、「条件」に対する「帰結」という複文構造が保たれたもの、すなわち〈引用〉の範囲ともみなしやすい。このタイプの文を〈連想〉〈提題〉用法の原型とみなすことができる。（31）は「Yというイメージがある」という状態述語をとる点で、《条件－帰結》という意味・統語構造から離れ、〈連想〉〈提題〉用法により近づいている。

心的表象X→Yが起こるためには、XとYの関係に関する情報が話し手の記憶領域に存在し、かつ、その表象作用が自ずと起こるほど強いものである必要がある。〈提題〉の「というと」「といえば」「といったら」が一時的・一回的な事態の叙述を行いにくいのは、この原義に由来すると考えらえる。また、岩男（2012）も指摘するように、主題となる事物に内在的・恒常的な属性であっても、（32）のように発話時に新たに認識したことには用いられない。さらに、上述のように、事物の存在について述べる文で用いられないのも、存否という情報が刺激Xからの心的表象としては生起しにくいためと説明できる。

（32）　（テレビ番組で鯨の生態を知って）

へえ。鯨｛*といえば/*といったら/*というと/って｝かしこい動物だなあ。

3　記述の枠組み

前節をふまえ、以下では、〈主題―説明〉という意味関係を次のように下位分類する。b は、西山（2003）の非指示的名詞句と指示対象の関係、岩男（2012）の〈指定叙述〉にあたるものである。

a. 言語表現―言語表現としての属性

a1. ―意味

a2. ―意味以外の属性

b. 特定の役割・資格―その該当事物

c. 事物―属性・状態

c1. ―恒常的属性

c2. ――時的状態、一回的動作・変化

c3. ―存在

c4. ―評価

d. 副詞句など、文の成分が表す概念―それに対する説明

共通語の「というと」「といえば」「といったら」について改めて確認しておく。(33)～(40) に例文をあげる。3 形式とも、b、c1 の意味関係を、2 節で見たような制限を持ちながらも表しうるが、c2 はより制限され、c3 にあたる意味はどのような文脈でも表しえないと思われる。c4 は「といったら」のみが獲得しているが、かなり限定的である。また、「というと」は、a1 に用いうるが、「といえば」「といったら」は用いにくい（岩男（2016）は「といったら」は「尋ね」でなく「確認」なら可とする)。a2 は、3 形式とも表しにくいと思われる。d は（40）に示すように、〈肯否の焦点―肯否〉という意味関係とも捉えられるもので、3 形式とも表しえない。

(33)　オーディーエー（ODA）｛というと/*といえば/*といったら｝、政府開発援助のこと？【a1】

(34)　アルバイト {*というと/*といえば/*といったら}、もともとドイツ語だっけ？【a2】

(35)　このあたりの名所 {というと/といえば/といったら}、瑞泉寺だ。【b】

(36)　山田太郎 {というと/といえば/といったら}、物理学の大家だ。【c1】

(37)　太郎 {*というと/?といえば/*といったら}、今日は来てる？【c2】

(38)　あなたの会社に、小西さん {って/*というと/?といえば/*といったら}、いる？【c3】

(39)　太郎の技 {*というと/?といえば/といったら}、すごかった。【c4】

(40) A：黒板の字、はっきりと見える？

B：はっきりと {*というと/*といえば/*といったら} 見えない。)【d】

4　富山県砺波方言の「ユータラ」

富山県西部の砺波方言においては、該当する形式として「ユータラ」「チュータラ」が得られている。「ユータラ」は、引用助詞「と」に対応する要素がφ（ゼロ）の形、「チュータラ」は、引用助詞と「言う」タラ形の融合形である。全国共通語を志向した発話では「トユータラ」が使われることもある。以下、使用頻度が高い「ユータラ」で代表させる。

インフォーマントは次のとおりである。昭和 10〜20 年代生まれの話者よりも昭和 30 年代生まれの話者のほうが共通語より拡張した用法のユータラを用いやすいようであった[7)]。

砺波市　A：1934（昭和 9）年生まれ・男性、B：1936（昭和 11）年生まれ・男性（調査時は旧井波町に居住)、C：1950（昭和 25）年生まれ・女性、D：1961（昭和 36）年生まれ・男性

旧．東礪波郡井波町（現．南砺市）　A：1939（昭和 14）年生まれ・女性、B：1962（昭和 37）年生まれ・男性、C：1962（昭和 37）年生まれ・男性（18 歳以後は県外に居住）

まず、共通語の「といったら」にも置き換えられる例をあげる。(41) は

〈提題〉とは区別される〈連想〉、(42) はb〈特定の役割・資格—その該当事物〉、(43)(44) はc1〈事物—恒常的属性〉にあたる[8)]。

(41) A：ホッカイドーニ　イッテキタヨ。(北海道に行ってきたよ。)

B：ホッカイドーユータラ　シンセンナ　ウミノ　サチヤネー。

(北海道 {といったら/といえば/というと} 新鮮な海の幸だね。)

(42) A：イナミノ　メーショユータラ　ドコ。

(井波の名所 {といったら/といえば/というと}、どこ？)

B：イナミノ　メーショユータラ　ズイセンジヤワ。

(井波の名所 {といったら/といえば/?というと}、瑞泉寺だよ。)

(43) A：キンノ　タナカサンニ　オータヨ。(昨日、田中さんに会ったよ。)

B：へー。タナカサンユータラ　ガッコーデ　イチバンノ　シューサイヤッタナイケネー。(へえ。田中さん {といったら/といえば/というと}、学校で一番の秀才だったよね。)

(44)　ハタラクユータラ　タイヘンナ　コトナガ゜ヤゾ。

(働く {といったら/といえば/?というと} 大変なことなんだぞ。)

次の (45)～(47) の「ユータラ」は、発話の指示対象や含意、言語記号の意味を尋ねるもので、3節のa1にあたる。共通語の「といったら」は質問文(尋ね) では用いにくく、「というと」も疑問語「誰」などの疑問語で尋ねると用いにくいが[9)]、砺波方言のユータラは用いることができる。

(45)　((43A)の発話に対して)

a　タナカサンユータラ　ドノ　タナカサンケ。

(田中さん {*といったら/*といえば/というと} どの田中さん？)

b　タナカサンユータラ　ダレケ。

(田中さん {*といったら/*といえば/?というと/って} 誰？)

(46)　(新聞の見出しに「ODA」とあるのを見て)

オーディーエーユータラ　ナニ。(ODA {*といったら/*といえば/?というと/って} 何？)［＝(1)］

(47) A：モー　アイタナイ。(もう会いたくない。)

B：アイタナイユータラ　ワカレルユーコトケ。(会いたくない {*といったら/*といえば/というと} 別れるということ？)

問いの主題を承けて応答する場合も用いることができる。「といったら」は「当然Ｙだ」というニュアンスが伴うが、「ユータラ」は (48) のように中立的な態度で知識を伝達する場合も用いられる。

(48)　((46) の問いに対して)

オーディーエーユータラ　セーフカイハツエンジョノコトヤワ。(ODA {?といったら/*といえば/?というと/というのは} 、政府開発援助のことだよ。)

また、「ユータラ」は、(49) のように、言語表現を指示する指示語にも付きうる。この点で、言語表現の引用という文法的意味から離れている[10)]。この特徴は、共通語の3形式いずれにもない。

(49)　(新聞の見出しに「ODA」とあるのを見て)

コレユータラ　ナニ。(これって何？)

次に、Ｘの属性を述べる文 (c1、c2) を見ていく。属性を問う文では、共通語の「といったら」はやや不自然だが、「ユータラ」は問題なく用いられる。その応答で同じＸを承ける場合、「といったら」は、「当然Ｙだ」というニュアンスが伴うが、「ユータラ」はそのような態度が薄れても可能である。

(50) A：コンド　ニチョーメノ　タナカサント　イッショナカ゜ヤケド、タナカサンユータラ　ドンナ　ヒトケ。(今度、2丁目の田中さんと一緒なんだけど、田中さん {*といったら/*といえば/*というと/って}、どんな人？)

B：a　タナカサンユータラ、アンタ、ソリャ　オモシー　ヒトヤヨ。(田中さん {といったら/といえば/*というと}、あなた、それは面白い人だよ。)

b　タナカサンユータラ　マーマー　オモシー　ヒトヤヨ。(田中さん {?といったら/?といえば/*というと/は}、まあまあ面白い人だよ。

「ユータラ」は、Xの属性Yを新たに認識した場合にも用いることができる。この点でも共通語の3形式とは異なる。ただし、話者のひとりは、(51a)も可だが、(51b)のように既有の認識を再確認するほうが「しっくりくる」と内省する。

(51)（テレビ番組で鯨の生態を知って）

a　へー。クジラユータラ　カシコイ　ドーブツヤナー。
（へえ。鯨｛*といったら/*といえば/*というと/って｝かしこい動物だなあ。）

b　へー。クジラユータラ　ホンマニ　カシコイ　ドーブツヤナー。
（へえ。鯨｛*といったら/*といえば/*というと/って｝本当にかしこい動物だなあ。）

Xの本質的属性とは言い難い情報についても、YがXにとって既定の情報という前提であれば用いることができる。(52)(53)では、Yが驚くべき極端なことという態度でなら共通語の「ったら」が用いられる。

(52)（東京の話題で太郎のことを思い出して）
ソーイヤー　タローユータラ　イマ　トーキョーデ　ハタライトンカ゜ヤト。（そういえば、太郎｛*といったら/*といえば/*というと/って/ったら｝今、東京で働いているんだって。）

(53)（太郎が何時間も部屋から出てこないのに気付き）
タローユータラ　イッタイ　ナン　シトンガケ。
（太郎｛*といったら/*といえば/*というと/って/ったら｝一体何をしているの。）

(54)　アンタ、アシタユータラ　ジカン　アルケ。
（あなた、明日｛*といったら/*といえば/*というと/って｝時間ある？）

(55)のように、XとYの結びつきが既定のものでなく、発話時に設定する場合、「ユータラ」は用いられない。(56)のように、いわゆるウナギ文であっても既定のことについて問うという文脈であれば「ユータラ」も許容度があがるが、「基本的なことを聞くけど」というニュアンスが伴う大げさな表現になってしまうという。この方言には引用表現に由来する提題形式としてほかに「チャ」があり、(56) では「チャ」のほうが用いられやすい[11)]。

(55) (食堂でメニューを見て)

オラ {*ユータラ/*チャ/ワ/φ}、ヒカ゜ワリテーショク。アンタ {??ユータラ/?チャ/ワ/φ} ナニ スル? (私 {*といったら/*といえば/*というと/*って/は/φ} 日替わり定食。あなた {*といったら/*といえば/*というと/*って/?って/は/φ} 何にする?)

(56) (太郎がトイレに行っている間に店員が注文をとりにきた。もう一人の同席者に)

タロー {?ユータラ/チャ/ワ} ヒカ゜ワリテーショクヤッタケ。

(太郎 {*といったら/*といえば/*というと/って/は} 日替わり定食だったっけ。)

下のように、事物の存在 (c3) や評価 (c4) を述べる場合、許容されにくい。話者によって判断が異なったり、同じ話者でも判断がゆれたりする。(57a) よりも (57b) が許容されやすいのは、(57b) は場所存在文 (つまり属性叙述文の一種) と解釈されやすいからだろう。

(57) a コノ ヘンニ イナミユービンキョク {?ユータラ/チャ} アルケ。(この辺りに井波郵便局 {*といったら/*といえば/*というと/って} ある?)

b イナミユービンキョク {ユータラ/チャ} コノ ヘンニ アルケ。(井波郵便局 {*といったら/*といえば/?というと/って} この辺りにある?)

(58) トナミコーコー カツ {?ユータラ/チャ} イガイヤネー。

(砺波高校が勝つ {*といったら/*といえば/?というと/って} 意外だね。)

副詞など文脈上既出の表現を焦点としてとりたて、それについてのコメントを述べるもの (d) でも、「ユータラ」が用いられる。文脈上既出でないと用いられないという点で、〈引用〉用法との連続性が感じられる。また、「はっきり見えるか｛といえば/といったら/というと｝見えない」など、岩男（2012）の〈応答〉の文と同義といえ、この用法とも連続性がある。

(59) A：コクバンノ　ジー、ハッキリト　ミエッケ。
　　（黒板の字、はっきりと見える？）
　B：ハッキリト｛ユータラ/チャ｝　ミエン。
　　（はっきり｛*といったら/*といえば/?というと/*って/は｝見えない。）

(60) A：コクバンノ　ジー、ミエッケ。（黒板の字、見える？）
　B：ハッキリト｛*ユータラ/チャ｝　ミエン。

(61) A：イチニチニ　ヒャッコ　ウレルヤロ。（一日に百個売れるだろう。）
　B：エーッ。ヒャッコ｛ユータラ/チャ｝　ムリヤロ。
　　（えーっ。百個｛*といったら/*といえば/*というと/??って/は｝無理だろう。）

5　広島県三次方言の「イヤー」

三次方言では、「と言う」バ形として「イヤー」、「と言う」タラ形として「ユータラ」が用いられている。どちらも引用助詞に対応する要素がϕの形である。「イヤー」のほうが自発的に出現する形であったので、以下「イヤー」についてのみ述べる[12)]。

インフォーマントは次の通りである。いずれも平成の合併以前の三次市内で言語形成期を過ごし、現在も居住するかたである。

1936（昭和11）年・男性（3歳までは山口県下関市、6歳までは広島県三原市在住）

1947（昭和22）年・男性

三次方言の「イヤー」については、まだ確認が不十分な点も多いが、おおよそ、砺波方言の「ユータラ」の用法の範囲はカバーしている。(62)～(64）は言語表現の意味を問う文（a1）だが、(64）のように指示表現を承けることができる。また、(65)～(67）は恒常的属性を問う文（c1）だが、共通語とは異なり、その事物が文脈上既出でなくても用いることができる。(68) のようにその事物の恒常的・内在的属性とは言えないことを述べる場合 (c2)、(69) のように既出の発話断片についてコメントを述べる場合 (d) も可能である。

(62) (「田中さんに会った」と言われて)

タナカサンイヤー　ダレナェー。(田中さん {*といえば/?というと/?といったら/って} 誰?)

(63) (新聞の見出しに「ODA」とあるのを見て)

オーディーエーイヤ　ナンナェ。(ODA {*といえば/?というと/?といったら/って} 何?) = (3)

(64) イマ　アンタガ　ユーンイヤ　ナンナェ。

(今あなたが言ったの {*といえば/*というと*といったら/って} 何?)

(65) タナカサンイヤー　ドガナ　ヒトネー。

(田中さん {*といえば/*というと/*といったら/って} どんな人?)

(66) A:アコノ　タナカサンイヤー　ナニオ　シヨーテノ　ヒトネー。

(あそこの田中さん {*といえば/*というと/*といったら/って} 何をしていらっしゃる人?)

B:タナカサンイヤー　アケー　イキョーテンジャゲナデー。

(田中さん {*といえば/*というと/*といったら/って} あそこに行ってらっしゃるそうだよ。)

(67) (太郎が遊ぶ様子を見て) タローイヤ　ホンマニ　オトナシー　コジャノー。(太郎 {*といえば/*というと/*といったら/って} 本当におとなしい子だねえ。) = (4)

(68) アシタイヤー　ヒマナカェ。(明日 {*といえば/*というと/?といったら/って} 暇?)

(69) (二百個売れると聞いて) ニヒャッコイヤー　ムリデー。(二百個 {*といえば/*というと/*といったら/??って/は} 無理だよ。)

次のように、一人の話者にはウナギ文でも「イヤー」が可能と判断された。この例文ではXとYの結びつきが既定という特徴は保たれていると言える。

(70)　ワシイヤー　イツモノ　テーショクジャケド、アンタイヤー　ナンナェ。

(私 {*といえば/*というと/*といったら/??って/は} いつもの定食だけど、あなたは何？)

事物の存在を問う文 (c3) では許容度が落ちる。この点も砺波方言の「ユータラ」と共通する。

(70) ?コノ　ヘンニ　タナカブッサンイヤー　アルカェー。

(この辺に田中物産 {*といえば/*というと/*といったら/って/は} ある？)

6　まとめと課題

以上のように、富山県砺波方言の「ユータラ」や、広島県三次方言の「イヤー」は、共通語の「といえば」「といったら」「というと」より、提題形式としての機能を発達させている。この発達過程については、2節で触れたように、〈連想〉〈提題〉の「と言う」条件形の原義を《条件：Xを言語刺激として与える→帰結：Yが心内に表象される》と捉えると説明しやすい。共通語の3形式は、その原義の前提「YはXから自動的に想起されるような強い表象関係にある」「XとYの表象関係が話し手の記憶領域に既存のものである」の制限内にあるが、砺波方言の「ユータラ」や三次方言の「イヤー」はその制限を破っている。しかし、「ユータラ」も「イヤー」も、事物の絶対存在を述べる場合には用いにくい。2節でも述べたように、「あるかないか」という存否は、Xに関する情報として記憶領域に保存されている情報とは言いにくく、より原義から離れていると言える。

残された課題としては、他の西日本方言での記述を進めること、引用表現由来の提題形式の異同を構成要素（特に条件形式バ・タラ・トの別）の意味の保持/稀薄化に留意して対照することがあげられる。

注

1）このような用法の存在は拙論 (2005) で指摘したが、管見の限りこれまで詳しくは記述・考察されていない。

2）引用の際、あいづちの発話は除いた。共通語訳は原典のまま。

3）現代日本語書き言葉均衡コーパス（BCCWJ）からの用例は、[BCCWJ:サンプルID]と記す。原文の改行については省略する。

4）岩男（2012）が挙げる実例を引用する場合、出典も示すが、BCCWJ以外は、岩男の論からの孫引きである。

5）岩男（2016）の論において、「主題名詞句」が「同定可」／「同定不可」とは、当該名詞句の指示対象を話し手が決定できる場合／できない場合を指すようである。(19)(20)(22)のように個を問題にする場合と、(21)(23)のように類（type）を問題にする場合とが含まれる。

6）引用表現に由来する提題形式の用法記述において、このような絶対存在文に着目するのは、丹羽（2006）の提題の「って」についての記述に依拠している。小西（2016:第9章）が記述するように、富山県方言の「チャ」（「ト相当の引用助詞＋ワ相当の助詞」に由来すると思われる）は、絶対存在文で用いることができる。

7）これらの話者においては、「と言う」テ形にあたる「ユーテ」も、提題形式として用法を持っていることを確認しているが、条件形のほうが用いやすいようであった。煩雑になることを避けるため、また調査が十分でないことから、「ユーテ」については本稿では扱わない。

8）調査で用いた例文には、丹羽（2006）の「って」の論での例文を参考にしたものが含まれる。

9）グループ・ジャマシイ（1989）が指摘している。

10）引用表現由来の提題形式が指示語を承けうるかという観点については、丹羽（2006）の「って」についての記述を参照。

11）「チャ」については小西（2016:第9章）を参照。注5でも触れたように「ト相当の引用助詞＋ワ相当の助詞」に由来すると思われる。

12）広島県でも広島市を含む南部では「ユータラ」のほうが優勢である。

参考文献

岩男考哲（2012）「「と言う」の条件形を用いた文の広がり」『日本語文法』12巻2号

岩男考哲（2016）「引用形式を用いた提題文の主題名詞句と叙述の類型：「といえば、といったら、というと」を中心に」福田嘉一郎・建石始（編）『名詞類の文法』くろしお出版

グループ・ジャマシイ（1989）『教師と学習者のための日本語文型辞典』くろしお出版

国立国語研究所（編）(2002)『全国方言談話データベース 日本のふるさとことば集成 第13巻 大阪・兵庫』国書刊行会

小西いずみ（2005）「方言文法—引用表現に由来する主題提示の形式を題材に—」『国

文学解釈と教材の研究』50巻5号
小西いずみ（2016）『富山県方言の文法』ひつじ書房
西山佑司（2003）『日本語名詞句の意味論と語用論—指示的名詞句と非指示的名詞句—』ひつじ書房
丹羽哲也（2006）『日本語の題目文』和泉書院
日本語記述文法研究会編（2009）「「といえば」類—「といえば」「というと」「といったら」」『現代日本語文法5』くろしお出版
藤田保幸（2000）「トイウト・トイエバ」『国語引用構文の研究』和泉書院
森田良行・松木正恵（1989）『日本語表現文型』アルク

［付記］　ご協力くださったインフォーマントの皆さま、インフォーマントを紹介してくださった皆さまに御礼申し上げます。本稿はJSPS科研費JP26284064、JP26244024による成果の一部である。

関西方言の知識共有化要求表現の地域差
——ンヤンカ類のバリエーションの発生メカニズム——

日 高 水 穂

1　はじめに

共通語の断定辞の否定疑問形「デハナイカ（ジャナイカ）」が、構文的に「否定」の意味をもたない文法形式として機能することはすでに指摘されている。その文法的意味は、疑問文の一類型である「確認要求」であるとされる（日本語記述文法研究会編 2003 参照）。本稿では、こうした構文的な否定の意味を失い、一語に熟した文法形式として機能するようになった断定辞の否定疑問形を形式語と見なし、それに相当する関西方言の諸形式について考察する。

共通語に多くの言語的素材を提供している関東方言には、「デハナイカ（ジャナイカ）」のバリエーションとして「ジャンカ」という形式がみられるが、関西方言で「デハナイカ（ジャナイカ）」に相当するのは「ヤナイカ」であり、さらに「ジャンカ」に対応するものとして「ヤンカ」がある。関西方言の「ヤンカ」には、ノダ文に後接した「ンヤンカ」の形で、聞き手にとって未知の情報を提示し、その情報を共有した上で話題を展開する（1）のような用法がある。

（1）　AがBと一緒に旅行に行く予定であることをCに告げる場合

A 「来週、私、Bさんと旅行に行くんやんか」

C 「そうなんや」

この表現をここでは、確認要求の疑問文の一類として、「知識共有化要求表現」と呼ぶことにする（確認要求の疑問文の表現体系における知識共有化要求表現の位置づけについては日高 2017 参照）。「ンヤンカ」が知識共有化要求表現として機能するのは関西方言の特徴であり、関東方言の「ンジャンカ」にはそうした機能はない。関東方言で、これに近似する機能をもつのは、「ンダヨネ」という形式であろう。

（1′） AがBと一緒に旅行に行く予定であることをCに告げる場合
A「来週、私、Bさんと旅行に｛*行くんじゃんか／行くんだよね｝」
C「そうなんだ」

関西方言のノダ文の形式には、「(スル／シタ）ンヤ」の他に、「スルノダ」相当の「スルネン」と「シタノダ」相当の「シテン」がある。したがって、「(スル／シタ）ンヤンカ」にも「スルネンヤンカ」(「スルネヤンカ」となる場合もある)、「シテンヤンカ」の形が存在する[1)]。さらに、「スルンヤンカ」「スルネ(ン)ヤンカ」に相当するものとして「スルネンカ」、「シタンヤンカ」「シテンヤンカ」に相当するものとして「シテンカ」という形式の使用も認められる。

これらのンヤンカ類の形式のバリエーションには地域差があり、中井(1998）は、「行ったんだよ（行ったの)」の言い方を尋ねる項目の調査結果を解説して、以下のように述べている。

> 大学生の様子を詳しく見る。イッタンヤンカー（159人）とイッテンヤンカー（60人）がもっとも多い。特に後者は選択肢になかったにもかかわらず多数の回答があったから、現実には、もっと多いのだろう。
>
> 興味深いのは、京都府から滋賀県にイッテンカーが集中して現れることである。イッテンヤンカーのヤンが脱落したものと考える。(中井1998: 71)

中井（1998）の調査では、過去形の「イッタンヤンカー」「イッテンヤンカー」「イッテンカー」が取り上げられているが、これに対応する現在形の「イクンヤンカ」「イクネ(ン)ヤンカ」「イクネンカ」についても同様の地域差があり、「イクネンカ」は京都府から滋賀県にかけての地域で使用される形式だと見られる。以下、本稿では、関西方言における知識共有化要求表現ンヤンカ類の形式の地域差の実態について報告し、そのバリエーションの発生メカニズムについて考察する。

2　関西方言の知識共有化要求表現の使用例

知識共有化要求表現が使用されるのは、冒頭でも述べたように、聞き手にとって未知の情報を提示し、その情報を共有した上で話題を展開する場面である。以下は、「遅刻の連絡[2)]」という場面設定の電話会話の例であるが、遅刻した側が状況を説明する際に知識共有化要求表現が現れやすい。

まず、動詞スル形の使用例を見てみる。(2)は「スルンヤンカ」、(3)は「スルネンヤンカ」、(4)は「スルネヤンカ」、(5)は「スルネンカ」の例である。

(2)　2A：もしもし、ごめん、さっき起きてな
3B：あー、そうなん
4A：{笑}
5B：{笑}
6A：今まだ家におるんやんか
7B：あー、そうなんかー、うん、(A：{笑}) まあ、待ってるよ待ってる
(A：奈良県奈良市・女性／B：鳥取県鳥取市・女性、収録時期：2012年9月)

(3)　4A：あんな、今ちょっとだいぶ…待ち合わせのあの時間なんか過ぎてる…やんな
5B：うん
6A：なんか、今…起きて、(B：うん) で、なんかめっちゃ申し訳ないねんけど、まだ…(B：うん) もうちょっとかかると思うねんやんか
(A：大阪府東大阪市・女性／B：大阪府大阪市・女性、収録時期：2013年9月)

(4)　7A：ごめん {笑} めっちゃごめん。今さ、ちょっと朝、寝坊してさ
8B：あー、あ、そうなんやあ

9Ａ：うんうん、ほんまにごめん。（Ｂ：うんうん。いいでいいで）
だからもうちょっとしたら着くねやんかー
（Ａ：大阪府高槻市・女性／Ｂ：兵庫県加古川市・女性、
収録時期：2015年9月）

（5）　4Ａ：ごめん、私さー、めっちゃ寝坊してもてさー
5Ｂ：あ、そうなーん？
6Ａ：うん、めっちゃたぶんめっちゃ（Ｂ：あ）遅れると思うねんか
7Ｂ：あー、全然いいでー
（Ａ：大阪府高槻市・女性／Ｂ：大阪府富田林市・女性、
収録時期：2012年9月）

次に動詞シタ形の使用例である。（6）は「シテンヤンカ」、（7）は「シテンカ」の例である。

（6）　2Ａ：もしもしおはようごめん今起きてんやんかー、えっとーあのさ、
まだだいぶかかると（Ｂ：{笑}）思うねんけどもー、大丈夫？
3Ｂ：{笑} 大丈夫
（Ａ：兵庫県尼崎市・女性／Ｂ：大阪府岸和田市・女性、
収録時期：2014年9月）

（7）　4Ａ：あんな、もうそっち着いてる？
5Ｂ：うん（Ａ：やんな）もう着いとるよ。そっち大丈夫？なんかなかなか来ないけど、どしたん、なんかあった？
6Ａ：うん、ごめん、あんなー（Ｂ：うん）さっき起きてんか
7Ｂ：あっ {笑} そうやったんや
（Ａ：滋賀県大津市・女性／Ｂ：香川県三豊市・女性、
収録時期：2012年9月）

以下は、形容詞述語文（（8）6Ａ）、名詞述語に相当する文（〜シソウダ）の例（（9）10Ａ、（10））である。

（8）　4Ａ：あのさー
5Ｂ：うん

6 A：ちっとなー、あのー、時間間に合いそうにないんやんか
7 B：あー今日の？
8 A：うーん
9 B：うん
10 A：寝坊した、から
11 B：あー、そっか
12 A：うん。あー、の、大体、今、ほんま今起きてんやんか
13 B：あー、なるほど
（A：兵庫県伊丹市・男性／B：千葉県船橋市・男性、
収録時期：2014 年 9 月）

（9）　4 A：あのさあ
5 B：うん
6 A：寝坊してんやんかー、ごめんなー
7 B：ん？　え、なんて…
8 A：え？　聞こえる？
9 B：あ、あ、うん聞こえる
10 A：ごめん {笑} あのな、（B：うんうん）今日ちょっとな、寝坊しちゃってな、（B：あ、うんうんうん）遅刻しそうなんやんか。（B：あ、ううん××…）めっちゃ申し訳ないねんけど、（B：うん）なんか 30 分くらい遅れそうやねんけど、どうしよう
（A：大阪府大阪市・女性／B：大阪府枚方市・女性、
収録時期：2014 年 9 月）

（10）　8 A：うーん、ごめん。なんかあの待ち合わせ、もうちょっと（B：いやいや）遅れそう…なんやん。（B：うん）でちょっと、急いで…うーん、ごめん
9 B：全然大丈夫やで
（A：大阪府吹田市・女性／B：兵庫県小野市・女性、

収録時期：2013年9月）

以上のように、ンヤンカ類による知識共有化要求表現は、関西方言の日常会話において多用されており、使用地域も関西一円に広がっていることがわかる。その中で、（5）の「ネンカ」は大阪北部の高槻市出身者が使用し、（7）の「テンカ」は滋賀県大津市出身者が使用しており、関西の中でも北部域で使用される傾向があることがうかがわれる。また、(10)のような「カ」の脱落した「ンヤン」が、他のンヤンカ類の表現と同様に知識共有化要求表現の機能を有することも、ここで注目しておきたい。

3　関西方言の知識共有化要求表現の地域差

ここで、知識共有化要求表現の地域差を、関西若年層話者に対して行ったアンケート調査をもとに確認しておく。調査概要を以下に示す。

回答者：近畿地方出身若年層（関西大学・滋賀大学・同志社大学学生[3)]）（10-20代）782名

出身地内訳：兵庫県146名、大阪府385名（大阪北部149名・大阪市104名・大阪南部132名[4)]）、奈良県77名、和歌山県23名、京都府78名、滋賀県73名

調査時期：2013年6～12月、2014年6月

質問文：次のそれぞれの場面設定で、下線部分の表現を言う場合は○を、言わない場合は×を【　　】内に記入してください。

①来週友人のAさんと一緒に旅行に行くことを、Aさんと話すとき。

【　　】来週、旅行に行くやんか。

②先週友人のAさんと一緒に旅行に行ったことを、Aさんと話すとき。

【　　】先週、旅行に行ったやんか。

③来週友人のAさんと一緒に旅行に行くことを、別の友人Bさんと話すとき。

a【　　】来週、Aさんと旅行に行くんやんか。

b【　　】来週、Aさんと旅行に行くねんやんか。

c【　　】来週、Aさんと旅行に行くねやんか。

d【　　】来週、Aさんと旅行に行くねんか。

④先週友人のAさんと一緒に旅行に行ったことを、別の友人Bさんと話すとき。

a【　　】先週、Aさんと旅行に行ったんやんか。

b【　　】先週、Aさんと旅行に行ってんやんか。

c【　　】先週、Aさんと旅行に行ってんか。

⑤友人との会話で小学生の弟を話題にするとき。

a【　　】うちの弟、まだ小学生なんやんか。

b【　　】うちの弟、まだ小学生やねんやんか。

c【　　】うちの弟、まだ小学生やねやんか。

d【　　】うちの弟、まだ小学生やねんか。

⑥友人との会話で自分が大阪に引っ越ししたのが小学生のときだったことを話題にするとき。

a【　　】私、大阪に引っ越ししたとき、まだ小学生やったんやんか。

b【　　】私、大阪に引っ越ししたとき、まだ小学生やってんやんか。

c【　　】私、大阪に引っ越ししたとき、まだ小学生やってんか。

①②は確認要求表現（知識確認の要求）の「ヤンカ」の使用について問うものであり、③④⑤⑥は知識共有化要求表現の諸形式の使用について問うものである。①②③④は動詞述語文、⑤⑥は名詞述語文として設定してある。集計の際には、③のb「行くねんやんか」とc「行くねやんか」の回答は統合し「行くね(ん)やんか」として集計した。⑤のb「やねんやんか」とc「やねやんか」も同様に回答を統合して「やね(ん)やんか」として集計した。また、調査結果は、兵庫、大阪（北部）、大阪市、大阪（南部）、奈良・和歌山、京都・滋賀の6地域に分けて集計した。集計結果を表2に示す。また、表2のデータに基づき、結果をグラフで示したものが図1・2である。

表2　確認要求・知識共有化要求表現の使用状況

	①	②	③			④			⑤			⑥			回答者総数
	行くやんか	行ったやんか	行くんやんか	行くね(ん)やんか	行くねんか	行ったんやんか	行ってんやんか	行ってんか	なんやんか	やね(ん)やんか	やねんか	やったんやんか	やってんやんか	やってんか	
兵庫	109 75%	123 84%	103 71%	99 68%	30 21%	101 69%	100 68%	23 16%	94 64%	83 57%	43 29%	85 58%	99 68%	37 25%	146
大阪 (北部)	121 81%	119 80%	112 75%	117 79%	49 33%	94 63%	130 87%	37 25%	82 55%	108 72%	66 44%	71 48%	122 82%	50 34%	149
大阪市	84 81%	87 84%	68 65%	91 88%	22 21%	53 51%	96 92%	22 21%	48 46%	86 83%	38 37%	41 39%	93 89%	24 23%	104
大阪 (南部)	112 85%	118 89%	100 76%	108 82%	31 23%	86 65%	110 83%	26 20%	82 62%	82 62%	52 39%	76 58%	101 77%	38 29%	132
奈良・ 和歌山	83 83%	89 89%	59 59%	79 79%	14 14%	54 54%	82 82%	10 10%	51 51%	64 64%	26 26%	47 47%	75 75%	17 17%	100
京都・ 滋賀	129 85%	136 90%	88 58%	40 26%	137 91%	94 62%	52 34%	130 86%	81 54%	19 13%	140 93%	56 37%	38 25%	138 91%	151

（上段：実数　下段：%）

図1によれば、確認要求表現の「ヤンカ」の使用状況には地域差は見られないが、図2を見ると、知識共有化要求表現については、兵庫・大阪・奈良・和歌山（地域A）では「ネ(ン)ヤンカ／テンヤンカ」の使用率が高く、京都・滋賀（地域B）では「ネンカ／テンカ」の使用率が高いという地域差が認められる。

図2では、左上に動詞述語文・現在形（③)、左下に動詞述語文・過去形(④)、右上に名詞述語文・現在形（⑤)、右下に名詞述語文・過去形（⑥）の調査結果を配置したが、4つのグラフを比較してみると、名詞述語文・現在形の「ヤネンカ」の使用率が、地域Aにおいても相対的に高いことが注目される。地域Aでは、これに連動して名詞述語文・現在形の「ヤネ(ン)ヤンカ」の使用率が若干抑制されているようであるが、これが断定辞「ヤ」が重複して

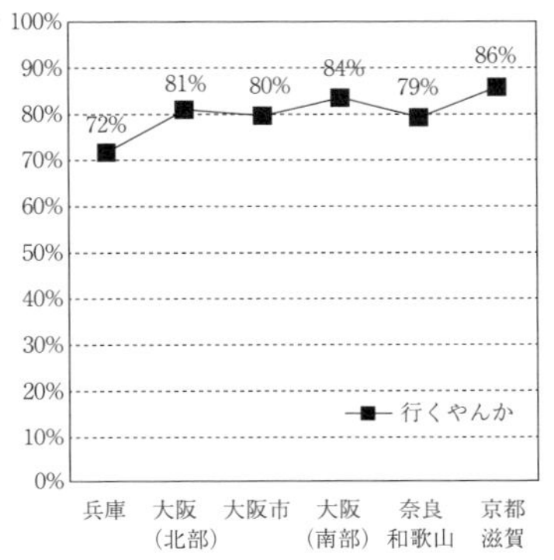

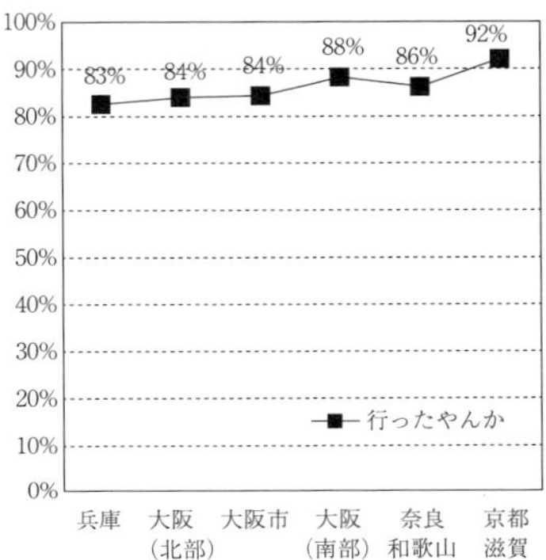

図1　確認要求表現ヤンカの使用状況

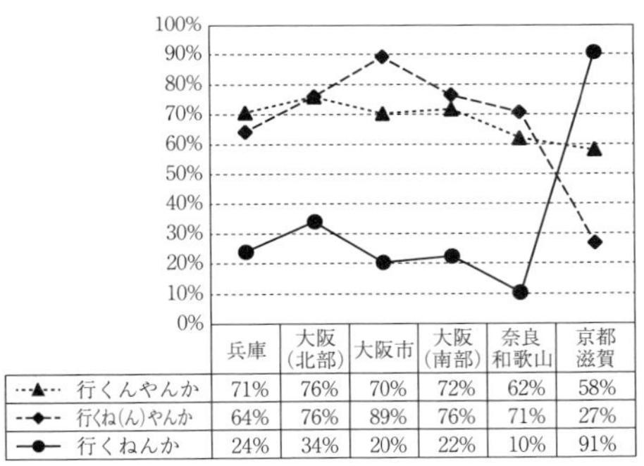

	兵庫	大阪（北部）	大阪市	大阪（南部）	奈良 和歌山	京都 滋賀
行くんやんか	71%	76%	70%	72%	62%	58%
行くね(ん)やんか	64%	76%	89%	76%	71%	27%
行くねんか	24%	34%	20%	22%	10%	91%

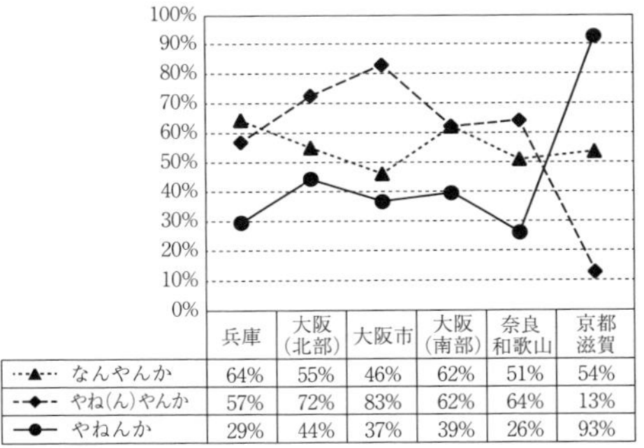

	兵庫	大阪（北部）	大阪市	大阪（南部）	奈良 和歌山	京都 滋賀
なんやんか	64%	55%	46%	62%	51%	54%
やね(ん)やんか	57%	72%	83%	62%	64%	13%
やねんか	29%	44%	37%	39%	26%	93%

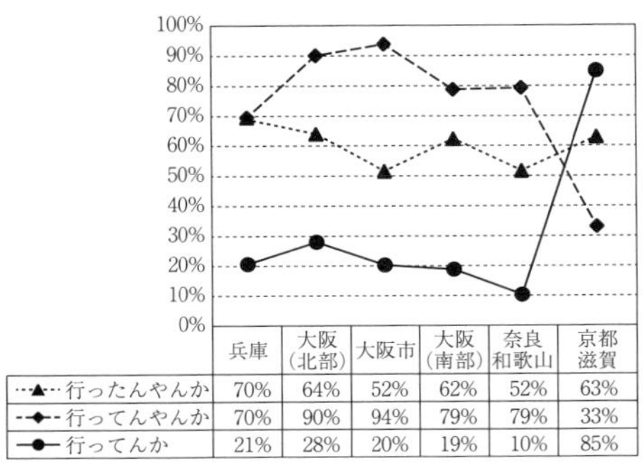

	兵庫	大阪（北部）	大阪市	大阪（南部）	奈良 和歌山	京都 滋賀
行ったんやんか	70%	64%	52%	62%	52%	63%
行ってんやんか	70%	90%	94%	79%	79%	33%
行ってんか	21%	28%	20%	19%	10%	85%

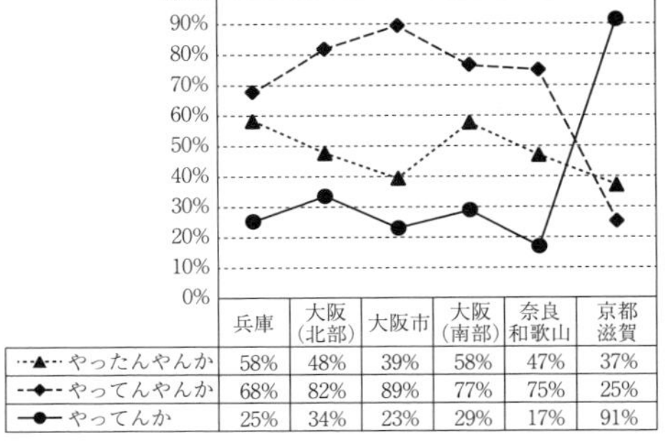

	兵庫	大阪（北部）	大阪市	大阪（南部）	奈良 和歌山	京都 滋賀
やったんやんか	58%	48%	39%	58%	47%	37%
やってんやんか	68%	82%	89%	77%	75%	25%
やってんか	25%	34%	23%	29%	17%	91%

図2　知識共有化要求表現ンヤンカ類の使用状況

現れるのを避けるために生じたものであるとすると、このことは、ンヤンカ類の諸形式のうち、縮約形の「ネンカ」が現れる契機となる言語的条件であるとも考えられる。ただし、この言語的条件のみでは、過去形の「テンカ」の発生を直接説明することはできない。また、地域Ａと地域Ｂとの地域差が生じる要因についても、別途考察する必要がある。

4 「ネンカ／テンカ」の発生メカニズム

4.1 地域Ｂで「ネンカ／テンカ」が発生・定着した要因（言語変化の促進要因）

地域Ａで「ンヤンカ（ネ(ン)ヤンカ／テンヤンカ)」が優勢なまま使用され続け、地域Ｂで縮約形の「ネンカ／テンカ」が発生・定着していることには、どのような要因が働いたのであろうか。

「ンヤ」から「ネン／テン」が生じたプロセスについては諸説あるが、談話資料中のノダ形式を集計した木川（2001）によれば、非過去形については、地域Ａではノヤ＞ンヤ＞ネヤ＞ネンの変化が生じ、地域Ｂでは（ノヤ＞）ンヤ＞ネヤ＞ニャ＞ネー・ネが生じたこと、過去形の「テン」は地域Ａで先行して優勢になったことがわかる（京都市は地域Ｂ、神戸市は地域Ａに位置する)。

表３　京都市・神戸市における「のだ」を表す形式（木川 2001 の表Ⅰ・Ⅱから抜粋）

	ノヤ	ンヤ	ネヤ	ニャ	ネン	ネンヤ	ネ	ネー	テン	テンヤ
京都市	0	25	1	17	7	0	18	33	3	0
神戸市	3	123	72	0	252	6	26	2	80	13

地域Ｂは地域Ａで発生した「ネン／テン」を受容する際、知識共有化要求表現「ネ(ン)ヤンカ／テンヤンカ」については、形態のうえでの改変を行ったことになる。外来の要素を在来言語体系に組み込む際に、在来の要素からの影響を受けるものと仮定すると、「ネ(ン)ヤンカ／テンヤンカ」に影響を及ぼす地域Ｂの在来の形式とはどのようなものであろうか。

中井（1998）の調査では、京都市中心部（左京区・右京区・上京区・中京区）の壮年層からは、「イッタンエ」が複数の話者から回答されている。終助詞「エ」は、機能的には共通語の「ヨ」に近いが、疑問文でも用いられる点では、「カ」の機能と重なる用法をもつ[5)]。これが、本来疑問助詞を直接後接しない「ネン／テン」に「カ」を後接した「ネンカ／テンカ」の発生・定着を促進する要因になったとは考えられないだろうか。(ただしこの場合、「スルネンエ／シテンエ」の形が容認され得るものである必要があろうが、中井（1998）にはこれに相当する形は現れていない。)

外来要素　スルネンヤンカ／シテンヤンカ
　　　　　　　│←── 在来形式　スルンエ／シタンエ
　　　　　　　│　　　　　　　（スルネンエ／シテンエ）
　　　　　　　↓
新 形 式　スルネンカ／シテンカ

4.2　地域Aで「ネンカ／テンカ」が発生・定着しなかった要因（言語変化の抑制要因）

一方で、地域Aでは「ネンカ／テンカ」が定着せず、「ンヤンカ（ネ(ン)ヤンカ／テンヤンカ)」が優勢なまま使用され続けている。「ネン／テン」が「ンヤ」から生じたものであるという形態的な由来が意識されている段階では、この形に疑問助詞「カ」が後接することへの抵抗が、言語変化の抑制要因として働くことは考えられる。しかしながら、表3に見られるように、地域Aには「ネンヤ」「テンヤ」のような断定辞「ヤ」を再分出した形式も現れており、「ンヤ」から「ネン／テン」が生じたという由来による形態的な制約については、それが強く働いているとは言えない現象も見受けられる。

ここで、地域Aにおける知識共有化要求表現の談話内での使用状況について見てみる。資料は、1990年代に大阪・兵庫・奈良出身の若年層の自然談話を収録した、真田・井上・高木（1999）である[6)]。

ペア01〜05は女性、ペア06〜11は男性であることから、ンヤンカ類による知識共有化要求表現は、当時、女性話者に多用されていたことがわかる。そうした女性話者の中でも、01A・01B・02Aには、「ネ(ン)ヤン／テンヤン」という「カ」を脱落させた形式の使用が見られる。

表4　1990年代の関西（大阪・兵庫・奈良）若年層の談話に現れる ヤンカ／シヤンカ類の表現

<table>
<tr><th rowspan="3"></th><th colspan="3">確認要求・同意要求</th><th colspan="5">知識共有化要求</th></tr>
<tr><th rowspan="2">ヤンカ
(ヤンケ・ヤンナ)</th><th rowspan="2">ヤン</th><th rowspan="2">計</th><th>スルネ(ン)ヤンカ</th><th>スルンヤンカ</th><th>スルネ(ン)ヤン</th><th>スルンヤン</th><th rowspan="2">計</th></tr>
<tr><th>シテンヤンカ</th><th>シタンヤンカ</th><th>シテンヤン</th><th>シタンヤン</th></tr>
<tr><td rowspan="2">01A</td><td rowspan="2">4(ヤンナ1)</td><td rowspan="2">1</td><td rowspan="2">5</td><td>4</td><td>0</td><td>1</td><td>0</td><td rowspan="2">13</td></tr>
<tr><td>2</td><td>0</td><td>5</td><td>1</td></tr>
<tr><td rowspan="2">01B</td><td rowspan="2">7(ヤンナ5)</td><td rowspan="2">5</td><td rowspan="2">12</td><td>2</td><td>0</td><td>0</td><td>0</td><td rowspan="2">11</td></tr>
<tr><td>4</td><td>0</td><td>5</td><td>0</td></tr>
<tr><td rowspan="2">02A</td><td rowspan="2">0</td><td rowspan="2">4</td><td rowspan="2">4</td><td>1</td><td>0</td><td>5</td><td>0</td><td rowspan="2">13</td></tr>
<tr><td>4(ヤンナ1)</td><td>0</td><td>3</td><td>0</td></tr>
<tr><td rowspan="2">02B</td><td rowspan="2">1(ヤンナ1)</td><td rowspan="2">1</td><td rowspan="2">2</td><td>1</td><td>0</td><td>0</td><td>0</td><td rowspan="2">4</td></tr>
<tr><td>3</td><td>0</td><td>0</td><td>0</td></tr>
<tr><td>03A</td><td>1(ヤンケ1)</td><td>7</td><td>8</td><td>0</td><td>0</td><td>0</td><td>0</td><td>0</td></tr>
<tr><td>03B</td><td>2(ヤンナ2)</td><td>10</td><td>12</td><td>0</td><td>0</td><td>0</td><td>0</td><td>0</td></tr>
<tr><td rowspan="2">04A</td><td rowspan="2">2</td><td rowspan="2">1</td><td rowspan="2">3</td><td>1</td><td>2(ナンヤンカ1)</td><td>0</td><td>0</td><td rowspan="2">6</td></tr>
<tr><td>1</td><td>2</td><td>0</td><td>0</td></tr>
<tr><td>04B</td><td>0</td><td>0</td><td>0</td><td>0</td><td>0</td><td>0</td><td>0</td><td>0</td></tr>
<tr><td rowspan="2">05A</td><td rowspan="2">8</td><td rowspan="2">2</td><td rowspan="2">10</td><td>3</td><td>0</td><td>0</td><td>0</td><td rowspan="2">15</td></tr>
<tr><td>12</td><td>0</td><td>0</td><td>0</td></tr>
<tr><td>05B</td><td>1(ヤンナ1)</td><td>2</td><td>3</td><td>0</td><td>0</td><td>0</td><td>0</td><td>0</td></tr>
<tr><td rowspan="2">06A</td><td rowspan="2">4</td><td rowspan="2">6</td><td rowspan="2">10</td><td>1</td><td>1</td><td>0</td><td>0</td><td rowspan="2">3</td></tr>
<tr><td>0</td><td>0</td><td>0</td><td>1</td></tr>
<tr><td>06B</td><td>0</td><td>1</td><td>1</td><td>0</td><td>0</td><td>0</td><td>0</td><td>0</td></tr>
<tr><td>07A</td><td>0</td><td>7</td><td>7</td><td>0</td><td>0</td><td>0</td><td>0</td><td>0</td></tr>
<tr><td rowspan="2">07B</td><td rowspan="2">0</td><td rowspan="2">2</td><td rowspan="2">2</td><td>1</td><td>0</td><td>0</td><td>0</td><td rowspan="2">1</td></tr>
<tr><td>0</td><td>0</td><td>0</td><td>0</td></tr>
<tr><td rowspan="2">08A</td><td rowspan="2">3(ヤンケ3)</td><td rowspan="2">3</td><td rowspan="2">6</td><td>0</td><td>0</td><td>0</td><td>0</td><td rowspan="2">1</td></tr>
<tr><td>0</td><td>0</td><td>0</td><td>1</td></tr>
<tr><td>08B</td><td>1(ヤンケ1)</td><td>2</td><td>3</td><td>0</td><td>0</td><td>0</td><td>0</td><td>0</td></tr>
<tr><td rowspan="2">09A</td><td rowspan="2">3(ヤンケ2)</td><td rowspan="2">7</td><td rowspan="2">10</td><td>0</td><td>0</td><td>0</td><td>0</td><td rowspan="2">1</td></tr>
<tr><td>1</td><td>0</td><td>0</td><td>0</td></tr>
<tr><td>09B</td><td>5(ヤンケ1)</td><td>1</td><td>6</td><td>0</td><td>0</td><td>0</td><td>0</td><td>0</td></tr>
<tr><td>10A</td><td>0</td><td>4</td><td>4</td><td>0</td><td>0</td><td>0</td><td>0</td><td>0</td></tr>
<tr><td>10B</td><td>0</td><td>0</td><td>0</td><td>0</td><td>0</td><td>0</td><td>0</td><td>0</td></tr>
<tr><td>11A</td><td>2(ヤンケ1)</td><td>2</td><td>4</td><td>0</td><td>0</td><td>0</td><td>0</td><td>0</td></tr>
<tr><td>11B</td><td>3(ヤンナ3)</td><td>0</td><td>0</td><td>0</td><td>0</td><td>0</td><td>0</td><td>0</td></tr>
</table>

（　）内の数字は内数

(11)　ペア 01

4 B：P 学園ってな、プールないってほんま？

5 A：知らん。

6 B：P 学園って（名前が）付くのにな、プールがないねん、って聞いてんやん。

7 A：ほんま？

8 B：ほんまかな？

9 A：あれやったんやん、中等部と高等部んとこの前をいつも学校に

10 B：うん、

11 A：（その道を）行き道に（通って学校に）通っててんやんか、

12 B：うん、うん。

(12)　ペア 02

35 A：昨日　神子さんの、結婚式場の神子さん？のやつ<面接>行ってんやんかー。

36 B：神子さん？

37 A：しかしなー、

38 B：うん。

39 A：十、十三人やってんやん。

40 B：んー。

41 A：二三人しか採れへんねんやんか。

42 B：そうなん？

43 A：いや、2 人ずつ面接やってんやんかー。

44 B：んー。

45 A：で私とな、一緒やった子ーがな、

46 B：んー。

47 A：経験者やねんやん。

48 B：じゃ　あかんわ。

49 A：そやろ、てゆかそん中でな、一人だけやと思うねやん、経験

者ってー。

50 B：んー。

地域 A では、「ネ(ン)ヤンカ／テンヤンカ」の縮約の方向として、「カ」の脱落が選ばれる傾向があることがわかる。「ネンカ」と「ネ(ン)ヤン」、「テンカ」と「テンヤン」は、いずれも 2 音節で縮約の程度には差はないと言える。「カ」を脱落させる表現が広がれば、「ヤン」を脱落させて「カ」を残す「ネンカ／テンカ」の発生が抑制されることになるのは自然な成り行きであろう。

5　おわりに

冒頭にも述べたように、断定辞の否定疑問形による文法形式は、関東方言で「デハナイカ（ジャナイカ)」「ジャンカ」、関西方言で「ヤナイカ」「ヤンカ」のバリエーションが生じている。さらに関西方言の「ヤンカ」は、ノダ文に後接したンヤンカ類による知識共有化要求表現を発生させているが、関東方言の「ンジャンカ」にはこの用法は生じていない。

否定疑問形に由来する知識共有化要求表現の発生・定着については、新しい表現を志向する談話上の要求と、在来方言体系の要素間のせめぎ合いが、新たな方言差を生み出しつつあると見られる。ここでは、そのプロセスを観察するためのおおまかな見取り図を描いた。

注

1）勝村（1991）は、これらの「ンヤンカ」の用法を「伝達」と呼び、「「当然わかってしかるべきだ」という前提が、いつのまにか、「当然わかってくれるはずだ」と拡大解釈されて生まれた用法」としている。あげられている例文は、以下のものである。

・あの子今後結婚するねんヤンカ。

・こないだ試験やってんヤンカ。

・そん時はまだ二人しか来てへんかってんヤンカ。

2）「遅刻の連絡」の話者 A・B への指示内容は以下の通りである。話者は関西大学の学生で、日高が担当する授業の受講者である。

［A への指示内容］あなたは、B さんと駅で待ち合わせをし、一緒に遊びに行く

ことになっています。ところが寝坊をしてしまい、待ち合わせの時間をかなり過ぎてしまいました。Bさんに電話をかけてください。

［Bへの指示内容］あなたは、Aさんと駅で待ち合わせをし、一緒に遊びに行くことになっています。ところが、待ち合わせの時間をかなり過ぎてもAさんがやってきません。そこにAさんから電話がかかってきます。普段通りに対応してください。

3）関西大学での調査は、日高が担当する授業において実施したものである。滋賀大学、同志社大学での調査は、松丸真大氏（滋賀大学）の協力を得て実施した。

4）大阪北部は摂津地方（大阪市除く）と北河内地方、大阪南部は中河内・南河内地方、和泉地方とした。

5）以下、藤原（1985）の記述を引用する。

京都府下については、京都弁ないし京都地方のことばが、「エ」文末詞の本場をなしていると思われる。すなわち、この地方に、「エ」は、だいたい女性ことばとして、しっくりとしたおちつきかたを見せている。（中略）単純に「よ」と言いかえてよい「エ」が、よくおこなわれている。「そんなことを言ったらあきまへん　エー。」は、「あきませんよ」である。（中略）問いの「エ」が、府下の南北によくおこなわれている。（中略）「だれだれさんに　アワヒンダエ。」（だれだれさんに会いはしなかったね？）は、府下南部での女ことばである。（藤原 1985:128-129）

6）真田・井上・高木（1999）の話者情報等は以下のとおり。

番号	A(性別・生年・収録時年齢・出身地)	B(性別・生年・収録時年齢・出身地)	収録年月日	発話数
01	女性・1973年・20・大阪府枚方市	女性・1973年・20・大阪府枚方市	1993.9.17	255
02	女性・1973年・20・大阪府箕面市	女性・1973年・20・兵庫県尼崎市	1993.9.9	235
03	女性・1973年・19・兵庫県宝塚市	女性・1973年・20・大阪府大阪市	1993.9.29	241
04	女性・1973年・20・兵庫県神戸市	女性・1973年・20・兵庫県神戸市	1993.9.28	173
05	女性・1976年・19・奈良県	女性・1975年・20・奈良県	1996.2.12	293
06	男性・1973年・22・京都府久世郡	男性・1973年・22・大阪府大阪市	1996.1.18	176
07	男性・1973年・22・奈良県奈良市※	男性・1973年・22・大阪府枚方市	1996.1.16	248
08	男性・1974年・21・大阪府	男性・1974年・21・大阪府	1996.1.16	259
09	男性・1973年・22・大阪府	男性・1972年・23・大阪府東大阪市	1996.1.18	210
10	男性・1974年・21・兵庫県姫路市	男性・1974年・21・兵庫県姫路市	1996.1.20	146
11	男性・1973年・22・奈良県奈良市※	男性・1974年・21・奈良県奈良市	1996.2.4	388

※07Aと11Aは同一人物（0-4奈良県奈良市／4-6愛媛県松山市／6-10広島県広島市／10-22奈良県奈良市）

参考文献

勝村聡子（1991）「「やんか」について――その表現機能と「ではないか」との対比」『地域言語』3　天理・地域言語研究会
神部宏泰（1996）「播磨方言における断定辞の推移―「ネン」「～テン」の成立とその機能―」『平山輝男博士米寿記念論集日本語研究諸領域の視点』明治書院
木川行央（1996）「兵庫県西脇市方言における終助詞「ガナ」と「ヤンカ」・「ヤナイカ」」平山輝男博士米寿記念会編『日本語研究諸領域の視点（上巻）』明治書院
木川行央（2001）「関西方言における「のだ・のです」に該当する表現をめぐって」『日本語の伝統と現代』和泉書院
佐藤虎男（1989）「大阪弁の文末詞ヤンカについて」『学大国文』33　大阪教育大学国語国文学研究室
真田信治・井上文子・高木千恵（1999）『関西・若年層のおける談話データ集』科研費報告書
高木千恵（2008）「大阪方言における動詞チガウに由来する諸形式の用法」『国文学』92　関西大学国文学会
田野村忠温（1988）「否定疑問文小考」『国語学』152
中井幸比古（1998）「「やんか」など」『方言研究（1）』神戸・方言の会
野間純平（2013）「大阪方言におけるノダ相当表現―ノヤからネンへの変遷に注目して―」『阪大日本語研究』25　大阪大学大学院文学研究科日本語学講座
日本語記述文法研究会編（2003）『現代日本語文法④モダリティ』くろしお出版
蓮沼昭子（1995）「対話における確認行為「だろう」「じゃないか」「よね」の確認用法」『複文の研究（下）』くろしお出版
日高水穂（2017）「関西方言の知識共有化要求表現の動態」森山卓郎・三宅知宏編『語彙論的統語論の新展開』くろしお出版
藤原与一（1985）『方言文末詞〈文末助詞〉の研究（中）』春陽堂
松丸真大（2001）「東京方言のジャンについて」『阪大社会言語学研究ノート』3　大阪大学大学院文学研究科社会言語学研究室
三宅知宏（2011）『日本語研究のインターフェイス』くろしお出版

［付記］　本稿は、JSPS 科研費 26244024、26284064、16H01933 の助成を受けている。

関西方言における名詞・形容動詞述語否定形式 ヤナイ・ヤアラヘン・トチガウの諸用法

松丸真大

1　はじめに

関西方言では名詞・形容動詞述語の否定形として「学生ヤナイ／ヤアラヘン／（ト）チガウ」という3つの形式が用いられる（郡1997、中井2003など）。これらのうち、ヤナイ・ヤアラヘンはそれぞれ〈非存在〉を表す形容詞ナイと存在動詞の否定形アラヘンから、トチガウは〈相違〉を表す動詞チガウから転成したものである。本稿では、この（ヤ）ナイ・（ヤ）アラヘン・（ト）チガウ[1)]に注目し、それぞれの用法・生起環境・形態的特徴を整理する。その結果、（ヤ）ナイが用法・生起環境・形態の偏りなく用いられるのに対して、（ヤ）アラヘン・（ト）チガウは特定の用法・生起環境・形態に偏って用いられることを指摘する。そして、この偏りは、（ヤ）ナイが表す否定の様々な用法のうち、アラヘンが主に〈非存在〉を分担し、トチガウが主に〈推測〉を分担するという、否定表現の用法分担に向かう変化の現れであることを述べる。

以下、2節では先行研究を概観し、問題の在処を探る。3節では内省にもとづいて3形式の文法的なふるまいの違いを明らかにし、4節では談話資料を用いて各形式の運用上の特徴を見出す。これらの結果をふまえ、5節では関西方言でおきた変化について考えてみる。

2　分析対象と問題の在処

関西方言は、述語の品詞によって否定接辞が異なる。動詞述語にはン・ヘンなどを用い、形容詞述語にはナイ、名詞・形容動詞述語にはヤナイ・ヤアラヘン・(ト) チガウを用いる (表1)。冒頭でも述べたとおり、本稿はこれらのうち名詞・形容動詞述語の否定形で用いられるヤナイ・ヤアラヘン・トチガウに注目する。

表1　関西方言と標準語の述語否定形式

述語	関西方言	標準語
動詞	行か {ン／ヘン／…}	行かナイ
形容詞	{寒う／寒く} ナイ	寒くナイ
形容動詞	静か {ヤナイ／ヤアラヘン／トチガウ}	静か {デワナイ／デナイ}
名詞	学生 {ヤナイ／ヤアラヘン／トチガウ}	学生 {デワナイ／デナイ}

ところで標準語研究では、疑問化された否定形式が様々な用法をもつことが知られている (例えば田野村 1988、三宅 1994、安達 1999 など)。否定疑問形式は、否定命題の真偽について聞き手に問いかけるという用法のほかに、話し手の見込みに対する判断や同意を聞き手に求めることもできる (以下〈否定疑問〉とする)。また、名詞・形容動詞述語の否定形式「デワナイ」は、「もしかして山田さんじゃない?」のように〈推測〉も表せる。この〈推測〉に用いられるデワナイ (カ) は、「もしかして行くんじゃないか」のようにノを介して動詞・形容詞にも付くことができる。

日本語諸方言でも、名詞・形容動詞述語の否定 (以下、単に〈否定〉とする) 形式が、多くの場合、〈推測〉も表す。松丸 (2007) では、『方言文法全国地図』(以下、GAJ と呼ぶ) の第 147 図「静かでない」(図 1) と第 17 図「行くのではないか」(図 2) に現れる形式を比較している[2)]。この比較から、〈否定〉と〈推測〉を表す形式の対応関係は表 2 のように類型化できる。

関西型と他の類型の関係に注目すると、次の 3 点を指摘できる。

(a)　全国型では、〈否定〉〈推測〉ともに「デ (+ワ) +ナイ」(あるいはそれに相当する意味の要素を組み合わせた形式) を用いる。

(b)　関西型の〈否定〉は、デワナイを出自とするヤナイを用いる点で全国型と共通するが、それに加えてヤアラヘンと (ト) チガウも用いることが特徴的である。

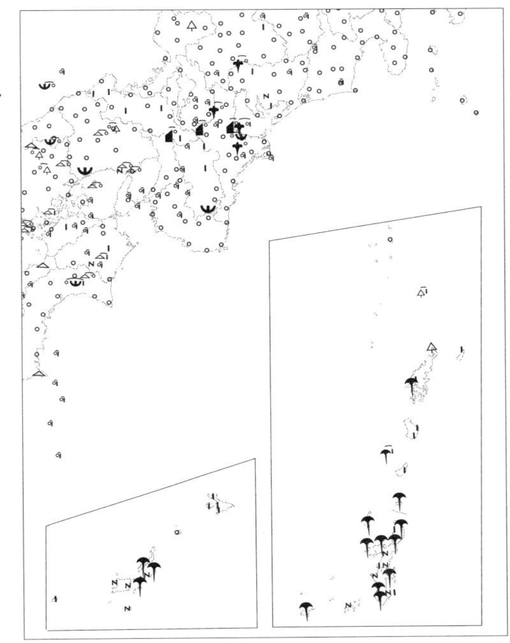

図 1　「静かでない」（GAJ 第 147 図）

表 2　GAJ における〈否定〉と〈推測〉を表す形式の対応

タイプ	〈否定〉	〈推測〉	地域
関西型	静か(ト)チガウ 静かヤナイ 静かヤアラヘン	行くノ(ト)チガウ(カ) 行くノヤナイ	関西(近畿中央部)
琉球型	静かアラン	行くアラン	琉球
全国型	静かデ(ワ)ナイ	行く(ノ)デ(ワ)ナイ(カ)	上記以外の地域

(c)　全国型・琉球型と同様に、関西型の〈否定〉を表す形式は〈推測〉でも用いられるが、ヤアラヘンだけは〈推測〉で用いられない。

このように全国分布からは、〈否定〉でバリエーション関係にある 3 形式が〈推測〉では違いを見せることが予想される。そこで本稿では、〈否定疑問〉も含めた否定の諸用法における 3 形式の違いを明らかにする。また、関西型で

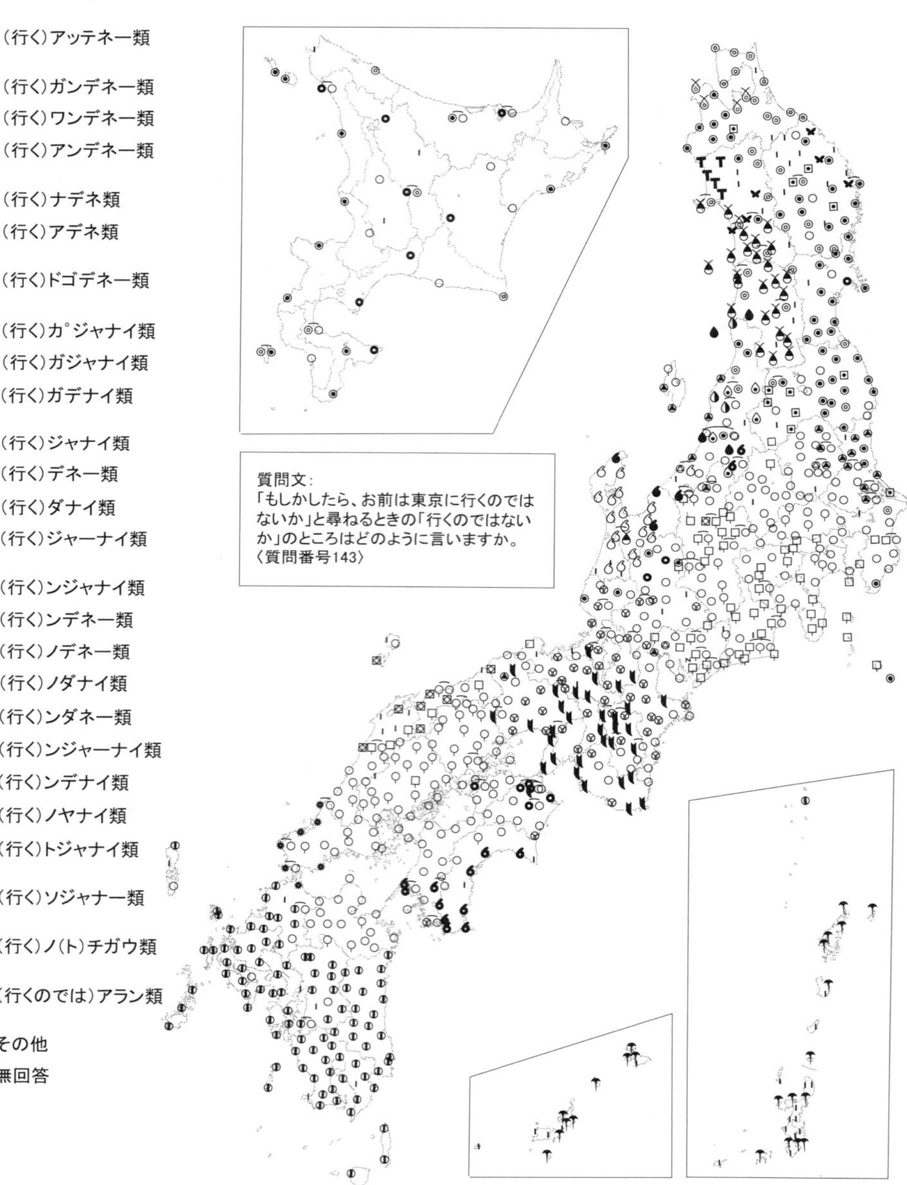

図2　「行く<u>のではないか</u>」(GAJ 第17図)

〈否定〉や〈推測〉に複数の形式が使われる理由についても考えてみたい。

なお、3形式のうちチガウについては、すでに詳細な記述がある。高木(2008)は、大阪方言のチガウ(チャウ)に焦点をあて、活用形の有無と用法の関係を整理している。その結果、表3のように語彙>〈否定〉>〈否定疑問〉>〈推測〉>〈推測提示〉の順に形式の固定化が進むことを指摘している。

表3　チガウの用法と活用の種類(高木 2008:94)

	語彙 チガウ	〈否定〉 (ト)チガウ	否定疑問 (ト)チガウ(カ)	〈推測〉 ン(ト)チガウ(カ)	〈推測提示〉 ンチャン
丁寧形	○	○	○	○	—
タ形	○	○	○	▲	—
テ形	○	○	—	—	—
否定形	○	▲	—	—	—

○当該形式あり　▲形式はあるが用法が異なる　—当該形式なし

本稿の分析もこの着想に依るところが大きい。以下ではこのチガウの記述をふまえつつ、(ヤ)ナイ・(ヤ)アラヘンとの違いを明らかにしていく。

3　(ヤ)ナイ・(ヤ)アラヘン・(ト)チガウの用法

本節では(ヤ)ナイ・(ヤ)アラヘン・(ト)チガウの用法を整理する[3)]。なお、チガウはチャウという形でも用いられる。高木(2008)で指摘されているように、チガウは動詞型活用と形容詞型活用の両方が可能なのに対して、チャウは形容詞型活用だけを持つという違いがある。また、チガウ/チャウの直前にトが現れることがある。つまり、チガウは「トチガウ/φチガウ/トチャウ/φチャウ」という4種類(さらに疑問のカの有無を含めると8種類)のバリエーションを持つことになる。これらが意味的な違いを伴って使用されている可能性もあるが、本稿ではこれらをまとめて(ト)チガウとして扱う。また、アラヘンについてもアレヘンなどのバリエーションがあるが、まとめてアラヘンで代表させる。

以下、3.1節で3形式が単独の述語として用いられる場合の意味・生起環境・形態について確認した後、〈否定〉（3.2.1節）、〈否定疑問〉（3.2.2節）、〈推測〉（3.3節）における3形式の違いについて述べる。

3.1　語彙的用法

3.1.1　ナイ・アラヘン

単独の述語として用いられるナイとアラヘンは、どちらも〈非存在〉を表す。この意味でチガウを用いることはできない。

（1）a　明日の朝ご飯｛ナイ／アラヘン／*チガウ｝。
　　b　金｛ナイ／アラヘン／*チガウ｝。
　　c　信用も｛ナイ／アラヘン／*チガウ｝。
　　d　あの子はまるでやる気｛ナイ／アラヘン／*チガウ｝。

〈非存在〉を表すナイとアラヘンはバリエーション関係にあり、どちらかだけが非文法的になるということはない。ただし、アラヘンがやや使いにくい環境がある。例えば、連体修飾節内ではアラヘンがやや不自然に感じる。しかし、同じ従属節でも副詞節では問題なく使える。

（2）a　そんなん、関係｛ナイ／アラヘン｝。
　　b　そんなん、関係｛ナイ／?アラヘン｝話や。
　　c　そんなん、関係｛ナイ／アラヘン｝し、相手にせんとき。
　　d　そんなん、関係｛ナイ／アラヘン｝けど、まぁええわ。

また、アラヘンの直前にとりたて助詞ワが現れると、やや落ち着きが悪くなる。不自然に感じるのはとりたて助詞の中でもワの直後だけで、モ・ダケ・シカ・ナンカなどとは問題なく共起できる。情報構造と何らかの関わりがあるのかもしれない。

（3）a　明日の予定は｛ナイ／?アラヘン｝で。
　　b　金は｛ナイ／?アラヘン｝で。
　　c　金｛も／だけ／しか／なんか｝｛ナイ／アラヘン｝。

なお、ナイには丁寧形・タ形・テ形・仮定形のほか、動詞ナルなどに続く形（いわゆる連用形）がある。一方、アラヘンには仮定形がなく（4e）、また、テ形や動詞ナルに続く形も作りにくい(4c, d)。若年層では否定辞ヘンのテ形や連用形「〜ヘンクテ・〜ヘンクナル」が発達しているが、それを用いてもやや落ち着きが悪い。

（4）a　今日は授業が {ナイデス／アリマセン／アラシマセン}。［丁寧形］
　b　昨日は授業が {ナカッタ／アラヘンカッタ} 。［タ形］
　c　今日は授業が {ナクテ／??アラヘンデ／??アラヘンクテ} 助かった。［テ形］
　d　明日は授業が {ナク／??アラヘンク} なった。［連用形］
　e　明日、授業が {ナケレバ／*アラヘンケレバ} 遊びに行く。［仮定形］

3.1.2　チガウ

単独の動詞述語として用いられるチガウ（チャウ）は、「(AはBと) 違う／異なる」という〈相違〉の意味を表す。高木 (2008:86-87) の指摘にあるように、語彙的用法のチガウは丁寧形・タ形・テ形・否定形をもつ。

なお、チガウは、標準語の「違う」と同様、次のように相手の（あるいは自身の直前の）発話を否定する際にも用いられる。

（5）A：明日、運動会やったっけ？
　B：チャウチャウ。運動会は来週や。

この場合のチガウは、丁寧形にできるが、タ形・テ形・否定形にはならない。丁寧形にしかなれないという点は、後述する〈推測〉用法と共通する。

（6）A：明日、運動会やったっけ？
　B：{チャイマス／*チャウカッタ／*チャウクテ／*チャウクナイ}。運動会は来週や。

3.2　名詞・形容動詞述語否定形式のヤナイ・ヤアラヘン・トチガウ

3.2.1　〈否定〉

2節で述べたように、ヤナイ・ヤアラヘン・トチガウは全て名詞・形容動詞述語の否定形式として使用できる。強いて違いをあげるとすれば、(7c-d) のように否定と呼応する副詞が現れない文ではヤアラヘンが少し使いにくいように感じる（この点については判断に個人差がある）。また、語彙的用法（3.1.1節）と同様に、連体修飾節内でヤアラヘンがやや使いにくい。

（7）a　あの辺、全く静か{ヤナイ／ヤアラヘン／トチガウ}。

b　私なんか、ぜんぜん金持ち{ヤナイ／ヤアラヘン／トチガウ}。

c　あの人、最近、元気{ヤナイ／?ヤアラヘン／トチガウ}で。

d　あの人、先生{ヤナイ／?ヤアラヘン／トチガウ}で。

（8）a　静か{ヤナイ／?ヤアラヘン／トチガウ}ところは嫌や。

b　この中に学生{ヤナイ／?ヤアラヘン／トチガウ}人はいますか？

〈否定〉と関連して、スコープの「のだ」（野田 1997）との共起について確認しておく。スコープの「のだ」は、形式名詞「の」によって節全体を名詞化することで、否定や疑問のスコープを述語以外に広げるものである。形態的には名詞述語の否定形に相当するため 3 形式全てが使えそうに思えるが、実際にはヤアラヘンがやや使いにくい。

（9）a　[悲しいから泣いた]ん{ヤナイ／?ヤアラヘン／トチガウ}。

b　[妹が泣いた]ん{ヤナイ／?ヤアラヘン／トチガウ}。弟が泣いたんや。

なお、〈否定〉形式の活用は語彙的用法のそれとほぼ同じである。ただしトチガウの関しては、（ⅰ）テ形においてト抜けの形に比してト抜けでない形は語彙的用法に解釈されやすい、（ⅱ）トチガウの否定形は一般的でない、といった違いがある（高木 2008:88-89）

（10）a　調べたら、いちごは果物（ト）チガッテ野菜だった。[〈否定〉用法]

cf. 調べたら、いちごはみかんとチガッテ野菜だった。

[語彙的用法]

b　いちごは果物（ト）{??チガワン／??チガワヘン／??チガウコトナイ／??チガウクナイ}。　[否定形]

3.2.2 〈否定疑問〉

〈否定疑問〉において、ヤナイとトチガウは問題なく用いられるが、ヤアラヘンは命題否定疑問文でやや不自然となる。以下では高木（2008）にならって、〈否定疑問〉用法を①命題否定疑問文、②話し手の感情を表す疑問文、③話し手の認識を表す疑問文の3つに分けて見ていく。それぞれ次のようなものである（高木2008:89-90）。

(11) a　いちごは本当に果物（ト）チガウ（ン）（カ）？〈①命題否定〉

b　さっき頼んだデータの入力作業、大変（ト）チガウ（カ）？　時間かかりそうなら応援頼むけど。〈②話し手の感情〉

c　この作業、意外に大変（ト）チガウ（カ）？　明日までには無理かもなあ。〈③話し手の認識〉

上に示したように、トチガウは全てにおいて適格となる。ただし、③話し手の認識を表す疑問文では、トチガウよりもジャナイ（カ）やコトナイ（カ）が好まれるという。これはトチガウが〈推測〉の意味に解釈されやすいためだとされる（高木2008:90）。

(11)にあげた〈否定疑問〉の各文において、ヤナイは全てで問題なく使えるが、ヤアラヘンは①でやや不自然に感じる（この判断にも個人差がある）。

(12) a　いちごは本当に果物ヤ｛ナイ／?アラヘン｝（カ）？〈①命題否定〉

b　さっき頼んだデータの入力作業、大変ヤ｛ナイ／アラヘン｝（カ）？〈②話し手の感情〉

c　この作業、意外に大変ヤ｛ナイ／アラヘン｝（カ）？〈③話し手の認識〉

なお、〈否定疑問〉では丁寧形・タ形が可能である。ただし、用法によっては使いにくい形式もある。例えば(13)は(12)の丁寧形であるが、トチガウンデスカは(13a)で使えるのに対して(13b, c)では使いにくい。(13b, c)でトチガウンデスカを用いると①命題否定疑問文の解釈（「大変ではないということか？」）になってしまうため、文脈と合わない。なお、(13a)でアラシマセンカがやや不自然になるのは(12a)のアラヘンと並行的である。

(13) a　いちごは本当に果物｛ヤナイデスカ／ヤアリマセンカ／?ヤアラシ

マセンカ／トチガイマスカ／トチガウンデスカ｝？〈①命題否定〉

b　さっき頼んだデータ入力の作業、大変｛ヤナイデスカ／ヤアリマセンカ／ヤアラシマセンカ／トチガイマスカ／#トチガウンデスカ｝？

〈②話し手の感情〉

c　この作業、意外に大変｛ヤナイデスカ／ヤアリマセンカ／ヤアラシマセンカ／トチガイマスカ／#トチガウンデスカ｝？

〈③話し手の認識〉

3.3 〈推測〉を表すヤナイ・トチガウ

〈推測〉とは、節（＝命題）をスコープとしてとり、「命題についての複数の可能性のうち、命題が成立するという可能性を選択し聞き手に示す」（高木2008:91）ものである。(14)のように、聞き手の前で聞き手情報を含む命題成立の可能性を示すことで、聞き手からのフィードバックを要求するものもあれば、(15)のように命題成立の可能性を提示することで、断定を避けた情報提供をおこなうものもある。〈推測〉ではヤナイとトチガウが用いられ、ヤアラヘンは不適格となる。なお、〈推測〉での（ン）ヤナイは非文法的とまではならないが、（ン）トチガウのほうが好まれる。

(14) a　もしかして熱でもあるん｛ヤナイ／*ヤアラヘン／トチガウ｝（カ）？

b　長旅で疲れたん｛ヤナイ／*ヤアラヘン／トチガウ｝（カ）？

c　もしかして松丸くん｛ヤナイ／*ヤアラヘン／トチガウ｝（カ）？久しぶり！

(15) A：田中くん、遅いねえ。

B：ぼちぼち来るん｛ヤナイ／*ヤアラヘン／トチガウ｝（カ）？

〈推測〉では丁寧形のみが可能となる(16a,b)。丁寧形は、3.2.2節と同様の理由でントチガウンデスカが使いにくい。また(16b)のような〈推測提示〉ではヤアリマセンカがやや不自然となる。

(16) a　もしかして松丸くん｛ヤナイデス／ヤアリマセン／トチガイマス

／#トチガウンデス｝カ？

b　ぼちぼち来るん｛ヤナイデス／?ヤアリマセン／トチガイマス／#トチガウンデス｝カ？

なお、(17) のように形としてはタ形も存在するが、「記憶確認」(宮崎 1998) という〈推測〉とは別の確認要求表現であり、〈推測〉用法の過去形に対応するわけではない。

(17)　明日、会議｛ヤナカッタ／ヤアラヘンカッタ／トチガッタ｝(カ)？

〈記憶確認〉

4　談話資料における（ヤ）ナイ・（ヤ）アラヘン・（ト）チガウ

前節までは内省によって（ヤ）ナイ・（ヤ）アラヘン・（ト）チガウの違いを明らかにした。しかし、文法的な違いが現れるのは〈推測〉用法のみで、その他の用法・生起環境では使いやすさの違いしかない。また、（ヤ）ナイと（ト）チガウは文法的に違いがないという結果であった。そこで本節では談話資料を用いて、これら３形式の使用実態から違いを探る。

以下、4.1 節で分析に用いる談話資料の概要を述べ、4.2 節で用法ごとに使用実態を整理する。また、ここでは地域差についても確認する。続く 4.3 節では各形式の生起環境について述べ、4.4 節で活用形の点から各形式の特徴を明らかにする。

4.1　談話資料

以下の分析では国立国語研究所編『日本のふるさとことば集成』に収録されている三重県・滋賀県・京都府・大阪府・兵庫県・奈良県・和歌山県の談話を用いる。この資料は、1977（昭和 52）年～1985（昭和 60）年に文化庁が各都道府県教育委員会の協力を得て実施した「各地方言収集緊急調査」データの一部を、国立国語研究所が整理・刊行したものである。分析対象の２府５県の収録地点は、三重県志摩郡（現・志摩市）阿児町立神、滋賀県甲賀郡（現・甲賀市）甲賀町神、京都府京都市中京区、大阪府大阪市東区（現・中央区）、兵庫県相生市相生、奈良県五條市五條、和歌山県田辺市芳養町である。談話資料には、それぞれの地点で明治30年（収録時84歳）〜昭和14年（収録時58歳）の間に生まれた男女2名〜6名の会話が収録・文字化されている。談話の話者の生年はGAJの被調査者の生年と重なる。したがって、本節の分析はGAJとほぼ同時代の3形式の使用実態を探るものである。一方、前節の文法性判断をおこなった筆者とはおおよそ2世代の隔たりがあるが、結果から見ると大きな齟齬はなかった。

4.2 用法と地域差

まず全体の傾向を示す。表4には3形式の用法別使用頻度を府県ごとに集計した結果を示す[4)]。表中の「語彙／否定」は、(18)のように語彙的用法（「今は違う」）なのか、〈否定〉用法（「今ではない」）なのかが文脈から判断できなかったものである[5)]。

(18)001E　ほしつきさんのお餅ちゅーの（A えー）何に お供えしたんどふね。（A あのー ねー）ほしつきさんねー　わたしらこんなに たくさん。

002A　もー ほんと つ 作らはりますか？

003E　はい。いまーチガウ＊、（A あ）もー 昔の家で。（A えー）もー今 わたくしも ひとりですさかいねー もー ほーんとに お恥ずかしー なんにも しませんさけ も、（A はー）あのー なんでしたですけどね。　（京都：女性、大正1年生）

なお、ナイの〈否定疑問〉は次のようにいずれも①命題否定疑問文として用いられている。

(19)109A　（略）まー 今やったらな（B んー）あのー、門限か゜何時やとか、（B んー んー）何時までに 帰ってこいとか ゆーて 直接 それ ゆーけど 昔のしと［人］は、遠回しに（B ふん）そういう怖い話も してやなー、（B んー）んで 子供は おそーまで 遊んだらいかんど ゆーよな（B んー）何ヤナカッタンカ 教えヤナカッ

タンカ 思うな 今、(B ん) 今にしてやったら。

(兵庫：男性、明治44年生)

表4　談話資料における(ヤ)ナイ・(ヤ)アラヘン・(ト)チガウの使用数（府県別）

	三重	滋賀	京都	大阪	兵庫	奈良	和歌山	計
(ヤ)ナイ計	26	32	8	8	24	10	24	132
語彙	20	26	3	3	15	8	21	96
否定	5	5	4	4	5	2	2	27
否定疑問			1		2			3
推測	1	1		1	2		1	6
(ヤ)アラヘン計	1	11	2	2	10	3		29
語彙	1	10	2	2	10	3		28
否定		1						1
(ト)チガウ 計	1	3	5	6	2	5	6	28
語彙	1	3	1	5	1	1	2	14
語彙／否定			1					1
否定						1	3	4
推測			3	1	1	3	1	9

表からは次の傾向を読みとれる。

- 用法差：語彙的用法以外の用法をみると、ヤナイは〈否定〉〈否定疑問〉での使用が多く、トチガウは〈推測〉での使用が多い。ヤアラヘンは〈否定〉での使用が1例のみであることから、主に語彙的用法で用いられていることがわかる。
- 地域差：和歌山県では（ヤ）アラヘンが現れないが、それを除けば3形式の使用に地域差はほとんどないと言える。そこで、これ以降は関西方言内の地域差は考慮せず、まとめて示す。

上記の用法差の傾向は3節までで述べたことと矛盾しない。すなわち、（ヤ）アラヘンが〈否定疑問〉ではやや不自然になり〈推測〉では不適格となるとしたが、実際の談話でも〈否定疑問〉〈推測〉では現れないことが確認できる。また、GAJにおいてトチガウは〈否定〉よりも〈推測〉で多く現れるが、談話からも同様の傾向が見てとれる。

4.3 生起環境

3.1・3.2節では、(ヤ) アラヘンが連体修飾節内やスコープの「のだ」の後に現れにくいことを指摘した。そこで本節では、談話における3形式の現れ方を生起環境ごとに整理してみる。ここでは3形式が現れる節を連体修飾節・副詞節・主節の3つに大きく分類し、副詞節はさらに南 (1974) の分類を参考にして、A類〜D類に分類した[6)]。この分類と3形式の各用法との関係を示したのが表5である。〈否定疑問〉〈推測〉は連体修飾節やA類〜C類副詞節内に現れないため、網掛けにした。

表5　(ヤ)ナイ・(ヤ)アラヘン・(ト)チガウが生起する節

		連体	A類	B類	C類	D類	主節	計
(ヤ)ナイ	語彙	12	1	13	30	1	39	96
	否定		1	7	5	3	11	27
	否定疑問	—	—	—	—		3	3
	推測	—	—	—	—	1	5	6
(ヤ)アラヘン	語彙				5		23	28
	否定						1	1
(ト)チガウ	語彙				3	1	10	14
	語彙／否定						1	1
	否定						4	4
	推測	—	—	—	—		9	9

表から、(ヤ) ナイが節の種類に関わりなく広く用いられるのに対して、(ヤ) アラヘン・(ト) チガウは主節に偏って用いられるという傾向が指摘できる[7)]。特に〈否定〉や〈推測〉では主節にしか現れない。また、語彙的用法でも、C類やD類という独立度が高い節のみに現れる。

スコープの「のだ」との共起については、用例数が少ないため量的な分布を示すことができない。ただし、談話に現れた2例はどちらもヤナイが用いられており、ヤアラヘンやトチガウの例はない。

(20)179D　いや　お　女はね、女は　また　殊にね、(E うーん) そないに　人におーて「儲かりま」{笑} そんなこと　言えしまへん (F いやそ

れは あたしらはね）そや＊ど 男でもね、そない もー あのー すぐに「儲かりまっかー」ばっかりを、（A んー）ゆーんじゃナイ と 思うんですけどね。　（大阪：男性、明治31年生）

(21)024B　（略）で ともだっと［友達と］行くー ゆて［言うて］もー がっこのせんせが［先生が］連れていた［連れて行ったら］も、遠いやろー 網の浦の もっと（A うん）青木の先。それでも歩いていて［歩いて行って］なー（A そうやがなー）戻り［帰りが］暑い あつーても そんなもん キャンデ［アイスキャンディ］食べんねやナイし。そーゆーことで も みなー、鍛えとーからなー。　（兵庫：女性、大正3年生）

4.4　形態的特徴

最後に活用形について整理する。高木（2008）では語彙＞否定＞否定疑問＞推測の順に形式の固定化がすすむことを指摘している。この点を談話で確認するために、本節では、（ヤ）ナイ・（ヤ）アラヘン・（ト）チガウの活用形に注目する。表6は3形式の生起頻度を活用形ごとに示したものである[8)]。

表6　(ヤ)ナイ・(ヤ)アラヘン・(ト)チガウの活用形

	無標形	丁寧形	タ形	テ形	仮定形	計
(ヤ)ナイ	73	6	46	2	5	132
(ヤ)アラヘン	26	2	1		—	29
(ト)チガウ	20	8				28

表からは、（ヤ）アラヘン・（ト）チガウが主に無標形・丁寧形で用いられることがわかる[9)]。3.1、3.2節で述べたように、アラヘン・チガウはタ形やテ形をもつ。しかし実際の談話でそれらの活用形はほとんど用いられないのである。前節で述べたことと併せて考えると、（ヤ）アラヘン・（ト）チガウは主節などの独立度が高い節の中で、無標形で用いられるという傾向がある。このような運用上の偏りは、アラヘン・チガウが語彙的用法から〈否定〉や〈推測〉とい

う用法へ拡張する契機となっていると推測できる。

5　まとめと考察

前節までで述べたことをまとめると、表7のようになる。3節から、文法的にみるとヤナイとトチガウはほぼ同じふるまいを見せるのに対して、ヤアラヘンは用法や生起環境が制限されることが分かった。また、4節の検討から、談話において（ヤ）ナイは用法・生起環境・形態の偏りがないのに対して、（ヤ）アラヘン・（ト）チガウには偏りが見られた。用法の点でみると、（ヤ）アラヘンは語彙的用法が主であり、（ト）チガウは語彙的用法＞〈推測〉＞〈否定〉の順で使用頻度が高くなる。また、生起環境・形態の点でみると、（ヤ）アラヘン・（ト）チガウはどちらも主節（あるいは独立性の高い副詞節）、無標形・丁寧形でしか用いられないという結果であった。

表7　(ヤ)ナイ・(ヤ)アラヘン・(ト)チガウの異同

		(ヤ)ナイ	(ヤ)アラヘン	(ト)チガウ
語彙的用法	〈非存在〉	●	●	—
	〈相違〉	—	—	●
〈否定〉		●	●	●
〈否定疑問〉	①命題否定疑問文	●	?	✓
	②話し手の感情	✓	✓	✓
	③話し手の認識	✓	✓	✓
〈推測〉		●	＊	●
生起環境	連体修飾節内での生起	●	?	✓
	副詞節内での生起	●	●	●
	スコープの「のだ」との共起	●	?	✓
形態	無標形・丁寧形	●	●	●
	過去形	●	●	✓
	テ形・仮定形	●	＊	✓

凡例　—該当しない　●談話で使用が確認できる　✓適格　？やや不自然　＊不適格

以上の結果から、関西方言に起こった変化について考えてみたい。否定形式としてのヤアラヘン・トチガウは、ヤナイよりも新しいと考えられる。つまり、古くはヤナイが否定の諸用法を表していたところに、新しくヤアラヘンとトチガウが参入してきたのである。談話での生起頻度の違いが変化の過程を反映していると仮定するならば、新しく否定表現に参入する際、アラヘンは主に〈非存在〉を担う新形式として用いられ始め、そこから〈否定〉へと拡張していったと考えられる。一方、トチガウは〈推測〉を担う新形式として用いられ始め（GAJの段階）、〈否定〉でも用いられるようになった（談話資料の段階）のではないだろうか。その背景には、ヤナイだけで否定に関わる様々な用法をカバーするという状態を解消したい、すなわち、否定表現におけるヤナイの機能負担を減らしたいという動機があったと考える。つまり、アラヘン・トチガウは否定表現の特定用法を担う専用形式として否定表現に参入していったのではないかというのが本稿の立場である（図3）。

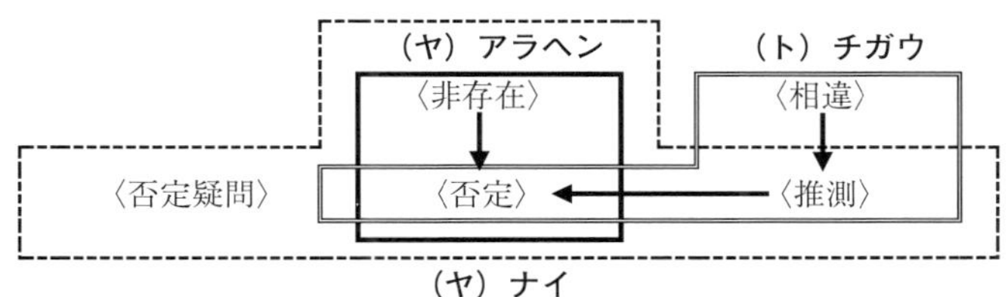

図3　（ヤ）アラヘン・（ト）チガウの意味拡張プロセス

専用形式をあてがうことで（ヤ）ナイが担う否定の諸用法を分担しようとする変化は、今回とりあげた名詞・形容動詞述語だけに起こっているわけではない。高木（2005a）では関西若年層において、〈否定〉〈同意要求〉にジャナイ（カ）、〈推測〉にチャウ（カ）、〈認識の再形成〉にヤンカという専用形式を与える変化が起こっていることを指摘している。また、高木（2005b）には大阪方言の述語否定形式コトナイ（カ）が同意要求（本稿の〈否定疑問〉③話し手の認識を表す疑問文）専用の形式として用いられるという記述もある。本稿でとりあげた現象は、その変化が明治〜昭和生まれの世代においてもすでに始まっていたことを示唆するものである。

6　おわりに

本稿は関西方言の名詞・形容動詞述語の否定形式として用いられるヤナイ・ヤアラヘン・トチガウを対象として、それらの語彙的資源であるナイ・アラヘン・チガウと関連付けながら共通点・相違点を探った。その結果については前節で述べたとおりである。以下、残された課題について箇条書きの形で示す。いずれの問題も今後さらなる検討が必要である。

- 主節・無標形と意味拡張の関係：4.4 節ではアラヘン・チガウが主節・無標形に偏って現れることが〈否定〉〈推測〉といった文法形式へ発展する契機となっているのではないかと述べた。しかし、この 2 つの現象が具体的にどのように関わるのかという点については考察が及んでいない。
- 関西だけで変化が起こる理由：冒頭で示したように、名詞・形容動詞述語の否定形式に複数のバリエーションがあるのは関西型だけである。他方言に類例がないか調査するとともに、関西方言だけで上記の変化が起こる理由について掘り下げて考える必要がある。
- 関西方言の否定表現変化の全体像：高木（2005a）などと関連付けて、関西方言で否定に関わる諸形式がどのように変化してきたか、その全体像を捉える必要があろう。

注

1）以下、語彙形式として言及する場合はナイ・アラヘン・チガウと表記し、文法形式として言及する場合はヤナイ・ヤアラヘン・トチガウと表記する。また、両者まとめて言及する場合は（ヤ）ナイ・（ヤ）アラヘン・（ト）チガウとする。

2）作図に当たっては、国立国語研究所「方言研究の部屋」で公開されている『方言文法全国地図』データ、イラストレータ用白地図、およびイラストレータ用プラグイン LMS を利用した。

3）本節は筆者の内省を主な資料とする。筆者は 1973 年生まれの男性で、居住歴は 0-15 歳：京都市左京区、15-23 歳：東京都江戸川区、23-33 歳：大阪府北摂地域、33-40 歳：滋賀県大津市、40-現在：京都市伏見区、である。したがって本節は、「移住歴を持つ中年男性が用いる京都市方言的な関西方言」を分析することになる。

なお、判断に迷う例については筆者と同世代の話者（京都市左京区生え抜き）2名にも確認した。話者によって判断が異なる場合はその都度記す。

4）集計に際して、次例のように同一形式が連続で複数回発話されている場合は1回としてカウントした。

・アラヘン　アラヘン　さやて　食べられへんわ。（兵庫：大正3年生まれ、女性）

また、語彙的用法のうち「ナクナル／ノーナル」8例（京都5例、滋賀2例、奈良1例）は集計から除いた。これは、3.1.1節で述べたとおり、ナルが続くナイはアラヘンとバリエーション関係にないためである。

なお、アラヘンにはアラヘンのほかにアレヘン（滋賀1、奈良2、兵庫1）、アレシマヘン（奈良1）も含む。チガウにはチャウ（京都2、滋賀2、大阪1、奈良2、兵庫1）も含む。

5）原文は全てカタカナ表記であるが、読みやすさを考慮して、音声的特徴を損なわない範囲で漢字かな交じり表記にあらためた。

6）A～D類はそれぞれ次の接続助詞・助詞を伴う。

A類：ト

B類：タラ、テ（原因・理由）、カテ、（ケレ）バ（ケリャとなることもある）

C類：ケド、シ、デ（原因・理由）、ノニ、ヨッテ、サカイ、カラ

D類：ト、チュー、ϕ（助詞なし）

7）ただし、〈否定〉用法のヤナイやトチガウが連体修飾節で用いられた例はない。したがって、3.2.1節で指摘した違いを談話で確認できなかった。

8）ここでの活用形とは（ヤ）ナイ・（ヤ）アラヘン・（ト）チガウの形態変化を指し、文法的意味の体系性は考慮していない。例えば「ナイヤロ（ないだろう）」は言い切り形（断定形）と対立させて推量形とされることがあるが、ここではナイという形態に注目して「無標形」としている。この無標形には、「ナイト」やノダが続く形も含まれる。また、タ形には条件形式「ナカッタラ」も含む。なお、否定形は現れなかった。

9）アラヘンのタ形1例は、次例のように聞き取り不能だが文脈から過去を表すと判断されるものである。これを無標形と判断するなら、アラヘン類も無標形と丁寧形だけで用いられることになる。

・178B｛間｝んー　んー　そやけど　アラヘン＊＊なー　お菓子　って

（滋賀：女性、明治40年生）

参考文献

安達太郎（1999）『日本語疑問文における判断の諸相』くろしお出版

郡　史郎（1997）『大阪府のことば』（日本のことばシリーズ27）明治書院

国立国語研究所（1989, 1994）『方言文法全国地図第1集，第3集』大蔵省印刷局

国立国語研究所（2001, 2002, 2005）『日本のふるさとことば集成第 9，11～13 巻』国書刊行会
高木千恵（2005a）「関西若年層にみられる標準語形ジャナイ（カ）の使用」『日本語の研究』1-2
高木千恵（2005b）「大阪方言の述語否定形式と否定疑問文―「～コトナイ」を中心に―」『阪大日本語研究』7
高木千恵（2008）「大阪方言における動詞チガウに由来する諸形式の用法」『国文学』92，関西大学国文学会
田野村忠温（1988）「否定疑問文小考」『国語学』152，国語学会
中井精一（2003）『奈良県のことば』（日本のことばシリーズ 29）明治書院
野田春美（1997）『「の（だ）」の機能』（日本語研究叢書 9）くろしお出版
松丸真大（2007）「「確認要求表現」とその分布―否定疑問形式を中心に―」『日本語学』26-11
南不二男（1974）『現代日本語の構造』大修館書店
三宅知宏（1994）「否定疑問文による確認要求的表現について」『現代日本語研究』1
宮崎和人（1998）「否定疑問文の述語形態と機能―「（ノ）デハナカッタカ」の位置づけの検討―」『国語学』194

［付記］　本稿は、日本語文法学会第 18 回大会にて発表した内容に談話資料の分析（4 節）を追加したものである。発表の場では小柳智一氏・仁科明氏・日高水穂氏・三宅知宏氏・百瀬みのり氏・森篤嗣氏・山田伸武氏をはじめ多くの方々に有益なコメントをいただいた。記して感謝申し上げたい。

形式語と虚辞

山東　　功

1　はじめに

藤田編（2013）において「形式語」は、「具体的・実質的な意味をもった語がその意味を希薄にして抽象的な文法関係を表す形式に転成する現象」について「複合的なものに限らない転成形式一般」（p. i）を指すものとして捉えられている。具体的には、「こと」「通り」「代わり」「と言う」「と思う」「につれて」「ものなら」「にとって」といった、形式名詞や形式動詞、さらには複合辞などを指し、文法的意味も多岐に富んだ興味深い形式として、近年盛んな「文法化」研究の進展とともに広く注目を集めている。

ところで、用語としての「形式語」を見た場合、expletive（英語）、explétif（フランス語）、Füllwort（ドイツ語）のように、「それ自身の意味を失って、単に文法上の必要、また韻律・修辞上の理由のために用いられる語」（亀井・河野・千野編（2007））と定義されることが多い。この「それ自身の意味を失って」という部分を「転成」と解釈すれば、文法的「形式語」として形式名詞や形式動詞などが含まれることになる。英語では形式主語や形式目的語の it がこれに相当する。しかしながら、文頭に用いられて形式的な主語となる there などは、単なる形式を整えるためのものとして機能することから、実態をもたない点が強調されることも多い。この場合、expletive は次のように「虚辞」と訳されることがある[1)]。

> 意味内容をもたず、文の形式を整える形式主語や形式目的語としてのみ機能する代名詞をいう。存在の there、予備の it、環境の it などが含まれる。

expletive pronouns（虚辞代名詞）ともいう。　　　　　（荒木編（1999））

expletive〘文〙（虚辞）特に意味内容をもたず、文形式上・韻律上の理由または感情を表すために用いられる語句。　　　　　（寺澤編（2002））

さらに「韻律・修辞上の理由」という点が強調される場合、アイヌ語の ‘u’ のように「もっぱら音節数を合わせるために挿入され、それゆえ韻文の中でしか出てこないような語」（中川（1997）p. 199）を「虚辞」と呼ぶこともある[2)]。

こうしてみると、「形式語」や「虚辞」といった用語を考えるにあたっては、「意味内容をもたない」という部分の「意味」の内実、すなわち形態論的、語彙論的、統語論的意味の区別が大変重要なものとなってくる。また、「もの」や「している」といった形式名詞や形式動詞、さらには「美しくない」などの形式形容詞は、学校国文法的に見れば、確かに「名詞」「動詞」「形容詞」という範疇に属するものの、明らかに、名詞や動詞、形容詞が本来持っている実質的な意味から、極めて乖離した振る舞いをしている。そこで、これらの語を、あくまでも「名詞」「動詞」「形容詞」として扱うために「形式」という語が用いられたのであろうが、これは、いわば融通無碍の広がりをもつ、大変便利な用語であったと言える。その分、語の区分において「実質」や「形式」といった範疇がどのように扱われてきたのか、また、それらを「実質語」や「形式語」（あるいは「機能語」）として二分する立場が、言語学史的に見てどのような位置に属するのかについて、幾分、不分明なものとなってしまったのではないだろうか。とりわけ「形式語」については、「実質語」の転成によって成立した形式を指すのか（藤田編（2013）など）、それとも、抽象的な文法関係を表す形式全般を指すのか（この場合は「機能語」と呼ばれることも多い）によって、立場も大いに異なってくる。さらには、「実質語」や「形式語（機能語）」といった用語と、「実辞（字・詞）」や「虚辞（字・詞）」といった伝統的な漢語学の用語とは、どのような点で共通しているのかなど、用語法の上でも検討すべき課題は多いように思われる。

本稿では、こうした文法用語としての「形式語」や「虚辞」をめぐって、その成立と用語法上の意味を中心に考察を試みることとしたい。

2　形式語の位置づけをめぐって

そもそも「形式語」については、「形式（名詞）」や「形式（化）」のように、「形式」をどのように捉えるのかということと大きく関係している[3)]。例えば、森岡（1994）のように「形式体言」と「形式用言」の二類を形態素論の中で位置づけているが、これらを「形式語」とした場合、「形式」とは形態素論的な用語として意識されることになる。また、三上章は『現代語法序説』において「或る単語が慣用の結果、一方的な用語に固定して原義からもれ、時には品詞くずれも引起す、というような場合にその単語は形式化した」（三上（1972）p. 194）と述べているが、ここでは「品詞くずれ」を引き起こす場合に「形式化」という語が用いられている。この場合は、品詞の転成現象に対して「形式」の意味が用いられている。なお、堀江（2002）では、この三上の「品詞くずれ」の概念に関して、「現在の文法化理論の中で取り上げられる品詞の「脱範疇化（decategorization）」、即ち、語彙的な意味を有する名詞、動詞といった品詞が、その形態・統語的特徴（の一部）を失い、関係概念を表す助詞、接続詞、助動詞といった品詞に転じる現象（中略）を、いわば先取りしたもの」というように、極めて高い評価がなされている。こうした場合における「形式」は、あきらかに「形式化」（「文法化」の方がふさわしい場合もあるにせよ）の結果であり、「形式語」とは明らかに「形式化によって成立した語」という意味をもつ。

一方、英語の form を「形式」と翻訳した場合、その form に関わる用語に対して「形式語」と呼ばれることがある。スウィートの英文法書（H. Sweet（1891）*New English Grammar.*）では、「形式上は独立した語であるが、意味上は独立しておらず、単独では意味をもたない語」（石橋他（1967）p. 53）を form word として説明している。具体的には“*The* earth *is* round.”における‘the’や‘is’などを指し、英語学では一般に「形式語」と翻訳される。さらに「形式語のうちまったく意味をもたないもの」（石橋他（1967）p. 53）については empty word という用語で説明されている（§§ 58.-61.）。この empty word については「虚語」と訳されることが多い。この「虚語」は full word（「実（質）語」）と対をなすもので、スウィートにおける語の分類は、「実（質）語」と「形式語・虚語」の二分法が基盤となっている。語によっては「形式化」によって成立した「形式語」も存在するが、転成現象とは関係なく当初から「形式語」としか呼べないような語も含まれている。それゆえに、この場合の「形式語」は、広い意味で「実（質）語」と対をなすものと捉えることができよう。

ところで、full word と form word（あるいは empty word）の別を機能的観点から詳細に定義したのが、フリーズ（C. C. Fries（1952））である。フリーズの言う「機能語」（function word）とは、従来の品詞分類において名詞、動詞、形容詞、副詞に相当するものを、それぞれ Class1 から Class4 と名づけた上で、これら 4 Class に含まれない語を概括したものである。具体的には、以下のように Group A から Group O までの 15 種の語類を指す（定義訳については福村訳（1959）に従う）。

Group A　the, a/an, every, no, my, our, each, all, both, etc.（「決定詞」（Determiner））

Group B　may, might, can, will, has (been), has to (be), etc.

Group C　not（Group E の not とは異なる）

Group D　very, quite, awful(ly), real(ly), too, more, most, etc.（「度合の語」（Degree word））

Group E　and, or, not, nor, but, rather than（同じ構造的機能を持つ 2 つの単位を結合）

Group F　at, by, for, from, in, etc.

Group G　do（文を質問の文となす）

Group H　there

Group I　when, why, where, how, who, which, what（反応文単位中の一

語発話）

Group J　when, whenever, because, since, and, but, etc.（継続記号（Sequence signal）の或るもの）

Group K　well, of, now, why（しばしば反応発話単位の始まりに見られる）

Group L　yes, no（反応発記単位の始まりに来る）

Group M　look, say, listen（注意を得るための記号として場面発話単位の最初に来る）

Group N　please（要求の文と共にあって最もしばしばその最初に来る）

Group O　lets（話者をも含んだ要求とか提案を示す）

スウィートやフリーズが行ったような、文法的機能を示す語と語彙的な意味を表わす語との二分法による分類は、文法的機能を示す語が広範囲にわたる中で、その処理が伝統的な品詞分類法では困難であったということを示している。逆に、文法的機能に注目が向けられていく中で、「形式」といった概念が抽出されたということもできよう。具体的には、本来の意味とは異なる意味をもつthereのような語の存在を、どのように扱うべきかという観点である。フリーズの言うGroup AからGroup Oには、品詞論的に見れば4Classに入る語が多く含まれている（いわゆる「There is ～ 構文」に用いられるthereはGroup H)。これらを明確に区別する基準が「文法的機能」であったにしても、副詞という点ではhereやthenなどと同一である。それゆえに、伝統的な品詞分類法の困難さとは、語の意味を考えるにあたり、品詞間で等価的に捉えるか否かという観点に関わってくる。つまり、名詞の意味も前置詞の意味も同一次元で捉えてしまうということである。それに対して「実質（実）と形式（虚）」という観点は、いわば品詞間の階層性（上位・下位の位置づけを別として）を、ある面において意識したものとも考えられる。そのようにして見ると、文法的機能を示す語と語彙的な意味を表わす語との二分法は、英語におけるthereの例を出すまでもなく、品詞本来の意味でしか解釈できないラテン文法以来の品詞分類法とは、大きく位相を異にするものであったと言うことができる[4)]。

一方、伝統的な漢語学（古代中国語研究）においては、早い時期から「実辞(字)」や「虚辞（字)」といった用語による二分法の分類が行われていた。これらの語が形態論的なものか文字論的なものかについては検討を要するところであるが、少なくとも、用法において「実質語」や「機能語」との類似性は認めることができるだろう。特に「虚辞（字)」については、中国のみならず日本においても極めて精緻な議論が展開されている。この点について、次に概観を試みる。

3　漢語学における「虚辞（字)」

中国において「虚辞（字)」の用例はいつから存在するのか。これについて、青木正児は「抑も虚字実字の説は宋代の詩論に発したもののやうである。その詩話の類に見え始めたのは、管見の及ぶ限り南宋以後のことで」あると述べている（青木（1956, 1970 : p. 289)）[5)]。漢語学の分野で「実」「虚」の別に基づく説明は、青木の指摘に基づく限り、古くから存在していたようである。そして、現代の中国（漢）語学においても品詞分類の際に「実辞（字)」「虚辞(字)」の別は継承されており、例えば事典項目などでも次のように、二分法について説明されている。

> 中国では、語彙を、助字のような実質的内容をもたない語と他の言語で名詞とか動詞というような実質的内容をもつ語とに二分して、これを虚実の対立としてとらえ、前者を虚辞（虚字ともいう)、後者を実辞（実字ともいう）とした。　　　　　　（亀井・河野・千野編（2007)）

> 実在する事柄の具体的な概念を表す「実字」に相対する言葉で、指し示す具体的な概念はないが、実字に伴って現れて、書き手・話し手の立場や感情、文中におけるニュアンスを表す。助詞・介詞（前置詞）・感嘆詞・接続詞・擬声詞。「虚辞」「助辞」とほぼ同義である。(「虚字」の項)
>
> （中川（2014)）

一方、漢語学では「助字（辞)」という用語も多く用いられており、時に、この「助字（辞）」と「虚字（辞）」とを混同して説明しているものが見受けられる。牛島（1956, 1989）によれば、「助字」という語そのものは柳宗元の著述にも見られるものの、むしろ極めて用例の稀な語であったようである。また、中国において「助字」相当の語に対する訓詁が行われたのは古く前漢の頃からであり、以来「辞」「語詞」「語助」といった語が用いられてきた。「助字」が文法用語的なものとして定着していくのは、比較的新しい時期からであると言える。ちなみに、「実」と「虚」を具象性と抽象性との対応関係で捉えると、文法関係を表す語は「虚」ということになるが、一方で、「助」には「補助」の意味合いも強くなることから、「虚字」よりも「助語」や「助字（辞）」の方が適切と考えられたのかもしれない。

なお、「虚字」については、（名詞と対応する観点から）動詞に対して用いられる場合と、副詞や接続詞のような補助の役割をなす語に対して用いられる場合の二種類が存在した。そして、後者の用法が「助字」と混同されるようになったのだが、青木（1956）の示すところによれば、前者を「虚活字」、後者を「虚死字」として区別することもあったようである。

以上のように、漢語学においては「実」「虚」の二分類に関連して、「実字」「虚字」「助字」という三種の用語によって説明されてきた。ちなみに、近代的漢語文法書の嚆矢といえる馬建忠『馬氏文通』（1898–1899）の品詞分類では、「実字」を「名字、代字、動字、静字、状字」、「虚字」を「介字、連字、助字、嘆字」として位置づけており、旧来の「実字、虚字」の区分と、西洋文法における八（あるいは九・十）品詞分類法との折衷形式をとっている[6)]。これは、呂叔湘・朱徳熙『語法修辞講話』（1952）や張志公『漢語語法常識』（1953）などにも見られる。これらのことを、現代中国（漢）語学における品詞分類と対応させてみると、次のような二種類のあり方となる（中国語の品詞名については小林（1985）に従う）。

実字	名詞、動詞、形容詞、数詞、量詞、代詞
虚字	副詞、介詞、連詞、嘆詞、擬声詞

実字	名詞
虚字（虚活字）	動詞、形容詞、数詞、量詞、代詞、副詞
助字（虚死字）	介詞、連詞、嘆詞、擬声詞

なお、現代中国（漢）語学においては、「実字」「虚字」よりも「実詞」「虚詞」が多く用いられるが、この「実詞」「虚詞」の区別についても「“実質的意味”をもつかそれとも“文法的意味”をもつかによる。」（小林（1985））と説明されることが多い。これなど、まさに上述の区分にならってのことであると言える。いずれにせよ、「虚」「実」による分類法が、スウィートやフリーズの言う「実（質）語」や「形式語（機能語）」に似た特徴をもっている点は、極めて興味深いものがある。

ところで、日本の漢語学では、先に見た二種類のあり方において、前者の「実字」「虚字」の二分法よりも、後者の「助字」を加えた三分法によるものが主流であった。そもそも「語助」「助語」といった語は、「虚字」と同じく南宋の頃から見られるが、日本においては盧以緯（允武）の『助語辞』が極めて重用され、結果として「助語（助字、助辞）」という用語が大いに普及することとなった[7)]。さらには「助字」を二つに分けて、四分類となす例も多く見られる。例えば、荻生徂徠の『訳文筌蹄』（1711:宝永 8）では「半虚字」「虚字」「実字」「助字」、伊藤東涯の『操觚字訣』（伊藤善韶編、1763:宝暦 13）では「助字」「語辞」「虚字」「実字」としている。こうした三分類、もしくは四分類の場合、「虚辞（字）」とされるものは、明確に作用を示す語を指している。徂徠の『訳文筌蹄』では「虚字」について、「虚字有り、即ち所謂作用の字面是なり。」（戸川・神田編（1974）p. 570）と定義している。一方、「声辞の字面」として挙げられているのが「助字」であり、「実」と「虚」を一つの「実」として、それが「助」と対応する、という関係になっている。こうした関係を明確に示したが、同じく徂徠の『訓訳示蒙』（1766:明和 3）であり、ここでは「字品トハ虚実正助ノ四ツナリ」（巻 1・5 丁ウ、戸川・神田編（1974）p. 441）として、「虚・実・正・助」の別が示され、「助語ハ文ノ関鍵ナリ実語ヲ引マハスモノナリ」（巻 1・7 丁オ、戸川・神田編（1974）p. 443）として「実語」と

「助語」を分け、その実語を「実字」「虚字」に、さらに虚字ついて「静」「動」の区別をしている[8)]。これらをまとめると以下のような区分となり、そのあり方は極めて階層的なものである。

```
      ┌実字
 ┌実語┤    ┌静
 │    └虚字┤
 │         └動
 └助語
```

こうした区分法が、例えば鈴木朖の『言語四種論』(1824: 文政 7) に見られる「体ノ詞」「作用ノ詞」「形状ノ詞」「テニヲハ」の別のように、近世国学言語論における品詞分類と近似していることは、すでに古田・築島 (1972) で指摘されている。注目すべきは、中国における「実字」「虚字」の二分類法や、「実字」「虚字」「助字」の三分類法が、日本の漢語学においては、階層的な四分類法として採用されている点である。徂徠や東涯の漢語学において、日本語の品詞概念が影響していたことを証明することはできないが、少なくとも『訓訳示蒙』には「助ハ倭歌ノテニヲハ也」という言葉があることから、何らかの形で念頭に置かれていたことは確かである。この点に関して、日本語研究における「虚」「実」に対応する言語認識と、分類法等に見られる具体的なあり方について、最後に見ていくこととしたい。

4　形式語と虚辞

日本語において「虚辞 (字)」あるいは「虚詞」は、どのような言葉として認識されてきたか。山田 (1943) の指摘するところに従えば、一条兼良の『歌林良材集』に「第三　虚字言葉」「第四　実字言葉」という標目があり、これが日本語に対する「虚字」使用の初例とされる。「虚字言葉」については、副詞・副詞相当語 (「うたて」「あなや」「あやに」など)、形容詞・形容詞相当語 (「あやなし」「いとなし」「ほとほとしく」など)、動詞・動詞相当語 (「すさめぬ」「くだち」「ことなしふとも」など) 58 語 (「廿一」〜「七十八」) が取り上げられている[9)]。これらの類別は、明らかに先に見た漢語学における「虚辞

(字)」を日本語に援用しようとした結果と考えられるが、注目すべきは、言語を「虚」「実」の二分法に分類しようする際の基準と、その品詞上での対応法である。『歌林良材集』における「虚字言葉」「実字言葉」は、宋代詩学の援用からと見られる「体」「用」の二分法とほぼ一致している[10)]。この点について、山田（1943）では「虚字言葉、実字言葉といへることと、ここにいへる体用といふこととはその源を異にするものなれど、その対象とする所の内容は略一致する所あれば、時の流れにつれて二者が合一して後世の体言、用言といふ観念と名目とを生ずるに至りしものならむと思はれたり。」（p. 423）と指摘されている。つまり、日本語における「虚」「実」とは、いずれも「実質語」相当の語に対して意識されていたことがわかる。その意味で、漢語学において「虚」「実」の関係が、「虚」と「助」との混同をはらみつつ、実質語と形式語との二分法として用いられていくようになるのとは、若干異なった経緯をたどっていると言える。これは、『手爾葉大概抄』における「和歌手爾波者、唐土之置字也。」の文言に続く、「詞如寺社、手爾葉如荘厳。」という一節に象徴されるように、「手爾葉（てにをは）」と「詞」という二分法が「虚」「実」の関係として捉えられていないということを示している。むしろ、日本の漢語学における「助（字・語）」の扱いのように、伝統的に「手爾葉」への注目が高かったことが、「形式語」相当の語を「虚」として取り扱わなかったと考えることもできよう。後に、「テニヲハ」は「詞」に対応するものとして、近世国学言語論の中で重要な研究領域を占めるようになる。先に少し触れた鈴木朖の『言語四種論』では、「体ノ詞」「作用ノ詞」「形状ノ詞」「テニヲハ」の四分類法となっているが、これは言語を「詞」と「テニヲハ」に二分し、次に「詞」を「体ノ詞」と「用ノ詞」に、さらに「用ノ詞」を「作用ノ詞」と「形状ノ詞」に分類したもので、最も上位にくるのは「詞」と「テニヲハ」である。また権田直助も、『語学自在』において、「言（コトバ）」と「助辞（テニヲハ）」とを二分したうえで、前者を「体言」「用言」、後者を「体辞」「用辞」と区分している[11)]。そして、近代日本語研究において、この「辞」と「詞」との関係を極めて重視したのが時枝誠記である。

時枝誠記の文法論において、単語は「表現の素材を、一旦客体化し、概念化してこれを音声によつて表現」（時枝（1941）p. 231）する「概念過程を含まぬ形式」と、「観念内容の概念化されない、客体化されない直接的な表現」（同）である「概念過程を含まぬ形式」に二分され、それぞれ「詞」「辞」と名付けられる。時枝は当初、この二分法を「概念語」と「観念語」という用語で説明していたが、「観念語」とした場合、抽象的な文法関係も含まれることから、ある意味においては「形式語」の内容に近いものがある。しかし、時枝は、この二分法を形態論的な品詞分類の枠で捉え、さらには「詞」と「辞」の関係を入子型構造によって説明しようとしたため、結果として多くの矛盾を抱え込むこととなった。それは、例えば「形式語」を一つの品詞として捉えるようなものである。実際、「詞」「辞」分類に困難な副詞の存在や、感動詞のような「詞」「辞」未分の相とも言える品詞の位置づけ、さらには入子型構造による説明を貫徹するための「零記号（言語形式零の形）」の措定など、論を精緻化しようとすればするほど、説明が一層困難なものとなる。確かに「零記号」などは、形態によっては「虚辞」の一部と解釈可能な部分も存在することから、幾分の留保も可能であろう。それでも、時枝の文法論については、言語過程説という極めて独特な言語論に立脚しながらも、具体的には伝統的な品詞分類法の修正に留まり、「実質語」と「形式語」のような二分法を、文法論的に展開させていくことにはつながらなかった。時枝の文法論においては、形容詞接続の「ない」も「辞」とされるが、学校国文法で「補助（形式）形容詞」とされることを考えれば、「実質語（概念語）」としての機能をもたない「形式語（観念語）」であるという点では同一の解釈と言える。それだけに、「実質語」と「形式語」といった区分においては、その連続性と成立過程（実質語から形式語への転成など）への着目が、重要な意味をもつと考えられるのである[12)]。

5　おわりに

いわゆる膠着語的性質をもち、品詞間の連続性の高い言語である日本語においては、仮に「実質語」と「形式語（機能語）」との二分法を行ったとしても、品詞分類のような細部の分析に至って、大きな困難を抱えてしまう結果となる。転成によって品詞性が異なってしまうこともある、複合辞の存在などはその端的な例であろう[13)]。そして、この困難さを最も如実に表したものが、時枝の文法論（特に品詞分類法）であったと言えるのだが、見方を変えるならば、実質語から形式語への転成現象といったことへの着目が、極めて重要であることを示す好例とも見なし得る。形式形容詞の「寒くない」を打消助動詞の「吹かない」と同じく「辞」として説明する時枝の文法論は、なぜある種の形容詞が「辞」としての振る舞いをするのかという原理が説明されるに及んで、その射程が生かされるのである。このことは、中国語における「虚詞」相当語と文法化との関係をめぐって、漢語学における「実詞（字・辞）」「虚詞（字・辞）」の区分についても共通する点であると言えよう[14)]。すなわち、「実質語」「形式語（機能語）」や「実辞（字・詞）」「虚辞（字・詞）」といった二分法とは、特にその形式の意味機能を考える場合において、共時的に把握される具象性と抽象性の差異に留まらず、通時的な観点を導入することにより、その意味が、一層明らかになるものと考えられるのである。

注

1）なお、expletive には「感情的、または、しばしば冒瀆的な間投詞・挿入語句、呪いの言葉」（亀井・河野・千野編（2007））という意味も存在するが、この場合は機能語への転成形式と異なるため、本稿では扱わない。

2）ただし韻文の場合、小林（2016）によれば、虚辞的な要素と結合価の増減に関わる接頭辞との判別が難しい例も多いという。このことは「虚辞」的要素認定の難しさと同義であると言えよう。3）「形式名詞」や「形式動詞」のような「形式語」に関する史的展開については、拙稿（2013）を参照。

4）なお、渡部（1975）では「Fries は上（引用者注：class word）に含まれない語を機能語（function word）―これに対しては更に 15 個の下位分類が行われる―として扱ったが、これを考慮した文法も 18 世紀にある」（p. 310）と指摘しているが、機能語に相当する品詞分類概念の言語学史的展開（18 世紀言語学における「機能語」認識の存否検証）については、今後の課題である。

5）ちなみに、青木が「虚字」について考察した契機は、昭和の初め頃に東北帝国大学での同僚であった山田孝雄から、中国では何時頃から「虚字・実字」の論が現れているのかという質問があったからだという（青木（1956）の序による）。

6）漢語学史（中国語学史）における『馬氏文通』の位置づけについては、王（1991）を参照。

7）盧以緯の『助語辞』については不明な点も多く、現在では、元代に成立した『語助』を、明代万暦年間に胡文煥が『助語辞』として刊行したものと考えられている。この点については、何（1985）を参照。また、近世以降の日本における受容については、國金（1987）を参照。

8）『訓訳示蒙』とテニヲハ論との関係については、佐藤（1982）を参照。なお、古田・築島（1972）には「彼の歿後四十年近くたって出された書であり、贋作とする説もある。」（p. 228）との言及がある。これは『訓訳示蒙』の出版に際し、書肆が無断で稿本を刊行した経緯と関係しており、宇佐美恵（灊水）の「訓譯示蒙　訳筌ノ後編、別ニ写本アリ、刊行スルモノ、狡児（ノ）贋作ナリ」（『徂徠著書弁』）という言をふまえてのことである。徂徠の著書に似せて、第三者が著したという意味ではない。

9）『歌林良材集』の成立については、武井（2000）を参照。

10）なお、日本語研究における「体・用・相」の論については、糸井（1982, 2017）において次のようにまとめられている。

連歌学における体用論を考察することによって、連歌学における体用観念は意味的に仏教思想の体用観を継承するものであったこと。しかし、連歌という言語文芸としての表現特性に基づいて、連歌独自の体用観として導入したものであったこと、それには、語レベル、文レベル、文章レベルのそれぞれに体用論があったこと、体用観が、「体相―用」から「体―用相」へと変化し、その体用の識別が活用の有無という形態論的な識別と結合することによって、相言(形容語)が専ら活用する語として第一義的に把握されるようになったこと、等々を指摘することができたように思う。（糸井（2017）p. p. 159-160）

11）確かに、漢語学の「実字」「虚字」「助字」に似た三区分法も、一方では多く見られる。例えば、富樫広蔭は『詞玉橋』（1847: 弘化 3）において「言（コト）」「詞（コトバ）」「辞（テニヲハ）」の三区分を行っている。逆にこのことは、「虚」「実」の対応が「詞」と「テニヲハ」になっていないことの例証ともなる。

12）なお、以上の流れとは別に、漢語学における「虚」「実」の区分を用いた言語研究の一つに、蘭語学が挙げられる。初期の蘭語学では、例えば宇田川槐園の『蘭訳弁髦』（1793: 寛政 5）において「実語」「虚語」「助語」という語が用いられている。

13）複合辞（助詞）の品詞性をめぐる問題については、杉本（2013）を参照。

14）例えば池田（2008）では、中国語の「来」「去」が連接機能を担う虚詞へと文法化する現象について考察している。

参考文献

青木正児（1956）「虚字考」『中国文学報』4（『青木正児全集　第七巻』春秋社（1970）所収）

池田　晋（2008）「“来”“去”の連接機能」『中国語学』255

糸井通浩（1982）「「体用」論と「相」―連歌学における―」竹岡正夫編『国語学史論叢』笠間書院（『日本語論の構築』清文堂（2017）所収）

荒木一雄・安井稔編（1992）『現代英文法辞典』三省堂

荒木一雄編（1999）『英語学用語辞典』三省堂

石橋幸太郎・桑原輝男・池上嘉彦（1963）『C. C. フリーズ　不死鳥英文法ライブラリ6』南雲堂

石橋幸太郎（1964）『英文法論』大修館書店

石橋幸太郎・中島邦男・山本和之・小野茂（1967）『H. スウィート　不死鳥英文法ライブラリ1』南雲堂

牛島徳次（1956）「助字考―宋代以前―」『東京教育大学文学部紀要　国文学漢文学論叢』1

牛島徳次（1989）『日本における中国語文法研究史』東方書店

亀井孝・河野六郎・千野栄一編（2007）『言語学大辞典第6巻　術語編』三省堂

龔千炎／鳥井克之訳（1992）『中国語文法学史稿　関西大学東西学術研究所資料集刊17』関西大学出版部

國金海二（1987）「盧以緯『助語辞』と毛利貞斎の著作」『文藝論叢』23

小林　立（1985）「中国語における実詞と虚詞について」『香川大学一般教育研究』27

小林美紀（2016）『アイヌ語動詞の結合価と項構造』千葉大学大学院人文社会科学研究科博士学位論文

佐藤宣男（1982）「漢語文典とテニヲハ―『訳文筌蹄』『訓訳示蒙』を中心に―」竹岡正夫編『国語学史論叢』笠間書院

山東　功（2013）「学校国文法と形式語」藤田保幸編『形式語研究論集』和泉書院

杉本　武（2013）「複合助詞の品詞性について―名詞を構成要素とする複合助詞を例に―」藤田保幸編『形式語研究論集』和泉書院

武井和人（2000）『一条兼良の書誌的研究　増訂版』おうふう

寺澤芳雄編（2002）『英語学要語辞典』研究社

戸川芳郎・神田信夫編（1974）『荻生徂徠全集第二巻　言語篇』みすず書房

時枝誠記（1941）『国語学原論　言語過程説の成立とその展開』岩波書店

中川　諭（2014）「虚字」佐藤武義・前田富祺編『日本語大辞典』朝倉書店

中川　裕（1997）『アイヌの物語世界』平凡社ライブラリー

福村虎治郎訳（1959）『英語学ライブラリ(33)　C. C. フリーズ　英語の構造』研究社出版

藤田保幸編（2013）『形式語研究論集』和泉書院
古田東朔・築島裕（1972）『国語学史』東京大学出版会
堀江　薫（2002）「書評：日野資成著『形式語の研究―文法化の理論と応用―』」『国語学』53-4
三上　章（1972）『現代語法序説』くろしお出版
森岡健二（1994）『日本文法体系論』明治書院
山田孝雄（1943）『国語学史』宝文館出版
渡部昇一（1975）『英語学大系 13　英語学史』大修館書店

何　九盈（1985）『中国古代语言学史』河南人民出版社
何　九盈（1995）『中国現代语言学史』广东教育出版社
王　海棻（1991）『马氏文通与中国语法学』安徽教育出版社

Fries, C. C.（1952）*The structure of English : an introduction to the construction of English sentences.* Longmans, Green.
Sweet, H.（1891）*New English Grammar : logical and historical. Part.1* Clarendon Press.

［付記］　本稿は科学研究費補助金（基盤研究(C)「ヨーロッパ東洋学における日本語論に関する日本語学史的研究」）による研究成果の一部である。

中級以降で指導が必要なテシマウの用法について
——学習者と母語話者の使用状況調査に基づく考察——

砂川　有里子

1　はじめに

日本語教育の参考書では、テシマウという形式の表す意味を、「完全に済ませることを強調する」というアスペクト的意味と「遺憾・後悔を表す」というモダリティ的意味の2種に分けて説明するのが普通である（牧野・筒井1989、グループジャマシイ1998、松岡ほか2000、友松ほか2013）。和栗ほか（1998）の調査によると、初級レベルの日本語教科書7種[1)]のすべてが上記のモダリティ的意味を、5種が上記のアスペクト的意味を文法の指導項目として取りあげている。このように、日本語教育では、通常、テシマウという形式を初級段階で導入し、上記のアスペクト的意味とモダリティ的意味，およびそれらの用法について指導するということが行われている。

しかし、アスペクト的意味に関しては、テシマウと動詞の過去形との使い分けの問題、モダリティ的意味に関しては、適切な場面での使用の問題などから、習得の過程でさまざまな誤用が出現する。和栗ほか（1998）では次のような誤用例が紹介されている（pp. 133–4)。

（1）　昼休みにキャンパスで出会ったときに
　　T：Sさん、昼ご飯を食べましたか。
　　S：はい、もう食べてしまいました。

（2）　入試の結果を報告するときに
　　T：Sさん、入試の結果はどうでしたか。
　　S：はい、合格してしまいました。

（3） 日本での新しい生活が始まって数ヶ月たったころ

T：Sさん、日本の生活はどうですか。もう慣れましたか。

S：はい、最初は大変でしたが今はもう慣れてしまいました。

（4） 借りたテープを壊したことを謝る

S：先生。先生のテープを壊しました。どうもすみません。

（1）～（3）は出来事を単なる事実として述べるべきところに、モダリティ的意味を伴うテシマウを使ったことによる誤用である。テシマウという形式を「完全に済ませる」あるいは「実現が完了する」という意味だと教えられたために、動詞の過去形を使うべきところでテシマウの過去形を使ってしまったものと思われる。

（4）の例は、テシマウを使うべき場面で使っていないもので、母語話者であるのなら、意図せずにうっかり壊したことを表す「壊してしまいました」という表現を使うことが多いだろう。この例の「壊しました」を誤用とするかどうかは微妙だが、壊したことに責任を感じていないかのような誤解を生みかねないので、やはり問題のある言い方だと言える。

この種の誤用や非用は中級になってもなくならない。さらに中級以降になると、初級レベルで見過ごされてきたことがらが指導の必要な項目となってくる。例えば、次の例は、木が倒れたり家が壊れたりしている絵を示され、その情景を説明するよう求められた中級の学習者の発話である。

（5） 家にえー、木が二本あります。一本は倒れてしまいました。

この絵を示された日本語母語話者の発話では、「倒れています」や「倒れてしまっています」のようにテイル形が用いられている。しかし学習者は、テイル形を正しく使える者でさえ、テシマウのテイル形である「倒れてしまっています」という形は使えずに、「倒れてしまいました」の形を使う。これは状態ではなく出来事の生起を表す形である。そのため上に示した例のように、絵の情景を説明する表現としては不自然である。

このようにテシマウという文型は、中級になっても使いこなすことができない文型の1つである。しかし、日本語教育の現場では、初級段階で導入された既習の文型であるとみなされ、この文型が中級以降の指導項目となることはまれである。

そこで、本稿では、中級以降の学習者にとって指導の必要なテシマウの用法は何かという課題を立て、その用法や使用場面を整理して示すことを目的とする。そのために、まずは中級レベルの学習者コーパスを用いたテシマウの使用状況調査を行い、母語話者の使用状況との比較を通じて、中級以降の学習者に指導が必要なテシマウの用法と使用場面について考察する。

本論に入る前に、まずは、テシマウの意味と用法に関する先行研究を概観し、日本語教育の立場からどのような点に留意すべきかをまとめておくことにしたい。

2　テシマウの意味と用法

テシマウの研究は、大きく分けて、テシマウにアスペクトとモダリティの両方の意味を認める立場（高橋 1969、吉川 1973、寺村 1984、杉本 1991、1992、etc.）と、モダリティ的意味を中核の意味として認める立場（藤井 1992、鈴木 1998、倉持 2000、一色 2011、etc.）がある。前者の多くはアスペクト的意味からモダリティ的意味が派生したと捉えるが（寺村 1984、杉本 1991、1992、金水 2000）、後者はモダリティ的意味からアスペクト的意味が派生したと捉えるもの（藤井 1992、鈴木 1998）と、文脈から二次的にアスペクト的意味解釈が行われると捉えるもの（一色 2011）がある。

以上は現代語を扱った共時的な研究であるが、テシマウの意味機能の拡張を歴史的な観点から研究したものに梁井（2009）が挙げられる。梁井は、近世後期から現代までの口語的な資料を調査し、鎌倉期には本動詞として用いられていたシマウが 17 世紀後半から脱語彙化し、補助動詞テシマウ[2)]という形でその意味機能を拡張しながら文法化する過程をたどっている、と論じている。それをまとめると以下のようになる。

1．テシマウは、19 世紀半ば頃まで、典型的な運動動詞（限界動詞：殺す、乾く、etc.／非限界動詞：読む、食べる、etc.）に後接し、事態の終了限界の達成を表していた。すなわち、初期のテシマウは本動詞が持つ「終了」という意味を色濃く残していたために、「食べてしまった」「死んでしまった」のようにもっぱら事態の終了限界の達成を表すものであった。

2．それ以降、内的状態動詞（思う、困る、etc.）、静態動詞（異なっている、可能動詞、etc.）の順に使用領域を拡張しながら意味的に抽象化し、事態の開始をも含む限界達成一般を表す標識へと変化した。

3．19世紀初め頃までは、話し手が動作主と一致しないのが普通で、マイナスの感情・評価的意味は、そのような場合に依存する形で生じていた。しかしその後、話し手が動作主と一致する場合にも用いられるようになった。

4．話し手が動作主と一致する場合、マイナスの感情・評価的意味が生じるのは意志動作より無意志動作の方が多く、マイナスの感情・評価的意味を伴わないのは無意志動詞より意志動詞のほうが多い。

5．テシマウは、大局的にみれば、広義の＜完了＞からマイナスの感情・評価的意味を獲得する方向で拡張してきた。

梁井（2009）の調査と考察により、歴史的にはアスペクト的意味からモダリティ的意味が派生してきたことが確認された。また、話し手が動作主と一致するかどうかという点や、一致する場合に話し手の意志による動作かどうかという点が関与することも梁井の調査によって裏付けられた。

一方、現代語に関しては多くの先行研究が指摘しているように、純粋なアスペクト的意味で用いられることが少なくなり、何らかのモダリティ的意味を感じさせる場合が大勢を占めるようになっている（鈴木1998、大場2002、etc.）。例えば、次の例は「完全に済ませる」というアスペクト的意味を表しているが、単なるテアスペクト的意味だけでなく、完全に済ませたことによる開放感とでも言うべき意味も感じさせる。

（6） この手紙、今日中に書いてしまおうと思っています。

（7）　そんな仕事、早く片付けちゃいなさいよ。

これらの例のように動作主の意志的な行為が表された場合、話し手のなんらかの心的態度を感じさせることが少なくない。さらに次の例では、意図せずにある感情が生じたり、ある行為を行ったりすることを表している。

（8）　この音楽を聴くと、いつも踊りたくなってしまう。

（9）　あまりの美しさに、つい見入ってしまいました。

これらの例からは「完全に済ませる」というアスペクト的意味はもはや感じられなくなっている。

日本語教育では「完全に済ませることを強調する」というアスペクト的意味や「遺憾・後悔を表す」というモダリティ的意味が特に取り上げられて指導されるが、テシマウはそれとは異なるさまざまな意味も有している。学習者にとってこのように多くの意味を持つ形式の習得は容易ではないし、教育現場にとっても何をどのように指導すべきか判断が難しい形式である。しかし、テシマウにどのような用法があるのか、また、どのような場面でよく使われるのかを整理して示すことにより、テシマウの指導法を考える手がかりを提供することができる。そこで、本稿では以下の手順で議論を進めることにする。

まずは3節で本稿の調査の概要を説明し、4節で学習者の使用状況と母語話者の使用状況との比較を通して中級学習者のテシマウの習得状況を明らかにする。次いで5節で調査結果を分析し、中級以降で指導が必要な項目について検討する。最後に6節で中級以降で指導の必要なテシマウの意味と用法、およびそれらがよく使われる場面を整理して示すことにする。

3　I-JASを使った調査

日本語学習者と母語話者のテシマウの使用状況を調査するために、国立国語研究所が構築中の『多言語母語の日本語学習者横断コーパス』（以下，略称の「I-JAS」を用いる）を使用する[3)]。このコーパスは、海外と国内で日本語を学ぶ学習者の発話と作文を収めた日本語コーパスで、対照データとして日本語母語話者のデータも含まれている。2020年までに1,050名分のデータの公開を予定しているが、2016年5月に第一次公開データとして各グループ15名、合計225名分のデータが公開された。学習者は全員中級レベルである[4)]。表1にその内訳を示す。

表1　第一次公開データの協力者の内訳

協力者		人数
海外の学習者（12言語×15名）		180名
国内の学習者	教室環境	15名
	自然環境	15名
国内の日本語母語話者		15名
合計		225名

本稿ではこのうちの海外の学習者75名（スペイン、フランス、ベトナム、ハンガリー、韓国、各15名。全員教室環境）と国内の自然環境と教室環境の学習者各15名に日本語母語話者15名を加えた120名の発話データを使用する。発話データは次の4つのタスクから構成されている。

a．ストーリーテリング2種（コマ割りの漫画を見てストーリーを語るタスク）

b．インタビュアーとの30分程度の対話（半構造化インタビュー）

c．ロールプレイ2種（依頼と断りのロールプレイ）

d．絵描写（絵を見ながらその情景を説明するタスク）

調査にあたっては、「中納言（バージョン2.2.1 短単位データ20160729版）」により「てしまう」と「ちゃう」の用例を検索した[5)]。以下においては、「てしまう」「ちゃう」とそれらの丁寧体「てしまいます」「ちゃいます」、および、これらの活用形の代表形として「テシマウ」という用語を用いることにする。

4　テシマウの使用頻度と使用のしかた

4.1　使用頻度

テシマウの使用頻度は表2が示すように、母語話者が圧倒的に多い。母語話者の使用を100とした場合、学習者の使用は最小が韓国の13、最大が自然環境の27で、学習者の全グループを平均すると22に過ぎない。国内の自然環境で学習した者でさえも、母語話者に比べてテシマウの使用が非常に少ないことが分かる。

表2　テシマウの使用頻度と使用比率

	母語話者	学習者							
		スペイン	フランス	ベトナム	ハンガリー	韓国	自然環境	教室環境	平均
てしまう	104	39	31	36	39	14	25	34	31
ちゃう	115	3	6	21	13	15	34	20	18
合計	219	42	37	57	52	29	59	54	47
母語話者との比較	100	19	17	26	24	13	27	25	22

図1は「てしまう」と「ちゃう」の使用比率を示したものである。「ちゃう」が過半数を占めたのは母語話者（53%）、韓国（52%）、自然環境（58%）の3グループで、その他のグループは、「てしまう」のほうが多く使われている。「てしまう」のほうが多い5グループの中で「てしまう」の比率が最も大きいのがスペインの93%、最も小さいのがベトナムと教室環境の63%で、平均は76%となる。このことから、国内・海外を問わず、教室環境の学習者は総じて教室で習う規範的な「てしまう」を多く使うことが分かる。例外的に韓国の場合は、「ちゃう」が過半数を占めるが、このグループはテシマウの使用頻度

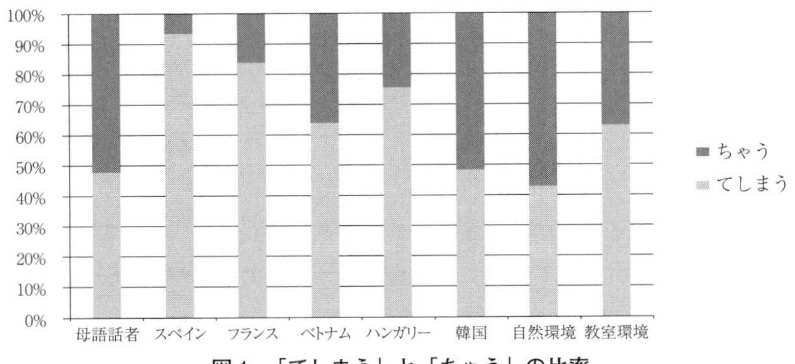

図1　「てしまう」と「ちゃう」の比率

自体が他の学習者に比べて低いため、特定の学習者の「ちゃう」の使用が比率の高さにつながったものと思われる[6)]。

4.2　テシマウの形式

次に、テシマウがどのような形式で用いられているかについて、過去形と非過去形、およびテイル形を中心に観察することにする。

まずは、過去形と非過去形について見てみることにしたい。表3は母語話者と学習者それぞれの過去形と非過去形の使用頻度、およびその比率を示したものである。

表3　過去形と非過去形の使用頻度と比率

	母語話者	学　習　者							
		スペイン	フランス	ベトナム	ハンガリー	韓国	自然環境	教室環境	合計
過去形	64(29%)	36(86%)	31(84%)	54(95%)	38(73%)	15(52%)	30(51%)	38(70%)	242(73%)
非過去形	155(71%)	6(14%)	6(16%)	3 (5%)	14(27%)	14(48%)	29(49%)	16(30%)	88(27%)

この表が示すように、母語話者は非過去形が71%と多数を占める。それに対して、学習者はどのグループも過去形のほうが多数を占める点が母語話者と大きく異なっている。韓国と自然環境は過去形がわずかに多い程度でほぼ半々だが、その他のグループは過去形の使用が非過去形を大きく上回り、学習者による過去形の平均使用率は73%を占める。以上のことから、学習者の使用は過去形に偏り、母語話者に比べて非過去形の使用が少ないことが分かる。

次に、非過去形で用いられているテシマウの形式について述べる。表4は、テシマウが非過去形で用いられたときにどのような形式をとっていたのかを示したものである。

この表が示すように、母語話者は「ル形[7)]／ます」の使用が最も多く、59%を占めている。次いで「て／まして」、「てる／ている」の順になり、これら3種で全体の92%と大半を占める。一方、学習者は、グループによってばらつきがあるが、「ル形／ます」と「て／まして」の2種だけで全体の97%を占め、

表4　テシマウの非過去形の形式

	母語話者	学習者							
		スペイン	フランス	ベトナム	ハンガリー	韓国	自然環境	教室環境	合計
ル形/ます	91 (59%)	0	1	1	6	7	13	8	36 (41%)
て/まして	30 (19%)	6	5	2	7	6	15	8	49 (56%)
てる/ている	21 (14%)	0	0	0	1	0	1	0	2 (2%)
たり	5 (3%)	0	0	0	0	0	0	0	0 (0%)
連用中止	3 (2%)	0	0	0	0	1	0	0	1 (1%)
ば	3 (2%)	0	0	0	0	0	0	0	0 (0%)
たら	1 (1%)	0	0	0	0	0	0	0	0 (0%)
(よ)う	1 (1%)	0	0	0	0	0	0	0	0 (0%)
合計	155(100%)	6	6	3	14	14	29	16	88(100%)

その他の形はほとんど使われていないことが分かる。

以下に学習者がテシマウの非過去形を用いた使用例を示す[8)]。

(10)　あーん、私はいつも、あー、朝で、あ遅れてしまいます、{笑} だから、あ早く大学で行って、そして、授業がありました (FFR40)

(11)　えーえ恋にあ二人とも恋に落ちましたけどでもでもえーがー彼はえー後ー後はえー病気になってしまって彼女えーえっとー悲しくないえーようにえーはい彼女と別れてしまった (VVN48)

一方、テシマウの非過去形で母語話者が数多く使用している「てる／ている」は、学習者にはほとんど使われていない。例えば、絵の描写タスクでの「倒れる」という動詞のテシマウは、母語話者が6回、学習者が13回使っているが、母語話者はすべて「てる／ている」の形であったのに対し、学習者で「てる／ている」を使っている者は一人もいない[9)]。

すべてのタスクにおいて学習者が「てる／ている」を使ったのは、以下の2例だけである[10)]。

(12)　あの、とにかく、あの、時間があんまりなくなっちゃってるですから、〈あー、はい、うん〉あのー、今は、一週間、あ、三回、あの、べ、べん、勉強じゃなくて、あの、仕事 (HHG51)

(13)　たぶんですねー〈はい〉あのーどろぼが入っちゃってました (JJN42)

4.3　直前の動詞のタイプ

次に、テシマウの直前に使われた動詞を観察することにしたい。表5と表6は、3回以上使用された動詞のリストを母語話者と学習者に分けて頻度順に示したものである。母語話者の数が15名なのに対し、学習者の数は7グループを合わせた105名であるため、表6には学習者グループ7つの平均値も示してある。また、動詞の受身の「食べられる」や自発の「思われる」という形も観察の対象とした。

表5　直前の動詞（母語話者）

異なり数	順位	動詞	頻度
1	1	なる	38
2	2	する	17
3	3	くる	10
4	3	入る	10
5	5	忘れる	8
6	6	無くなる	7
7	7	行く	6
8	7	終わる	6
9	7	倒れる	6
10	7	食べられる	6
11	11	される	5
12	11	使う	5
13	13	できる	4
14	13	寝る	4
15	15	入れる	3
16	15	思う	3
17	15	かける	3
18	15	食べる	3
19	15	疲れる	3
20	15	慣れる	3
21	15	入り込む	3
22	15	見つかる	3

表6　直前の動詞（学習者）

異なり数	順位	動詞	頻度	グループ平均
1	1	食べる	53	7.6
2	2	忘れる	33	4.7
3	3	壊れる	23	3.3
4	4	入る	21	3.0
5	5	なる	20	2.9
6	6	死ぬ	17	2.4
7	6	倒れる	17	2.4
8	8	寝る	14	2.0
9	9	無くなる	12	1.7
10	10	する	8	1.1
11	11	割れる	6	0.9
12	12	壊す	5	0.7
13	12	行く	5	0.7
14	14	亡くなる	4	0.6
15	14	食べられる	4	0.6
16	14	落ちる	4	0.6
17	17	食う	3	0.4
18	17	泣く	3	0.4
19	17	分かれる	3	0.4
20	17	終わる	3	0.4
21	17	辞める	3	0.4

母語話者も学習者も全員が同じタスクを行っているため、どちらの表にも「忘れる」「食べる」「食べられる」「入る」「倒れる」など共通する動詞が少なくないが、母語話者の表に見られて学習者の表に見られない動詞も相当数存在する。その中でここでは特に、可能を表す「できる」と内的状態変化を表す「思う」「疲れる」「慣れる」（表5の網掛け部分）に着目したい。
用例としては次のようなものである。

(14)　黒田官兵衛はいわゆるエースなのでー〈はーい〉なんでもできちゃうんですね（JJJ10）

(15)　私もどこへって言われるとーんー連れていく場所があっただろうかっていうふうにー〈んー〉思ってしまうところはありますのでー（JJJ37）

(16)　毎日その中にいたら、〈うん〉自分も余裕がなくなって〈うん〉なんか疲れちゃうと思うので〈うんうん〉ちょっとは離れたところがいいなと思います（JJJ14）

(17)　まあそういう訳じゃないですけどそれに慣れてしまって今でもある程度のことが起きてもまあなんとかなるかなというのはよくないんですけれども（JJJ35）

これらの下線部は可能を表す「できる」以外は全て運動動詞である。しかし、運動動詞としては非典型的なもので、内的状態変化を表している。母語話者のデータにはこの種のテシマウが散見されるが、学習者のデータには「忘れる」が多く使われている他はほとんど見られず[11)]、学習者の使用はほぼ典型的な運動動詞に限られている。

5　考　　察

4節では、テシマウの使用状況について、I-JASの発話データの調査結果を報告した。それをまとめると以下のようになる。

①中級学習者は母語話者に比べてテシマウの使用頻度が非常に少ない。

②学習者のテシマウの使用は過去形に偏り、非過去形の使用が母語話者に比べて非常に少ない。

③母語話者はテシマッテイルという形を多く用いているが、学習者はほとんど用いていない。

④テシマウの直前にくる動詞として、母語話者のデータには典型的な運動動詞のほかに非典型的な運動動詞である内的状態変化を表す動詞や静態動詞である可能を表す動詞も現れる。一方、学習者のデータに現れるのは典型的な運動動詞にほぼ限られる。

以上の①は、母語話者ならテシマウを使うところなのに学習者が使用を避ける「非用」という現象が起こっており、既習のはずのテシマウという形式が十分に習得できていないことを表している。

学習者の使用が過去形に偏るという②の点については、学習者が過去形のテシマウしか教えられていないためではないかと予想される。しかし、実は、かならずしもそうではない。和栗ほか（1998）の表1（p. 137）からは、多くの教科書が非過去形の用例を提示していることが分かる。その一部を以下に挙げる。

(18)　土曜日に全部宿題をしてしまうつもりです。（文化初級 35 課）

(19)　あれ。もう帰っちゃうの。残念だなあ。（Situational Functional Japanese 22 課）

(20)　じゃ、ちょっとまってて。この手紙、すぐ書いてしまうから。（Japanese for Everyone 10 課）

(21)　早く二階の部屋をかたづけてしまいましょう。（初級日本語 24 課）

このように教科書で非過去形が取りあげられているのに中級になっても非過去形が使えるようにならないのはなぜだろうか。その理由は、教科書での説明や練習のさせかた、および、学習者にとっての認知のしやすさという点にあるのではないかと思われる。

教科書での説明や練習のさせ方という点については、例えば『Situational Functional Japanese, Vol.3: Notes』[12] の例が挙げられる。この教科書の Grammar Notes ではテシマウのさまざまな形式として「〜てしまってください」「〜てしまったほうがいい」「〜てしまおう」「〜てしまえ」といった非過去形の形式が示されている（p. 165）。しかし、用法の詳しい解説がなされている部分で挙げられている例はすべて過去形である（p. 166）。また、『みんなの日本語初級（2）教え方の手引き』[13)] では、「動作動詞について、ある行為を完全に終了する」と「不都合な事態に対する遺憾の気持ちを表す」という2つの用法が示され、前者の用法には「完了」の「てしまいました」の他に「未来完了」の「てしまいます」という形が示されている。しかし、後者の用法に関しては過去形の例しか挙げられていない（pp. 50–52）。このように初級の教科書では、非過去形の用法に触れてはいるものの、過去形の用法に比重を置いた指導がなされている。

一方、学習者にとっての認知のしやすさという点については次のようなことが考えられる。まず、「完全に済ませること」という意味は過ぎ去った過去の事態と最も自然に結びつきやすい。また、もう一方の「後悔」という意味は過ぎ去った過去の事態としか結びつかないものであるし、「遺憾」という意味も過去の事態との結びつきが強い。すなわち、テシマウの意味は過去の事態を想起させやすく、それが典型的な意味として学習者の記憶に強く焼き付けられるものと思われる。

以上のことから、学習者には過去形だけが強く印象づけられる結果となり、中級になってもテシマウの過去形に偏った使用が行われるという状況を生んでいるのである。

典型を外れた意味や過去形以外のさまざまな形式は、初級レベルで導入するには学習者への負担が大きすぎる。そのため、典型的な意味の過去形の用法に比重を置くという初級での指導のあり方自体には特に問題があるわけではない。問題なのは、中級以降で指導が必要な項目があるにもかかわらず、テシマウを既習の項目だとして指導が見過ごされてしまうことにある。このことは、テシマウのテイル形が使えないということにも該当する。

「書いている」や「持っている」など、動詞のテイル形は初級の比較的初期の段階で導入され、その後も頻繁に使われる形式である。そのため、I-JASのデータでも学習者は各グループともテイル形を数多く使用している。本稿の調査協力者を対象に動詞のテイル形を検索したところ、母語話者の使用が364回なのに対し、学習者はグループ平均で268回であった。このことから、母語話者ほどではないにしても、学習者は相当数のテイル形を使っていることが分かる。この中にはテシマッテイルと同じように結果状態を表すテイル形も多数存在する。このから、結果状態を表すテイル形の習得には特に問題がないものと思われる。それにも関わらず、テシマッテイルという形が使えないのは、学習者にこのような形式の使い方を意識させられる機会がなかったことに起因するのではないかと思われる。このように、初級では触れられないテシマッテイルという形は、その存在をどこかの段階で指摘されなければ習得の機会を逸してしまう恐れがある。

最後に、学習者の使用が典型的な運動動詞に限られるという④の点を検討する。既に述べたように、初級で指導されるのは「完全に済ませること」と「遺憾・後悔」を表すテシマウの典型的な意味である。しかし、可能を表す「できる」や内的状態変化を表す「思う」は、「エースだからなんでもできてしまう」や「『走ってみたい』と思っちゃう本」という例に見られるように、どちらの意味にも該当しない使い方がされる場合がある。静態動詞の「いる」が用いられた「ずっとここにいちゃいたい気分」なども「完全に済ませること」や「遺憾・後悔」という意味を表してはいない。テシマウは意味機能の拡張によってかなり複雑な意味を表す用法にまで文法化が進んでいるのである。このような多様な用法をすべて網羅して教えることは不可能だろうし、その必要もないことだろうが、それらの中から比較的よく使われる意味と用法については中級以降のどこかの段階で指導する必要があるように思う。

そこで、以下においては既に述べた梁井（2009）の議論を参照しながらテシマウの意味機能の拡張の様子を確認し、中級以降で指導が必要なテシマウの意味と用法について考えることにする。

6　中級以降に指導が必要なテシマウの意味と用法

6.1　テシマウの表す意味機能の拡張

梁井(2009)が実証的に明らかにした通り、テシマウは「完全に済ませる」というアスペクト的意味だけではなく、「そんなこと言われると困ってしまう」の例に見られるように、なんらかの状態が実現するという意味も表すように変わっている。また、梁井（2009）が、初期の時代には話し手が動作主と一致しなかったのが、その後、一致する場合にも使われるようになったこと、そして、その場合に、無意志動詞のほうがマイナスの感情・評価的意味を伴いやすいことを報告しているが、このことはすなわち、話し手以外の人やものの出来事、あるいは自分の意志によらない話し手の出来事といった、話し手の意志ではコントロールできない事態が生起したときに、マイナスの感情・評価的意味が生じやすいと言うことである[14)]。

テシマウの意味機能はその後もさらに拡張し、現在では次の例のようにマイナスの感情・評価的意味とは異なる意味を表すものも現れている。

(22)　早く宿題をやってしまいなさい。

(23)　そんなにつらいならやめてしまったらどうですか。

(24)　一日も早く忘れてしまいたい。

(25)　いっそのこと殺してしまおうか。

これらは、丸谷ほか（1998）が「片付け」、一色（2011）が「一掃」と呼んだもので、命令、勧誘、希望、意向などを表す場合に多く表される意味である。動作主が自分の意志で行うことができる行為を表すもので、その行為を行うのに困難や負担や罪悪感などなんらかの障害が存在し、その障害を突破して実現するというような意味がある。

さらに、次の例も意志的な動作を表す動詞が用いられ、話し手の意志でコントロールできる行為が表されている。

(26)　きれいな景色を見ると、ついカメラを向けてしまいます。

(27)　印刷しようとおもっていたのですが、うっかり消してしまいました。

(28)　風呂に入るといつも鼻歌を歌ってしまう。

これらの例は、本来なら自分の意志でコントロールできるはずの行為が、無意識や不注意など、話し手のコントロールが及ばない状況で、話し手の意図とは無関係に、自発的に実現することを表している。内的状態変化を表す動詞や静態動詞が使われた次の例もこの意味を表すものである。

(29)　彼らを見るとついうらやましいと思ってしまう。

(30)　いざとなると家族のことを考えてしまいます。

(31)　店内が静かなので、何時間でもいてしまいそう。

話し手のコントロールを越えて自発的に実現することを表すという上記の意味からさらに拡張し、次のように、普通ならあり得ないことが身に起こったり(32〜34)、普通ならあり得ないことをあえて実現させたり（35〜36）するといった意味を表すようにもなっている。この意味の場合には、「ちゃう」が用いられ、「てしまう」が用いられるのはまれである。このことから分かるように、この用法は比較的新しく生まれてきたものであり、くだけた話し言葉やブログなどの話し言葉的な書き言葉に使われている。

(32)　なんと大手企業に受かっちゃいました。

(33)　フレンチのフルコースおごってもらっちゃった。

(34)　うまいねってほめられちゃった。

(35)　宝くじ買って大金あてちゃおうっと！

(36)　かっこいい英語…おすすめカフェも教えちゃいます。

以上に述べた「障害突破」や「意図性不在での実現」や「普通ならあり得ないことの実現」という意味は、テシマウの持つ「限界達成」というアスペクト的な意味から派生してきたものと考えられる。これらの意味を表す文は、母語話者のデータには現れるが、学習者のデータには現れない。次に示す例は、上から順に、「障害突破」「意図性不在での実現」「普通ならあり得ないことの実現」を表す母語話者の例である。

(37)　で、えーっと、その人間側としてはその寄生虫ってのは、まあ、まあ、いわまあ害虫みたいなもので、〈ん、ん、ん〉まあ殺してしまえばいい

んじゃないかという話になるんですけど（JJJ03）

(38)　恋に落ちて〈うんうんうん〉えーとその、婚約、すると〈うんうん〉エルサに言ったところ〈うん〉エルサは怒って〈うん〉えーうっかり人前で魔法を使ってしまいました（JJJ12）

(39)　チョコあげたりとかはあいやいないですね〈あそうなんですかじゃあちょっと印象に残ってる先生というとそのチェッカーズを〉歌っちゃった先生〈歌っちゃった先生ってことですねー、まあでも、嫌いではない？〉嫌いではないですよ（JJJ10）

6.2　中級以降に指導が必要なテシマウの意味と用法

前節ではテシマウの意味機能の拡張という観点からテシマウの意味と用法について述べてきた。この節では中級以降に指導が必要な項目という観点から前節の議論を整理して示すことにする。

中級以降では、初級で導入した「完全に済ませること」や「遺憾・後悔」を表すのとは異なる意味と用法を指導する必要がある。本稿では、中級以降の指導項目として、以下の３種の意味と用法を挙げることにする。

1．障害突破の強調

意味：動作主が自分の意志でコントロールできる行為だが、その実現になんらかの障害が存在し、その障害を突破して実現するという意味。

用法：意志動詞に付いて、聞き手に命令や勧誘を行ったり、話し手の希望や意向を表明したりする場面で用いる。

用例：(22)～(25)を再掲

(22)　早く宿題をやってしまいなさい。

(23)　そんなにつらいならやめてしまったらどうですか。

(24)　一日も早く忘れてしまいたい。

(25)　いっそのこと殺してしまおうか。

2．意図性不在での実現

意味：本来なら自分の意志でコントロールできるはずの行為が、無意識や不注意などから自分の意図によらずに実現するという意味。

用法：意志動詞に付いて、話し手の行為が意図せずに行われるものであることを表すのに用いる。

用例：(26)～(31)を再掲

(26)　きれいな景色を見ると、ついカメラを向けてしまいます。

(27)　印刷しようとおもっていたのですが、うっかり消してしまいました。

(28)　風呂に入るといつも鼻歌を歌ってしまう。

(29)　彼らを見るとついうらやましいと思ってしまう。

(30)　いざとなると家族のことを考えてしまいます。

(31)　店内が静かなので、何時間でもいてしまいそう。

3．普通ならあり得ないことの実現

意味：普通ならあり得ないことが身に起こったり、あり得ないことを実現させたりするという意味。

用法：「ちゃう」という縮約形を用い、意志動詞にも非意志動詞にも付く。比較的新しい用法で、くだけた話し言葉や話し言葉的な書き言葉で使われている。

用例：(32)～(36)を再掲

(32)　なんと大手企業に受かっちゃいました。

(33)　フレンチのフルコースおごってもらっちゃった。

(34)　うまいねってほめられちゃった。

(35)　宝くじ買って大金あてちゃおうっと！

(36)　かっこいい英語…おすすめカフェも教えちゃいます。

テシマウは今でも文法化が進行中で、文脈によって実に多様な意味を表す形式になっている。その意味の多くは語用論的な要因によって生じるモダリティ的な意味で[15)]、そのすべてを指導することは不可能である。上に挙げた3つの意味と用法は、比較的多く用いられているという点で「完全に済ませること」や「遺憾・後悔」を表す典型的な意味に準じる重要性を持つものと言える。テシマウを初級での既習項目として見過ごすのではなく、中級以降でも何らかの機会に上に挙げた意味と用法の存在を意識させるような指導が必要なのではないかと思う。

注

1）『日本語初歩』国際交流基金（1981年）、『文化初級日本語』文化外国語専門学校（1987年）、『新日本語の基礎』海外技術者研修協会（1990年）、『Situational Functional Japanese』筑波ランゲージグループ（1991年）、『Japanese for Everyone』名柄迪ほか（1990年）、『Japanese for Busy People』国際日本語普及協会（1994年）、『初級日本語』東京外国語大学留学生日本語教育センター（1990年）

2）梁井（2009）は「てしまう」「ちまう」「ちゃう」等を含めて「テシマウ相当形式」という用語を用いている。

3）I-JASについて、詳しくは迫田ほか（2016）を参照されたい。

4）学習者のレベル判定には、SPOT 90とJ-CATという2種のテストが用いられている。

5）検索条件は、以下の通り。「てしまう」は、キーが語彙素「て」および品詞「小分類が助詞-接続助詞」、後方共起（キーから1語）が語彙素「仕舞う」。「ちゃう」は、キーが語彙素「ちゃう」。

6）韓国の学習者は全体で「ちゃう」を15回使用している。その内訳は、3回×3名、1回×6名、0回×6名で、1回以上使用したのは9名である。また、3回使用した3名だけで使用頻度の6割を占める。一方「てしまう」の使用は14回で、その内訳は、2回×2名、1回×10名、0回×3名で、1回以上使用したのは12名である。このことから「ちゃう」よりも「てしまう」のほうが多くの学習者に偏り少なく使用されていることが分かる。

7）「てしまう」または「ちゃう」という形。

8）用例末尾の（　）内は協力者のID NO.で、アルファベットは以下のグループを示す。SES（スペイン）、FFR（フランス）、VVN（ベトナム）、HHG（ハンガリー）、KKD（韓国）、JJN（自然環境）、JJC（教室環境）、JJJ（母語話者）。

9）学習者の使用した「倒れる」の内訳は、過去形が11回、て形が2回である。

10）用例の〈　〉内は調査者の発話を示す。

11）頻度3以下の内的状態変化を表す動詞は以下の通りである。母語話者15名中：「考える（2回）」「思われる（1回）」「困る（1回）」「はばかられる（1回）」。学習者105名中：「慣れる（2回）」「疲れる（1回）」。

12）『Situational Functional Japanese, Vol.3: Notes』筑波ランゲージグループ（1992年）

13）『みんなの日本語初級（2）教え方の手引き』スリーエーネットワーク（2001年）

14）同様の指摘は杉本（1992）にもある。

15）例えば、(32)「なんと大手企業に受かっちゃいました」は、実力以上のことが達成できたことの驚きや照れくささ、(35)「宝くじ買って大金あてちゃおうっと」は、あり得ないことをやると宣言することについての冗談めいた気分などを表している。

参考文献

一色舞子（2011）「日本語の補助動詞「ーてしまう」の文法化：主観化、間主観化を中心に」北海道大学『日本語研究』15、201-221

大場美穂子（2002）「日本語の補助動詞「しまう」の意味」獨協大学『まてしす・ウニウェルサウス』4（1）、143-157

金水　敏（2000）「1. 時の表現」金水敏・工藤真由美・沼田善子『日本語の文法2時／否定と取り立て』岩波書店、2-92

倉持保男（2000）「補助動詞「(～テ) シマウ」について」『日本語意味と文法の風景―国広哲弥教授古希記念論文集』ひつじ書房、289-300

グループジャマシイ（1998）『日本語文型辞典』くろしお出版、254-255

迫田久美子・小西円・佐々木藍子・須賀和香子・細井陽子（2016）「多言語母語の日本語学習者横断コーパス International Corpus of Japanese as a Second Language」国立国語研究所『国語研プロジェクトレビュー』6(3)、93-110

杉本　武（1991）「「てしまう」におけるアスペクトとモダリティ」『九州工業大学情報工学部紀要人文・社会学編』4、109-126

杉本　武（1992）「「てしまう」におけるアスペクトとモダリティ(2)」『九州工業大学情報工学部紀要人文・社会学編』5、61-73

鈴木智美（1998）「「～てしまう」の意味」『日本語教育』97、48-59

高橋太郎（1969）「すがたともくろみ」教育科学研究会文法講座テキスト（金田一春彦編『日本語動詞のアスペクト』むぎ書房、1976、117-153 に所収）

寺村秀夫（1984）『日本語のシンタクスと意味　第Ⅱ巻』くろしお出版

友松悦子・宮本淳・和栗雅子（2013）『改訂版 どんなときどう使う 日本語表現文型200』アルク、119-121

藤井由美（1992s）「「てしまう」の意味」言語学研究会編『ことばの科学5』むぎ書房、17-40

牧野成一・筒井道雄（1989）*A Dictionary of Basic Japanese Grammar.* The Japan Times. 403-406.

松岡浩（監修）庵功雄・高梨信乃・中西久美子・山田敏弘（2000）『初級を教える人のための日本語文法ハンドブック』スリーエーネットワーク、47-48

丸谷しのぶ・和栗雅子・寺内弘子・菊地周子・法貴則子・梅岡巳香（1998）「「てしまう」はどのような表現か―その「心理側面」について―」『東京外国語大学留学生

日本語教育センター論集』24、119-131
梁井久江（2009）「テシマウ相当形式の意味機能拡張」『日本語の研究』5(1)、15-30
吉川武時（1973）「現代日本語動詞のアスペクトの研究」*Linguistic Communication* 9.Monash University,（金田一春彦編『日本語動詞のアスペクト』むぎ書房、1976、155-327）に所収
和栗雅子・寺内弘子・菊地周子・法貴則子・丸谷しのぶ・梅岡巳香（1998）「「てしまう」はどのような表現か—その「心理側面」について—」『東京外国語大学留学生日本語教育センター論集』24、133-146

謝辞

本稿をまとめるにあたり、広島大学の迫田久美子氏を始め、学習者コーパス研究会や竹園日本語教育研究会の方々に有益なコメントを頂戴しました。ここに記して感謝いたします。

形式名詞「つもり」と意志表現
——中国語と対照して——

中　畠　孝　幸

1　はじめに

本研究では、形式名詞「つもり」の意味用法について検討する。「つもり」の意味については、「来年北海道へ旅行に行くつもりだ」のように未実現のことがらについて意志を表す場合、「あの人には十分説明したつもりだ」のように実現済みのことがらについて意図を表す場合などがあり、先行研究でもそのような着目点からの分類がなされている。一方、日本語教育の立場からは、（先生に対して）「先生のアパートへ行くつもりです」といった表現が不適切になる場合があることや、「するつもりだ」と「しようと思っている」の二つの表現を同じ課で教えることのデメリット等が指摘されている（高梨(2016)）。

中国語に目を向けると、「つもり」と同様の意味を表すのに「打算」「準備」といった形式が用いられている。それらの形式はどのような観点に着目して用いられているのか、また、使い分けの基準は何かといった問題も興味深い。本研究では、中国語表現と「つもり」との対照を視野に入れながら、形式名詞「つもり」の意味用法について分析したい。

2　先行研究

「つもり」に関する先行研究としては、まず、「つもり」に前接する動詞の形による意味の異なりを指摘するものがある。吉川・酒井（2003）には次のような例が取り上げられている（例文番号は筆者による。以下同じ）。

（1） 行くつもりです。《意志》

（2） とらの絵をかいたつもりです。《思いこみ》

（3） 本を買ったつもりで貯金する。《仮想》

「つもり」が意志を表すのは、（1）のように前接する動詞がル形のときであり、前接する動詞がタ形のときは、（2）（3）のように《思いこみ》や《仮想》を表すといった指摘である。吉川・酒井（2003）では、前接する動詞がタ形のときだけではなく、ル形のときにも同様に《思いこみ》の意味が表れるとする。吉川・酒井（2003）は次のような例を挙げる。

（4） 外国語ができるつもりで通訳をかって出た。

（5） 病気がすぐなおるつもりで入院した。

（6） 私は仕事がすぐ片付くつもりでやってきた。

これらは「つもり」に前接する動詞がいずれも意志性のない自動詞の場合で、文の適格性への許容度が人によって異なる可能性があるが、「つもり」の意味として、動作主が事態の実現に積極的に働きかけはしないが実現を予期し認識しているというある種の意図も含まれるとすれば、（4）～（6）のような例も可能になるのであろう。

吉川・酒井（2003）は、「つもり」に前接する動詞の形によってその意味の違いがどのようになるかについて、次のようにまとめている。吉川・酒井（2003）が「現在形」としているのを「ル形」、「過去形」としているのを「タ形」と改めて示す。なお、枠線と下線は筆者が加えたものである。

1．ル形＋つもり

意志動詞	意志	旅行に行くつもりだ。
実現困難な動作を表す動詞	意志/思いこみ/過信	医者になるつもりだ。
無意志表現 形容詞/形容動詞	思いこみ/過信	まだまだ若いつもりだ。 まだまだ元気なつもりだ。

2．ル形＋つもりで

意志動詞	意志	旅行に行くつもりで日程をあけておく。
実現困難な動作を表す動詞	意志/過信	優勝するつもりでがんばる。
無意志表現	思いこみ	仕事が片づくつもりでやってきた。

3．タ形＋つもり

	思いこみ	火を消したつもりだ。

4．タ形＋つもりで

	思いこみ	火を消したつもりで外出した。
	仮想	本を買ったつもりで貯金する。

5－1　そのつもり

「その」が動詞を受ける場合	意志	「行きますか」「はい、そのつもりです。」
「その」が名詞を受ける場合	錯誤/仮想	「あなた、人間のつもり？」「そのつもりです。」

5－2　そんなつもり

文末の否定形と結び付いて《弁解》の機能を果たすことが多い。	そんなつもりで言ったのではありません。

5－3　どういうつもり

文末の「んだ(のだ)」との結び付きで《詰問》の機能を果たす。	一体、どういうつもりなんだ。

以上の吉川・酒井（2003）のまとめは示唆に富むが、さらに検討を要する部分も少なくない。たとえば「思いこみ」と「仮想」の違いは、動作主がその行為を実際に行ったと認識しているか、実際には行っていないと認識しているか

の違いであり、連続的であろうし、「過信」「錯誤」は、話し手以外の他者の意図が結果として話し手側からどう評価されるかを言っているに過ぎないと思われる。高梨（2016）では、「思いこみ」「過信」「錯誤」等をひとくくりに「信念」として、「意志」を表す「つもり」と二項対立的に捉えている。

一方、意志を表す「つもり」と他の意志を表す形式との違いに言及した研究もある。例えば、森山（2013）は、話し手の意志を表す形式として「ぼくが持ちましょう」「ぼくが持ちます」「ぼくが持つつもりです」という形を取り上げ、それぞれについて分析したうえで、「するつもりだ」については、「すでに話し手が決めたこと」を表すのであり、「話し手の「つもり」という「記憶された意向」を表す」とする。

森山（2013）が「すでに話し手が決めたこと」と言うのは、その場で意思決定をする場面で、

（7）a　じゃあ、行こう。

b　じゅあ、行く。

c　?じゃあ、行くつもりだ。

のように、「行こう」「行く」といったシヨウ形、スル形は用いられるのに対し、「するつもりだ」の形は用いられないということによる。それは、「つもりだ」が「話し手のすでに決定された意志を表す」からであると森山（2013）はその理由を述べている。意志を表す諸形式の中で「つもりだ」を考えるとき、森山（2013）の言う「記憶された意向」「すでに決定された意向」という視点が確かに必要であると考えられる。森山（2013）は「じゃあ」を用いたテストを行っているが、次のように「やっぱり」と共起するかといったテストも有効である。

（8）a　やっぱりやめよう。

b　やっぱりやめる。

c　#やっぱりやめるつもりだ。

「やっぱり」は、その場の状況に応じてその場で話し手が判断して意思決定をする場面で用いられると考えられる。（8）cで「つもり」が共起しにくいことを考えると、発話時より以前から決定されているということが「つもり」を用

いる上で必要な要素になっていることは確かであると考えられる[1)]。なお、日本語記述文法研究会（2003）にも「つもりだ」に関して、「発話時に先立って心内で決定ずみだった行為の実行を聞き手に伝える」という記述がある。

ただ、次の例をみると、

（9）a　それじゃ、買おう。
　　b　それじゃ、買おうと思う。
　　c　?それじゃ、買おうと思っている。
　　d　?それじゃ、買うつもりだ。

「しよう」「しようと思う」はどちらもその場で判断する場合に用いられるのに対し、「しようと思っている」は「するつもりだ」と同様に発話時より以前から決定されている場合に用いられると考えられる。したがって、「しようと思っている」が「するつもりだ」とどう違うのかという問題は依然として残るのである。まず、その点から次節で考えたい。

3　「するつもりだ」と「しようと思っている」

高梨（2016）が指摘する通り、日本語教科書では「するつもりだ」と「しようと思っている」が、あまり区別なく扱われることが多い。1981年発行の『日本語初歩』では、言いかえ練習として「わたしは電気工学のべんきょうをするつもりです。」→「わたしは電気工学のべんきょうをしようと思います。」といった例をもとに「わたしは八か月日本語をならうつもりです。」→「わたしは八か月日本語をならおうと思います。」、「わたしは東京大学に入るつもりです。」→「わたしは東京大学に入ろうと思います。」（原文は分かち書き）といったように、「するつもりだ」の文から「しようと思う」の文への言いかえ練習が行われている[2)]。

『日本語初歩』に比べて比較的新しい『みんなの日本語初級Ⅱ本冊』では、そのような両形式間の言いかえ練習は行われていないが、高梨（2016）の指摘通り、「するつもりだ」と「しようと思っている」が同じ課で扱われていて、練習問題に登場する例文も両形式どちらでも言えそうなものばかりであり、もし両形式間の違いの説明を求められれば苦慮することが容易に予想される[3)]。

ここでは、まず、次の例によって「するつもりだ」と「しようと思っている」の違いを考えてみたい。

(10) a　雨に濡れるつもりで、傘を持たずに出た。

b ?雨に濡れようと思って、傘を持たずに出た。

(11) a　どんな反発でも受けるつもりで、敢えて厳しいことを言わせてもらう。

b ?どんな反発でも受けようと思って、敢えて厳しいことを言わせてもらう。

(10)a(11)aは、「雨に濡れる」「どんな反発でも受ける」という本意ではないことを受け入れるという意向を「つもり」が示している。言い換えれば、「雨に濡れてもいい」「どんな反発を受けてもいい」という意味である。積極的に望んでそうなるわけではないので、(10)b(11)bのように「しようと思う」の形を使うと不自然に感じられる。

また、「絶対優勝するつもりで試合に臨んだ」は、「絶対優勝しようと思って試合に臨んだ」と置き換えてもよいが、ほかに「絶対優勝しなければならないと思って試合に臨んだ」という文とも類義的な関係をもつであろう。さらに、先に引用した(5)の「病気がすぐなおるつもりで入院した」は、置き換えれば、「病気がすぐなおるだろうと思って入院した」となるであろう。特に「するつもりだ」が「するつもりで」と中止の形をとるとき、「しようと思って」以外の形式に置き換えられる可能性が広がる。

「するつもりだ」は、これまで「しようと思う」と対比されることが多かったが、積極的な意志を伴う場合以外にも観察の範囲を広げれば、「だろうと思う」「してもいいと思う」「しなければならないと思う」といったモダリティ表現を含む言い方と意味的な重なり合いをもって、広く「意図」を表すということが分かり、その点に特徴が見出せる。

さて、そのほか「するつもりだ」には使用に一定の条件があるようで、高梨(2016)が取り上げる次のような学習者の使用例が不自然なのは、その条件を満たしていないからと考えられる。

(12)　そつぎょうの後で、日本語を話すの直ることをつづけたいです。できたら、私は日本に行ってもっと上手になるつもりです。日本語はとても面白くて、きれいな言語です。(対訳作文ＤＢ・アメリカ)

(13)　S：あお、、んん、先生のアパートに、〈はい〉先生のアパートへ、行きます、〈あっ〉行く、つもりです、〈はい〉いいですか。(KY コーパス・中級／英語話者)

高梨（2016）は、これらの例で「つもり」が不適切なのは、「話し手自身の意志のみで実現不可能だと思われる行為を意志の対象として述べている点」が問題であるからと分析する。確かにその通りで、(12)で日本語が上手になるのは自分の意志でコントロールできることとは考えにくく、また、(13)のように「つもり」を使えば、相手の許可を求めない身勝手な行為と受け取られる。

つまり、「つもり」は、話し手の意向としてかなり確実に実現させる可能性のある事態に付くため、外部の条件等に阻まれて実現しない可能性が高い場合には、(12)(13)のように不自然に感じられることになるのであろう。

「つもり」が、当然実現するとして実現可能性に無頓着に用いられれば、意向だけが空回りして実際には実現していない状況をも表すことになる。それが顕著に表れるのが、タ形やテイル形が前接した場合である。次の例をみてみよう。

(14)　感情は隠したつもりだったが、やはり声に不機嫌さがにじんでいたのか、……。(『ファミレス』)

(15)　「地域で『ばっちゃま会』というのをつくって、伝承が途絶えていた郷土料理を復活させたり、地元の小学校や中学校の給食に地産地消の『ふるさとをいただきますの日』を設けたりと、子どもたちの食育に自分なりに貢献してきたつもりです。……」(『ファミレス』)

吉川・酒井（2003）の用語を借りれば、(14)(15)は〈思いこみ〉ということになり、グループ・ジャマシイ（1998）の分類によれば、(14)は〈反事実〉、(15)は〈信念〉ということになろうが、いずれも「意図」と言えばすむのではないか。

なお、日本語記述文法研究会（2003）では、次のような例、すなわち動詞のタ形＋「つもり」が、「自分の行為の意図を伝えるときに用いられる」とする。

(16)　おかしいなあ。山本さんにもそう言ったつもりなんだけどなあ。

(17)　私なりに精一杯やったつもりです。成果を見てください。

ここにおいて、話し手が「つもり」で表す意味をさらにはっきりさせれば、「実現の可否はともかく意図としてはそうであることを表す」ということになるであろう。

一方、「しようと思っている」の実例には以下のようなものが見られる。

(18)　「うん、駅弁は帰りにして、今日のお昼はせっかく東北まで来たんだからお鮨屋さんで食べようと思ってたの」（ファミレス）

(19)　「わたしでも役に立てそうな被災地のボランティア、光太に探してもらってるの。もし足手まといにならないんだったら、できるだけ残って、手伝わせてもらおうと思って」（ファミレス）

(20)　「コージーって奴、あいつさえよければ『ニコニコ亭』で正式に雇ってやろうと思ってるんだ」（ファミレス）

これらの例で場面として共通しているのは、状況を見極めたり相手の顔色を窺ったりして、実現可能性を探っているという点である。自分の意向を示すことで相手の出方を待つという意図も感じられる。これらの例では、「つもり」を用いて書き換えられそうなものもあるが、(19)のように相手の了解を得てからという条件つきの場合は、「するつもりだ」より「しようと思っている」の方がふさわしい。

以上の観察からみえてきたのは、「するつもりだ」が状況や実現の可能性にかかわりなく意向を示す場合に用いられやすく、「しようと思っている」が実現の可能性を探りながら意向を示す場合に用いられやすいということである。

また、「するつもりだ」と「しようと思っている」（及び「しようと思う」）の使用実態についてコーパスを用いて細かく分析した研究として高梨（2017）があり、それによれば、「するつもりだ」は時間節には見られず、「しようと思っていたとき」のような表現ができない、といった点をはじめ、構文的、文体的な面から興味深いいくつかの違いが指摘されている。

4 「つもり」と中国語表現

次に、「つもり」を使った日本語文とそれに対応する中国語文についてみてみよう。(21)は意志を表す場合で、(22)は意図を表す場合である。

(21) a　山頂に向かうつもりで、違うルートに出てしまった。

　　b　本來打算向着山頂前進的，結果却走錯了路。

(22) a　山頂に向かっているつもりで、違うルートに出てしまった。

　　b　我以為是向着山頂前進的，結果却走錯了路。

「つもり」の意味の違いが、対応する中国語文にはっきりと表れている。動詞のル形＋「つもり」で意志を表す場合は、それに対応する中国語文では(21)bのように「打算」(あるいは「準備」)が用いられる。一方、意志性のない(22)のような場合、中国語では「打算」(あるいは「準備」)は用いず、「以為」といった表現になる。「以為」は日本語にすれば「と思って」というほどの意味であり、(22)aでは「つもりで」が「と思って」と等価のような、認識のもち方を表していることに気づく。

(22)aのように「つもり」に意志性のない述語が前接する日本語文にどのような中国語文が対応するかを、さらにいくつかの例文でみてみよう。

(23) a　クレジットカードを持っているつもりでたくさん買った。

　　b　我以為我有帶信用卡，所以就買了很多。

(24) a　年末のボーナスが来月入ってくるつもりで車を買った。

　　b　我想下個月年終獎金會進來，所以就買了車。

いずれも表しているのは意志ではなく状況認識であるため、「打算」や「準備」は用いられず、「以為」や「想」が用いられていることが分かる。

先に(21)の例で、意志を表す「つもり」に対応するのは「打算」または「準備」であることをみたが、ここで両者の違いについて若干みておきたい。違いが確認できるのは、次のように否定を表す場合である。

(25) a　我打算不請客。(私は客を招待しないつもりだ。)

　　b　?我準備不請客。

つまり、「打算」は「～しない」という否定のことがらを受けることができるのに対し、「準備」はそれができない。「準備」に本来の「準備する」の意が残っているとすれば、しないことについて準備するということがあり得ないからと捉えることができる。なお、、次のように否定の「不」を前にもってくると「準備」でも言えるようになる。

(26) a　我不打算請客。(私は客を招待するつもりはない。)

　　b　我不準備請客。

否定表現が「つもり」と共起する場合、「しないつもりだ」と「するつもりはない」の両方の言い方があるが、日本語文での両形式の違いは、中国語文では否定の「不」の位置の違いによって表される。次の例をみてみよう。

(27) a　化学肥料は使わないつもりだ。(我打算不使用化學肥料。)

　　b　化学肥料を使うつもりはない。(我不打算使用化學肥料。)

(28) a　あの人には連絡しないつもりだ。(我打算不連絡他。)

　　b　あの人に連絡するつもりはない。(我不打算連絡他。)

「しない」ということに積極的意味があると話し手が認める場合には、「しないつもりだ」が用いられるであろう。(27)aでは「化学肥料を使わないこと」、(28)aでは「あの人に連絡しないこと」に積極的意味があると話し手が認めている。それに対し、「するつもりはない」は、「するつもりか？」という問いかけに対する答えとして用いられることが多い。他者からの問いかけがない場合でも、話し手自身が問いかけを設定してそれに答えるような形で用いることも多いのではなかろうか。

中国語では、先に触れたように、否定の「不」の位置によって両者の違いが表現される。

5　派生的なニュアンスについて

吉川・酒井（2003）では「一体、どういうつもりなんだ」という例文を、

《詰問》の機能を果たすとして取り上げている。高梨（2016）でもその点について取り上げられていて、「つもりか」の形をとる場合について、「〈意志〉の問いかけは、相手への不満、不審、非難などを表明するという意図に合致したものになるのだろう」と述べている。さらに高梨（2016）は、「ことさらに表示された聞き手の〈意志〉に直接言及することになり、より不躾な印象が強まるように感じられる」とする。高梨（2017）でも同様のことが述べられている。

筆者の収集した実例に次のようなものがある。

(29)　そんなことまで母親に任せきりにするつもりなのか——。(「ファミレス」)

このような例では、相手の意志を問うているというより、そうする意志を見せている相手に対し、問いかけによって、そうしないよう働きかけているとみるべきであろう。

中国語においても同様のニュアンスが感じられるか、以下の例でみてみよう。

(30) a　どうするつもり？

　　 b　你準備怎麼辦？

　　 c　你打算怎麼辦？

(31) a　逃げるつもり？

　　 b　你準備逃跑嗎？

　　 c　你打算逃跑嗎？

意志を表す「つもり」に対応する「打算」や「準備」を用いれば、中国語文でも日本語文と同様に詰問するニュアンスを表すことができることが分かる。

また、聞き手の意志ではなく話し手の意向や状況認識に言及するときには、次のように相手に対するあてつけ、皮肉のニュアンスを帯びることがある。(32) は、あまりに失礼な態度をとる相手に向かって発せられたせりふである。

(32)　「私も、感受性というものを持っているつもりなんですが。」私は言った。「……。」(「キッチン」)

このような場合には、中国語では、「つもり」に対応して用いられていた「打算」や「準備」、あるいは、「以為」や「想」はもはや対応せず、次のように全くの意訳の手法を使った方がニュアンスが伝わりやすい。

(33) 「我不是木頭人,」我說:「……」(「廚房」)

相手に対するあてつけ、皮肉のニュアンスが出る「つもり」とそれに対応する中国語表現については、さらに多くの例で検討してみると面白いであろう。

6 まとめ

本研究では、「つもり」の意味用法について細分化せず、未実現のことに対する「意志」と、既実現のことに対する「意図」に大きく二分して考えた。

主として「するつもりだ」「しようと思っている」の対比を通して「つもり」の意味について分析を加えた。「するつもりだ」は、「しようと思っている」だけでなく、「だろうと思う」「してもいいと思う」「しなければならないと思う」といった表現と近接しながら広く「意図」を表す、というところに特徴を見出した。また、実現可能性についての配慮という点からすると、「するつもりだ」が実現可能性に比較的無頓着に用いられるのに対し、「しようと思っている」は実現可能性を探るような使われ方をすることが多いということも分かった。日本語教育で扱う場合も、「するつもりだ」と「しようと思っている」との間の機械的な置き換え練習に陥ることなく、よく使われる場面や状況を考慮して導入や練習を行うことが必要であろう。

また、本稿では、日本語の「つもり」と中国語の「打算」や「準備」との対比を行ったが、「つもり」の意味用法を別の角度から見直すのに役立ったと思われる。中国語文については、取り上げた例も少なく、形式相互の使い分けについてもまだ明らかになっていない点が多いが、今後の課題としたい。

文法的カテゴリーの点から考えると、形式名詞の中で、「つもり」はモダリティの領域で扱われることが多く、「ところ」はアスペクトの領域で、「の」「こと」は連体修飾の領域で、といったようにそれぞれ異なる文法的カテゴリーにおいて考察の対象とされることが多い。広く形式名詞に目を向けた研究としては吉川・酒井(2003)があるが、形式名詞という見地から共通の問題に着目しながら、それぞれの形式名詞についてさらに分析を進めることが必要であると思う。

注

1）話し手自身の意向ではなく、第三者の意向を「あの人はやっぱりやめるつもりだ」のように言う場合は可能である（場面が異なれば自然になるという意味で、#の記号を付した)。可能になるのは、その場で決めた意向を表明しているのではなく、第三者の意向を傍から描写しているにすぎないからである。

2）「するつもりだ」から単純に「しようと思う」へ置き換える機械的練習は、両者の違いを見えにくくするであろう。また、(9)の例を見ると「するつもりだ」に近いのは「しようと思う」よりむしろ「しようと思っている」の方のように感じられるが、「しようと思う」と「しようと思っている」の違いも、機械的練習では無視される。

3）当該課に関して、指導書には次のような記述がある。

> 「つもり」は話し手の意志を表す。「V 辞書形／〈ない形〉ない＋つもりです」の形で話し手が具体的に将来計画していることを表す。「意向形＋と思っています」に比べると話し手の自分の意志への確信度が高いが、実際には「辞書形＋つもりです」は先に学習した「意向形＋と思っています」とほとんど同じ意味合いでも使われている。(スリーエーネットワーク（2001）『みんなの日本語初級Ⅱ教え方の手引き』)

しかし、両形式に関して「自分の意志への確信度」が高いか低いかを示す根拠はないように思う。

用例出典

重松　清（2013）『ファミレス』日本経済新聞出版社

吉本ばなな（1988）『キッチン』福武書店

吉本芭娜娜著／吳繼文譯『廚房』時報出版

参考文献

グループ・ジャマシイ（1998）『教師と学習者のための日本語文型辞典』くろしお出版

高梨信乃（2016）「「つもり（だ)」をめぐって―意志表現の指導の観点から―」『神戸大学留学生センター紀要』22

高梨信乃（2017）「「しようと思う／思っている」と「つもりだ」―書き言葉における使用実態から―」森山卓郎・三宅知宏編『語彙論的統語論の新展開』くろしお出版

土岐留美江（1996）「日本語と中国語の意志表現」『日本語研究』16 東京都立大学国

語学研究室、土岐留美江（2010）『意志表現を中心とした日本語モダリティの通時的研究』ひつじ書房に再録。
日本語記述文法研究会（2003）『現代日本語文法4　第8部モダリティ』くろしお出版
森山卓郎（1990）「意志のモダリティについて」『阪大日本語研究』2
森山卓郎（2013）「日本語の意志のモダリティ・再論」遠藤善雄編『世界に向けた日本語研究』開拓社
吉川武時・酒井順子（2003）「つもり」吉川武時編『形式名詞がこれでわかる』ひつじ書房

日本語教科書

国際交流基金（1981）『日本語初歩』
スリーエーネットワーク（2013）『みんなの日本語初級Ⅱ本冊第2版』
スリーエーネットワーク（2001）『みんなの日本語初級Ⅱ教え方の手引き』

［付記］　本稿は、2015年9月27日にJR博多シティ小会議室で開催された第10回形式語研究会において行った発表「形式名詞「つもり」について―中国語との対照―」、および、2016年11月5日に刈谷市総合文化センターで開催された第75回中部日本・日本語学研究会において行った発表「形式名詞「つもり」と意志表現―中国語との対照―」の内容に加筆したものである。両発表会場では出席者から多くの意見を賜った。

日本語における単一格助詞「に」を伴う複合格助詞とそれに対応する朝鮮語の表現について
——対照言語学からのアプローチ——

塚 本 秀 樹

1 序 論

筆者は、これまで塚本（1990、1991、2006a、2006b、2006c、2012:第６・７章、2013）で日本語と朝鮮語における複合格助詞について詳しく考察してきたが、本節では、序論としてその要点及び本稿における考察にあたっての前提を押さえておくことにする。

日本語と朝鮮語について観察すると、（１）に示すように、動詞を含んである一定のまとまった形式になっており、それ全体で格助詞に相当する働きをしていると考えられるものが両言語ともに存在することがわかる。こういったものが「複合格助詞」と呼ばれる1)。

（１） 単一連用格助詞＋動詞連用形（＋接続語尾「て／서<se>」）2)

また、その具体的な例を次に１つだけ示す。

（２）（日） ～に｛関し／関して｝

（朝） ～에 ｛관［=關］하여 / 관［=關］해 / 관［=關］해서｝

-ey ｛kwanhaye/kwanhay/kwanhayse｝

なお、以後、本文中において複合格助詞を示す際には、表記上の煩雑さを避けるために、支障がない限り、（１）に掲げた「接続語尾『て／서<se>』」が付け加えられた形式のもので代表させる。

両言語ともに、複合格助詞と呼ぶことができる、形態上よく似たものが存在するわけであるが、両言語間で見出されるいくつかの相違点のうちの２つとして次のことが指摘できる。すなわち、複合格助詞の数と種類が日本語では比較的多いのに対して、朝鮮語では比較的少なく、また日本語では漢語よりも和語のものが比較的多いのに対して、朝鮮語では固有語よりも漢語のものが比較的多い、ということである。そういったことと関連し、朝鮮語で日本語に直接対応する複合格助詞がないものとして、次のようなものを挙げることができる。

（3） ～に｛あたり／あたって｝、～において、～に｛つき／ついて｝、～に｛つれ／つれて｝、～に｛とり／とって｝、～に｛わたり／わたって｝、～を｛めぐり／めぐって｝、～を｛もち／もって｝、～でもって、～として

塚本（2013）では、その中から特に「～にとって」を取り上げ、日本語でそれが用いられる場合、朝鮮語ではどのように表現されるのか、ということについて、日本語で書かれた小説とその朝鮮語への翻訳から収集した実例を基に考察した。その結果、日本語の複合格助詞「～にとって」を朝鮮語で表現するには、次に示す5種類の方法がとられていることが判明した。

（4） 日本語の複合格助詞「～にとって」

（A） 単一格助詞「에<ey>；에게<eykey>（に）」あるいは単一格助詞「한테<hanthey>（に）」を用いた表現[3)]

（B） 複合格助詞「～에게 있어서<-eykey issese>（～にあって）」を用いた表現

（C） 単一格助詞「로서<lose>（～として）」を用いた表現

（D） 意味解釈上、理解できるために省かれているもの

（E） 文全体を別の構文を用いて表現したもの

さらに、こういった考察から、文法体系における位置づけに関する両言語間の相違も導き出した。朝鮮語の単一格助詞「에<ey>；에게<eykey>」は、文法体系の中心を占め、安定した様態となっているのに対して、日本語の単一格助詞「に」は、文法体系の中心からやや外れ、不安定な様態となっているのである。

本稿は、上述した日本語の複合格助詞「～にとって」に関連する考察を土台として発展させ、次の2点を目指すものである。1点は、日本語の複合格助詞

「～にとって」と同じく単一格助詞「に」を伴う別の複合格助詞「～にかけて」「～にわたって」「～に際して」「～にあたって」「～につれて」の５つを取り上げ、日本語でその各々が用いられる場合、朝鮮語ではどのように表現されるのか、ということについて考察することである。もう１点は、この考察によって明らかにされた両言語間の相違は何を意味し、またどのように捉えるべきであるのか、ということについて対照言語学からのアプローチで論ずることである。なお、分析と考察の対象としたのは、今回も日本語で書かれた論説文とその朝鮮語への翻訳から収集した実例である。

2　日本語の複合格助詞「～にかけて」

まず第一に、日本語の複合格助詞「～にかけて」を取り上げ、日本語でそれが用いられる場合、朝鮮語ではどのように表現されるのか、ということについて考察する[4)]。

日本語の複合格助詞「～にかけて」には、蔦原（1984:68-69）と山崎・藤田（2001:126-127）も述べるように、意味・用法として〈空間的範囲〉を表すものと〈時間的範囲〉を表すものの２つがあるが[5)]、そのそれぞれを朝鮮語で表現するには、次に示すとおり、前者の〈空間的範囲〉を表す場合は２種類の方法が、後者の〈時間的範囲〉を表す場合は３種類の方法がとられていることが判明した。

（５）　日本語の複合格助詞「～にかけて」（〈空間的範囲〉を表す場合）
　（Ａ）　複合格助詞「～에 걸쳐서 <-ey kelchyese>（～にかけて）」を用いた表現
　（Ｂ）　単一格助詞「까지<kkaci>（まで）」を用いた表現
（６）　日本語の複合格助詞「～にかけて」（〈時間的範囲〉を表す場合）
　（Ａ）　複合格助詞「～에 걸쳐서 <-ey kelchyese>（～にかけて）」を用いた表現
　（Ｂ）　単一格助詞「까지<kkaci>（まで）」を用いた表現
　（Ｃ）　名詞「사이<sai>（間）」を用いた表現

2.1 〈空間的範囲〉を表す場合

ここでは、日本語の複合格助詞「～にかけて」が有する2つの意味・用法のうち、〈空間的範囲〉を表す場合について見る。

2.1.1 複合格助詞「～에 걸쳐서 <-ey kelchyese>（～にかけて）」を用いた表現

1つは、日本語の複合格助詞「～にかけて」を、朝鮮語でも複合格助詞「～에 걸쳐서 <-ey kelchyese>（～にかけて）」を用いて表現する場合である。

（7）a 南に向って押し出されたケルト人は、アルプスを越えて今日のミラノからポー河流域にかけて住みついた。（『ローマ人』p. 163）[6)]

b 남쪽으로 밀려난 켈트족은 알프스 산맥을 넘어 오늘날의 밀라노에서 포 강 유역에 걸쳐 자리를 잡았다.（『로마인<Lomain>（ローマ人）』p. 182）

Namccok-ulo millyenan kheylthucok-un alphusu sanmayk-ul neme onulnal-uy millano-eyse pho kang yuyek-ey kelchye cali-lul capassta.

（直訳：南方へ押し出されたケルト族は、アルプス山脈を越え、今日のミラノからポー河流域にかけて暮らすようになった。）

（8）a サムニウムと呼ばれた民族は、中伊から南伊にかけての山岳地帯に住む民族で、首都のはっきりしたまとまった国家でもなければ、独自の文明をもつ民族でもなかった。（『ローマ人』p. 230）

b 삼니움이라고 불린 민족은 이탈리아 중부에서 남부에 걸친 산악지대에 거주하는 민족으로, 수도가 확실한 통일국가도 아니고 독자적인 문명을 가진 민족도 아니었다.（『로마인<Lomain>（ローマ人）』p. 252）

Samniwum-ilako pullin mincok-un ithallia cwunpu-eyse nampu-ey kelchin sanakcitay-ey kecwuhanun mincok-ulo, swuto-ka hwaksilhan thongilkwukka-to nani-ko tokcacek-in munmyeng-ul kacin mincok-to aniessta.

（直訳：サムニウムと呼ばれた民族は、イタリア中部から南部にかけた山岳地帯に居住する民族で、首都が確実な統一国家でもなく、独自的な文明を持った民族でもなかった。)

日本語における「かける」という動詞は「片方から他方へまたぐように渡す」（北原（編）2010:316）という実質的な意味を表し、「川に橋をかける」のように用いることができる。また、それに対応する朝鮮語の動詞「걸치다 <kelchita>」も同じ意味を有しており、「강에 다리를 걸치다 <kang-ey tali-lul kelchita>（川に橋をかける）」のように日本語と同じ表現が可能である。

(7a)(8a)に示された日本語の複合格助詞「〜にかけて」は、その中に含まれる動詞「かける」が有する、「片方から他方へまたぐように渡す」といった実質的な意味が薄れ、〈空間的範囲〉を意味するのに転じた性質のものであり、「ポー河流域にかけて」「南伊にかけての」のように表現されている。一方、対応する(7b)(8b)の朝鮮語でも「〜에 걸쳐서 <-ey kelchyese>」という形式を用いて、「포 강 유역에 걸쳐 <pho kang yuyek-ey kelchye>（ポー河流域にかけて）」「남부에 걸친 <nampu-ey kelchin>（南部にかけた）」といったように表現されており、この「〜에 걸쳐서 <-ey kelchyese>」は今指摘した日本語の場合と同じことが生じた結果、成り立っている複合格助詞であると言える。

また、日本語の複合格助詞「〜にかけて」は、蔦原（1984:68-69）と山崎・藤田（2001:126-127）も指摘するとおり、(7a)における「今日のミラノから」、(8a)における「中伊から」のように〈空間的範囲〉の〈開始点〉を表す「から」格の補語を前置させる。この点については、朝鮮語の複合格助詞「〜에 걸쳐서 <-ey kelchyese>」も同様であり、(7b)における「오늘날의 밀라노에서 <onulnal-uy millano-eyse>（今日のミラノから）」、(8b)における「이탈리아 중부에서 <ithallia cwunpu-eyse>（イタリア中部から）」といったように〈空間的範囲〉の〈開始点〉を表す「에서<eyse>（から）」格の補語をとる。

なお、(7)(8)では、(a)の日本語も(b)の朝鮮語も同様に複合格助詞「〜にかけて／〜에 걸쳐서 <-ey kelchyese>」が用いられているのは今述べたとおりであるが、(8)については、両言語間の次の相違も指摘できる。複合格助詞の連体表現には、両言語ともに、(ア)「複合格助詞に連体格助詞の『の／의

<uy>（の）』を付加する方法」と、（イ）「複合格助詞における動詞部分を連体形にする方法」の2種類がある。（8）では、両言語ともに複合格助詞のこの連体表現が用いられているが、(a)の日本語においては、「四一年にかけての」のように（ア）の方法がとられているのに対して、(b)の朝鮮語においては、「1941 년에 걸친<1941nyen-ey kelchin>（1941年にかけた）」のように（イ）の方法がとられているのである[7)]。

2.1.2 単一格助詞「까지<kkaci>（まで）」を用いた表現

もう1つは、日本語の複合格助詞「～にかけて」を、朝鮮語では単一格助詞の「까지<kkaci>（まで）」を用いて表現する場合である。

（9）a 紀元前六世紀末からはじまり前五世紀の前半をおおう共和政初期、ローマの勢力のおよぶ範囲は、テヴェレ河周辺から河口にかけての狭い地域にすぎなかった。（『ローマ人』p. 89）

b 기원전 6세기 말부터 기원전 5세기 전반에 이르는 공화정 초기, 로마의 세력이 미치는 범위는 테베레 강 주변에서 하구까지의 좁은 지역에 불과했다. （『로마인<Lomain>（ローマ人）』p. 103）

Kiwencen 6seyki mal-puthe kiwencen 5seyki cenpan-ey ilunun konghwaceng choki, loma-uy seylyek-i michinun pemwi-nun theypeyley kang cwupyen-eyse hakwu-kkaci-uy copun ciyek-ey pulkwahayssta.

（直訳：紀元前6世紀末から紀元前5世紀前半に至る共和政初期、ローマの勢力が及ぶ範囲は、テヴェレ河周辺から河口までの狭い地域に過ぎなかった。）

(9a)の日本語において「河口にかけての狭い地域」のように複合格助詞「～にかけて」が用いられた箇所は、対応する(9b)の朝鮮語では「하구까지의 좁은 지역 <hakwu-kkaci-uy copun ciyek>（河口までの狭い地域）」といったように、単一格助詞「까지<kkaci>（まで）」を用いて表現されている。また、〈空間的範囲〉の〈開始点〉は、日本語では複合格助詞「～にかけて」が用いられた時と同じく、(9a)における「テヴェレ河周辺から」のように「から」格の補語で

表されるが、朝鮮語でも、複合格助詞「～에 걸쳐서 <-ey kelchyese>（～にかけて）」が用いられた時と同じく、(9b)における「테베레 강 주변에서 <theypeyley kang cwupyen-eyse>（テヴェレ河周辺から）」のように「에서 <eyse>（から）」格の補語で表される。

2.2 〈時間的範囲〉を表す場合

ここでは、日本語の複合格助詞「～にかけて」が有する２つの意味・用法のうち、〈時間的範囲〉を表す場合について見る。

2.2.1 複合格助詞「～에 걸쳐서 <-ey kelchyese>（～にかけて）」を用いた表現

まず１つ目は、日本語の複合格助詞「～にかけて」を、朝鮮語でも複合格助詞「～에 걸쳐서 <-ey kelchyese>（～にかけて）」を用いて表現する場合である。これについては、2.1.1で述べた〈空間的範囲〉の場合と同様である。

(10) a　じっさい、十九世紀から二十世紀にかけての西欧の哲学者や芸術家たちは、[中略] 自身の思考をその台座ごと変換するべく試みてきた。(『哲学』pp. 69-70)

b　실제로 19세기에서 20세기에 걸쳐서 서구 철학자와 예술가들은 [中略] 자기 사고의 근간까지 통째로 변환시키기 위해 시도했다. (『철학 <Chelhak>（哲学）』p. 99)

Silcey-lo 19seyki-eyse 20seyki-ey kelchyese sekwu chelhakca-wa yeyswulkatul-un [中略] caki sako-uy kunkan-kkaci thongccaylo pyenhwansikhi-ki wihay sitohayssta.

(直訳：実際、19世紀から20世紀にかけて西欧の哲学者や芸術家たちは、[中略] 自身の思考の根幹まで丸ごと変換させるために試みた。)

(11) a　かくて、三七年から四一年にかけての産業開発重視時代に入る。(『キメラ』p. 256)

b　이리하여 1937년부터 1941년에 걸친 산업개발 중시 시대로 돌입한다. (『키메라<Khimeyla>（キメラ）』p. 247)

Ilihaye 1937nyen-puthe 1941nyen-ey kelchin sanepkaypal cwungsi sitay-lo toliphanta.

（直訳：こうして1937年から1941年にかけた産業開発重視時代に突入する。）

(10a)(11a)に示された日本語の複合格助詞「～にかけて」は、(７)(８)の際にも述べたように、その中に含まれる動詞「かける」が有する、「片方から他方へまたぐように渡す」といった実質的な意味が薄れ、〈時間的範囲〉を意味するのに転じた性質のものであり、「二十世紀にかけての」「四一年にかけての」のように表現されている。一方、対応する(10b)(11b)の朝鮮語でも「～에 걸쳐서 <-ey kelchyese>」という形式を用いて、「20세기에 걸쳐서 <20seyki-ey kelchyese>（20世紀にかけて）」「1941년에 걸친 <1941nyen-ey kelchin>（1941年にかけた）」といったように表現されており、この「～에 걸쳐서 <-ey kelchyese>」は今指摘した日本語の場合と同じことが生じた結果、成り立っている複合格助詞であると言える。

また、両言語ともに、(10)における「十九世紀から／19세기에서<19seyki-eyse>（19世紀から）」及び(11)における「三七年から／1937년부터<1937-nyen-puthe>（1937年から）」のように、〈時間的範囲〉の〈開始点〉が「から／에서<eyse>；부터<puthe>（から；より）」格の補語で表されるのは、2.1.1で見た〈空間的範囲〉の場合と同様である。

なお、今述べたとおり、(10)(11)では、(a)の日本語も(b)の朝鮮語も同様に複合格助詞「～にかけて／～에 걸쳐서 <-ey kelchyese>」が用いられているものの、両言語間の次の相違も指摘できる。複合格助詞の連体表現として、両言語ともに、(ア)「複合格助詞に連体格助詞の『の／의<uy>（の)』を付加する方法」と、(イ)「複合格助詞における動詞部分を連体形にする方法」の２種類がある、ということは、2.1.1で述べたとおりである。(10a)の日本語では、「二十世紀にかけての」のように連体表現のうちの（ア）の方法がとられているのに対して、(10b)の朝鮮語では、「20세기에 걸쳐서<20seyki-ey kelchyese>（20世紀にかけて）」のように連体表現を用いず、連用的に表現され

ている。また、(11)では、両言語ともに複合格助詞の連体表現が用いられているが、(a)の日本語では、「四一年にかけての」のように（ア）の方法がとられているのに対して、(b)の朝鮮語では、「1941년에 걸친<1941nyen-ey kelchin>(1941年にかけた)」のように（イ）の方法がとられている。この(11)の状況は、(8)の状況と同様なわけである[8)]。

2.2.2　単一格助詞「까지<kkaci>（まで)」を用いた表現

次に2つ目は、日本語の複合格助詞「～にかけて」を、朝鮮語では単一格助詞の「까지<kkaci>（まで)」を用いて表現する場合である。これについても、2.1.2で述べた〈空間的範囲〉の場合と同様である。

(12) a　二十世紀末から世紀の転換期にかけての時期がおそらくそうであった。(『哲学』p. 83)

b　20세기 말에서 세기의 전환기까지의 시대가 대략 그러했다. (『철학<Chelhak>（哲学)』pp. 117-118)

20seyki mal-eyse seyki-uy cenhwanki-kkaci-uy sitay-ka taylyak kulehayssta.

(直訳：20世紀末から世紀の転換期までの時代が大体そうであった。)

(13) a　第一次の植民活動は、紀元前九世紀の終りから前八世紀のはじめにかけてなされ、植民先はもっぱら、小アジアの西岸に集中している。(『ローマ人』p. 96)[9)]

b　제 1 차 식민 활동은 기원전 9세기 말부터 기원전 8세기 초까지 이루어졌고, 이 시기의 식민지는 오로지 소아시아 서해안에만 집중되어 있었다. (『로마인<Lomain>（ローマ人)』p. 109)

Cey1cha sikmin hwaltong-un kiwencen 9seyki mal-puthe kiwencen 8seyki cho-kkaci ilwuecyess-ko, i siki-uy sikminci-nun oloci soasia sehayan-ey-man cipcwungtoye issessta.

(直訳：第1次植民活動は、紀元前9世紀末より紀元前8世紀の初めまで成し遂げられ、この時期の植民地はもっぱら、小アジアの西海岸にのみ集中していた。)

(12)(13)ともに、(a)における日本語の複合格助詞「〜にかけて」に該当する箇所は、(b)の朝鮮語では〈時間的範囲〉の〈終了点〉を表す単一格助詞「까지<kkaci>(まで)」が用いられ、「세기의 전환기까지 <seyki-uy cenhwanki-kkaci>(世紀の転換期まで)」「기원전 8세기 초까지 <kiwencen 8seyki cho-kkaci>(紀元前8世紀の初めまで)」といったように表現されている。また、両言語ともに〈時間的範囲〉の〈開始点〉を意味する補語も具現化しており、その補語は両言語ともに「二十世紀末から/20세기 말에서 <20seyki mal-eyse>(20世紀末から)」「紀元前九世紀の終りから/기원전 9세기 말부터 <kiwencen 9seyki mal-puthe>(紀元前9世紀末より)」のように単一格助詞の「から/에서<eyse>;부터<puthe>(から;より)」で表示されている。なお、(12)は、今述べたように、(a)の日本語が複合格助詞「〜にかけて」で、朝鮮語が単一格助詞「까지<kkaci>(まで)」でそれぞれ表現されているといった両言語間の相違があるものの、「世紀の転換期にかけての時期/세기의 전환기까지의 시대 <seyki-uy cenhwanki-kkaci-uy sitay>(世紀の転換期までの時代)」のように、連体格助詞「の/의<uy>(の)」を付加した連体表現で後の名詞にかかっていく様態となっているのは、両言語間で同じである。

2.2.3 名詞「사이<sai>(間)」を用いた表現

最後に3つ目は、日本語の複合格助詞「〜にかけて」を、朝鮮語では名詞「사이<sai>(間)」を用いて表現する場合である。

(14) a V・E・フランクルによれば、強制収容所では、クリスマスから新年にかけて、いつも大量の死亡者が出たという。(『待つ』p. 22)

b 빅터 프랭클(Viktor Frankl, 1905〜1997)에 의하면 강제수용소에서는 크리스마스와 새해 사이에 늘 다수의 사망자가 나온다고 한다. (『기다린다<Kitalinta>(待つ)』p. 26)

Pikthe phulayngkhul (Viktor Frankl, 1905-1997) -ey uyha-myen kangceyswuyongso-eyse-nun khulisumasu-wa sayhay sai-ey nul taswu-uy samangca-ka naonta-ko hanta.

（直訳：ヴィクトール・フランクル（Viktor Frankl, 1905～1997）によれば、強制収容所では、クリスマスと新年の間にいつも多数の死亡者が出たという。）

(14b)の朝鮮語では、(14a)における日本語の複合格助詞「～にかけて」に該当する箇所は単一格助詞「에<ey>（に）」を伴った「사이<sai>（間）」という名詞が用いられているとともに、〈時間的範囲〉の〈開始点〉である「크리스마스<khulisumasu>（クリスマス）」と〈終了点〉である「새해<sayhay>（新年）」を単一格助詞「와<wa>（と）」で結び付けて前置することにより、「크리스마스와 새해 사이에<khulisumasu-wa sayhay sai-ey>（クリスマスと新年の間に）」のように表現されている。

3　日本語の複合格助詞「～にわたって」

第二に、日本語の複合格助詞「～にわたって」を取り上げ、日本語でそれが用いられる場合、朝鮮語ではどのように表現されるのか、ということについて考察する[10)]。

日本語の複合格助詞「～にわたって」には、山崎・藤田（2001:125-126）も述べるように、意味・用法として〈空間的範囲〉を表すものと〈時間的範囲〉を表すものの２つがあるが[11)]、そのそれぞれを朝鮮語で表現するには、次に示すとおり、前者の〈空間的範囲〉を表す場合は１種類の方法が、後者の〈時間的範囲〉を表す場合は４種類の方法がとられていることが判明した。

(15)　日本語の複合格助詞「～にわたって」（〈空間的範囲〉を表す場合）

（A）　複合格助詞「～에 걸쳐서 <-ey kelchyese>（～にかけて）」を用いた表現

(16)　日本語の複合格助詞「～にわたって」（〈時間的範囲〉を表す場合）

（A）　複合格助詞「～에 걸쳐서 <-ey kelchyese>（～にかけて）」を用いた表現

（B）　名詞「동안<tongan>（間；期間）」を用いた表現

（C）　単一格助詞「부터<puthe>（から；より）」を用いた表現

（D） 接続語尾「～(으)ㄹ수록<-(u)lswulok>（～するまで；～するほど)」を用いた表現

3.1 〈空間的範囲〉を表す場合

ここでは、日本語の複合格助詞「～にわたって」が有する2つの意味・用法のうち、〈空間的範囲〉を表す場合について見る。

3.1.1 複合格助詞「～에 걸쳐서 <-ey kelchyese>（～にかけて)」を用いた表現

とられている方法は1種類で、日本語の複合格助詞「～にわたって」を、朝鮮語では複合格助詞「～에 걸쳐서 <-ey kelchyese>（～にかけて)」を用いて表現するものである。

(17) a そういう判断のすべてにわたって「哲学」というものが人びとの生活にどうかかわれるのか、かかわってきたのか、それが問題である。(『哲学』p. 101)

b 그러한 판단 전체에 걸쳐서 '철학'이라는 것이 사람들의 생활과 어떻게 관련될 수 있는가? 관련되어왔는가? 그것이 문제이다.（『철학<Chelhak>（哲学)』p. 140)

Kulehan phantan cenchey-ey kelchyese 'chelhak'-ilanun kes-i salamtul-uy saynghwal-kwa etteh-key kwanlyentoyl swu issnunka? kwanlyentoyewassnunka? kukes-i muncey-ita.

（直訳：そういう判断全体にかけて「哲学」というものが人達の生活とどのように関連することができるのか？ 関連してきたのか？ それが問題である。)

(18) a ［前略］そのような時期に内政から外政、軍事のすべての面にわたって、進むべき路線を決め、それを機関車になって引っ張っていったのは元老院である。(『ローマ人』p. 202)

b ［前略］그 동안 내정과 외교 및 군사 등 모든 면에 걸쳐 로마가 나아가야 할 노선을 결정하고, 기관차가 되어 로마를 이끌어간 것은 바로 원로원이었다.（『로마인<Lomain>（ローマ人)』p. 224)

［前略］Ku tongan nayceng-kwa oykyo mich kwunsa tung motun myen-ey kelchye loma-ka naaka-ya hal nosen-ul kyelcengha-ko, kikwancha-ka toye loma-lul ikkulekan kes-un palo wenlowen-ies-sta.

（直訳：［前略］その間、内政と外交及び軍事などすべての面にかけて、ローマが進むべき路線を決定し、機関車になってローマを引っ張って行ったのはまさに元老院であった。）

日本語における「わたる（渡る）」という動詞は「向こう側に移る」（北原（編）2010:1877）という実質的な意味を表し、「橋を渡る」のように用いることができる。また、それに対応する朝鮮語の動詞「건너다<kenneta>」も同じ意味を有しており、「다리를 건너다 <tali-lul kenneta>（橋を渡る）」のように日本語と同じ表現が可能である。

(17a)(18a)に示された日本語の複合格助詞「〜にわたって」は、その中に含まれる動詞「渡る」が有する、「向こう側に移る」といった実質的な意味が薄れ、「そういう判断のすべてにわたって」「内政から外政、軍事のすべての面にわたって」といったように用いて〈空間的範囲〉を意味するのに転じている。ところが一方、日本語の「渡る」に直接対応する朝鮮語の「건너다<kenneta>」という動詞については、「*〜에 건너서 <*-ey kennese>（〜にわたって）」という形式をとって〈空間的範囲〉の意味に転ずるといった日本語の場合と同様のことは認められない。従って、朝鮮語は、別の形式を用いて表現するしかなく、(17b)(18b)では日本語の複合格助詞「〜にわたって」に意味的に間接に対応する複合格助詞「〜에 걸쳐서 <-ey kelchyese>（〜にかけて）」を用い、「그러한 판단 전체에 걸쳐서 <kulehan phantan cenchey-ey kelchyese>（そういう判断全体にかけて）」「내정과 외교 및 군사 등 모든 면에 걸쳐 <nayceng-kwa oykyo mich kwunsa tung motun myen-ey kelchye>（内政と外交及び軍事などすべての面にかけて）」といったように表現されている。なお、朝鮮語におけるこの複合格助詞「〜에 걸쳐서 <-ey kelchyese>（〜にかけて）」は、2.1.1で取り上げて述べたものと同じものである。

3.2 〈時間的範囲〉を表す場合

ここでは、日本語の複合格助詞「～にわたって」が有する2つの意味・用法のうち、〈時間的範囲〉を表す場合について見る。

3.2.1 複合格助詞「～에 걸쳐서 <-ey kelchyese>（～にかけて）」を用いた表現

まず1つ目は、日本語の複合格助詞「～にわたって」を、朝鮮語では複合格助詞「～에 걸쳐서 <-ey kelchyese>（～にかけて）」を用いて表現する場合である。これについては、3.1.1で述べた〈空間的範囲〉の場合と同様である。

(19) a　それゆえに、ギリシア人に比べれば発展の速度は遅かったが、発展すればそれを長期にわたって持続することもできたのであり、[後略]。(『ローマ人』p. 143)

b　그렇기 때문에 그리스인에 비해 발전 속도는 느렸지만, 일단 발전하기 시작하면 장기간에 걸쳐 발전을 지속할 수도 있었고, [後略].（『로마인<Lomain>（ローマ人)』p. 161）

Kuleh-ki ttaymun-ey kulisuin-ey pihay palcen sokto-nun nulyess-ciman, iltan palcenha-ki sicakha-myen cangkikan-ey kelchye palcen-ul cisokhal swu-to issess-ko, [後略].

（直訳：そのために、ギリシア人に比べ、発展の速度は遅かったが、一旦発展し始めれば、長期間にかけて発展を持続させることもでき、[後略]。）

(20) a　十年にわたったトロイ戦役を終え、山ほどの戦利品をもって帰国したギリシア軍の総大将アガメムノンは、王妃と王妃の愛人によって浴室の中で殺されたのである。(『ローマ人』p. 92)

b　10년에 걸친 트로이 전쟁을 끝내고, 산더미 같은 전리품을 가지고 귀국한 그리스군 총대장 아가멤논은 욕실에서 왕비와 왕비의 애인에게 살해당한다.（『로마인<Lomain>（ローマ人)』p. 107）

10nyen-ey kelchin thuloi cencayng-ul kkuthnay-ko, santemi kathun cenliphum-ul kaci-ko kwikwukhan kulisukwun chongtaycang akameymnon-un yoksil-eyse wangpi-wa wangpi-uy ayin-eykey salhaytanghanta.

（直訳：10 年にかけたトロイ戦争を終え、山のような戦利品を持って帰国したギリシャ軍の総大将アガメムノンは、浴室で王妃と王妃の愛人に殺害される。）

(19a)(20a)に示された日本語の複合格助詞「～にかけて」は、(17a)(18a)の際に述べたように、その中に含まれる動詞「わたる（渡る）」が有する、「向こう側に移る」といった実質的な意味が薄れ、「長期にわたって」「十年にわたった」といったように用いて〈時間的範囲〉を意味するのに転じている。ところが一方、日本語の「渡る」に直接対応する朝鮮語の「건너다<kenneta>」という動詞については、「*～에 건너서 <*-ey kennese>（～にわたって）」という形式をとって〈時間的範囲〉の意味に転ずるといった日本語の場合と同様のことは認められない。従って、朝鮮語は、別の形式を用いて表現するしかなく、(19b)(20b)では日本語の複合格助詞「～にわたって」に意味的に間接に対応する複合格助詞「～에 걸쳐서 <-ey kelchyese>（～にかけて）」を用い、「장기간에 걸쳐 <cangkikan-ey kelchye>（長期間にかけて）」「10 년에 걸친 <10nyen-ey kelchin>（10 年にかけた）」といったように表現されている。この〈時間的範囲〉の場合の成立状況は、3.1.1 で述べた〈空間的範囲〉の場合と同様であり、また朝鮮語におけるこの複合格助詞「～에 걸쳐서 <-ey kelchyese>（～にかけて）」は、2.2.1 で取り上げて述べたものと同じものである。

3.2.2　名詞「동안<tongan>（間；期間）」を用いた表現

2 つ目は、日本語の複合格助詞「～にわたって」を、名詞「동안<tongan>（間；期間）」を用いて表現する場合である。

(21) a　そして、毎年のように行われた戦闘は、彼らを、彼らの職場である農牧地や工事現場や店から、長期にわたって引き離すことになった。（『ローマ人』p. 146）

b　해마다 전투가 벌어졌기 때문에, 평민들은 그들의 직장인 농토나 공사현장이나 가게에서 오랫동안 떠나 있게 되었다.（『로마인 <Lomain>（ローマ人）』p. 164）

Hay-mata centhwu-ka pelecyess-ki ttaymun-ey, phyengmintul-un kutul-uy cikcangin nongtho-na kongsahyencang-ina kakey-eyse olays-tongan ttena iss-key toyessta.

（直訳：毎年、戦闘が起こったために、平民達は彼らの職場である農地や工事現場や店から長い間、離れているようになった。）

(22) a　ただし、彼らは、三十年という長期にわたって民衆に、国政は自分たちが動かしているのだと思いこませることに成功し、[後略]。(『ローマ人』p. 172)

b　페리클레스는 무려 30년 동안 아테네 민중에게 국정은 자기들이 움직이고 있다고 믿게 하는 데 성공했고, [後略]. (『로마인<Lomain>(ローマ人)』p. 192)

Pheylikhulleysu-nun mulye 30nyen tongan atheyney mincwung-eykey kwukceng-un cakitul-i wumciki-ko issta-ko mit-key hanun tey sengkonghayss-ko, [後略].

（直訳：ペリクレスは実に30年の間、アテネの民衆に、国政は自分たちが動かしていると信じさせることに成功し、[後略]。）

(21)(22)ともに、(a)の日本語において「長期にわたって」「三十年という長期にわたって」のように複合格助詞「～にわたって」が用いられた箇所は、対応する(b)の朝鮮語では「오랫동안 <olays-tongan>（長い間）」「무려 30년 동안 <mulye 30nyen tongan>（実に30年の間）」といったように、名詞の「동안 <tongan>（間；期間）」を用いて表現されている。

3.2.3　単一格助詞「부터<puthe>（から；より）」を用いた表現

3つ目は、日本語の複合格助詞「～にわたって」を、朝鮮語では単一格助詞「부터<puthe>（から；より）」を用いて表現する場合である。

(23) a　私も、座禅指導にまつわるお知らせや相談の受付など、長年にわたりウェブサイトを運営しています。(『練習』p. 114)

b　나는 좌선을 배우는 사람들에게 상담을 해주고, 중요한 지식을 알려 주기 위해 오래 전부터 웹사이트를 운영하고 있다. (『연습

<Yensup>（練習）』p. 125）

Na-nun cwasen-ul paywunun salamtul-eykey sangtam-ul hay-cwu-ko, cwungyohan cisik-ul allye cwu-ki wihay olay cen-puthe weypsaithu-lul wunyengha-ko issta.

（直訳：私は、座禅を学ぶ人達に相談をしてあげ、重要な知識を知らせてあげるために、ずっと前からウェブサイトを運営している。）

(23a)の日本語において「長年にわたり」のように複合格助詞「〜にわたって」が用いられた箇所は、対応する(23b)の朝鮮語では「오래 전부터 <olay cen-puthe>（ずっと前から）」といったように、〈開始点〉を意味する単一格助詞「부터<puthe>（から；より）」を用いて表現されている。

3.2.4　接続語尾「〜(으)ㄹ수록 <-(u)lswulok>（〜するまで；〜するほど）」を用いた表現

最後に4つ目は、日本語の複合格助詞「〜にわたって」を、朝鮮語では接続語尾「〜(으)ㄹ수록 <-(u)lswulok>（〜するまで；〜するほど）」を用いて表現する場合である。

(24) a　以後百年以上にわたってローマを二分することになる、貴族対平民の抗争である。（『ローマ人』p. 144）

b　그후 100년이 넘도록 로마를 양분하게 된 귀족과 평민의 대결이 그것이다.（『로마인<Lomain>（ローマ人）』p. 162）

Kuhwu 100nyen-i nem-tolok loma-lul yangpunha-key toyn kwi-cok-kwa pyengmin-uy taykyel-i kukes-ita.

（直訳：その後、100年を超えるほどローマを両分するようになった貴族と平民の対決がそれである。）

(24a)の日本語において「百年以上にわたって」のように複合格助詞「〜にわたって」が用いられた箇所は、対応する(24b)の朝鮮語では「100년이 넘도록 <100nyen-i nem-tolok>（100年を超えるほど）」といったように、接続語尾「〜(으)ㄹ수록<-(u)lswulok>（〜するまで；〜するほど）」を用いて表現されている。

4　日本語の複合格助詞「〜に際して」

第三に、日本語の複合格助詞「〜に際して」を取り上げ、日本語でそれが用いられる場合、朝鮮語ではどのように表現されるのか、ということについて考察する[12)]。

日本語の複合格助詞「〜に際して」は、山崎・藤田（2001:109-111）も述べるように、「〜ということを行う時に」や「〜ということが｛行われる／起こる｝時に」といったことを意味するが、これを朝鮮語で表現するには、次に示す３種類の方法がとられていることが判明した。

(25)　日本語の複合格助詞「〜に際して」

（A）　名詞「때<ttay>（時）」を用いた表現

（B）　単一格助詞「에서<eyse>（で）」を用いた表現

（C）「単一格助詞『에<ey>（に）』＋動詞『맞추다<macchwuta>（合わせる）』の連用形」を用いた表現

4.1　名詞「때<ttay>（時）」を用いた表現

まず１つ目は、日本語の複合格助詞「〜に際して」を、朝鮮語では名詞「때<ttay>（時）」を用いて表現する場合である。

(26) a　すでに一九三四年一〇月、四省制を十省制と変えて中央統制強化をはかった省制改革に際し省長兼務を解かれた二人は自らの権力基盤を分断され、［後略］。（『キメラ』pp. 241-242）

b　이미 1934년 10월, 4성제를 10성제로 바꾸어 중앙통제 강화를 도모한 성제개혁 때에 성장 겸무가 해제된 두 사람은 자신의 권력 기반으로부터 멀어져［後略］.（『키메라<Khimeyla>（キメラ）』p. 234）

Imi 1934nyen 10wel, 4sengcey-lul 10sengcey-lo pakkwue cwung-angthongcey kanghwa-lul tomohan sengceykayhyek ttay-ey sengcang kyemmu-ka hayceytoyn twu salam-un casin-uy kwenlyek kipan-uloputhe melecye［後略］.

（直訳：すでに1934年10月、4省制を10省制に変えて中央統制強化をはかった省制改革の時に省長兼務が解除された二人は自身の権力基盤から遠ざかり、［後略］。）

(27) a　それでいながら、危機に際しては、彼らより劣る勇気を示したことはなかった。（『ローマ人』p. 137）

b　우리는 자유의 기풍 속에서 자라면서도 위기가 닥쳤을 때는 물러나는 일이 없다. （『로마인<Lomain>（ローマ人）』p. 154）

Wuli-nun cayu-uy kiphung sok-eyse cala-myense-to wiki-ka takchyessul ttay-nun mullenanun il-i epsta.

（直訳：私達は自由の気風の中で育ちながらも、危機が迫った時は退くことがない。）

(26)(27)ともに、(a)の日本語において「省制改革に際し」「危機に際しては」のように複合格助詞「～に際して」が用いられた箇所は、対応する(b)の朝鮮語では「성제개혁 때에 <sengceykayhyek ttay-ey>（省制改革の時に）」「위기가 닥쳤을 때는 <wiki-ka takchyessul ttay-nun>（危機が迫った時は）」といったように、名詞の「때<ttay>（時）」を用いて表現されている[13)]。

4.2　単一格助詞「에서<eyse>（で）」を用いた表現

次に2つ目は、日本語の複合格助詞「～に際して」を、朝鮮語では単一格助詞「에서<eyse>（で）」を用いて表現する場合である。

(28) a　［前略］民生回復のための自衛策を講じるのは戦禍にしばしばさらされた中国の人々の身の処し方の常でもあり、満洲事変に際しても各地に治安維持会が簇出（そうしゅつ）している。（『キメラ』p. 72）

b　［前略］민생 회복을 위한 자위책을 강구하는 것은 여러 차례 전쟁의 참화를 겪었던 중국 사람들에게는 몸에 밴 일상다반사이기도 했기에 만주사변에서도 각지에 치안유지회가 여기저기 생겨났다. （『키메라<Kimeyla>（キメラ）』p. 91）

[前略] Minsayng hoypok-ul wihan cawichayk-ul kangkwuhanun kes-un yele chalyey cencayng-uy chamhwa-lul kyekkessten cwungkwuk salamtul-eykey-nun mom-ey payn ilsangtapansaiki-to haysski-ey mancwusapyen-eyse-to kakci-ey chianyucihoy-ka yekiceki sayngkyenassta.

（直訳：[前略] 民生回復のための自衛策を講究するのは何度も戦争の惨禍を経験した中国の人々には身体にしみ込んだ日常茶飯事でもあったので、満洲事変でも各地の方々に治安維持会が誕生した。）

(28a)の日本語において「満洲事変に際しても」のように複合格助詞「～に際して」が用いられた箇所は、対応する(28b)の朝鮮語では「만주사변에서도 <mancwusapyen-eyse-to>（満洲事変でも）」といったように、〈動作が行われる場所〉を意味する単一格助詞「에서<eyse>（で）」を用いて表現されている。

4.3 「単一格助詞『에<ey>（に）』＋動詞『맞추다<macchwuta>（合わせる）』の連用形」を用いた表現

最後に３つ目は、日本語の複合格助詞「～に際して」を、「単一格助詞『에<ey>（に）』＋動詞『맞추다<macchwuta>（合わせる）』の連用形」を用いて表現する場合である。

(29) a　しかも、この発言さえ、新聞社側が発表に際して婉曲的な表現に変えたものであるという。（『キメラ』p. 81）

b　게다가 이 발언조차 신문사측이 발표에 맞춰 완곡한 표현으로 바꾼 것이었다고 한다.（『키메라<Khimeyla>（キメラ）』p. 98）

Keytaka i palen-cocha sinmunsachuk-i palphyo-ey macchwe wankokhan phyohyen-ulo pakkwun kes-iessta-ko hanta.

（直訳：しかも、この発言さえ、新聞社側が発表に合わせて婉曲的な表現に変えたものであったという。）

(29a)の日本語において「発表に際して」のように複合格助詞「〜に際して」が用いられた箇所は、対応する(29b)の朝鮮語では「발표에 맞춰 <palphyo-ey macchwe>（発表に合わせて)」といったように、「単一格助詞『에<ey>（に)』＋動詞『맞추다<macchwuta>（合わせる)』の連用形」を用いて表現されている。

5　日本語の複合格助詞「〜にあたって」

第四に、日本語の複合格助詞「〜にあたって」を取り上げ、日本語でそれが用いられる場合、朝鮮語ではどのように表現されるのか、ということについて考察する[14)]。

日本語の複合格助詞「〜にあたって」は、山崎・藤田（2001:93-95）も述べるように、「〜ということを行う場面に当面して」や「ある意義の認められる時・機会が｛来た／来る｝のに当面して」といったことを意味するが、これを朝鮮語で表現するには、次に示す5種類の方法がとられていることが判明した。

(30)　日本語の複合格助詞「〜にあたって」

（A）　名詞「때<ttay>（時)」を用いた表現

（B）　複合格助詞「〜에 즈음해서 <-ey cuumhayse>（〜に際して)」を用いた表現

（C）　複合格助詞「〜에 있어서 <-ey issese>（〜にあって)」を用いた表現

（D）「形式名詞『데<tey>（こと；の；ところ)』＋있어서 <issese>（あって)」を用いた表現

（E）「名詞化接尾辞『기<ki>（〜こと；〜の)』＋単一格助詞『에<ey>（に)』＋動詞『앞서다<aphseta>（先立つ)』の連用形」を用いた表現

5.1 名詞「때<ttay>（時）」を用いた表現

まず１つ目は、日本語の複合格助詞「～にあたって」を、朝鮮語では名詞「때<ttay>（時）」を用いて表現する場合である。

(31) a ［前略］（問題提起にあたっては）じぶんが体験した具体的な事例をあげながら話す、［後略］（『哲学』pp. 196-197）

b ［前略］（문제 제기를 할 때는）자신이 체험한 구체적인 사례를 예로 들며 말한다.［後略］（『철학<Chelhak>（哲学）』p. 264）

［前略］（Muncey ceyki-lul hal ttay-nun）casin-i cheyhemhan kwucheycek-in salyey-lul yey-lo tul-mye malhanta.［後略］

（直訳：［前略］（問題提起をする時は）自身が体験した具体的な事例を例にあげながら話す。［後略］）

(32) a エッセイを書くにあたって重要なことは、見なれたものをまるではじめて見るかのように見ること、あの「ヴュジャデ」の眼を備えることだ。（『哲学』p. 185）

b 에세이를 쓸 때 중요한 것은 익숙한 것을 마치 처음 보는 것처럼 보는 것, 바로 '뷰자데'의 눈을 갖추는 것이다.（『철학<Chelhak>（哲学）』p. 249）

Eyseyi-lul ssul ttay cwungyohan kes-un ikswukhan kes-ul machi cheum ponun kes-chelem ponun kes, palo 'pyucyatey'-uy nwun-ul kacchwunun kes-ita.

（直訳：エッセイを書く時、重要なことは、慣れた物をあたかも初めて見ることのように見ること、まさに「ヴュジャデ」の目を備えることである。）

(31)(32)ともに、(a)の日本語において「問題提起にあたっては」「エッセイを書くにあたって」のように複合格助詞「～にあたって」が用いられた箇所は、対応する(b)の朝鮮語では「문제 제기를 할 때는 <muncey ceyki-lul hal ttay-nun>（問題提起をする時は）」「에세이를 쓸 때 <eyseyi-lul ssul ttay>（エッセイを書く時）」といったように、名詞の「때<ttay>（時）」を用いて表

現されている。

5.2 複合格助詞「～에 즈음해서 <-ey cuumhayse>（～に際して）」を用いた表現

2つ目は、日本語の複合格助詞「～にあたって」を、朝鮮語では複合格助詞「～에 즈음해서 <-ey cuumhayse>（～に際して）」を用いて表現する場合である。

(33) a ［前略］二、哲学の終わりにあたって、いかなる使命が思惟のためになお保存されて残っているか？」(ハイデッガー)、［後略］(『哲学』p. 75)

b ［前略］둘, 철학의 죽음에 즈음하여 어떠한 사명이 사유를 위해 여전히 보존되어 남아 있는가?'(하이데거). (『철학<Chelhak>（哲学)』p. 107)

［前略］Twul, chelhak-uy cwukum-ey cuumhaye ettehan samyeng-i sayu-lul wihay yecenhi pocontoye nama issnunka?' (Haiteyke)［後略］

(直訳：［前略］2. 哲学の死に際して、いかなる使命が思惟のために依然として保存されて残っているか？」(ハイデッガー)、［後略］)

(33a)の日本語において「哲学の終わりにあたって」のように複合格助詞「～にあたって」が用いられた箇所は、対応する(33b)の朝鮮語では「철학의 죽음에 즈음하여 <chelhak-uy cwukum-ey cuumhaye>（哲学の死に際して)」といったように、複合格助詞「～에 즈음해서 <-ey cuumhayse>（～に際して)」を用いて表現されている。

5.3 複合格助詞「～에 있어서 <-ey issese>（～にあって)」を用いた表現

3つ目は、日本語の複合格助詞「～にあたって」を、朝鮮語では複合格助詞「～에 있어서 <-ey issese>（～にあって)」を用いて表現する場合である。

(34) a　[前略]「日本の読者に与える跋」は、戦後六十余年、わたしたちがここで日本における哲学のあり方を再考するにあたって、どうしても味読しておかなければならない文章である。(『哲学』pp. 59-60)

b　[前略]「일본 독자에게 건네는 발문」은 전후 60여 년 우리가 여기에서 일본 철학의 바람직한 모습을 재고함에 있어서 꼭 음미해둘 필요가 있는 글이다. (『철학<Chelhak>(哲学)』p. 86)

[前略]"Ilpon tokca-eykey kenneynun palmun" -un cenhwu 60ye nyen wuli-ka yeki-eyse ilpon chelhak-uy palamcikhan mosup-ul caykoham-ey issese kkok ummihaytwul philyo-ka issnun kul-ita.

(直訳:[前略]「日本の読者にかける跋文」は、戦後60余年、私達がここで日本哲学の望ましいありさまを再考するのにあって、ぜひとも味読しておく必要がある文章である。)

(34a)の日本語において「日本における哲学のあり方を再考するにあたって」のように複合格助詞「〜にあたって」が用いられた箇所は、対応する(34b)の朝鮮語では「일본 철학의 바람직한 모습을 재고함에 있어서 <ilpon chelhak-uy palamcikhan mosup-ul caykoham-ey issese>(日本哲学の望ましいありさまを再考するのにあって)」といったように、複合格助詞「〜에 있어서 <-ey issese>(〜にあって)」を用いて表現されている。

5.4 「形式名詞『데<tey>(こと;の;ところ)』+있어서<issese>(あって)」を用いた表現

4つ目は、日本語の複合格助詞「〜にあたって」を、朝鮮語では「形式名詞『데<tey>(こと;の;ところ)』+있어서<issese>(あって)」を用いて表現する場合である。

(35) a　それは、言語という、哲学的思考の媒体となるものが、時代を問うにあたってうまくはたらかなくなっているという予感であり、[後略]。(『哲学』pp. 81-82)

b　그것은 언어라는 철학적 사고의 매체가 되는 것이 시대를 묻는데 있

어 원만하게 작동하지 않게 됐다는 예감이고, [後略]. (『철학<Chelhak>(哲学)』p. 115)

Kukes-un ene-lanun chelhakcek sako-uy maychey-ka toynun kes-i sitay-lul mutnun-tey isse wenmanha-key caktongha-ci anh-key twaysta-nun yeykam-iko, [後略].

(直訳：それは、言語という哲学的思考の媒体となるものが、時代を問うのにあって円満に作動しなくなったという予感であり、[後略]。)

(35a)の日本語において「時代を問うにあたって」のように複合格助詞「〜にあたって」が用いられた箇所は、対応する(35b)の朝鮮語では「시대를 묻는데 있어 <sitay-lul mutnun-tey isse>(時代を問うのにあって)」といったように表現されている。すなわち、動詞「묻다<mutta>(尋ねる；問う)」の連体形現在「묻는<mutnun>」によって修飾された形式名詞「데<tey>(こと；の；ところ)」が〈存在〉を表す動詞「있다<issta>(ある；いる)」の連用形「있어<isse>」を後続させた形式となっているのである。なお、この形式は、5.3で見た朝鮮語の複合格助詞「〜에 있어서 <-ey issese>(〜にあって)」の変異形であると捉えることができる。

5.5 「名詞化接尾辞『기<ki>(〜こと；〜の)』＋単一格助詞『에<ey>(に)』＋動詞『앞서다<aphseta>(先立つ)』の連用形」を用いた表現

最後に5つ目は、日本語の複合格助詞「〜にあたって」を、朝鮮語では「名詞化接尾辞『기<-ki>(〜こと；〜の)』＋単一格助詞『에<ey>(に)』＋動詞『앞서다<aphseta>(先立つ)』の連用形」を用いて表現する場合である。

(36) a　言葉によって組織された意味の母型、つまりは世界理解のフレームワークは、わたしたちが創出したものではなく、わたしたちが思考するにあたっていつもすでにそこにある。(『哲学』p. 105)

b　언어에 의해 조직된 의미의 모형(母型), 즉 세계 이해의 구조는 우리가 창출한 것이 아니라 우리가 사고하기에 앞서 늘 이미 거기에

존재했다.（『철학<Chelhak>（哲学）』p. 144）

Ene-ey uyhay cociktoyn uymi-uy mohyeng, cuk seykyey ihay-uy kwuco-nun wuli-ka changchwulhan kes-i anila wuli-ka sakoha-ki-ey aphse nul imi keki-ey concayhaysssta.

（直訳：言語によって組織された意味の母型、すなわち世界理解の構造は、私達が創出したものではなく、私達が思考するのに先立っていつもすでにそこに存在した。）

(36a)の日本語において「思考するにあたって」のように複合格助詞「～にあたって」が用いられた箇所は、対応する(36b)の朝鮮語では「사고하기에 앞서<sakoha-ki-ey aphse>（思考するのに先立って）」といったように表現されている。すなわち、先行する動詞「사고하다<sakohata>（思考する）」の語幹「사고하<sakoha>」に名詞化接尾辞「기<ki>」が付け加えられてから単一格助詞「에<ey>（に）」が結び付き、さらに動詞「앞서다<aphseta>（先立つ）」の連用形「앞서<aphse>」が後続する形式となっているのである。

6　日本語の複合格助詞「～につれて」

第五に、日本語の複合格助詞「～につれて」を取り上げ、日本語でそれが用いられる場合、朝鮮語ではどのように表現されるのか、ということについて考察する[15)]。

日本語の複合格助詞「～につれて」は、山崎・藤田（2001:120-121）も述べるように、「2つの異なる動作や状況が連動している」ことを意味するが、これを朝鮮語で表現するには、次に示す4種類の方法がとられていることが判明した。

(37)　日本語の複合格助詞「～につれて」

（A）　複合格助詞「～에 따라서 <-ey ttalase>（～に従って）」を用いた表現

（B）　接続語尾「～(으)ㄹ수록 <-(u)lswulok>（～するまで；～するほど）」を用いた表現

（C）　接続語尾「～자<-ca>（～やいなや）」を用いた表現

（D）　動詞連用形「～아/어/여<-a/-e/-ye>（～し）」を用いた表現

6.1　複合格助詞「～에 따라서 <-ey ttalase>（～に従って）」を用いた表現

まず１つ目は、日本語の複合格助詞「～につれて」を、朝鮮語では複合格助詞「～에 따라서 <-ey ttalase>（～に従って）」を用いて表現する場合である。

(38) a　［前略］工業商業海運業にまで手を広げたおかげで経済の発展は目ざましく、それにつれて人口も急速に増大する。（『ローマ人』p. 26）

b　［前略］공업과 상업 및 해운업에까지 손을 뻗친 덕분에 눈부신 경제발전을 이룩했고, 그에 따라 인구도 급속히 늘어났다.（『로마인 <Lomain>（ローマ人）』p. 34）

［前略］Kongep-kwa sangep mich haywunep-ey-kkaci son-ul ppetchin tekpun-ey nwunpusin kyengceypalcen-ul ilwukhayss-ko, ku-ey ttala inkwu-to kupsokhi nulenassta.

（直訳：工業と商業、及び海運業にまで手を伸ばしたおかげでまぶしい経済発展を成し遂げ、それに従って人口も急速に増加した。）

(39) a　そして意識が成長するにつれて、その保留され固定された映像が少しずつ解析され、そこに意味性が付与されていったのだろう。（『1Q84』p. 31）

b　그리고 의식이 성장함에 따라 보류된 채 고정된 그 영상이 조금씩 해석되고 거기에 의미가 부여되었을 것이다.（『1Q84』〈朝鮮語訳版〉p. 32）

Kuliko uysik-i sengcangham-ey ttala polyutoyn chay kocengtoyn ku yengsang-i cokumssik haysektoy-ko keki-ey uymi-ka puyetoyessul kes-ita.

（直訳：そして意識が成長するのに従って、保留されたまま固定されたその映像が少しずつ解析され、そこに意味が付与されたのだろう。)

(38)(39)ともに、(a)の日本語において「それにつれて」「意識が成長するにつれて」のように複合格助詞「〜につれて」が用いられた箇所は、対応する(b)の朝鮮語では「그에 따라 <ku-ey ttala>（それに従って)」「의식이 성장함에 따라 <uysik-i sengcangham-ey ttala>（意識が成長するのに従って)」といったように、複合格助詞「〜에 따라서 <-ey ttalase>（〜に従って)」を用いて表現されている。

6.2 接続語尾「〜(으)ㄹ수록 <-(u)lswulok>（〜するまで；〜するほど)」を用いた表現

2つ目は、日本語の複合格助詞「〜につれて」を、朝鮮語では接続語尾「〜(으)ㄹ수록 <-(u)lswulok>（〜するまで；〜するほど)」を用いて表現する場合である。

(40) a　多くの方が年を取るにつれ「最近は年月が早くすぎてゆきますからねえ」という話をするようになる元凶は、[後略]。(『練習』pp. 22-23)

b　나이를 먹을수록 시간이 더 빨리 흐르는 것처럼 느끼는 원인은, [後略]. (『연습<Yensup>（練習)』p. 23)

Nai-lul mekul-swulok sikan-i te ppalli hulunun kes-chelem nukkinun wenin-un, [後略].

(直訳：年をとればとるほど、時間がもっと早く流れるように感じる原因は、[後略]。)

(41) a　ファビウスは、[中略] 戦闘が長びくにつれて、彼らの破壊力は減少する傾向にあるのを知っていた。(『ローマ人』p. 241)

b　[前略] 전쟁을 오래 끌수록 그 파괴력이 점점 줄어든다는 것을 파비우스는 알고 있었다. (『로마인<Lomain>（ローマ人)』pp. 263-264)

[前略] Cencayng-ul olay kkul-swulok ku phakoylyek-i cemcem

cwuletunta-nun kes-ul phapiwusu-nun al-ko issessta.

（直訳：［前略］戦争を長く引き延ばせば引き延ばすほど、その破壊力が徐々に減少していくのを、ファビウスは知っていた。）

(40)(41)ともに、(a)の日本語において「多くの方が年を取るにつれ」「戦闘が長びくにつれて」のように複合格助詞「～につれて」が用いられた箇所は、対応する(b)の朝鮮語では「나이를 먹을수록 <nai-lul mekul-swulok>（年をとればとるほど）」「전쟁을 오래 끌수록 <cencayng-ul olay kkul-swulok>（戦争を長く引き延ばせば引き延ばすほど）」といったように、接続語尾「～(으)ㄹ수록 <-(u)lswulok>（～するまで；～するほど）」を用いて表現されている。

6.3　接続語尾「～자<-ca>（～やいなや）」を用いた表現

3つ目は、日本語の複合格助詞「～につれて」を、朝鮮語では接続語尾「～자<-ca>（～やいなや）」を用いて表現する場合である。

(42) a　だが、ローマの力が強くなるにつれて、力関係も変化する。（『ローマ人』p. 68）

b　하지만 로마가 강성해지자 세력관계도 달라졌다.（『로마인 <Lo-main >（ローマ人）』p. 81）

Haciman loma-ka kangsenghayci-ca seylyekkwankyey-to talla-cyessta.

（直訳：だが、ローマが強くて盛んになるやいなや、勢力関係も変化した。）

(42a)の日本語において「ローマの力が強くなるにつれて」のように複合格助詞「～につれて」が用いられた箇所は、対応する(42b)の朝鮮語では「로마가 강성해지자 <loma-ka kangsenghayci-ca>（ローマが強くて盛んになるやいなや）」といったように、接続語尾「～자<-ca>（～やいなや）」を用いて表現されている。

6.4　動詞連用形「～아/어/여<-a/-e/-ye>（～し）」を用いた表現

最後に４つ目は、日本語の複合格助詞「～につれて」を、朝鮮語では動詞連用形「～아/어/여<-a/-e/-ye>（～し）」を用いて表現する場合である。

(43) a　ロムルスとレムスの兄弟は、成長するにつれてこの辺りの羊飼いたちのボスになっていった。(『ローマ人』p. 18)

b　로물루스와 레무스 형제는 성장하여 그 일대 양치기들의 우두머리가 되었다.（『로마인<Lomain>（ローマ人）』p. 28）

Lomullwusu-wa leymusu hyengcey-nun sengcanghaye ku iltay yangchikitul-uy wutwumeli-ka toyessta.

（直訳：ロムルスとレムスの兄弟は、成長し、その一帯の羊飼い達の頭目になった。）

(43a)の日本語において「成長するにつれて」のように複合格助詞「～につれて」が用いられた箇所は、対応する(43b)の朝鮮語では「성장하여 <sengcang-haye>（成長し）」といったように、一旦中止して後続する節にかかっていく働きをする動詞連用形「～아/어/여<-a/-e/-ye>（～し）」を用いて表現されている。

7　実例の調査・考察結果

本稿では、以上、日本語における単一格助詞「に」を伴う複合格助詞のうち、「～にかけて」「～にわたって」「～に際して」「～にあたって」「～につれて」の５つを取り上げ、日本語でその各々が用いられる場合、朝鮮語ではどのように表現されるのか、ということについて、日本語で書かれた論説文とその朝鮮語への翻訳から収集した実例を調査した上で考察してきた。その調査・考察結果を整理して提示すると、次のようになる。

(44)（Ⅰ）　日本語で複合格助詞を用いて表現するところを、朝鮮語でも直接対応する複合格助詞を用いて表現することができる場合。

	日本語	朝鮮語
（ア）	複合格助詞「～にかけて」（〈空間的範囲〉〈時間的範囲〉とも）	複合格助詞「～에 걸쳐서<-ey kelchyese>（～にかけて）」

（Ⅱ）　日本語で複合格助詞を用いて表現するところを、朝鮮語では直接対応する複合格助詞がないため、意味的に間接に対応する別の複合格助詞を用いて表現する場合。

	日本語	朝鮮語
（イ）	複合格助詞「～にわたって」（〈空間的範囲〉〈時間的範囲〉とも）	複合格助詞「～에 걸쳐서<-ey kelchyese>（～にかけて）」
（ウ）	複合格助詞「～にあたって」	複合格助詞「～에 즈음해서 <-ey cuumhayse>（～に際して）」
（エ）	複合格助詞「～にあたって」	複合格助詞「～에 있어서 <-ey issese>（～にあって）」
（オ）	複合格助詞「～にあたって」	「形式名詞『데<tey>（こと；の；ところ）』＋있어서 <issese>（あって）」[16]
（カ）	複合格助詞「～につれて」	複合格助詞「～에 따라서 <-ey ttalase>（～に従って）」

（ⅢA）　日本語で複合格助詞を用いて表現するところを、朝鮮語では同様に複合格助詞を用いて表現することができなくはないが、接続語尾を用いて表現する場合。

	日本語	朝鮮語
（キ）	複合格助詞「～にわたって」（〈時間的範囲〉のみ）	接続語尾「～(으)ㄹ수록 <-(u)-lswulok>（～するまで；～するほど）」
（ク）	複合格助詞「～につれて」	接続語尾「～(으)ㄹ수록 <-(u)-lswulok>（～するまで；～するほど）」
（ケ）	複合格助詞「～につれて」	接続語尾「～자<-ca>（～やいなや）」

（ⅢB） 日本語で複合格助詞を用いて表現するところを、朝鮮語では同様に複合格助詞を用いて表現することができなくはないが、動詞連用形を用いて表現する場合。

	日本語	朝鮮語
（コ）	複合格助詞「〜に際して」	「単一格助詞『에 <ey>（に）』＋動詞『맞추다 <macchwuta>（合わせる）』の連用形」
（サ）	複合格助詞「〜にあたって」	「名詞化接尾辞『기 <ki>（〜こと；〜の）』＋単一格助詞『에 <ey>（に）』＋動詞『앞서다 <aphseta>（先立つ）』の連用形」
（シ）	複合格助詞「〜につれて」	動詞連用形「〜아/어/여 <-a/-e/-ye>（〜し）」

（ⅢC） 日本語で複合格助詞を用いて表現するところを、朝鮮語では同様に複合格助詞を用いて表現することができなくはないが、単一格助詞を用いて表現する場合。

	日本語	朝鮮語
（ス）	複合格助詞「〜にかけて」（〈空間的範囲〉〈時間的範囲〉とも）	単一格助詞「까지 <kkaci>（まで）」
（セ）	複合格助詞「〜にわたって」（〈時間的範囲〉のみ）	単一格助詞「부터 <puthe>（から；より）」
（ソ）	複合格助詞「〜に際して」	単一格助詞「에서<eyse>（で）」

（ⅢD） 日本語で複合格助詞を用いて表現するところを、朝鮮語では同様に複合格助詞を用いて表現することができなくはないが、名詞を用いて表現する場合。

	日本語	朝鮮語
（タ）	複合格助詞「〜にかけて」（〈時間的範囲〉のみ）	名詞「사이<sai>（間）」
（チ）	複合格助詞「〜にわたって」（〈時間的範囲〉のみ）	名詞「동안<tongan>（間；期間）」

（ツ）	複合格助詞「〜に際して」	名詞「때<ttay>（時）」
（テ）	複合格助詞「〜にあたって」	名詞「때<ttay>（時）」

上記(44)のまとめについて、以下に説明を加える。

(Ⅰ)(Ⅱ)は、日本語も朝鮮語も複合格助詞を用いて表現している項目が属しているのに対して、(Ⅲ)は、日本語では複合格助詞を用いて表現しているが、朝鮮語では複合格助詞ではなく、それ以外の形式を用いて表現している項目が属している。また、(Ⅰ)(Ⅱ)は、今述べたように、日本語も朝鮮語も複合格助詞を用いて表現している点で共通しているが、(Ⅰ)は、朝鮮語において日本語と直接対応する複合格助詞を用いて表現しているのに対して、(Ⅱ)は、朝鮮語では日本語と直接対応する複合格助詞がないため、意味的に間接に対応する別の複合格助詞を用いて表現している点で異なる。さらに、(Ⅲ)は、(A)(B)(C)(D)の4つに下位分類してある。その(A)(B)(C)(D)については、日本語では複合格助詞を用いて表現しているのに対して、朝鮮語では複合格助詞ではなく、それ以外の形式を用いて表現している、という点で共通しているのは先ほど述べたとおりであるが、朝鮮語において用いられている形式が、(A)は接続語尾、(B)は動詞連用形、(C)は単一格助詞、(D)は名詞、といったようにそれぞれ異なる。

まず、(Ⅰ)に該当する項目は、ある程度、存在するが、本稿における考察が、(3)に挙げた、朝鮮語で日本語に直接対応する複合格助詞がないものを出発点としているため、（ア）の1つといったように非常に限られた状況となっている。

次に、(Ⅱ)に該当する項目も、ある程度、存在するが、本稿では限られた状況となっている。その中でも、次の2点を特筆したい。1点は、（ウ）として挙げた朝鮮語の複合格助詞「〜에 즈음해서 <-ey cuumhayse>」についてである。これは、上述したように、日本語の複合格助詞「〜に際して」や「〜にあたって」に直接あるいは間接に対応すると考えられるものであり、油谷他(編)(1993:1615）などの辞書の記述には見られるが、実際にこれを用いて表現

されているのは、本稿における考察にあたっての今回の調査では(33b)に示した1例のみであった。もう1点は、朝鮮語の複合格助詞「〜에 당[=當]해서 <-ey tanghayse>」「〜에 처[=處]해서 <-ey chehayse>」「〜에 임[=臨]해서 <-ey imhayse>」についてである。これらは、日本語で直訳して表現すると、それぞれ「〜に当して」「〜に処して」「〜に臨して」といったようになって、日本語の複合格助詞「〜に際して」や「〜にあたって」に直接あるいは間接に対応すると考えられるものであり、最新日韓辞典編集委員会（編）(1997:658)や時事英語社辞典編集室（編）(1994:588) などの辞書の記述には見られる。しかしながら、実際にこれらを用いて表現されているものは、今回の調査ではその3項目すべてについて1例も見出すことができなかった。従って、これらの「〜에 당해서 <-ey tanghayse>」「〜에 처해서 <-ey chehayse>」「〜에 임해서 <-ey imhayse>」は、(Ⅱ)に該当する項目としての記載はしていない。

最後に、最も特徴的であり注目したいのは、(Ⅲ)に該当する項目が(Ⅰ)(Ⅱ)に該当する項目に比べて豊富である、ということである。すなわち、日本語で複合格助詞を用いて表現するところを、朝鮮語では同様に複合格助詞を用いて表現するのではなく、複合格助詞とは別の方法で表現しているのであり、その別の方法というのは、(A)接続語尾、(B)動詞連用形、(C)単一格助詞、(D)名詞、をそれぞれ用いた表現で多岐にわたる。例えば、日本語の複合格助詞「〜に際して」を朝鮮語で表現するには、(44)のまとめにおける項目で言うと、(コ)(ソ)(ツ) の3種類の方法がとられていることが今回の調査で判明したが、その3種類のうち、(ツ) の名詞を用いた表現が最も多くの割合を占めている。また、日本語の複合格助詞「〜にあたって」についても同様であり、それを朝鮮語で表現するには、(ウ)(エ)(オ)(サ)(テ) の5種類の方法がとられているが、その5種類のうち、最も多くの割合を占めているのは、(テ) の名詞を用いた表現である。さらに、日本語の複合格助詞「〜につれて」を朝鮮語で表現するには、(カ)(ク)(ケ)(シ) の4種類の方法がとられているわけであるが、その4種類のうち、(ク) の接続語尾を用いた表現は、(カ) の複合格助詞を用いた表現に近い割合を占める。

なお、以下は、内容的には次の第8節で論ずるべき性質のものであるとも言えるが、(44)のまとめにおける各項目の分類に関連づけて先にここで述べることにする。(Ⅰ)(Ⅱ)に属する複合格助詞による表現も、(Ⅲ B)に属する動詞連用形による表現も、形式的には同一の動詞連用形が利用されたものであり、そのため、両者はつながりがあり、連続性をなしている。従って、ある表現を、複合格助詞か動詞連用形による従属節かのいずれか一方に決定するには、困難な場合がある。例えば、本稿では、(コ) として挙げた朝鮮語の「単一格助詞『에<ey>(に)』＋動詞『맞추다<macchwuta>(合わせる)』の連用形」と、(サ) として挙げた朝鮮語の「名詞化接尾辞『기<ki>(～こと；～の)』＋単一格助詞『에<ey>(に)』＋動詞『앞서다<aphseta>(先立つ)』の連用形」は、それぞれ含まれている動詞が実質的な意味を保持していることを根拠に、動詞連用形による従属節であると認定し、(Ⅲ)に属するものとしたが、山崎・藤田(2001:108-109) は、日本語の「～に先立って」を複合格助詞として記述しており、李姫子(イ=ヒジャ)・李鍾禧(イ=ジョンヒ)(2010:622) と韓国・国立国語院(2012:88-89) は、朝鮮語の「名詞化接尾辞『기<ki>(～こと；～の)』＋単一格助詞『에<ey>(に)』＋動詞『앞서다<aphseta>(先立つ)』の連用形」を、本稿で言う「複合格助詞」に相当すると考えられる「慣用句」あるいは「表題語」として記述している。さらに、以上のことから、典型的な複合格助詞は格助詞の性質を有しているが、典型から外れて動詞連用形による従属節に近づくにつれ、格助詞の性質が薄れて副詞的要素の性質が増してくる、と言うことができ、こういったことは、次の第8節で論じているように、文法体系における位置づけにかかわる問題につながっていく[17)]。

8　両言語間の相違点から導き出せること

前節までで、日本語の複合格助詞「～にかけて」「～にわたって」「～に際して」「～にあたって」「～につれて」の5つを取り上げ、日本語でその各々が用いられる場合、朝鮮語ではどのように表現されるのか、ということについて考察してきたが、本節では、この考察によって明らかにされた両言語間の相違点から、どういったことが導き出せるのか、ということについて論ずることにしたい。

第一に、複合格助詞は、機能の観点から見ると、塚本（1991、2012:第6・7章）などで論じたように、次に記す機能を備えている。

(45)　複合格助詞が備えている機能

事態を叙述する際、単一格助詞を用いるだけでは、それが可能とならない場合があり、複合格助詞は、含んでいる動詞を利用し、それが有する意味で補うことによって、単一格助詞と、接続語尾あるいは動詞連用形による従属節との間を埋め合わせる機能を備えている。

こういった機能を備えた複合格助詞を、日本語は朝鮮語に比べると、豊富に有しているが、朝鮮語においてその点がやや乏しくなっているのは、朝鮮語では単一格助詞と接続語尾あるいは動詞連用形による従属節に委ねられた表現が多用される結果であると言える。

第二に、複合格助詞の中に含まれている動詞連用形に着目すると、特に塚本(2016) が諸言語現象について考察することによって論じているように、次のことが指摘できる。

(46)　動詞連用形に関する両言語間の相違

（A）　動詞連用形は、朝鮮語に比べて日本語の方が広範囲にわたって利用される。

（B）　朝鮮語における動詞連用形は、基本的には節・文レベルで用いられるのに対して、日本語における動詞連用形は、節・文レベルのみならず、語レベルにまで入り込んで用いられる。

複合格助詞はまさにこの動詞連用形を利用したものであり、以上、考察してきた、複合格助詞に関する両言語間の相違は、今指摘した動詞連用形の性質に関する両言語間の相違が反映されていると言うことができる。

第三に、筆者は、塚本（2012）などで、日本語と朝鮮語における諸言語現象について考察することにより、両言語間の相違を引き起こしている根本的な要因として、(47)に示す「形態・統語的仕組みの違い」を導き出している。

(47)　「形態・統語的仕組みの違い」という根本的な要因

日本語——語と節・文が重なって融合している性質のものが存在する仕組みになっている。

朝鮮語——語なら語、節・文なら節・文といったように、基本的には語と節・文の地位を区別する仕組みになっている。

日本語で複合格助詞を用いて表現するところを、朝鮮語では複合格助詞を用いて表現するのではなく、複合格助詞とは別の方法で表現することが多く見られ、その別の方法として、(A)接続語尾、(B)動詞連用形、(C)単一格助詞、(D)名詞、をそれぞれ用いた表現の4種類が挙げられることは、第7節における調査・考察結果のまとめの(44)で述べたとおりである。その4種類それぞれの地位に着目すると、(C)単一格助詞を用いた表現と(D)名詞を用いた表現は語のレベルのものであり、(A)接続語尾を用いた表現と(B)動詞連用形を用いた表現は節・文のレベルのものである。また、朝鮮語よりも日本語において多用される複合格助詞による表現は、先ほど機能の観点から見た際に論じたように、複合格助詞が単一格助詞と、接続語尾あるいは動詞連用形による従属節との間を埋め合わせる機能を備えていることから、語の地位と節・文の地位の中間に位置づけられる性質のものであると言える。以上の両言語の様態は、(47)に示した「『形態・統語的仕組みの違い』という根本的な要因」と合致する。

第四に、筆者は、塚本（2012）などで、日本語と朝鮮語における諸言語現象について考察することにより、両言語間の相違を引き起こしている根本的な要因として、(48)に示す「文法化の進度の違い」を導き出している。

(48)　「文法化の進度の違い」という根本的な要因

日本語——諸言語現象において文法化が比較的生じている。

朝鮮語——諸言語現象において文法化が比較的生じていない。

複合格助詞にかかわる文法化については、本稿では直接関係する問題にならなかったため、言及しなかったが、塚本（2012）などは、日本語における複合格助詞の方が朝鮮語における複合格助詞よりも文法化が生じているものが多い、ということを論述している。こういった両言語の様態は、(48)に示した「『文法化の進度の違い』という根本的な要因」と合致する。

第五に、筆者は、塚本（2012）などで、(47)に示した「『形態・統語的仕組みの違い』という根本的な要因」と、(48)に示した「『文法化の進度の違い』という根本的な要因」が(49)に示す関係性にあることを論述している。

(49)　形態・統語的仕組みの文法化とのかかわり
　両言語間における文法化の進度の違いは、さらに根本的な要因である形態・統語的仕組みの違いと強く結び付いており、これに起因した結果のものがある。

これは、(47)に示した「『形態・統語的仕組みの違い』という根本的な要因」があるからこそ、それが引き金となり、(48)に示した「『文法化の進度の違い』という根本的な要因」が生ずる、というものであるが、以上見てきた日本語と朝鮮語における複合格助詞の様態は、(49)に示した「形態・統語的仕組みの文法化とのかかわり」にまさに当てはまるのである。

9　結　　論

本稿では、日本語における単一格助詞「に」を伴う複合格助詞のうち、「〜にかけて」「〜にわたって」「〜に際して」「〜にあたって」「〜につれて」の5つを取り上げ、日本語でその各々が用いられる場合、朝鮮語ではどのように表現されるのか、ということについて考察した。また、この考察によって明らかにされた両言語間の相違からどういったことが導き出せるのか、ということについて対照言語学からのアプローチで論じた。本稿で得られた考察結果の要点を以下に記すことにより、結びのことばとする。

(50)（A）　日本語で複合格助詞を用いて表現するところを、朝鮮語でも直接対応する複合格助詞を用いて表現することができる場合がある程度、存在するが、今回の調査では非常に限られている。

（B）　日本語で複合格助詞を用いて表現するところを、朝鮮語では直接対応する複合格助詞がないため、意味的に間接に対応する別の複合格助詞を用いて表現する場合もある程度、存在するが、今回の調査では限られている。

（C）　日本語で複合格助詞を用いて表現するところを、朝鮮語では同様に複合格助詞を用いて表現するのではなく、（i）接続語尾、（ii）動詞連用形、（iii）単一格助詞、（iv）名詞、をそれぞれ用いるといった、複合格助詞とは別の方法で表現する場合が多く見られる。

（D）　事態を叙述する際、単一格助詞を用いるだけでは、それが可能とならない場合があり、複合格助詞は、含んでいる動詞を利用し、それが有する意味で補うことによって、単一格助詞と、接続語尾あるいは動詞連用形による従属節との間を埋め合わせる機能を備えている。

（E）　上記（D）のような機能を備えた複合格助詞を、日本語は朝鮮語に比べると、豊富に有しているが、朝鮮語においてその点がやや乏しくなっているのは、朝鮮語では単一格助詞と接続語尾あるいは動詞連用形による従属節に委ねられた表現が多用される結果である。

（F）　動詞連用形は、朝鮮語に比べて日本語の方が広範囲にわたって利用されており、朝鮮語における動詞連用形は、基本的には節・文レベルで用いられるのに対して、日本語における動詞連用形は、節・文レベルのみならず、語レベルにまで入り込んで用いられる。

（G）　複合格助詞に関する両言語間の相違は、上記（F）に示した、動詞連用形の性質に関する両言語間の相違が反映されている。

（H）　上記（C）に示した両言語の様態は、諸言語現象について考察することによって導き出された「『形態・統語的仕組みの違い』という根本的な要因」と合致する。

（I）　日本語における複合格助詞の方が朝鮮語における複合格助詞よりも文法化が生じているものが多い。

（J）　上記（C）（F）（I）に示した両言語の様態は、「形態・統語的仕組みの文法化とのかかわり」にまさに当てはまる。

なお、本稿では、日本語における単一格助詞「に」を伴う複合格助詞に着目して考察したが、取り上げたものは「～にかけて」「～にわたって」「～に際して」「～にあたって」「～につれて」の５つのみであった。単一格助詞「に」を伴う複合格助詞はこれら以外にもあり、単一格助詞「に」とは異なる単一格助詞を伴う複合格助詞もあり、これらについて言及することはできなかった。また、日本語における個々の複合格助詞につき、意味・用法の違いによって朝鮮語との対応関係がどのようになるか、といった詳細な考察もできなかった。こういったことは今後の課題とし、稿を改めて論ずることにしたい。

注

1）本稿では、具体的な複合格助詞を示す際には、一定のまとまった形式であることを明確にするため、「～にあたって」や「～에 걸쳐서 <-ey kelchyese>（～にかけて）」といったように ～ を付して表記するが、具体的な単一格助詞を示す際には、煩雑さを避けるため、「に」や「에<ey>（に）」といったように ～ は付さないこととする。

2）本稿では、便宜上、朝鮮文字（ハングル）にローマ字転写を併記した。ローマ字転写には、The Yale Romanization System を採用した。また、（１）において表記された（　）は、それが付された要素が存在しない場合もあることを意味する。

3）「에<ey>；에게<eykey>（に）」における ； は、いずれか一方の項目が選択されて用いられることを意味する。本稿における以後も同様。なお、前者の「에<ey>」は、前置された名詞が〈無生物〉を表す場合に付けられるものであり、後者の「에게<eykey>」は、前置された名詞が〈生物〉を表す場合に付けられるものである。

4）日本語の複合格助詞「～にかけて」について考察したものに、蔦原（1984）、立薗（1984）、森田・松木（1989）、グループ・ジャマシイ（編）(1998)、山崎・藤田（2001）などがある。

5）〈空間的範囲〉と〈時間的範囲〉という概念・用語も、蔦原（1984:68-69）と山崎・藤田（2001:126-127）に基づいている。

6）実例中の下線は、該当の箇所が明示的になるように塚本が施したものである。また、この（７ a）の例における「向って」の表記は原文のままである。

7）両言語ともに複合格助詞の連体表現に２種類があること、及び日本語では連体表現に（ア）の方法がとられることが多いのに対して、朝鮮語では（イ）の方法がとられることが多いこと、さらにそういったことに起因する問題については、特に塚本（2006c、2012:第６・７章）で詳述しているので、そちらを参照のこと。

8）注7）と同じ。

9）この(13a)の例における「終り」の表記は原文のままである。

10）日本語の複合格助詞「～にわたって」について考察したものに、森田・松木（1989）、グループ・ジャマシイ（編）(1998)、山崎・藤田（2001）、花薗（2003）などがある。

11）〈空間的範囲〉と〈時間的範囲〉という概念・用語も、山崎・藤田（2001: 125-126）に基づいている。

12）日本語の複合格助詞「～に際して」について考察したものに、森田・松木（1989）、グループ・ジャマシイ（編）(1998)、山崎・藤田（2001）、花薗（2006）、三井（2013）などがあり、その中でも特に花園（2006）と三井（2013）が詳しい考察を行っている。

13）日本語では、名詞が和語名詞の「時（とき）」を修飾する場合、連体格助詞の「の」を付け加えて「省制改革の時（とき）」のように表現するのに対して、朝鮮語における固有語名詞の「때<ttay>（時（とき））」については、そういった場合、連体格助詞の「의<uy>（の）」を入れずに「성제개혁 때 <sengceykayhyek ttay>（直訳：省制改革時（とき）」のように表現しなければならない。

14）日本語の複合格助詞「～にあたって」について考察したものに、森田・松木（1989）、グループ・ジャマシイ（編）(1998)、山崎・藤田（2001）、花薗（2005）などがある。

15）日本語の複合格助詞「～につれて」について考察したものに、森田・松木（1989）、グループ・ジャマシイ（編）(1998)、山崎・藤田（2001）、中溝（2004）、菅長（2006）、山崎（2006）、劉怡伶（2009）などがあり、その中でも特に中溝（2004）、菅長（2006）、山崎（2006）、劉怡伶（2009）が詳しい考察を行っている。

16）（オ）については、朝鮮語のこの「形式名詞『데<tey>（こと；の；ところ)』+있어서<issese>（あって)」という表現が、5.4で述べたように、（エ）として挙げた朝鮮語の複合格助詞「～에 있어서 <-ey issese>（～にあって)」の変異形であると捉えることができることから、(Ⅱ)に属するものとしている。

17）日本語の複合格助詞については、これまでその意味・用法を記述することを目的とした研究が中心であったが、筆者は初期の時代から、そういったことよりはむしろ、複合格助詞全体の体系的な位置づけを解明することを目指してきた。また、日本語における複合格助詞全体の体系的な位置づけの問題を取り上げている研究として、杉本（2005）、三井（2006）、杉本（2013）などがある。

用例出典《日本語による著作の略称のアルファベット順》

『1Q84』

村上春樹（著）『1Q84　Book 1〈4月－6月〉』（新潮社、2009年）

『1Q84』〈朝鮮語訳版〉

村上春樹（著）、양윤옥<Yang, Yunok>（ヤン=ユノク）(訳)『1Q84　Book 1〈4 月 − 6 月〉』（韓国파주<Phacwu>（坡州）：문학동네<Munhaktongney>（文学村）、2009 년<nyen>（年））

『キメラ』

山室信一（著）『キメラ―満洲国の肖像〈増補版〉』（中央公論新社、中公新書、2004 年）

『키메라 <Khimeyla>（キメラ）』

山室信一（著）、윤대식<Yun, Taysik>（ユン=デシク）(訳)『키메라―만주국의 초상 <Khimeyla -- Mancwukwuk-uy chosang>（キメラ―満洲国の肖像）』（韓国서울<Seul>（ソウル）：소명출판<Somyengchwulphan>（ソミョン出版)、2009 년<nyen>（年））

『待つ』

鷲田清一（著）『「待つ」ということ』（角川書店、角川選書、2006 年）

『기다린다 <Kitalinta>（待つ）』

鷲田清一（著）、김경원<Kim, Kyengwen>（キム=ギョンウォン）(訳)『기다린다는 것 <Kitalinta-nun kes>（待つということ）』（韓国서울<Seul>（ソウル）：불광출판사<Pulkwangchwulphansa>（プルグァン出版社)、2016 년<nyen>（年））

『練習』

小池龍之介（著）『考えない練習』（小学館、2010 年）

『연습 <Yensup>（練習）』

小池龍之介（著）、유윤한<Yu, Yunhan>（ユ=ユンハン）(訳)『생각 버리기 연습 <Sayngkak peli-ki yensup>（考えを捨てる練習）』（韓国파주<Phacwu>（坡州）：북이십일<Pukisipil>（ブック 21)、2010 년<nyen>（年））

『ローマ人』

塩野七生（著）『ローマ人の物語Ⅰ―ローマは一日にして成らず』（新潮社、1992 年）

『로마인<Lomain>（ローマ人）』

塩野七生（著）、김석희<Kim, Sekhuy>（キム=ソッキ）(訳)『로마인 이야기 1―로마는 하루아침에 이루어지지 않았다<Lomain iyaki 1 -- Loma-nun halwuachim-ey ilwueci-ci anhassta>（ローマ人の物語 1―ローマは一朝一夕には成らなかった）』（韓国파주<Phacwu>（坡州）：한길사<Hankilsa>（ハンギル社)、1995 년<nyen>（年））

『哲学』

鷲田清一（著）『哲学の使い方』（岩波書店、岩波新書、2014 年）

『철학<Chelhak>（哲学）』

鷲田清一（著）、김진희<Kim, Cinhuy>（キム=ヂンヒ）（訳）『철학을 사용하는 법<Chelhak-ul sayonghanun pep>（哲学の使い方）』（韓国서울<Seul>（ソウル）：에이케이커뮤니케이션즈<Eyikheyikhemyunikheyisyencu>（エイケイコミュニケーションズ）、2017 년<nyen>（年））

参考文献

グループ・ジャマシイ［砂川有里子他］（編）（1998）『教師と学習者のための日本語文型辞典』くろしお出版

花薗　悟（2003）「『N にわたって』について」『東京外国語大学留学生日本語教育センター論集』29、pp. 133-144、東京外国語大学留学生日本語教育センター

花薗　悟（2005）「『～にあたって』について」『東京外国語大学留学生日本語教育センター論集』31、pp. 17-30、東京外国語大学留学生日本語教育センター

花薗　悟（2006）「『～に際して』について」『TUFS 言語教育学論集』1、pp. 3-12、東京外国語大学大学院地域文化研究科言語教育学講座

時事英語社辞典編集室（編）（1994）『アシスト日韓辞典』韓国서울<Seul>（ソウル）：時事英語社<Sisayengesa>

韓国・国立国語院（著）、梅田博之・李允希（イ=ユンヒ）（監修）（2012）『標準韓国語文法辞典』アルク

北原保雄（編）（2010）『明鏡国語辞典〈第 2 版〉』大修館書店

李姫子（イ=ヒジャ）・李鍾禧（イ=ジョンヒ）（著）、五十嵐孔一・申悠琳（シン=ユリム）（訳）（2010）『韓国語文法語尾・助詞辞典』スリーエーネットワーク

三井正孝（2006）「格助詞らしからぬ〈複合格助詞〉―ニツイテ、ニトッテ、ヲモッテ、トシテの場合―」藤田保幸・山崎誠（編）『複合辞研究の現在』pp. 113-135、和泉書院

三井正孝（2013）「複合辞〈ニ際シテ〉の意味および共起制限」藤田保幸（編）『形式語研究論集』pp. 105-123、和泉書院

森田良行・松木正恵（1989）『日本語表現文型　用例中心・複合辞の意味と用法』アルク

中溝朋子（2004）「『～にしたがって』と『～につれて』」『大分大学留学生センター紀要』第 1 号、pp. 57-70、大分大学留学生センター

劉怡伶（2009）「複合助詞『にしたがって』と『につれて』」『世界の日本語教育　日本語教育論集』19、pp. 17-31、国際交流基金

最新日韓辞典編集委員会（編）（1997）『最新日韓辞典〈日本版〉』韓国서울<Seul>（ソウル）：大同文化社<Taytongmunhwasa>

菅長理恵（2006）「用法と語性―『～にしたがって・～につれて』を中心に―」『東京外国語大学留学生日本語教育センター論集』32、pp. 47-61、東京外国語大学留学

生日本語教育センター

杉本　武（2005）「日本語複合格助詞の格体系における位置づけについて」*KLS* 25、pp. 206-215

杉本　武（2013）「複合助詞の品詞性について―名詞を構成要素とする複合助詞を例に―」藤田保幸（編）『形式語研究論集』pp. 87-103、和泉書院

立薗洋子（1984）「～まで／～までに／～までは／～にかけて」『日本語学』第3巻第10号、pp. 21-26

塚本秀樹（1990）「日本語と朝鮮語における複合格助詞について」崎山理・佐藤昭裕（編）『アジアの諸言語と一般言語学』pp. 646-657、三省堂

塚本秀樹（1991）「日本語における複合格助詞について」『日本語学』第10巻第3号、pp. 78-95

塚本秀樹（2006a）「日本語から見た韓国語―対照言語学からのアプローチと文法化―」『日本語学』第25巻第3号、pp. 16-25

塚本秀樹（2006b）「言語現象と文法化―日本語と朝鮮語の対照研究―」『日本語と朝鮮語の対照研究　東京大学21世紀COEプログラム「心とことば―進化認知科学的展開」研究報告書』pp. 27-61、東京大学大学院総合文化研究科言語情報科学専攻

塚本秀樹（2006c）「日本語と朝鮮語における複合格助詞再考―対照言語学からのアプローチ―」藤田保幸・山崎誠（編）『複合辞研究の現在』pp. 285-310、和泉書院

塚本秀樹（2012）『形態論と統語論の相互作用―日本語と朝鮮語の対照言語学的研究―』ひつじ書房

塚本秀樹（2013）「文法体系における複合格助詞と単一格助詞の位置づけ―日本語の複合格助詞『～にとって』とそれに対応する朝鮮語の表現をめぐって―」藤田保幸（編）『形式語研究論集』pp. 339-366、和泉書院

塚本秀樹（2016）「動詞連用形をめぐる日朝対照言語学的研究の諸問題」朝鮮語研究会第250回記念シンポジウム「言語学と朝鮮語」口頭発表、於東京大学駒場キャンパス

蔦原伊都子（1984）「～に（へ）かけて」『日本語学』第3巻第10号、pp. 67-72

山崎　誠（2006）「新聞記事データに見る『につれて』『にしたがって』」藤田保幸・山崎誠（編）『複合辞研究の現在』pp. 103-112、和泉書院

山崎誠・藤田保幸（2001）『現代語複合辞用例集』国立国語研究所

油谷幸利・門脇誠一・松尾勇・高島淑郎（編）（1993）『朝鮮語辞典』小学館

［付記］　本稿は、2016年8月20日（土）に北海道教育大学札幌駅前サテライトにて開催された第12回形式語研究会で口頭発表を行った時の原稿に加筆・修正を施したものである。その際、出席者の方々から有益な御意見・コメントをいただいた。その

方々に厚く感謝の意を表する次第である。ただ、いただいた御意見・コメントに基づき、改善するよう努力したつもりであるが、至らない点が多々あることを恐れる。万一、それがあったとすれば、すべて筆者の責任である。

なお、本稿は、次の研究による成果の一部である。

- 科学研究費助成事業（学術研究助成基金助成金（基盤研究(B)））(研究期間：2014～2016 年度、研究課題名：日本語の多様な表現性を支える複合辞などの「形式語」に関する総合研究、研究代表者：藤田保幸、課題番号：26284064)
- 科学研究費助成事業（学術研究助成基金助成金（基盤研究(C)））(研究期間：2015～2017 年度、研究課題名：日本語と朝鮮語における節連結の対照言語学的研究―中止法によるものを中心に―、研究代表者：塚本秀樹、課題番号：15K02481)

日本語系クレオール語（Yilan Creole）の形式動詞・覚書

真 田 信 治

1　はじめに

台湾・宜蘭県の一部地域において、かつての日本による統治とともに台湾に渡った日本語と原住民族語であるアタヤル語（＝タイヤル語）との接触によって生まれた新しい言語（日本語系クレオール語）が話されている。この言語は、アタヤル語を基層に、日本語を上層として形成されたものである。

国立東華大学原住民民族学院の簡月真と筆者は、2007年に日本語系クレオール語の存在を初めて学界に報告、その後、この言語を「Yilan Creole（宜蘭クレオール）」と名付け、共同で調査研究を進めて、いくつかの論考を公刊してきた。

本稿では、この日本語系クレオール語における形式動詞のいくつかに焦点をしぼって、その実態を分析することにしたい。

2　調査概要

宜蘭クレオールは、台湾東部の宜蘭県の四つの村で使われている。南澳郷東岳村・金洋村（の博愛路）・澳花村と大同郷寒渓村である。その形成にかかわる歴史的・社会的背景、クレオール語としての認定、その言語的特徴などに関しては、Chien & Sanada（2010）、簡・真田（2011）、真田・簡（2012）、真田（2013）、真田（2014）、真田（2015）、Chien（2015）、真田（2016）を参照されたい。

本稿では、南澳郷東岳村、及び大同郷寒渓村での調査によって作成した発話コーパスに基づいて、形式動詞についての考察を試みる。考察に当たってのコンサルタントは東岳村生え抜きで1964年生まれの男性S氏・1974年生まれの女性Y氏、及び寒渓村生え抜きで1965年生まれの男性U氏である。3氏とも宜蘭クレオールを第一言語として育ち、現在は宜蘭クレオールと第二言語としての中国語（華語）とのバイリンガル生活を送っている。高年層の人々のような日本語教育を受けてはおらず、日本語が話せないために日本語コードとクレオールコードとを混同する危惧はない。なお、聞き取りの調査は簡を介して中国語によって行っている。

宜蘭クレオールの音韻体系及び韻律は、その周辺に分布する伝統的なアタヤル語と基本的に同様である（真田2013）。したがって、その表記に当たっては、アタヤル語の書写で用いられる記号（ローマ字）を採用することにした。なお、これは、台湾行政院原住民族委員会及び教育部が2005年12月15日に公布した「原住民族語言書寫系統（原住民族言語表記法）」の「泰雅語書寫系統（アタヤル語表記法）」に従ったものである。

ちなみに、宜蘭クレオールには、日本語での特殊音素である長音と促音が存在しない。したがって、日本語由来の語彙はそれらの音素が脱落（長音は短呼化）している。

3　teku, teke, tekangについて（文法化）

teku

tekuは、日本語の連語「テ行ク」に由来する形である。次のように用いられる。（　）内は、それぞれの形式に対応する日本語訳を表す。

（1）　mono kateku（物を買ってくる＝買い物をしてくる）

（2）　pila toteku（お金を取ってくる＝稼いでくる）

（3）　tiyak miteku（罠を見てくる＝猟をしてくる）

（4）　yasay uyeteku（野菜を植えてくる）

（5）　umi memateku（海で泳いでくる）

（6）　leleteku（ぶらぶらしてくる）

（2）での pila（お金）、（3）での tiyak（罠）、（5）での mema（泳ぐ）、（6）での lele（ぶらぶらする）はアタヤル語由来である。

さて、ここでの ku（< iku「行ク」）には移動を表すという語彙的意味はすでになく、teku（「テ行ク」）という文法項目の一部に変化して形式動詞となっていることが分かる。日本語での「テ来ル」に対応するが、形式動詞としての kuru は捕捉されない。ただし、本動詞の kuru（「来る」）は存在する。

析出した teku（テ行ク）は、アスペクトとムードを表して、「この先〜をしよう」、すなわち「〜するつもりだ」の意味をあらわす構文を作るわけである。ちなみに、この構文は英語の“be going to”とよく似ている。なお、英語ではこの構文は未来時制（テンス）の範疇において扱われるのであるが、宜蘭クレオールの基層言語であるアタヤル語などにおいては、テンスに対応する概念を想定することは不適当で、ムード（法）とアスペクト（相）との組み合わせによった枠組みを想定すべきであるとされる。その枠組みとは、「既然法：未然法」と「点相：継続相」である。

> 既然法（realis）は、その動作がすでに行なわれている、あるいは、行なわれたことを表わし、未然法（irrealis）は、その動作がまだ行なわれていないことを表わす。点相（punctual）は、その動作が時間の流れのある一点で行なわれることを表わし、継続相（durative）は、その動作が時間の流れの中で、ある幅をもって行なわれることを表わす。（中略）未然法の点相は、その動作ないし出来事が、時間の流れのある一点で、将来起こるものとしてとらえられる。それに対し未然法の継続相は、その動作ないし出来事が、時間の流れの中で、将来起こるものとしてとらえられる。ただし、「時間の中の、ある幅をもって」とはいうものの、未来における進行状態を表わすのではなく、「未来のいつのことか分からないが、いつか」を表わす。（亀井ほか編著 1996）

したがって、宜蘭クレオールでの teku については、いずれにしても未然法の範疇において捉えるべきだと考える。

teke

teke は、日本語の連語「テ行ケ」に由来する形である。次のように用いられる。（　）内は、それぞれの形式に対応する日本語訳を表す。

（7）　gohang tayteke（ご飯を炊いてこい＝ご飯を炊け！）

（8）　puni yayteke（火を焼いてこい＝火を起こせ！）

（9）　gomi bulingteke（ゴミを捨ててこい＝ゴミを捨てろ！）

（10）　iyu tabeteke（薬を食べてこい＝薬を飲め！）

（11）　ohaka syoziteke（お墓を掃除してこい＝お墓を掃除しろ！）

（12）　chomangteke（拭いてこい＝拭け！）

（8）での puni（火）、（9）での buling（捨てる）、(10)での iyu（薬）、(12)での chomang（拭く）はアタヤル語由来である。ちなみに、（7）での taku は野菜などを「煮る」こととしても使われる。また(10)での taberu は「飲食」一般のこととして使われる。なお、(11)の syoziteke（掃除してこい）については、後述するように、*syozisiteke ＞*syozisteke ＞ syoziteke の変化を想定しうる。

teke（・deke）は日本語の「テ来イ」（「デ来イ」）に対応する。アスペクトとムードを表して、「この先〜をしろ」といった命令表現になるわけである。ちなみに、相手を罵倒する言い回しとして、sindeke（死ね！）があり、日常的に多用されている。

tekang

tekang は、日本語の連語「テ行カン」に由来する形である。「テ行カン」は用言の連用形に付いて、「〜してはいけない」「〜しては駄目だ」といった禁止の意味を表す構文を作るものであるが、「いけない」ではなく、kang（＜ikang「行カン」）の形で、西日本方言の否定辞を接続させていることに留意したい。この点については、後述の suru の否定辞のところでも記す。

tekang は、次のように用いられる。（　）内は、それぞれの形式に対応する日本語訳を表す。

（13）　mono totekag（物を取ってはいけない＝物を盗んではいけない）

（14）　sehuntekang cyoli ni（人を憎んではいけない）

（15）　tangkitekang（短気してはいけない＝怒ってはいけない）

（16）　sinpaytekang（心配してはいけない＝心配するな）

なお、(14)sehun（憎む）はアタヤル語由来。cyoli ni は「人 を」に対応する。語順にも注意されたい。(15)での tangkitekang については、*tangkisitekang ＞*tangkistekang ＞ tangkitekang の変化を、(16)での sinpaytekang については、*sinpaysitekang ＞*sinpaystekang ＞ sinpaytekang の変化を想定しうる。いずれにしても、tekang は析出しているのである。（ちなみに、tekang は寒渓村では tikang の形になる。）

4　toru, teru について（地域差）

toru

toru は、日本語の西日本方言における「*テオル＞トル」に対応する形式でアスペクトを表す構文を作るものである。ただし、この toru は東岳村での形式で、寒渓村では teru となって、地域差が存在する。

東岳村では、次のように用いられる。動作継続か結果継続かは、日本語と同様に動詞のタイプによって決まる。ここでは、それらをランダムに排列している。（　　）内は、それぞれの形式に対応する日本語訳を表す。

（17）　aretaci naytoru（彼らが泣いている）

（18）　hana tototoru（花が散っている）

（19）　are hontoni bkistoru（彼は本当に老けている）

（20）　koci morotoru（こちらが汚れている）

（21）　miruku macitoru（ミルクが混じっている）

（22）　bosi haytoru（帽子を履いている＝帽子を被っている）

（23）　undotoru（運動している）

（24）　byokitoru（病気している）

（25）　kegatoru（怪我している）

(26)　sinpaytoru（心配している）

(27)　opaytoru（授乳している）

(28)　mahutoru（洗濯している）

(29)　icyox sokangtoru（魚が臭くなっている）

(30)　are ninggen waruytoru（あの人はぐれている）

西日本方言のような「ヨル」に対応する形式は存在しない。なお、これらの用例はすべて現在時制を表すものではなく、基層言語であるアタヤル語における「既然法」による事態（「継続相」）を表すものと解釈すべきであろう。上記のように、ここでの「継続相」とは、その事態ないし行為が、時間の流れの中で、ある幅をもって現実に起こっていることとして話者に把握されていることを示す。

(18)での toto（散る・落ちる）、(19)での bkis（老ける）、(20)での moro（汚れる）、(28)での mahu（洗濯する）、(29)での sokang（臭い）はアタヤル語由来である。(22)での「帽子を履く」はアタヤル語の posa（着る・履く・穿く・かぶる・つける・はめる）を日本語由来の haku に置き換えたものである（真田・簡 2012）。

ところで、(23)での undotoru に関して、その変異形に undostoru および undositoru が存在する。おそらく、undositoru が原形で、si の i が無声化を経て脱落し、undostoru ＞ undotoru と変化したのであろう。この想定は、(24)～(28)、及び前述の　(15)(16)についても同様である。なお、このように名詞形に直接 toru を付ける表現は若年層に多い傾向が指摘される。日本語から離脱しつつあるプロセスがここにも認められる。

さらに、(29)と(30)に見るように、toru が形容詞にまで接続していることが注目される。形容詞が動詞として範疇化されているわけである。

これは、宜蘭クレオールの基層言語であるアタヤル語において、いわゆる形容詞が「静態動詞」と名付けられて、動詞として範疇化されている（黄・呉 2016）ことと関係があろう。

この点については、後述の suru の接続についても同様である。

teru

上記のtoruは東岳村での形式であったが、寒渓村での形式はteruである。teruは、標準日本語における「*テイル＞テル」に対応する形式でアスペクトを表す構文を作るものである。

寒渓村では、次のように用いられる。（　）内は、それぞれの形式に対応する日本語訳を表す。

（31）　lukus arateru（衣服を洗っている＝洗濯している）

（32）　cisalteru（遊んでいる）

（33）　tiyawteru（仕事している）

（34）　bengkyoteru（勉強している）

（35）　byokiteru（病気している）

（31）でのlikus（衣服）、（32）でのcisal（遊ぶ）、（33）でのtiyaw（仕事）はアタヤル語由来である。

5　～suruについて（世代差）

suruは日本語では主として動名詞について複合動詞を作る。しかし、宜蘭クレオールにおいては、suruの単独使用は認められなくて、形式動詞のみになっている点が特徴である。

次のように、行為や動作を示す名詞に付いて派生動詞を作り出す。（　）内は、それぞれの形式に対応する日本語訳を表す。

（36）　sayhosuru（裁縫する＝縫う）

（37）　kusisuru（櫛する＝梳く）

（38）　kisyusuru（キスする）

（39）　hanasisuru（話する＝しゃべる）

（40）　kukisuru（空気する＝呼吸する）

（41）　yumesuru（夢する＝夢見る）

（42）　bikurisuru（吃驚する）

（43）　bakasuru（馬鹿する＝軽蔑する）

suruは、さらに、次のように状態、状況を示す場合にも付くことがある。

(44) denwa ringsuru（電話が鈴する＝電話が鳴る）

(45) hana akesuru mo（もう花が開けする＝花が咲いた）

(46) asasuru（朝する＝朝になる）

(47) bangsuru（晩する＝暮れる）

(45)における mo は、日本語の副詞「もう」に由来するが、アタヤル語での、文末に付いて状況・事態の変化・発生を示す la に対応するものとして機能しているようである。mo についての分析は今後の課題としたい。

なお、(46)と(47)に関しては、3人のコンサルタントのうち一番若い1974年生まれの女性Y氏は、「これは朝や晩になる直前を表す言い方である」と内省しているが、あとの2人のコンサルタントは、「この表現は使わない、この場合には、asanaru、bangnaru とのみ言う」と報告している。この点に関しては、以下での記述を参照されたい。いずれにしても、suru の意味用法は無意志動詞にまで拡大しつつあるのである。

suruはまた、次のように、形容詞や動詞にも付くことが認められる。

(48) cisaysuru（小さい＋する＝縮める）

(49) latunsuru（短い＋する＝短くする）

(50) kiloxsuru（熱い＋する＝温める）

(51) ucusuru（打つ＋する＝打つ）

(52) nerusuru（寝る＋する＝寝る）

(53) yasumusuru（休む＋する＝休む）

(49)での latun、及び(50)での kilox はそれぞれアタヤル語由来の形容詞である。suru がこれらに付くのは、上述したように、宜蘭クレオールの基層言語であるアタヤル語において、形容詞が動詞として範疇化されていることと関係がある。

(51)、(52)、(53)は、それぞれ日本語由来の動詞にさらに suru が付いている例である。動詞単独での ucu、neru、yasumu の形も存在するので両形が併存していることになる。

なお、どちらかと言えば、ucusuru、nerusuru、yasumusuru は若い世代に用いられる形で、高年層では、この形について、「この頃の若い者は変な言い方をする」などと批判する者がいる。このことは大変に興味深い事象である。若い世代では、suru をマーカーとして、動詞の形態を統一しようとする動きが進行していると考えられるからである。このイノベーションについてはどのように考えるべきであろうか。

suru を付加した形の意味づけに関して、共同研究者の簡によれば、当地の若い世代において、「その行動をする寸前（将然相）」「その行動をしようとする」といった意味を表すとの内省をする者がいるとのことである。この報告に注目したい。すなわち、nerusuru（寝る）であれば、「寝る寸前」、乃至「寝ようとする」という意味になるわけである。これはまさに、「ムードとアスペクトの組み合わせによった枠組みを想定すべき」（前掲）とされるアタヤル語における運用そのもの、ともいえる。

日本語由来の動詞に接辞の suru を付加することで、その行為の様態をより具象化する、という動きが進行しているのである。その観点からすれば、ここに、日本語から離脱し、基層言語の枠組みへと再編成しようとする志向の一端が垣間見えるようにも思われるのである[1)]。

以下、suru の活用について、denwasuru（電話する）の場合を例に考察しよう。

否定形の具体例は、次のようである。

(54)　kyo no asa denwasinay（今朝、電話しなかった）

(55)　kyo no bang denwasang（今晩、電話しない）

(54)の発話例は、発話時より前（すなわち既然）の行為を表現するものであり、(55)の発話例は発話時より後（すなわち未然）の行為を表現するものである。sinay は標準日本語の「しない」に由来する形であり、sang は西日本方言の「せん」に由来する形である。sinay と sang の使い分けの規則性に関しては、簡・真田（2011）を参照されたい。

なお、sinayとsangの形態に関して、nayが否定形の「し」に接続しているのは自然として、なぜngが西日本方言のような「せ」ではなく、「さ」に接続しているのか。この点については、高年層の用いた、いわゆる「台湾日本語」での状況から納得ができるのである。簡（2006）では、台湾高年層の残存日本語の否定辞に標準語形ナイと方言形ンとが使用されていることを指摘した上で、その併用状況を分析して、ナイは-a、-i、-e、-oのいずれにも接続するが、ンの接続は-aに限られていることを明らかにしている。すなわち、一段・カ変・サ変動詞の否定形の場合、ナイは使われるが、ンは使われない。一方、五段動詞の否定形の場合、ナイとンの両形が使われるのである。したがって、宜蘭クレオールにおけるsuruの否定形sangは、五段動詞の活用形に類推して生成されたものだと考えられるのである。

意志形の具体例は、次のようである。

（56）　asta denwaso（明日、電話しよう）

過去形・テ形の具体例は、次のようである。

（57）　denwasita　/ denwasta　/ denwata（電話した）

（58）　denwasitoru　/ denwastoru　/ denwatoru（電話している）

（57）（58）ともに、siのiが無声化を経て脱落し、結果、ϕ（ゼロ）になったのである。

命令形の具体例は、次のようである。

（59）　denwasye（電話しなさい）

以上をまとめると、宜蘭クレオールの～suruの活用は、

基本形　suru

否定形　sa（-ng）/　si（-nay）

意志形　so

過去形・テ形　si　or ϕ

命令形　sye

となる。これは、基本的には、日本語西日本方言でのサ行変格動詞の活用を踏

襲しつつ、新しく再編成された混合パラダイムなのである。

命令形の sye は西日本方言でのサ行変格動詞の命令形セイに由来すると考えられる。ただし、否定形における sa や意志形における so の出現などを勘案すると、そこにサ行五段動詞（例えば「探す」「返す」「起こす」「壊す」「殺す」など）の活用への類推が働いているかと思われる。

一方では、日本語の五段動詞由来の語の基本形〜su が、次のように、〜suru に変形していることにも留意したい。ここにも両活用形の混交の一斑がうかがわれるのである。

*sagasu ＞ sagasuru （探す）
*kayesu ＞ kayesuru （返す）
*okosu ＞ okosuru （起こす）
*kowasu ＞ kowasuru （壊す）
*korosu ＞ korosuru （殺す）

6　tameste〜　について（慣用句化）

日本語における連語「テ見ル」「テ見ロ」に由来する形式は捕捉されない。したがって、形式動詞としての「見る」は、宜蘭クレオールには認められないことになる。

ただし、日本語の「テ見ル」に対応する形式に、tameste〜がある[2)]。日本語の「試して〜」に由来する慣用句である。次のように用いられる（寒渓村での用例）。これらは、いずれもアタヤル語における未然法の範疇で運用されている。（　）内は、それぞれの形式に対応する日本語訳を表す。

（60）　tameste nomu（試して飲む＝飲んでみる）
（61）　tameste kaku（試して書く＝書いてみる）
（62）　tameste iku（試して行く＝行ってみる）
（63）　tamesite koy（試して来い＝来てみろ）
（64）　tameste yube（試して言え＝言ってみろ）
（65）　tameste kike（試して聞け＝聞いてみろ）

なお、(63)(64)(65)は命令形ではあるが、実際には、「〜してみなさい」「〜してみてください」程度のニュアンスにおいて用いられている。

注

1）ちなみに、アタヤル語における動詞に付加される動詞化接辞には、次のようなものがある（黄・呉2016)。

p-hoqil（p-死ぬ） → 死なせる、殺す
p-tucing（p-打つ） → 打ち合う
s-labang（p-緩める） → 緩まる
s-blaq（s-好く） → 好き合う
t-giba'（t-抱く） → 抱き合う
k-sbing（k-甘い） → 甘くする

p、s、t、k はいずれも動詞化接辞である。これらの接頭辞は名詞を動詞化する場合にも使われる。

2）この構文の生成に関しては、アタヤル語における連続動詞構文（Serial verb construction）の影響も考えられる。今後の課題としたい。

参考文献

亀井孝・河野六郎・千野栄一編著（1996)『言語学大辞典 第6巻 術語編（既然法と未然法)』三省堂

簡　月真（2006）「台湾残存日本語にみられる否定辞『ナイ』と『ン』―花蓮県をフィールドに―」『日本語科学』20、pp. 5-25

簡月真・真田信治（2011)「台湾の宜蘭クレオールにおける否定辞―『ナイ』と『ン』の変容をめぐって―」『言語研究』140、pp. 73-87

黄美金・呉新生（2016)『泰雅語語法概論』台湾・原住民族委員会

真田信治（2013)「宜蘭クレオールの音韻覚書」*Journal of Policy Studies*. 44. pp. 103-105

真田信治（2014)「台湾に生まれた日本語系クレオール語」『人間文化』10、pp. 9-15

真田信治（2015)「日本語系クレオール語の形成プロセス」『社会言語科学』17 − 2、pp. 1-9

真田信治（2016)「宜蘭クレオールの語彙覚書－身体語彙について―」『新村出記念財団設立三十五周年 記念論文集』pp. 163-169

真田信治・簡月真（2012)「宜蘭クレオール」『国語研プロジェクトレビュー』3 − 1、pp. 38-48

Chien, Yuehchen (2015) The lexical system of Yilan Creole. *New Advances in Formosan Linguistics*, ed. by Elizabeth Zeitoun, Stacy F. Teng, & Joy J. Wu, pp. 513–532. Canberra: Asia-Pacific Linguistics.

Chien, Yuehchen & Shinji Sanada (2010) Yilan Creole in Taiwan. *Journal of Pidgin and Creole Languages*. 25(2). pp. 350–357

資　料

方言の形式語関係文献目録

小西いずみ

本目録は、日本語の方言（琉球の諸変種を含む）の「形式語」（複合辞を含む）を扱う研究文献のリストである。山崎誠・藤田保幸「複合辞関係文献目録」（『複合辞研究の現在』2016.11. 和泉書院）では方言を対象とする文献が採られていないため、それを補うために作成した。また、本書が「形式語」を扱うことから、「複合辞」には該当しないが「形式語」に該当するものも含めた。国立国語研究所「日本語研究・日本語教育文献データベース」（http://www.ninjal.ac.jp/database/bunken/）で「分野」が「方言」のものから下記の方針に従って該当文献を選び、また、データベースにない図書を補った。できるだけ内容に目を通して採否を判断したが、「形式語」を扱っているとみなすべきか迷いながら掲載したもの、迷って掲載しなかったものも多い。漏れも多いと思われる。方針を簡単に記す。

1. 刊行期間が1981～2016年のものに限る。
2. 題名に個々の形式語を掲げているものを採ることを原則とし、そうでないものも特に重要なものは採用した（山崎・藤田の「複合辞関係文献目録」に準じる）。助詞については、形式語に該当する可能性が高いが、認定が難しいものが多い。広くそう認知されているものや当該文献がそう言及しているもの以外は、採らない。
3. 雑誌や論文集に掲載後、改訂されて書籍に収められたことが分かっているものについては、書籍のみ採り、原論文を採らない。書名から内容が分かりにくい場合、※以下に簡単に注記する。
4. 同一著者による類似のテーマの論が複数ある場合、より重要と思われるもの、新しいものを採用した場合がある。
5. 著者名の五十音順に配列する。英文のものは末尾に掲載する。
6. 各件の配列は次のとおり。
   雑誌論文：著者（発行年月）「論文題目」『誌名』巻号
   論文集所収の論文：著者（発行年月）「論文題目」編者『書名』出版者
   書籍：著者（発行年月）『書名』出版者

葦原恭子(2015.3)「沖縄県の地域共通語「～はず」のモダリティ：大学生をとりまく自然会話の分析を通して」『学芸国語国文学』47

市原乃奈(2006.9)「沖縄県の高校生と埼玉県の高校生の使用する「～はず」の差異について：ウチナーヤマトゥグチ「～はず」と共通語「～はず」の比較と語用論的考察の検討」『文学研究論集』25

市原乃奈(2007.6)「沖縄県「～だはず」形態が持つ多義性について」『明治大学日本文学』33

井上史雄(1998.1)「東京の新方言「～ゲニ」の増殖」『言語』27-1

井上文子(1998.12)『日本語方言アスペクトの動態：存在型表現形式に焦点をあてて』秋山書店

井上　優(2006.10)「富山県井波方言の「ガヤ」について」益岡隆志；野田尚史；森山卓郎（編）『日本語文法の新地平 2：文論編』くろしお出版

江端義夫(1998.3)「新しい敬語の補助動詞「～テミエル」が保守的な共通語と抗争する方言戦略」『国語教育研究』41

江端義夫(2008.3)「敬語の補助動詞「～テミエル」の近現代史」国語語彙史研究会（編）『国語語彙史の研究 27』和泉書院

太田有多子(1999.3)「愛知県渥美半島方言における～モナイ表現について」『椙山国文学』23

大槻知世(2012.9)「津軽方言の推量形式「ビョン」の意味変化に関する解釈」『東京大学言語学論集』32

大野仁美(1991.3)「串本方言の継続を表わす助動詞：「アル」・「オク」・「イル」」『東京大学言語学論集』11

小笠原千絵(2014.3)「若者の会話に見られる「ネン」：「タネン」の出現」『近畿大学日本語・日本文学』16

岡野信子(1981.11)「山口県地方の「アル」「アリマス」話体：事態化表現の傾向」『日本文学研究』17

沖　裕子(1995.7)「京阪方言における「～ておく」の一端」『ことばの研究〈長野県ことばの会会誌〉』7

沖　裕子(1996.10)「アスペクト形式「しかける・しておく」の意味の東西差：気づかれにくい方言について」平山輝男博士米寿記念会（編）『日本語研究諸領域の視点 上巻』明治書院

沖　裕子(2008.9)「気づかれにくい方言「それで」」山口幸洋博士の古希をお祝いする会（編）『方言研究の前衛：山口幸洋博士古希記念論文集』桂書房

小田佐智子(2016.3)「岐阜方言の原因・理由に表れるモンデ」『阪大社会言語学研究ノート』14

勝村聡子(1991.10)「「やんか」について：その表現機能と「ではないか」との対比」『地域言語』3

門屋飛央(2009.3)「九州方言における人称代名詞由来の文末詞」『名古屋・方言研究会会報』25

門屋飛央(2009.12)「長崎県佐世保市宇久方言におけるゴト表現」『論究日本文学』91

門屋飛央(2015.7)「宇久町平方言の「ゴト（如）」の用法」『西日本国語国文学』2

門脇史憲(2013.3)「三重県北中部若年層にみられる標準語形ジャナイ（カ）の使用」『中京国文学』32

金沢裕之(1998.5)『近代大阪語変遷の研究』和泉書院　※順接確定条件表現サカイ系・ヨッテ系、「テ敬語」など

金沢裕之(2000.6)「近世以降の大阪語におけるアスペクト形式「〜かける」について」徳川宗賢先生追悼論文集編集委員会（編）『20世紀フィールド言語学の軌跡：徳川宗賢先生追悼論文集』変異理論研究会

金田章宏(2004.11)「青森県五戸方言形容詞の〜クテル形式」工藤真由美（編）『日本語のアスペクト・テンス・ムード体系：標準語研究を超えて』ひつじ書房

神部宏泰(1984.5)「九州方言における方向表現法：「〜さまに」の用法を中心に」『方言研究年報』26

神部宏泰(1996.10)「播磨方言における断定辞の推移：「ネン」「〜テン」の成立とその機能」平山輝男博士米寿記念会（編）『日本語研究諸領域の視点 上巻』明治書院

木川行央(1996.10)「兵庫県西脇市方言における終助詞「ガナ」と「ヤンカ」・「ヤナイカ」」平山輝男博士米寿記念会（編）『日本語研究諸領域の視点 上巻』明治書院

木川行央(2001.5)「関西方言における「のだ・のです」に該当する表現をめぐって」『日本語の伝統と現代』刊行会（編）『日本語の伝統と現代』和泉書院

岸江信介(1997.3)「関西中央部における「ヤンカ」と「ヤン」の動態と分布について」『国語研究』60

岸江信介(1998.3)「南九州方言におけるダヨー・デスヨのネオ方言的性格について」真田信治（編）『九州におけるネオ方言の実態』真田信治

木部暢子(2006.5)「九州方言の可能形式「キル」について：外的条件可能を表す

「キル」」筑紫国語学談話会（編）『筑紫語学論叢 2 日本語史と方言』風間書房
京　健治(2013.6)「否定過去表現の展開少考：九州方言「ンジャッタ」「ンカッタ」をめぐって」『語文研究』115
工藤真由美(1995.11)『アスペクト・テンス体系とテクスト』ひつじ書房
工藤真由美(2014.2)『現代日本語ムード・テンス・アスペクト論』ひつじ書房
久保薗愛(2007.3)「薩隅方言の「～トル」」『文献探究』45
久保薗愛(2011.12)「中央語と鹿児島方言における「動詞連用形＋サマニ」の史的展開」『語文研究』112
久保薗愛(2012.1)「ロシア資料にみる 18 世紀前半鹿児島方言の「テアル」「テオル」」『日本語の研究』8-1
久保薗愛(2012.8)「ロシア資料にみえる「テオル」「チョル」「トル」」『西日本国語国文学会会報』平成 24 年度
久保薗愛(2012.12)「鹿児島方言の「動詞連用形＋オル」」『語文研究』114
黒木明日菜(2011.6)「宮崎日向方言における「ダカラヨ」の使用状況：中学生・高校生を対象にした調査を中心に」『日本語研究』31
黒木邦彦(2008.3)「大分県日田市方言における「―てから」の用法：「―て」「―きー」「―けんど」「―けどが」との比較をとおして」『阪大社会言語学研究ノート』8
琴　鍾愛(2007.9)「説明的場面における「ダカラ」の機能：仙台方言の高年層談話資料の分析から」『日本研究』33
小谷博泰(1997.1)『日本語文法の原理と教育』和泉書院　※テヤ敬語
小谷博泰(2011.3)「神戸市における方言敬語の衰退について：大学生とハル敬語，テヤ敬語の状況」『甲南大学紀要　文学編』161
小西いずみ(2005.5)「方言文法：引用表現に由来する主題提示の形式を題材に」『国文学　解釈と教材の研究』50-5
小西いずみ；井上　優(2013.7)「富山県呉西地方における尊敬形「～テヤ」：意味・構造の地域差と成立・変化過程」『日本語の研究』9-3
小西いずみ(2013.10)「西日本方言における「と言う」「と思う」テ形の引用標識化」藤田保幸（編）『形式語研究論集』和泉書院
小西いずみ(2014.3)「西日本方言における尊敬形「～テ（ヤ・ジャ・ダ）」の活用」小林賢次；小林千草（編）『日本語史の新視点と現代日本語』勉誠出版

小西いずみ(2016.3)『富山県方言の文法』ひつじ書房　※形容詞の副詞化形式「カ゜ニ」、提題・対比のとりたて助詞「チャ」など
小林　隆(2004.7)『方言学的日本語史の方法』ひつじ書房　※東北、九州方言の格助詞「サ」の類 など
齊藤美穂；水谷美保(2012.3)「奄美大島瀬戸内町方言のとりたて助辞「アティム」に関する一考察：標準語の「でも」との比較を中心に」『神戸大学留学生センター紀要』18
齊藤美穂(2013.3)「奄美大島瀬戸内町方言の格形式：ニ格・デ格相当形式を中心に」『神戸大学留学生センター紀要』19
齊藤美穂(2015.9)「奄美大島瀬戸内方言のシャットゥ形式の意味と用法：条件表現体系への位置づけの試み」『日本語文法』15-2
桜井真美(2002.11)「山形市方言の条件表現形式「ドギ」」『言語科学論集』6
迫野虔徳(1996.4)「日本語の東西方言差と「テイル」」言語学林1995-1996編集委員会（編）『言語学林1995-1996』三省堂
佐々木冠(2004.3)『水海道方言における格と文法関係』くろしお出版
佐々木秀仁(2012.3)「福井方言におけるアスペクトの研究：「〜ツンタ」「〜テンタ」「〜テモタ」を中心に」『学習院大学国語国文学会誌』55
佐藤亜実(2014.3)「福島県郡山市の若年層における接尾辞ラヘンの用法記述」『国語学研究』53
佐藤亜実(2015.3)「多人数調査からみた接尾辞ラヘンの用法とその派生：福島県郡山市における多人数調査から」『国語学研究』54
佐藤亜実(2016.3)「会議録における接尾辞ラヘンの通時的・地理的展開」『国語学研究』55
澤村美幸(2011.2)『日本語方言形成論の視点』岩波書店　※失敗の感動詞、痛みの感動詞
渋谷勝己(2001.3)「山形市方言における確認要求表現とその周辺」『阪大社会言語学研究ノート』3
渋谷勝己(2002.3)「山形市方言の談話マーカ「ホレ・ホリャ；アレ・アリャ」」『阪大社会言語学研究ノート』4
渋谷勝己；沢村美幸；大久保拓磨；松丸真大(2006.2)「山形市方言の文末詞シタ：ベシタ・ガシタの意味にもとづいて」『阪大日本語研究』18
下地賀代子(2014.5)「南琉球・多良間島方言の格再考：ni:格，Nka格を中心に」『国立国語研究所論集』7

白岩広行(2008.3)「福島方言の伝聞表現トとスケ」『阪大社会言語学研究ノート』8
白岩広行(2008.3)「福島方言のノダッケ：実は俺、まだ学生なんだっけ」『阪大社会言語学研究ノート』8
白岩広行(2008.12)「福島県郡山市方言の推量・意志表現バイ：若年層における確認要求表現への変化」『待兼山論叢　日本学篇』42
鷲見秀樹(2016.2)「岐阜県郡上市及び周辺地域の方言における敬語表現：オイデル・ゴザル・ミエルの違い」『上越教育大学国語研究』30
住田幾子(1982.11)「「バッテン」の成立と流布」『日本文学研究』18
須山名保子(2004.11)「シヲリ形とシテアリ形・シテヲリ形：奄美大島大和浜・津名久方言における」工藤真由美（編）『日本語のアスペクト・テンス・ムード体系：標準語研究を超えて』ひつじ書房
瀬戸口修(1981.12)「種子島方言の文表現法研究：「～ンバ」について」『鈴峯女子短期大学人文社会科学研究集報』28
瀬戸口修(1986.3)「種子島方言の文表現法研究：〈ナーラ〉文末詞を中心に」『鹿児島女子大学研究紀要』7-1
瀬戸口修(1987.2)「種子島方言の「シキー」」『方言研究年報』29
瀬戸口修(2003.1)「種子島方言の文表現法研究：文末詞「キリャー、キラー、ケリャー、ケラー」について(2)」『志学館大学文学部研究紀要』24-2
高雄芙美(2014.12)「標準語・関西方言との比較からみる広島方言の「のだ」形式」『北海道大学大学院文学研究科研究論集』14
高木千恵(2001.3)「高知県幡多方言の「ニカーラン」について」『阪大社会言語学研究ノート』3
高木千恵(2005.3)「大阪方言の述語否定形式と否定疑問文：「～コトナイ」を中心に」『阪大社会言語学研究ノート』7
高木千恵(2005.4)「関西若年層にみられる標準語形ジャナイ(カ)の使用」『日本語の研究』1-2
高木千恵(2006.2)「関西若年層の話しことばにみる言語変化の諸相」『阪大日本語研究　別冊2』　※「～ジャナイ(カ)」など
高木千恵(2008.3)「大阪方言における動詞チガウに由来する諸形式の用法」『国文学』92
高木千恵(2009.1)「関西若年層の用いる同意要求の文末形式クナイについて」『日本語の研究』5-4
高木千恵(2012.3)「大阪方言のとりたて形式カテについて」『阪大社会言語学研究

ノート』10
高田祥司(2003.9)「岩手県遠野方言のアスペクト・テンス・ムード体系：東北諸方言における動詞述語の体系変化に注目して」『日本語文法』3-2
高田祥司(2008.10)「日本語東北方言と韓国語の<過去>の表現について」『日本語の研究』4-4
高田祥司(2011.9)「岩手県遠野方言の推量表現：形式名詞の文法化に注目して」『日本語文法』11-2
竹内史郎(2013.3)「取り立て否定形式の文法化：岡山方言と関西方言を対照して」『日本語文法』13-1
竹田晃子(2000.3)「岩手県盛岡市方言におけるタッタ形の意味用法」『国語学研究』39
竹村明日香(2016.3)「『上方はなし』コーパスを通してみる京阪方言語彙：近世上方語及びナラン・イカン・アカンの諸相」国語語彙史研究会（編）『国語語彙史の研究 35』和泉書院
田附敏尚(2006.3)「青森県五所川原市方言の文末形式「ンズ」」『国語学研究』45
田附敏尚(2013.2)「青森県五所川原市方言の「のだ」相当形式「ンダ」「ンズ」の相違」『国語研究』76
田附敏尚(2016.3)「青森県五所川原市方言の文末形式「デバ」について」『トークス　TALKS』19
辻加代子(2001.3)「東京方言「ッテ」と「ッテバ」の用法について：文末詞的用法を中心に」『阪大社会言語学研究ノート』3
辻加代子(2007.1)「近世京都語資料に現れた待遇表現形式チャッタに関する覚書」『日本語の研究』3-1
辻加代子(2014.5)「岡崎市方言敬語伝統形式および新形式ミエルの消長：継続サンプルの分析より」『国立国語研究所論集』7
都染直也(2005.3)「山陰地方における新しい方言形「～(ダ)ヘン」「～ガン」「～ダンカ」について：JR 山陰本線松江—和田山間グロットグラムをもとに」『甲南大学紀要　文学編』138
津田智史(2008.3)「西日本アスペクト表現の否定形式におけるテナイの考察」『徳島大学国語国文学』21
津田智史(2010.12)「南九州地方のカタとゴッ」『言語科学論集』14
津田智史(2014.3)「方言アスペクトを再考する：山口市方言のヨル・トルの表す意味」『地域言語』22

坪内佐智世(2004.2) 「「伝聞」の「そうだ」とそれに対応する福岡市博多方言の伝聞形式」『福岡教育大学紀要 1 文科編』53

坪内佐智世(2005.8) 「標準語の「ヨウダ」「ラシイ」「ソウダ」と福岡市博多方言の「ゴター」：九州方言からモダリティを考える」『日本語学』24-9

友定賢治(1998.8) 「岡山県方言の研究(7) 新見市坂本方言の「〜ジャコトナ(ノ)」をめぐって」『語文と教育』12

中井精一(2012.3) 『都市言語の形成と地域特性』和泉書院 ※近畿中央部のアスペクト・待遇表現形式「ヨル」「トル」

中井ゼミ 2010(2011.3) 「関西方言のヤンカ類に相当する諸方言の表現について：岐阜・関西中央部・兵庫県姫路・香川・岡山・山口・鹿児島・那覇」『方言・音声研究』5

中井幸比古(2014.3) 「京阪方言の比較：「のだ」、敬語、否定、引用の「と」、語尾のス・ル、擬古方言」『神戸外大論叢』64-3

中山久美子(2004.3) 「鹿児島県川内市における可能表現法：「ナル」「ルル・ラルル」「ダス」を中心として」『言語文化論叢』1

二階堂整(2015.3) 「「あーね」考」『山口国文』38

西尾純二(2015.3) 『マイナスの待遇表現行動：対象を低く悪く扱う表現への規制と配慮』くろしお出版 ※ 関西方言の卑語形式「ヨル」

西岡 敏(2004.12) 「沖縄語首里方言の助詞「ンカイ」「ナカイ」「ニ」「ガ」「カイ」：共通語の助詞「に」「へ」と対照させつつ」『沖縄国際大学日本語日本文学研究』9-1

西岡 敏(2011.1) 「竹富方言の敬語補助動詞と対者敬語的終助詞」『日本語の研究』7-4

新田哲夫(2004.3) 「石川県金沢方言のガヤとその周辺」中井精一；内山純蔵；高橋浩二（編）『日本海沿岸の地域特性とことば：富山県方言の過去・現在・未来』桂書房

苗田敏美(2012.3) 「富山方言の伝聞の文末表現「―ト」「―ッテ」「―ガイト」の用法：砺波市・南砺市を中心に」『日本語教育論集』21

野口幸雄(2008.10) 「新潟市西酒屋方言の格助詞コトについて」『ことばとくらし』20

野間純平(2013.2) 「大阪方言におけるノダ相当表現：ノヤからネンへの変遷に注目して」『阪大日本語研究』25

野間純平(2014.2) 「近畿方言におけるネン・テンの成立：昔話資料を手がかりに」『阪大日本語研究』26

野間純平(2015.9)「石川方言におけるノダ相当形式：新形式の成立過程に注目して」『方言の研究』1
ハイス・ファン・デル・ルベ(2015.3)「沖永良部語正名方言における動詞 ʔakki-mu の文法化」『琉球の方言』39
橋尾直和(2014.8)「高知市方言における文末のモダリティ形式「ニカーラン」の意味論的考察」『語文と教育』28
早野慎吾(1999.5)「首都圏の新方言形チッタ」『名古屋・方言研究会会報』16
原田幸一(2012.9)「首都圏若年層の日常会話における「だから」の縮約形」『社会言語科学』15-1
原田幸一(2013.6)「首都圏の若年層による「ゆうて（も)」の使用：大学生による日常会話をデータとして」『日本語／日本語教育研究』4
原田幸一(2015.7)「若年層の日常会話における「トイウカ」の使用：縮約形「てか・つか」に注目して」『日本語の研究』11-3
原田走一郎(2014.3)「福岡市若年層方言における2つのゴトの形態統語的違い」『阪大社会言語学研究ノート』12
彦坂佳宣(2006.10)「準体助詞の全国分布とその成立経緯」『日本語の研究』2-4
彦坂佳宣(2014.5)「尊敬語補助動詞類の分布とその史的経緯：『方言文法全国地図』「“書きます”か」を主として」『論究日本文学』100
日高水穂(2005.7)「方言における文法化：東北方言の文法化の地域差をめぐって」『日本語の研究』1-3　※時制「〜テアッタ・タッタ」形など
日高水穂(2007.2)『授与動詞の対照方言学的研究』ひつじ書房
日高水穂(2007.9)「『方言文法全国地図』を読む　文法化理論から見る『方言文法全国地図』:「とりたて否定形」の地理的分布をめぐって」『日本語学』26-11
日高水穂(2013.10)「複合辞「という」の文法化の地域差」藤田保幸（編)『形式語研究論集』和泉書院
日高水穂(2016.3)「近畿中央部方言におけるシテイル相当形式の動態：現在形と過去形の非対称現象をめぐって」『国文学』100
平塚雄亮(2008.3)「福岡市方言におけるアスペクトマーカではないヨルの用法について」『阪大社会言語学研究ノート』8
平塚雄亮(2009.3)「動詞肯定形に接続する同意要求表現クナイ（カ)」『日本語文法』9-1
平塚雄亮(2009.12)「福岡市若年層方言のデハナイ（カ）相当形式に見られる方言

接触」『待兼山論叢　日本学篇』43

平塚雄亮(2011.1)「福岡市若年層方言のッテ：標準語の「って」と対比して」『阪大社会言語学研究ノート』9

平塚雄亮；原田走一郎(2012.1)「鹿児島県北薩方言の文末詞セン：用法の変化に注目して」『日本語の研究』8-1

福居亜耶(2015.3)「京都府福知山市方言におけるテヤ敬語の運用について」『阪大社会言語学研究ノート』13

藤田勝良(1981.12)「山口県長門市旧深川地区に於ける待遇表現の諸相：補助動詞・助動詞的要素による尊敬表現」『日本語研究』4

藤原与一(1986.9)『昭和日本語方言の総合的研究 第3巻 方言文末詞〈文末助詞〉の研究〈下〉』春陽堂書店　※「転成文末詞」

藤原与一(2001.4)『続昭和(→平成)日本語方言の総合的研究：日本語方言での特異表現法』武蔵野書院　※ 卑罵表現「-ヤガル」「-サガル」など

舩木礼子(2000.1)「引用表現形式に由来する文末詞の対照：山形市方言ズ、山口方言チャ、東京方言ッテ・ッテバについて」『阪大社会言語学研究ノート』2

前田桂子(2016.11)「肥前方言の当為表現ンバの推移について：方言書および方言調査を手がかりに」『国語と教育』41

又吉里美(2007.1)「沖縄津堅島方言の手段を表示する格助詞の機能について」『日本語の研究』3-1

又吉里美(2007.3)「沖縄津堅島方言における「に」格助詞相当助詞の記述的研究：動作・作用成立に関与する対象・結果・目的表示機能を中心に」『広島大学大学院教育学研究科紀要 2 文化教育開発関連領域』55

町　博光(2013.3)「日本語方言文末詞の生成と発展」『国文学攷』217

松尾弘徳(2009.6)「新方言としてのとりたて詞ゲナの成立：福岡方言における文法変化の一事例」『語文研究』107

松尾弘徳(2013.3)「福岡方言のとりたて詞「ヤラ」「ゲナ」の成立をめぐって」『文献探究』51

松田勇一；高丸圭一(2010.2)「栃木方言「～ヨウダ」の待遇表現：相手の属性による敬語の使い分け」『茨城大学留学生センター紀要』8

松丸真大(2001.3)「東京方言のジャンについて」『阪大社会言語学研究ノート』3

松丸真大(2004.3)「青森県弘前市方言の確認要求表現」『阪大社会言語学研究ノート』6

松丸真大(2007.2) 「関西方言のヤンナとヨナ」『阪大日本語研究』19

真山季実子(2012.7) 「相づち表現「だから」の使い分け」『日本文学ノート』47

三浦さつき(2016.3) 「青森県東津軽郡平内町の接続表現ドゴデについての一報告：東津軽郡外ヶ浜町蟹田と比較して」『日本語学論集』12

水谷美保；斉藤美穂(2007.9) 「方言との接触による標準語形式の意味・用法の変容：奄美におけるとりたて形式「ナンカ」の用法の拡張」『日本語文法』7-2

三井はるみ(2007.9) 「『方言文法全国地図』を読む　要求表現形式「〜てほしい」の共通語としての定着：『方言文法全国地図』から見る」『日本語学』26-11

三井はるみ(2011.12) 「九州西北部方言の順接仮定条件形式「ギー」の用法と地理的分布」『国学院雑誌』112-12

嶺田明美(2005.3) 「山梨県甲府市および中巨摩郡の若年層の用いる「ジャン」の実態報告」『学苑』773

虫明吉治郎(1988.3) 「岡山市方言の進行形「ヨル」・「トル」の体系とその成立」『操山論叢』23

村上　謙(2002.6) 「近世後期上方における「動詞連用形＋や」について：連用形命令法と助動詞ヤルとの関連」『国語国文』71-6

村上　謙(2012.3) 「明治期関西弁におけるヘンの成立について：成立要因を中心に再検討する」近代語学会（編）『近代語研究 16』武蔵野書院

村上智美(2004.11) 「熊本方言における「寂ッシャシトル、高シャシトル」という形式について」工藤真由美（編）『日本語のアスペクト・テンス・ムード体系：標準語研究を超えて』ひつじ書房

村田真美(2003.3) 「宮崎方言の「チャ」と「ト」」『阪大日本語研究』15

山上　尊(2015.3) 「奈良県王寺町方言の従属節に現れる「カシテ」」『阪大社会言語学研究ノート』13

八亀裕美(2002.1) 「非動的述語の「継続相当形式」：青森五所川原方言の場合」『国語学』53-1

矢島正浩(2010.10) 「上方・大阪語における接続詞的用法ソレナラ類の推移」『日本語の研究』6-4

安岡浩二(2003.12) 「高知県方言における推量表現：ニカーランについて」『高知大国文』34

梁井久江(2005.4) 「北関東における「テシマウ相当形式」について」『都大論究』42

梁井久江(2011.6)「西日本諸方言における補助動詞「おく」の〈持続〉用法：用法拡大に関する考察」『都大論究』48

梁井久江(2012.6)「京阪方言における補助動詞「おく」の〈持続〉用法：明治末期以降の口語的資料に基づく考察」『日本語研究』32

山口華奈(2015.3)「和歌山市方言における文末表現「～シテ」」『阪大社会言語学研究ノート』13

山部順治(2008.3)「西日本方言における、補助動詞「おく」の非意志的構文の成立と多様化」『ノートルダム清心女子大学紀要　日本語・日本文学編』32-1

山部順治(2009.3)「新しい構文が使われだすとき：補助動詞『おく』の文「テレビで天気予報があり『よけ』ばいいな。」をめぐって（前半)」『ノートルダム清心女子大学紀要　日本語・日本文学編』33-1

山部順治(2009.7)「新しい構文が使われだすとき：補助動詞『おく』の文「テレビで天気予報があり『よけ』ばいいな。」をめぐって（後半)」『清心語文』11

山本剛史(2010.3)「愛知県東部地方（東三河地方）における「ジャン」の用法」『方言・音声研究』4

山本友美(2003.4)「山形県三川町における格助詞「サ」について」『日本語研究』23

吉岡泰夫(1991.10)「熊本方言の副助詞：シャガ類・トシャガ類・ギリャ類の連用修飾法と条件接続法」『熊本短大論集』42-1・2

吉田雅昭(2006.12)「新潟方言の文末詞「コテ(コッテ)」について：方言文末詞研究の意義」『言語科学論集』10

吉田雅昭(2008.4)「東北方言における基本的時間表現形式について：形式の変化と文法体系との相関」『日本語の研究』4-2

吉田雅昭(2008.10)「新潟方言の文末詞「ネッカ」について」『ことばとくらし』20

吉田雅昭(2009.1)「新潟方言の文末詞「～ンサ」について」『ことばとくらし』21

吉田雅昭(2009.3)「新潟方言の文末詞「テ（バ)」について」『国語学研究』48

笠万裕美(2011.3)「「動詞否定形＋ヨ・バイ・ゾ」形式による禁止表現：福岡県における使用状況および禁止表現体系上の位置づけ」『早稲田日本語研究』20

笠万裕美(2012.4)「「動詞否定形＋終助詞ネ」形式による行為要求表現：福岡県筑前･筑後域における使用状況およびその背景」『日本語学　研究と資料』35

若井祐太；山田敏弘(2011.3)「共通語ならびに岐阜方言における「連用形＋にかかる」について」『岐阜大学国語国文学』37

Rieser, Lukas；Shirata, Rihito（2014.12）The nominalizer *su* and sentence-final *soo* in Kikaijima Ryukyuan: Comparison with Japanese *no (da)* and *(no) dewanaika*.『京都大学言語学研究』33

Current Topics in the Study of Japanese So-Called Formal Words and Morphemes

Contents

Reference

◇執筆者一覧（執筆順）

小田　　勝（おだ　まさる）　國學院大學文学部教授

辻本　桜介（つじもと　おうすけ）　米子工業高等専門学校助教

深津　周太（ふかつ　しゅうた）　静岡大学教育学部講師

矢島　正浩（やじま　まさひろ）　愛知教育大学教育学部教授

岡﨑　友子（おかざき　ともこ）　東洋大学文学部教授

三井　正孝（みつい　まさたか）　新潟大学人文社会・教育科学系准教授

馬場　俊臣（ばば　としおみ）　北海道教育大学教育学部教授

藤田　保幸（ふじた　やすゆき）　編者の項に記す。

森山　卓郎（もりやま　たくろう）　早稲田大学文学学術院教授

江口　　正（えぐち　ただし）　福岡大学人文学部教授

藪崎　淳子（やぶざき　じゅんこ）　甲南女子大学文学部講師

早津恵美子（はやつ　えみこ）　東京外国語大学大学院国際日本学研究院教授

丹羽　哲也（にわ　てつや）　大阪市立大学大学院教授

高橋　雄一（たかはし　ゆういち）　専修大学文学部教授

宮崎　和人（みやざき　かずひと）　岡山大学大学院社会文化科学研究科教授

茂木　俊伸（もぎ　としのぶ）　熊本大学大学院人文社会科学研究部准教授

揚妻　祐樹（あげつま　ゆうき）　藤女子大学文学部教授

服部　　匡（はっとり　ただす）　同志社女子大学表象文化学部教授

森　　勇太（もり　ゆうた）　関西大学文学部准教授

山崎　　誠（やまざき　まこと）　編者の項に記す。

小西いずみ（こにし　いずみ）　広島大学大学院教育学研究科准教授

日高　水穂（ひだか　みずほ）　関西大学文学部教授

松丸　真大（まつまる　みちお）　滋賀大学教育学部教授

山東　　功（さんとう　いさお）　大阪府立大学大学院教授

砂川有里子（すなかわ　ゆりこ）　筑波大学名誉教授、国立国語研究所客員教授

中畠　孝幸（なかはた　たかゆき）　甲南大学文学部教授

塚本　秀樹（つかもと　ひでき）　愛媛大学法文学部教授

真田　信治（さなだ　しんじ）　大阪大学名誉教授

■編者紹介
藤 田 保 幸
龍谷大学文学部教授　博士（文学）
主要著書・論文：『国語引用構文の研究』（和泉書院、2000・12）、『引用研究史論』（和泉書院、2014・5）、『複合辞研究の現在』（共編・和泉書院、2006・11）、『形式語研究論集』（編著・和泉書院、2013・10）、「森鷗外初期言文一致体翻訳小説の本文改訂から見えてくるもの」（『国語語彙史の研究』第24集、2005・3）

山 崎 　 誠
国立国語研究所研究系言語変化研究領域教授
博士（学術）
主要著書：“A Frequency Dictionary of Japanese”（共著、Routledge、2012）、『書き言葉コーパス—構築と設計—（講座日本語コーパス2）』（編著、朝倉書店、2014）、『テキストにおける語彙的結束性の計量的研究』（和泉書院、2017）

研究叢書 499

形式語研究の現在

2018年5月30日　初版第1刷発行

編　者　藤 田 保 幸
　　　　山 崎 　 誠
発行者　廣 橋 研 三
〒543-0037　大阪市天王寺区上之宮町7-6
発行所　有限会社 和 泉 書 院
電話 06-6771-1467
振替 00970-8-15043

印刷・製本　亜細亜印刷

ISBN978-4-7576-0876-4 C3381

研究叢書